KB122398

동남소사 東南小史

이 책은 2020년도 정부(교육부)의 재원으로 한국고전번역원의 지원을 받아 수행된
특수고전협동번역사업의 결과물임

동남소사 東南小史

김용흠 · 원재린 · 김정신 역주

혜안

책머리에

　조선후기 정치사는 흔히 당쟁사로 인식되었다. 조선왕조 국가의 멸망 원인으로서 지금까지도 당쟁망국론이 거론될 정도로 당쟁은 조선후기 정치사를 부정적으로 묘사하는 개념이 되었다. 16세기에 붕당이 형성된 이후 이를 기반으로 삼아서 전개된 정치적 대립과 갈등을 17세기 붕당정치, 18세기 탕평정치, 19세기 세도정치로 유형화하여 이해하는 시각이 제시되기도 하였지만 당쟁에 대한 부정적 인식이 크게 불식되지는 못하였다.

　조선후기 정치사에서 개인의 권력욕이나 사리사욕, 당리당략에 의한 모략과 음모 등이 난무한 것은 사실이지만 이것만으로 모든 정치적 갈등을 설명할 수는 없다. 여기에는 개인의 권력욕이나 당리당략을 합리화하는 논리와 이에 의거하여 기득권을 유지 고수하려는 세력만이 있었던 것이 아니라 민생을 안정시켜 국가를 유지 보존하려는 세력과 논리도 역시 존재하였다. 이들은 현실 정치 속에서 서로 대립 갈등할 수밖에 없었는데, 당론서에는 바로 이러한 배경 속에서 발생한 다양한 사건들과 갈등 당사자들의 현실인식, 사유형태 등이 풍부하게 담겨 있다. 당론서를 통해서 표출된 주장과 논리는 이처럼 정책과도 긴밀하게 연관되어 있었다.

　조선후기에는 당쟁이 격렬하였던 것만큼이나 각 당파의 정당성을 주장하는 수많은 당론서가 생산되고 필사를 통해 전파되었다. '당론서(黨論書)'란 17세기 이후 서인과 남인의 대립 갈등이 격화되는 가운데 생성되어, 이후 노론과 소론, 시파와 벽파의 갈등을 거치면서 각 정파의 행적과 논리의 정당성을 천명하기 위해 의도적으로 편찬된 자료를 지칭한다. 당론서는 국가의 공식 기록인 《조선왕조실록》이나 《승정원일기》와 같은 연대기, 또는 개인이나 문중에서 편찬하는 문집이나 전기류 등과는 구별되는 독특한 체제와 내용을 담고 있다.

여기에는 해당 시기 정계와 학계를 주도했던 인물들의 정치 행적뿐만 아니라 그들의 현실인식과 세계관, 이에 입각하여 정치적 과제를 설정하고 대처해 나가는 모습 등이 구체적으로 담겨있다. 이에 대해서 당대의 사회경제적 제반 조건과 관련지어 체계적이고 과학적으로 분석해야만 조선후기 정치적 갈등이 정책과 어떻게 관련되어 있는지를 드러낼 수 있을 것이다. 따라서 당론서는 조선후기 정치사를 과학적으로 인식하는 관건이 되는 자료라고 말할 수 있다.

조선후기 당론서는 현재 확인되는 것만도 그 규모가 방대하고 대부분이 한문 원자료 상태로 남아 있어 일반인의 접근이 어려운 것이 현실이다. 그리고 일부 번역된 것도 있지만 원문 번역에 그쳐서 일반인이 이해하기는 쉽지 않다는 문제가 있었다. 그리하여 관련 연구자가 전공 지식에 바탕을 두고 정밀한 역주를 통해서 친절하게 안내할 필요가 있다는 지적이 있어왔다.

본서의 번역에 참여한 세 사람의 전임연구원들은 모두 조선시대 정치사, 정치사상사 전공자들로서 다년간에 걸쳐서 당론서 번역 사업을 수행해왔다. 2006년에는 한국연구재단의 지원을 받아서 '당론서 3종 번역과 주석 및 표점 작업'을 진행하여 《갑을록(甲乙錄)》(소론), 《아아록(我我錄)》(노론), 《동소만록(桐巢漫錄)》(남인)을 번역하는 사업을 완료하고, 《동소만록》은 2017년에 간행하였다. 이어서 2013년과 2014년에는 '신규장각 자료구축사업'의 일환으로 서울대 규장각 한국학연구원의 지원을 받아 한국학자료총서로서 《사도세자의 죽음과 그 후의 기억 -《현고기(玄皐記)》 번역(飜譯)과 주해(註解)》(2015), 《충역의 시비를 정하다 -《정변록(定辨錄)》 역주》(2016)를

간행하였다. 이와 병행하여 2011년에는 한국역사연구회, 2016년에는 한국
사상사학회 주관으로 학술대회를 통해서 연구 성과를 발표하기도 하였다.

 또한 한국고전번역원의 '특수고전 정치사분야 협동번역사업'의 일환으
로 2015년 《형감(衡鑑)》, 2016년 《족징록(足徵錄)》과 《진감(震鑑)》, 2017년
《유문변록(酉門辨錄)》과 《대백록(待百錄)》 등의 번역이 완료되었고, 2019년
《형감》(혜안)을, 2020년 《대백록》(혜안)을 각각 출간한 바 있다. 현재
본 번역팀에서는 2018년부터 2단계 사업에 착수하여 대상서목 3종 가운데
《동남소사(東南小史)》와 《수문록(隨聞錄)》의 역주가 완료되었고, 《황극편(皇
極編)》은 현재 진행 중이다.

 이번에 출간하는 《동남소사》는 2020년 특수고전협동번역사업(정치사)
1차년도 우수 성과원고 출판지원을 받은 결과물이다. 《동남소사》는 기축
옥사를 전후한 당쟁의 전말과 쟁점, 기축옥사를 둘러싼 정치적 공방이
17세기 당쟁으로 이어지게 되는 역사적 연원과 과정, 그리고 순조 때까지
끈질기게 지속된 신원 운동의 전개 내용을 남인의 시각에서 상세히 소개하
고 있는 당론서이다. 17세기 서 · 남 당쟁의 치열한 현장에서 부각된 기축옥
사의 쟁점과 전말을 남인의 시각으로 재구성하되, 사안에 대한 시각과
입장을 다각적이고 입체적으로 보여주고자 노력하였다는 점에서 이 책은
기축옥사 피화인의 후손과 지역 유생 차원의 단순 신원 운동 기록을
넘어 17세기 조선의 당쟁과 정치사를 조망하는데 유용한 기록이라 할
수 있다.

 본 사업을 진행하면서 많은 분들의 도움을 받았다. 한국고전번역원의
신승운 원장님 이하 권경열 기획처장, 김성애 평가실장 등 관련 임직원
여러분들이 당론서의 사료 가치를 공유하고 적극적으로 지원하여 이
사업이 완수될 수 있었다. 이제 그 2차 년도 첫 번째 사업 성과물의 출간을
앞두고 진심으로 감사를 표하는 바이다. 또한 한국고전번역원 출범의
산파 역할을 했던 유기홍 국회의원의 적극적인 후원에도 감사드린다.

연세대학교 국학연구원의 김성보 원장님 이하 임직원 여러분들의 도움에도 감사드린다. 그리고 세 사람의 전임연구원과 함께 20년이 넘는 기간 같이 전공 세미나를 전개하며 물심양면으로 도움을 준 정호훈, 구만옥, 정두영 선생 등과도 출간의 기쁨을 함께 나누고 싶다. 당론서를 비롯한 국학 자료 출판에 애정을 갖고 더딘 번역 작업을 인내심을 갖고 기다려 주신 혜안 출판사 오일주 사장님과 난삽한 원고를 깔끔하게 정리해주신 김현숙, 김태규 선생께도 감사드린다.

2021년 2월

김용흠

차 례

번 역

《東南小史》校勘·標點

동남소사(東南小史) 해제

《동남소사(東南小史)》는 발발 당시 역적 정여립과 그의 역당(逆黨)이 일으킨 역모(逆謀)라 규정된 기축옥사를 무옥(誣獄)에 의한 사화(士禍)로 재정의함으로써 피화인(被禍人)들의 신원(伸冤)을 이루고, 이로써 관련 당파나 피화 후손들의 정당성과 역사적 명분을 확보하려는 목적에서 편찬된 책이다. 이 책은 기축옥사의 주요 피화인이라 할 수 있는 이발(李潑)의 호 동암(東巖)과 이길의 호 남계(南溪)에서 각각 한 자씩을 따 제목으로 삼았으나, 전체적인 내용은 이발·이길의 행적에 국한되지 않고 기축옥사의 발발 원인과 전개, 피화인들의 행적과 그들에 대한 신원 과정을 포괄적으로 아우르고 있다. 조선후기 당론서(黨論書)의 계보 속에서 이 책은 남인 당론서로서의 성격과 정체성을 가지고 있다.

1. 저자 논란과 편찬 과정

현재 다산학회에서 편집한《여유당전서보유(與猶堂全書補遺)》제2권에 수록된 필사본《동남소사(東南小史)》서두마다 "열수 정약용 편집(洌水 丁若鏞輯)"이라는 문구가 있으므로 그동안 이 책을 정약용의 편저로 간주하는 의견이 많았다. 그러나 여러 정황으로 보아 이는 사실이 아닌 것으로 보인다. 이 책의 첫 대본(臺本)은 이발·이길의 족손(族孫) 이두망(李斗望)이

수집 정리한 《이공유사기(二公遺事記)》였다. 이 사실은 1698년(숙종24) 전라도 광양에 적거(謫居) 중이던 갈암(葛庵) 이현일(李玄逸, 1627~1704)이 이두망의 부탁을 받고 쓴 〈서동암남계이공사실기후(書東巖南溪二公事實記後)〉와 1705년(숙종31) 지도(智島)에 적거 중이던 이봉징(李鳳徵, 1640~1705)이 역시 이두망의 부탁을 받고 쓴 서(敍)에 상세하다. 이현일은 1694년(숙종20) 이조판서로서 이발, 이길에 대해 정려(旌閭)를 주청했던 인사였던 만큼, 이두망은 이현일에게 가장 먼저 후서(後序)를 부탁한 것으로 보인다.

그로부터 백여 년이 지난 어느 시점에, 이씨 집안의 누군가가 이두망이 수집 정리한 《이공유사기(二公遺事記)》를 정약용에게 보여 주었던 것으로 보인다. 이때는 제목도 《이공유사기》 혹은 《동암남계이공사실기(東巖南溪二公事實記)》에서 《동남소사(東南小史)》로 바뀌어 있었다. 아마도 1694년(숙종20), 이발·이길 형제에게 관직이 추증된 이후 1921년 간행될 때까지 내용의 꾸준한 증보와 함께 제목도 바뀌었던 것으로 추정된다.[1] 때문에 《동남소사》는 어느 한 사람이 집록을 완결하여 편찬한 책이라고 보기 어렵다.

정약용은 《여유당전서 권14》 〈발동남소사(跋東南小史)〉에서, 《동남소사》가 동복 이씨(同福李氏)의 소장(所藏)이라는 점을 분명히 하였다. 그럼에도 불구하고 1881년(고종18), 안세영(安世泳)이 동암의 후손 이승필(李承弼)의 부탁을 받고 쓴 〈동남소사 서(東南小史序)〉에는 "열수가 편집한 소사[冽水所輯小史]"라는 여섯 글자가 보이는데, 아마도 안세영은 정약용의 〈발동남소사〉를 보지 못한 상태에서 '열수 정약용 편집'이라 적힌 필사본 《동남소사》만을 본 듯하다. 이후 1913년 묘표(墓表)를 쓴 홍필주(洪弼周)가 "두 공의 숨겨진 유적(遺蹟)은 다산 정공이 지은 《동남소사》에 그 대략이 실려 있다.[兩公之潛光遺蹟 略在茶山丁公所著東南小史]"라고 하였고, 이어 1921년 회당

---

1) 김언종, 〈《여유당전서(與猶堂全書)》의 저작별 진위문제에 대하여(上)〉, 《다산학》 9, 2006.

(晦堂) 장석영(張錫英, 1851~1926)이 이병하(李炳夏)의 부탁을 받고 쓴 간행
서문에서 이 내용을 답습함으로써 정약용이《동남소사》를 직접 편저했다
는 오해가 더욱 확산되기에 이르렀다.

《동남소사》가 정약용의 편저라고 알려진 연유나 과정을 명확히 알
수는 없으나, 그가 이 책을 읽고 의견을 표시했다는 사실이 전해지는
과정에서 와전된 것이 아닌가 생각된다.[2] 물론 누군가가 이 책의 성가(聲價)
를 높이기 위해 정약용의 이름에 가탁했을 가능성도 배제할 수 없다.
이러한 상황에서《동남소사》는 별다른 고증 없이 일단 정약용이 편집
정리한 저작으로 간주되어, 다산학회가 1975년 영인한《여유당전서보유》
권2에 수록되었다.《여유당전서보유》해제에서는 원래 정약용의 친필
원고가 강진에 있었으나 그 향방이 묘연해졌다고 하였는데, 설혹 정약용의
친필본이 있었다고 하더라도《동남소사》를 정약용의 저작이라 할 근거는
되지 않는다. 이러한 이유들로 결국 다산학술문화재단에서 2012년 출간한
정본(定本)《여유당전서》에는《동남소사》가 수록되지 않았다.[3]

〈발동남소사(跋東南小史)〉에서 정약용은 부암(浮菴) 나경(羅炅)의 말을 빌
려, 이발·이길이 앙화를 입은 전말과 멸족(滅族)의 위기 속에서도 혈손(血
孫)이 보전되었다는 사실이 이 두 권의 책을 통해 제대로 전해질 것이라는
말을 소감으로 남겼다. 나경은 기축옥사의 피화인인 나사침(羅士忱, 1525~
1596)의 후손으로,《수암지(秀巖誌)》권2에 수록된 이발·이길 형제의〈연보
(年譜)〉를 찬술한 인물이다.《수암지》는 이선제(李先齊), 이조원(李調元), 이
중호(李仲虎), 이발(李潑), 이길(李洁) 등 이른바 광산 이씨(光山李氏) 집안의
오현(五賢)을 제향한 수암서원(秀巖書院)의 건립 전말과 오현의 일고(逸稿)
및 행록(行錄) 등을 모아 엮은 책이다. 1820년(순조20) 사당이 수암사(秀巖祠)

---

2) 위와 같음.
3) 다만 본 번역서에서는 저본을 원문 그대로 번역한다는 취지를 살려, 각 권의 시작마다
   표기된 '洌水 丁若鏞 輯'을 삭제하지 않고 번역하였다.

라 사액되었을 때 이조원의 14대손 이규하(李奎夏)가 편집하여 간행하였다. 《수암지》권2에는 이발·이길 양선생일고(兩先生逸稿)의 부록으로서 연보 (年譜)·연설(筵說)·문견록(聞見錄)·양선생사실기(兩先生事實記) 등이 수록 되었는데, 시기상으로 볼 때 정약용이 언급한 《동남소사》는 《수암지》 권2의 내용과 대동소이했을 것으로 추정된다.

1881년 쓴 안세영의 《동남소사》 서문에 따르면, 이 책은 오류가 있는 문적(文蹟)이나 당색에 따른 편견이 짙어 신뢰하기 어려운 야승(野乘)들을 그대로 싣거나 혹은 수록할 만한 문고(文藁)들을 누락시키는 등 고증과 실증이 결여된 단순 집록(輯錄)의 형태를 크게 벗어나지 못한 상태였다.[4] 이러했던 《동남소사》는 1881년 편찬의 전기를 맞이하면서 편제와 형식을 정비하게 되었다. 안세영의 주도로 《동남소사》는 사가(史家)의 서례(書例) 를 갖추었고, 또한 다수의 가장(家狀) 잡록(雜錄)과 조보(朝報)에 실린 소차(疏 箚) 등을 초록하였다. 그리하여 《동남소사》는 기축옥사를 전후한 당쟁의 전말과 쟁점, 그리고 순조 때까지 끈질기게 지속된 신원 운동의 전개 내용을 상세히 소개하고 신뢰할만한 전거를 확충함으로써 지금의 체제와 내용을 갖추게 되었다.

2. 《동남소사》의 구성과 내용

1) 《동남소사》의 전거와 구성

《동남소사》는 약 40여 종의 전거를 활용하여 내용을 집록하였다. 전거로 사용한 문헌들을 가나다순에 따라 열거하면 다음과 같다.

---

4) 《東南小史》〈序〉.

《계갑록(癸甲錄)》,《고산집(孤山集)》,《괘일록(掛一錄)》,《기언(記言)-〈최수우사(崔守愚事)〉,〈백사이상국사적(白沙李相國事)〉》,《기재잡기(奇齋雜記)》,《기축기사(己丑記事)》_안방준(安邦俊),《기축록(己丑錄)》,《기축별록(己丑別錄)》,《난중잡록(亂中雜錄)》,《노서집(魯西集)》,《논당원류(論黨源流)》_안연석(安鍊石),《대동야승(大東野乘)》,《동소록(桐巢錄)》,《만전집(晚全集)-행장(行狀)》,《무송소설(撫松小說)》,《백사집(白沙集)》,《백사 행장(白沙行狀)》_금양위(錦陽尉) 박미(朴瀰),《부계기문(涪溪記聞)》,《서애집(西厓集)》,《석담일기(石潭日記)》,《석실어록(石室語錄)》,《성옹집(醒翁集)》,《시정록(時政錄)》,《안씨소록(安氏所錄)》,《연평일기(延平日記)》,《월사집(月沙集)》,《용주집(龍洲集)-〈우의정 나암 정공 신도비명 병서(右議政懶庵鄭公神道碑銘 幷序)〉》,《우계집(牛溪集)-시장(諡狀), 연보(年譜), 일기(日記)》,《운암록(雲巖錄)》,《은대일록(銀臺日錄)》,《을병조경록(乙丙照鏡錄)》,《이씨 가장(李氏家狀)》,《일월록(日月錄)》,《임진록(壬辰錄)》,《정재집(定齋集)》,《조야기문(朝野記聞)》,《중봉사우록(重峯師友錄)》,《하담파적록(荷潭破寂錄)》,《혼정록(混定錄)》

이상의 전거들을 남인 당론의 시각으로 집록하는 가운데,《동남소사》는 기축옥사를 둘러싼 정치적 공방이 17세기 당쟁으로 이어지게 되는 역사적 연원과 과정, 그리고 그 쟁점들을 잘 보여주고 있다. 특히《동남소사》는 모주(謀主) 길삼봉으로 무함 당한 최영경의 옥사(獄死), 절의를 배척했다는 오명을 쓰고 죽임을 당한 정개청과 그를 제향한 자산서원의 치폐 논란, 그리고 무리한 연좌로 혹독한 고문을 받고 죽임을 당한 이발의 노모와 어린 아들에 대한 책임 문제를 강조 부각시키고 있는데, 이 사건들은 기축옥사의 부당함과 부도덕성을 상징하는 대표적 사례들이자 조선후기 당쟁에서 수많은 논란을 야기한 정치 쟁점들이었다. 이 책이 피화인의 후손 및 해당 지역 유생의 단순 신원 기록을 넘어 조선후기 정치사에 대한 의미 있는 기록서로서 다루어져야 할 이유이다.

각 권별 내용을 살펴보면, 권1은 동·서 분당과 기축옥사의 발발을
다루었으며, 권2는 기축옥사가 확산해 가는 과정을 이발의 노모와 어린
아들의 죽음, 정개청 옥사와 '배절의론(排節義論)', 길삼봉 논란과 최영경
옥사를 통해 보여주었다. 권3은 신묘년(1591) 서인의 실각과 기축옥사
피화인에 대한 신원을 정철·성혼에 대한 삭탈관작, 최영경에 대한 추증(追
贈)과 사제(賜祭), 선조대 후반~광해군 대의 신원운동을 통해 보여주었고,
권4는 자산서원의 훼철과 복설, 이발의 노모와 어린 아들의 죽음을 둘러싼
책임 공방을 통해 17세기 당쟁 과정에서 쟁점화 된 기축옥사의 문제들을
정리하는 한편 지속적인 신원 운동의 결과로 이루어진 피화인의 복관과
포증(襃贈) 내용을 소개하였다. 신원운동은 주로 17세기까지의 기록에
집중되어 있는데, 이는 1694년(숙종20) 갑술환국으로 서인이 권력을 독점
하게 되며 기축옥사 피화인들에 대한 추가적인 신원 문제가 더 이상
정치적 쟁점으로 소환되지 못하였기 때문으로 보인다. 권5·6은 1881년
경 안세영이 집록한 보유편으로서, 기축옥사 피화인들의 행적과 문장
중 수록할 만한 가치가 있음에도 불구하고 기존의 《동남소사》에서 누락된
부분을 새롭게 보완, 집보(輯補)한 것이다. 내용은 대략 《연려실기술》이나
《기축록》의 집록 내용을 초록한 것이 많다. 구체적으로 권5는 기축옥사를
사화로 규정한 가운데 이 사실을 뒷받침할 만한 피화인들의 행적과 이들에
대한 온정적 여론, 서인 가해자들의 부당한 언사와 행적, 그리고 김장생이
지은 〈송강행록(松江行錄)〉을 둘러싸고 성혼과 정철 양가 자제 문도들
사이에 야기된 갈등을 부연하였다. 권6에는 이발·이길의 유문(遺文)과
함께 부록으로 1912년 장석영이 지은 이발의 행장(行狀)과 장석신(張錫藎)이
지은 묘갈명(墓碣銘), 1913년 홍필주가 지은 묘표(墓表), 조중일(趙重日)이
지은 수암서원(秀巖書院)의 봉안문(奉安文), 그리고 1698년 이현일, 1705년
이봉징, 1913년 윤경규(尹庚圭)가 쓴 〈서동암남계이공사실기후(書東巖南溪二

公事實記後)〉가 수록되어 있다.

이상 《동남소사》의 권1부터 권6에 이르기까지 주요 내용을 사안별로 정리해보면 다음과 같다.

2) 《동남소사》의 주요 내용

① 동·서 분당과 기축옥사 발발의 연원

선조 대 정계에 진출한 이들은 거의 대부분 척신 정치에 반대함으로써 '사림'이라는 비교적 동일한 자기 정체성을 가지고 있었다. 사림세력은 국가권력을 이용하여 사적인 이익을 추구하는 권신들의 전횡을 비판하며 성장하였다. 선조 초반 정국을 장악한 사림세력이 가장 시급한 정치적 과제로 꼽았던 것은 구체제의 혁신, 곧 척신 정치의 청산이었다. 외척 심의겸과 신진 김효원의 반목이 정쟁의 주요 사안으로 부각된 것은 이러한 시대적 배경에서 일어난 일이었다.

이 과정에서 이발, 김우옹, 류성룡, 김성일 등 동인은 김효원을 옹호하며 심의겸의 척신적 정치 행보에 대한 비판의 목소리를 높였다. 이들은 심의겸의 친사림적 성향보다 그의 척신적 요소에 주목하여, 어떠한 경우에라도 원천적으로 막아야 한다는 원칙을 고수하였다. 이들은 외척 심의겸이 권간(權奸)이기 때문이 아니라 '권간이 될 가능성' 때문에 정치 일선에서 원천적으로 배제해야 할 존재로 간주하였다. 반면 정철을 위시한 서인은 심의겸의 척신적 요소보다는 사림의 화(禍)를 진정시킨 심의겸의 공로와 친사림적 경향에 더욱 주목하는 가운데 공로가 있고 현능한 인물이라면 함께 정사를 도모할 수 있다고 보았다. 동인과 서인, 양측 사이에서 이이는 동인과 서인의 갈등과 반목을 동일 사류 간에 일어난 일이므로 조정과 화합이 가능하다고 보았다. 그리하여 같은 사류 간에 불거진 서로 다른 의견에 시비(是非)와 사정(邪正)을 분별할 수는 없다는 조제론(調劑論)을 폈다.

1583년(선조16) 계미삼찬(癸未三竄)과 이이의 죽음 이후, 이발을 필두로한 동인 강경론자들은 외척 심의겸과 그를 비호한 정철에 대한 강력한 응징을 주장하였고, 나아가 동인과 서인 간 조제보합을 주장했던 이이에 대해서까지 비판을 가하였다. 그리하여 서인을 외척 심의겸과 서로 생사의 교제를 맺고 안팎으로 서로 의지하면서 성세를 서로 북돋워 붕당을 형성한 무리로 간주, 심의겸을 파직시키고 대부분의 서인에게 영불서용(永不敍用) 조치를 내려 이들을 정치에서 완전히 배제시켰다. 이로써 양측 간의 갈등과 불신이 더욱 증폭된 가운데 1589년(선조22) 기축옥사가 발발하였다.

기축옥사 당시 이발, 이길, 정언신, 백유양, 최영경, 정개청 등 피화인들은 역모의 가담 여부와는 별도로 역적 정여립과 친밀한 교유를 지속했다는 이유로 대부분 역률로 처단되고 가산은 적몰되었으며 처자에 대한 노륙(孥戮)이 시행되었다. 특히 이발·이길의 경우 혈육인 9족에 문생(門生)까지 합해 10족을 멸하였다는 말이 돌 정도로 그 일문이 모두 가혹한 처벌을 받았다. 역적 정여립과 친히 교유하였으니 그의 역모를 몰랐을 리가 없다는 추정만으로 혹형이 가해진 기축옥사는, 그래서 부당하고 불공정한 '원옥(冤獄)'이라는 비판이 내내 뒤따랐다. 기축옥사가 무고한 희생자를 양산하는 방식으로 전개되며, 피화인들은 이 옥사를 정철이 앞장 서 성사시키고 성혼이 옆에서 조종한 무옥(誣獄)이라고 인식하였다. 특히 평소 동인과 첨예한 대립각을 세워왔던 정철이 주요 공격 대상이었는데, 피화인들은 기축옥사의 피해를 전방위적으로 증폭시켰던 낙안 교생(樂安校生) 선홍복(宣弘福)의 공초, 전라도 유생 정암수(丁巖壽)의 상소 등을 모두 정철의 사주로 보아 그에 대한 처벌을 요구하였다.

② 길삼봉(吉三峯) 논란과 최영경의 옥사(獄死)

최영경은 원래 역적 정여립과 긴밀하게 결탁했다는 죄로 투옥되었으나 그 증거가 뚜렷하지 않아 1차 석방되었다. 이러한 석방 명령에도 불구하고, 당시 최영경이 정여립과 평소 친밀히 교유했다는 주장은 정여립이 최영경의 집을 방문한 일이 있다는 소문으로 확대되며 최영경을 더욱 궁지로 몰아넣었다. 여기에 역모의 실질적 모주(謀主) 길삼봉은 최영경이라는 무성한 소문이 더해졌는데, 조정에서는 소문의 진상을 정확하게 파악하기 위해 이 소문을 퍼뜨렸다고 지목된 이들을 불러 신문하였으나 증인으로 소환된 이들이 모두 전해들은 이야기라며 부인하는 바람에 소문의 진원지는 미궁에 빠졌고, 신문을 받던 최영경은 결국 1590년 9월 옥사하였다.

　서인 측에서는 최영경이 곧 길삼봉이라는 소문이 전파될 때 당시 동인으로서 전라 감사였던 홍여순이 경상 감사 김수(金睟)에게 글을 보내 최영경을 체포하게 했으므로, 최영경 죽음의 직접적 책임은 서인이 아닌 동인에게 있다고 주장하였으나, 정인홍을 비롯한 동인 강경론자들은 최영경 죽음의 주모자로서 정철과 성혼을 지목하였다. 신묘년(1591, 선조24) 서인의 실각을 계기로 이들은 최영경의 신원을 주장하는 한편 정철·성혼에 대한 처벌을 집요하게 요구, 관철시켰다. 정철은 1594년(선조27) 최영경에 대한 신원과 함께 최영경을 무고하여 죽였다는 죄명으로 관작이 삭탈되었다. 이후 서인이 주도한 인조반정의 성공 후, 인조 2년(1624) 관작이 복구되었고, 1684년(숙종10) '문청(文淸)'의 시호가 내려졌다가 기사환국으로 1691년(숙종17) 다시 관작을 추탈 당하였으나 1694년(숙종20) 갑술환국과 함께 재차 복관되었다.

　한편 성혼은 기축옥사 당시 원옥(冤獄)을 확산시킨 소인배라는 처음의 죄명에 최영경의 죽음을 배후조종 했다는 죄명이 누차 더해져, 1602년(선조35) 결국 간인(奸人)과 편당하고 국난(國難)에 왕을 저버린 죄명으로 삭탈관작 되었다. 이후 1623년(인조1) 관작이 회복되었고, 1681년(숙종7) 이이와 함께 문묘에 배향되었다가 1689년(숙종15) 남인이 집권한 기사환국으로 출향되었다. 이렇듯 정철·성혼은 선조 대의 동·서 당쟁, 인조 대~숙종

대의 서·남 당쟁을 거치며 집권층의 당색에 따라 포폄의 기복을 겪었다. 이는 서인의 학문적·정치적 한 계보를 형성하였던 정철·성혼에 대한 공격의 지렛대로서 최영경의 옥사가 17세기 당쟁 내내 활용되었음을 보여 준다.

③ 정개청의 '배절의론(排節義論)' 논란과 자산서원(紫山書院)의 치폐

1589년(선조22)에 정여립(鄭汝立)의 모역 사건이 일어나고 그 연루자의 색출이 지방 사류에게까지 확대되는 과정에서, 정개청 또한 1590년 5월 정여립과 동모하고 절의를 배척하는 논설을 지었다는 죄목으로 체포되어 평안도 위원(渭源)에 유배되었다가 다시 같은 해 6월 함경도 경원 아산보(阿山堡)로 이배되고, 7월에 그곳에서 죽었다. 서인은 정여립 역모사건을 처리하는 과정에서 동인 내부에 존재했던 비주자학·반주자학적 학문경향을 부각시켰다. 이는 기축옥사의 처리과정이 절의를 배척하는 역당의 척결이라는 명분 아래 정당하게 진행된 것임을 드러내고자 함이었고, 정개청은 그 상징적 인물이었다.

서인이 '배절의론'으로 지칭한 정개청의 논설은 1584년(선조17)에 지은 《동한절의진송청담설(東漢節義晉宋淸談說)》을 말하는데, 정개청의 문집 《우득록(愚得錄)》에는 〈동한진송소상부동설(東漢晉宋所尙不同說)〉이란 이름으로 실려 있다.

정개청은 이 글에서 후한(後漢) 광무제(光武帝)가 기절(氣節)을 숭상하여 조정의 풍조(風潮)를 이루게 되자 태학생과 사인(士人)들이 청의(淸議)를 조성하여 외척·환관과 격렬한 충돌을 일으켰음을 지적하며, 동한 이래 소위 내용 없는 허명(虛名)의 절의를 비판하였다. 정개청은 자신의 글이 동한의 절의에 대해 논한 주자의 글[5]과 같은 맥락이며 절의의 근본을 배양하려는 내용이라 주장하였던 반면 정철을 비롯한 서인은 정개청의

---

5) 《朱子語類》 卷34, 〈論語16·子謂顏淵曰章〉.

글이 주자의 의리명분에서 벗어난 난역(亂逆)의 반증이라고 주장하였다. 주희와 정개청, 양자의 글을 살펴보면, 주희는 청담에 대한 절의의 가치적 우위를 분명히 하는 가운데 동한의 절의에 내포된 청담의 부정적 요소를 비판하였고, 정개청은 절의와 청담의 가치를 동렬에 두고 양자를 모두 내용 없는 허명(虛名)으로 비판한 차이점이 있다. 명재(明齋) 윤증(尹拯)이 "주자는 절의를 높이 장려하면서 그 말류의 폐단만을 말하였는데, 정개청의 이 설은 그 말류의 폐단만을 들어서 절의 전체를 배척하고 청담설과 나란히 놓아 나라를 망하게 한 죄과로 귀결시켰으니 잘못되었다"[6]고 한 것은 이러한 차이점을 잘 보여주는 평이라 하겠다.

이후 17세기 당쟁에서 송준길(宋浚吉)을 비롯한 서인은 정개청의 논설을 박순(朴淳)에 대한 배사(背師)의 문제와 연결시키는 가운데, 정개청을 제향한 자산서원의 훼철을 주장하였다. 정개청의 논설과 배사 문제, 그리고 자산서원의 치폐 논쟁은 17세기 서·남 당쟁의 주요 쟁점으로 떠올랐다. 그리하여 자산서원은 남인의 집권 시에는 복설되고, 서인의 집권 시에는 훼철되는 등 집권세력의 당색에 따라 수차례의 치폐를 반복, 서원과 당쟁이 연계되는 양상을 전형적으로 보여주었다. 자산서원의 훼철을 통해 서인은, 절의를 배척하고 배사를 자행한 정개청과 그를 옹호하는 남인을 난역의 무리로, 이를 비판하는 서인을 의리명분에 입각해 올바른 치도의 구현에 노력하는 군자로 좌정시키고자 하였다. 나아가 선류를 역당(逆黨)으로 몰아 주륙했다는 정철의 악명(惡名)을 벗기고 그를 명실상부하게 복권시켜, 정철을 추장 옹호하였던 김장생으로부터 송준길·송시열로 이어지는 서인의 학문적·정치적 계통을 정당화하려 하였다. 이에 대해《동남소사》는 자산서원의 거듭된 훼철과 복설을 빠짐없이 기록하는 가운데, 서인의 훼철 주장을 조목조목 비판한 윤선도의 〈국시소(國是疏)〉 주요 부분을 초록하여 그 부당함을 항변하였다.

---

6)《明齋遺稿》,〈答權子定 乙酉一月二日〉.

④ 이발의 노모와 어린 아들의 죽음을 둘러싼 책임 공방

이발의 노모와 어린 아들을 잡아다 중형으로 고문하여 죽인 일은 향후 당쟁에서 치열한 논란을 양산해 낸 사건이었다.

이 일에 대해 동인 측은 정철이 위관일 때 일어난 일이며, 서인이 이 옥사를 얼마나 부도덕하게 확산시켰는지를 상징하는 사건으로 바라보았다. 이에 반해 서인 측은, 이 일은 정철이 위관에서 체직된 후 동인인 류성룡이 위관이 되고 이양원(李陽元)·최흥원(崔興源)이 추관(推官)이 되었을 때의 일이라며, 류성룡이 옥사를 지나치게 엄혹히 다스렸던 까닭에 초래된 일이었음에도 그 허물이 부당하게도 정철과 성혼에게 모아지고 있다고 주장하였다. 임진왜란으로 거의 모든 기록이 유실된 상황에서 이 일은 양측 모두 자신의 주장을 입증하거나 상대편의 주장을 반박할 수 있는 결정적 근거를 제시하지 못한 채, 17세기 당쟁 내내 상대방의 부도덕성을 공격하는 정치적 소재로 사용되었다. 《동남소사》 또한 이 문제에 있어서 서인의 주장을 완전히 배격한 것은 아니지만, 그러한 가운데에서도 류성룡의 고손(高孫) 류후상(柳後常)이 1692년(숙종17)과 1693년(숙종18)에 올린 변무소(辨誣疏)를 초록하여 제시함으로써, 당시의 위관이 류성룡이 아닌 정철이라는 주장에 더 힘을 실어주고 있다.

3. 《동남소사》의 특징과 의의

17세기 조선의 당쟁은 예송과 환국을 둘러싼 서인과 남인의 갈등과 대립으로 전개되었다. 그러다가 1694년(숙종20) 갑술환국으로 남인이 실각한 후 당쟁의 양상은 서인 내부 노론과 소론의 대립과 공방으로 변화하였다. 인조반정으로 중앙 정계에서 북인이 세력을 잃고 퇴출된 뒤, 기축옥사를 소환하여 그 정치적 의미를 재규정하고 피화인들의 신원을 추진해

나갔던 것은 남인이었다. 《동남소사》는 동·서 분당, 기축옥사의 발발과 전개, 무고자(誣告者) 처벌과 피화인(被禍人) 신원 문제를 동인의 시각에서, 그리고 남인의 시각에서 다루고 있다.

사실 수십 종의 다종다양한 문헌들을 집록하였던 까닭에 《동남소사》는 사실 관계의 오류가 적지 않다. 특히 기축옥사의 가해자와 피화인에 대한 처벌과 신원 기록에서 시기별 내용이 사실과 다르게 기록된 부분이 눈에 띈다. 또한 권1부터 권4까지 내용이 대략 시간 순서에 따라 집록되었다고 하지만 이러한 원칙이 엄격하게 준수된 것도 아니다. 일례로 권4 말미에 수록된 정개(鄭忦), 이전(李㙉)이 올렸다는 신원소(伸冤疏) 같은 것은 1820년(순조20) 수암서원(秀巖書院) 건립 기사 뒤에 실려 있어 순조 대 올린 신원소로 생각하기 쉬우나, 그 내용은 1607년(선조40) 유생 양극린(梁克遴) 등이 올린 소와 동일하다. 현재로서는 정개·이전에 대한 정확한 신상 정보를 확인할 수 없으나, 18세기 이후로는 사당이나 서원 건립에 대한 주청을 제외하고 피화인의 신원을 적극적으로 탄원하는 상소가 없었다는 점에서 이 상소를 순조 20년 이후 작성된 것이라고 보기는 어렵다. 나아가 소의 본문에도 "지난해에 정언신(鄭彦信)의 직첩을 돌려주시니"라는 구절이 있는데, 정언신의 직첩을 돌려준 것은 선조 39년 9월의 일이므로, 이 소가 선조 40년 양극린 등의 상소와 동일한 것이거나 적어도 같은 시기에 작성된 소임을 미루어 알 수 있다. 또 이 상소 아래에는 선조 39년 10월에 별좌(別坐) 오익창(吳益昌)이 올린 소가 이어 수록되어 있다. 결과적으로 이 두 상소는 시간 순에 따른 《동남소사》의 편제 원칙이 엄격하게 준수되지 않았음을 보여주는 사례라 할 수 있다.

또한 《동남소사》는 특정 내용을 인용함에 있어 단장취의(斷章取義)를 벗어나지 못한 문제점도 보이고 있다. 기축옥사의 부당함과 부도덕함을 부각시키고자 성문준, 장유 등 서인 측 인사의 말과 글을 빌어 기축옥사가 '사화(士禍)'임을 강조한 부분이 그것인데, 실제 이들의 원문을 찾아보면 인용 내용은 그러한 맥락에서 사용된 용어나 구절이 아니다. 물론 《동남소사》가 원 글을 직접 인용한 것이 아니라 2차, 3차 전거를 통해 간접 인용하고 있으므로 일차적인 책임은 원 글을 처음 인용한 그 누군가에게 있는 것이지만, 《동남소사》 또한 집록 과정에서 인용한 전거에 대한 엄밀한 확인이나 고증을 결여했다는 점에서 그 책임으로부터 자유로울 수는 없다. 다만 이러한 문제는 《동남소사》만의 문제가 아니라 편저 혹은 집록을 통해 구성된 조선후기 당론서들의 공통된 문제점이기도 하다.

이렇듯 《동남소사》는 일관된 형식이나 엄격한 실증성을 갖춘 역사서는 아니다. 오히려 《동남소사》의 남다른 점은 남인 당론서이면서도 그 당론과 정체성에만 매몰되지 않았다는 점, 즉 객관성에서 찾을 수 있다. 당론서는 그 성격상 객관성을 결여하기 쉽다는 점에서 《동남소사》의 이러한 점은 적지 않은 의미를 갖는다. 가령 권1의 주요 내용인 동 · 서 분당의 원인에 대해 《동남소사》는 "동인은 청론을, 서인은 탁론을 주장"하였다는 동인의 시각을 기본적으로 전제하면서도, 이이의 《석담일기(石潭日記)》 중 해당 부분을 다수 초록하여, 이이의 조제보합 노력에 대해 상당한 분량을 할애하여 소개하였다. 앞서 언급했던 이발의 노모와 어린 아들의 죽음을 둘러싼 책임 공방에 있어서도, 《동남소사》는 이를 증명할 수 있는 결정적 증거가 없는 상황에서 섣부르게 서인의 책임이라고 단정 짓지 않되, 그 정황과 이를 둘러싼 상반된 주장들을 보여줌으로써 독자들의 판단을 간접적으로 유도하고 있다. 이는 《동남소사》의 집록자들이 공정한 역사 기록물로서 이 책의 성격과 의의에 유의했던 결과로 보인다.

19세기 후반 안세영에 의해 집록된 권5 · 6에서 이러한 고민의 흔적은 더욱 깊게 나타난다. 권1~4에서 정철과 성혼은 줄곧 기축옥사의 가해자로서 그려지고 있으나, 안세영이 집보한 권5 · 6에서는 가해자로서 정철 · 성혼의 행적은 물론 피화인, 특히 최영경에게 온정적이었던 성혼과 정철의 행적이 함께 집록되어 있다. 안세영은 이를 위한 전거로서, 서인-소론

계열이자 성혼의 외손인 윤선거의 《노서집(魯西集)》과 윤증의 생질인 박태보(朴泰輔)의 《정재집(定齋集)》도 거리낌 없이 인용하고 있다. 그렇다고 해서 안세영이 기축옥사가 사화라는 점을 부정한 것은 아니다. 그러나 19세기 후반 피화인의 신원이 어느 정도 이루어졌고 또 기축옥사가 더 이상 당쟁과 연동한 정치적 쟁점을 형성하지 못하였던 상황에서, 안세영은 사실의 취사선택에 자신의 사견을 가능한 배제하고 사안에 대한 전문(傳聞)을 다양하게 수록하고자 노력하였다. 안세영이 서문에서 정약용이 《수암지》의 아래에 썼다는, "원편(原編)의 여러 조항들은 야승(野乘)에서 나온 것이라고 하지만 당론이 치성한 이후로는 신뢰할 수 없는 내용들"이라는 구절을 인용하며 십분 공감을 표한 것은 《동남소사》를 공정하고 객관적인 편저로 자리매김하고자 한 그의 역사 서술 태도를 잘 보여주는 대목이라 할 것이다.

　이상에서 살펴보았듯이 《동남소사》는 기축옥사의 쟁점과 전말을 17세기 서·남 당쟁의 현장에서 기록하였다는 점에서 피화인의 후손과 지역 유생 차원의 단순 신원운동 기록을 넘어 17세기 조선의 당쟁과 정치사를 조망하는데 도움을 주는 당론서라 할 수 있다. 나아가 공정성과 객관성을 바탕으로 사안에 대한 시각과 입장을 다각적이고 입체적으로 보여주고자 노력하였다는 점에서 《동남소사》는 남인 당론서이되 남인 당론서 그 이상의 가치를 지니고 있다고 하겠다.

　본 번역의 저본은 《朝鮮黨爭關係資料集》 권2(驪江出版社 영인본)를 활용하였다.

번
역

동남소사(東南小史) 간행 서문 | 장석영(張錫英)

무릇 천지가 광대하나 추위와 더위, 재앙과 상서가 그 항상됨을 얻지 못하는 것은 어째서인가? 사람이 진실로 이 점에 유감이 없을 수 없다.[1] 내 일찍이 논하건대 천도가 아득히 멀어 오랜 이후에야 또한 보응이 있게 되니 이는 대개 그렇게 하지 않아도 그렇게 되는 것이다. 지금 사람들이 밭을 갈지 않고 수확도 하지 않은 채 흐린 하늘만 쳐다보며[2] 요행으로 기장과 조를 얻기를 바라거나, 또 오늘 한 가지 좋은 일을 하고 바로 내일 하늘에 보응을 요구하며 "선을 행해도 보답이 없다"고 말하는 것은 모두 망령된 것이다. 진실로 천둥 번개가 우르르 쾅쾅 날마다 하늘 가득 울리며, 악행을 저지르는 자에게는 공격을 가하고 선을 행하는 자에게는 매일 부귀(富貴)와 복택(福澤)을 준다면, 하늘이 또한 어찌 그 허다한 수고로움을 이길 수 있겠는가?

국조(國朝)의 사화(士禍) 중 가혹하기로는 기축년(1589, 선조22)의 옥사가 가장 극심하였다. 하늘이 선류(善類)를 낳아 장차 한 시대를 도야하려 하였는데 또 악독한 귀역(鬼蜮)[3]을 낳아서 유자광(柳子光)이 국사(國史)를

---

1) 천지가 …… 없다 : 이 구절은 《中庸章句》 제12장, "천지의 큼으로도 사람이 오히려 한스러워하는 바가 있다.[天地之大也 人猶有所憾]"에 대한 주희의 집주에 "사람이 천지에 대하여 한스러워한다는 것은 덮어주고 실어주어 낳고 이루어주는 편벽됨과 추위와 더위, 재앙과 상서 같은 것이 그 바름을 얻지 못하는 것과 같은 것이다.[人所憾於天地 如覆載生成之偏及寒暑災祥之不得其正者]"라고 한 것을 변용하여 인용한 것이다.
2) 흐린 …… 쳐다보며 : 《시경》〈정월(正月)〉에 "백성들이 지금 위태로운데, 하늘 보면 흐리기만 하네.[民今方殆, 視天夢夢.]"라고 한 구절을 인용한 것이다.

무란(誣亂)하였고4) 남곤(南袞)·심정(沈貞)이 거짓으로 참언(讒言)의 문자를
지어냈다.5) 유자광·남곤·심정이 합해진 한 사람이 동암(東巖)·남계(南
溪)가 당한 화변6)을 빚어내어, 그물을 펼치고 함정을 설치해 선류들을
죽음으로 몰아넣고 거의 일망타진하였다. 아! 신령한 하늘이 굽어 살펴보는
데도 차마 선류가 주륙을 당하고 당인(黨人)의 계략이 조정에서 이루어질
수 있게 하였으니, 이러고도 천도(天道)가 있다 말할 수 있겠는가?

　비록 그러하나 한 자[尺]의 안개가 하늘을 가려도 태양의 광명을 훼손할
수 없고, 짙은 음기가 온 세상에 가득 차도 깊은 샘 속에 한 번의 우레가
울리듯이,7) 성상께서 돌이켜 깨달아 죄인의 이름을 조정에 내걸었고 많은
선비들이 일제히 호소하여 구천의 깊은 원한이 비로소 풀리게 되었다.
끊어진 후사를 이어주라는 명8)이 성상의 결단으로 내려졌고, 또 귀덕(貴德)

---

　3) 귀역(鬼蜮) : 귀역은 음모를 꾸며 남을 해치는 사람을 비유하는 말이다. 《시경(詩經)》
　　〈소아(小雅)·하인사(何人斯)〉에 "귀신이 되고 물여우가 된다.[爲鬼爲蜮]"라고 한 데서
　　온 말로, 그 풀이에 "물여우는 단호(短狐)라고 하는데 강회(江淮)의 강물에 모두
　　살고 있다. 물여우가 모래를 머금었다가 물속에 비친 사람의 그림자에 모래를
　　뿜으면 사람이 문득 병이 들게 되는데, 그 형체는 보이지 않는다."라고 하였다.

　4) 유자광(柳子光)이 …… 무란(誣亂)하였고 : 유자광은 1498년(연산군4) 무오사화를 주
　　도한 인물로, 본문에서 "국사를 무란"했다는 것은 《성종실록》 편찬 당시 사관(史官)
　　김일손(金馹孫)이 스승인 김종직(金宗直)의 〈조의제문(弔義帝文)〉을 수록한 사실을
　　적발하고 이를 기화로 많은 사림 세력을 제거한 일을 이른다.

　5) 남곤(南袞)·심정(沈貞)이 …… 지어냈다 : 남곤·심정이 기묘사화를 주동할 때, 조광
　　조(趙光祖)를 모함하기 위하여 희빈(熙嬪) 홍씨(洪氏)를 이용해 궁중의 나뭇잎에다
　　꿀로 '주초위왕(走肖爲王)', 즉 조씨가 왕이 된다는 글자를 써서 벌레가 파먹게 해
　　무고했다는 일을 가리킨다.

　6) 동암(東巖)·남계(南溪)가 당한 화변 : 동암은 이발(李潑)의 호이고, 남계는 이발의
　　아우 이길(李洁)의 호이며, 이들이 당한 화변은 기축옥사를 가리킨다.

　7) 깊은 …… 울리듯이 : 주희가 《주역》 〈구괘(姤卦)〉와 〈복괘(復卦)〉에 대한 감흥을
　　읊은 〈재거감흥(齋居感興)〉 제8수의 "붉은 햇볕이 하늘에 퍼지니 미세한 음(陰)이
　　깊은 못에서 싹트고, 추위가 대지를 덮으니 양(陽)의 덕이 깊은 샘 속에서 밝아오네.[朱
　　光遍炎宇, 微陰眇重淵. 寒威閉九野, 陽德昭窮泉.]"라는 구절을 원용한 것이다. 내용은
　　곤괘(坤卦)가 뇌괘(雷卦)를 만나 일양시생(一陽始生)하는 복괘의 상(象)을 형용한 것으
　　로, 깊은 땅 속에서 우레가 일어나듯 폐쇄되었던 기운이 열리어 만물의 활동이
　　시작됨을 의미한다.

의 충성으로9) 조씨의 진짜 고아가 도안(屠岸)의 손아귀에서 벗어난 것10)과
같은 일이 있었으니, 이러한데도 천도가 없다 할 수 있겠는가?

　열수(洌水) 정공(丁公)11)이 이백 년 후에 태어나 조정의 문자와 야승(野乘)
의 기록을 모아 《동남소사(東南小史)》를 지었다. 대개 집안에서나 조정에서
동암·남계 두 공이 보인 행적과 의리 중 기념할 만한 것으로부터 당론으로
붕당이 나뉘고 곧이어 옥사가 이어진 상황, 원통함을 깨끗이 씻어준 성조(聖
朝)의 은전, 동암·남계를 추존하고 보위하는 사림의 의론에 이르기까지
모두 수록하여 그 일목요연하기가 지금의 일을 보는 듯하다. 이를 통해서
천년 후에도 그 선악이 숨을 곳이 없게 되었으니, 이는 곧 하늘이 오랜
후에 보응을 내려준 것이어서, 사람이 하늘에 품었던 유감이 비로소 풀리게
되었다. 공자가 《춘추(春秋)》를 짓자 난신적자(亂臣賊子)가 두려워하였으니,
이는 성인(聖人)의 큰 권한이다. 내가 생각건대, 이 사서(史書)를 지은 것은
동방의 신하된 자로서 악인과 무리지어 선류를 해치는 자들이 경계할

---

8) 끊어진 …… 명 : 《만가보(萬家譜)》 〈광주(光州) 이씨(李氏)〉에는, 인조 12년(1634)
　　가을, 인조의 명으로 이발(李潑)의 8촌 아우 이온(李溫)의 둘째 아들 이종백(李宗伯)을
　　이발의 후사로 삼은 사실이 전한다. 이종백에게는 특별히 별제(別提)의 벼슬이 제수되
　　었으나 출사하지는 않았다고 한다.
9) 귀덕(貴德)의 충성으로 : 이발(李潑)이 멸문(滅門)의 화를 당할 때, 이발의 어머니인
　　윤씨 부인(尹氏夫人)이 여비(女婢) 귀덕(貴德)을 시켜 당시 7세였던 이발의 둘째 아들
　　만수(萬壽)를 몰래 업고 무등산(無等山) 속 주남촌(周南村)으로 들어가 숨게 하였다.
　　이때 만수 대신 귀덕의 5세 된 아들이 대신 잡혀가 화를 당하였다. 《與猶堂全書補遺
　　第2冊·東南小史》
10) 조씨의 …… 것 : 춘추(春秋) 시대 진(晉) 나라 영신(佞臣) 도안가(屠岸賈)가 조순(趙盾)
　　을 무함하여 그의 온 가문을 살해하였다. 조순의 아들 조삭(趙朔)의 아내가 유복자(遺
　　腹子) 조무(趙武)를 궁중(宮中)에 숨겨 놓았는데, 도안가가 수색하여 체포하려고 하였
　　다. 이때 조삭의 벗 정영(程嬰)과 문객(門客) 공손저구(公孫杵臼)가 모의하여 다른
　　아이를 대신 잡히게 하고 조무를 구출함으로써 조씨의 진짜 후손이 보전되었다.
　　《史記 卷43·趙世家》
11) 열수(洌水) 정공(丁公) : 정약용(丁若鏞, 1762~1836)을 이른다. 《동남소사(東南小史)》
　　각 권의 서두마다 '열수 정약용 편집(洌水 丁若鏞 輯)'이라는 문구가 있으므로, 그동안
　　이 책을 정약용의 편저로 간주하는 의견이 많았다. 그러나 여러 정황으로 보아
　　이는 사실이 아닌 것으로 보인다. 자세한 내용은 해제에 정리하였다.

바를 알게 하려는 것이었다. 이병하(李炳夏) 군이 정공(丁公)의 사서를 받들고 목판에 새겨 전하고자 육백 리 길을 와서 나에게 교정과 서문을 청하였다. 내 일찍이 동암 이공의 행장을 지으며 비통해 한 일이 있었으므로 지금의 이 일도 사양하지 못하였다. 이에 받들어 읽고 교정한 후 삼가 글머리에 쓰는 바이다.

태상황(太上皇)[12] 승하 후 4년, 신유년(1921) 맹동(孟冬)에 인주(仁州) 장석영(張錫英)[13]이 삼가 서문을 쓰다.

---

12) 태상황(太上皇) : 조선 제26대 왕 고종(高宗) 이희(李熙, 1863~1919)를 이른다. 1907년 (융희1) 일본의 압력으로 순종에게 양위하고 물러난 후 바뀐 존호로, 1910년 경술국치 이후에는 이태왕(李太王)으로 불렸다.

13) 장석영(張錫英) : 1851~1926. 본관은 인동(仁同), 호는 회당(晦堂)이다. 경상북도 칠곡 (漆谷) 출생으로, 전 형조 참판(刑曹參判) 장시표(張時杓)의 아들이며 조선 후기 성리학의 거두 이진상(李震相)을 사사(師事)하였다. 영남지방의 유림으로 1905년 을사조약이 강제로 체결되자 이승희(李承熙)·곽종석(郭鍾錫) 등과 더불어 《청참오적소(請斬五賊疏)》를 고종에게 올렸다. 1907년(융희1) 국채보상운동이 일어났을 때 칠곡의 국채보상회 회장이 되어 활약하였다. 1912년에는 해외 독립운동의 현황과 해외이주자들의 동태를 기록한 《요좌기행(遼左紀行)》을 저술하였다. 1919년 3·1운동이 일어나자 곽종석(郭鍾錫)·김창숙(金昌淑) 등과 파리강화회의에 독립청원서를 보내기로 하고 청원문 초안을 작성한 후에 유림대표 137명 중 1인으로 서명하였다. 이어 4월 2일 성주(星州) 장날에 독립만세시위를 주도하였다가 체포되어 대구 복심법원에서 금고 2년형을 받고 옥고를 치렀다. 1980년 건국훈장 독립장이 추서되었다.

동남소사(東南小史) 서문 | 안세영(安世泳)

　내가 어려서 일찍이 가친(家親)을 옆에서 모시며 동암(東巖)[1]·남계(南溪)[2] 두 선생의 가화(家禍)가 매우 혹심했음을 들은 일이 있었는데, 이제 열수(洌水)가 집록한 《소사(小史)》에서 그 상세한 내용을 알게 되었다. 옛날에 호를 동암·남계라고 하는 광산(光山) 이씨(李氏) 두 분이 있었는데, 두 분은 형제로서 학문을 숭상하였던 명종·선조 대에 태어났다. 그 문학과 맑은 명망이 일대의 추중을 받았고, 동·서의 당론이 횡행하던 때에 경연에 출입하며 늘 왕도(王道)를 진달하면서 기강을 진작하고 사정(邪正)을 분별하는 것을 자신의 소임으로 삼았다. 정암(靜庵) 조광조(趙光祖)[3]의 옛 정치를

---

1) 동암(東巖) : 이발(李潑, 1544~1589)의 호이다. 이발의 본관은 광산(光山), 자는 경함(景涵), 호는 동암·북산(北山)이다. 김근공(金謹恭)·민순(閔純)의 문인이다. 1573년(선조6) 알성 문과에 장원 급제, 1583년 부제학을 역임하고 이듬해 대사간에 이르렀다. 동인의 선봉에서 정철(鄭澈)의 처벌 문제에 강경론을 주도하였다. 1589년 기축옥사 때 장살(杖殺)되었다. 계해년(1623, 인조1)에 신원되었고, 1694년(숙종20) 이조 참판이 추증되었다.

2) 남계(南溪) : 이길(李洁, 1547~1589)의 호이다. 이길의 본관은 광산(光山), 자는 경연(景淵), 호는 남계(南溪)이다. 이중호(李仲虎)의 아들이고, 이발(李潑)의 아우이다. 1577년(선조10) 태묘별시 문과(太廟別試文科)에 급제하고, 사인을 거쳐 벼슬이 응교에 이르렀다. 1589년 기축옥사 때 희천에 유배되었다가 이후 장살(杖殺)되었다. 계해년(1623, 인조1)에 신원되었고, 1694년(숙종20) 부제학이 추증되었다.

3) 정암(靜庵) 조광조(趙光祖) : 1482~1519. 본관은 한양(漢陽), 자는 효직(孝直)이다. 17세 때 무오사화로 희천에 유배 중이던 김굉필에게 수학하였다. 1515년(중종10) 안당의 천거로 관직에 나아갔고, 장경왕후 사후 계비 책봉문제가 거론될 때 정언으로서 김정과 박상을 옹호하고 박원종의 처벌을 상소했다가 이행의 탄핵을 받았다. 1518년 대사헌이 되어 도학정치(道學政治)의 실현을 위해 각종 개혁을 단행하다 1519년

회복하려는 뜻을 품고 구차하게 영합하려는 뜻이 조금도 없었으므로, 두 분을 좋아하지 않는 자들이 많아져서 한쪽 편 사람들의 무수한 질시를 받은 것은 당연한 결과였다.

마침 기축년(1589, 선조22)의 옥사가 조정의 신료 사이에서 일어나자, 평소 흉악한 짓거리를 일삼던 무리들이 활개를 치며, 이때다 싶어 사방에 덫을 펼쳐 백방으로 얽고 무함하여 한때의 어진 사대부 가운데 조금이라도 명성이 있는 사람이면 모두 억울하게 화를 입었으니, 두 공이 먼저 일망타진의 재앙을 입은 것은 또한 필연의 형세였다. 한 가문에서 늙은이든 젊은이든 가루가 되어 남은 사람 하나 없었으니, 사림이 만난 재앙으로서 고금 천하에 어찌 이와 같이 참혹하고 혹독한 재앙이 있었단 말인가? 천도(天道)가 무지하다는 것이 이를 통해 증명되어서 백세 뒤까지도 사람으로 하여금 기가 막혀 궁구할 바를 알지 못하게 한다.

이후 비록 원통함을 씻어주고 관작을 돌려주며 벼슬을 추증하고 정려를 내리려 할 때가 되었지만 이 집안의 진짜 고아는 자취를 숨기고 도피하여 그 소식을 알 수 없었으므로 끊어진 후사를 잇게 하라는 명령이 인묘(仁廟)의 탑전(楊前) 하교에서 나왔다.[4] 그리하여 그 양자(養子)의 먼 자손들이 가느다란 실처럼 명맥을 이어가서 사는 것이 마치 새벽 별빛이 서로를 바라보는 듯[5]하며 호남 지방의 고가(古家)에서나 겨우 동암·남계의 호를 전하게 되었을 뿐이니, 이를 일러 "천도가 앎이 있다"고 할 수 있겠는가?

오랜 세월이 흘러 상전벽해(桑田碧海)처럼 세상이 변했으므로 기(杞)·송(宋)의 문헌처럼 입증할 만한 것은 없었으나[6] 후대의 군자로서 또한 의기를

기묘사화의 발발과 함께 사사되었다.

4) 인묘(仁廟)의 …… 나왔다 : 인조 12년(1634) 가을, 이발(李潑)의 8촌 아우 이온(李榲)의 둘째 아들 이종백(李宗伯)을 이발의 후사로 삼은 사실을 이른다. 《만가보(萬家譜)·광주(光州) 이씨(李氏)》

5) 새벽 …… 듯 : 새벽 무렵 별들이 빛을 잃어 가면서 서로 멀리 떨어져서 반짝이다 사라지는 것처럼 쓸쓸한 상황을 표현할 때 쓰는 말이다.

6) 기(杞)·송(宋)의 …… 없었으나 : 기(杞)는 하후씨(夏后氏)의 후예인 동루공(東樓公)을

숭상하고 경모(景慕)의 마음이 지극한 이가 있어 남겨진 향기로운 시문(詩文)
과 결문(缺文)이 있는 찢어진 종이를 수습하여 약간 편(若干篇)을 이루었다.
그러나 공사(公私)의 문적(文蹟)을 가릴 것 없이 사이사이 잘못 전해진
사실들이 많아 그 내용을 모두 신뢰할 수 있는 것은 아니다. 그래서 열수(洌
水) 정공(丁公)이 나경(羅炅)7)이 편찬한 《수암지(秀巖誌)》8)의 아래에, "원편
(原編)의 여러 조항들은 '야승(野乘)에서 나온 것'이라고 하지만 당론이
치성한 이후로는 신뢰할 수 없는 내용들이다."라고 쓴 것은 헛된 말이
아니다.

　광산(光山) 이씨 일족은 화변을 겪은 이후 약 삼백 년 동안 영락하여
일어나지 못하다가 이제야 비로소 다른 이들이 가지고 있던 동암·남계의
사적(事蹟)을 간행하여 후손들이 많은 생각을 하도록 경계하였다. 신사년
(1881, 고종18) 봄, 동암의 후손 승필(承弼)이 족인(族人) 원기(遠基)의 부탁을
가지고 이 궁벽하고 누추한 곳을 찾아왔다. 그때 열수가 집록한 《소사(小
史)》한 권을 베껴와 책상 위에 두었는데, 대략 아첨하는 견해가 주제넘게

봉하여 우(禹)임금의 제사를 받들게 한 나라이고, 송(宋)은 주왕(紂王)의 서형(庶兄)인
미자(微子)를 봉하여 탕(湯)임금의 제사를 받들게 한 나라로 각각 하(夏) 나라와
은(殷) 나라를 이었던 나라이다. 공자가 이들 나라에서 하나라와 은나라의 예를
상고하려 하였으나, 기나라와 송나라에 문헌이 부족하여 고증할 수 없음을 탄식하였
다는 고사가 전한다. 《論語·八佾》
7) 나경(羅炅) : 본관은 나주(羅州), 자는 창서(昌瑞), 호는 부암(浮庵)·금호(錦湖)이다.
　나사침(羅士沈)의 후손이다.
8) 수암지(秀巖誌) : 전라남도 강진군(康津郡)에 있는 수암서원(秀巖書院)의 건립 전말(顚
末)과 이곳에 배향(配享)되어 있는 광산 이씨(光山李氏) 집안 오현(五賢)의 일고(逸稿)
및 행록(行錄) 등을 모아 엮은 책이다. 활자본 2권 1책이다. 오현 중의 한 사람인
이조원(李調元)의 14대손 규하(奎夏)가 편집하였다. 권1은 서원의 건치(建置)에 관련되
는 유문(諭文)·통문(通文)·봉안문(奉安文)·정문(呈文)·제역절목(除役節目)·완문
(完文)·상량문(上樑文) 등을 싣고, 이어 필문선생일고(篳門先生逸稿), 청심당선생일
고(淸心堂先生逸稿), 이소재선생부록(履素齋先生附錄), 동암·남계양선생일고(東巖南
溪兩先生逸稿)를 수록하였다. 필문은 이선제(李先齊), 청심당은 이조원(李調元), 이소
재는 이중호(李仲虎), 동암은 이발(李潑), 남계는 이길(李洁)의 호이다. 권2에는 양선생
일고(兩先生逸稿)의 부록으로서 연보(年譜)·연설(筵說)·문견록(聞見錄)·양선생사
실기(兩先生事實記) 등을 실었다. 책머리에 유치명(柳致明)의 서문이 실려 있다.

첨록되어 순서 없이 뒤섞이는 것을 면치 못하였고, 또한 일찍이 살펴보았던 사람들의 문고(文藁) 중 의미가 있음에도 수록되지 못한 것이 적지 않았다.

지금 이 일은 삼백 년 동안 미처 거행하지 못한 일인데, 감히 평소 의기가 비슷한 이들의 생각에 사이사이 나의 뜻을 첨부하되 여러 방면으로 근거를 검토하고, 사가(史家)의 서례(書例)를 따라 서두(書頭)마다 상국(上國)의 연호와 본조의 세차(世次), 월(月), 일(日)을 써서 표장(表章)하였다. 처음에는 당론이 서로 각축한 일을 말하고, 중간에는 옥사가 만연해진 일을 말하였으며, 끝에 가서는 번안(飜案)9)과 신리(伸理)10)한 일을 말하였다. 각 집안의 전기(傳記)에 나온 잡록(雜錄)과 조보(朝報)에서 나온 소차(疏箚)들을 대략 초록하여 4편의 책으로 만들고, 또한 남겨진 문장과 빠진 행적 중에 추가로 넣을 만한 것과 사당을 세우고 제향하였을 때의 문적 중 살펴볼 만한 것을 모아 5편을 만들었다. 열수가 집록한 바를 따르되 대략 다시 부연하였으므로, 교열의 이름을 감히 사양하지 못하는 바이다.

신사년(1881, 고종18) 2월 초순, 후학 순흥(順興) 안세영(安世泳)이 삼가 서문을 쓴다.

---

9) 번안(飜案) : 옥안이 뒤집어진다는 뜻으로, 여기서는 기축옥사가 무옥(誣獄)임이 밝혀졌음을 이른다.
10) 신리(伸理) : 시비곡직(是非曲直)의 사리를 밝히는 것을 이른다.

【권1】
동·서분당과 기축옥사의 발발

열수(洌水) 정약용(丁若鏞) 편집

　대명(大明) 가정(嘉靖)1) 23년 갑진년(1544) -중종(中宗) 39년-, 이동암(李東巖) 공이 외가 해남(海南) 백련동(白蓮洞) 윤씨(尹氏) 집에서 태어났다. -어머니 윤씨는 귤정(橘亭) 윤구(尹衢)2)의 딸이다.- 이름은 발(潑)이고, 자(字)는 경함(景涵) 이며, 동암은 호(號)이다.

　이씨는 광산(光山)인으로, 광주(光州) 이장(泥場) 만산(萬山) 장자동(長子洞) 에서 대대로 살다가 공이 남평(南平) 원적동(元積洞)3)으로 옮겨 거처하였는 데, 지금 그 남은 터가 지석강(砥石江) 가에 있다. 부제학 이중호(李仲虎)4)의 아들이다. -〈이씨 가장(家狀)〉에 보인다.-

---

1) 가정(嘉靖) : 명나라 황제 세종이 사용하던 연호로(1522~1566), 조선은 중종 17년부터 명종 21년까지의 시기에 해당한다.
2) 윤구(尹衢) : 1495~?. 본관은 해남(海南), 자 형중(亨仲), 호 귤정(橘亭)이다. 할아버지 는 윤경(尹耕)이며, 아버지는 생원 윤효정(尹孝貞)이다. 홍문관 수찬·춘추관 기사관 등을 역임하였다. 1519년(중종14) 기묘사화(己卯士禍) 때 삭직되었다. 남해(南海) 향사 (鄕祠)에 봉안되었다. 저서로 《귤정유고(橘亭遺稿)》가 있다.
3) 원적동(元積洞) : 현 전라남도 나주시 남평읍에 소재한 이발 집안의 세거지로, 이발의 증조부 이달선(李達善)이 연산군 때 낙향하여 터를 잡았다.
4) 이중호(李仲虎) : 1516~1583. 본관은 광산(光山), 자는 사문(士文)이다. 호산(湖山) 이공 인(李公仁)의 아들이다. 1552년(명종7) 식년문과에 급제하였다. 도승지, 이조 참판, 전주 부윤, 전라도 관찰사를 역임하였다.

가정 29년 경술년(1550) -명종(明宗) 5년-, 남계(南溪) 공이 태어났다.5)
이름은 길(洁)이고, 자는 경연(景淵), 이발의 동생이다. 공의 형제는 나면서
효성이 지극하였다. 부모가 평소에 질병이 많아서 형제는 옷의 띠를 풀지
않고 항상 곁에서 모시면서 약과 음식을 올리는 일을 일찍이 노복들에게
맡긴 적이 없었다. -김시양(金時讓)의 《하담록(荷潭錄)》에 보인다.- 공의 형제는
네 명으로, 장남은 이급(李汲)이고, 막내는 이환(李渙)이다. 한 방에서 함께
거처하며 우애가 돈독하고 지극하니, 사람들이 헐뜯는 말을 하지 않았다.

융경(隆慶)6) 원년(元年) 정묘년(1567) -명종 22년-, 남계공이 18세의 나이로
식년(式年) 진사시(進士試)에 합격하였다. 융경 2년 무진년(1568) -선조(宣祖)
원년-, 동암공이 25세의 나이로 증광(增廣) 진사시에 합격하였다. -전거는
위와 같다.- 만력(萬曆)7) 원년 계유년(1573) -선조(宣祖) 6년-, 동암공이 30세의
나이로 알성 문과(謁聖文科)에 장원급제하였다.

만력(萬曆) 2년 갑술년(1574) -선조 7년- 가을, 7월에 이발이 이조 좌랑(吏曹
佐郎)이 되었다. 이발은 젊어서부터 학문에 뜻을 두고 마음가짐이 구차하지
않아 자못 깨끗한 명성이 있었다. 율곡(栗谷) 이이(李珥)가 힘껏 요로에
추천하여 출신(出身)한 지 얼마 되지 않아 청요직에 제수되니 인망이 매우
두터웠다. -《석담일기(石潭日記)》에 보인다.-

이발은 사람됨이 중후하고 엄정하였으며, 어릴 때부터 학술에 뜻을

5) 경술년(1550) …… 태어났다 : 본문에서는 이길(李洁)이 태어난 해가 1550년(명종5)으
로 되어 있으나 《국조문과방목(國朝文科榜目)》에는 1547년(명종2)으로 되어 있다.
6) 융경(隆慶) : 명나라 황제 목종이 사용한 연호로(1567~1572), 조선은 명종 22년부터
선조 5년까지의 시기에 해당한다.
7) 만력(萬曆) : 명나라 신종(神宗, 1563~1620)이 사용한 연호로(1573~1619), 조선은 선
조 6년부터 광해군 12년까지의 시기에 해당한다.

두고 척암(惕庵) 김근공(金謹恭)[8]과 습정(習靜) 민순(閔純)[9]의 문하에 나아가
배웠다. 최영경(崔永慶)[10]과 가장 친하였고, 홍가신(洪可臣)·허상(許鏛)·
박의(朴宜)·윤기신(尹起莘)·김영일(金榮一)·김우옹(金宇顒) 등과 뜻을 같
이하는 벗이 되니, 모두 원대한 인물이 될 것을 기대하였다. 알성시(謁聖試)
에서 장원으로 급제하자, 화려한 소문이 자자하니, 곧 이조 전랑에 제배되어
사론(士論)을 주도하였다. 조정암(趙靜庵)의 옛 정치를 회복하고자 경연에
출입하며 매번 왕도를 진달하여 기강을 진작하고 사정(邪正)을 분변하는
것을 자신의 임무로 여겼고 구차하게 부합할 뜻이 조금도 없었다. -《괘일록
(掛一錄)》에 보인다.-

이때 심의겸(沈義謙)[11]과 김효원(金孝元)[12]이 서로 대립하고 있다[13]는

---

8) 김근공(金謹恭) : 1526~1568. 본관은 강릉(江陵), 자는 경숙(敬叔), 호는 척암(惕菴)·척
   약재(惕若齋)이다. 이소재(履素齋) 이중호(李仲虎, 1512~1554)에게 배웠고 동몽훈도
   (童蒙訓導)를 지냈다. 아내 송씨(宋氏)는 참판을 지낸 규암(圭菴) 송인수(宋麟壽)의
   서매(庶妹)이다.
9) 민순(閔純) : 1519~1591. 본관은 여흥(驪興), 자는 경초(景初), 호는 행촌(杏村)·습정
   (習靜)이다. 고양(高陽) 출신으로 서경덕(徐敬德)의 문하에서 배웠다. 효행으로 천거되
   어 관직에 진출하였고, 관직에서 물러난 후에는 고향인 고양에서 학문과 교육에
   전념하였다. 고양의 문봉서원(文峯書院)과 개성(開城)의 화곡서원(花谷書院)에 제향
   되었다. 문집으로 《행촌집(杏村集)》이 있다.
10) 최영경(崔永慶) : 1529~1590. 본관은 화순(和順), 자는 효원(孝元), 호는 수우당(守愚堂)
    이다. 조식(曺植)의 문인이다. 1589년 정여립의 모반 사건 때, 그가 곧 역모의 주모자
    길삼봉이라는 무고를 받고 투옥되어 문초를 받다가 옥사했다. 1593년(선조26) 정철이
    사망한 후 그가 양천경(梁千頃)을 사주해 길삼봉에 관한 말을 퍼뜨리고 이로써
    최영경을 무함해 죽였다는 주장이 전면화 되었고, 마침내 1594년(선조27) 그 관직이
    추탈되었다. 최영경은 정철의 관작이 추탈되었던 1594년 신원되어 대사헌(大司憲)에
    추증되었고, 사제(賜祭)의 특전을 받았다. 정인홍(鄭仁弘)을 비롯한 북인(北人) 측은
    최영경의 죽음을 두고 성혼(成渾)이 정철(鄭澈)을 사주하여 죽인 것이라 여겼으므로,
    이후로도 이 문제를 서인에 대한 집요한 공격의 계기로 활용하였다.
11) 심의겸(沈義謙) : 1535~1587. 본관은 청송(靑松), 자는 방숙(方叔), 호는 손암(巽菴)이
    다. 명종의 비인 인순왕후(仁順王后)의 동생으로, 자신이 척신(戚臣)이면서도 척신의
    전횡을 비판하고 사림을 옹호하였다. 1562년(명종17) 문과에 급제한 후 병조 좌랑·정
    언·제학·동부승지·대사간·이조 참의 등을 역임하였다. 김효원(金孝元)과 함께

말들이 날로 심해져 조정 여론이 시끄러웠다. 대사간 정지연(鄭芝衍)이 이이에게 묻기를,

"의론(議論)이 어지러우니 장차 어떻게 대처할 것이오?" 하니, 이이가 말하기를,

"이는 이조 전랑 직에 걸맞은 사람을 얻지 못했기 때문입니다. 다만 이 일은 조용하게 진정시켜야 할 일이므로 끝까지 논박하여 공격해서는 안 됩니다. 박근원(朴謹元)만은 그가 한 일이 사람들의 마음에 흡족하지 않으므로 아뢰어 체직시키는 것이 좋겠고, 궐석이 되는 이조 전랑에는 공평한 사람을 얻어 채우면 정사에 체통이 있게 될 것입니다. 인백(仁伯, 김효원의 자)은 스스로 외직에 보임되기를 구한다면 무사할 수 있을 것입니다." 하였다. 정지연이 매우 옳다고 여기고 박근원만 논박하려 했는데 동료들의 의론은 전관(銓官)14) 모두를 논박하려 하였다. 그 의논이 극심하여 정지연이 제지하지 못하였다.15) 이는 대개 이조 좌랑 이성중(李誠中)과

동·서 분당의 시발점이 된 인물로 일컬어진다. 김효원과 함께 외직으로 밀려나 개성 유수·전라 감사 등을 지냈다. 1580년 다시 등용되었다가 정인홍(鄭仁弘)의 탄핵을 받고 파직되었다. 청양군(靑陽君)에 봉해지고 나주 월정서원(月井書院)에 제향되었다.

12) 김효원(金孝元) : 1542~1590. 본관은 선산(善山), 자는 인백(仁伯), 호는 성암(省菴)이다. 조식·이황의 문인이다. 1564년(명종19) 진사가 되고, 1565년 알성문과에 장원으로 급제해 병조 좌랑·정언·지평 등을 역임했다. 심의겸과 함께 동·서 분당의 시발점을 형성한 인물로 손꼽히나, 그 자신은 당쟁이 점차 격화하자 책임을 느끼고 시사에 대해서 전혀 언급하지 않았다고 전해진다. 이조 판서에 추증되고, 삼척 경행서원(景行書院)에 제향되었다. 저서로 《성암집(省庵集)》이 있다.

13) 서로 …… 있다 : 1572년(선조5) 김효원이 이조 전랑에 천거되었으나, 당시 이조 참의였던 심의겸(沈義謙)이 반대하는 일이 있었다. 이후 김효원은 1574년(선조7) 조정기(趙廷機)의 추천으로 결국 이조 전랑이 되었으나, 사림 내에서는 처음 김효원의 추천을 거부하였던 척신 심의겸에 대한 의심과 비판이 고조되기 시작하였다. 여기에 1575년(선조8) 심의겸의 동생 심충겸이 이조 정랑으로 추천되자, 정랑의 관직은 척신의 사유물이 될 수 없다는 여론 속에 이발(李潑)이 그 자리를 대신함에 따라 사림 내 동인과 서인의 반목과 갈등이 본격적으로 전개되었다.

14) 전관(銓官) : 문·무 관원을 선발하는 일을 맡아보던 이조와 병조의 관원을 이른다. 여기에서는 이조 참판 박근원을 위시한 이조의 전관을 가리킨다.

허봉(許篈)이 모두 김효원과 우의가 깊었기 때문에 이들을 공격하여 그 세력을 꺾으려고 한 것이었다. 이에 참판 이하를 다 체직하니, 젊은 사류들이 모두 의심하고 원망하였다. -《석담일기(石潭日記)》에 보인다.-

만력 3년 을해년(1575) -선조 8년- 동인과 서인의 분당이 일어났다. 이에 앞서 조정에서는 을사사화(乙巳士禍)[16]를 경계로 삼아, 외척을 배척하는 것이 매우 심하였다. 이때에 이르러 심의겸을 지목하여 서인이라 했고,

15) 박근원만 …… 못하였다 : 좌의정 박순이 황해도 재령군에서 종이 주인을 죽인 사건의 위관이 되었는데, 대사간 허엽, 사간 김효원 등이 사건의 처리를 두고 박순을 추고하도록 청하였다. 이에 사헌부 대사헌 김계휘와 정언 조원이 양사에서 대신을 추고하는 것은 잘못이라고 반박하였고, 이이는 김계휘 등의 주장에 동의하여, 김계휘, 조원을 제외한 양사의 관원을 모두 체직시킬 것을 주장하였다. 결국 허엽, 김계휘 등이 모두 물러나고 조원만 출사하는 것으로 일단락되었으나, 이후 동인의 공세 속에 김계휘는 평안감사로, 이후백은 함경감사로 나갔다. 이때 김계휘·이후백의 좌천 인사를 주도하여 허엽·김효원을 옹호한 것이 당시 이조 참판 박근원, 이조 좌랑 이성중(李誠中)·허봉(許篈) 등이었는데 이들 중 허봉은 허엽의 아들이었고 박근원·이성중은 동인으로서 허엽·김효원과 같은 정치적 입장을 견지하고 있었다. 이에 서인은 이조가 사정(私情)을 따라 정사를 잘못 처리했다는 비판을 제기했고 동·서의 정치 대립은 심화되었다. 이러한 상황에서 정지연과 이이가 박근원을 본보기로 탄핵하여 이 갈등을 무마하려 하였으나, 서인 쪽에서는 박근원을 포함한 전관(銓官) 모두를 논박하는 것으로 논의를 확대하여 박근원·이성중·허봉 등을 체직시켰다. 이성중·허봉은 김효원의 친밀한 벗이었으므로 동인은 전관에 대한 탄핵을 김효원 세력을 축소시키기 위한 서인 측의 공격 때문이라고 보고 불만이 고조되어 갔고, 이로써 동·서 갈등은 더욱 노골적으로 표면화되기 시작했다. 《宣祖修正實錄 8年 8月 1日, 9月 1日》

16) 을사사화(乙巳士禍) : 1545년(명종 즉위년) 왕실 외척인 소윤(小尹) 윤원형(尹元衡) 일파가 대윤(大尹) 윤임(尹任) 일파를 제거한 사건을 이른다. 1534년 문정왕후가 경원대군(慶原大君), 즉 후일의 명종을 낳자 동궁을 둘러싼 대윤 세력과 경원대군을 둘러싼 소윤 세력 간에 왕위 승계를 둘러싼 갈등이 고조되면서 을사사화가 발생하였다. 윤원형 일파는 택현설(擇賢說)을 빌미로 윤임 일파를 제거하기 위한 대규모의 옥사를 일으켰고, 이로 인해 윤임(尹任)·유관(柳灌)·유인숙(柳仁淑) 등이 탄핵 당하였다. 을사사화 이후에도 고변과 옥사가 계속 이어져, 1547년 9월의 양재역(良才驛) 벽서(壁書) 사건, 1548년 2월 사관(史官) 안명세(安名世) 피화 사건, 1549년 4월 이홍윤(李洪胤) 역모 사건 등이 잇달아 일어났고, 윤원형 등 척신 세력은 이를 기화로 자신들에게 비판적이었던 사림 세력을 정치적으로 숙청해 나갔다.

김효원을 지목하여 동인이라 하였다.[17) 심의겸을 편드는 사람으로는 정철
(鄭澈)·윤두수(尹斗壽)·장운익(張雲翼)·이해수(李海壽) 등이었는데, 모두
척리(戚里)[18)였다. 김효원을 편드는 사람으로는 이산해(李山海)·허엽(許
曄)·이발·김응남(金應南)·백유양(白惟讓) 등이었는데, 모두 명류(名流)였
다. 그 나머지 사람들은 모두 다 기록하지 못한다. 동인은 청론을, 서인은
탁론을 주장하여 김효원이 우세를 점하고 심의겸은 열세에 처한 가운데
서로 알력이 심하였다. ─안연석(安鍊石)의 〈논당원류(論黨源流)〉에 보인다.─

이이가 조정(調停)할 계책을 세우고 정승 노수신(盧守愼)[19)에게 말하여,
두 사람을 외직에 보임시킬 것을 건의하였다. 그리하여 심의겸을 개성
유수(開城留守)에, 김효원은 삼척 부사(三陟府使)에 임명하였으나 당론은
더욱 격화되었다.[20) 동인은 이이가 반은 옳고 반은 틀린다는 논의를 주창하

---

17) 심의겸을 …… 하였다 : 김효원의 집이 서울 동쪽 낙산(駱山) 밑 건천동(乾川洞)에
   있어서 동인이라고 불렸으며, 심의겸의 집은 서쪽 정릉방(貞陵坊)에 있었기 때문에
   서인으로 불렸다.
18) 척리(戚里) : 임금의 내척(內戚)과 외척(外戚)을 이른다.
19) 노수신(盧守愼) : 1515~1590. 본관은 광주(光州), 자는 과회(寡悔), 호는 소재(蘇齋)·이
   재(伊齋)·암실(暗室)·여봉노인(茹峰老人)이다. 1543년 식년문과(式年文科)에 장원으
   로 급제하였고, 인종 즉위 후 정언(正言)으로 재직하며 이기(李芑)를 논핵, 파직시켰다.
   을사사화 때 파직, 1547년(명종2) 순천(順天)에 유배되었다. 양재역 벽서사건(良才驛壁
   書事件)으로 가중 처벌되어 진도(珍島)로 이배, 19년 동안 귀양살이를 하였다. 1567년
   선조가 즉위하자 다시 등용되어 1585년에 영의정에 이르렀다. 1589년 기축옥사
   때 과거 정여립(鄭汝立)을 천거하였다 하여 파직되었다.
20) 심의겸을 …… 격화되었다 : 동·서의 갈등이 표면화되기 시작하자 1575년(선조8)
   이이는 좌의정 노수신과 상의하여 심의겸과 김효원을 모두 외방으로 내보내 의론을
   진정시키고자 하였다. 이에 김효원은 함경도 경흥 부사(慶興府使)에, 심의겸은 개성
   유수(開城留守)에 임명되었는데, 이러한 조치는 당초 이이의 의도와는 달리 오히려
   당쟁을 부추기는 결과를 가져왔다. 개성에 비해 함경도 경흥은 외진 곳이었기
   때문에 서인을 우대하고 동인을 홀대한 것으로 받아들여져 동인의 반발이 극심했기
   때문이다. 이에 이이가 김효원을 삼척 부사(三陟府使)로 옮기게 하였으나, 서인의
   공세 속에 김효원을 지지하던 이성중·정희적·노준 등까지 외직으로 밀려나자
   이이는 동인의 비판을 받고 한동안 칩거하게 되었다. 그러자 정철(鄭澈)·구봉령(具鳳
   齡)·신응시(辛應時)·이해수(李海壽) 등 서인은 김효원을 소인으로 규정하며 동인에

였다고 하면서, 그를 가리켜 '심의겸 당[沈黨]'이라고 하였다.

이때 정여립(鄭汝立)[21]이 경오년(1570, 선조3) 과거에 급제했으나, 관직을 버리고 고향으로 돌아가 글 읽는 것으로 명성을 쌓았다. 때때로 파산(坡山, 경기도 파주)에 머물면서 이이·성혼(成渾)과 종유(從遊)하며 학문을 논하였고, 이이와 성혼은 벗들에게 그를 칭찬하였다. 이 때문에 정여립의 명망이 조야에 높아져서 한 도의 많은 선비가 소문을 듣고 그 문하에 출입하게 되자 여립은 죽도선생(竹島先生)으로 불리기에 이르렀다. ─이정귀 (李廷龜)의 《월사집(月沙集)》과 안방준(安邦俊)의 《기축기사(己丑記事)》에 보인다.─

만력 4년 병자년(1576) ─선조 9년─ 봄 2월, 이발이 이조 전랑에서 체직되고, 이이가 관직을 버리고 고향으로 돌아갔다. 조정의 논의가 곧 격렬해져 김효원을 엄히 다스리려 하자 이이가 극력 저지하고, 또 이발을 끌어들여 이조 전랑에 임명하였다. 시배(時輩)가 윤현(尹晛)[22]을 이조 전랑에 천거하려 하니 이이는 속으로 윤현이 전랑직에 적합하지 않다는 것을 알았으나

대한 공세를 한층 강화해 나갔다. 《石潭日記·萬曆四年丙子》, 《松江集·年譜上》

21) 정여립(鄭汝立) : 1546~1589. 본관은 동래(東萊)이고, 자는 인백(仁伯)이다. 전라북도 전주에서 첨정(僉正)을 지낸 정희증(鄭希曾)의 아들로 태어나 경사(經史)와 제자백가에 통달하였다. 1570년(선조3) 식년문과에 을과로 급제한 뒤 1583년(선조16) 예조 좌랑을 거쳐 이듬해 홍문관 수찬(修撰)이 되었다. 관직에서 물러난 후, 진안군의 죽도(竹島)에 서실(書室)을 세워 활쏘기 모임[射會]을 여는 등 사람들을 규합하여 대동계(大同契)를 조직하였고, 1587년 왜선들이 전라도 손죽도(損竹島)에 침범했을 때는 당시 전주부윤 남언경(南彦經)의 요청에 응하여 대동계를 동원, 이를 물리치기도 하였다. 1589년 황해도 관찰사 한준과 안악 군수 이축, 재령 군수 박충간 등이 연명하여 정여립 일당이 한강이 얼 때를 틈타 한양으로 진격하여 반란을 일으키려 한다고 고변하였는데, 이것이 이른바 기축옥사의 시작이었다. 관군의 포위망이 좁혀오자 정여립은 아들 옥남(玉男)과 함께 죽도로 도망하였다가 자살하였다고 전해진다.

22) 윤현(尹晛) : 1536~1597. 본관은 해평(海平), 자 백승(伯昇), 호 송만(松巒)이다. 윤담수 (尹聃壽)의 아들이다. 작은아버지 윤두수(尹斗壽)·윤근수(尹根壽)와 함께 삼윤(三尹) 으로 불렸다. 진도 군수 이수(李銖)에게 뇌물을 받은 혐의로 김성일을 비롯한 동인의 논핵을 받았다.

조제(調劑)를 위해 감히 말리지 못하였고, 또 생각하기를, 이발이 전랑으로 있으니 윤현의 사사로운 행위를 제어할 수 있을 것이라고 여겼다

윤현이 이조 전랑이 되자 이발이 마침 도승지 지이조(都承旨知吏曹) 박호원 (朴好元)과 동서(同壻)가 되어 상피(相避) 규정의 적용을 받게 되었다. 고사(故 事)에 따르면 이럴 경우 도승지의 지이조를 갈아 다른 조(曹)의 일을 맡도록 하고 이조 전랑은 체직하지 않았으므로, 승정원에서 박호원의 지이조를 갈고 다른 조를 맡게 하도록 청하였다. 그런데 주상이 말하기를, "이발은 체직시키지 못할 사람이 아니다." 하고 마침내 이발을 체직시키니 윤현이 비로소 권력을 휘두를 수 있게 되었다. -《석담일기(石潭日記)》에 보인다.-

이이가 김우옹에게 말하기를,

"계함(季涵)²³⁾이 청명(淸名)으로 세상에 중망(重望)이 있으므로 그 무리가 계함을 믿고 나를 가볍게 여깁니다." 하니, 김우옹이 말하기를,

"장차 어떻게 해야 구제할 수 있겠습니까?" 하자, 이이가 말하기를,

"이현(而見) -류성룡(柳成龍)²⁴⁾의 자-, 숙부(肅夫) -김우옹(金宇顒)²⁵⁾의 자-, 경함

---

23) 계함(季涵) : 정철(鄭澈, 1536~1593)의 자. 본관은 연일(延日), 호는 송강(松江), 시호는 문청(文淸)이다. 1562년(명종17) 별시 문과에 장원급제하여 벼슬이 좌의정에 이르렀다. 동·서 분당 이래 정철은 이발·정인홍 등과 대립하며 이이의 조제보합(調劑保合)에 반대하는 등 시종일관 동인과 갈등을 빚었다. 1589년 정여립 모반 사건 때 위관으로서 옥사를 다스렸으나, 2년여에 걸친 옥사의 처리 과정에서 약 1,000여 명의 동인이 화를 입었던 까닭에 이후 많은 공격을 받았다. 1591년 건저(建儲) 문제를 제기하였다가 파직되어 진주(晉州)로 유배되었고, 이어 다시 강계(江界)로 이배(移配)되었다. 1592년 임진왜란이 일어나자 선조의 부름을 받고 의주(義州)까지 호종하였으며, 다음 해 사은사(謝恩使)로 명나라에 다녀왔다. 이후 동인의 탄핵으로 사직하고 강화의 송정촌(送亭村)에 우거하다가 죽었다. 저서로는 시문집인 《송강집》과 시가 작품집인 《송강가사》가 있다.

24) 류성룡(柳成龍) : 1542~1607. 본관은 풍산(豊山), 자는 이현(而見), 호는 서애(西厓), 시호는 문충(文忠)이다. 의성 출생으로 이황(李滉)의 문인이다. 1566년 별시 문과에 병과로 급제하였고, 1582년 대사간·우부승지·도승지를 거쳐 1588년 양관대제학에 올랐다. 1589년 기축옥사 때 여러 차례 벼슬을 사직하였으나, 왕이 허락하지 않자 소(疏)를 올려 자핵(自劾)하였다. 1590년 우의정에 승진, 광국공신(光國功臣) 3등에

(景涵) -이발(李潑)의 자-이 요직에 서용되면 구제할 수 있을 것입니다."하니, 김우옹이 말하기를,

"공도 또한 조정을 떠나는데, 우리가 머문다한들 무슨 보탬이 되겠습니까?" 하였다. -전거는 위와 같다.-

이이가 박순(朴淳)²⁶⁾을 만났는데, 박순이 말하기를,

"어떠한 계책을 내어야 하겠습니까?" 하자, 이이가 말하기를,

"류성룡, 김성일(金誠一)²⁷⁾ 등이 고향으로 돌아가 올라오지 않는 것은 틀림없이 이간하는 말에 동요되었기 때문일 것입니다. 이 사람들은 주상께 아뢰어 특명으로 불러들여야 합니다. 김우옹은 근래 주상으로부터 소홀히 대접받고 있으니, 또한 주상에게 아뢰어 경연에 끌어들임으로써 이발 무리들과 함께 시론(時論)을 주도하게 해야 합니다. 그리고 계함 역시 올라오지 않고 있으니 그 또한 주상께 청하여 특명으로 불러야 합니다.

녹훈되고 풍원부원군(豊原府院君)에 봉해졌다. 1591년(선조24) 건저문제(建儲問題)로 정철(鄭澈)의 처벌이 논의될 때, 북인(北人)의 이산해(李山海)와 대립하여 남인(南人)의 입장을 대변하였다. 임진왜란 때 영의정과 4도의 도체찰사를 겸해 군사를 총지휘하였다. 1598년 북인의 탄핵으로 관작을 삭탈당했다가, 1600년에 복관되었으나 다시 관직에 나아가지 않고 은거하였다.

25) 김우옹(金宇顒) : 1540~1603. 본관은 의성(義城), 자 숙부(肅夫), 호 동강(東崗), 시호는 문정(文貞)이다. 류성룡・김성일(金誠一) 등과 동인으로 활동하면서 정철(鄭澈) 등 서인과 대립하였다. 1589년 기축옥사로 유배되었다가, 1592년 임진왜란으로 사면되어, 왕을 호종(扈從)하고 환도(還都)하였다. 이후 한성부좌윤(漢城府左尹)・대사헌(大司憲)・이조 참판(吏曹參判)・예조 참판(禮曹參判) 등을 역임하였다.

26) 박순(朴淳) : 1523~1589. 본관은 충주(忠州), 자는 화숙(和叔), 호는 사암(思菴)이다. 기묘명현(己卯名賢) 상(祥)의 조카이고, 서경덕(徐敬德)의 문인이다. 1565년 대사간이 되어 대사헌 이탁(李鐸)과 함께 윤원형을 탄핵하였다. 선조 대 영의정 등을 역임하였다. 이이가 탄핵되었을 때 그를 옹호하다가 양사(兩司)의 탄핵을 받고 은거하였다.

27) 김성일(金誠一) : 1538~1593. 본관은 의성(義城), 자는 사순(士純), 호는 학봉(鶴峰)이다. 이황의 문인이다. 1591년(선조24) 부제학으로서 최영경의 신원을 주청하였다. 1592년 임진왜란이 일어나자 적정(敵情)을 잘못 알린 죄를 물어 파직되었다가 류성룡 등의 변호에 의해 경상우도 초유사로 임명되어 임무 수행 중 순직하였다. 저술로 《학봉집》이 있다.

이처럼 인재들을 한데 모으고, 등용할 때 인사권을 공평하고 바르게 행사하여 사람들이 어지럽게 논의할 수 없게 하고 조화와 진정에 힘써야 합니다. 이와 같이 1, 2년만 하면 조정이 맑아질 것입니다." 라고 하였다. -전거는 위와 같다.-

만력 5년 정축년(1577) -선조 10년-, 남계공이 28세의 나이로 이 해 정시(庭試)에서 2등으로 급제하여 인망이 형과 더불어 막상막하였다. 이후 의정부 사인(舍人)·홍문관 응교(應敎)·대사성 등 관직을 두루 역임하였다.

동암공 형제는 성품이 고집스럽고 악을 미워하는 것이 너무 심하여 조금도 너그럽게 용서하지 않았다. 당시 정철이 주색에 미쳐 예법을 능멸하였는데, 이익과 권력을 쫓는 자들이 바람에 휩쓸리듯 따랐지만, 공은 항상 정철을 '성격이 경솔하고 조급한 소인[索性小人]'으로 여겼다. 정철이 남계보다 14세 더 많았지만 남계는 그를 그다지 존경하지 않았다. 공이 일찍이 정철의 얼굴에 침을 뱉고 그 수염을 잡아 뽑으니 정철이 읊조리기를,

"몇 가닥 없는 수염을 그대가 뽑아내니 늙은이 풍채가 다시 초라해졌네."

하고는 세 번 웃고 떠났다. 세상에서는 공이 당한 재앙이 실로 이로부터 싹트기 시작했다고 전한다. -《기축록(己丑錄)》과 《동소록(桐巢錄)》에 보인다.-

8월에 장령 이발이 윤두수·윤근수(尹根壽)·윤현(尹晛)을 탄핵하여 파직시켰다. 홍문관 수찬(修撰) 강서(姜緖)가 경연(經筵)에서 아뢰기를,

"선비들이 동인과 서인, 두 편으로 나뉘었으나, 모두 등용할 만한 사람들이니 한쪽은 버리고 한쪽만 등용해서는 안 될 것입니다.……" 하였다. 이에 주상이 동인과 서인이라는 말을 알게 되었다. 이발은 동인을 편들고, 정철은 서인을 편들어 두 사람이 견해는 달랐지만 모두 인망이 있었고 또 나라를 근심하며 공사(公事)에 힘쓰기로는 당대의 최고였다. 그래서 이이가 늘 정철과 이발, 두 사람에게 말하기를,

"그대들 두 사람이 의론을 화합하여 한 마음으로 조제(調劑)한다면 사림이 무사해질 수 있다."라고 하였다. 그 말이 매우 간절하였으므로 정철이 조금 생각을 바꿔 이발과 교유하면서 화평을 유지하는 논의에 힘썼다. 그런데 동인 가운데 일 꾸미기를 좋아하는 사람들이 마침내 서인 가운데 바르지 않은 사람들을 공격하여 후환을 막고자 하였다. 이들은 모두 윤두수 삼부자(三父子)를 간사한 무리의 괴수라 하여[28] 끝끝내 쫓아내려 하였지만, 류성룡과 이발만은 따르지 않았다.

김성일이 진도 군수(珍島郡守) 이수(李銖)가 윤두수 형제와 윤현 집에 쌀을 실어다 뇌물로 주었다는 말을 듣고 심히 노하였다. 이에 경연에서 그 탐오(貪汚)함을 아뢰어 논하기를,

"전응정(田應禎)이 비록 죄를 받았으나[29] 그 뒤에도 쌀을 실어다 뇌물로 주는 사람이 있어 탐오의 풍조가 그치지 않습니다." 하니, 주상이 갑자기 묻기를,

"그게 누구인가?" 하자, 김성일이 창졸간에

"진도 군수 이수(李銖)입니다." 대답하였다.

홍문관이 김계휘(金繼輝)를 탄핵하여 체직시키고, 이산해가 대사간으로

---

28) 윤두수 삼부자(三父子)를 …… 하여 : 삼부자는 윤두수(尹斗壽)·윤근수(尹根壽)·윤현(尹晛)으로, 윤두수·윤근수 형제와 윤현은 정확히는 부자간이 아닌 숙질간이다. 이들의 당색은 모두 서인으로, 당시 윤두수는 도승지, 윤근수는 경기 감사, 윤현은 이조 좌랑으로 재직하고 있었는데, 1587년(선조11) 이들이 윤두수 형제와 이종(姨從)간인 진도 군수(珍島郡守) 이수(李銖)로부터 쌀을 뇌물로 받았다는 동인 측의 탄핵을 받았다. 삼윤에게 쌀을 운반했다는 장세량이 엄형(嚴刑)을 받으면서도 혐의사실을 끝까지 부인하였으나, 부제학 허엽을 필두로 대사헌 박대립·대사간 이산해 등 동인이 장악하였던 삼사에서 삼윤을 수뢰자로 규정, 그 처벌을 집요하게 간쟁하였고, 결국 삼윤은 파면되었다. 《燃藜室記述·宣祖朝故事本末·東西黨論之分 李銖米獄附》

29) 전응정(田應禎)이 …… 받았으나 : 전응정은 무안 현감 당시 자신의 고과 평정이 '하등(下等)'이라는 기별을 받고 관곡 1백 석을 훔쳐 권귀(權貴)에게 뇌물로 바치려다 적발되어 국문을 받았던 인물이다.(《宣祖實錄 11年 2月 2日》《宣祖修正實錄 11年 10月 1日》) 이 사건으로 인해 관리의 뇌물 수수를 경계하는 분위기가 고조되고 있었던 상황에서, 동인은 서인 윤두수·윤근수·윤현이 진도 군수 이수로부터 뇌물을 받았다는 죄를 들어 탄핵하였다.

임명되었다.30) 양사(兩司)가 삼윤의 일에 격분하였고, 대사헌 박대립(朴大立)의 지론(持論)이 특히 강경하였다. 장령 이발은 소매 속에서 탄핵하는 글을 꺼내 삼윤(三尹) 집안의 감춰진 죄악을 하나하나 자세히 거론하였는데, 그 허실(虛實)을 다시 알아보지도 않고 일일이 아뢰어서 추잡하게 욕한 것이 이르지 않는 곳이 없었다. 주상은 이미 서인에 대한 동인의 공격이 공정하지 못하다 생각하면서도 또한 김계휘가 서인을 두둔한 것을 옳지 않게 여겼다. 이에 사류(士類)들이 김계휘를 전라도 관찰사로 내쫓고 모두 불길한 사람이라 지목하니 조정이 소란스러웠다. 그러나 방관하는 사람들은 이를 모두 동인과 서인의 싸움으로 지목하고 공론이라고 생각하지 않았지만, 동인은 청류(淸流)로 자부하며 강개(慷慨)함이 날로 심해졌다.31) 그리하여 정철과 이발의 의논이 크게 어긋나서 동인이 정철을 드러내놓고 소인이라 배척하니, 동인과 서인이 다시 서로 화합할 가망이 없게 되었다. -《석담일기(石潭日記)》에 보인다.-

  삼가 생각건대, 조정에서는 식견이 중요하다. 식견이 없으면 비록 현인일지라도 일을 그르칠 수 있다. 지금 사류들의 싸움은 모두 일을 제대로 이해하지 못해서 나온 것이다. 첫 번째로 일을 제대로 이해하지 못하여 김성일이 그 단서를 열었다. 두 번째로 일을 제대로 이해하지 못하여 김계휘가 사류의 분노를 자극하였다. 세 번째로 일을 제대로 이해하지

---

  30) 홍문관이 …… 임명되었다 : 진도 군수 이수로부터 쌀을 뇌물로 받았다는 혐의로 인해 삼윤(三尹)에게 동인 측의 탄핵이 가해지자 당시 대사간이었던 김계휘는 동인에 대해 애매한 일로 갑작스럽게 큰 옥사를 일으키려 한다고 비판하였다. 이에 홍문관에서 김계휘를 논핵하여 체직시키고, 대신 이산해가 그 자리를 대신하였다.

  31) 동인은 …… 심해졌다 : 삼윤(三尹)이 관련된 이수(李銖) 미옥(米獄) 사건으로 동·서의 갈등이 격화되는 가운데, 동인 측은 시비(是非)의 명변(明辨)을 주장하며 심의겸을 소인(小人)으로, 정철과 김계휘를 사당(邪黨)으로 규정, 배척하였다. 동인 측의 이러한 의론을 두고, 서인 측에서는 동인이 서인이 소인 내지 사당이라는 국시(國是)로 만들어 서인이 조정에 들어오는 길을 근본적으로 막으려는 처사라고 비판하였다. 《宣祖修正實錄 12年 2月 1日》

못하여 이발이 삼윤(三尹) 일가의 숨겨진 악을 낱낱이 열거하면서, 그 허실을 제대로 파악하지 않고 추악하게 욕하였다. 네 번째로 일을 제대로 이해하지 못하여 정철과 이발의 사이가 어긋나 동인과 서인이 서로 화합할 희망이 영영 끊어져 버렸다. 이 뒤로 동인에게 달려가 붙은 자들이 날로 일어나 새로운 의논을 다투어 내었다. 그리하여 유속(流俗)에 물든 구신(舊臣)으로서 일찍이 서인에게서 버림받은 사람들이 요직에 앉아서 권세를 부리며 감정을 풀려고 그 의논을 준절(峻切)하게 하여 스스로 동인에게 충성을 바쳤다. 서인은 비록 착한 선비라도 모두 용납되지 못하여 청명(淸名)이 있는 선비들이 도리어 속류(俗流)와 하나가 되니 청탁(淸濁)이 뒤섞여서 분별할 수가 없게 되었다. 아! 김성일은 책망을 할 것도 못 되지만, 김계휘의 소통(疏通)과 이발의 중망(重望), 정철의 강직(剛直)함으로도 오히려 똑같이 일을 그르친 결과를 면치 못하였으니, 어찌 운명이 아니겠는가? -전거는 위와 같다.-

이때 양사가 이이의 죄를 다스리기를 청하려다가 실현하지 못하였다. 지난해 겨울 이이가 파주에 있을 때, 백인걸(白仁傑)[32]이 서울에 있으면서 상소하여 시사(時事)를 극론하고, 아울러 동인과 서인을 보합할 계책을 진달하려 하였는데 그 글의 내용이 뜻을 제대로 전달하지 못할까 염려하여 이이에게 보내 수정 윤색하게 하였다. 이이가 그의 말에 따라서 대략

---

32) 백인걸(白仁傑) : 1497~1579. 본관은 수원(水原)이고 자는 사위(士偉), 호는 휴암(休菴)이다. 조광조(趙光祖)의 제자이며, 이이(李珥)·성혼(成渾) 등과 교유하였다. 기묘사화(己卯士禍) 때 스승과 동지를 잃고 금강산에 들어갔다가 1537년(중종32) 문과에 급제한 후 검열·예조 좌랑·호조 정랑 등을 역임하였다. 을사사화(乙巳士禍) 때 소윤(小尹)에 의해 파직되었고, 정미사화(丁未士禍)에 연루되어 안변(安邊)에 유배되었다. 윤원형(尹元衡)이 죽은 후에 복직되어 1567년(명종22) 70세에 교리가 되었고, 이후 이조 참판·대사간·대사헌·공조 참판 등을 역임하였다. 이이와 함께 동·서 분당의 폐단을 논하고 진정시킬 것을 주장하였으며, 청백리(淸白吏)로 뽑히기도 하였다. 저서로 《휴암집(休菴集)》이 있다.

간단하게 문장을 지어 보내니, 그 해 여름에 인걸이 비로소 상소하였다. 이이가 당시 명망을 한 몸에 받고 있었으므로 동인은 이이가 반드시 동인의 세력을 도울 것으로 생각하였는데, 상소에서 동인을 비판하고 책망하자 동인이 매우 노하였으며, 심지어 이발과 류성룡 무리조차도 불평하였다. -전거는 위와 같다.-

홍문관에서 장차 이 일을 처리하려 하자, 당시 교리(校理)로 있던 김우옹이 큰소리로 말하기를,

"송응형(宋應泂)은 소인임이 틀림없다. 이 기회를 틈타 군자를 모함하려 하니,33) 당연히 탄핵하여 사헌부와 송응형을 체직하고, 대사간 이하만 유임시켜야 한다."라고 하였다. 동료들이 따르지 않아, 오시(午時, 정오 전후한 시점)부터 저녁까지 쟁변(爭辯)하였다. 김우옹이 극언하며 힘써 논하기를,

"처치를 제대로 하지 못하면 우리도 장차 소인이라는 이름을 들을 것이니, 어찌 일개 송응형 때문에 모두가 소인으로 몰릴 수 있겠는가?" 하였다. 그러나 송응형을 펀드는 동료들이 많아서 논의가 오랫동안 결말이 나지 않았다. 부제학 이산해와 응교 이발은 둘 사이에서 우물쭈물하다가 마침내 두 쪽을 다 온전하게 할 계책을 내었다. -전거는 위와 같다.-

정철이 어떤 사람에게 말하기를,

---

33) 송응형(宋應泂)은 …… 하니 : 지중추부사 백인걸(白仁傑, 1497~1579)이 상소를 올려 당시의 폐단을 진달하자, 정언 송응형이 백인걸의 상소 중 동·서인에 관한 내용은 이이가 대술(代述)하였으며, 이이가 직접 아뢰지 않고 백인걸을 통해 대신 진달한 것은 임금을 속인 죄이니 이에 대해 처벌해야 한다고 주장하였다. 그러자 홍문관 교리 김우옹과 대사간 권덕여(權德興) 등이 조정의 화평을 위해 이이를 논핵해서는 안 된다며 오히려 제대로 사실을 아뢰지 못한 자신들을 체직시켜 줄 것을 청했고, 송응형 또한 홍문관의 비난을 받은 것을 이유로 체직을 청했다. 《宣祖實錄 12年 6月 28日, 30日, 7月 1日》, 《宣祖修正實錄 12年 5月 1日, 7月 1日》

"시론(時論)이 심지어 숙헌(叔獻, 이이의 자)까지 공격하고 있으니 더 이상 무슨 말을 하겠는가? 지금 이후로 동인을 어찌 사류라고 할 수 있겠는가?" 하였다. 이에 동인이 부끄러워하며 제멋대로 서인을 공격하지 못하자, 김우옹과 이발이 이를 계기로 조제의 의론을 내어서 동인의 경박한 의론을 조금 억누르니 거의 화평을 이룰 희망이 생겼다. 그래서 식자(識者)들이 말하기를,

"이이의 상소는 비록 저지되었지만, 전혀 도움이 되지 않은 것은 아니다." 라고 하였다. -전거는 위와 같다.-

만력 11년, 계미년(1583) -선조 16년- 율곡 이이가 이조 판서가 되어 숙배(肅拜)하자, 주상이 인견(引見)하여 위로하였는데, 이이가 말하기를,

"오늘날 인재가 적고, 문사(文士) 가운데 등용할 만한 사람을 얻기는 더욱 어렵습니다. 정여립은 박학(博學)하고 재주가 있어서 실로 등용할 만한데, 다만 남을 업신여기는 단점이 있습니다. 매번 의망(擬望)을 하여도 낙점(落點)하지 않으시니 참소하여 이간하는 말이 있어서가 아닙니까?" 하였다. 이에 정여립을 수찬으로 삼았다. 정여립이 일찍이 율곡을 칭찬하며 말하기를,

"아직 덜 익은 공자(孔子)이다."라고 하였다. -선조 대《시정록(時政錄)》과 김시양의 《파적록(破寂錄)》에 보인다.-

율곡이 동암 공에게 보낸 편지에서 말하기를,

"심의겸과 김효원에 대해 구구하게 시비를 따지는 것이 무슨 큰 의미가 있겠소? 내버려 두고 따지지 말고 다만 그 사람의 우열(優劣)을 보아서 쓰고 버리면 될 것이오. 어찌 한두 사람의 우열을 가지고 온 사림들이 피 튀기는 싸움을 벌이겠소? 지금 마땅히 의론을 주도하여 말하기를, '심의겸은 비록 뚜렷하게 나타난 과실은 없지만 외척인데다가 또 사류들

과 서로 어긋났으니, 작록만을 보존하게 하고 다시 요직에 앉혀서는 안
된다. 삼윤(三尹)은 -윤두수와 윤근수 부자- 크게 사류를 거슬렸으니 다시는
청직(淸職)을 맡게 해서는 안 된다. 그 나머지 서인은 재주에 따라 관직을
제수하되 조금도 시기하거나 막지 말고, 동인 가운데 의론이 지나치게
과격한 자는 제재하여 억제시켜야 한다. 시기를 틈타 부화뇌동하는 자는
배척하여 바깥으로 내보내야 한다.' 해야 할 것이오.……" 하였다. 이때
동인과 서인이 서로 공격하는 양상이 한층 더 가열되었다. -《대동야승(大東野
乘)》에 보인다.-

    서인이 말하기를,
    "이발은 율곡에 대해 처음에는 합하였다가 끝에 가서는 갈라서기를
반복하였다." 하였는데, 이는 그렇지 않다. 율곡이 처음에는 조정론(調停論)
을 주장하였으나 다시 조정에 들어가서는 서인의 논의에 기울었으므로
동암도 어쩔 수 없이 스스로 길을 달리하게 된 것이다. 반복하게 된 근원은
율곡에게 있는데 도리어 동암을 허물해야 되겠는가? -전거는 위와 같다.-

    동암공 형제가 벼슬살이를 위해 서울에 있느라 선고(先考) 부제학 공[34]의
상을 당하였을 때 임종을 지키지 못한 것을 항상 한스럽게 여겼다. -이발은
겨우 소상[小祥]을 지내고 죽었다.- 그리하여 어머니를 봉양함에 정성이 더욱
지극하였고 형제가 번갈아가며 곁에서 모셨다. 어머니의 곁을 차마 잠시도
떠나지 못하였을 때, 주상의 총애가 한창 융숭하여 마지못해 조정에 들어갔
으나 일찍이 형제가 동시에 출사하지는 않았다. 집안의 나이 많은 노인들이
전하여 말하기를,
    "공이 부모님을 찾아뵙고자 고향에 돌아왔는데, 하루는 가묘를 배알한
후 어머니를 곁에서 모시고 있었다. 그때 어머니가 집 근처 매화나무와

---

34) 선고(先考) 부제학 공 : 이중호(李仲虎, 1516~1583)를 이른다.

버드나무에서 우는 새소리가 시끄럽다고 싫어하므로 공이 그 나무들을
베어버리게 하였으니, 공이 부모의 뜻을 받들고 따르는 도리가 대부분
이와 같았다."라고 하였다. -〈이씨 가장(李氏家狀)〉에 보인다.-

공이 어머니를 뵙기 위해 서울에서 고향으로 가던 도중에 시를 짓기를,
"아득한 남녘 길은 조령 밖에서 나뉘고, 서쪽의 서울은 햇가에 구름일세.
아침에 일어나 간밤 꿈을 기억해 보니, 반은 어머니요 반은 임금님이네."
하였다. 임금을 사랑하고 어버이를 사랑하는 정이 이와 같이 시를 읊는데
드러난 것이라고 한다. -전거는 위와 같다.-

공은 조상 대대로 잇달아 과거에 급제하여 모두 청반(淸班)에 올랐고,
공도 일찍이 연이어 홍지(紅紙)35)를 받았으므로, 이를 10첩 병풍으로 만들어
매번 제사 때마다 중당에 펼쳐놓고 자손들에게 보여주며 충효에 힘쓰도록
하였다. 나라의 은혜를 그리워하며 이에 보답하려 한 것은 평소부터 쌓아온
바였다. -전거는 위와 같다.-

만력 12년 갑신년(1584) -선조 17년- 정월 16일, 이이(李珥)가 세상을 떠나
자,36) 정여립(鄭汝立)이 비로소 동인을 붙좇아 추종하였다. 이에 서인과의

---

35) 홍지(紅紙) : 홍패(紅牌)를 달리 이르는 말로, 조선시대 문·무과 최종 합격자에게
왕명으로 발급된 합격 증서를 이른다.
36) 이이(李珥)가 …… 떠나자 : 계미년(1583, 선조16)에 동인의 도승지 박근원(朴謹元),
대사간 송응개(宋應漑), 전한 허봉(許篈)이 병조 판서 이이를 탄핵하였다. 탄핵의
명목은 이이가 병권을 마음대로 하고 임금을 업신여기며 파당을 만들어 바른 사람을
배척하는 등 왕안석(王安石)과 같은 간신의 행태를 보였다는 이유였으나, 탄핵의
실상은 삼사를 장악한 동인이 이이를 서인으로 지목하고 그에 대한 공세를 강화하였
던 것에 있었다. 이이가 탄핵을 받자 호군 성혼을 필두로 박순·정철 등이 이이를
신구하기 위해 탄핵을 주동한 송응개·허봉 등의 처벌을 주장하는 상소를 올렸다.
이에 선조는 성혼 등의 주장을 받아들여 박근원·송응개·허봉을 각각 강계(江界)·
회령(會寧)·종성(鍾城)으로 유배하고, 이이를 이조 판서에, 성혼을 이조 참판에

틈이 벌어질수록 공에 대한 원망도 더욱 깊어지니, 또 말하기를,

"율곡이 세상을 떠나자 정여립이 이발 형제에게 붙어 도리어 율곡을 공격하였다."[37]라고 하였다. -《하담록(荷潭錄)》에 보인다.-

만력 15년 정해년(1587) -선조 20년-, 왜변(倭變)이 일어나 침범하자, 전주부윤(全州府尹) 남언경(南彦經)이 정여립을 청하여 일을 의논하였다.[38] 정여립이 한번 호령하자 군민(君民)이 모였는데 감히 뒤쳐진 자가 없었다. 정여립이 군사를 부대로 나누고 각각에 영장(領將)을 정하니, 모두 대동계(大同契)에 속했던 절친한 무사들이었다. 이에 왜적이 스스로 물러났다. -전거는 위와 같다.-

---

임명하였다. 이 사건을 계미삼찬(癸未三竄)이라고 한다. 삼찬(三竄)으로 위축된 동인은 1584년(선조17) 1월에 이이가 졸한 이후 서인에 대한 반격을 시작하였으며, 6월 부제학 김우옹(金宇顒)의 상소를 필두로 하여 심의겸(沈義謙)을 붕당의 죄목으로 탄핵하기 시작하였다. 계미년(1583, 선조16)의 삼찬(三竄)과 갑신년(1584, 선조17) 이이의 죽음 및 동인의 반격은 동·서 갈등이 고조되는 양상을 잘 보여주고 있다.

37) 율곡이 …… 공격하였다 : 정여립은 1567년(명종22) 진사가 되었고, 1570년(선조3) 식년문과 을과에 급제한 뒤 이이(李珥)와 성혼(成渾) 등 서인 세력은 물론 정인홍(鄭仁弘)·이발(李潑) 등 동인 세력과도 폭넓게 교유하였다. 그에 대한 인사는 향후 남·북 분당의 단초를 보여주기도 하였는데, 그 구체적인 예로 신사년(1581, 선조14)에 정여립이 이조 전랑의 후보로 추천되었으나 우성전·이경중 등의 반대로 의망에 들지 못한 일을 들 수 있다. 이때 사헌부 장령 정인홍이 계사를 올려 선인(善人)이 배척되었다고 하며 우성전·이경중을 잇달아 논핵하여 이들을 각각 수원 현감과 이조 좌랑의 자리에서 파직시켰다. 이후 정여립은 1583년(선조16) 예조 좌랑을 거쳐 이듬해 홍문관 수찬이 되었다. 이에 대해 서인은 정여립이 이이의 천거로 홍문관 수찬이 되었음에도 불구하고, 1584년(선조17) 이이의 죽음 이후 이이를 배신하고 이이에 대해 비판적 입장으로 돌아섰다고 비판하였다. 요컨대 서인은 정여립이 이이의 천거로 청요직에 올라 명성을 쌓았음에도 불구하고 이이의 사후 이이를 배신했다고 비판하였으나 신사년 사례에서도 알 수 있듯이 정여립의 교유는 이이는 물론 정인홍·이발 등 동인 측 인사까지 폭넓게 걸쳐 있음을 볼 수 있다.

38) 왜변(倭變) …… 의논하였다 : 정여립은 관직에서 물러난 후, 진안군의 죽도(竹島)에 서실(書室)을 세워 활쏘기 모임[射會]을 여는 등 사람들을 규합하여 대동계를 조직하였고, 1587년(선조20) 왜선들이 전라도 손죽도(損竹島)에 침범했을 때는 당시 전주 부윤 남언경(南彦經)의 요청에 응하여 대동계를 동원, 이를 물리치기도 하였다.

정여립은 기백(氣魄)이 장성하였고, 논의가 바람이 일듯 하였으며, 입을
열면 옳고 그름을 불문하고 좌중 가득 탄복을 자아냈다. -전거는 위와
같다.-

만력 17년 기축년(1589) -선조 22년-, 이 해에 사화(士禍)가 일어났다.
-창랑(滄浪) 성문준(成文濬)39)은 우계 성혼의 아들인데, 해평(海平) 윤근수에게 보낸
편지에서 기축년 옥사를 사화(士禍)라고 하였다. ○ 계곡(谿谷) 장유(張維)40)가 지은
〈백사행장(白沙行狀)〉에서 또한 기축년 일에 대해 말하기를, "때마침 사화가 일어났
는데 정승 정철이 사화의 수괴가 되었다." 하였다. 사화라고 하는 것은 대개 당시
공공의 의론이었다. 《동소록(桐巢錄)》에 보인다.-

9월 이발이 관직을 버리고 고향으로 돌아갔다.

10월 2일 황해 감사 한준(韓準)의 밀계(密啓)41)가 올라오자, 그날 밤 삼공(三
公)과 대경(大卿), 승지(丞旨), 금부당상(禁府堂上)에게 명하여 입대하여 복명
(復命)하게 하였다. 입직 총관 및 홍문관의 상·하번(上下番)이 모두 입시하
였는데 유독 검열(檢閱) 이진길(李震吉)42)만은 들어오지 못하게 하였다.

---

39) 성문준(成文濬) : 1559~1626. 본관은 창녕, 자는 중심(仲深), 호는 창랑(滄浪)이다.
  성혼(成渾)의 아들이다.
40) 장유(張維) : 1587~1638. 본관은 덕수(德水), 자는 지국(持國), 호는 계곡(谿谷)·묵소
  (默所)이다. 김장생(金長生)의 문인으로, 우의정 김상용(金尙容)의 사위이자 효종 비
  인선왕후(仁宣王后)의 아버지이다. 1623년 인조반정에 가담해 정사 공신(靖社功臣)
  2등에 녹훈되고 1624년 이괄(李适)의 난 때 왕을 호종한 공으로 이듬해 신풍군(新豊君)
  에 책봉되었다.
41) 한준(韓準)의 밀계(密啓) : 황해도 관찰사 한준과 안악 군수 이축, 재령 군수 박충간
  등이 연명하여 정여립 일당이 한강이 얼 때를 틈타 한양으로 진격하여 반란을
  일으키려 한다고 고발하였는데, 이것이 이른바 기축옥사의 시작이었다.
42) 이진길(李震吉) : 1561~1589. 본관은 덕산(德山), 자는 자수(子脩)이다. 이현문(李顯文)
  의 증손으로, 할아버지는 이경(李經)이고, 아버지는 군수 이의신(李義臣)이며, 어머니
  는 정희증(鄭希曾)의 딸이다. 1586년(선조19) 별시 문과에 을과로 급제하였다. 기축년

비밀 장계를 내려서 보이니, 곧 안악(安岳) 군수 이축(李軸), 재령(載寧) 군수 박충간(朴忠侃), 신천(信川) 군수 한응인(韓應寅) 등이 역변을 고변한 것이었다. 내용은 전주에 사는 수찬(修撰) 정여립이 반역을 도모해 그 괴수가 되었는데, 그와 역당을 이룬 조구(趙球) -안악(安岳) 사람- 가 이를 밀고했다는 것이었다. 이에 의금부도사(義禁府都事)를 해서(海西)와 호남(湖南)에 나누어 파견하고, 이진길을 의금부에 가두게 하였다. 이진길은 정여립의 조카이다. -《시정록(時政錄)》에 보인다.-

8일, 황해도 죄인 등이 잡혀 오자 전정(殿庭)에서 추국하라 명하였다. 영의정 유전(柳㙉)43), 좌의정 이산해(李山海)44), 우의정 정언신(鄭彦信)45), 판부사 김귀영(金貴榮)46) 등이 함께 추국하였다. -전거는 위와 같다.-

---

(1589, 선조22) 당시 정경세 등의 추천으로 예문관 검열(檢閱)에 재직하고 있다가 정여립(鄭汝立)의 생질이란 이유로 체포되어 장살(杖殺)되었다.

43) 유전(柳㙉) : 1531~1589. 본관은 문화(文化), 자 극후(克厚), 호 우복(愚伏)이다. 선조 대 우의정을 거쳐 영의정이 되었다. 1589년 정여립의 난을 평정한 뒤 평난 공신(平難功臣) 2등에 추록, 시령부원군(始寧府院君)에 추봉되었다.

44) 이산해(李山海) : 1539~1609. 본관은 한산(韓山), 자 여수(汝受), 호 아계(鵝溪)·종남수옹(終南睡翁), 시호는 문충(文忠)이다. 선조 대 건저 문제를 계기로 서인을 실각시키고 동인 내의 강경론을 주도하였다. 임진왜란 때 나라를 그르쳤다는 양사의 탄핵을 받고 평해(平海)에 중도부처 되었다가 1595년 풀려난 후 대제학·영의정 등을 지내고 선조가 죽자 원상(院相)으로 국정을 맡았다.

45) 정언신(鄭彦信) : 1527~1591. 본관은 동래(東萊), 자는 입부(立夫), 호는 나암(懶庵)이다. 1566년(명종21) 별시 문과에 급제하였다. 1579년 동부승지에 올랐고 이후 함경도 병마절도사, 함경도 도순찰사, 함경도 관찰사를 역임하며 북쪽 변방을 방비하였다. 1589년 기축옥사 때 우의정으로서 옥사를 다스리는 위관(委官)에 임명되었다. 그러나 대간으로부터 정여립의 구촌친(九寸親)이므로 공정한 처리를 할 수 없다는 탄핵을 받아, 위관을 사퇴하고 이어서 우의정도 사퇴하였다. 이후 정여립의 일파로 간주되어 남해에 유배되었다가 다시 투옥되었다. 사사(賜死)의 하교가 있었으나 감형되어 갑산(甲山)에 유배, 그곳에서 죽었다. 1599년에 복관되었다.

46) 김귀영(金貴榮) : 1520~1593. 본관은 상주, 자 현경(顯卿), 호 동원(東園)이다. 우의정·좌의정 등을 역임하였다. 1589년(선조22) 평난 공신(平難功臣) 2등에 녹훈, 상락부원군(上洛府院君)에 봉해졌다. 임진왜란 때 임해군·순화군 등과 함께 포로가 되었다가 강화를 요구하는 글을 받기 위해 풀려났으나, 이 일로 탄핵되어 유배 중 죽었다.

9일 양사(兩司)에서 이진길에 대해 아뢰어 그를 사관의 벼슬에서 삭거(削去)하라 청하니, 아뢴 대로 하라 하였다. -전거는 위와 같다.-

11일, 판돈녕 정철이 경기도 양근(楊根)에서 올라와 숙배 후 비밀리에 차자를 올려 역적을 토포하는 일과 도성을 삼엄히 경비할 일을 아뢰었다. 주상이 답하기를 "경의 충절을 잘 보았으니, 마땅히 의론하여 처리하겠다." 하였다. -전거는 위와 같다.-

14일 정윤우(丁允祐)·이대해(李大海)·정숙남(鄭淑男) 등을 독포어사(督捕御史)로 임명하여 삼남(三南) 지방에 파견하였다. -전거는 위와 같다.-

15일, 안악 수군(安岳水軍) 황언륜(黃彦綸)과 방의신(方義臣) 등을 잡아들여 처형하였다. -《이백사일기(李白沙日記)》에 보인다.-

선전관 이용준(李用濬)[47]과 내관(內官) 김양보(金良輔)가 전주로 달려갔을 때, 정여립은 그의 아들 옥남(玉男)과 변사(邊泗), 박연령(朴延齡)의 아들 춘룡(春龍)과 함께 진안(鎭安) 죽도(竹島)에 숨었다. 현감 민인백(閔仁伯)[48]이 관군을 거느리고 뒤를 쫓아 포위하니, 정여립 등이 바위 사이에 둘러서 있는 것이 보였다. 민인백이 그들을 생포하고자 왕명으로 회유하는 한편 관군을 경계하여 압박해 들어가지 못하게 하였다. 그러나 정여립이 먼저 변사를 베어 즉사하게 하고 또 옥남과 춘룡을 베었으나 죽지 않고 땅에 쓰러졌다. 이에 정여립이 칼자루를 땅에 꽂고 칼날에 나아가 자기

---

47) 이용준(李用濬):《宣祖實錄》22년 10월 17일 기사 및《宣祖修正實錄》22년 11월 1일 기사에는 이응표(李應彪)로 기록되어 있다.

48) 민인백(閔仁伯):1552~1626. 본관은 여흥, 자는 백춘(伯春), 호는 태천(苔泉)이다. 성혼의 문인으로, 한성부 좌윤 등을 역임하였다. 정여립의 아들 옥남(玉男)을 잡아들인 공으로 평난 공신(平難功臣) 2등에 녹훈되었다.

목을 갈랐는데, 소 울음 같은 소리를 지르고 즉사하였다. 마침내 정여립의
시체를 포획하여, 시체와 함께 옥남·춘룡을 잡아서 돌아왔다.…… -《해동
야언(海東野言)》-

　19일, 친국(親鞫)을 거행하였는데, 옥남과 춘룡이 모두 자복하였다. 옥남
은 당시 나이가 17세였다. 국문하기를,
　"너의 집에 왕래한 사람이 누구이냐?" 하자, 옥남이 공초하기를,
　"나주(羅州) 사람 길삼봉(吉三峯), 고부(古阜)의 한경(韓憬), 태인(泰仁)의
송간(宋侃), 남원(南原)의 조유직(趙惟直)·신여성(辛汝成), 해서(海西)의 김세
겸(金世謙)·박연령·이기(李箕)·이광수(李光秀)·박익(朴杙)·박문장(朴
文長)·변숭복(邊崇福) 등 10여 명이 항상 방문하였습니다. 지함두(池涵斗)와
승려 의연(義衍)은 어디에서 왔는지 알지 못하나 지함두는 항상 집안에
있었고, 승려 의연은 밤이나 낮이나 거처가 같았으며, 박연령은 서울
사정을 염탐하려 한다는 소식을 전한 후 곧이어 해서로 갔습니다. ……"라
고 하여, 모두 잡아들였으나 불복하고 죽었다. -전거는 위와 같다.-

　옥남은 나면서부터 풍채가 준수하였고 중동(重瞳)⁴⁹⁾이었으며 두 어깨에
난 사마귀가 해와 달의 형상이었다. 정여립에게서 역모의 마음이 싹튼
것은 이 아들을 믿은 까닭이라고 한다. 옥남이 공초하기를,
　"길삼봉은 힘이 세서 반석만한 돌을 손으로 격파하였습니다." 하였다.
문랑(問郞)⁵⁰⁾ 이항복(李恒福)⁵¹⁾이 곧바로 쓰지 않자 옥남이 말하기를,

---

49) 중동(重瞳) : 하나의 눈에 눈동자가 두 개씩 있는 것을 말한다. 순(舜)과 항우(項羽)가
　　중동이었다는 고사에서 유래하여, 제왕의 대명사로 쓰인다.
50) 문랑(問郞) : 문사낭청(問事郞廳)의 준말로, 중죄인을 주상이 직접 심문할 때에 기록과
　　낭독을 맡은 임시벼슬이다.
51) 이항복(李恒福) : 1556~1618. 본관은 경주(慶州), 자는 자상(子常), 호는 백사(白沙)
　　외에 필운(弼雲), 동강(東岡)이 있다. 우의정·영의정 등을 역임하였다. 1590년(선조
　　23) 정여립 옥서를 처리한 공로로 평난 공신(平難功臣) 3등에 봉해졌다. 광해군 대

"어찌하여 반석만한 큰 돌을 주먹으로 쳐서 깨뜨렸다고 쓰지 않는
것입니까?" 하였다. 지함두가 공초하기를,

"저는 주먹으로 반석을 치면 돌이 부서져서 번갯불같이 사방으로 부서지
므로 무리 가운데 장수가 되었습니다." 하였다. 변숭복은 전주에서는
'변사(邊汜)'라 하였고, 동래에 있을 땐 '백일승천(白日昇天)'이라고 하였다.
-《난중잡록(亂中雜錄)》-

27일, 정여립과 변사 등의 시체를 찢어 길에 내걸고 백관에게 도열하여
참관하도록 명하였다. 이진길이 불복하고 형장 아래 죽었다. 그가 정여립
에게 보낸 편지 가운데, "주상의 혼미함이 날로 심해진다." 등의 말이
있었던 까닭에 역률로 처단하도록 명하였다. -《조야기문(朝野記聞)》-

권정례(權停禮)52)로 하례(賀禮)를 받았다. 종묘에 고하고 사면령을 반포하
였으며, 백관들에게 자급(資級)을 더해 주었다. 교서의 내용은 다음과 같다.

《춘추(春秋)》에서 무장(無將)53)의 의리를 드러내니 왕법(王法)이 지엄하
였고, 한(漢) 나라에서 부도(不道)한 자를 무겁게 주벌(誅罰)하니 죄인이
복죄하였다. 이에 역적의 괴수를 주륙하였으니 뇌우(雷雨) 같은 은택이
내려야 마땅하다. 내가 부덕하고 아둔한 자질로 외람되이 어렵고 중대한
대업을 지키며 20여 년을 항상 깊은 못과 골짜기에 임하듯 조심하여
만백성을 성인의 가르침으로 교화하려 하였는데, 어찌 역적의 괴수가

폐모론(廢母論)에 반대하다가 유배되어 유배지에서 죽었다.
52) 권정례(權停禮) : 국가 의례에 참석해야 할 왕이나 왕비·세자 등이 의례에 참여하기
    어려울 때 직접 의례 장소에 나아가지 않고 자리만 설치한 채 거행하는 예식을
    이른다.
53) 무장(無將) : 《춘추공양전(春秋公羊傳)》에서 "임금과 부모에 대해서는 시역(弑逆)할
    의사가 없어야 하니 장차 시역할 의사가 있으면 반드시 주벌해야 한다.[君親無將,
    將而必誅焉]" 하였다. 임금이나 어버이에 대해서 시역하려는 마음만 품었더라도
    주벌해야 한다는 뜻이다.

진신(縉紳)의 반열에서 나올 줄이야 생각이나 하였겠는가?

역적 정여립은, 악하기는 효경(梟獍)⁵⁴⁾보다 심하고 독하기는 뱀과 살무사보다 더하다. 시서(詩書)를 자부한 것은 왕망(王莽)이 세상을 속인 것과 같고,⁵⁵⁾ 참서(讖書)를 떠벌린 것은 감히 산동(山童)⁵⁶⁾의 음모를 품은 것이었다. 길러준 은혜를 생각하지 않고 도적을 불러 모을 계교를 꾸미니, 이에 변사(邊汜)·박문장(朴文長)·박연령(朴延齡)·김세겸(金世謙)·이광수(李光秀)·이기(李箕)·박응봉(朴應逢)·방의신(方義信)·황언륜(黃彦倫) 등과 어두운 밤을 틈타 상종한 지 이미 몇 해가 지났다. 중과 결탁하여 요사한 짓을 벌이고 옥함(玉函)⁵⁷⁾을 빌어 많은 이들을 현혹시켰다. 도성에 흉악한

---

54) 효경(梟獍) : 효는 올빼미 종류로 어미를 잡아먹는 새이고, 경은 파경(破獍)이라는 호랑이 종류로 아비를 잡아먹는 맹수이다.

55) 왕망(王莽)이 …… 같고 : 왕망은 한(漢)나라 평제(平帝)를 옹립한 뒤 정사를 전횡하다 평제를 죽이고 평제의 어린 아들 영(嬰)을 세워 섭정을 하였으나 결국 제위를 찬탈하여 스스로 천자가 된 인물이다. 그러나 그가 한나라를 패망시키기 이전 아직 벼슬이 높지 않았을 때는 공손하고 검소해서 사람들이 그의 덕을 칭송하였고, 그에게 내린 봉지(封地) 신야(新野)를 사양하자 약 48만여 명이 그에게 그 땅을 받게 해야 한다고 상소하기도 하였다고 한다.(《漢書 卷12·王莽傳》) 이러한 왕망의 소행을 두고 송(宋)나라 왕안석(王安石)은 "유언비어가 돌 땐 주공도 두려워하였고 왕위를 찬탈하기 전에는 왕망도 겸손했다네. 만약 그 일이 있기 전 그들이 죽었다면 평생의 참과 거짓을 그 누가 알았을까.[周公恐懼流言日 王莽謙恭下士時 脫使當年身便死 一生眞僞有誰知]"라는 시를 짓기도 하였다. 《居業錄 卷4》

56) 산동(山童) : 원나라 말기, 참언(讖言)으로 민을 선동한 한산동(韓山童)을 이른다. 한산동의 조부는 조주(趙州)에서 백련회(白蓮會)라는 종교를 결성하였는데, 한산동이 그 교주(敎主)가 되어 '천하가 장차 크게 혼란해지고 미륵불(彌勒佛)이 하강할 것'이라는 말을 퍼뜨렸고, 이로써 하남(河南)과 양자강(揚子江), 회수(淮水) 부근의 백성들의 추앙을 받았다. 한산동의 신도인 영주(潁州) 출신의 유복통(劉福通) 등은 '한산동은 송(宋)나라 휘종(徽宗)의 8대손이니, 마땅히 중국의 황제가 되어야 한다.' 하고 유복통 자신은 남송(南宋)의 명장인 유광세(劉光世)의 후손이라고 칭하였다. 서기 1351년 5월에 한산동이 신도를 규합, 영주(潁州) 영상현(潁上縣)에서 반란을 도모하다가 체포되어 죽자, 유복통 등은 영주성(潁州城)에서 반란을 일으키며 머리에 홍색 수건을 싸매어 표시하고 홍건군(紅巾軍), 또는 홍군(紅軍)이라 칭하였다. 원나라는 이 홍건적(紅巾賊)의 봉기로 인해 큰 혼란에 빠졌고, 결국 멸망하였다.

57) 옥함(玉函) : 옥으로 만든 함으로, 왕의 공적을 기록한 옥책문(玉冊文)이나 도가(道家)의 비기(祕記) 등을 담았다.

하수인들을 풀어 무기고를 불사르려 하였고, 산 중에 술사(術士)를 보내 단기(壇基)를 엿보고 차지하려 하였다. 왕지(王旨)를 사칭하여 관찰사를 제거하고 병사(兵使)・수사(水使)를 해치려 하였으며, 부절(符節)을 나누어 경기(京畿)를 치고 한강의 세곡창(稅穀倉)을 차지하려 하였으니, 간교한 계략이 깊어지며 화란의 기틀이 거의 발동될 뻔하였다. 병조 판서를 죽이려 하였으니 그 뜻이 무엇을 하려는 것이었겠으며, 창을 휘둘러 대궐을 침범하려 하였으니 그 일 또한 헤아릴 수 없었다.

　시종신(侍從臣)의 몸으로[58] 도적떼의 수괴가 되었고 사대부 사이에 섞여 있으면서 개 같은 마음을 품었다. 난적(亂賊)이 어느 시대인들 없었으랴만 이보다 심하지는 않았다. 만백성이 다 원한을 품었으니 모두 잡아서 죽일 수 있다. 패악한 범엽(范曄)[59]을 복죄하게 만들지는 못하였으나 역적 왕돈(王敦)[60]은 통쾌하게도 그 시체를 꿇어앉혀 참형에 처하였으니, 정여립 등을 능지처참하라. …… 아! 하늘의 그물이 죄인을 빠뜨리지 않아 이미 용서할 수 없는 죄를 형벌로 다스리니, 뭇 사람들이 마음으로 함께 기뻐하므로 유신(維新)의 은전을 거행하노라. -대제학 이양원(李陽元)이 지어 올렸다.-

　정철이 평소 사류와 뜻이 맞지 않았는데, 이때에 이르러 경외의 무뢰배들을 사주하여 청류(淸流)를 무함하고 거짓을 날조하여 무옥(巫獄)을 성립시키고자 못하는 짓이 없었다. -《조야기문(朝野記聞)》-

---

58) 시종신(侍從臣)의 몸으로 : 정여립이 1583년(선조16) 예조 좌랑을 거쳐 홍문관 수찬(修撰)의 자리에 있었던 일을 두고 하는 말이다.
59) 범엽(范曄) : 398~446. 《후한서(後漢書)》를 편찬한 남조(南朝) 송(宋)의 역사가로, 자(字)는 위종(蔚宗)이고 순양(順陽) 사람이다. 경사(經史)를 널리 섭렵하고 문장에 뛰어났으며 음률에 밝았다. 노국(魯國)의 공희선(孔熙先)과 반역을 도모하다가 주륙되었다. 《宋書 卷69》《南史 卷33》
60) 왕돈(王敦) : 266~324. 진(晉) 나라 정치가로, 정남대장군(定南大將軍) 등을 역임하였다. 권세를 농단하다가 무창(茂昌)에서 난을 일으켰다. 명제(明帝)가 토벌한 후 병사한 왕돈을 부관참시(剖棺斬尸)하였다. 《晉書・王敦傳》

당시 송익필(宋翼弼)61)은 안 정승의 집안에서 노비를 추쇄(推刷)하는
일62)로 인해 해서(海西)로 도망쳐 성명(姓名)을 바꾸고 스스로 조생원이라고
하였다. 밤낮으로 동인을 원망하면서 원한이 골수에 박혔는데, 송한필(宋翰
弼)이 해서의 어리석은 백성을 거짓으로 꾀어 말하기를,

"전주에서 성인이 태어났으니, 그가 바로 정 수찬(鄭修撰)이다. 길삼봉과
함께 서로 알고 지내며 왕래하는데, 삼봉의 용기와 지략이 비견할 데가
없으니, 그 또한 신인(神人)이다. 만약 너희들이 찾아가 문후를 드린다면
관작이 절로 이를 것이다." 하였다.

교생 변숭복과 박연령 등 몇 명이 이 말을 믿고 정여립을 찾아가 만나니
여립이 그들을 환대하여 보냈다. 이에 박충간(朴忠侃)이 안악으로 달려가
이축(李軸)에게 말하기를,

---

61) 송익필(宋翼弼) : 1534~1599. 본관은 여산(礪山), 자 운장(雲長), 호 구봉(龜峯)이다.
아우 한필(翰弼)과 함께 일찍부터 문명을 떨쳤고, 이이(李珥)・성혼(成渾)과 함께
성리학의 깊은 이치를 논변하였으며, 특히 예학(禮學)에 밝아 김장생(金長生)에게
큰 영향을 주었다. 고양(高陽) 구봉산 아래에서 후진 양성에 주력하여, 김장생・김집
(金集)・정엽(鄭曄)・서성(徐渻)・정홍명(鄭弘溟) 등 많은 학자들이 배출되었다. 이산
해(李山海)・최경창(崔慶昌)・백광훈(白光勳)・최립(崔岦)・이순인(李純仁)・윤탁연
(尹卓然)・하응림(河應臨) 등과 함께 선조 대의 팔문장으로 불린 한편, 동인으로부터는
기축옥사의 실질적 배후이자 모주(謀主)로 지목되었다.

62) 안 정승의 …… 일 : 안 정승은 안당(安瑭, 1461~1521)을 가리킨다. 안당의 본관은
순흥(順興), 자는 언보(彦寶), 호는 영모당(永慕堂)이다. 중종 대 김안국(金安國)・김식
(金湜)・조광조 등을 천거하였고, 중종의 폐비 신씨의 복위를 청하다가 탄핵을 받은
박상・김정 등을 변호하였다. 1521년(중종16) 송사련(宋祀連, 1496~1575)의 고변으로
역모에 연루되어 죽었다. 송사련은 송익필의 아버지로, 안당의 아버지인 안돈후(安敦
厚)의 서녀 감정(甘丁)의 아들이라 전해지기도 하고, 안당의 얼매(孽妹)와 혼인한
안당의 인척으로 전해지기도 한다. 1521년, 송사련은 처조카인 정상(鄭瑺)과 공모(共
謀)하여 안처겸・안당 등이 심정과 남곤(南袞) 등의 대신을 제거하려 한다고 무고,
신사무옥(辛巳誣獄)을 일으켰다. 이로써 안처겸 등 안씨 가문을 비롯한 많은 사람들이
피화되었고, 송사련 자신은 그 공으로 당상관(堂上官)에 올랐다. 이후 1566년(명종21)
후손 안윤(安玧)의 상소로 안당의 관직이 회복되었고, 1575년(선조8)에는 안당에게
정민(貞愍)이라는 시호가 내려졌다. 안당 일가에 대한 신원이 이루어지자, 1586년(선
조19) 안당의 증손인 안로(安璐)가 장례원(掌隸院)에 소송을 제기하여 송익필 일가를
반노(叛奴)로 지목, 안씨 집안의 노비로 환속시켜 줄 것을 청하였다.

"정여립의 모반이 이미 드러났으니 속히 대책을 마련해야 한다." 하였다. 이축은 졸렬하여 매우 난감해하였으므로 충간이 다시 신천으로 가니 한응인이 귀신같이 그 기미를 알아차리고 술을 마셔 거짓으로 취한 척 하였으므로 박충간이 입을 열지 못하였다. 이와 같이 하기를 두 차례에 이르자 박충간이 마침내 이축과 한응인을 겁박하여 감사에게 보고하였고, 이에 감사가 장계를 올리니 조야가 진동하였다.

주상이 대신들을 모아놓고 말하기를,

"내가 정여립의 사람됨을 아는데, 어찌 역모를 일으키기야 하였겠는가?" 하니, 좌의정 정언신이 미소 지으며 말하기를,

"어찌 이러한 일이 있겠습니까? 그렇다 해도 잡아들여 추국하지 않을 수는 없습니다." 하였다. 서인도 모두 말하기를,

"정여립의 심술이 바르지는 않지만, 어찌 반역할 리가 있겠습니까?" 하였다. 당시 역모에 가담했다는 어리석은 백성 몇 명을 황해 감사 한준(韓準)이 비밀리에 칼을 씌워 올려보내자 주상이 친국하였는데 모두 구걸하는 가난한 백성이었다. 주상이 웃으며 말하기를,

"정여립이 역모를 도모했다 해도 어찌 이 같은 무리와 함께 모의했겠는가?" 하고, 이어 주상이 묻기를,

"너희들이 반역(叛逆)을 꾀했느냐?" 하니, 백성들이 대답하기를,

"반역은 모르겠고 반국(叛國)을 하고자 하였습니다." 하였다. 주상이 또 묻기를,

"반국이 무슨 뜻이냐?" 하자, 대답하기를,

"입고 먹는 것이 넉넉한 것입니다." 하였다. 사건의 실상이 부실하였으므로 이들을 즉시 풀어주고자 우선 정여립이 잡혀오기를 기다렸는데, 여립이 진안(鎭安) 죽도(竹島)의 별장으로 도망쳤다가 제 손으로 목을 베어 죽었으며 변숭복도 여립의 시체 옆에서 역시 목을 베어 죽었다. ─《동소록(桐巢錄)》─

이에 큰 사화가 일어나자 서인은 뛸듯이 기뻐하였고, 동인은 기세가 꺾였다. 대개 주상이 서인이 의망(擬望)에 오르는 것을 싫어하였으므로 이산해가 이조 판서로 있었던 10년 동안 서인은 권력 밖으로 밀려나 기색이 쓸쓸하였다가 역변이 일어난 후 관의 먼지를 털며[63] 서로 축하하였다. 동인은 스스로 물러나고 서인은 요직을 차지하여 사사로운 원한을 갚기에 거리낌이 없었다. -《괘일록(掛一錄)》에 보인다.-

역적의 문서 중에 제문(祭文)이 7장 있었는데, 주상에 대해 지극히 흉악하고 참람한 말들이 몇 줄 있었다. 추국청에서 차마 아뢰지 못하고, 차마 보고들을 수 없을 정도라고만 아뢰자 주상이 진노하였다. 평소 정여립을 추앙하고 장려했던 자들이 모두 연좌되었다. -《노서집(魯西集)》에 보인다.-

28일, 영의정 유전(柳㙉)이 죽자, 전교하기를,
"대신이 갑자기 세상을 떠나니 놀라움과 슬픔을 이길 수 없다. 역적을 추국하는 일로 국사에 부지런히 힘썼으니, 내가 든든하고 소중한 신하를 잃고 비통한 마음을 금하지 못하겠다." 하였다.
애초 정여립이 이이를 배반하고 시론에 아부하며 이리저리 입장을 번복하자 서인이 항상 통분해 하였는데, 이제 정여립이 역적이 되자 서인이 뛸 듯이 기뻐하며 서로 축하하였다. 또 갑신년(1584, 선조17) 이후로 서인이 동인의 공격을 받아 조정에 용납되지 못한 지 5, 6년이 되어 울분이 쌓인 끝이라 무식하고 음험한 무리들이 서로 박수를 치고 크게 기뻐하며 이르기를,
"역적이 동인에게서 나왔으니, 이후로 동인은 다시 떨쳐 일어날 길이

___

63) 관의 …… 털며 : 탄관(彈冠)을 이르는 말로, 의기투합한 친구의 손을 잡고 벼슬길에 나설 준비를 한다는 뜻이다. 한(漢) 나라 왕길(王吉)이 관직에 임명되자 친구 공우(貢禹)도 덩달아 갓의 먼지를 털고 벼슬길에 나설 준비를 했다는 '왕양재위 공공탄관(王陽在位, 貢公彈冠)'이란 말이 《한서(漢書)》 권72 〈왕길전(王吉傳)〉에 나온다.

없을 것이다." 하였고, 또 정여립을 함정으로 삼아 공공연히 주창하기를, "아무개는 아무개의 족속이요, 아무개는 아무개의 벗이다." 하였다. 이에 역적과 친분이 두터운 사람만 반드시 죽게 될 것이라 여겼을 뿐 아니라 비록 역적과 안면이 없는 사람일지라도 명색이 동인이면 조사(朝士)나 유생을 막론하고 모두 다 의구심을 갖게 되니, 그 시름겹고 참혹한 기상은 차마 볼 수도 들을 수도 없을 지경이었다. 양천회(梁千會)가 마침 상경해 있다가 가장 먼저 상소하였다.[64] -《혼정록(混定錄)》에 보인다.-

11월 2일, 생원 양천회가 다음과 같이 상소하였다.

"신의 집은 호남에 있으므로 역적의 정상을 상세히 알고 있었습니다. 당초 역적이 학문하는 부류에 붙자 이발(李潑) 형제가 남도를 왕래하며 역적과 결탁하였습니다. 당시 이이와 성혼은 중망이 무거웠는데, 이발·이길이 이들을 존숭하던 차에 정여립을 끌어들여 천거하자 역적이 이이·성혼의 문하를 출입하게 되었습니다. 그러다가 이이가 죽은 후 여립이 가장 먼저 창끝을 돌려 공격하였고, 이발 등과 함께 충현(忠賢)을 무함할 계략을 세웠습니다. 역적이 여기에 이르게 된 근원을 따져 보면 또한 권력을 쥔 신하와 교통하고 결탁하여 성세(聲勢)를 서로 의지하였기 때문입니다. 그러므로 여립의 몸은 비록 외방에 있었으나 멀리서 조정의 권력을 잡고 기세가 등등하여 제 멋대로 하는 짓에 거리낌이 없었습니다. 이에 은밀히 당국자를 권하여 추쇄하자는 의론을 극력 주장하게 함으로써 온 나라 안을 술렁이게 한 후 은밀히 절친한 전관(銓官)을 사주하여 해서(海西) 지방의 막료 직책을 얻어[65] 반역을 꾀할 계략을 세웠습니다. 그러나 원하는 바를

---

64) 양천회(梁千會)가 …… 상소하였다 : 양천회는 역적 정여립과 친분이 있거나 그를 추장(推獎)했던 조정 신하들을 색출하여 처벌할 것을 주장하는 소를 올렸는데, 그 내용이 《宣祖實錄》 22년 10월 28일 및 《宣祖修正實錄》 22年 11월 1일 기사에 수록되어 있다. 동인 측에서는 이 소가 정철(鄭澈) 등이 동인을 몰살하고자 양천회를 사주하여 올린 것이라고 보았다.

이루지 못하자 봉명신(奉命臣)을 사주하여 부윤(府尹)과 판관(判官)을 일시에 파직하게 하니, 이는 곧 빈 곳을 틈타 난을 일으키려는 계략이었습니다.

조신들이 그 술책에 빠져 그의 의중을 헤아리고 비위를 맞추었던 까닭에 처음 변란이 일어났다는 소식을 듣고도 역적을 구호하기만을 일삼았습니다. 그리하여 혹자는 이이의 제자가 무고하여 일을 일으켰다 하였고, 혹자는 정여립은 그 충성이 백일(白日)을 관통한다며 한준이 잘못이라고까지 하였습니다. 조정의 논의가 이러하였으므로 권감(權堪)66) 등이 감히 이리저리 지체하며 토포를 허술하게 하였던 것입니다. 태학생(太學生)들도 역적을 구호하려는 소장을 올리려 하였고, 추관(推官)도 신문을 부실하게 하므로 밖의 말들이 자자합니다. 억수(億守)67)가 초사(招辭)에서, '경중(京中)에서 역적과 절친하게 왕래한 사람은 저뿐만이 아닙니다.' 하자, 정언신이 속히 엄혹한 형장을 가하고 전혀 신문하지 않았으며, 단서가 드러날까 두려워하며 한결같이 덮어주기에 급급하였습니다. 지금 역적과 생사를 함께 하는 벗으로서 결탁하여 서로 간에 복심(腹心)이 된 자로는 이발·이길·백유양68) 같은 자가 있고, 동종(同宗)으로서 친밀한 자69)로는 정언신·정언지(鄭彦智)70)같은 자들이 있는데, 이들은 오히려 재상의 자리를 차지하

---

65) 전관(銓官)을 …… 얻어 : 이조에서 정여립을 황해 도사(黃海都事)에 의망한 일을 이른다.

66) 권감(權堪) :《宣祖實錄》22年 10月 28日 기사에는 "유담(柳湛)"으로,《宣祖修正實錄》22年 11月 1日 기사 및《진감(震鑑)》〈기축기사(己丑記事)〉에는 "권담(權湛)"으로 되어 있다.

67) 억수(億守) :《宣祖實錄》22年 10月 28日 기사에는 "억수(億壽)"로 되어 있다.

68) 백유양(白惟讓) : 1530~1589. 본관은 수원, 자 중겸(仲謙)이다. 인걸(仁傑)의 조카로서, 병조 참판·부제학 등을 역임하였다. 며느리가 정여립의 형 여흥(汝興)의 딸이라는 혐의로 사직했다가, 서인 정철로부터 탄핵을 받아 유배되었으며, 선홍복(宣弘福)의 초사(招辭)에 연루되어 장형(杖刑)을 받은 뒤 옥사하였다.

69) 동종(同宗)으로서 …… 자 : 정여립과 정언신·정언지가 9촌 친족 간임을 이른다. 당시 정언신은 우의정으로서 정여립의 모반 사건을 다스리는 위관의 자리에 있었으나, 그가 정여립과 동종 간이므로 위관직 수행이 불가하다는 양사의 논핵이 이어져 위관 자리에서 물러났다.《宣祖實錄 22年 11月 7日》,《宣祖修正實錄 22年 11月 1日》

고 앉아 경연을 출입하면서 의기양양한 것이 평소와 같습니다. 바야흐로 역적의 문생과 친구들은 잡아 가두었는데 유독 조신(朝臣)에 대해서만 아무 일도 없다는 듯 심문 한번 없으니, 이는 왕법이 소원하고 미천한 자에게만 행해지고, 지위가 높고 전하의 측근을 차지하고 있는 자에게는 행해지지 않는 것입니다. 조헌(趙憲)이 여러 차례 소장(疏章)을 올려 전하 측근의 고위 인사를 논박하였는데,71) 그 본심을 따져 보면 실상 충군애국(忠君愛國)의 마음에서 나온 것입니다. 그런데도 죄를 얻고 먼 곳에 유배되어 역적의 무리들을 기껍고 통쾌하게 만들어 준 것 같이 되었으니, 국맥(國脈)을 손상시키고 사기(士氣)를 꺾음이 너무 심합니다. 속히 불러들여 충언에 대한 상(賞)을 내리는 것이 마땅할 것입니다."

주상이 답하기를, "양천회의 상소가 아! 늦었도다." 하고, 크게 칭찬하였다.

－전거는 위와 같다. ○삼가 생각건대 이 상소에서 양천회가 스스로 "역적의 실상을 상세히 알고 있었다." 하였으니, 이 어찌 군자가 할 일이겠는가? 자기 자신을 위한 계책이었다 해도 또한 망령된 것이다. 그렇지 않으면 하늘이 사람에게 재앙을

---

70) 정언지(鄭彦智) : 1520~?. 본관은 동래(東萊), 자 연부(淵夫). 호 동곡(東谷)이다. 우의정 언신(彦信)의 형이다. 정여립 옥사에서 역적과 친족이자 교분이 두터웠던 인사로 지목되어 동생과 함께 유배되었다.

71) 조헌(趙憲)이 …… 논박하였는데 : 조헌(1544~1592)의 본관은 배천(白川), 자 여식(汝式), 호 중봉(重峯)·도원(陶原)·후율(後栗)이다. 계미년(1583, 선조16) 삼찬(三竄)으로 위축된 동인은 1584년(선조17) 1월에 이이가 졸한 이후 서인에 대한 반격을 시작하였으며, 6월 부제학 김우옹(金宇顒)의 상소를 필두로 8월에 양사가 심의겸(沈義謙)이 붕당을 만들었다고 비판하기 시작하였다. 1585년(선조18) 9월에는 성혼이 이미 고인이 된 이이와 함께 양사의 논척을 받았으며, 이때 성혼은 심의겸과 연루된 죄를 자핵하였다. 이에 이듬해인 1586년(선조19.) 공주 교수(公州敎授) 조헌이 상소를 올려 시사를 극론하고, 이이와 성혼에 대하여 논변하였다. 또한 조헌은 1587년(선조20) 정여립의 흉패함을 논박하는 만언소(萬言疏)를 지어 현도상소(縣道上疏)하는 등 5차에 걸쳐 상소문을 올렸고, 이후 다시 일본 사신을 배척하는 상소와 이산해를 논박하는 상소를 대궐 문 앞에 나아가 올려 선조의 진노를 샀다. 결국 이로 인해 조헌은 삼사의 논핵을 받고 길주(吉州)로 유배되었다. 《燃藜室記述·宣祖朝故事本末·東人用事》, 《宣祖修正實錄 20年 9月 1日》

내리고자 이런 괴물 같은 무리를 내서 훗날 번복하는 폐단을 열어놓은 것인가?
○《일월록(日月錄)》에 보인다.-

이에 정언신이 소를 올려 스스로 해명하고 위관을 사직하며 아뢰기를,
"신은 역적과 나아가고 머무름에 길이 다르고 나이도 비슷하지 않으며
서울과 지방으로 멀리 떨어져 있어 본디부터 왕래하는 친분이 없었다는
것은 온 나라 사람들이 모두 알고 있습니다." 하자, 주상이 답하기를,
"유생의 말을 어찌 일일이 따지겠는가? 사직하지 말라." 하였다. -《용주집
(龍洲集)》의 〈정비(鄭碑)〉72)와 《기축록》에 보인다.-

이조 판서 이양원(李陽元)이 소를 올려 사직하였는데, -정여립을 황해
도사에 의망하였을 때 전관(銓官)이었기 때문이다.- 소의 대략에,
"신은 평생 동안 여립과 만난 일이 없습니다. 서관(庶官)73)을 의망할
때 다만 전례를 따랐을 뿐입니다.……"라고 하니, 답하기를,
"경은 그렇게 하지 않았을 것이다. 양천회(梁千會)의 상소는 억측에서
나온 주장임을 내 이미 알고 있으니, 안심하고 사직하지 말라." 하였다.

4일, 예조 정랑 백유함(白惟咸)74)이 올린 상소의 대략에,
"신이 죄가 쌓여 은혜를 저버렸으므로 초야에 물러와 있었으나, 나라에
역적의 변고가 있다 하오니 감히 편히 있을 수 없어 정신을 수습하고
다시 도성으로 들어왔습니다.……"라고 하였다. 이어서, 추국하는 관원이

---

72) 용주집(龍洲集)의 정비(鄭碑) : 조경(趙絅, 1586~1669)의 문집 《용주집(龍洲集)》의 〈우
    의정 나암 정공 신도비명 병서(右議政懶庵鄭公神道碑銘 幷序)〉를 이른다.
73) 서관(庶官) : 6품 이하의 낮은 관직을 가리킨다.
74) 백유함(白惟咸) : 1546~1618. 본관은 수원(水原), 자 중열(仲說)이다. 백인걸(白仁傑)의
    아들로서, 1576년 식년문과에 급제하였다. 1589년 기축옥사 때, 이발·이길·김우옹
    등이 정여립과 친밀하게 교유했다고 탄핵하며 옥사를 확대하였다. 1591년 건저
    문제가 불거졌을 때 정철을 옹호하다가 유배되었다.

신문을 허술히 하고 대간은 그것을 보고도 침묵하는 정상에 대해 아뢰었고,
또 아뢰기를,

"김우옹(金宇顒)·이발(李潑)·이길(李洁)의 무리는 역적과 친밀히 교유
하고 편당을 이루어 사사로이 비호하였습니다. 좌랑 김빙(金憑)75)은 집이
전주에 있어서 역적과 평소 친밀히 지냈으며, 조정의 공석에서 역적을
구호해서 인심이 놀라 분노하고 있습니다. 전하의 형세가 고립되고 사특한
의논이 횡행하니, 역적의 괴수가 주살되었어도 남은 근심은 아직 다 없어지
지 않았습니다.……" 하니, 주상이 답하기를,

"그대는 진정한 백경(白卿)76)의 아들이니, 백경은 과연 후사를 잘 두었다
고 하겠다. 그대의 부친은 늙어서도 임금을 잊지 않고 나를 보좌하였는데,
그대는 어린 나이로 어찌하여 구석진 시골에 물러나 있는가? 이는 그대가
부친을 따르지 못하는 점이다. 지금 나라가 위태하니, 이제 이후로는
다시 떠나지 말라. 내 장차 그대를 등용할 것이다. 이 무리의 정상은
나도 잘 알고 있다." 하였다. -《기축록》에 보인다.-

전교를 내리기를,
"역변이 일어난 날부터 우의정의 소행에 온당치 못한 점77)이 많았으나,

<hr>

75) 김빙(金憑) : 1549~1590. 본관은 통주(通州), 자는 경중(敬中)이다. 1580년(선조13) 별
시문과에 병과로 급제, 이조 좌랑(佐郞)을 지냈다. 1589년 기축옥사 때 형조 좌랑으로
서 추국관(推鞫官)이 되었으나, 정치적 적대 관계였던 백유함(白惟咸)으로부터 정여립
의 죽음을 슬퍼한다는 논핵을 받고 죽임을 당하였다.

76) 백경(白卿) : 백인걸(白仁傑, 1497~1579)을 이른다.

77) 우의정의 …… 점 : 우의정은 정언신(鄭彦信)을 이른다. 1590년(선조23) 5월에 호남(湖
南) 유생 양형(梁泂)·양천경(梁千頃) 등의 상소에 따르면, 정여립의 역모를 고변하는
밀계가 올라오자 우의정 정언신이 고변 내용에 근거가 없다고 하면서 고변한 10여
명의 목을 베어야 한다는 주장을 하였다고 하였다. 또한 옥사 초기 선조가 금부도사(禁
府都事) 권담(權湛) 등을 해서·호남에 보내 적당들을 잡아들이게 하였는데, 이때
정언신이 권담에게 지시하기를, "정 수찬은 결코 이러한 일을 저질렀을 리 없으니,
그대는 경거망동하지 말고 조용히 데리고 오라." 하며, 권담의 출발을 지체하게
하였다고 하였다.(《震鑑·己丑獄事》) 본문에서 선조가 말한 '우의정의 소행에 온당치

대신의 지위에 있는 사람인데 내 어찌 일일이 열거하며 말이나 기색에
드러내겠는가? 처음 추국할 때부터 허술하다고 내 이미 의심하고 있었으
니, 양천회(梁千會)의 소 또한 너무 늦은 감이 있다. 지금 도리어 우의정이
소를 올려 변명[78]하였으나 그 말에 또한 온당치 못한 것이 많고, 심지어는
'서찰을 왕래하지 않았다'고까지 하니 나에게 눈이 없다고 말하는 것인가?"
하고, 밀봉한 편지를 승정원에 내리며 이르기를,

"이것이 누구의 편지란 말이냐? 그 내용에 '부질없는 시국이라 말하자니
지루하다.' 하고 또 '가소롭다'는 등의 말까지 있는데, 이러고도 오히려
친밀한 사이가 아니라 하고 서찰을 주고받은 일도 없다고 하면서 허다한
말을 꾸며댄단 말인가? 대신의 몸으로 감히 면전에서 나를 기만하니
통분함을 이길 수가 없다. 내가 이 편지들을 일찌감치 내놓지 않았던
것은 그렇게 할 줄 몰라서가 아니라 염려되는 점이 많았기 때문이니,
어찌 생각이 미치지 못해 하지 않은 것이겠는가? 20년 동안 행해 온
대신에 대한 예우가 이로 인해 모두 무너졌으니 더욱 가슴 아프다." 하였다.
승정원에서 전교를 보고 등서한 다음 대내로 들였다.

7일에 양사(兩司)가 아뢰기를,

"정언신과 김우옹·백유양은 역적과 친족으로서, 혹은 친구로서, 혹은
혼인으로써 모두 두터운 친분을 맺었으므로 조정의 반열에 그대로 둘
수 없으니, 파직하소서. 우의정 정언신은 일찍이 역적과 동종(同宗)[79] 간으

못한 점'은 이러한 일들을 가리키는 것으로 보인다.

78) 우의정이 …… 변명 : 양천회는 상소에서 정언신(鄭彦信)이 역적 정여립과 절친한
     친척 사이로 교분이 두터웠음에도 불구하고 의기양양한 기세가 평소와 다름이
     없고, 적당(賊黨)에 대한 심문을 부실하게 하면서도 자핵(自劾)하는 소장(疏章)조차
     올리지 않는다고 비판하였다. 이로 인해 정언신이 자핵소(自劾疏)를 올렸는데, 본문에
     서 우의정이 소를 올려 변명했다 한 것은 이 자핵소를 가리킨다.

79) 역적과 동종(同宗) : 기축옥사 초기 정언신은 우의정으로서 정여립의 모반 사건을
     다스리는 위관에 임명되었으나, 그가 정여립과 9촌의 친족 관계라는 이유로 사헌부와

로 두터운 교분을 맺고 서신을 왕래하며 안부를 주고받은 것이 한 두
번이 아닙니다. 정승의 몸으로 하늘의 해와도 같은 임금 앞에서 감히
역적과 서신을 주고받은 일이 없다는 거짓말로 군부를 기망하고 자신의
죄를 은폐하려는 정상이 밝게 드러나 가릴 수가 없게 되었으니 파직하여
쫓아내소서." 하였다. 승정원에서는 이발·이길도 아울러 파직해 쫓아낼
것을 아뢰니, 모두 아뢴 대로 하라고 하였다.

8일, 정철을 우의정에 임명하여 위관으로 삼고, -정언신을 대신하였다.-
성혼을 이조 참판에 임명하였으며, -정언지(鄭彥智)를 대신하였다.- 최황(崔滉)
을 대사헌에, 백유함을 헌납에 임명하였다.

11일, 백유함의 탄핵으로 양사를 체직시키고, 특명으로 김우옹을 회령(會
寧)에 귀양 보냈다. 전교하기를,

"김우옹은 정여립과 결탁하여 그의 심복이 되었고, 조정의 일을 상의하
지 않은 것이 없었다. 내가 무심코 답한 말들도 모두 엿듣고 인군의 마음을
억측하여 여립과 몰래 내통하였으니, 그 정상을 보면 쥐새끼와 같다.
이 사람에 대해서는 그가 이리저리 번복하는 소인인 줄 내 이미 알고
있었으나 그 정상이 이 지경에 이르렀을 줄은 생각하지 못하였다. 육진(六
鎭)80)에 정배하라." 하였다. 그때 우옹의 형 김우굉(金宇宏) -전 대사간-
이 길에 나와 송별하며 손을 잡고 통곡하니, 우옹이 태연한 안색으로
말하기를, "형님이 지나치게 슬퍼하시면 제 마음이 편하지 못합니다."
하였다. 길을 떠나 철령(鐵嶺)에 이르러 북방에서 돌아오는 조헌(趙憲)과

___

사간원에서 그의 위관직 수행이 불가하다고 탄핵하였다. 《宣祖實錄 22年 11月 7日》
《宣祖修正實錄 22年 11月 1日》
80) 육진(六鎭) : 세종 때에 김종서(金宗瑞)를 시켜 두만강 가에 여섯 진을 설치한 것으로,
경원(慶源), 경흥(慶興), 부령(富寧), 온성(穩城), 종성(鍾城), 회령(會寧)을 이른다. 이
글에서는 함경도 회령을 지칭하는 용어로 사용되었다.

만났는데, 조헌이 말하기를, "숙부(肅夫)[81]는 이러한 지경에 이르러서도 뉘우치는 마음이 없는가?" 하자 우옹이 웃으며 답하기를, "후세에 이르러 공론이 정해질 것이니, 어찌 한 때의 형벌을 겁낼 것인가?" 하였다. -《괘일록》에 보인다.-

12일, 정집(鄭緝)[82] -정여립의 조카- 이 공초에서, 정언신·정언지·홍종록(洪宗祿)·정창연(鄭昌衍)·이발·이길·백유양 등을 역적과 마음을 함께 한 친구라고 하므로, 친국(親鞫)을 명하였다. 정철이 아뢰기를,

"조정 신하들이 역적과 친밀히 교유한 것은 좋게 지내다 그 악함을 알지 못한 것에 불과하니, 천하에 어찌 두 명의 정여립이 있겠습니까?" 하였다. -《시정록(時政錄)》에 보인다. ○ 은밀히 사주하여 함정을 파놓고 겉으로는 관대한 척하였는데, 그 말이 또한 괴이하니 누가 믿겠는가? 정철의 간사한 태도를 볼 수 있다.-

정언신을 중도부처(中道付處)[83]하고, 정언지를 강계(江界)에, 홍종록을 구성(龜城)에, 이발을 종성(鍾城)에, 이길을 희천(熙川)에, 백유양을 부령(富寧)에 원찬(遠竄)[84]하라고 명하였으며, 정창연(鄭昌衍)은 석방하였다.

---

81) 숙부(肅夫) : 김우옹의 자(字)이다.

82) 정집(鄭緝) :《광해군일기(光海君日記)》 4년 2월 21일 기사에 따르면, 정집은 정여립의 조카로서 심문 중에 고문을 못 이기고 정언신·정언지·이발·이길·백유양·홍종록(洪宗祿) 등 약 120여 명을 역모에 동참했다고 끌어들였는데, 당시 선조가 이를 난언(亂言)이라 하여 모인(某人) 이하는 기록하지 말도록 명하였다고 하였다.

83) 중도부처(中道付處) : 부처는 죄인을 일정한 지역에 거처하게 하고 마음대로 이동하지 못하게 하는 형벌로, 정배되는 지역의 원근에 따라 근도부처(近道付處), 중도부처(中道付處), 원도부처(遠道付處)로 나뉘었다.《전율통보(典律通補)》에 의하면, 팔도 중 경기는 근도(近道)로, 충청도·강원도·황해도는 중도(中道)로, 함경도·평안도·전라도·경상도는 원도(遠道)로 분류되었다.

84) 원찬(遠竄) : 함경도·평안도·전라도·경상도 등 원도(遠道)에 정배하는 형벌을 이른다.

당시 역적의 괴수는 이미 죽었고, 또 소위 길삼봉(吉三峯)[85]이란 자는 아직 잡지 못하였다. 역적들이 끌어들인 이들이 많았으나 이미 그 근본을 잃었으므로, 당시 죄를 논한 것은 문서에서 나온 말이 많았다. -《일월록(日月錄)》에 보인다.-

정언신이 대질심문을 받은 후 처음에는 문외출송(門外黜送)[86] 되었다가 중간에는 부처(付處)되었고 마지막에는 찬배(竄配)되었다. 이귀(李貴)[87]는 당시 일개 포의(布衣)로서 "정 정승이 역적과 서로 알고 있다고 하여 죄를 받는 것은 매우 억울한 일이다."라고 비판하며 스스로 증인 서는 것을 꺼리지 않았다. 또한 도보로 파주(坡州)로 가서 성혼에게 상소로 구할 것을 극력 청하였으니, 일은 비록 성과가 없었으나 가히 당파를 초월한 군자라 할 만하다. -《용주집(龍洲集)》 비문(碑文)에 보인다.-

이때 대간이 정언신이 군부를 기망하였다고 논계하였다. 성혼이 요직에 있는 이에게 서신을 보내 말하기를,

---

85) 길삼봉(吉三峯) : 길삼봉은 본디 충청도 천안(天安)의 사노(私奴)로서 민간에 많은 폐해를 끼친 불한당이라고도 하고, 신병(神兵)을 이끌고 지리산과 계룡산에 웅거한 정여립의 모사라고도 하였는데, 어느 쪽도 실제 확인된 바는 없다. 1590년(선조23) 기축옥사가 한창 진행되던 때, 호남 유생 양천경·강해가 역모의 모주(謀主) 길삼봉은 최영경(崔永慶)이라고 고변한 일로 인해 결국 최영경이 유령의 인물 길삼봉이라는 지목을 받고 옥사하였다.
86) 문외출송(門外黜送) : 죄인의 벼슬과 품계를 빼앗고, 한양 밖으로 추방하던 형벌이다.
87) 이귀(李貴) : 1557~1633. 본관은 연안(延安), 자는 옥여(玉汝), 호는 묵재(默齋), 시호는 충정(忠定)이다. 이이(李珥)·성혼(成渾)의 문하에서 수학해 문명을 떨쳤다. 광해군의 난정을 개탄하고, 김류(金瑬)·신경진(申景禛)·최명길(崔鳴吉)·김자점(金自點) 및 두 아들 시백(時白)·시방(時昉) 등과 함께 반정을 준비하였다. 1623년 3월 광해군을 폐하고 선조의 손자인 능양군 종(綾陽君倧)을 왕으로 추대, 정사 공신(靖社功臣) 1등에 책록되었다. 그 뒤 호위대장(扈衛大將)·이조 참판 겸 동지의금부사·대사헌 등을 역임하고, 연평부원군(延平府院君)에 봉해졌다. 영의정에 추증되었으며 인조 묘정에 배향되었다.

"대신이 말 한 마디를 사실대로 하지 않았다 하여 대번에 엄중한 형벌을 받는 것은 왕정을 해치는 일이다. 송(宋) 나라 조정은 일찍이 한 명의 대신도 죽이지 않았으니, 그 인후(仁厚)함을 본받아야 한다." 하니, 그 의논이 마침내 멈추었다. -《우계 시장(牛溪諡狀)》-

이발이 종성(鍾城)에 유배되었는데, 유배 길에 안민학(安敏學)[88]을 만나 말하기를,

"사람이 세상에 나와 효자, 충신이 되지는 못할지언정 도리어 역적의 악명을 쓰게 되었으니, 훗날 지하에서 무슨 면목으로 스승과 벗들을 만나겠는가?" 하였다. -《쾌일록》에 보인다.-

정집이 형벌을 받게 되자 큰 소리로 외치기를,

"많은 사람을 끌어들이면 너는 살 수 있다고 나를 꼬이더니, 지금 어찌하여 나를 죽이는가?" 하였다. -《용주집(龍洲集)》에 보인다.-

12월 3일. 사헌부에서 아뢰기를,

"행 호군(行護軍) 홍여순(洪汝諄)은 음험하고 교활하고 방자하여 거리낌이 없고 시기와 모함으로 사람을 해치는 것이 그의 평상시 본성입니다. 가는 곳마다 형벌이 과하여 인명을 함부로 살상하고, 관직에 있으며 탐학을 일삼은 정상은 이루 다 말할 수 없습니다. 또한 정언신을 부처하라는 전지(傳旨)를 자기 마음대로 증감한 일은 그 정상을 헤아리기 어려우니, 파직하고 서용하지 마소서. 행 호군 정윤복(丁胤福)과 전 교리(校理) 송언신

---

88) 안민학(安敏學) : 1542~1601. 본관은 광주, 자는 습지(習之), 호는 풍애(楓崖)이다. 박순의 문인으로, 이이(李珥)·정철(鄭澈)·이지함(李之菡)·성혼(成渾)·고경명(高敬命) 등과 교유하였다. 1580년(선조13)에 이이의 천거로 희릉 참봉(禧陵參奉)이 되었다. 전주의 별서(別墅)에 우거하던 중 임진왜란을 만나 소모사(召募使)로 임명되었다. 저서로 《풍애집(楓崖集)》이 있다.

(宋言愼)은 역적과 친분이 두터웠고, 전 좌랑 김홍미(金弘微)는 이진길(李震吉)
을 극력 추천하였으며, 전 현감 한준겸(韓浚謙)과 전 좌랑 박승종(朴承宗),
전 저작 정경세(鄭經世)는 이진길을 사국(史局)에 끌어들인 자들인데 옥사가
끝나기도 전에 서용하라는 명을 받았으니 도로 명을 거두소서." 하니,
답하기를, "아뢴 대로 하라. 홍여순의 일은 윤허하지 않는다." 하였다.
  헌납 백유함이 홍여순을 탄핵하였으나, 주상이 윤허하지 않았는데,
이는 홍여순의 여동생이 궁중에 들어가 후궁이 되었기 때문이었다. -《일월
록(日月錄)》에 보인다.-

  4일, 사간원에서 아뢰기를,
  "수원 부사(水原府使) 홍가신(洪可臣)은 역적과 교분이 가장 친밀하였고,
이발 형제와 함께 역적을 추천하고 장려하였으니 파직하소서. 승문원(承文
院) 권지정자(權知正字)[89]는 평소 일컬을 만한 명성이 없는데도 사관(史官)으
로 추천되었으니, 삭거(削去)하소서." 하니, "아뢴 대로 하라." 하였다.

  양사가 합계하기를,
  "급제(及第) 정언신은 역적의 변고가 일어난 처음, 어전에서 면대하였을
때 이미 역적을 두둔할 뜻이 있었습니다. 추국에 참여했을 때에도 시종일관
옥사를 어지럽힌 형적이 있었으며, 심지어는 처음 고변한 사람을 잡아들여
다스리자고 말하여 옥사를 지연시키려 하였으니 멀리 유배 보내소서.
급제 임국로(任國老)는 추국에 참여했을 때 정언신에게 빌붙어 역적을
두둔하려는 뜻이 많았습니다. 옥사가 허술하게 된 것은 또한 이 사람

---

89) 승문원(承文院) 권지정자(權知正字) : 윤경립(尹敬立, 1561~1611)을 이른다.(《宣祖實錄
  22年 12月 4日》) 본관은 파평(坡平), 자는 존중(存中), 호는 우천(牛川)이다. 판서 윤선각
  (尹先覺, 일명 國馨)의 아들로, 1585년(선조18)에 진사, 1588년(선조21) 알성 문과에
  병과로 급제하고, 승문원 권시정자가 되었다. 이듬해 정여립의 옥사가 일어나자,
  정여립과 친분이 있다 하여 파직되었다.

때문이기도 하니, 문외출송 하소서." 하니, "아뢴 대로 하라." 하였다. 정언신을 남해(南海)에 유배하였다.

7일, 조헌을 전한(典翰)⁹⁰⁾에 의망하니, 전교하기를, "경솔히 제수할 수 없다."고 하였다.

8일, 류성룡(柳成龍)이 백유양의 공초에서 자기 이름이 나온 것으로 인해 -다른 책에서는 그의 이름이 대간의 상소에서 거론되었다고 되어 있다.- 소를 올려 자수하자, 답하기를,

"역적의 공초가 경과 무슨 상관이란 말인가? 경은 금옥과 같이 아름다운 선비이니, 경의 마음과 뜻이 밝은 해를 관통할 수 있다는 것을 내 오래 전부터 알고 있었다." 하였다. 전교하기를,

"고(故) 집의(執義) 이경중(李敬仲)이 이조 좌랑(吏曹佐郎) 때 역적의 명성이 높았지만 그 형편없음을 알고 극력 배척하다가 청현직에 오르는 길이 막혔고 끝내는 논핵을 당하였다.⁹¹⁾ 그의 선견지명은 옛사람들에 못지않으니 그에게 판서를 추증하고 아름다운 시호를 하사하라." 하였다. 당시 주상이 경연에서 신하에게 묻기를, "정여립의 흉악한 역모를 한 사람도 몰랐단 말인가?" 하니, 류성룡이 말하기를,

"일찍이 이경중이 정여립이 전랑(銓郎)에 천거되는 것을 막았는데, 당시 대간이 이 일을 가지고 도리어 이경중을 논박하였습니다." 하였다. 이에 주상이 특명으로 이경중에게 관작과 시호를 추증하고, 당시 대간이었던 정인홍(鄭仁弘)·박광옥(朴光玉)의 벼슬을 삭탈하게 하였다. -《일월록(日月

---

90) 전한(典翰): 홍문관(弘文館)의 종3품 관직을 이른다.

91) 이경중(李敬中)이 …… 당하였다 : 이경중(1542~1584)의 본관은 전주, 자 공직(公直), 호 단애(丹崖)이다. 1581년(선조14) 이조 좌랑으로 있을 당시 정여립의 전랑직 의망을 막았다가 정인홍(鄭仁弘), 박광옥(朴光玉) 등으로부터 논핵(論劾)을 당하여 파직되었다.

錄)》에 보인다. ○이 이후로 정인홍은 마침내 류성룡과 틈이 벌어지게 되었다.[92]-

10일, 좌의정 이산해(李山海)에게 전교하기를,

"역적이 조정 신료 사이에서 나온 것은 크나큰 변고 중에서도 심히 불행한 일이다. 언관이 역적과 결탁한 사람을 논핵하는 것은 진실로 옳은 일이지만, 근래의 정황을 보면 그 여파가 점차 확대되는 것 같아 심히 우려하고 있다. 간혹 범상하게 교유하는 것은 사람들에게 흔히 있는 일인데, 혹여 이 기회를 틈타 평소 자기와 의견이 같지 않은 자를 모두 지목해 배척한다면 그 해악을 이루 말할 수 없을 것이다. 경은 힘을 다해 방지해야 할 것이며, 만약 듣지 않는 자가 있으면 나에게 직접 아뢰어서라도 주선하여 진정하게 하라." 하였다.

지평 황혁(黃赫)이 피혐(避嫌)하며 말하기를,

"전하께서 정승에게 내리신 전교는 민심을 진정시키고자 하시는 뜻이 지극합니다. 지금 역적이 한때의 명류(名流)라 일컬어지는 이들 가운데에서 나왔는데, 평소 역적과 결탁하고 추장하며 그 성세(聲勢)를 조장하고 이런 변고를 양성한 자는 왕법으로 헤아려 보면 자연히 그에 합당한 죄가 있게 될 것입니다. 언관이 풍문에 의거하여 차례차례 논핵하는 것은 그 파급될 후환으로 인해 신들 또한 일찍부터 염려하고 있었습니다. 더구나

---

92) 이 …… 되었다 : 남·북 분당의 조짐은 신사년(1581, 선조14), 우성전(禹性傳)·이경중(李敬中) 등의 반대로 정여립의 전랑 의망이 저지되어 정인홍·이발의 반발을 초래한 사건, 그리고 1591년(선조24) 서인이 축출되었을 때 당시 정승이었던 류성룡이 서인에 대한 공세에 미온적이었던 일로 정인홍·이산해·홍여순 등의 공격을 받았던 사건 등에서 이미 단초가 보이고 있었다. 이후 왜란의 와중인 1598년(선조31), 명나라 경략(經略) 정응태(丁應泰)가 조선이 일본과 연합해 명나라를 공격하려 한다고 본국에 무고한 사건이 일어났을 때, 정인홍을 비롯한 북인은 류성룡이 이 사건의 진상을 변무하러 가지 않는다는 이유로 그를 탄핵하고 관작을 삭탈하게 함으로써 남인에 대한 정치적 공세를 더욱 강화해 나갔다.

4, 5년 동안 조정이 안정되지 못하였고 연좌(連坐)의 법률은 갈수록 더욱 혹심해져 사우(師友)나 인척처럼 친밀한 자들까지 아울러 피해를 입기에 이르렀지만, 모든 이들이 주먹을 불끈 쥐면서도 감히 말을 하지 못한 것이 오래되었습니다. 지금 새로운 정치가 펼쳐지는 때를 맞아 누가 감히 자기와 의견이 다르다 하여 때를 틈타 알력을 일삼으며 스스로 소인의 전철을 답습하겠습니까? 그러나 그 사이에 탐학하고 매우 형편없는 사람이 있어서 죄에 따라 탄핵하지 않을 수 없으므로 신이 아뢰고자 하였는데, 대사헌 최황(崔滉)의 답변이 불손하였고 동료를 낭리(郎吏)처럼 대하였습니다. ……" 하였다.

이에 대사헌 최황과 장령 윤섬(尹暹)·심희수(沈喜壽), 지평 신집(申鏶)이 모두 피혐하였는데, 이는 황혁이 홍여순을 논박하려 하였으나 최황이 동의하지 않아 일어난 일이었다. 주상이 황혁을 체차하고, 최황이 피혐하여 올린 글에 답하기를, "황혁의 말은 몇 줄에 불과하나 그 마음이 이미 드러났으니 내 어찌 체차하지 않을 수 있겠는가?" 하였다. -《시정록(時政錄)》에 보인다.-

12일, 낙안 교생(樂安校生) 선홍복(宣弘福)이 공초에서 이발·이길·백유양을 끌어들이고,93) 또 말하기를, "이진길이 류덕수(柳德粹)94) -선산 부사(善

---

93) 선홍복(宣弘福)이 …… 끌어들이고 : 낙안 교생 선홍복은 정여립과 상통(相通)한 흔적이 있어 그 집의 문서(文書)를 수색하고 잡아들여 심문하였는데, 그의 공초에서 이발·이길·이급·백유양·이진길 등이 언급되며 옥사가 걷잡을 수 없이 확대되었다. 이에 대해 동인 측에서는 정철이 자기와 친한 금부도사(禁府都事)를 시켜 선홍복이 정여립과 상통한 문서를 날조하고 이로써 홍복을 함정에 빠뜨린 다음, 홍복에게 이발 등을 끌어들이면 목숨을 살려주겠다고 꾀어낸 것으로 보았다.(《宣祖實錄》22年 12月 12日) 서인 측에서도 선홍복의 공초에 정확한 근거가 없고 이발 등이 받은 형벌이 과도한 것이라는 점은 인정한다. 그러나 동인처럼 이를 정철의 조작과 사주로 보는 것이 아니라, 선홍복이 형문 과정에서 거의 죽을 지경에 이르자 정신없이 어지럽게 끌어들인 것이며, 이발 등이 정여립과 시사를 논하며 기휘하는 바가 없이

山府使)- 에게서 참서(讖書)를 얻었다.……" 하였다. 이발·이길·백유양이 유배지에서 다시 잡혀와 추국을 받았고, 이급(李汲)과 류덕수 또한 형장을 맞으며 신문을 받았다. -《기축록(己丑錄)》에 보인다.-

처음에 이발과 이정란(李廷鸞)95)이 같은 감옥에 갇혔는데 이발이 정란에게 말하기를,

"사람 알기가 어렵다 하나, 정철은 사람들이 경외하는 사람이었는데도 나만 홀로 알지 못하였으니 지금 그것이 한스럽다. 그대는 일찍이 오만하거나 남에게 모질게 굴지 않았으니 죽임을 당할 리가 없을 것이나 나는 죽어서도 후환이 있을 것이다." 하였다. 정란은 방면되고 이발은 종성(鍾城)에 유배되었다가 이때 또 선홍복의 공초에 언급되어 다시 잡혀 왔다. 이발이 옥에 있으면서 함께 갇혀 있는 사람에게 말하기를, "내가 죽는 것은 두렵지 않으나 노모가 계시니 어찌할 것인가?" 하고, 탄식하며 말하기를,

"'부모를 사랑하는 사람은 남에게 오만하지 않고 부모를 공경하는 이는

주상의 동정을 모두 통보하였기 때문에 주상의 의심과 노여움을 사 혹독한 형벌을 받게 된 것이라고 보았다.(《宣祖修正實錄》 22年 12月 1日) 나아가 서인은 이발과 백유양이 역적의 공초에 재론되어 끝내 죽임을 당하였던 일은 정철뿐만 아니라 이산해·류성룡도 추관의 책임을 맡고 있었을 때의 일이니 이산해·류성룡을 제쳐두고 정철에게만 죄를 돌릴 수는 없다고 주장하였다. 《沙溪全書·松江鄭文淸公澈行錄》

94) 류덕수(柳德粹) : ?~1591. 본관은 문화(文化), 자는 중정(仲精)이다. 1546년(명종1)에 식년시 생원 2등 18위로 합격하였고, 1560년(명종 15) 별시 병과 13위로 문과 급제하였다. 1589년 기축옥사 때, 낙안 교생(樂安校生) 선홍복(宣弘福)의 공초에서 정여립의 생질 이진길(李震吉)이 선산부사(善山府使)였던 류덕수에게서 참서(讖書)를 받았다는 내용이 나왔는데, 이로 인해 류덕수는 국문을 받고 죽임을 당하였다.

95) 이정란(李廷鸞) : 1529~1600. 본관은 전의(全義)이고 자는 문보(文父), 시호는 충경(忠景)이다. 1568년(선조1) 증광 문과에 병과로 급제해 교서 정자(校書正字), 저작 박사(著作博士)를 거쳐 성균관 전적(典籍)을 지냈다. 정여립에 대해서는 내내 배척의 태도를 취했다 전해지는데, 정여립과는 재종 형제 간이었고 대대로 이웃에 살았던 까닭에 기축옥사 초 잠시 수감되었던 것으로 보인다. 《混定編錄 卷5》

남에게 모질게 굴지 않는다'96) 하였는데 나는 그렇지 못하였으니 후회막급
이다. 남쪽을 바라보며 통곡하니 땅은 검고 하늘은 푸르구나." 하였다.
-《괘일록(掛一錄)》에 보인다.-

이발이 처음 유배길에 올랐을 때, 역적의 협박에 못 이겨 어쩔 수 없이
따랐던 자들은 그 죄를 묻지 말라는 전교가 내려졌다. 그러나 참소하는
말이 끝이 없어 재앙의 불길이 하늘을 찔렀던 까닭에, 이발·이급 형제는
모두 형장 아래 죽었고, 이길(李洁)도 뒤에 잡혀와 죽었다. -《괘일록(掛一錄)》에
보인다.-

백유양이 정여립에게 보낸 편지에, 주상을 침범하는 부도(不道)한 말을
한 것이 많았는데, 주상이 그 중 심한 것을 지우고 국청에 내려 보냈다.
그 편지에, "이 사람은 시기심이 많고 괴팍하다." 하였고, 또 "이 사람은
임금의 도량이 조금도 없다."는 등의 말이 있었으므로 주상이 백유양을
역률로써 단죄하라 명하였다. 이에 정철이 아뢰기를,
  "경악(經幄)97)에서 한 명의 정여립이 나온 것도 이미 크나큰 변고인데,
백유양이 비록 형편없는 인사라 하나 어찌 또 하나의 정여립이겠습니까?"
하니, 주상이 크게 노하여 대신이 권력을 제 마음대로 휘두른다고 하교하였
다. -전거는 위와 같다.-

  선홍복이 형을 받을 때에 소리쳐 말하기를,
_____
 96) 부모를 …… 않는다 :《효경(孝經)》의 〈천자(天子)〉 장 내용 중, "부모를 사랑하는
    자는 감히 남에게 모질지 않고, 부모를 공경하는 자는 감히 남에게 오만하지 않다.
    부모를 섬기면서 사랑과 공경을 극진히 하면 덕교(德敎)가 백성에게 더해져서 사해(四
    海)에 본보기가 될 것이니, 이것이 곧 천자의 효이다.[愛親者不敢惡於人 敬親者不敢慢於
    人 愛敬盡於事親 而德敎加於百姓 刑于四海 此天子之孝也]"라고 한 구절을 인용한 것이다.
 97) 경악(經幄) : 경연(經筵)을 이른다. 여기에서는 경연에 참여하는 근신(近臣)을 의미한
    다.

"내 죄는 진실로 죽어 마땅하다. 조영선(趙永善)의 말을 듣고 무고한 사람을 무함하였으니, 부끄럽고 한스러워 어찌하랴?" 하였다. 이는 대개 정철이 의원 조영선을 시켜 홍복을 은밀히 사주하였기 때문이다. -《괘일록 (掛一錄)》에 보인다.-

이때에 옥사가 크게 확대되어 이언길(李彦吉)[98]・윤기신(尹起莘)[99]・유종지(柳宗智)[100]는 모두 형장 아래 죽었고, 홍가신(洪可臣)・이위빈(李渭濱)・허상(許鏛)・박의(朴宜)・강복성(康復誠)・김창일(金昌一) 등 수십 명은 삭출(削黜)되어 금고(禁錮)되었으며, 김영일(金榮一)은 두 차례의 형을 받고 삭직되었다. 성균관과 사학(四學) 유생으로서 조금이라도 이름 있는 자는 모두 금고되었다. -전거는 위와 같다.-

14일, 전라도 유생 정암수(丁巖壽) 등이 구언(求言)하는 명을 따라 상소[101]

---

98) 이언길(李彦吉) : 1545~1589. 본관은 전의(全義), 자는 군적(君迪)이다. 1579년(선조12) 식년시 문과에 급제하여, 예조 좌랑, 형조 좌랑을 역임하였다. 1589년(선조22) 기축옥사 때, 그가 김제군수(金堤郡守)로 있으며 환자곡(還上穀) 10여 석을 정여립(鄭汝立)에게 주었고, 목재를 가져다 집을 지어 주었다는 이유로 죽임을 당하였다.

99) 윤기신(尹起莘) : 기축옥사의 전개 과정에서 전라도 유생 정암수(丁巖壽, 1534~1594)가 박천정(朴天挺) 등과 연명하여 올린 상소로 옥사가 동인 전체에게 전방위적으로 확산되는 가운데 이발 형제와 교유가 두텁고 호남과 영남을 두루 다니며 역적 정여립과 결탁하였다는 죄명으로 피화(被禍)되어 처형되었다. 《掛一錄》,《混定錄》

100) 유종지(柳宗智) : 1546~1589. 본관은 문화(文化), 자는 명중(明仲), 호는 조계이다. 현 경상남도 진주에 거주하였다. 조식의 문인이다. 그의 행적을 기록한 《조계실기》가 있다. 기축옥사의 전개 과정에서 정암수가 박천정 등과 연명하여 올린 상소로 옥사가 동인 전체에 확산되는 가운데 피화되어 처형되었다. 《宣祖實錄 22年 12月 14日》

101) 정암수(丁巖壽) …… 상소 : 정암수(1534~1594)의 본관은 창원, 자는 응룡(應龍), 호는 창랑(滄浪)이다. 기축옥사 당시 박천정 등과 연명하여 이산해・류성룡 등을 간인(姦人)으로 규정한 상소를 올렸다. 상소 내용은 《宣祖實錄 22年 12月 14日》 및 《宣祖修正實錄 22년 12월 1일》 기사에 상세히 소개되어 있다. 정암수 등의 연명 상소는 옥사를 동인 전체에 전방위적으로 확산시키는 계기가 되었다. 이에 동인 사이에서는 정암수는 정철의 문객이며 상소는 정철의 사주를 받아 작성된 것이라는 소문이 공공연하게

하여, 이산해와 정언신 등이 전후로 나라를 그르치고 역적을 비호한 정상을 극언하고, 또 한효순(韓孝純)·이정직(李廷直)·정개청(鄭介淸)·유종지(柳宗智)·유영립(柳永立)·류성룡(柳成龍)·이양원(李陽元)·윤의중(尹毅中)·윤탁연(尹卓然)·김응남(金應南)·송언신(宋言愼)·남언경(南彦經)·이언길(李彦吉)·조대중(曺大中)·이홍로(李弘老)·이순인(李純仁)·유몽정(柳蒙井)·김홍미(金弘微) 등의 죄를 말하였다.

또한 전 현감 나사침(羅士忱)[102]이 그 아들 나덕명(羅德明)[103]·나덕준(羅德峻)[104]·나덕윤(羅德潤)[105] 등과 함께 정여립을 구원하고자 고변자가 무고

떠돌고 있었다.(《宣祖實錄 22年 12月 14日》) 한편 정암수는 이 상소에서 정개청(鄭介淸)의 이른바 '배절의설(排節義說)'을 난역(亂逆)의 증좌로 제시하였다. 이에 정개청은 그의 제자 나덕명(羅德明), 나덕준(羅德峻) 형제와 함께 정여립과 결탁했다는 죄명으로 압송되었고, 이듬해 6월 함경도 경원(慶源)에 유배되어 그달 27일에 배소(配所)에서 죽었다.

102) 나사침(羅士忱) : 1525~1596. 본관은 나주(羅州), 자는 중부(仲孚), 호는 금남(錦南)이다. 진원 현감(珍原縣監)을 지낸 아버지 나질(羅晊)은 최부(崔溥)의 둘째 사위로, 유희춘에게 이모부가 된다. 1555년(명종10) 생원시에 합격하고, 음직으로 경기전 참봉(慶基殿參奉)과 이성 현감(尼城縣監)을 지냈다.

103) 나덕명(羅德明) : 1551~1611. 본관은 나주(羅州), 자는 극지(克之), 호는 소포(嘯浦)이다. 나사침(羅士忱)의 장남이자 정개청(鄭介淸)의 문인이다. 1579년(선조12) 기묘(己卯) 식년시(式年試) 진사(進士)에 급제하였으나, 1589년 기축옥사 때 정개청의 문인이자 정여립과 친분이 있었다는 이유로 함경도 경성(鏡城)에 유배되었다. 유배 중 임진왜란이 일어나 함경북도병마평사(咸鏡北道兵馬評事) 정문부(鄭文孚) 막하에 들어가 싸웠고, 정유재란 때에는 판서(判書) 임담과 의병을 일으켜 전라남도 화순(和順) 등지에서 전공을 세웠다. 선무원종 공신(宣武原從功臣)에 녹훈(錄勳)되었고 형조 판서(刑曹判書)에 증직되었다.

104) 나덕준(羅德峻) : 1553~1604. 본관은 나주(羅州)이다. 나사침(羅士忱)의 둘째 아들이자 정개청(鄭介淸)의 문인이다. 1589년(선조22) 기축옥사 당시 전라도 유생 정암수(丁巖壽) 등의 상소로 옥사가 확대되어 정개청이 서울로 압송되어 국문을 받을 때 그의 집안도 함께 연루되어 유배형에 처해지는 등 고초를 겪었다.

105) 나덕윤(羅德潤) : 본관은 나주(羅州)이다. 나사침(羅士忱)의 셋째 아들이자 정개청(鄭介淸)의 문인이다. 기축옥사에 스승인 정개청이 연루되어 국문을 받을 때 나덕윤의 집안도 함께 연루되어 그의 형 나덕명(羅德明), 나덕준(羅德峻) 등이 함께 고초를 겪었다. 이후 정개청의 신원에 적극적으로 나서서, 을미년(1595, 선조28) 봄과 병신년(1596, 선조29) 12월, 무신년(1608, 광해군 즉위년), 기유년(1609, 광해군1) 등에 정개청의 무고함을 역설하고 그에 대한 신원을 청하는 소를 올렸다.

하였다고 한 일, 과거 시험장에서 남의 손을 빌어 글을 짓게 한 일, 역적과 사사로이 말을 주고받은 형적을 말하였고, 또 나덕명 등이 그 종제 나덕현(羅德顯)·나덕헌(羅德憲) 등을 시켜 다수의 선비에게 소란을 일으킨 일을 말하였다. 또 "정인홍은 정여립과 정의가 매우 돈독하여 합하여 한 몸이 되었다." 하였고, "계미년(1583, 선조16) 삼사(三司)가 여러 현인(賢人)을 공박했을 때,[106] 사헌부 관헌 한 사람이 전하의 심기가 불편한 것을 염려하여 논핵을 정지하려 하였더니, 홍여순이 '지금은 사직이 더욱 중요하다'고 말하였으므로 무군부도(無君不道)한 여순에 대해 온 나라 사람들이 이를 갈았다. ……" 또 말하기를,

"당시 역적의 집에서 문서를 수색하였을 때 익산 군수 김영남(金穎男)과 왕명을 받들고 간 무인들이 당시 재상의 뜻을 받들어 그 필적을 가려내어 불사르고, 또 일부러 역적의 추포를 늦추어 역적이 도망갈 수 있게 해 주었다.……" 하였는데 그 말이 매우 장황하였다.

주상이 크게 노하여 이산해와 류성룡을 불러 위로하고, 정암수를 비롯한 박천정(朴天挺)·박대붕(朴大鵬)·임윤성(任尹聖)·김승서(金承緖)·양산룡(梁山龍)·이경남(李慶男)·김응회(金應會)·유사경(柳思敬)·유영(柳渶) 등 10인을 잡아들여 의금부의 감옥에 가두라 명하였다. 주상이 이르기를, "너희들이 이와 같이 자세히 알았다면 어찌하여 일찍 와서 고변하지 않았느냐?" 하였다. -정암수 등이 소에서 배척한 사람들은 대개 정철과 논의를 달리하는 사람들이었는데, 모두 역당(逆黨)으로 지목되었다. 이 소를 지은 사람은 송익필(宋翼弼)이었다.-

전교하기를,

---

106) 계미년에 …… 때 : 계미년(1583, 선조16), 동인의 도승지 박근원(朴謹元), 대사간 송응개(宋應漑), 전한 허봉(許篈)이 병조 판서 이이를 탄핵하다, 각각 강계, 회령, 갑산에 유배되었던 계미삼찬(癸未三竄)을 이른다.

"역변이 생긴 기회를 틈타 감히 죄 없는 사람을 무함하는 계책을 꾸미고 터무니없는 말을 날조하여, 은밀히 올린 사특한 소로 어질고 고명한 정승 고관들을 모두 배척하니, 이는 기필코 온 나라를 텅 비게 하고 나서야 그만두려는 것이다. 그 속셈으로 장차 무엇을 하려는 것인가? 흉참한 정상이 너무도 해괴하고 경악스럽다. 이는 필시 간악한 자의 사주를 받은 것이 분명하여 의심할 여지가 없으니 잡아들여 추국하고 죄를 정하라." 하였다. -당시 정철이 대간 및 성균관 유생을 사주하여, 상소한 자들을 신구(伸救)하게 하였다.-

대간이 여러 차례 아뢰어 정암수 등을 구하려 하였으나 주상이 따르지 않았다. 이에 최기남(崔起南)[107]을 필두로 성균관과 사학 유생이 올린 상소의 대략에,

"이 사람들의 말은 실로 역적을 토벌하려는 대의(大義)에서 나왔으나 광망하여 지나친 논의가 되었습니다. 형적이 은미한데도 지나치게 억측한 것이 있고, 믿기 어려운데도 반드시 그렇다고 지적한 것도 있으며, 정황상 사리에 맞지 않는 말이나 서울에서는 들어보지 못한 말이 열에 하나 둘을 차지하니, 종이를 가득 채운 말이 또한 어찌 모두 사실이겠습니까? 내용이 부실한 것이 이와 같으므로 사실인 말까지 모두 다 사실이 아닌 말이 되어 버렸습니다. 지금 호남 유생의 이 소는 실상 전하께서 말을 하라 하여 올린 것인데, 이미 말을 하라 해놓고 뒤따라 죄를 준다면 이는

---

107) 최기남(崔起南) : 1559~1619. 자는 여숙(與叔), 호는 만곡(晩谷)·만옹(晩翁)·양암(養庵), 본관은 전주(全州)이다. 성혼(成渾)의 문인으로 1585년(선조18) 사마시에 합격하였다. 1589년 기축옥사 당시 동인을 배척하는 데 급급하지 않고 공정한 의론을 전개하는 데 힘썼다는 평을 받았다.(《震鑑·己丑獄事》) 1591년 정철(鄭澈)의 건저문제로 서인이 실각당할 때 대과에 응시할 자격을 잃었다가 1600년 왕자사부(王子師傅)로 발탁되었고, 2년 뒤 알성문과 병과로 급제하여 성균관 전적·병조 좌랑·지제교와 형조·예조·병조의 정랑 등을 역임한 후 1605년 함경북도 평사(平事)로 부임했다. 인조 때 인조반정(仁祖反正)에 참여한 아들 명길(鳴吉)의 공으로 영의정에 추증되었다.

곧 그들을 꾀어 형륙의 구렁텅이로 빠뜨리는 것에 가깝지 않겠습니까? 듣건대 이목(李穆)[108]은 성종대왕에게, '대신을 삶아 죽이라' 청하였고, 서엄(徐崦)[109]은 명종대왕에게, '아첨한 신하를 참하라.'고 청했다 하는데, 그들을 죄주었다는 말은 듣지 못하였습니다. 지금 정암수의 말은 정직함과 절실함에서 이목과 서엄에는 미치지 못한다 하겠으나 이들을 포용하는 전하의 도량이야 어찌 선왕을 본받지 못하겠습니까?"라고 하였다. 주상이 은혜로운 비답을 내리고 그 말에 따랐다. -전거는 위와 같다.-

15일, 이발이 옥에 갇혀 있는 중에 옷자락에 혈서로 '정심(正心)' 두 자를 썼다.-전거는 위와 같다.-

호남 유생 양산숙(梁山璹)·김광운(金光運) 등이 소를 올렸는데, 모두 당시 재상을 배척하는 내용[110]이었다.

주상이 전교하기를,

"인심이 어그러진 것이 이 지경에 이르렀다. 이 무리들이 소를 올려 조정의 신하들을 모두 배척하면서도 유독 우의정 -정철- 이하 몇 사람만은 칭찬하였다. 스스로는 곧은 말이라고 생각하였겠지만 도리어 그 정상을

---

108) 이목(李穆) : 1471~1498. 본관은 전주(全州), 자는 중옹(中雍), 호는 한재(寒齋)이다. 김종직의 문인으로, 성종 대 권신(權臣) 윤필상(尹弼商)을 간귀(奸鬼)라고 논핵하며 치죄할 것을 청하였다가 공주(公州)로 유배되었다. 1495년(연산군1), 증광 문과에 장원으로 급제하여 평사가 되었다가 1498년 무오사화에 연루되어 사사(賜死)되었다. 1504년 갑자사화 때 다시 부관참시(剖棺斬屍)되었다가 1506년(중종1)에 신원되었다.

109) 서엄(徐崦) : 1529~1573. 본관은 대구(大丘), 자는 진지, 호는 춘헌(春軒)이다. 이황(李滉)의 문인으로, 1560년(명종15) 문과에 급제하였다. 예조 상훈(常訓)에 오른 뒤 함경도 도사를 거쳐 성균관 사예를 역임하였다. 박학하고 문장에 능하며 성품이 강직하다는 평을 들었다.

110) 당시 …… 내용 : 이 상소의 전문은 전하지 않으나, 그 대략의 내용은 이산해 등을 배척하고 정철·조헌을 비호하는 내용으로 알려져 있다. 《己丑錄·丁巳春生員楊夢擧等疏》《燃藜室記述·宣祖朝故事本末·己丑鄭汝立之獄》《牛溪年譜補遺·雜錄 下》

드러냈으니 가소로운 일이다. 간악한 귀역(鬼蜮) 조헌이 아직도 두려워할
줄 모르고 이 조정을 경멸하니 필시 마천령(摩天嶺)을 다시 넘고자 하는
것인가? 이러한 사람을 나에게 묻지도 않고 서용하기에 급급하였으니,
이조 판서 홍성민(洪聖民)을 체차[111]하라." 하였다. -《일월록(日月錄)》에 보인
다.-

　주상이 이르기를,

"조헌이 전후에 걸쳐 올린 소(疏)는 모두 송익필(宋翼弼) 형제의 사주에
따른 것이다." 하였다. 형조에 명하여 송익필 형제를 잡아 가두고, 주인을
배신하고 도망친 죄를 추궁하게 하였다. -《시정록(時政錄)》에 보인다.-

　16일, 좌의정 이산해가 대죄하니, 주상이 답하기를,

"이것은 간인들이 사주하여 은연중 나를 시험하고 조정을 쓸어버리려는
계략임을 어렵지 않게 알 수 있으니, 내가 그 사람을 찾아내려 한다.
저들의 말은 따질 것이 못된다고 내 이미 면대하여 타일렀거늘 경이
이와 같이 아뢰는 것은 나를 곤란하게 하는 것이다." 하였다. 산해가
다시 차자(箚子)를 올려 아뢰니, 주상이 답하기를,

"어제 경이 먼저 나갔다는 말을 듣고 너무도 놀라고 가슴 아팠다. 그
뒤 소장을 보니, 나주(羅州)에 사는 간적(奸賊) 몇 명이 은연중 조정을 배척하
였는데[112] 그 뜻이 실로 경에게 있었으므로 내가 통분함을 이길 수 없었다.

---

111) 홍성민(洪聖民)을 체차 : 기축옥사 발발 후, 조헌이 유배지에서 돌아와 재신(宰臣)들을
　　지적하며 정철 등을 칭찬하는 내용의 상소를 올리자, 선조가 조헌을 간귀(奸鬼)라고
　　하며, 조헌의 상소는 송익필·송한필 형제가 조정에 원한을 품고 일을 꾸미고자
　　조헌을 사주하여 올리게 한 것이라고 하였다. 또한 이조 판서 홍성민이 조헌을
　　학관(學官)에 주의하자 인심을 어지럽혔다는 죄목으로 홍성민을 체직시켰다.《宣祖實
　　錄 22年 12月 15日》《宣祖修正實錄 22年 12月 1日》
112) 나주(羅州)에 …… 배척하였는데 : 호남 유생 양산숙(梁山璹)·김광운(金光運) 등이
　　올린 소를 이른다.

경은 충성스럽고 신중하며 너그럽고 후하여 만석의 곡식을 실은 배처럼 도량이 넓고 옛 대신의 풍도가 있다. 류성룡은 학문이 순정하고 국사에 마음을 다하니 바라만 보아도 공경하는 마음이 생긴다. 또 재주와 지혜가 범인(凡人)을 초월하여 속된 선비는 실로 그 만분의 일도 따라갈 수 없다. 내 이 두 사람에 대해서는 명확히 알고 있는데, 나를 어린아이 취급하며 손아귀에 넣고 희롱하니 통분함을 이길 수 없다. 반드시 그 뒤에서 사주한 간인을 찾아내 죗값을 묻고자 하니, 비록 중도를 벗어난 거조가 있을지라도 다른 일은 돌아볼 수 없다." 하였다. -《혼정록(混定錄)》에 보인다.-

이때 삼사가 역적의 공초에 연루된 사람들의 죄를 다스리기를 청하였다. 성균관 유생 이춘영(李春英)[113] 등이 이러한 내용으로 소를 올려 아뢰자고 강력히 주장하자, 오윤겸(吳允謙)[114]이 말하기를,

"죄인을 국문하는 옥사는 유생이 알 수 있는 일이 아니니, 굳이 소를 올리려 한다면, '교화를 밝혀서 난신적자(亂臣賊子)로 하여금 두려움을 알게 해야 한다.'는 등의 말을 주된 뜻으로 삼는 것이 마땅하다."고 하였다. 이에 상소문에서는 역적의 공초에 연루된 사람들의 이름을 전혀 거론하지

---

113) 이춘영(李春英) : 1563~1607. 본관은 전주(全州), 자는 실지(實之), 호는 체소재(體素齋), 시호는 문숙(文肅)이다. 아버지는 의령감(義寧監) 이윤조(李胤祖)이고, 어머니 수원백씨(水原白氏)는 휴암(休菴) 백인걸(白仁傑)의 딸이다. 우계(牛溪) 성혼(成渾)의 문인으로, 정철(鄭澈)과 가깝게 교류하였다. 기축옥사 당시 동인에 대한 거침없는 공격으로 옥사의 확대에 일조하다가 1591년(선조24) 건저(建儲) 문제로 서인이 실각할 때 함께 탄핵되어 함경도 부령(富寧)으로 유배되었고, 다시 삼수(三水)로 이배(移配)되었다가 임진왜란으로 복권되었다.

114) 오윤겸(吳允謙) : 1559~1636. 본관은 해주(海州), 자는 여익(汝益), 호는 추탄(楸灘)이다. 아버지는 선공감역 오희문(吳希文)이고, 성혼의 문인이다. 1582년(선조 15) 사마시에 합격한 뒤 1589년 전강에서 장원하였다. 광해군 때 폐모론에 반대하고 물러나 은거하다가, 인조반정 이후 대사헌, 이조 판서, 예조 판서를 거쳐 삼정승을 지냈다. 본문에서 옥사를 확대하여 동인을 색출하려 하였던 유생 이춘영을 만류한 일화는 그가 기축옥사 당시 동인을 배척하는 데 급급하지 않고 공정한 의론을 펴고자 노력하였던 일면을 보여준다.

않았으니, 식견 있는 이들이 체통을 얻었다고 하였다.

18일, 동암 공이 고문을 받다 숨졌다. 눈의 정기가 평안하여 변치 않음이 일월(日月) 같았으며 순순히 죽음을 맞았다.

29일, 남계(南溪) 공이 고문을 받다 숨졌다. 공의 형제는 몸가짐이 엄정하고 평온하여 일찍이 태만한 기색을 보이지 않았다. 감옥에 갇혀 혹독한 형신을 받았던 까닭에 온몸에 온전한 살점이 없었고 숨이 거의 끊어지게 되었다가도 매번 다시 국문이 시작되면 반드시 두 손을 공손히 모으고 꿇어앉았는데 정신이 또렷하고 말이 상세하였다. 이백사(李白沙) -항복(恒福)- 가 문랑(問郞)으로서 이 광경을 보고 감탄하며 말하기를, "국정(鞫庭)에서 진술할 때 행동거지가 도리에 어긋나지 않은 사람은 경함(景涵)[115] 한 사람뿐이다." 하였다. 형문 끝에 이윽고 공이 숨지자 사대부들이 모두 숨을 몰아쉬거나 숨을 죽이고 감히 시신을 수습하지 못하였는데, 부윤 허상(許鏛)만은 장례를 맡아 관곽을 마련하고 염습을 하여 상을 치러 주었다. 만전(晩全) 홍가신(洪可臣)은 옷을 벗어 시신을 덮어 주고 곡을 하였으며, 빈렴(殯殮)의 절차를 몸소 주선하였다. 사람들이 혹여 화가 미칠까 경계하자 홍공이 말하기를, "화복은 운명이니, 화를 당할까 염려하여 저버리는 일은 내 차마 할 수 없다." 하였다. -《시정록(時政錄)》에 보인다.-

일찍이 수몽(守夢) 정엽(鄭曄)[116]의 상소에 다음과 같은 내용이 있었다. "송익필의 문장과 학식은 당대에 당할 이가 없었고, 이이·성혼과는 함께 학문을 닦는 사이였습니다. 이이가 죽고 난 후 이발·백유양의 무리가 이이·성혼을 미워한 나머지 그 여파가 익필에게까지 미쳐 반드시 사지(死

---

115) 경함(景涵) : 이발(李潑)의 자(字)이다.

116) 정엽(鄭曄) : 1563~1625. 본관은 초계(草溪), 자는 시회(時晦), 호는 수몽(守夢)이다. 송익필·성혼·이이의 문인으로, 대사헌·우참찬 등을 역임하였다. 광해군 대 성혼의 문인으로 배척당해 좌천되었다. 폐모론에 반대하여 은거하였다.

地)에 몰아넣고야 말려고 하였으니, 그야말로 갑에게 품은 화를 을에게 분풀이 하는 것처럼 심하였다고 할 만 합니다.

송익필의 아비 송사련(宋祀連)은 고 정승 안당(安瑭)의 얼매(孽妹)[117]되는 이의 아들입니다. 사련의 어미는 이미 양민이 되었고, 사련 또한 잡과(雜科)에 급제하였으므로 연이어 2대가 양역(良役)을 지었을 뿐만 아니라 60년의 연한을 넘으면 도로 천민이 될 수 없다는 조항이 법전에 분명히 실려 있습니다. 그런데도 이발 등은, 사련이 역모를 고변하여 안씨 자손들이 불공대천의 원수로 여기고 있음을 기화로 삼아 이들을 사주함으로써 법을 무시하고 다시 천민으로 환속시켰던 것입니다. 당시 송관(訟官)이 혹 법대로 처리할 뜻을 보이면 이발 등이 즉시 논박하여 체직시키기를 두세 번에 이르고 나서야 비로소 그들의 뜻대로 행할 수 있었습니다. 무릇 법이란 조종의 금석과 같은 정전입니다. 송사련이 비록 선류(善類)에게 죄를 얻었고, 송익필이 시배들의 노여움을 샀다 해도, 어찌 한때의 사사로운 분노를 가지고 조종의 금석 같은 법을 어기면서 자기 마음을 시원하게 한단 말입니까?" 이 상소문의 뜻을 살펴보면 송익필은 동암에게 피맺힌 원한을 품고 있었으니, 기축옥사가 송익필에게서 나왔음은 더욱 의심할 것이 없다. -《동소록(桐巢錄)》에 보인다.-

송익필은 정승 안당 집안의 종이었는데 안씨 집안의 일족을 전멸시켰다. 안처근(安處謹)[118]에게 천첩이 있었는데 마침 임신 중이었던지라 도망가기 어려웠으나, 남몰래 감정(甘丁)[119]의 이름이 쓰여 있던 문권(文券)을 품고

---

117) 얼매(孽妹) : 천첩(賤妾) 소생의 여동생을 이른다.
118) 안처근(安處謹) : 1490~1521. 본관은 순흥(順興), 자는 정부(靜夫)로, 안당(安瑭)의 아들이다. 1521년(중종16) 송사련이 고변한 신사무옥(辛巳誣獄)에 연루되어 죽임을 당하였다. 1566년(명종21) 신원되었다.
119) 감정(甘丁) : 안당의 아버지 안돈후(安敦厚)의 천첩 소생으로, 안당(安瑭)의 얼매(孽妹)이자 송익필의 조모(祖母)이다.

나와 아들 윤(玧)을 낳았다. -일설에는 정란(廷蘭)이라고도 한다.- 이윽고 윤이
장성하자 그 문권과 유서를 주면서 복수와 신원을 부탁하였다. 명종 병인년
(명종21, 1566)에 상서하여 신원을 호소하니, 재상 안당이 비로소 복관되고
연좌되었던 처자식도 사면되었다. 선조 을해년(선조8, 1575)에 이르러
주상이 공론을 좇아 정민(貞愍)이라는 시호를 내리고 치제(致祭)하였다.

안윤이 문권을 가지고 장례원(掌隷院)에 송사하였다. 당시 송사련은 이미
죽었고, 인필(寅弼)·익필(翼弼)·부필(富弼)·한필(翰弼)이 율곡, 우계와 모
두 벗이 되어 그 기세와 권력이 일세를 구가하고 있었다. 이 때문에 송사를
담당하는 관원이 연이어 사직하여 심리가 열리지 못한 지가 거의 한달
남짓이나 되었다. 감사 정윤희(丁胤禧)가 이 소식을 듣고 분개하면서 일부러
소리 높여 사람들에게 말하기를,

"주관(周官)의 팔의(八議)120) 중 하나가 의현(議賢)인데 구봉과 같은 어진
사람을 어찌 남의 종으로 삼을 수 있겠는가?" 하였다. 시론(時論)이 크게
기뻐하며 공을 곧 판결사(判決事)로 삼았는데, 공이 출사한 다음 날로 즉시
안윤에게 승소 판결을 내리고, 아울러 송익필을 가둔 후 형을 집행하려
하였다. 서인이 속은 것을 한스러워 하며 곧장 공을 체직하고, 익필 형제를
관례대로 풀어주고 멀리 피신하게 했다. 익필이 해서 지방으로 도망가
숨어 있으면서 밤낮으로 생각하고 논의하며 반드시 동인에게 앙갚음을
하려 하였다. 그리하여 염탐하여 알아낸 사실이, 정여립이 바야흐로 관직을

---

120) 팔의(八議) : 죄를 감면해 주는 여덟 가지 은전을 팔의(八議)라고 하는데, 첫째는
왕의 친족의 죄를 논하여 형벌을 감면하는 것이고[議親], 둘째는 관직이 높은 자의
죄를 논하여 형벌을 감면하는 것이고[議貴], 셋째는 훌륭한 덕행을 지닌 자의 죄를
논하여 형벌을 감면하는 것이고[議賢], 넷째는 뛰어난 재능을 가진 자의 죄를 논하여
형벌을 감면하는 것이고[議能], 다섯째는 공로가 있는 자의 죄를 논하여 형벌을
감면하는 것이고[議功], 여섯째는 국사에 노력한 자의 죄를 논하여 형벌을 감면하는
것이고[議勤], 일곱째는 왕의 친구의 죄를 논하여 형벌을 감면하는 것이고[議故],
여덟째는 국빈(國賓)의 죄를 논하여 형벌을 감면하는 것이다[議賓].《周禮·秋官·司
寇》

버리고 집으로 돌아와 학도를 모았는데 그 문도 중에 잡류(雜類)가 많으며, 또한 향리의 무뢰한 자제들을 모아 대동계(大同契)를 만들고 향사례(鄕射禮) 와 향음주례(鄕飮酒禮)를 시행하니 온 세상이 그에게 몰려드는 것도 진실로 이상한 일이 아니라는 것이었다.

이에 익필이 절호의 기회로 생각하여 성명을 바꾸고 종적을 숨긴 채, 황해도 연안(延安)과 배천(白川) 사이에서 역술을 팔며 부유하고 무술에 능한 품관과 토호들을 속이고 꾀어내어 말하기를,

"내가 이곳 산의 형상을 점치고 또 그대들의 관상과 명수(命數)를 점쳐보니, 3년 안에 틀림없이 장군, 재상이 나올 것이다. 도내의 어느 어느 지역의 아무개 아무개는 모두 그대들과 함께 천명을 보좌할 사람들인데, 어찌 교유하여 사귀지 않는가?" 하고, 또 도참문(圖讖文)을 보여주며 말하기를,

"'목자(木子)는 망하고 전읍(奠邑)이 흥한다'고 하였는데, 지금이 바로 그 때이다. 내가 호남을 바라보니 바야흐로 왕기(王氣)가 흥성하다. 그대들은 마땅히 급히 내려가 정씨 성을 가진 사람을 물색하여 이 도참문을 고해 주고, 그와 함께 대사를 일으키면 부귀를 도모할 수 있을 것이다." 하였다. 변방의 무식한 무리가 그 말을 곧이곧대로 믿고 호남으로 분주히 달려갔다. 그리하여 정여립의 명성이 온 도에 자자함을 듣고 그 문전으로 몰려가 앞 다투어 결탁하며 끊임없이 왕래하였는데, 그 무리가 술자리에서 서로 마음을 털어 놓으면서 역모가 점차 드러났다. 여립이 호남에 살았는데 고변은 해서에서 일어났던 것은 이 때문이었다. 여립의 옥사가 이루어지자 송익필이 또 은밀히 정철과 성혼을 사주하여 치밀하게 죄를 조작하니, 동인 명사들이 거의 다 일망타진 된 것은 대개 이 때문이었다. 흉인의 종자(種子)가 대대로 그 악을 이루었던 것은 그 속임수와 음모가 비밀리에 이루어져 세상에 아는 이가 적었기 때문이었다. ─〈안씨(安氏)의 기록〉─

【권2】
기축옥사의 확산

열수(洌水) 정약용(丁若鏞) 편집

만력(萬曆) 18년 경인년(1590) -선조 23년- 2월, 박충간(朴忠侃)을 형조
참판으로, 이축(李軸)을 공조 참판으로, 한응인(韓應寅)을 호조 참판으로
삼고, 역적을 밀고한 이수(李綏)·강응기(姜應箕)는 품계를 올리고, 조구(趙
球)는 정랑에 임명하고, 민인백(閔仁伯)은 예조 참의로 삼고 이들을 모두
녹훈(錄勳)하도록 명하였다. 박충간이 추국(推鞫)에 참여한 신하들도 아울
러 녹훈하도록 청하자 주상이 따랐다. 이에 평난 공신(平難功臣)[1]으로 박충
간 등 22명을 녹훈하니, 양사(兩司)에서 너무 지나치다고 논하였다. -《시정록
時政錄》에 보인다.-

지평 윤형(尹洞)이 아뢰기를,

---

1) 평난 공신(平難功臣) : 1589년(선조22)에 정여립의 모반사건을 평정하고, 그 공로를
포상하여 이듬해(1590)에 내린 공신호(功臣號)이다. 일등 추충분의병기협책평난 공신
(推忠奮義炳幾協策平難功臣)은 박충간(朴忠侃), 이축(李軸), 한응인(韓應寅) 등 3인, 이등
추충분의협책평난 공신은 민인백(閔仁伯), 한준(韓準), 이수(李綏), 조구(趙球), 남절(南
截), 김귀영(金貴榮), 유전(柳墺), 유홍(兪泓), 정철(鄭徹), 이산해(李山海), 홍성민(洪聖
民), 이준(李準) 등 12인, 삼등 추충분의평난 공신은 이헌국(李憲國), 최황(崔滉), 김명원
(金命元), 이증(李增), 이항복(李恒福), 강신(姜紳), 이정립(李廷立) 등 7인으로 모두
22인이다. 박충간 이하는 고변을 했고 민인백 이하는 역도의 괴수를 잡았고 김귀영
이하는 추관(推官)으로서 추국(推鞫)에 참여하였다. 《宣祖修正實錄 23年 8月 1日》

"선조(先朝) 때의 녹훈도 10년 뒤에 고친 일이 있으니, 어찌 애초에 바로잡는 것이 낫지 않겠습니까?" 하였다. -《시정록(時政錄)》에 보인다. 《공신록(功臣錄)》에 이르기를, "8월에 녹훈하였다."고 하였다.-

정철(鄭澈)이 위관(委官)에서 해임되고 심수경(沈守慶)이 정승에 임명되어 위관을 맡았다.

18일, 영중추부사 노수신(盧守愼)을 파직시키고 전교하기를,
"노수신이 갑신년(1584, 선조17) 겨울 정승으로 있으면서 어진 이를 천거하라는 명을 받고 김우옹(金宇顒)·이발(李潑)·백유양(白惟讓)·정여립(鄭汝立) 등을 추천하였는데, 이들은 모두 간악한 역적의 무리이다. 그때 추천한 기록을 열어 보고 나도 모르게 머리털이 곤두섰다. 고금에 어찌 이런 대신이 있었단 말인가? 무릇 수령이 법을 범해도 천거한 자를 함께 죄주는데, 이 일이 어떤 일이라고 대간이라는 자들이 귀를 틀어막고 모른 채 하고 있으니 공론이 없는 것이다. 정승 노수신은 내가 예우해 오던 사람이나 나라의 흥망이 달려있으니 그대로 덮어둘 수 없다. 조정에서 공론에 따라 처리하라." 하였다.

좌의정 정철과 우의정 심수경이 회답하여 아뢰기를,
"삼가 성상의 하교를 보니, 노수신의 일은 놀라움과 두려움을 금할 수 없습니다. 노수신은 세상에 다시없는 예우를 받고 전례가 없는 은총을 입었으니 왕실에 마음을 다하고 나라에 어진 이를 추천해야 마땅한데도 그가 어진 이라고 추천한 자들은 대부분이 역적의 무리였습니다. 바야흐로 사악한 의론이 횡행하여 역적의 무리가 명성과 위세를 조장할 때에도 일찍이 경계하거나 제압하는 말 한 마디 없이 한결같이 시배(時輩)들의 농간에 놀아나 도리어 천거하기에 이르렀으니, 진실로 그 죄를 피하기

어렵습니다. 또 역변이 일어난 후에도 오히려 대죄할 줄 모르고 긴요하지 않은 말 몇 마디를 대수롭지 않게 아뢰고 물러났으니 그 노쇠함이 심합니다. 그러나 이는 사람을 보는 데 밝지 못한데다 온 나라의 기세에 압도되어 그러한 것에 불과합니다. 더구나 노수신은 네 조정을 섬긴 원로대신으로 이미 노병(老病)이 심한데다 종창(腫脹)2)까지 더해져 명맥이 실오라기와 같습니다. 성상께서 원로를 대하시는 도리에 비추어 볼 때, 처음부터 끝까지 변치 않는 의리를 보존하여 관용을 베푸는 것이 마땅할 것입니다." 하니, 답하기를, "알았다." 하였다. -전거는 위와 같다.-

대사헌 홍성민(洪聖民)과 대사간 이산보(李山甫)가 함께 아뢰기를,
"노수신은 어진 이를 추천하라는 명을 받았는데 역적을 추천하는 것으로 응했습니다. 당시 역적의 실상이 모두 드러나지는 않았으나 그 흉악하고 음험한 정상을 명확히 아는 사람도 없지 않았는데 그는 역적을 천거하여 그 오만방자한 마음을 조성해주고 일찍이 그 싹을 잘라버릴 말 한 마디 하지 않고 오히려 역적을 밀어주고 끌어주었습니다. 또 변고가 일어난 후에도 추천을 잘못한 허물을 인정하기는커녕 조용히 처리하라고만 말하였으니, 그의 관직을 삭탈하소서." 하자, 주상이 답하기를, "파직하라." 하였다. 계속해서 3일 동안 아뢰었으나 윤허하지 않았다.

처음에 노수신이 역적의 변고가 일어났다는 말을 듣고 대궐에 나아가 몇 줄의 차자를 올려 말하기를,
"역변(逆變)이 사림에서 일어났으니, 중간의 터무니없는 말들을 조용히 조사해 다스리고 죄인들만 잡아들여야 할 것입니다." 하였다. 성혼(成渾)3)

---

2) 종창(腫脹) : 염증이나 종양으로 인체의 일부가 부어오름을 이른다.
3) 성혼(成渾) : 1535~1598. 본관은 창녕(昌寧), 자는 호원(浩原), 호는 우계(牛溪)·묵암(默庵), 시호는 문간(文簡)이다. 성수침(成守琛)의 아들이자 이이(李珥)의 친구이다. 사후 기축옥사와 관련하여 삭탈관직 되었다가 1633년에 다시 복관사제(復官賜祭)되었

이 그것을 보고 말하기를, "글자마다 사악함을 띠었다." 하였다. 대간이
노수신을 삭탈관직하고 문외출송 하라고 아뢰자 수신이 동문(東門) 밖에서
대죄(待罪)하였다. 정철이 사람을 보내서 묻기를, "대감이 전에 역적을
천거하였는데, 지금은 어떠신지요?" 하니, 수신이 답하기를, "사람마다
각자 소견이 있는 것이다." 하였다.

　　처음에 양사가 종계(宗系)를 개정한 일4)로 주상에게 존호(尊號) 올리기를
청하였으나 백유함(白惟咸)만 홀로 불가하다고 하였는데, 이때에 와서 존호
를 올렸다.5)

　　전 충청 감사 이로(李輅)가 많은 선비를 모아 제술하게 하면서 '화염곤강

　　다. 1681년(숙종7)에 문묘에 배향되었다가 1689년 기사환국으로 출향(黜享)되었고,
　　1694년 갑술환국으로 재차 배향되었다.
4) 종계(宗系)를 …… 일 : 조선이 명나라를 상대로 '종계변무(宗系辨誣)' 즉 왕실[宗]의
　　계보[系]에 관한 잘못된 무고[誣]를 바로잡기 위한[辨] 외교적 노력과 그 성과를
　　이른다. 고려 공양왕(恭讓王) 2년(1390), 이성계의 정적이었던 윤이(尹彝)와 이초(李初)
　　가 명나라로 도주하여 '공양왕이 고려 왕실의 후손이 아니고 이성계의 인척이며,
　　이 둘이 함께 공모하여 명나라를 치려고 한다.' 하면서, 이성계가 친원파였던 이인임
　　(李仁任)의 후손이라고 말하였다. 이 내용이 명나라의 《태조실록(太祖實錄)》과 《대명
　　회전(大明會典)》에 그대로 기록됨으로써 이후 외교적 마찰의 빌미가 되었다. 이
　　사실이 조선에 알려지게 된 것은, 태조 3년 4월에 명나라의 사신이 와서 항의한
　　글 가운데, '고려의 배신인 이인임의 후사인 성계, 지금의 이름은 단이라는 자[高麗陪臣
　　李仁任之嗣成桂今名旦者]'라는 글귀가 있고서부터인데, 이후로 이른바 종계변무(宗系
　　辨誣) 사건이 양국 간의 외교적 현안으로 부각되기 시작하였다. 조선은 이후 이성계가
　　이인임의 아들이라는 것, 그리고 이성계가 고려의 네 임금을 시해하고 나라를 찬탈하
　　였다는 기록이 잘못된 것임을 고지하고 이에 대한 개정을 지속적으로 요구하였다.
　　조선의 종계변무는 1394년(태조3)에 시작되어 1589년(선조22) 일단락되었다. 1584년
　　(명 만력17)에 《대명회전》을 개정하면서 이 구절을 삭제했기 때문이다. 선조는
　　친히 종묘에 가서 종계 개정을 고하는 제사를 지낸 후 대사령을 내리고 백관에게
　　가자(加資)하였다.
5) 존호를 올렸다 : 선조에게는 '정륜 입극 성덕 홍렬(正倫立極盛德洪烈)'이라는 존호를,
　　중전인 의인왕후(懿仁王后)에게는 '장성(章聖)'이라는 존호를 올렸다. 《宣祖實錄 23年
　　2月 11日》

(火炎崑崗)'6)이라 출제하자 사람들 중에는 제의(題意)를 의심하여 짓지 않는 사람도 있었다. 사헌부에서 아뢰기를,

"'화염곤강' 네 자는 애초 낼 수 있는 제목이 아닙니다. 한창 옥사를 다스리고 있는 지금 은연중 불평의 뜻을 나타낸 것이니 파직하소서. 강원 감사 김응남(金應南)은 이길(李洁)과 혼인을 맺었고7) 또 그 집안에서 복첩(卜妾)8) 하였으니 체차하소서." 하였다. -《일월록(日月錄)》에 보인다.-

사헌부에서 아뢰기를,

"참봉 윤기신(尹起莘)은 호남과 영남을 두루 다니며 역적과 결탁하였으니 관직을 삭탈하소서." 하니 기신을 잡아 가두라 명하였다. 윤기신이 형장을 받고 죽었다. -윤기신은 이발 형제와 도의(道義)로 사귀었다. 열두 차례의 형장을 받았으나 시종일관 동요하지 않았다. ○《괘일록(掛一錄)- 윤기신이 옥사에 있을 때, 집안사람이 뇌물을 써서 구명하려 하자, 기신이 말하기를, "구차하게 사느니 죽는 것이 낫다."하고 듣지 않았다. -《혼정록(混定錄)》에 보인다.-

3월 13일, 전라 도사 조대중(曺大中)9)이 역적을 위하여 눈물을 흘리고

---

6) 화염곤강(火炎崑崗) : '곤강(崑岡)'은 곤륜산(崑崙山)으로, 《서경(書經)》〈윤정(胤征)〉에 "곤강에 화염이 치솟아 옥석이 모두 탄다.[火炎崑岡, 玉石俱焚.]"는 구절을 인용한 것이다. 흔히 옥석의 구분 없이 많은 선비들이 재앙을 당하는 것을 비유하는 말이다.

7) 혼인을 맺었고 : 김응남(金應南, 1546~1598)의 아들 김명룡(金命龍)은 이길의 사위로, 기축옥사 때 압슬형을 받고 죽었다. 《己丑錄》

8) 복첩(卜妾) : 동성(同姓)을 피하여 첩을 얻는 일을 말한다.

9) 조대중(曺大中) : 본관은 창녕(昌寧), 자는 화우(和宇), 호는 정곡(鼎谷)이다. 유희춘(柳希春)과 이황(李滉)의 문인으로 1576년(선조4) 〈목마부(木馬賦)〉와 〈무계심시(武溪深詩)〉를 지어 사마시에 합격하였고, 1582년에 식년문과에 병과(丙科) 23위로 급제하였다. 1589년(선조22) 기축옥사 때 전라도 도사로서 지역을 순행(巡行)하다가 1590년(선조 23) 2월, 정여립의 추형(追刑)을 슬퍼하며 눈물을 흘렸다는 무함을 받고 잡혀와 장살(杖殺)되었다. 국문을 받던 중 읊은 시로 인해 죽은 뒤 역률(逆律)로서 추형을 당하였다. 1624년(인조2) 이발·정개청·백유양·유몽정(柳夢井) 등과 함께 복관(復官)되었다.

소식(素食)[10]을 행하였다 하여 대간의 탄핵을 받고 잡혀와 국문을 받고 형장 아래 죽었다. 처음에 대중이 전라 도사로서 순시하다가 보성(寶城)에 이르러 역변이 일어났다는 말을 듣고 데리고 갔던 기생을 돌려보내며 서로 눈물로 작별하였는데, 이로 인해 역적을 위하여 눈물을 흘렸다는 말이 사방에 퍼졌다. 사간원에서 이를 탄핵하려 하니 황신(黃愼)이 말하기를, "사실의 진위도 살피지 않고 경솔히 논핵하는 것은 온당치 못하다. 만약 조대중이 훌륭한 선비라면 역적과 망령되이 사귀었던 일을 진심으로 뉘우쳐 깨달을 것이고, 그가 간교한 사람이라면 역적과 친밀했던 형적이 드러날까 두려워할 것이니, 역적을 위하여 눈물을 흘렸다는 것은 전혀 사리에 맞지 않다." 하여 대간들의 논의가 마침내 중지되었는데, 황신이 체차되자 대간이 논계하여 죽였다. -안방준(安邦俊)의 일기에 보인다.-

처음에 담양 부사 김여물(金汝岉)[11]이 토포사(討捕使)로서 여러 고을을 두루 다니다가 화순(和順)에 이르러 조대중의 집을 방문하였다. 그때 마침 정여립이 자살하였다는 기별이 오자 대중이 말하기를, "나라의 역적이 이미 잡혔으니, 오늘은 술을 마셔도 괜찮을 것이다." 하고, 여물과 함께 종일토록 술을 마시고 크게 취하여 헤어졌는데, 이때에 이르러서 대중이 공초(供招)에서 여물을 끌어들여 결백을 입증하여 하였다. 당시 여물은 의주 목사가 되어 막 부임하려던 참이었는데 대중의 원통함을 풀어 주고자 의금부 문밖에서 명을 기다렸으나, 국청에서는 처음부터 끝까지 여물을 불러 묻지 않고 대중에게 형벌을 가하였다. -《혼정록(混定錄)》에 보인다.-

---

10) 소식(素食) : 죽은 이를 위해 고기나 고기가 든 음식을 먹지 않고 채식(菜食)하는 것을 말한다.

11) 김여물(金汝岉) : 1548~1592. 본관은 순천(順天). 자는 사수(士秀), 호는 피구자(披裘子)·외암(畏菴), 시호는 장의(壯毅)이다. 병조 낭관(兵曹郎官)·충주 도사(忠州都事)를 거쳐 1591년 의주 목사(義州牧使)로 있을 때 서인 정철(鄭澈)의 당인으로 몰려 파직당하고 투옥되었다. 1592년 임진왜란이 일어나자 왕의 특명으로 신립(申砬)과 함께 충주의 달천(㺪川)에서 배수진을 치고 일본군을 맞아 싸우다 순국하였다.

4월, 사간원에서 아뢰기를,

"정여립이 역심을 품은 것이 하루아침 하루저녁의 일이 아닌데, 일찍이 전조(銓曹)에서는 여립을 김제 군수와 황해 도사에 의망하여 그가 원했던 계책에 응해줌으로써 자칫 헤아릴 수 없는 변고가 이를 뻔했으니 당시의 이조 당상과 낭청을 파직하소서." 하니, 답하기를, "소란이 일 것이니 윤허하지 않는다."고 하였다. 대개 이산해(李山海)가 여립을 김제 군수에, 이양원(李陽元)이 여립을 황해 도사에 의망하였었다. 황신이 이 일을 주도하여 논핵하자 이산해가 사직하는 소를 올리니 주상이 비답을 내려 극진히 위로하였다.

당시 사화(士禍)가 크게 일어났는데, 이는 정철이 주모해 일으킨 일이었다. 조정의 인망 있는 선비들 대부분을 모두 역도로 몰아넣고, 이들을 세 등급으로 나누었다. -《백사집(白沙集)》에 보인다.-

5월, 채지목(蔡之穆) 등이 투소하여 고발하기를,

"김극조(金克挑)는 일찍이 광양(光陽) 현감으로 있을 때, 군기(軍器)를 많이 만들어 이발 형제를 돕는 부도한 짓을 행하였습니다." 하였다. 14일 윤씨 부인과 이발의 어린 아들을 모두 잡아 가두었다. 부인은 압사형(壓沙刑)[12] 끝에 숨졌고, 세 살 어린 아이는 자루에 집어넣고 때려 죽였다. 김극조와 남계(南溪) 공의 사위 홍절(洪祭)[13]·김명룡(金命龍) 등은 모두 신문을 받았는데 압사형까지 받았으나 불복하였고 두 공의 문생과 고리(故吏), 노복들에게도 모두 엄형을 가하였으나 한 사람도 승복한 사람이 없었다. -《시정기(時政記)》와 김극조 집안의 문서, 그리고 이정복(李廷馥)의 일기에 보인다. 정복은 당시

---

12) 압사형(壓沙刑) : 사금파리를 땅에 깐 다음 죄인을 그 위에 꿇리고 눌러 밟는 형벌을 이른다.
13) 홍절(洪祭) : 홍가신(洪可臣)의 셋째 아들이자 이길(李洁)의 사위이다.

문사랑(問事郞)이었다.-

담양(潭陽) 생원 채지목(蔡之穆)이 광양(光陽)의 훈도(訓導)로 있으면서
본현의 교생(校生)들과 모의하기를,

"전 현감 김국주(金國柱)는 영암(靈岩) 사람이니, 이발과 서로 알고 지내며
은밀히 무기를 보조해주었다고 죄명을 씌우면 국주를 역적으로 몰 수
있고, 우리는 상을 받게 될 것이다." 하고 마침내 새 현감 한덕수(韓德修)에게
밀고하니 한덕수 역시 그 모의를 기발하게 여겨 새로 문서를 위조하고
죄상을 낱낱이 들어 상소하였다. 당시 김국주는 이산(理山) 부사였는데
잡혀와 국문을 받다 죽었다. 광양의 아전들을 국문하자 무고의 죄상이
드러나 채지목 등 10여 인에게 반좌율(反坐律)[14]을 적용해 모두 주살하였다.

앞서 이길이 이미 죽자, 그 늙은 어머니와 어린 아들을 잡아들여 국문하였
다. 어머니 윤씨는 82세이고 아들은 8세였는데 모두 엄형을 받고 죽었다.
이발의 모친은 형을 받으며 탄식하기를, "내 아들에게 어찌 이러한 죄가
있겠는가?" 하였고, 발의 아들은 공초하기를, "평소 아버지가 저를 가르치
기를, 들어와서는 효도하고 나가서는 충성하라 하였을 뿐 역적의 일은
들은 바가 없습니다." 하니, 주상이 "이러한 말이 어찌 저 아이의 입에서
나올 수 있단 말이냐?" 하고, 마침내 모두 형장을 때려 죽였다. 이길의
사위 홍절(洪㮹) -홍가신의 아들- 과 김명룡(金命龍)에게도 모두 압슬형을
가하였고, 그 문생들과 노복들에게도 모두 엄형을 가하였으나 한 사람도
승복한 사람이 없었다. -《일월록(日月錄)》과 《기축록(己丑錄)》에 보인다.-

이급(李汲)과 이발의 아들은 큰 아이가 12세요, 작은 아이가 5세였는데도

---

14) 반좌율(反坐律) : 무고(誣告) 또는 위증(僞證)으로 타인을 죄에 빠뜨린 사람에게 피해
자가 받았던 동일한 형벌을 적용하도록 규정한 형률(刑律)이다.

모두 죽였고, 이발의 노모는 압사형(壓沙刑)을 가하기까지 하였다. 을사사화
(乙巳士禍) 때에도 이러한 일은 없었으므로, 옥졸들도 모두 눈물을 흘렸다.
-《괘일록(掛一錄)》에 보인다.-

　같은 달, 전라 감사 홍여순(洪汝諄)이 장계를 올려 고하기를,
"나주(羅州) 향소(鄕所)15)에서 고변하기를, 정개청(鄭介淸)16)이 유생 조봉
서(趙鳳瑞) -정개청의 문인- 와 함께 정여립을 찾아가 터를 보았다 하므로
나주 옥사에 가두었습니다." 하였다. 얼마 후 대간이, 정개청이 역적과
친밀히 교유했다는 것과 절의를 배척하는 논설17)을 지은 것, 이 두 가지
일을 들어 논핵하자 잡아들여 국문하였다. -《기축록》에 보인다.-

---

15) 향소(鄕所) : 각 고을 수령(守令)의 자문 기관으로서 수령을 보좌하여 풍속을 바로
　잡고 향리(鄕吏)의 부정을 규찰하며, 국가의 정령(政令)을 민간에 전달하고 민정(民情)
　을 대표하는 자치 기구로서, 임원(任員)으로는 향정(鄕正) 또는 좌수(座首) 1명과
　별감(別監) 약간 명을 두었다. 또는 좌수 이하의 향임(鄕任)을 가리키는 말로도 사용하
　였다.
16) 정개청(鄭介淸) : 1529~1590. 본관은 고성(固城), 자는 의백(義伯), 호는 곤재(困齋)이
　다. 본관은 고성(固城)이고, 전라남도 나주 출신이다. 예학(禮學)과 성리학에 깊은
　관심을 기울여 당시 호남 지방의 명유로 알려졌다. 1574년(선조7) 전라감사 박민헌(朴
　民獻), 1583년 영의정 박순(朴淳)에 의해 유일(遺逸)로 천거되었지만, 수차의 관직
　제수를 극구 사양하였다. 이후 그의 관직생활은 46세에 북부 참봉을 지낸 이후
　55세에 나주 훈도, 58세에 전생서 주부(典牲署主簿), 그리고 60세 되던 해 이산해의
　천거로 곡성 현감을 지내는 데 그쳤다. 1589년(선조22)에 정여립의 모역 사건이
　일어나고 그 연루자의 색출이 지방 사류에게까지 확대되는 과정에서, 정개청 또한
　1590년 5월 정여립과 동모하였다는 죄목으로 체포되어 평안도 위원(渭源)에 유배되었
　다가 다시 같은 해 6월 함경도 경원 아산보(阿山堡)로 이배되고, 7월에 그곳에서
　죽었다. 저서로는 《수수기(隨手記)》와 《우득록(愚得錄)》이 있는데, 《수수기》는 유실
　되고 《우득록》만 남아 있다.
17) 절의를 …… 논설 : 정개청이 지은 《동한절의진송청담설(東漢節義晉宋淸談說)》을 말
　하는데, 《우득록(愚得錄)》에는 〈동한진송소상부동설(東漢晉宋所尙不同說)〉이란 이름
　으로 실려 있다. 정개청은 이 글에서 동한 광무제(光武帝)가 기절(氣節)을 숭상하여
　조정의 풍조(風潮)를 이루게 되자 태학생과 사인(士人)들이 청의(淸議)를 조성하여
　외척·환관과 격렬한 충돌을 일으켰음을 지적하며, 동한 이래 소위 내용 없는 허명(虛
　名)의 절의를 비판하였다. 기축옥사 때 정암수(丁巖壽) 등이 이 글을 '배절의론(排節義
　論)'으로 지목, 정개청을 옥사에 연루시켜 죽음에 이르게 하였다.

일찍이 정암수(丁巖壽)의 소가 올라온 후, 정개청의 문도인 배명(裵蓂) 등이 소를 올려 스승의 원통함을 호소하였다. 이때에 이르러 정개청이 정여립과 산을 유람하였다는 소문이 도내(道內)에 자자하자, 홍여순이 그 말의 진위를 나주 좌수 유발(柳潑)과 향교 당장 신팽년(辛彭年)에게 물었더니, 모두 맞는 말이라고 하였다. -《혼정록(混定錄)》에 보인다.-

정개청 공초의 대략에,

"임오년(1582, 선조15)에 나주 목사[18]가 저의 헛된 명성을 잘못 듣고 그 고을 훈도에 천거하여 두 번이나 임명되었습니다. 신은 천성이 너그럽지 못하고 옹졸한 탓에 융통성이 없습니다. 《소학(小學)》과 사서(四書), 《근사록(近思錄)》 등의 책을 부지런히 가르쳤고, 매일 의관을 정제하고 읍양진퇴(揖讓進退)의 예를 갖춤에 혹 게으른 자가 있으면 회초리를 쳐서 벌을 주었습니다. 그 중에 교만하고 허황하여 몸가짐을 바로하기를 꺼리는 자들은 저를 원수처럼 미워하였는데, 교생(校生) 홍천경(洪千璟)[19] 같은 자는 면전에서 신을 욕하기까지 하였습니다. 이에 제가 스스로 헤아려보니 제 성의(誠意)가 사람들을 감복시키기에 부족하였고 사람들 또한 함께 선행을 해나갈 수 없는 이들이었으므로 곧장 그만두고 돌아왔습니다. 그 후 이 고을 서원(書院)의 원장이 되었는데, 저에게 원망을 품은 한두 사람이 수령에게 고하지도 않은 채 제멋대로 저의 원장 지위를 깎아버리고 끝내는 기어코

---

18) 나주 목사 : 유몽정(柳夢井, 1529~1589)을 이른다. 본관은 문화(文化)이다. 유희저(柳希渚)의 손자로, 남원 현감(南原縣監), 고부 군수(古阜郡守), 나주 목사(羅州牧使) 등을 지냈다. 유몽정이 고부 군수로 있을 때 관곡(官穀)을 내어 정여립이 재사(齋舍)를 짓는 것을 도왔던 사실이 있는데, 기축옥사 때 이 일로 정암수(丁巖壽)·오희길(吳希吉) 등의 무고(誣告)를 받고 장살되었다. 《光海君日記 1年 12月 23日》

19) 홍천경(洪千璟) : 1553~1632. 본관은 풍산(豊山), 자는 군옥(羣玉), 호는 반환·반항당(盤恒堂)이다. 기대승(奇大升)·이이(李珥)·고경명(高敬命)의 문하에서 수학하였다. 기축옥사 관련 기록에서 정개청, 최영경에 대한 무함을 주도한 사람으로 지목되었다. (《己丑錄·鄭困齋行狀》《己亥年八月初二日前別坐羅德峻等疏》)

저를 죽이고자 하였습니다. 그리하여 역변이 일어난 이래로 터무니없는 거짓을 날조하여 무함한 것이 이르지 않은 곳이 없었습니다.

　정암수(丁巖壽)의 소에서는 신이 저술한 《동한절의진송청담(東漢節義晋宋淸談)》의 한 구절을 가리켜 절의를 배척하였다 하였고, 또 통문을 돌려, 신이 윤원형(尹元衡)[20]의 집에 몸을 의탁하였었다는 근거 없는 말들을 날조해 냈습니다. 그리고 이것으로는 죽일 수 없을까 두려워하여 지금은 또 신이 조봉서와 함께 정여립을 찾아가 그 터를 봐 주었다 하며 세 번에 걸쳐 제멋대로 죄목을 더하고 있으니, 저를 무함하여 기필코 죽이려 하는 정상이 분명하여 가릴 수 없습니다.

　신이 비록 여립과 같은 도에 살았으나 한 번도 만난 일이 없다가 을유년(1585, 선조18) 교정랑(校正郞)이 되었을 때 처음 보았는데, 공석에서 같이 강론하고 교정한 것이 겨우 십여 일 남짓이니 어찌 친밀할 수 있겠습니까? 집을 봐주러 왕래한 것이 사실이라면 역적의 당여 중 어찌 한 사람도 발고한 일이 없었겠습니까? 나주 향소(羅州鄕所)와 향교의 유사(有司)들을 한 곳에 모아 대질함으로써 말의 출처를 엄하게 캐내어 저의 원통하고 억울함을 씻어 주소서 ……."라고 하였다. -전거는 위와 같다.-

　주상이 정개청이 역적에게 준 편지를 내리고 말하기를,

　"'도(道)를 보는 것이 고명(高明)한 사람은 당세에 오직 존형(尊兄) 한 분뿐입니다.' 하였는데, 여기에서 말한 도라는 것은 무슨 도인가?" 하였다. 또 사신(詞臣)[21]에게 명하기를, 정개청이 지은 논설을 조목조목 공격하여

---

20) 윤원형(尹元衡) : ?~1565. 본관은 파평, 자 언평(彦平)이다. 아버지는 판돈녕부사 지임(之任), 문정왕후의 동생이다. 1543년(중종38)에 윤임 일파를 대윤, 윤원형 일파를 소윤이라 하여 외척간의 세력 다툼이 시작되었다. 을사사화를 통해 대윤 일파를 숙청하고 정권을 좌지우지 하다가 1565년(명종20) 문정왕후가 죽자 실각하고 은거 중 죽었다.
21) 사신(詞臣) : 홍문관 관원 등 문학을 관장하는 신하를 말한다.

변론하게 하고 그 내용으로 각 고을에 방을 붙이라고 하였다. -전거는 위와 같다.-

정개청의 편지에 "덕의(德義)를 흠모하여 그리운 마음이 깊다."라는 말이 있었다. 정철이 아뢰기를,

"이 서찰을 보면 정개청이 역적과 결탁한 정상이 거짓이 아닙니다. 또 절의를 배척하는 논설을 지어 온 세상을 어지럽혔는데, 그가 절의를 배척하는 것은 반드시 절의와 상반되는 일을 하기 좋아한다는 것이니, 그렇다면 절의와 상반된 일이 무슨 일이겠습니까?" 하였다. -《기축록(己丑錄)》에 보인다.-

정철은 정개청을 음흉한 사람으로 여겼다. 절의를 배척했다는 것을 신문할 때, 개청이 말하기를,

"이것은 주자의 학설이오." 하니, 정철이 성을 내며 큰 소리로 말하기를,

"주자 주자하는데, 네가 어찌 주자를 알겠는가? 주자도 그 스승에게 배은망덕한 일을 하였는가?[22]" 하자, 개청이 머리를 숙이고 다시 말을 하지 못했다. 그 후 정철은 말이 정개청에게 미칠 때마다 반드시 말하기를,

"정개청은 아직 반역하지 않은 정여립이요, 정여립은 이미 반역한 정개청이다."하였다. -《혼정록(混定錄)》에 보인다.-

---

22) 주자가 …… 하였는가 : 정개청은 선조 18년(1585) 교정청(校正廳)의 낭관(郎官)을 거쳐 영릉 참봉(英陵參奉)을 역임하고 선조 20년(1587) 12월, 6품직인 곡성 현감(谷城縣監)에 올랐다. 그가 정여립, 이발 등과 친교를 맺고 이산해의 추천으로 곡성 현감이 되자 서인 측에서는 박순이 실각하여 영의정에서 물러나는 것을 보고 자신도 화를 당할까 두려워 스승인 박순을 배신하고 동인에게 빌붙은 것이라고 정개청을 비난하였다. 반면 동인 측에서는 정개청과 박순은 사제지간이 아니라 친하게 교유하였을 뿐이라고 반박하였다. 이 글에서 정철이 "주자가 그 스승에게 배은망덕한 일이 있었는가?"라고 한 것은 박순과 정개청을 사제지간이라 보고, 정개청이 배은망덕하게 스승을 배신하고 동인과 친교를 맺은 일을 추궁한 것이다.

정개청이 옥중에서 소를 올렸는데 그 대략의 내용은 다음과 같다.

당시에는 지혜로운 사람일지라도 그가 장차 역적이 되리라고 예측할 수 없었습니다. 하물며 신과 같이 아둔하고 용렬한 사람이야 어찌 그가 흉악한 역심을 품고 있는 줄 알았겠습니까? 무릇 편지에 쓰는 말이 친밀하면 말이 번거롭고 공경하는 뜻이 없는 것이며, 사이가 소원하면 그 말이 공경스럽고 칭찬하는 말이 많은 것입니다. 신이 역적에게 보낸 편지에서 그 간악함을 알지 못하고 과도한 칭찬을 했던 것은 용서받을 수 없는 죄이나, 서로 친밀하지 않은 사이임은 편지에 쓴 말에 나타나 있고, 편지의 왕래도 두 번에 그쳤으니, 역적과 결탁하여 왕래하지 않았다는 것은 이로써도 알 수 있습니다.

절의는 사람의 마음이 본래 타고 난 것에 근본을 둔 것이며, 기강을 부지하는 동량입니다. 신이 비록 무식하나 어찌 절의가 세상 교화에 관계됨을 모르겠습니까? 신이 전일에 지은 글은 주자의 글을 읽다가 주자가 논한 것을 보고 느낀 점이 있어 동한(東漢) 시대 절의의 폐해를 밝힌 것[23]뿐입

23) 신이 …… 것 : 동한의 절의는 한나라 광무제(光武帝)가 엄릉(嚴陵)과 같은 고사(高士)를 초치하여 절의(節義)를 숭상한 것을 말한다. 이에 대해 《주자어류(朱子語類)》에서 주희는 다음과 같이 그 문제점을 지적하였다. "동한이 절의를 숭상할 때에 이미 청담(淸談)의 요소가 내포되어 있었다. 대개 당시 절의를 지킨 사람들은 온 세상을 거만하게 내려다보고 조정에 들어가 벼슬하는 것을 수치스럽게 생각하니 저절로 천하를 우습게 여기는 마음을 가지게 된다. 그러다 보면 잠깐 사이에 청담으로 흘러들게 되는 것이다."(《朱子語類 卷34 · 論語16 · 子謂顔淵曰章》) 정개청은 주희의 이 글을 보고, 〈동한절의진송청담설(東漢節義晉宋淸談說)〉을 지어, 동한의 절의와 진 · 송의 청담이 공명(功名)이나 모리(謀利)에 비해 고상하긴 하지만 성학(聖學)에 종사할 줄 모르고 의리의 편안함을 따르지 않아 결국은 나라가 망하는 지경에 이르러도 그 잘못을 모르니 세교(世敎)에 도움 되는 것이 없다고 비판하였다. 정개청은 자신의 글이 주자의 글과 같은 맥락이며 절의의 근본을 배양하려는 내용이라 주장하였던 반면 정철을 비롯한 서인은 정개청의 글이 주자의 의리명분에서 벗어난 난역(亂逆)의 반증이라고 주장하였다. 주희와 정개청, 양자의 글을 살펴보면, 주희는 청담에 대한 절의의 가치적 우위를 분명히 하는 가운데 동한의 절의에 내포되어 있는 청담의 부정적 요소를 비판하였고, 정개청은 절의와 청담의 가치를 동렬에 두고 양자를 모두 내용 없는 허명(虛名)으로 비판하는 차이점이 있다. 명재(明齋) 윤증(尹拯)이 "주자는 절의를 높이 장려하면서 그 말류의 폐단만을 말하였는데, 정개청의

니다. 대개 절의라는 것은 의리에 밝고 사사로운 이해에 가리어지지 않는 것이므로 평소 절의를 몸소 실행하면 족히 임금은 밝아지고 신하는 곧아질 수 있으며, 화의 근본을 없애고 간특한 싹을 미리 꺾어 버릴 수 있으며, 불행히도 환난을 만나면 이해를 돌아보지 않고 절의를 위해 죽을 수 있는 것입니다.

옛날 동한의 선비들이 그 대의가 마음에서 근원하였고 이를 지키기 위해 생사를 가리지 않았다면 진실로 숭상할 만합니다. 그러나 본전(本傳)을 상고하고 주자의 뜻을 궁구해 보면, 스스로의 직분을 닦지 않고 의리에 힘쓰지 않으며 조정을 더럽고 혼탁하게 여기고 천하를 얕잡아보았습니다. 일찍이 인물의 장단점을 논하고 조정을 비방하며 허물을 들추어내는 데 앞 다투어 나섰으므로, 공경(公卿) 이하가 모두 그 논평을 두려워하며 신을 끌고 허겁지겁 문에 이른즉, 이는 곧 학생이 나라의 운명을 좌지우지한 것이니, 어찌 나라를 길이 보전할 수 있었겠습니까?

고로 신이 삼가 주자의 뜻을 취하여 말하기를,

"한낱 절의의 이름만 알고 절의의 실지를 모르면 그 폐단이 교만하고 허탄함에 이르러 마침내 사사로운 이해에 빠지게 될 것이다. 그리하여 정사(政事)는 제대로 시행되지 못하고 자리는 그에 걸맞은 사람을 얻지 못하며 기미를 살펴 제대로 조처하지 못해, 소인들이 틈을 엿보아 나라를 망칠 것이다. 때문에 양기(梁冀)가 질제(質帝)를 시해[24]하였을 때, 이고(李固)[25]가 재상이 되어서도 그 죄를 성토하여 죽이지 못했을 뿐만 아니라

이 설은 그 말류의 폐단만을 들어서 절의 전체를 배척하고 청담설과 나란히 놓아 나라를 망하게 한 죄과로 귀결시켰으니 잘못되었다"고 한 것은 이러한 차이점을 잘 보여주는 평이라 하겠다. 《明齋遺稿・答權子定 乙酉一月二日》

24) 양기(梁冀)가 질제(質帝)를 시해 : 양기는 후한 순제(順帝) 때 황후의 오빠로, 영화(永和) 원년에 하남 윤(河南尹)이 되었고 6년에 대장군이 되어 질제를 옹립하였다가 이후 질제를 독살하고 다시 환제(桓帝)를 옹립하였다. 20여 년 동안 권좌를 차지하고 횡포가 극심하였다. 《後漢書 卷34・梁統列傳・梁冀》

25) 이고(李固) : 94~147. 자는 자견(子堅)으로 한중(漢中) 남정(南鄭) 사람이다. 후한 충제

도리어 그의 명을 받고 순응하며 드러내지 않고 참았다. 또한 환관들이
권력을 쥐었을 때 두무(竇武)가 죽이려 꾀하다가 그 선후경중의 차례를
잃어서 마침내 선비들이 섬멸되고 나라도 따라서 망하였으니,26) 이는
모두 절의의 실제에 힘쓰지 않아서 그러했던 것이다. 학문이 반드시 명덕(明
德)을 밝히는 데 이르러서 격물치지(格物致知)하여 절의의 근본을 알고,
성의정심(誠意正心)으로 절의의 실제를 행하면 인도(人道)가 바르게 되고
기강이 확립되어 비록 절의에 죽고자 해도 절의에 죽어야 할 환란이
없게 될 것이다."라고 하였습니다. 신이 전에 절의와 청담(淸淡)에 대해
논한 것은 비록 말이 분명치 못하였으나 실로 절의의 근본을 배양하는
것에 뜻을 두었던 것인데 도리어 절의를 배척하였다고 하니, 이는 신의
본심이 아니며 원통함을 품고도 발명할 데가 없습니다. -전거는 위와 같다.-

위관이 아뢰기를,
"여립을 찾아가 터를 봐주었다는 일은 정개청이 한결같이 원통하다고
하면서 정여능(鄭汝能) 등과 한 자리에서 대질하기를 원하니 아마도 사실이
아닌듯합니다. 그러나 절의를 배척한 논설로 후학을 현혹시킨 것은 그
미치는 화가 홍수나 맹수의 해보다도 심하니, 형추(刑推)하여 자백을 받으소

(沖帝) 때의 태위(太尉)로 조야의 명망이 높았다. 충제가 죽었을 때와 질제(質帝)가
시해되었을 때에 모두 청하왕(淸河王) 유산(劉蒜)을 옹립하려고 노력하다가 권신인
양기의 비위를 거슬러 면직되었다. 이후 양기가 마침내 환제(桓帝)를 세우고 이고가
유유(劉鮪)와 내통했다는 죄목으로 무옥(誣獄)을 일으켜 이고 등을 죽였다.《後漢書
卷63・李固列傳》《史略 卷3・東漢》
26) 환관들이 …… 망하였으니 : 동한(東漢) 말엽에 환관들이 정권을 장악하였으므로,
환제 때에 진번(陳蕃)・이응(李膺) 등이 이를 바로잡고자 공박하였는데, 환관들은
도리어 당인(黨人)이라고 지목하여 종신토록 금고(禁錮)하였다. 이를 당고(黨錮)의
변이라 한다. 이후 영제(靈帝) 때 다시 진번 등이 환관들을 제거하려다가 일이 사전에
누설되어 환관 조절(曹節)이 두무(竇武)・진번・이응 등 1백여 인을 죽이고 전국의
사대부 6~7백 인을 연좌시켜 처벌하였다.(《後漢書・黨錮列傳》) 이에 대해 정개청은
광무제(光武帝)가 기절(氣節)을 숭상하여 조정의 풍조를 이루게 되자 태학생과 사인(士
人)들이 청의(淸議)를 조성하여 외척・환관과 격렬한 충돌을 일으켰다고 기술하였다.

서.” 하니, 주상이 아뢴 대로 하라고 하였다. 한 차례 형을 가한 후 또 형을 더하기를 청하니, “법에 따라 처리하라.”고 명하였다. 처음에 위원(渭原)에 유배하였다가 위관이 다시 아뢰어 경원(慶源) 아산보(牙山堡)로 배소를 고쳐 정하였다. 6월에 배소에 도착해서 7월에 죽었다. -《기축록(己丑錄)》에 보인다.-

그때 적승(賊僧) 성희(性熙)의 공초에서 정개청의 이름이 다시 나와 잡아 오라는 명이 내렸으나 개청은 이미 배소에서 죽은 뒤였다. -《혼정록(混定錄)》에 보인다.-

이때 보성(寶城)에 사는 김용남(金用男)·김산중(金山重) 등이 고부(古阜) 군수 정엽(丁熀)과 같이 의논하여 고변하기를,

“나주 사람 임지(林地)와 송광사(松廣寺) 승려 성희(性熙)가 길삼봉(吉三峯)과 더불어 송광사 삼일암(三日庵)에 머무르면서 군사를 일으킬 모의를 하였는데, 임지는 전투에 쓸 말을 매매하는 일 때문에 순천(順天)에 있는 처가로 갔습니다.……”라고 하였다. 이에 임지의 일족과 송광사의 승려 혜희(惠熙)·희성(希性)·심회(心懷)·심정(心淨) 등 30여 명 및 사찰 주변에 거주하는 20여 명을 잡아 가두었다.

국청에서 아뢰기를,

“송광사는 보성과의 거리가 60리고 순천과의 거리는 80리이며 고부와의 거리는 3일 여정입니다. 조정에서 지금 길삼봉을 잡으려고 찾는 중인데 김용남 등은 어찌하여 60리 거리의 보성이나 80리 거리의 순천에 가서 고변하지 않고 3일 거리의 고부까지 가서 고변하였겠습니까? 또한 고부 군수 정엽의 첩은 김용남과 김산중의 여동생이니 그 사이의 정상을 정확히 알 수 없습니다.” 하였다. 정엽은 이 옥사가 성립되지 않으면 반좌율에

걸릴까 두려워하여 그 고을에서 면포를 많이 싣고 와 의금부의 옥졸에게 뇌물로 주고 성희를 꾀어 거짓으로 자복하게 하였다. 성희는 임씨들을 끌어들이지 않고 자기가 여립과 함께 역모를 꾀했다고 하였다. 이에 임씨들은 모두 석방되었고, 임지만 한 차례 형을 받은 후 북쪽 변방에 정배되었다.

성희의 문서 가운데 밀기(密記)가 있었다. 주상이 묻기를,

"너는 어디에서 이 밀기를 얻었느냐?"하니, 성희가 공초하기를,

"아무 해에 정여립의 집에 가서 베껴 두었습니다." 하였다. 주상이 또 묻기를, "그때 정여립 혼자 있었느냐?" 하니, 성희가 공초하기를,

"그 자리에 손님이 있었는데 한 사람은 이름을 잊었고 또 한 사람은 전 곡성 현감 정개청이라고 하였습니다." 하였다. 이에 정개청을 도로 잡아들이라는 명이 있었다. 같은 달 26일 전교하기를,

"이발 등의 실상이 이미 드러났고, 증거도 이미 갖추어졌으므로 형률에 따라 처단해야 할 것이니 의논하여 아뢰라." 하니, 의금부에서 아뢰기를, "오직 성상의 결단에 달려 있습니다.…… " 하였다.

28일, 이발 등의 일에 대해 수의(收議)[27]하였다. 영의정 이산해가 의견을 말하기를,

"이발 등의 일은 신의 어리석은 소견 또한 의금부에서 회답하여 아뢴 뜻과 다름이 없습니다. 오직 성상께서 헤아려 결단하시는데 달려 있을 뿐입니다." 하였고, 심수경이 논의하기를,

"소신은 이발 등을 추국할 때 참석하지 않아 다만 전하는 말을 들었을 뿐이므로 역적의 입에서 나왔다는 말이 무엇인지 알지 못합니다. 다만 이발이 불복한 채로 이미 죽은 뒤인데, 역적이 끌어들인 말 때문에 역률로

---

27) 수의(收議) : 조정에서 중대한 일이 발생했을 때 정승·판서 등 고위 관리들의 의견을 모으는 일을 이른다.

처분한다면 형정의 대체에 미진한 점이 있게 될까 두렵습니다. 엎드려 바라건대 주상께서 재결하소서." 하였고, 김귀영(金貴榮)이 논의하기를,

"삼가 소신이 보건대, 이발의 죄목은 다만 역적과 친밀하게 교유한 데 관계되었을 뿐, 특별히 역모에 동참했다는 단서는 없습니다. 그런데 지금 역모에 동참했다는 죄목을 이미 죽은 몸에 추가한다면 형정의 대체에 어떠할지 모르겠습니다. 엎드려 바라건대 성상께서 재결하소서." 하였다. 위관 정철이 아뢰기를,

"이발 등의 죄가 밝게 드러난 지 이미 오래되었고, 토벌하라는 주상의 전교가 지엄하시니, 어리석고 우매한 신들이 덧붙여 말하기는 진실로 어려우나 청컨대 조정의 의논을 널리 수합하소서." 하였다. -전거는 위와 같다.-

6월 1일, 2품 이상에게 수의하였다. 황정욱(黃廷彧)·유홍(兪泓)·김명원(金命元)·윤탁연(尹卓然)·박충간(朴忠侃)·황림(黃琳)·변협(邊協)·김귀영(金貴榮)·이산해(李山海)·심수경(沈守慶)·임열(任說)·정철(鄭澈)·이양원(李陽元) 등이 논의하기를,

"당초 이미 승복하지 않은 채 형장을 맞고 죽었는데, 증거에 맞게 죄를 다스려야지 갑작스레 무거운 형률을 추가하는 것은 온당치 못합니다." 하였고, 최흥원(崔興元)·윤근수(尹根壽)는 집에서 수의하였는데 역시 같았다. 최황(崔滉)은 마침 휴가 중이었으므로 수의하지 못하였으며, 권극례(權克禮)는 나중에 논의하였는데 또한 같은 의견이었다. 권징(權徵)이 논의하기를, "형정의 대체는 온 세상을 권계(勸戒)하는 데 관계되니 조금이라도 미진한 정상이 있으면 사람들에게서 말이 나와서 옥사는 이루어지지 않을 것입니다. 이발과 이길의 평소 소행과 역적들의 공초를 헤아려 보면, 이발은 '역모의 정상을 알고도 은폐하였다'[28]는 죄목에 승복할 것이나

28) 역모의 …… 은폐하였다 : 《대명률직해(大明律直解)》〈형률(刑律) 적도(賊盜) 모반대

이길은 이발과 차이가 있으니 역모에 동참했다는 죄목으로 극형에 처하면 온당치 않을 듯합니다. 심지어 이급(李汲)은 아직 현달하지 못한 일개 미관(微官)으로, 역적을 추종하였다거나 변란을 양성한 형적이 없습니다. 역적에게 어찌 경중이 있겠습니까만 은 중형을 뒤섞어 가하는 것은 너무 지나친 듯합니다." 하였다. -전거는 위와 같다.-

같은 달29) 나주의 양천경(梁千頃)과 양형(梁泂) 등이 소를 올려 정언신이 역적을 옹호한 죄상을 논하니, 주상이 전교하기를,

"정언신이 고변한 자를 참하고 싶다는 말을 공공연히 발설하였다 하니 국청의 일이 해괴하기가 이보다 심한 것이 없다. 그런데도 조정에서는 한마디 말도 없고 유생의 상소를 통해서야 비로소 듣게 되었으니 이 또한 괴이한 일이다. 언신은 대신의 몸으로 감히 방자하게 나를 속였고, 그 형 정언지(鄭彦智) 또한 이를 따랐으니, 이 두 사람의 마음에는 이미 임금이 없는 것이다. 경악을 금할 수 없다." 하였다. 국청에서 회답하여 아뢰기를,

"정언신의 이 말은 퍼진 지 이미 오래 되었는데 아뢰지 못하였으니 신의 죄가 큽니다. 이미 드러난 일이므로 신문하지 않을 수 없으니, 즉시 다른 대신을 불러 죄를 논하게 하소서." 하니, 아뢴 대로 하라고 하였다. -《시정록(時政錄)》에 보인다.-

위관이 아뢰기를,

"양형 등의 상소는 궁벽한 초야(草野)에서 나왔으니, 내용 중에 떠도는 소문에서 나온 근거 없는 말이 없지 않습니다. 정옥남(鄭玉男)30)의 입을

역조(謀反大逆條)〉 중 "무릇 모반의 실정을 알고도 고의로 방임하거나 숨긴 자는 참수한다.[知情故縱隱藏者, 斬]"는 규정을 가리킨다.

29) 같은 달 : 《기축록》에 따르면, 양천경의 상소는 경인년(1590, 선조23) 2월 16일에 올려졌다.

지지고 귀를 문드러지게 했다는 것이 그 하나의 예입니다. 그러나 정언신이 고변자 10여 명을 참하자고 했다는 말은 일찍이 서울 안에 퍼졌고 신도 들은 적이 있습니다. 그 말이 과연 사실이라면 이는 옥사를 뒤집으려는 수단이니 그 죄상은 진실로 용서하기 어렵습니다. 이 한 가지 조목은 추국에 참여한 신하들을 불러 물어본 후에 처리하는 것이 마땅합니다." 하였다. -《기축록(己丑錄)》에 보인다.-

강해(姜海)가 소를 올려 말하기를,

"정언신이 귀양갈 때 최영경(崔永慶)의 문도들이 날마다 정언신이 있는 곳에 와서 위문은 하지 않고 도리어 축하를 하였다 하니, 그 뜻을 헤아리기 어렵습니다.……" 하였다. 추국에 참여했던 대신과 금부 당상을 불러 언신이 한 말을 물으니, 김귀영(金貴榮)이 말하기를,

"신은 왼쪽 귀가 어두워 큰 소리로 말하는 것이 아니면 들을 수가 없습니다" 하였고, 유홍(兪泓)과 홍성민(洪聖民)이 말하기를,

"정언신이 이르기를, '이는 실로 근거 없는 말이다. 만약 다스리지 않는다 면 장차 걷잡을 수 없는 소란이 일 것이니, 이런 말을 한 사람 10여 명을 죽인다면 헛소문은 저절로 그칠 것이다.' 하므로 신들이 힘껏 그 말을 반박하였습니다." 하였다. 이산해는 병을 칭탁하고 나오지 않았는데, 주상 이 사람을 보내 묻게 하니 이산해가 아뢰기를,

"시일이 오래 지나 기억이 분명하지 않습니다만, 당시 감사의 장계가 상세하지 못하였으므로 그 사유를 자세히 갖추어 다시 시급히 아뢰게 하라는 내용으로 회계하였는데, 그때 언신의 말이 나온 듯합니다." 하였다. -전거는 위와 같다.-

대사헌 홍성민(洪聖民)[31]이 아뢰기를,

30) 정옥남(鄭玉男) : 정여립의 아들이다. 사료에 따라서는 "옥룡(玉龍)"이라고도 한다.

"당시의 일은 해괴하고 분통한 것이 한두 가지가 아니었고, 우물쭈물하면서 애매한 태도를 취하는 자들이 태반이었습니다. 미천한 신이 외람되이 추관이 되어 때때로 의견을 내기라도 하면 사람들이 모두 곱지 않은 눈으로 흘겨보았으므로, 신은 유홍과 함께 서로 돌아보며 혀를 찰 뿐이었습니다. 정언신이 그 말을 하였을 때 신이 힘껏 반박하였고, 이산해 또한 그 말이 온당치 못하다 말하며 신을 돌아보고 말하기를, '내 의견도 판윤(判尹)[32]과 같소.' 하였으나, 언신이 재삼 주장하니 이산해가 조금 굽히며 말하기를, '다시 생각해보니, 단도직입적으로 말한다면 우의정의 말이 옳습니다.' 하였습니다.

정언신이 황해 감사를 추국하자고 하기에 신은 그것이 불가하다고 말하였고 좌중의 사람들 중에도 불가하다 말하는 이들이 있어 그 일이 마침내 중단되었습니다. 지금 이산해가 '분명히 기억하지 못한다'고 아뢴 것은 필시 그가 큰 병을 앓고 난 나머지 혼미해져서 그리 된 것이겠으나 괴이하게 여기지 않을 수 없습니다. 하늘의 태양이 위에 있고 귀신이 옆에 있는데 군부(君父)를 기망하고 어찌 살겠습니까? 신이 이러한 생각을 하면서도 추국할 때 진달하지 못하였고 또 죄를 논할 때도 아뢰지 못하였으니, 그 죄가 같습니다. 벌을 내려주소서." 하였다.

---

31) 홍성민(洪聖民) : 1536~1594. 본관은 남양(南陽), 자는 시가(時可), 호는 졸옹(拙翁), 시호는 문정(文貞)이다. 1575년(선조8) 호조 참판으로 명나라에 건너가 종계변무(宗系辨誣)에 대하여 힘써 명나라 황제의 허락을 받고 돌아왔으며, 이 공으로 광국 공신(光國功臣) 2등에 책록되고 익성군(益城君)에 봉해졌다. 기축옥사 당시 전주의 유생 양형(梁詗)이 상소하여 '정언신이 옥사를 다스릴 때 고변한 사람을 베고 싶다는 말을 공공연하게 발설하였다.'고 하자, 선조는 대신 및 금부 당상을 명초(命招)하여 당시 정언신의 발언을 들었는지의 여부를 물었는데, 이때 대사헌으로 있던 홍성민이 이산해가 정언신의 발언을 듣고 은근히 동조하는 발언을 했다고 고하며 그가 정언신의 발언을 기억하지 못한다고 한 것은 군부(君父)를 기망한 것이라고 비난하는 등, 동인에 대한 공세를 강화하였다. 이후 건저문제(建儲問題)로 정철 등 서인이 실각하자, 일당으로 몰려 북변인 부령으로 유배되었다. 1592년 임진왜란이 일어나자 특사로 풀려나 대제학을 거쳐, 호조 판서에 이르렀다. 저서로 《졸옹집(拙翁集)》이 있다.
32) 판윤(判尹) : 《기축록》에 따르면 당시 홍성민은 한성 판윤이었다.

답하기를,

"경은 직접 보았으면서도 어찌 그때 즉시 말하지 않고 유소(儒疏)가 올라온 지금에서야 이리 사설을 길게 늘어놓는가? 매우 이치에 맞지 않는다. 사람들의 의견이 이러저러한 것은 이상한 일이 아니거늘, 어찌 한 사람의 말을 가지고 다른 사람에게 책임을 전가하려 하는가? 이미 사직하겠다고 하였으니 아뢴 대로 하라." 하고, 정원에 전교하기를, "홍성민이 아뢴 말 가운데 '군부를 기망'했다는 일에 대해 정원은 의논하여 아뢰라." 하니, 정원이 회답하여 아뢰기를,

"글의 맥락으로 보면 이산해를 가리킨 듯하나, '그 죄가 같다'는 말로 보면 스스로를 책망하는 말인 듯합니다." 하였다. 마침내 홍성민을 불러들이라는 명이 내렸고, 이에 성민이 자책이 너무 지나쳤다고 대답하였다.

정언 황신(黃愼)이 아뢰기를,

"사특한 의론이 횡행하여 사태가 위태로운 것이 털끝조차 용납할 틈이 없었는데, 만약 홍성민과 유홍이 힘써 반박하여 물리치지 않았다면 나랏일이 끝내 어찌되었을지 모르겠습니다. 가령 홍성민의 말에 지나친 점이 없지 않다 해도 머뭇거리며 망설이고만 있던 사람들보다야 낫지 않겠습니까? 그런데 지금 준엄한 견책을 저들에게 가하지 않으시고 도리어 이쪽에 가하시니, 비위를 맞추며 관망만 하던 자들이 이를 기화로 뜻을 얻게 되고, 충직한 말은 주상께 닿을 길이 없게 될까 두렵습니다. 정언신이 한 말은 그 자리에 있던 사람들이 모두 들은 바인데 이산해만 홀로 기억이 분명하지 않다 하니, 이는 비록 귀가 어둡다고 한 것[33]과는 같지 않다 하나 회피하지 않고 단도직입적으로 잘라 한 말이라고는 할 수 없습니다. 또 글을 올려 스스로 변명하면서 전후의 말을 다르게 하였으니 대신으로서

---

33) 귀가 …… 것 : 앞서 김귀영(金貴榮)이 "신은 왼쪽 귀가 어두워 큰 소리로 말하는 것이 아니면 들을 수가 없습니다" 라고 하여 정언신이 한 말에 대한 논의를 회피한 것을 이른다.

임금에게 고하는 것이 어찌 이와 같단 말입니까?" 하였다. 이에 주상이
진노하여 즉시 황신의 체직을 명하였다. -《시정록(時政錄)》에 보인다.-

홍성민을 경상 감사에, 황신을 고산(高山) 현감에 특배하였다. -《기축록(己
丑錄)》에 보인다.-

좌의정 정철이 아뢰기를,
"정언신이 고변자를 참하려 했던 일을 신이 친히 보지는 못하였으나,
세상에 널리 퍼진 지 오래여서 익히 듣고 있었으면서도 지금까지 입을
다물고 끝내 아뢰지 못하였으니, 청컨대 신의 관직을 파면하소서." 하니,
주상이 "사직하지 말라." 하였다. -《시정록(時政錄)》에 보인다.-

영의정 이산해가 사직하기를 청하니, 주상이 좋은 말로 타이르기를,
"경은 어찌 갑자기 이렇게 사직하려 하는가? 온갖 방법으로 경을 곤경에
빠뜨리려는 작태를 내 이미 알고 있으니, 비록 만 사람이 공격한다 해도
믿을 수 없다. 아! 경이 떠나면 다른 정승 또한 스스로 보전할 수 없을
것이니 이 어찌 아름다운 일이겠는가? 다시는 사직하지 말라. 속히 출사하
면 모든 일이 잘 될 것이고, 그렇지 않으면 반드시 사람들이 모욕하는
일이 있게 될 것이다." 하였다. -전거는 위와 같다.-

죽은 전라 도사 조대중(曹大中)에게 극형을 추가하였다. 우의정 심수경(沈
守慶)이 사직해 물러났고, 정철이 도로 위관이 되었다. 이전에 조대중이
죽음에 임박해 시를 지어 성좌(省座)[34]에 올렸는데, 여기에서 이르기를,

---

34) 성좌(省座) : 삼성(三省), 즉 의정부, 의금부, 사헌부가 합좌(合坐)하여 강상(綱常)의
    중죄를 범한 자를 국문하는 자리를 말한다. 삼성은 원래 형조·사헌부·사간원,
    또는 형관(刑官)·정승(政丞)·대간(臺諫)을 가리켰으나, 후일에 와서는 의금부가
    국문과 관련된 사안을 주관하였으므로, 기존의 삼성에 형조 대신 의금부가 포함되게

"죽어 비간(比干)35)을 따라갈 수 있다면, 외로운 넋 웃음 머금고 슬퍼하지 않으리라." 하였다. 판의금부사 최황이 이 일을 진달하고자 하니 위관 심수경이 말하기를,

"죽음에 임박해 어지러이 한 말인데 어찌 진달할 것이 있겠소?" 하였다. 이때에 이르러 최황이 마침내 그 시를 아뢰자, 주상이 심수경을 불러 진달하지 않은 연유를 묻자 수경이 대답하기를,

"무릇 죄인의 원정(原情)36)과 공초(供招) 외에 나머지 일은 더 수리하는 예가 없는데, 하물며 죽음에 임박해 어지러이 지은 시를 어찌 아뢰겠습니까?" 하였다. 주상이 진노하여 특명으로 조대중의 처첩과 자녀, 동생, 조카 등을 잡아들이게 하고, 대중은 역률로 논하여 시체를 능지처참하게 하였다. 심수경은 세 번 사직한 끝에 체직되었다. -전거는 위와 같다.-

의금부에서 아뢰기를,

"조대중은 종이 상전을 섬기듯 이발과 백유양을 섬기며 항상 말하기를, '이이와 성혼을 죽여야 한다.' 하였습니다. 또 역적 정여립과 매우 긴밀하게 결탁하였고 역적이 자살한 후에는 눈물을 흘리고 소식을 하였다는 말이 공론에서 나왔으니 역률로 논하는 것은 진실로 애석할 것이 없습니다. 그러나 전후로 복주된 역적들과 비교할 때 그 죄질에 차이가 없지 않은 듯합니다." 하니, 주상이 이르기를,

"조대중의 패역한 죄상은 그 시에 절로 드러나 있고, 눈물을 흘리고 소식을 한 것은 그가 이미 자복하였으니 다시 의논할 것이 없다. 역적을 비호한 죄는 그에 해당하는 형률이 있으니, 법에 따라 시행하라." 하였다.

되었다.
35) 비간(比干) : 은(殷) 나라의 충신으로 주왕(紂王)의 폭정(暴政)을 직언하다가 주왕에게 심장을 도려내지는 죽임을 당하였다. 《史記 卷3·殷本紀》
36) 원정(原情) : 개인의 원통하고 억울한 사정을 국왕 또는 관부에 호소하는 진술 문서를 이른다.

이때 대중의 처첩에게 압슬형 등을 시행하려 하니, 위관과 금부 당상이
아뢰기를,

"역적이 된 것과 역적을 비호한 것은 그 죄에 경중에 있습니다. 지금
역적을 비호한 죄로 대중을 논하면서 그 처첩을 국문까지 하는 것은
형정의 대체에 미진한 점이 있을 듯합니다." 하였다. 이러한 내용으로
재차 아뢰자 주상이 비로소 윤허하며, 여인은 국문하지 않고, 그 밖의
사람들만 신문하였다." 하였다. -전거는 위와 같다.-

이때에 이르러 의금부에서 아뢰기를,

"양형(梁泂)의 소에서 말한 사람 중에 태인(泰仁)에 거주하는 방대수(房大
遂) 등을 잡아들이는 일로 나장(羅將)을 파견하였습니다. 나장들이 태인현
에 도착해 찾아가보니 그곳에는 원래 방씨 성을 가진 사람이 없었으며,
지금 달리 수소문해 찾아낼 길이 없습니다. 은진(恩津) 현감 조강(趙綱)[37]의
일은 증거에 따라 신문하여 처결하소서." 하였다.

전교하기를,

"이발 등은 처음에 정집(鄭緝)의 공초에 나왔고 또 선홍복(宣弘福)의 공초
에 나왔으며 다시 사이(四伊)의 공초에 나왔으니, 역모에 동참한 정상이
한두 가지가 아니다. 하물며 평소 역적과 긴밀하게 결탁하고 꼼꼼하게
준비하여 한 몸이 된 정황은 어린아이도 다 아는 일이고, 여립과 왕래한
서찰은 부자·형제보다 더하였으니, 이런 자를 처단하지 않는다면 어떤
사람을 다스릴 것인가? 《춘추(春秋)》의 역적을 토벌하는 의리에 비추어
보아 역적이 살았거나 죽었거나를 가리지 않고 법에 따라 극형에 처해야
하니, 의논하여 아뢰라. 그리고 역적이 정언신에게 병기를 나누어 보냈다는

---

37) 조강(趙綱) : 1527~1599. 본관은 한양(漢陽)이며 자는 숙거(叔擧), 호는 모계(慕溪)이
다. 1568년(선조1) 사마시에 합격하고 이듬해 성균관에 들어가 학문을 익혔다. 1579년
영릉참봉(英陵參奉)으로 부임하여 여러 관직을 거쳤다. 1592년 임진왜란이 일어나자
의병을 일으켜 전공을 세웠다.

주장은 십분 확실하다 하지만 한번 웃음거리도 되지 않는 말로서 언신이 들으면 틀림없이 자복하지 않을 것이다. 긴 화살로 대체 무엇을 하려 했단 말인가? 하물며 양형(梁洞)의 소에는 갖가지 거짓말이 난무하여 이는 물을 것도 없으니 이것을 가지고는 형추하지 말라. 조강은 다만 역적이 김효원(金孝元)에게 편지를 보냈다고 말하였을 뿐이다. 무릇 역적이 제 자제를 입학시키려 했다면 요직에 있는 친구가 하나 둘이 아니었는데, 어찌 하필 영흥(永興)에 가 있는 김효원(金孝元)[38]에게 부탁하였겠는가? 지금처럼 인심이 지극히 험악한 시기에 당당한 국가가 외방 유생의 난잡한 소로 인해 추국과 형벌을 가한다면 사체를 크게 손상시킬 뿐만 아니라 이후에 반드시 폐단을 초래할 것이니 그대로 두는 것이 낫다. 조강은 형문하지 말고 석방할 것이며, 방대진(房大進)은 논하지 말라." 하였다. -《기축록(己丑錄)》-

이조 판서 류성룡(柳成龍)을 우의정에 임명하였고, 최황(崔滉)을 이조 판서에 임명하였다. -전거는 위와 같다.-

20일, 궐문을 닫은 뒤에 금부도사가 위관의 밀계(密啓)를 문틈으로 집어넣었는데, 그 내용에,

"정언신은 역적과 결탁하고 임금을 속여서 종사를 배반하고 군부를 업신여겼을 뿐만 아니라, 최영경·정여립에게 심복하여 그들의 소굴이 되었습니다. ……" 하였다. 밤 3경에 금부도사 이배달(李培達)을 파견하여,

---

38) 영흥(永興)에 가 있는 김효원(金孝元) : 김효원(1532~1590)은 심의겸(沈義謙)과 함께 동·서 분당의 시발점이 된 인물로, 당쟁을 우려한 이이(李珥)의 상소로 심의겸과 더불어 외직으로 밀려나 경흥·부령·삼척의 부사를 역임하고 안악 군수를 자청하여 나갔다. 이후 당쟁이 격화하자 책임을 느끼고 시사에 대해서 전혀 언급하지 않았다고 한다. 후에 영흥 부사로 재직하던 중 죽어 이조 판서에 추증되고, 삼척 경행서원(景行書院)에 제향되었다.

7월에 정언신을 잡아들였다. 위관이 아뢰기를,

"정언신을 추국하는 사체는 보통 죄인과 같아서는 안 될 것입니다. 대신을 삼성(三省)에서 추국하는 것은 근거로 삼을 만한 전례가 없으니, 다른 대신도 함께 참여하여 신문함이 어떻겠습니까?" 하니, 주상이 말하기를, "다른 대신들과 의논하여 아뢰라." 하였다. 심수경이 논의하기를,

"대신을 추국하는 것은 근거할 만한 전례가 없으나, 추국하지 않을 수 없다면 다른 죄인과 다르지 않을 듯합니다." 하였고, 이산해가 논의하기를,

"이미 대신이 명을 받들어 신문했으니, 다른 관원을 동참하게 하지 않아도 무방할 듯합니다." 하였으며, 류성룡이 논의하기를,

"전에 없는 일이라 새로운 전례를 만드는 것은 어려울 듯합니다." 하였다. 주상이 의금부에 명하여, 대신을 추국한 전례를 상고하여 아뢰라 하니, 의금부에서 회답하여 아뢰기를,

"본부에서 추국한 전례는 없습니다. 예전에 강순(康純)이 남이(南怡)의 공초로 인해 친국(親鞫)을 받았으나³⁹⁾ 모두 삼성에서 추국한 것은 아니었으며, 이 밖에는 상고할 문적이 없습니다." 하였다. -전거는 위와 같다.-

장령 장운익(張雲翼)과 지평 백유함(白惟咸)이 아뢰기를,

"신 등이 삼가 대사간 심충겸(沈忠謙)과 사간 오억령(吳億齡)이 피혐한 말을 보니, 정언신이 군부를 기망하고 역적과 결탁한 죄만을 열거하였을 뿐, 고변자를 참형에 처하겠다고 한 말에 대해서는 한 마디도 언급이 없었습니다. 또 말하기를, '이미 드러난 죄에 따라 형률을 결정한 것이므로, 지금은 처리할 방도가 없다.' 하였으니, 그 말과 뜻을 실로 이해할 수

---

39) 강순(康純)이 …… 받았으나 : 예종 즉위년(1468), 유자광(柳子光)의 고변으로 반역죄로 몰린 남이가 국문을 받던 중 고문에 못 이겨 강순(1390~1468)이 함께 모반에 가담했다고 거짓 자백하여 두 사람이 함께 처형당한 일을 이른다. 《燃藜室記述 卷6·南怡獄事》

없습니다. 고변자를 참형에 처하겠다는 한 가지 일이 어찌 추국할만한 중대한 사안이 아니겠습니까? '이미 드러난 죄에 따라 형률을 결정했다' 하였는데, 언신의 죄상은 남해(南海)로 유배되기 전에 이미 소상히 드러났으므로 유배지에서 그 죄악을 성토하고 주벌하는 것이 자연스러운 일이거늘, 어찌 굳이 비밀리에 비망기를 내려 대신과 삼사에게 보이고 나서 다시 잡아들인 것입니까? 기왕에 잡아들였는데 국문도 하지 않고 서둘러 죄를 먼저 결정하는 이치가 어디에 있단 말입니까? 심충겸 등은 비록 자기들이 인혐(引嫌)⁴⁰⁾한다 말하고 있으나 긴요한 대목을 간과한 채 큰 죄를 해석한 잘못이 없지 않습니다.……" 하였다. -전거는 위와 같다.-

대사헌 이제민(李齊閔)과 장령 신잡(申磼)이 의논이 같지 않다 하여 피혐하니, 체직을 명하였다. 전교하기를, "정언신을 궁궐의 뜰에서 추국하라." 하였다. 원정(原情)을 들여와 아뢰니, 처음에 사약을 내리라는 명을 내렸다. 대신들이 아뢰기를, "우리나라에서는 일찍이 대신을 죽인 일이 없습니다. ……" 하니, 전교하기를, "그대로 가두어 두고 조용히 처리하라." 하였다.

양사에서 정언신을 정국(庭鞫)⁴¹⁾하라고 청하였는데, 여러 번 아뢰니 비로소 윤허하였다. 한 차례 형을 가한 후 갑산(甲山)에 정배하라 명하였으나, 양사에서 재차 국문하기를 또 청하였다. 8월에 이르러 답하기를, "어찌하여 이렇듯 강경히 고집하는가? 언신은 사람됨이 배우지 못하고 무식하여 자기도 모르는 새 큰 죄에 빠졌을 뿐이다. 역당의 공초에, 먼저 정언신과 신립(申砬)을 죽인 후에 군사를 일으킨다고 하였으니,⁴²⁾ 이것만으

---

40) 인혐(引嫌) : 혐의(嫌疑)를 피한다는 의미로, 벼슬아치가 혐의 있는 일의 책임을 자기에게 돌리고 그 벼슬을 사양하거나 그 사안에 참여하지 않고 물러가는 것이다.
41) 정국(庭鞫) : 의금부 또는 사헌부에서 왕명에 의하여 죄인을 대궐 안에서 국문(鞫問)하던 일로, 추국(推鞫)보다 더 규모가 크고 엄격한 심문 절차에 해당한다.
42) 먼저 …… 하였으니 : 1583년(선조16) 이탕개(尼湯介)가 북쪽 변경으로 쳐들어오자, 정언신은 우찬성(右贊成)으로서 도순찰사(都巡察使)를 겸하였고, 막하에 거느린 신립(申砬), 이순신(李舜臣), 김시민(金時敏), 이억기(李億祺) 등 뛰어난 장수들과 함께

로도 언신의 죄는 용서해야 마땅하다. 지금 만약 억지로 다시 국문했다가 혹 형장을 못 이겨 죽기라도 한다면 대궐 뜰에서 대신을 죽였다는 말이 반드시 나올 것이고, 위와 아래에서 서로 고집하는 사이에 병으로 죽기라도 한다면 또 대신이 옥에 갇혀 병사하였다는 말이 나올 것이다. 이는 모두 좋지 못한 일인데, 경들은 어찌 차마 이런 일을 하려 하는가?" 하니, 양사에서 아뢰기를 정지하였다. 삼경(三更)[43]이 되어 정언신이 옥에서 나왔다. -전거는 위와 같다.-

전교하기를,

"유몽정(柳夢井)은 역적에게 깊이 인정을 받았으니, 그 결탁한 정상이 훤히 드러나 가릴 수 없다. 만약 삭직에 그친다면 한가로이 소일하면서 고향 뜨락에 유유자적 누워 화조월석(花朝月夕)[44]에 촌야의 늙은이들과 자리를 다툴 터이니, 형률을 잘못 시행한 것이 이보다 더 심한 수는 없을 것이다." 하였다. 이에 위관이 유몽정을 잡아들여 국문하기를 청하였다. -《일월록(日月錄)》-

유몽정을 잡아들이라는 명이 내린 것이 5월이었고, 6월에 이르러 추안(推案)[45]을 올렸다. 전교하기를,

"제갈량(諸葛亮)이 촉(蜀) 나라를 다스릴 때, 죄를 자복하여 실정을 털어놓는 자는 죄가 무거워도 풀어주었고 거짓을 꾸며 간교하게 말하는 자는

적을 격퇴한 공로가 있었다. 본문에서 역당이 정언신과 신립을 먼저 제거해야 한다고 지목하였다는 것은 변경의 안정에 공이 있고 왕조를 확고히 친위하는 이들의 군사적 능력을 두려워했다는 말이다.

43) 삼경(三更) : 밤 11시부터 새벽 1시 사이의 깊은 밤을 이른다.

44) 화조월석(花朝月夕) : 꽃 피는 아침과 달 밝은 저녁이란 뜻으로, 좋은 경치, 좋은 계절을 이르는 말이다.

45) 추안(推案) : 사건을 추핵(推覈)하거나 죄인을 심문한 내용을 적은 문안(文案)을 이른다.

죄가 가벼워도 반드시 죽였다. 지금 유몽정이 역적과 결탁한 죄상은 귀머거리도 아는 일이다. 더구나 그 사실이 편지 속에 소상히 드러났는데도 감히 그런 일이 전혀 없다고 진술하여 방자히 속이고 조정을 업신여겼으니 대단히 가슴 아프다. 다만 앞으로 더 신문할 일이 있으니, 죄인에게는 우선 형을 가하지 말고 그대로 가두어 두어라." 하였다. 유몽정은 20여 일을 옥에 갇혀 있다가 형장 아래 죽었다. -《기축록(己丑錄)》 ○유몽정의 아들 유호(柳澔)는 임진년 왜란에 소모사 종사관(召募使從事官) 홍기상(洪麒祥)과 함께 안성(安城)・전주(全州) 등지에서 의병을 일으켜 의주 행재소까지 갔다. 이에 특별히 군자감 참봉(軍資監參奉)을 제수하자 호가 소를 올려 사직하며 그 아비의 복관(復官)을 청하였고, 갑진년(1604, 선조37)에 다시 소를 올려 억울함을 풀어달라 청하여 윤허 받았다.-

같은 달, 강해(姜海) -후에 견(涀)이라고 개명하였다. - · 양천회(梁千會) 등이 길삼봉(吉三峯)을 최영경이라고 제원찰방(濟源察訪) 조응기(趙應麒)에게 말하자, 조응기가 전라감사 홍여순에게 보고하였다.[46] 이에 홍여순이 낱낱이 들어 밀계를 올리고, 한편으로 경상병사 양사영(梁士瑩)에게 공문을 보냈는

---

46) 강해(姜海) …… 보고하였다 : 강해는 강견(姜涀)이라고 개명하였으므로, 사료에 따라서는 강해를 강견으로 적고 있다.(《燃藜室記述・宣祖朝故事本末・辛卯時事》) 1590년(선조23) 기축옥사가 한창 진행되던 때, 호남 유생 양천경・강해가 역모의 모주(謀主) 길삼봉(吉三峯)은 최영경(崔永慶)이라고 고변한 일로 인해 결국 최영경이 옥사하였다. 이듬해인 1591년(선조24) 서인이 실각하자, 양천경 등은 정철의 사주를 받고 허위사실을 지어냈음을 자백한 후 장형(杖刑)을 받고 북도(北道)로 유배가던 도중에 장독(杖毒)으로 죽었다.(《宣祖實錄 24年 8月 13日》, 《己丑錄・庚寅年姜涀上疏》) 기축옥사로 많은 피해를 입은 동인 측에서는 최영경이 곧 길삼봉이라는 이들의 고변에 대해 최영경을 역모로 얽어 죽이고자 한 정철의 사주를 받고 행한 것이라 주장하였다. 반면 서인 측에서는 신묘년 서인의 실각 후 이루어진 양천경・강해의 자복이야말로 정철을 무고하고자 양천경 등을 혹독히 고문한 동인 홍여순(洪汝淳)의 계략이었다고 보았다. 서인 측에서는 최영경이 길삼봉이라는 소문이 전파될 때 당시 동인으로서 전라 감사였던 홍여순이 경상 감사 김수(金晬)에게 글을 보내 최영경을 체포하게 했으므로, 최영경 죽음의 직접적 책임은 서인이 아닌 동인에게 있다고 주장하였다. 《我我錄》

데, 양사영은 도사(都事) 허흔(許昕)의 말을 듣고 앞서 이미 최영경을 추포한 상태였다. 국청에서 홍여순을 조사하자고 청하니, 홍여순이 조응기를 끌어들였고, 조응기는 김극관(金克寬)을, 김극관은 양천경을 끌어들였다. -《노서집(魯西集)》, 《기축록(己丑錄)》-

진주 품관 정홍조(鄭弘祚)는 판관 홍정서(洪廷瑞)에게 말하였고 홍정서는 밀양 교수 강경희(康景禧)에게 말하였으며, 강경희는 감사 김수(金睟)에게 말하였고 김수는 도사 허흔에게, 허흔은 양사영에게 말하였다. -《괘일록(掛一錄)》-

이보다 앞서 2월에 사헌부에서 아뢰기를,

"전 사축(司畜)[47] 최영경(崔永慶)은 역적과 매우 긴밀하게 결탁하였습니다. 정언신이 서찰 중에서 말한 이른바 최효원(崔孝元) 또한 이 사람을 가리키는 것으로, 역모에 동참하여 두터운 친분을 맺어온 것을 볼 수 있으니 관직을 삭탈하소서." 하였다. 세 번 아뢰었으나 윤허하지 않았다. 6월에 이르러 정언 이흡(李洽)이 또 삭탈관작을 청하였는데 답하기를,

"최영경이 어떤 사람인지 내 모르겠으나, 역적과 결탁하였다는 증거가 뚜렷하지 않으므로 그대로 두어도 무방하니 관작을 삭탈할 것까지는 없다." 하였으나 이후 윤허하였다. -《기축록(己丑錄)》-

이해 8월에 이르러 최영경을 잡아들여 국문하였다. 영경의 공초는 다음과 같다.

신은 어려서 부친을 잃은 데다 가난하고 병약하였으며 돌아갈 만한 땅도 없었으므로 성 안에 있는 부친의 허물어진 집에서 40년을 살았습니다.

---

47) 사축(司畜) : 잡축(雜畜)을 기르는 일을 관장하기 위해 설치했던 사축서(司畜署)의 종6품 관직이다. 최영경은 1575년(선조8) 사축에 임명되었다.

계유년(1573, 선조6)에 잘못 퍼진 헛된 이름 탓에 외람되이 6품 벼슬을 받았으나, 분수를 헤아려 보니 감당하기 어려워 곧장 진주로 내려와서 20년 간 문을 닫고 자취를 감춘 채 지내다가 불행히도 지금 간악한 자들의 무함을 받게 되었습니다.

신의 성품은 본래 어리석고 완고하여 시속에 영합하지 못하므로 세상의 미움을 받은 지 오래되었습니다. 지금 간당들은 신이 역적과 교유하였다고 하며 신을 삼봉(三峯)이라고 지목하고 있으나, 신이 역적과 아는 사이도 아니고 사귄 일도 없다는 것은 온 나라 사람들이 다 알고 있습니다. 정축년(1577, 선조10)에 아들이 죽어서 상경하였을 때, 역적이 이발을 따라 와 만났으나 곡을 하던 중이라 얼굴만 한번 보았을 뿐입니다. 이 일은 신이 정직하게 아뢰지 않으면 다른 사람은 알 수 없는 일이나, 어찌 감히 일신의 생사 때문에 임금을 속이겠습니까? 신이 만약 역적과 교유하였다면 역적의 문서 중에 어찌 서찰 한 장이 없겠습니까? 조문하러 왔을 때 그 위인을 보니 너무도 교활하였으므로 신이 항상 안민학(安敏學)과 이발 등에게 너무 친하게 지내지 말라고 경계하였습니다.

또한 만장동(萬場洞)에 관한 주장[48]은 제 평생 들어본 적이 없는 일입니다. 나이가 60이 넘고 두문불출하며 자취를 감춘 사람이 5, 6일 거리에 있는 역적과 어찌 두터운 교분을 맺을 리 있겠습니까? 정언신의 편지 속에서 '최효원(崔孝元)'이라 하였고 윤기신(尹起莘)의 편지 속에서 '최장(崔丈)'이라 하였다는데, 신은 그것이 무슨 말인지 알지 못하니, 이는 필시 추악하고 잡된 무리가 서로 주고받은 말일 것이고, 신은 그 시비에 전혀 관련이 없습니다.

하물며 길삼봉이라는 주장은 더더욱 사리에 맞지 않습니다. 무릇 사람들

---

48) 만장동(萬場洞) ······ 주장 : 역모의 주모자 길삼봉이 곧 최영경이라는 소문 중, 어떤 선비가 전주(全州) 만장동(萬場洞)을 지나다가 보니 적당들이 모여 활을 쏘고 있는데, 영경이 가장 윗자리에 앉고 정여립은 다음 자리에 앉아 있었다는 내용이 있었다. 만장동에 관한 주장은 이 소문을 가리키는 말이다.

의 별호(別號)는 평생 공부한 장소가 있는 곳이나 혹은 거주하는 곳의 산천을 호로 삼는 법인데 신이 사는 곳은 축축한 물가이니 제가 무슨 까닭으로 이러한 별호를 갖겠습니까? 더욱이 삼봉은 간신 정도전(鄭道傳)[49]의 호인데 신이 감히 간신의 호를 답습하여 스스로를 더럽히겠습니까? 간당의 무리들이 말을 조작하고 꾸며내어 거리에 방(榜)을 붙이거나 거짓으로 소를 올리고, 종국에는 사람을 사주해 무고하기에 이르는 등 기필코 사람을 죽이고야 말려 하니 보잘 것 없는 이 몸이 어찌 스스로 결백을 밝힐 수 있겠습니까? 믿는 것은 오직 하늘뿐입니다.

최영경이 공초에서 "아무 해 이후부터는 역적과 서로 소식을 주고받은 일이 없습니다." 하므로, 주상이, 역적이 영경에게 보낸 편지 여러 장을 내리면서, "이는 곧 아무 해 이후에 보낸 편지인데 어찌 속이려 하느냐?" 하니, 영경이 공초하기를, "늙고 병들어 혼미한 까닭에 처음에 잘 살피지 못하였습니다. 그러나 신은 인편이 없어서 답신을 보내지 않았습니다." 하였다. 정철이 말하기를, "노인은 간혹 잊어버리기도 합니다. 만약 역적의 문서 중에 그의 답서가 없으면 그의 말이 거짓이 아님을 알 수 있습니다." 하여, 영경이 마침내 형을 면할 수 있었다. -《노서집(魯西集)》, 《일월록(日月錄)》-

일설에 영경이 역적을 알지 못한다고 대답하자 주상이 영경에게 정직하지 못하다고 하였다. 정철이 신문하기를 청하자, 주상이 처사에게 형을 가할 수는 없다고 하며 석방하였다. -《부계기문(涪溪記聞)》-

주상이 또 시 한 수를 국청에 내려 보내며 이르기를, "영경의 상자

---

49) 정도전(鄭道傳) : 1342~1398. 본관은 봉화(奉化), 자는 종지(宗之), 호는 삼봉(三峰)이다. 이성계를 추대, 조선 왕조 개창에 성공함으로써 1등 개국 공신이 되었으나, 신왕조의 권력구조 재편, 국정 운영 방향 등을 두고 이후 태종이 된 이방원 등과 정치적 대립을 거듭하다가 숙청되었다.

속에 이 시가 있었으니 이는 곧 그가 지은 것인데, 무슨 시인가?” 하였다.
그 시의 끝구에 “하룻밤 새 우계의 바람이 호랑이를 일으키고, 오얏나무
뿌리가 머리 기른 중에게 흔들리네”[50]라고 하였다.

　이에 대한 영경의 공초는 다음과 같다.

　신은 본래 글씨를 잘 못 쓰거니와, 지금 이 시의 글씨체를 보아도 어떤
사람이 쓴 것인지 아득하니 기억이 나지 않습니다. 신은 평생 시를 볼
줄도 모르고, 시 짓는 일을 즐기지도 않았으니, 이것이 어찌 신이 지은
것이겠습니까? 역변이 일어난 뒤로 사람들이 모두 문서를 없애고, 또
최삼봉이란 말을 들은 지도 이미 여러 달이 되었습니다만, 신은 죄를
범한 일이 없어서 마음이 담담하였으므로 감히 문서를 불살라 없애는
일 없이 편안하게 기다렸습니다. 신이 알기로는 이로(李魯)가 시에 능하고
다른 사람의 시구에 대해 말하기를 좋아하므로, 혹 이 사람이 어디서
듣고 보내온 것이 아닌가 하였는데, 지금 이 글씨를 보니 이로가 쓴 것이
아닙니다. 역적과 서찰을 주고받은 일은, 신이 처음 공초할 때 전혀 기억을
하지 못했던 까닭에 함께 아뢰지 못하였던 것입니다. 역적이 이발을 따라
와서 만난 것은 다른 사람은 알지 못하는 일인데도 오히려 숨기지 않았는데,
어찌 이 한 장의 편지만 숨겨 스스로 임금을 속이는 죄에 빠지겠습니까?
　신은 조정의 일을 엿보아 알려 하지 않았습니다만, 항상 사설(辭說)이

---

50) 하룻밤 …… 흔들리네 : 이 시에서 우계는 성혼을, 머리 깎지 않은 중은 이이를,
　　선리(仙李)는 왕실의 성씨인 이씨(李氏)를 가리키는 것으로 곧 조선을 뜻한다. 계미년
　　(1583, 선조16)에 이이가 삼사로부터 병권을 마음대로 하고 임금을 업신여기며 파당을
　　만든다는 탄핵을 받자, 호군 성혼을 필두로 박순·정철 등이 이이를 신구하기 위해
　　탄핵을 주동한 송응개와 허봉 등의 처벌을 주장하는 상소를 올렸다. 이에 선조는
　　성혼 등의 주장을 받아들여 동인인 박근원(朴謹元)·송응개(宋應漑)·허봉(許篈) 등을
　　모두 유배하고 이이를 이조 판서로, 성혼을 이조 참판으로 임명하였다. 이 시는
　　이른바 계미삼찬(癸未三竄)으로 동인이 위축되고 서인이 권력을 잡은 정국을 비판하
　　고 있는 것으로 보인다.

온순하지 못하여 남에게 미움을 받고 구설수에 오르는 것이 걱정이었으므로 저를 미워하는 말을 듣고자 했을 뿐입니다. 계미년(1583, 선조16)에 이이(李珥)가 논핵 당한 것도 어떤 이는 신이 한 짓이라 여기고 있고 심지어는 신이 3번이나 서울에 왔다고까지 하였습니다. 평생 헛된 비방이 적지 않았기에 세상 사람들이 저를 비방하는 말이 무엇인지 듣고 싶었습니다. 신은 자식을 잃은 지 지금 14년째로, 식음을 전폐한 채 조석으로 죽기만을 기다리며 세월을 보내고 있는데, 어찌 조정의 일을 듣고자 할 리가 있겠습니까? 신이 듣기에 올해 수많은 거짓말이 서울에 전파되어 안민학(安敏學)의 무리가 기필코 저를 죽이고야 말겠다 하므로, 신은 그 기이한 소문을 자세히 듣고 싶었을 뿐입니다.

또 남의 죄를 벗겨주고자 청탁을 넣었다는 것은 기묘년(1579, 선조12)에 고을에 사는 선비들이 호강(豪强)한 토호로 지목되어 헤아릴 수 없는 지경에 빠졌는데, 이들은 모두 겨울에는 가죽옷 한 벌, 여름에는 갈옷 한 벌로 곤궁히 살아가는 자들로 호강한 토호라 할 수 없는데도 사람들에게 미움을 사 그렇게 된 것이므로 신이 편지를 띄운 것입니다. 아우51)가 벼슬을 얻도록 도모하였다는 것은 신이 곤궁하여 선대의 제사를 받들지 못하므로 아우를 이웃 고을의 수령이 되게 하려 했던 것인데, 이 일은 만 번 죽어도 용서받기 어렵습니다. 입부(立夫) -정언신의 자이다.- 와 소재(蘇齋) -노수신의 호이다.- 는 다만 서로 알고 지내던 사이였을 뿐인데 어찌 감히 이들을 소굴로 삼았겠습니까?

추안을 입계하니, 전교하기를, "최영경과 김영일 등을 석방하라." 하였다. 간원 -이흡(李洽)·이상길(李尙吉)·구성(具宬)-에서 아뢰기를,

---

51) 아우 : 최영경의 동생 최여경(崔餘慶, ?~1590)을 가리킨다. 최여경의 본관은 화순(和順), 자는 적원(積元)이다. 감역(監役)이 되었다가 신녕 현감(新寧縣監)으로 전임되었는데, 최영경이 기축옥사에 연루되자 연좌되어 1590년(선조23) 죽임을 당하였다.

"최영경은 괴팍하고 음험한 사람으로서 평소 역적 및 이발·이길·정언신 형제와 결탁하였고, 윤기신·김영일의 무리를 심복으로 삼아 조정의 동정과 시정(時政)의 득실을 주고받으며 간여하지 않음이 없었습니다. 역변이 일어나기 전에 정여립이 도의 경계를 넘어 그 집을 방문하였으니 그 친밀하게 결탁한 정상은 명백하여 감출 수가 없습니다. 그가 잡혀와 감히 역적과는 일찍이 알지도 못하고 서찰도 주고받은 일이 없다고 공초하였으나 역적의 서신 한 장을 미처 제거하지 못하여 그 두텁게 교유한 흔적이 비로소 하늘의 정대한 법망에 걸리게 되었습니다. 더욱이 그 아우가 남몰래 시사(時事)를 내통하다가 끝내 형장 아래 죽었고 윤기신도 지금 같은 죄로 형을 받고 있는데, 최영경이 갑작스레 석방되면 형정의 대체를 잃는 것이 심할 것이니 다시 국문하여 법에 따라 죄를 정하시고, 김영일은 멀리 유배하소서." 하니, 답하기를, "영경은 다시 국문할 수 없고, 영일은 멀리 유배 시킬 것까지는 없다." 하였다. 이에 사간원에서 다시 국문하기를 청하였고, 사헌부에서는 멀리 유배 보낼 것을 청하였다. -사간원은 구성(具宬)·이상길(李尙吉) 등이고, 사헌부는 송상현(宋象賢)·장운익(張雲翼)이다.-

9월, 사간원의 아룀에 답하기를,

"최영경이 도의 경계를 넘어 역적과 교유했다는 주장은 어디에서 나온 말인가? 말의 근거를 상세히 아뢰라." 하니, 사간원이 아뢰기를,

"역적이 영경에게 보낸 서찰에 있는 소위 '두류산(頭流山)에서의 약속'이라는 말로 보아 평소 친밀했던 것을 의심할 것이 없습니다. 또 역적이 영경을 찾아와 만났다는 것을 판관 홍정서(洪廷瑞)가 도사 허흔(許昕)에게 말하였습니다.……" 하니, 홍정서와 허흔, 최영경을 잡아 가두라고 명하였다.

최영경이 공초하기를,

"이 화가 일어난 단서는 지난 병인년(1566, 명종21)·정묘년(1567, 명종

22)에 있습니다. 그때 이이가 나오자 온 세상 사람들이 다 말하기를, '옛날 어진 사람이 다시 나왔다' 하였는데 신만 홀로 웃으며 그렇지 않다고 하였습니다. 그 후 어떤 이가 신에게 선견지명이 있다고 하니, 이로 인해 이이의 분노가 극에 달하였습니다. 이이의 동료나 문생으로서 청류(淸類)에 용납 받지 못한 자들이 신을 지목해 원망하였고, 거짓 비방을 날조해 거리마다 방을 붙였으며, 종국에는 온 나라 안의 말을 합쳐 터무니없는 말을 꾸며낸 것이 이 지경에 이르렀습니다. 집집마다 서찰을 모두 불태웠으나, 신은 삼봉에 대한 말을 들은 지 4개월이 지나도록 담담한 마음으로 잡문서 하나도 불사르지 않았습니다. ……" 하였다.

공초에 감사 김수(金睟)를 끌어들이는 말이 있자, 승정원에 명하여 김수를 불러 묻게 하였다.[52] 이에 김수가 진주 훈도 강경희를 끌어들였고, 홍정서는 고을의 품관 정홍조(鄭弘祚)를 끌어들였다.[53] 홍정서와 정홍조에게 한 차례씩 형을 가한 후 석방하였다. 최영경이 옥중에서 죽었다. 영경이 옥에서 병이 들자 위관이 의원을 보내 진료하게 하였는데, 영경은 천천히 팔을 오그리며 말하기를, "이 병은 위관이 치료할 수 있는 것이 아니다."

52) 공초에 …… 있자 : 경상 도사 허흔(許昕)의 공초에서, 정여립이 최영경의 집을 방문하였다는 말을 경상 감사 김수(金睟)로부터 들었다고 하였으므로, 이를 확인하기 위해 김수를 불러 심문하였다. 《己丑錄》

53) 김수가 …… 끌어들였다 : 당시 최영경이 정여립과 평소 친밀히 교유했다는 주장은 정여립이 최영경의 집을 방문한 일이 있다는 소문으로 확대되며 최영경을 더욱 궁지로 몰아넣고 있었다. 조정에서는 소문의 진상을 정확하게 파악하기 위해 이 소문을 퍼뜨렸다고 지목된 허흔을 불러 신문하였는데, 허흔은 김수에게 들었다고 하였다. 이에 김수가 소환되어 심문을 받았는데, 이 소문의 전후 사정을 김수의 진술에 따라 재구성하면 다음과 같다. ① 홍정서가 진주 훈도 강경희에게 말하기를, 정여립이 최영경의 집에 왔다고 들었는데 나중에 알고 보니 방문한 사람은 정여립이 아닌 윤기신(尹起莘)이었다고 했다. ② ①의 내용을 김수가 전해 듣고 이를 허흔에게 얘기했다. ③ 조정에서 최초 발언자인 홍정서를 불러 정여립이 최영경의 집을 방문했다는 소문을 어디에서 들었는지 묻자 홍정서는 품관(品官) 정홍조(鄭弘祚)에게서 들었다 진술하였는데, 정홍조는 이를 전면 부인하였다. 《己丑錄》

하고는 끝내 거절하며 따르지 않았다. 그때 주상이 영경이 병들었다는 보고를 받고, 형을 주관하던 낭관을 파직하라 명하였다.

최영경은 비록 오랫동안 옥에 갇혀 있었으나 항상 정좌를 하고 하루도 눕는 일이 없었다. 하루는 안색이 변함없이 밝았는데, 식사를 마치고 갑자기 정신이 혼미해져 박사길(朴士吉) -함께 갇혀 있던 사람이다.- 의 무릎을 베고 누우니, 곁에 있던 사람들이 모두 놀라며 괴이하게 여겼다. 집안사람이 병세를 시험하고자 글씨 한 자를 써 달라고 청하자 영경이 천천히 일어나 정(正)자를 크게 썼는데 글자의 획이 이미 비뚤어져 있었다. 영경이 사길을 돌아보며 말하기를, "공은 알아볼 수 있겠는가?" 하고, 잠시 후 숨을 거두었다. 9월 8일의 일이다. -《수우행장(守愚行狀)》,《기축록(己丑錄)》-

일설에는 영경이 공초하기를,

"홍정서(洪廷瑞)[54]는 관직에 있으며 인심을 잃은 일이 많았고 그 사람됨이 비루하기에 여러 번 만나기를 청하여도 허락하지 않았더니, 이로 인해 근거 없는 말들을 꾸며냈습니다. 신이 병들어 문 밖 출입을 하지 않은 지 이미 오래였는데, 어찌 7백리 밖에서 정여립과 만날 수 있었겠습니까?" 하였다고 한다. 국청에서 홍정서를 잡아오기를 청하니 정서가 당황하여 어쩔 줄을 몰라 하며 감관(監官) 정홍조(鄭弘祚)[55]에게 말하기를,

---

54) 홍정서(洪廷瑞) : 기축옥사 당시 진주 판관으로서, 최영경과 정여립이 내통하고 있다는 설을 주장하였다. 그러나 노론 당론서 《진감(震鑑)》에서는 최영경이 길삼봉이라는 설을 처음 발설한 것은, 진주(晉州)의 품관(品官) 정홍조(鄭弘祚)라고 주장하였다. 즉 그가 판관(判官) 홍정서(洪廷瑞)에게 "길삼봉은 최영경의 별호(別號)이다"라고 말한 것을 홍정서가 밀양 교수(密陽敎授) 강경희(康景禧)에게 말하자, 강경희가 감사 김수(金睟)에게 말하고 김수가 도사(都事) 허흔(許昕)에게 말하자 허흔이 병사(兵使) 양사영(梁士瑩)에게 말하였으며, 정여립의 처족(妻族) 김극관(金克寬)이 또 이 말을 듣고 제원 찰방(濟原察訪) 조응기(趙應祺)에게 말하였고 조응기가 감사 홍여순(洪汝諄)에게 말하자 여순이 급히 장계를 올려 최영경이 수금되었다는 것이다.
55) 정홍조(鄭弘祚) : 자는 사응(士膺), 호는 석정(石亭), 본관은 진양(晉陽)이다. 기축옥사

"이 말은 그대에게 들었으니, 그대는 숨기거나 피하지 말라." 하니, 홍조가 크게 놀라 말하기를,

"어찌하여 이런 말을 하는가? 꿈에서도 모르는 말이거늘 어찌 나까지 끌어들이려 하는가?" 하였다. 국문을 받을 때, 정홍조가 말하기를,

"저의 집은 최영경의 집과 60리 거리이니, 비록 이런 일이 있었다 한들 어찌 알 수 있겠습니까? 영경은 두문불출하여 이웃에서도 그 동정을 모르는데, 하물며 먼 곳에 있는 사람이 어찌 알 수 있겠습니까?" 하였다. 정홍조가 두 차례의 형을 받은 후 석방되자, 홍정서가 반좌율(反坐律)에 걸릴 것을 알고 영경에게 독을 먹였다고 한다. -《괘일록(掛一錄)》-

사헌부에서 아뢰기를,

"의금부의 단속이 엄하지 못하여 죄인이 자진하도록 두었으니 담당 낭청을 파직하소서." 하니 윤허하였다. 의금부 도사 강종윤(康宗允)이 죄인을 보살피는 것에 소홀했다 하여 국청에서 아뢰어 파직시켰다.

일찍이 적당이 모두 "길삼봉이 상장군이고 정팔룡과 정여립은 그 다음입니다." 하므로 조정에서 마침내 길삼봉의 소재처를 찾기 시작하니, 각 도에서 삼봉이라고 하여 잡아 보내는 사람이 전후로 끝이 없었다. 당시 역당 이기(李箕)와 이광수(李光秀) 등은, "전주 길삼봉의 집에 가 보니, 나이는 60세쯤 되고 얼굴은 검으며 풍채가 비대하였다." 하였고, 혹은 "나이 30세에 키가 크고 얼굴이 파리하였다."라거나 혹은 "나이는 50세쯤 되고, 수염은 길어서 허리까지 내려오며 얼굴은 희고 길다."라고도 하였다. 그 후 김세겸(金世謙)이 말하기를, "삼봉은 상장군이 아니라 역적의 부하인데, 진주에

때 전(前) 주판관(州判官) 홍정서(洪廷瑞)가 역적이 최영경 집에 왕래한 사실을 주별감(州別監) 정홍조(鄭弘祚)에게 들었다고 말했다. 이에 정홍조가 체포되어 신문을 받았으나, 증거를 들어 홍정서의 말이 허구임을 밝혀 풀려났다.

살고 나이는 30세쯤이며 하루에 3백리 길을 간다고 한다." 하였고, 또한 적당은, "삼봉은 본래 나주(羅州)의 사족이라고 한다." 하였으며, 마지막으로 박문장(朴文長)이라는 사람은, "삼봉은 길씨 성이 아니고, 진주에 사는 사노(私奴) 최삼봉을 이른다."고 하였다. 얼마 뒤에 외지에 뜬소문이 분분하여 혹은 "삼봉은 진주에 사는데 나이는 60세쯤 되었고, 얼굴은 검고 파리하며, 수염은 길어 배에 닿고 키가 크다." 하였고, 혹은 "삼봉은 곧 진주의 최영경이다."라고 하였으며 혹은 "1년 전에 어떤 선비가 전주(全州) 만장동(萬場洞)을 지나다가 보니 적당들이 모여 활을 쏘고 있었는데, 최영경이 가장 윗자리에 앉고 정여립은 그 다음 자리에 앉아 있었다.……"라고 하였다.

어떤 사람이 이 말을 듣고 의심하여 말하기를,

"최영경은 진주에 살며 나이는 60세이고, 얼굴은 파리하며 검고, 키는 크며 수염도 길다. 또 만장동에 관한 말도 있으니 외간에서 하는 말이 그럴듯하지 않은가?" 하였다. 그러나 이항복(李恒福)은 이 말을 듣고 의심하여 말하기를,

"여러 적의 진술이 각기 다르고, 나이의 늙고 젊음과 형체의 비대하고 야윈 것이 전후로 하늘과 땅 차이이다. 그런데 지금 여러 공초 중에서 영경과 비슷한 것만을 골라내어 몇몇 말을 합해 놓고 말하기를, '역적 한 명의 공초 내용이 최영경의 모습 그대로이다.' 한다. 이는 외간에 흘러다니는 낭설이 아니라 반드시 옥사의 국문과 관련해 그 곡절을 잘 아는 자가 교묘히 함정을 파고 최영경을 몰아넣어 삼봉으로 만들고자 먼저 낭설을 퍼뜨려서 사람들의 귀에 익게 한 것이다." 하였다.

최영경이 옥에 갇힌 후, 이항복이 문랑(問郞)이 되고 정철이 위관이 되었다. 하루는 정철이 후청(後廳)으로 물러가 잠깐 쉬면서 항복을 불러 영경의 옥사에 대해 물으니, 항복이 말하기를,

"이 옥사가 일어난 지 이미 해를 넘겼는데 일찍이 한 사람이라도 영경을 지목하여 삼봉이라고 한 자가 있었습니까? 지금 아무 단서도 없이 떠도는 말을 듣고 처사를 잡아 가두었으니 불행히 죽기라도 한다면 반드시 공론이 있을 것인데, 그리 되면 상공이 어찌 그 책임을 피할 수 있겠습니까?" 하였다. 정철이 크게 놀라 말하기를,

"내 비록 평소에 영경과 의논이 달랐으나 어찌 해를 입히고자 하겠는가? 이 일은 본도에서 와전되어 나온 것인데 나야 무슨 관련이 있겠는가?" 하자, 항복이 말하기를,

"대감이 무함했다는 말이 아니라 근거 없는 말인 줄 알면서도 그대로 좌시하며 최영경을 구하지 않으니, 어찌 추관의 사체(事體)라 하겠습니까? 명목이 역옥이라, 추관이라 해도 감히 옥사 가득한 죄수들을 하나하나 살펴 억울함을 풀어줄 수 있는 것은 아니겠으나, 최영경의 경우 죄수 중에서도 더욱 죄명을 붙일만한 근거가 없는 사람이고 또 효성과 우애로 명망 높은 처사인데 어찌 구하지 않을 수 있겠습니까?" 하니, 정철이 말하기를, "내 응당 힘을 다해 구해보겠네." 하였다.

다시 국문하는 날, 최영경이 시사를 대략 진술하고 또 우계(牛溪)와 의논을 달리 한 연유를 말하였다. 국문이 끝나자, 정철이 후청으로 물러나와 항복을 불러 자못 노한 기색으로 말하기를,

"그대는 공초한 말을 보았는가? 이 무슨 말인가? 그대의 최공은 매우 좋지 못한 사람이다." 하자, 항복이 웃으며 말하기를,

"저는 최영경과 서로 모른 채 평생을 살아왔는데, 어찌 '그대의 최공'이라 하십니까? 대감께서 기뻐하지 않는 것은 그가 시사를 언급했기 때문이 아닙니까?" 하니, 정철이 그렇다고 하였다. 항복이 말하기를,

"그렇다면 대감은 처음부터 최영경을 알지 못하신 것입니다. 영경이 시배(時輩)와 다른 까닭은 그 논의가 같지 않아서이니, 이는 다시 국문을 하기 전에 이미 알 수 있었던 사실이 아닙니까? 만약 엄히 국문한다

해서 구차하게 예전의 소견을 모두 버리고, 구구히 아첨하는 말을 꾸며내어 요행히 모면할 것을 바란다면 어찌 진정한 최영경이라 하겠습니까? 지금 공초한 내용이 초심을 변치 않았으니, 이것이 바로 그의 뛰어난 점인 것입니다. 그러나 이러한 것은 전혀 논할 필요가 없습니다. 지금 국문하는 내용은 다만 그가 삼봉인지 아닌지를 물을 뿐이니, 논의의 같고 다름이 옥사와 무슨 관련이 있겠습니까?" 하니, 정철이 흔쾌히 말하기를, "공의 말이 참으로 옳다. 내 미처 생각하지 못하였다." 하였다.

이후 또 말하기를,

"내 이미 최영경을 구해 낼 묘책을 찾아 놓았소. 차자(箚子)도 초하여 놓았고 또 형추하라는 명이 내리면 연명(聯名)으로 구하자고 서애(西厓)56)와 약속했으니, 일이 잘 될 것 같소." 하니, 항복이 말하기를, "유(柳)가 정말 이러한 약속을 하였습니까?" 하자, 철이 말하기를, "금석같이 굳게 약속하였소." 하였다. 그 후 이항복이 공적인 일로 류성룡의 집에 갔다가 최영경 옥사의 원통함을 극론하였으나, 성룡은 다만 몇 마디 말로 답할 뿐이었다. 항복이 계속해서 말하기를, "대신이 구하지 않을 수 없습니다." 하자, 성룡이 말하기를, "나 같은 사람이 어찌 감히 구할 수 있겠소?" 하였다. 항복이 누누이 극언하자, 성룡이 말하기를, "사인(舍人)57)은 이와 같이 너무 강개하게 말하지 마시오. 세도(世道)가 매우 험악하니 각별히 말을 삼가야 마땅하오." 하니, 항복이 말하기를, "저는 최영경과의 친분이 조금도 없는데, 누가 감히 제 형적을 의심하겠습니까?" 하니, 성룡이 말하기를, "세상일은 헤아릴 수 없는 것이오. 일의 여파가 미치면 그 누가 벗어날 수 있겠소? 천금 같은 몸을 천만 소중히 하시오." 하였다. -《백사집(白沙集)》

56) 서애(西厓) : 류성룡(柳成龍)의 호이다.
57) 사인(舍人) : 조선 시대의 의정부에 둔 정4품 관직으로, 부의 실무를 총괄하였고, 왕과 의정·백관의 중간에서 양자의 의견을 매개하여 중요한 국사(國事)의 결정과 원활한 국정 운영에 기여하였다. 이항복은 경인년(1590, 선조23) 홍문관 응교(應敎)로 승진하였다가 의정부(議政府)의 검상(檢詳), 사인(舍人)을 역임하였다.《白沙集·行狀》

○《기축기사(己丑記事)》 ○상공(相公) 미수(眉叟) 허목(許穆)[58]이 지은 《최수우유사(崔守愚遺事)》에 이르기를, "백사유고(白沙遺稿)에 《기축록(己丑錄)》이 있었는데, 선생의 원통한 일이 매우 상세히 실려 있었다. 뒤에 그 자손들이 권세를 쥔 자의 말을 듣고 이를 감추니, 지금은 날조된 《기축록》이 세상에 퍼져 있다."[59] 하였다.-

일찍이 정철이 역변이 일어났다는 말을 듣고 고양(高陽)에서 서울로 올라오자, 이귀(李貴)가 신경진(辛慶晋)과 함께 정철을 찾아가, 옥사를 공평하게 처리하여 진정시키라는 뜻을 간절히 말하며 이르기를,

"돌아가신 스승[60]께서 평소 대감을 소중히 아끼셨는데, 이제 대감의

---

58) 허목(許穆) : 1595~1682. 본관은 양천(陽川), 자 문보(文甫) · 화보(和甫), 호 미수(眉叟)이다. 정구(鄭逑)의 문인으로, 이조 참판 · 우의정 등을 역임하였다. 현종 대 두 차례의 예송에서 송시열과 대립하면서 남인계 영수로서 정국을 주도하였다. 1680년(숙종6) 경신환국(庚申換局)으로 실각한 뒤 정계에서 물러났다. 저서로는 《기언(記言)》 등이 있다.

59) 백사유고(白沙遺稿)에 …… 있다 : 이항복이 기록한 기축옥사 관련 기록이다. 이항복은 선조 22년(1589) 기축옥사 때 위관(委官) 정철(鄭澈)의 문사랑(問事郎)으로 역옥(逆獄)의 조사에 참여하였는데, 이때 견문한 상황을 기록한 글을 〈기축기사(己丑記事)〉 혹은 〈기축록(己丑錄)〉이라고 한다. 이항복의 유문(遺文)은 문인들의 주도로 1629년 강릉에서 처음 간행되었다. 강릉본이 간행된 지 6년 만인 1635년에 경상우병사 금남(錦南) 정충신(鄭忠臣)이 강릉본을 재편차하여 다시 간행하였는데, 이것이 중간본인 진주본이다. 이 본집의 개각을 두고 허목(許穆), 윤선도(尹善道) 등 남인들은 서인의 정치적 이해관계 때문에 매우 짧은 기간 내에 본집의 재편과 개간이 이루어진 것이라고 주장하였다. 윤선도는, 이항복의 〈기축기사〉에는 본래 정철의 간악한 죄상이 모두 드러나 있어 강릉초간본에서는 자손들이 숨기고 수록하지 못하였다고 보았다. 그런데 진주에서 중간하면서 정철의 아들인 정홍명(鄭弘溟)이 이 기사를 개작하여 정철이 오히려 선비들을 변호하고 구원하려고 했던 것처럼 조작하여 간행했다고 하면서, 그 정황 증거로서 강릉본에는 이항복이 정언신(鄭彦信)의 아들 정률(鄭慄)의 억울한 죽음을 애통해한 만시(挽詩)가 실려 있는데, 진주본에는 산삭되었다는 것을 들었다.(《孤山遺稿 · 國是疏》) 허목은 여기서 더 나아가 강릉본에 원래의 〈기축록〉이 수록되어 있었는데, 그 책을 모두 없애 버리고 새로 진주본을 판각하면서 위작(偽作)된 〈기축록〉을 수록하여 온 세상을 속이려 하였다고 주장하였다. 즉 강릉본에 당시 서인 및 그 영수인 정철에 대한 불리한 사실이 들어가 있자 이 판본을 없애는 한편 적극적으로 문헌을 조작하여 새롭게 판각한 것이 진주본이라는 것이다. 《記言 · 崔守愚事, 白沙李相國事, 愚得錄序》

거조가 사류(士類)의 기대를 저버린다면 반드시 그 누(累)가 돌아간 스승에게 미칠 것입니다." 하니, 정철이 말하기를,

"그대들의 말이 옳으니, 내 마땅히 힘을 다해 실행하겠다." 하였다. 얼마 뒤 정철이 정언신을 대신하여 정승이 되었는데, 당시 옥사가 일파만파로 죄 없는 사람에게까지 번져갔고, 정철은 이를 진정시키지 못해 낭패한 지경에 이르렀다. 심지어는 국문할 때 때때로 만취한 모습으로 실없는 말을 일삼아 인심을 크게 잃었다. 이에 이귀가 성문준(成文濬)과 함께 찾아가 시사에 대해 극언하여 말하기를,

"공이 우리의 말을 듣지 않은 까닭에 일이 이 지경에 이르렀습니다." 하니, 정철이 머리를 젓고 손사래를 치며 말하기를,

"전에 했던 그대의 말이 매우 옳았네. 이 무리들은 내가 진정시킬 수 있는 자들이 아니네." 하였다. -《연평일기(延平日記)》-

정철이 일찍이 삼성이 추국하는 자리에서 최영경을 가리키며 말하기를,

"저자가 내 목을 이렇게 자르려 했다." 하면서 손으로 자기 목을 그으며 크게 웃었다. 류성룡이 말하기를, "이곳은 농담할 자리가 아니오." 하니, 정철이 말하기를,

"사람들이 모두 이현(而見)[61]은 근신하는 군자요 계함(季涵)[62]은 허망한 군자라 하는데, 근신과 허망은 비록 같지 않으나 그 군자됨은 하나요." 하고, 이산해를 돌아보며 말하기를,

"내가 한 말은 농담이 아니오. 훗날 날 두고 최영경을 무함해 죽였다고 할 때를 대비해 구실로 삼게 하려 함이오." 하니, 성룡은 미소를 지었고, 산해는 아무 말이 없었다. -《혼정록(混定錄)》-

---

60) 돌아가신 스승 : 율곡 이이를 이른다.
61) 이현(而見) : 류성룡의 자(字)이다.
62) 계함(季涵) : 정철의 자(字)이다.

최영경의 아우 최여경(崔餘慶)은 음관(蔭官)으로 서울에 있었는데 언문 편지로 조정의 시비를 논하여 영경에게 보냈다. 주상이 편지를 보고 미워하여 한 차례의 형을 가하자 죽었다. -《석실어록(石室語錄)》-

최영경의 문서 중에 이황종(李黃鍾)63)의 편지가 있었는데, 그 내용에 시사를 극히 비방하며 심지어 역옥(逆獄)을 사림(士林)의 화(禍)라고 하는 말까지 있었다. 이에 마침내 옥사가 무겁게 확대되어 이황종을 잡아들이라는 명이 내렸고, 황종은 형신(刑訊) 끝에 죽었다. -《백사집(白沙集)》,《일월록(日月錄)》-

이언길(李彦吉)은 김제 군수로 있을 때, 환자곡(還上穀) 10여 석을 정여립에게 제급(題給)하였고, 진안 현감 민인백(閔仁伯)은 이언길에게 보고한 후 100여 석의 곡식을 정여립에게 비급(備給)하였는데, 이 때문에 죽임을 당하였다.64) -《괘일록(掛一錄)》-

한백겸(韓百謙)65)은 이진길(李震吉)의 시신을 거두어 준 일로 인해 대간의 탄핵을 받고 한 차례의 형을 받았다. -《일월록》○《괘일록》 한백겸은 민순(閔純)

---

63) 이황종(李黃鍾) : 1534~1590. 본관은 전주(全州), 자는 중초(仲初), 호는 만취당(晩翠堂)이다. 완풍군(完豊君) 이원계(李元桂)의 후손이다. 아버지는 생원 학(鶴)이고 어머니는 해남 윤씨(海南尹氏) 이조 참판(吏曹參判) 윤효정(尹孝貞)의 딸이다. 외삼촌인 귤정(橘亭) 윤구(尹衢)에게 수학하였다. 1564년 생원·진사 양시에 합격하였고, 1588년 천거로 소촌 찰방(召村察訪)에 임명되었다. 기축옥사에 연루되어 옥사하였다.

64) 진안 …… 당하였다 : 정여립에게 곡식 100여 석을 비급한 죄로 기축옥사 때 죽임을 당하였다는 진안 현감 민인백은 《괘일록(掛一錄)》을 전거로 한 《연려실기술(練藜室記述)》에서만 기축옥사 피화인으로 언급되고 있다. 이를 제외한 여타의 사서에서 진안 현감 민인백은 정여립 추포의 명을 받고 그의 아들 옥남(玉男)을 잡아들인 공으로 평난 공신(平難功臣) 2등에 녹훈된 인물로 나와 있다.

65) 한백겸(韓百謙) : 1552~1615. 본관은 청주(淸州), 자는 명길, 호는 구암(久菴)이다. 1589년 기축옥사 때 오랜 친구 이진길이 연루되어 죽자, 한백겸은 그가 불복(不服)하고 죽었으니 벗이 되어 가보지 않을 수 없다 하고 친히 찾아가 시신을 수습해 주었다.

에게 수업하였다.-

신식(申湜)⁶⁶⁾은 그 이름이 정여립의 문생록(門生錄)에 있어서 잡혀왔는데, 공초하기를, "일찍이 역적과 단 한 번도 서찰을 왕래한 일이 없습니다." 하자, 주상이 '식(湜)'이라는 이름이 쓰인 편지 한 장을 내리니, 신식이 말하기를, "남도에 정식(鄭湜)이라는 자가 있습니다." 하므로 다시 상례(喪禮)를 문의하며 성명을 다 갖춘 편지 한 장을 내리고 형벌을 한 차례 가하였다. -《일월록(日月錄)》-

김상헌(金尙憲)⁶⁷⁾이 심양(瀋陽)⁶⁸⁾에 있을 때 신식의 아들 신득연(申得淵)과 함께 있었는데, 득연이 힘써 말하기를, "송강(松江)⁶⁹⁾이 부친과 사이좋게 지내려 했으나 부친이 답을 하지 않았으므로 무함하였다고 합니다." 라고 하였다. -《석실어록(石室語錄)》-

김빙(金憑)은 평소 여립과 서로 뜻이 맞지 않아 사이가 좋지 않았다. 그는 풍현증(風眩症)이 있어 날이 춥거나 바람을 맞으면 눈물이 흘렀다. 역적 정여립의 시체를 찢을 때 백관이 서열에 따라 섰는데, 마침 날이 차서 눈물이 흐르므로 수건으로 여러 번 닦았다. 그는 일찍이 백유함(白惟咸)

---

66) 신식(申湜) : 1551~1623. 본관은 고령(高靈), 자는 숙지(叔止), 호는 용졸재(用拙齋), 신숙주(申叔舟)의 5대손이다. 1576년(선조 9) 별시문과에 병과로 급제하였다. 사헌부 집의(司憲府執義)로 있을 때 정여립(鄭汝立)의 일파로 탄핵되어 유배당하였다가 1592년 다시 복관되었다.

67) 김상헌(金尙憲) : 1570~1652. 본관은 안동, 자는 숙도(叔度), 호는 청음(淸陰), 석실산인(石室山人)이다. 예조 판서·좌의정 등을 역임하였다. 이정귀·김유·신익성·이경여·이경석·김집 등과 교유하였다. 인조 대 청서파(淸西派)의 영수로서 활동하다가 병자호란 때 척화론(斥和論)을 주장하였다.

68) 심양(瀋陽) : 청나라 순치세(세조, 재위 1643~1661)가 1644년 북경을 수도로 정하기 전까지 청나라의 수도였던 곳으로, 성경(盛京)이라고도 불리었다.

69) 송강(松江) : 정철(鄭澈)의 호이다.

과 사이가 좋지 않았는데, 대간에서 논계하기를, 슬퍼하여 눈물을 흘린 것이라고 무함하여 죽였다. 이로부터 조야에서 백유함을 곱게 보지 않았다. -《부계기문(涪溪記聞)》-

이때 이발과 백유양, 정언신은 역적의 공초에서 나왔고, 그 나머지는 대간이 아뢰거나 서찰에서 나왔는데 김빙의 죽음은 특히 더 억울하다고 하였다. -《혼정록(混定錄)》-

10월, 이발 등의 일을 처리하기 위해 대신과 의금부 당상을 불러 의논하여 아뢰라고 명하였다. 3일, 승정원에서 아뢰기를,

"어제 위관이 이발 등의 집을 적몰(籍沒)[70]할지 여부를 아뢰자, 다른 대신들과 함께 의논하여 아뢰도록 하셨습니다. 문사낭청(問事郎廳)을 보내 수의하게 할까요? 아니면 한 곳에 모여 수의하게 할까요?" 하니, 답하기를,

"불러서 의논해 아뢰도록 하라." 하고, 이어서 전교하기를, "금부 당상(禁府堂上)도 부르라." 하였다. 같은 날, 2품 이상이 비밀리에 수의하여 입계(入啓)하였다. -전거는 위와 같다.-

비망기의 내용은 다음과 같다.

이발·이길·이급 등은 형률을 살펴 죄를 정해야 함은 의심할 바 없으나 여러 사람의 의논이 이러하니 응당 그 의논을 따라야 할 것이다. 그러나 내가 《대명회전(大明會典)》[71]을 보니 역적 이외에도 적몰한다는 조문(條文)이 있으니, 그렇다면 비록 역적이 아니라 해도 적몰하는 법이 있는 것이다.

---

70) 적몰(籍沒) : 모반(謀反)·반역(反逆)·독(毒)의 제조·지폐(寶鈔)의 위조 등과 같은 중범죄에 대해 능지처사(陵遲處死)나 참형(斬刑) 등의 사형(死刑)을 시행함과 아울러 범죄자의 재산을 몰수하는 형벌을 이른다.

71) 대명회전(大明會典) : 명대의 제도와 행정 법규를 기록한 일종의 종합 행정 법전으로, '명회전(明會典)'으로도 불린다. 황제의 칙령으로 서부(徐溥) 등이 명대의 제도와 행정, 법령에 관한 내용을 이부(吏部)·예부(禮部)·병부(兵部)·공부(工部)·호부(戶部)·형부(刑部)의 관제로 집대성하여 편찬하였다.

영락제(永樂帝) 때 하원길(夏原吉)[72]이 어떤 일로 인해 적몰을 당하였는데, 이를 보면 비록 대죄(大罪)가 아니어도 적몰하는 형전이 있는 것이다. 옛날에는 가산을 적몰하는 일이 많이 있었고, 우리나라 또한 전례가 있다. 하물며 역적과 결탁하여 그 심복이 되고, 한 몸처럼 합하여 역모에 가담한 흔적이 역적들의 공초에 뚜렷이 드러나 그 분명한 정상이 천지간에 용납받지 못할 자들이야 어떠하겠는가! 그들의 자복을 받아 정법(正法)을 밝게 보이지 못했으니 형정의 대체를 잃은 것이 심하다. 지금 그 가산을 적몰하지 않는다면 역적을 토벌하는 형전을 엄하게 펼 수 없고, 귀신과 사람의 분노를 풀기에 부족할 것이다. 이발·이길·이급·백유양·조대중은 흉패하게 역적을 비호하였고 부도하게 임금을 원망하였으니, 모두 적몰할 것을 의논해 아뢰어라.

신하들이 모두 논의하여 아뢰기를,

"미처 자복을 받지 못하였는데, 일거에 적몰하기로 결정하면 향후 폐단이 있을 것입니다." 하였다. 14일에 전교하기를, "이발·이길·이급·백유양·조대중의 가산을 모두 적몰하라." 하였다. -《시정기(時政記)》에 보인다.-

이에 앞서 2품 이상이 수의할 때, 우의정 류성룡이 의견을 아뢰기를,

"죄인이 반드시 승복한 이후에야 적몰하는 법을 쓸 수 있습니다. 지금 이 몇 사람은 모두 자복하지 않고 죽었으니 더더욱 온당치 않다고들 합니다." 라고 하였는데, 이때에 이르러 이 명이 있었다. -《서애연보(西厓年譜)》-

---

72) 하원길(夏原吉) : 1366~1430. 명초의 대신으로 자는 유철(維哲)이다. 향천(鄉薦)으로 태학에 들어갔으며 금중서제고(禁中書制誥)에 뽑혀 들어가 태조의 신임을 받았다. 건문제(建文帝) 때 호부 우시랑 등을 지내며, 청명한 정치를 하여 백성들이 기뻐하여 따랐다. 영락제가 즉위하여 중임을 맡겼고, 인종(仁宗)과 선종(宣宗) 대에서도 재상으로서 훌륭하게 보좌하여 치적이 뛰어났다. 시호는 충정(忠靖)이다. 《明史 卷149》

【권3】
서인의 실각과 기축옥사 피화인에 대한 신원

열수(洌水) 정약용(丁若鏞) 편집

만력(萬曆) 9년 신묘년(1591) -선조 24년-, 일찍이 첨지중추부사(僉知中樞府事) 안방준(安邦俊)이 소를 올려 아뢰기를,

"이발의 80 노모와 10살 아이가 모두 형장 아래 죽으니, 길 가던 사람들도 모두 그 원통함을 말합니다." 하였다. 그의 일기 중에 말하기를,

"이발의 어머니 윤씨는 80세의 나이로 압슬형을 당하여 죽고, 손자들은 모두 8, 9세였는데 또한 불복하고 죽었으며, 하인 10여 명도 난언(亂言)하는 자 하나 없이 죽었다. 이발의 효성과 우애로도 마침내 이 지경에 이른 것은 운명이다." 하였다.

2월 유생 안덕인(安德仁) 등 5인 -이원장(李元長), 윤홍(尹宖), 이전(李瑑), 이성경(李晟慶)- 이 소를 올려 정철이 나라를 그르치고 있다고 비난하며 배척하였다. 주상이 이들을 불러들여 묻기를 "그가 무슨 일로 나라를 그르치고 있느냐?" 하고 묻자, 대답하기를 "대신이 되어 주색(酒色)에 빠져 있으니, 나랏일을 그르치는 것이 틀림없이 많을 것입니다."라고 하니, 주상이 "주색이 어찌 나라를 그르치는 일이겠는가?"라고 하였다.

간원이 합계하였는데, 그 내용은 다음과 같다.

"정철은 성품이 편협하고 의심이 많아서 자기와 생각이 같으면 좋아하고 자기와 생각이 다르면 미워하였으며, 좋아하는 이들을 끌어들여 널리 사당을 심었습니다. 그리하여 사람들이 그의 문정(門庭)에 떼 지어 모여들기가 밤낮으로 장터와 같았고, 조정의 기강을 농단하며 제 멋대로 굴고 온 세상을 위협하는데도 누구도 감히 무어라 말을 하지 못하였습니다. 심지어 궐 안에서 정사를 행할 때 사사로이 전랑(銓郞)을 불러 인선(人選)을 지시하며 정사를 지체시켰고, 뜻을 같이하는 외직(外職)의 사람들을 조정에 끌어들이고자 은밀히 언관을 사주하여 대수롭지 않은 과실을 구실삼아 탄핵하였습니다.

또한 송한필(宋翰弼) 형제와 결탁하여 그들의 심복이 되었고 그들을 시골집에 머물게 하였으며 그들을 추포하라는 전교[1]가 내리자 말을 꾸며 대죄하다가 오히려 다시 숨겨주었습니다. 그들과 더불어 터무니없는 거짓으로 논의를 일삼으며 위에서 판결한 송사마저도 송관(訟官)을 겁박해 기필코 판결을 번복시키려 하였습니다. 정암수(丁巖壽) 등이 잡혀왔을 때에도 구해줄 계략을 교묘하게 내어 은밀히 지연시키면서 중도에 신문에 나아가지 않게 하는 한편, 대간을 시켜 논계하게 하고 초야의 선비로 하여금 글을 올리게 하였습니다. 게다가 주색에 깊이 빠져 언행과 몸가짐을 훼손하여 온 나라 사람들이 추악하게 여기는데도 부끄러운 줄을 모릅니다. 겉으로는 해학이 넘치는 듯하나 실제로는 아첨과 시기를 일삼고, 급기야 그 속셈이 모두 탄로나 스스로 용납될 곳이 없게 되었는데도 두려워하며 그칠 줄을 모르고 그 경박함이 더욱 심해졌으니 파직하소서. 사인(舍人)

---

1) 그들을 …… 전교 : 송익필의 아버지 송사련(宋祀連)이 안당(安瑭)의 얼매(孽妹)에게 장가들었는데, 뒷날 안당의 아들 안처겸(安處謙) 등을 모반(謀反)으로 무고하여 출세하였다. 그러다가 1586년(선조19) 안당의 증손인 안로(安璐)의 상소로 무고가 밝혀지자 송익필 일가는 반노(叛奴)로 지목되었고, 다시 인씨 집안의 노비로 환속되있다. 본문의 '그들을 추포하라는 전교'는 선조가 형조에 명하여 송익필 형제를 잡아 가두게 하고, 주인을 배신하고 도망친 죄를 추궁하게 한 일을 가리킨다.

백유함은 정철과 결탁하여 그의 심복이 되었습니다. 시의(時議)를 주장하며 조정을 농단하고, 인물의 진퇴를 손에 쥔 채 위복을 제멋대로 행사하니 권세가 치성하고 어지러운 소행에 거리낌이 없었습니다. 파직하소서."

주상이 말하기를,

"사사로이 전랑을 부르고, 외직의 사람들을 탄핵하였다는 일은 정확히 누구인지를 적시하고 전말을 갖추어 아뢰어라." 하니 회답하여 아뢰기를,

"노직(盧稷)이 전랑으로 있을 때 사사로이 불러갔으며, 외직에 있던 사람은 민정명(閔定命)·최수(崔洙)·김해(金澥)입니다." 하니 답하기를,

"정승의 자리는 이미 사면(辭免)하였으니 파직할 것은 없고, 백유함의 일은 아뢴 대로 하라." 하였다.

윤 3월 14일, 양사(兩司)가 함께 아뢰기를,

"영돈녕(領敦寧) 정철(鄭澈)이 조정의 기강을 제멋대로 우롱하여 그 위세가 한 시대를 뒤덮었으니 파직하소서."하니, 아뢴 대로 하라고 답하였다.

16일, 전교하기를,

"옛날에 대신을 파직하여 내칠 때에는 조당(朝堂)에 방을 붙여 널리 알렸는데, 이는 그 죄상을 온 백성이 명확히 보고 듣게 함으로써 후세를 경계하고자 함이었다. 지금 정철의 파직 전지(傳旨)도 고제(古制)에 따라 조당에 방을 붙이게 하라." 하였다.

6월 23일, 대사헌 이원익(李元翼), 집의 김륵(金玏), 장령 조인득(趙仁得)·윤담무(尹覃茂), 지평 이상의(李尚毅)·정광적(鄭光績), 대사간 홍여순(洪汝諄), 사간 권문해(權文海), 헌납 김민선(金敏善), 정언 이정신(李廷臣)·윤엽(尹曄) 등이 함께 아뢰기를,

"전 영돈녕부사 정철과 백유함·유공진(柳拱辰)[2)]·이춘영(李春英) 등은

서로 편당을 지어 조정을 어지럽혔고, 자기들과 뜻이 다른 사람들을 무함하고자 호남 유생을 꾀어 소를 올리게 함으로써[3] 명경(名卿)·석유(碩儒)들을 일체 역당으로 몰아 섬멸하려 하였습니다. …… 모두 멀리 유배하소서."하니, 윤허하였다.

도목정사(都目政事)[4]에 이조가 백유함과 유공진을 학관(學官)으로 천거하니, 주상이 크게 노하여 전교하기를,

"백유함 등은 간사하고 사특한 무리와 편당을 지어 권력을 농단하고 정사를 어지럽혔는데도 그 죄책을 가벼이 해주었으니 그들에게는 다행한 일이었다. 그런데 파직한 지 얼마 안 되어 서용하라는 명이 아직 내리지도 않았는데 감히 사유(師儒)의 자리에 은밀히 의망하여 내 마음을 시험하니, 이는 이 무리를 외람되이 스승의 자리에 앉혀서 많은 선비들을 가르치게 하여 그 음험한 사술을 배우게 하려 함인가? 묻노니 어떤 관원이 이들을 의망하자는 말을 꺼냈는가?" 하였다. 정랑(正郞) 윤돈(尹暾)이 먼저 말을 꺼냈다고 대답하자, 그 자리에 함께 있었던 당상을 추고하고 윤돈을 잡아 가두고 신문하여 공초를 받으라고 명하였다. 주상이 "배후에서 사주한 사람이 있을 것이니, 사실이 아닌 말로 속이면 형추하고 다시 신문하라."하고 삭직을 명하였다.

이에 양사에서 주상의 뜻을 헤아리고, 정철·백유함·유공진·이춘영

---

2) 유공진(柳拱辰) : 1547~1604. 본관은 진주(晉州). 자는 백첨(伯瞻)이다. 이이(李珥)·성혼(成渾)의 문인이다. 1570년(선조3) 사마시에 합격하여 성균관에 입학하였고, 1583년에는 스승인 이이·성혼의 무고를 변하는 소를 올렸다가 투옥되었다. 이해 곧 풀려나 별시문과에 병과로 급제하였다. 1591년(선조24) 건저(建儲) 문제로 서인이 실각할 때 이조정랑으로 있던 그 또한 경원에 유배되었다가 임진왜란으로 복권되었다.
3) 호남 …… 함으로써 : 호남 유생 양천경·강해가 역모의 모주(謀主) 길삼봉은 최영경(崔永慶)이라고 고변한 일을 가리킨다. 이 일로 인해 최영경은 유령의 인물 길삼봉이라는 지목을 받고 옥사하였다. 《宣祖實錄 24年 8月 13日》,《己丑錄·庚寅年姜涀上疏》
4) 도목정사(都目政事) : 관원(官員)의 치적(治績)을 종합 심사하여 고과 성적에 따라 영전, 좌천 또는 파면시키는 일로, 6월과 12월 두 차례에 걸쳐 시행하였다.

등이 간흉임에도 그 즉시 죄를 바르게 하지 못하였다는 이유를 들어 인피(引避)[5]하였다.

상이 답하기를,

"정철의 다른 죄는 우선 차치하고라도 그가 호남 유생들을 은밀히 사주하여 거짓으로 무함하는 소를 올리게 하고, 이로써 한 시대의 이름난 관료와 사대부들 가운데 자기와 뜻이 다른 이들을 모두 역적의 당여로 몰아넣어 기필코 다 도륙해 죽이고야 말려고 하였다. 그러다가 간악한 음모가 성공하지 못하고 그 속셈이 드러나게 되자, 형세가 궁하고 일이 급박한 것을 알고 또다시 대간을 사주하여 임금을 위협함으로써 끝내 자신의 뜻을 이루었다. 이 한 가지 일은 옛날 간악한 자들 가운데에서 찾아보아도 비견할 만한 사례가 드물다. 그 마음씨의 참혹하고 악독함은 막야검(鎮釾劍)[6]도 미치지 못할 것이니, 생각하면 기가 막힌다." 하였다.

대사헌 이원익(李元翼), 집의 김륵(金玏) -외방에 있었다.-, 장령 조인득(趙仁得)·윤담무(尹覃茂), 지평 이상의(李尙毅)·정광적(鄭光績), 대사간 홍여순(洪汝諄), 사간 권문해(權文海), 헌납 김민선(金敏善), 정언 이정신(李廷臣)·윤엽(尹曄) 등이 함께 아뢰었는데, 그 내용은 다음과 같다.

"정철은 본디 강퍅한 성품으로서 항상 원망하는 마음을 품고 있었습니다. 국가의 불행한 틈을 타 차지해서는 안 될 자리를 훔쳐서 차지하고 나라의 권력을 천단하려 도모하였습니다. 그리하여 널리 사당(私黨)을 심고 날마다 부박한 무리들을 모아 음험하게 결탁함으로써 사람과 사물을 해치려는 마음을 품었고, 심지어는 정청(政廳)의 낭관을 공공연히 불러가 전하로 하여금 정사(政事)를 볼 수 없게 만들었으니 권력을 전횡한

---

5) 인피(引避) : 책임을 지고 자리에서 물러나는 것을 이른다.
6) 막야검(鎮釾劍) : 옛날 명검(名劍)의 이름으로, 여기서는 사람을 해치는 날카로운 무기란 뜻으로 쓰였다.

것이 이미 극에 달하였습니다.

같은 반열의 대신들을 원수같이 보아 겉으로는 친분이 두터운 척하면서 안으로는 실상 시기하였습니다. 그리하여 전하의 앞에 입시하였을 때는 이산해(李山海)와 함께 협력하여 국정에 힘쓰는 듯하였으나 실상은 성상을 기망하는데 거침이 없었습니다. 또한 많은 사람이 모인 자리에서 류성룡(柳成龍)의 이름을 부르며 드러내 놓고 모욕과 조롱을 가하였습니다. 황신(黃愼)이 장차 북평사(北評事)에 부임하게 되자, 진용(進用)에 급급하여 명망이 가볍다는 핑계로 논핵하여 체차하고는 곧장 청요직에 두루 천거하였고, 김해(金澥)·민정명(閔定命)·최수(崔洙)가 수령이 되자 하찮은 실수를 이유로 탄핵하여 돌아오게 하였습니다. 그가 성상을 속이고 사사로움을 행한 것이 이에 이르러 극에 달하였습니다.

고경명(高敬命)은 간특하고 흉악하며 음험한 자로서 수년간 버려져 있었는데, 점을 잘 치는 재주가 있어 친밀히 지내게 되자 그를 발탁하였습니다. 홍인걸(洪仁傑)은 관직에 있을 때 별다른 치적이 없었는데도 혼인으로 맺어진 친분[7]으로 인해 그의 치적을 과장되게 포장하였고 급기야는 당상(堂上)으로 끌어올렸습니다. 송한필 형제는 실상 주인을 배반한 노비인데도 서울 집에 숨겨주었고 심지어 처첩(妻妾)과 함께 거처하게 하였습니다. 흉측한 음모와 비밀스러운 계략의 대부분을 함께 모의하였으며, 이미 판결이 나 계하(啓下)[8]를 받은 소송까지도 해당 관원을 압박하여 번복하게

---

7) 혼인으로 맺어진 친분 : 홍인걸(洪仁傑, 1541~1603)과 정철(鄭澈)은 사돈 간이었다. 홍인걸의 본관은 남양(南陽), 자는 응시(應時)이다. 임진왜란 때 삼척 부사로 재직 중, 공을 탐해 죄 없는 백성들을 함부로 죽였다는 고변을 받고 투옥되었다. 윤근수(尹根壽) 등이 무고(誣告)라 주장하며 그의 억울함을 풀어주고자 노력하였으나 홍인걸은 끝내 풀려나지 못하고 9년 동안이나 투옥되어 있다가 결국 옥사하였다. 논자에 따라서는 그 원인이 홍인걸의 사돈인 정철이 동인의 배척을 받았던 까닭에 화가 그에게까지 미친 것이라고 보았다.

8) 계하(啓下) : 임금에게 올린 계문(啓聞)에 대한 임금의 답이나 의견이 내려진 것을 이른다. 임금은 계문을 보고 계자인(啓字印)을 찍어 친람(親覽)과 결재(決裁)를 마쳤음을 표시하였다.

하였습니다.

정암수(丁巖壽) 등이 진달한 소는 실상 선비들이 올린 것이 아니라 정철의 두세 문객이 그의 사주를 받고 그 음모를 이루어주고자 속임수를 써서 몇 명을 불러다 소에 이름을 기입한 것입니다. 다행히도 성명께서 그 간악한 정상을 밝게 비추시어 정승의 자리에서 물러나게 하고 이어 파직하라 명하심으로써 꾸짖고 경계하는 뜻을 보이셨습니다. 정철로서는 두문불출하며 잘못을 반성하기에 겨를이 없어야 마땅한데도 날마다 사당을 끌어 모아 밤낮으로 모의하면서 공금으로 술과 고기를 차리고 관의 기생과 악공을 불러 강호에서 잔치판을 벌여 오갔으니, 이것이 과연 임금에게 죄를 짓고 물러나 근신하며 자숙하는 뜻이란 말입니까?

심지어 탄핵을 받아 파직되고 방을 붙여 그 죄를 알린 뒤에도 여전히 삼갈 줄 모르고, 여염을 횡행하며 도처에 출몰하면서 하늘을 원망하고 사람을 탓하는 등 못 하는 짓이 없습니다. 또 관직을 삭탈하고 훈적(勳籍)을 혁파한다는 말로 공신을 속여 동요시키기도 하였습니다. 그 외에도 너무도 흉패하여 차마 귀로 들을 수 없고 입으로 말할 수 없는 설들로 앞 다투어 선동하며 나라에 끝없는 화를 끼치려 하니, 그 망극한 죄를 이루 다 말할 수 있겠습니까? 청컨대 관직을 삭탈하고 멀리 유배하시어, 당파를 심고 권력을 전횡하며 임금을 겁박하고 국정을 천단하는 자의 경계로 삼으소서. 백유함(白惟咸)·유공진(柳拱辰)·이춘영(李春英) 등은 당파를 결성하여 조정을 어지럽혔으니 아울러 멀리 유배하라 명하소서."

주상이 아뢴 대로 하라고 답하였다.

정철을 명천(明川)에 유배하였고 나머지는 모두 평안도에 유배하였다. 주상이 정철은 대신이었으니 유배지를 진주(晉州)로 옮기라고 명하자 간관이 아뢰기를,

"백유함 등이 유배되었음에도 불구하고 감히 구하려는 계책을 내어 혹은 서쪽으로 혹은 남쪽으로 자신들에게 편하고 가까운 곳을 골라 옮기게

하였으니, 먼 변방으로 내쳐 유배시키겠다는 뜻이 이와 같아서야 되겠습니까? 의금부의 당상과 낭청을 파직하소서." 하니, 이에 유배지를 고쳐 백유함을 경흥(慶興)으로, 유공진을 경원(慶源)으로, 이춘영을 삼수(三水)로 귀양보냈다.

양사(兩司)가 함께 아뢰기를 다음과 같이 하였다.

"정철의 죄악은 그 끝이 없을 정도인데, 진실로 그의 당여가 주위에서 성세(聲勢)를 조장하지 않았다면 정철이 자신의 간악함을 이룰 수 없었을 것입니다. 우찬성 윤근수(尹根壽)는 성품이 본디 경망하고 조급한데다가 음험하고 사특하기까지 하며, 어려서부터 교분을 맺은 자들이 모두 척리(戚里)였습니다. 정철이 국사를 천단할 때 그 집 문을 분주히 드나들며 노예처럼 섬겼고 은밀한 모략과 흉계를 밤낮으로 함께 모의하였습니다. 또한 백유함과 혼인으로 얽혀서 붕당의 형세를 더욱 단단하게 굳혔습니다.

판중추부사 홍성민(洪聖民)은 겉으로는 유학자인 체하고 있지만 안으로는 실로 음험하고 흉특합니다. 처음에 인사(人事)의 권한을 잡고 제멋대로 조헌(趙憲)을 의망하여[9] 사림을 일망타진할 계략을 모의하였습니다. 대사헌이 되어서는 온갖 계략으로 거짓을 날조해 '옥사를 뒤집으려 한다[翻獄]'는 설에 가탁하여 당시의 정승을 헤아릴 수 없는 지경으로 빠뜨리려 하였습니다.[10] 평소의 소행은 모두 간흉의 성세를 조장하거나 자기와

9) 인사(人事)의 …… 의망하여 : 기축옥사 이후 유배에서 풀려난 조헌이 재신(宰臣)들을 비판하며 정철 등을 칭찬하는 내용의 상소를 올리자, 선조가 조헌을 간귀(奸鬼)라고 하였는데, 당시 이조 판서 홍성민이 조헌을 학관(學官)에 주의하였던 일을 이른다. 《宣祖實錄 22年 12月 15日》《宣祖修正實錄 22年 12月 1日》

10) 옥사를 …… 하였습니다 : 정언신이 정여립 모반에 대한 고변의 내용이 근거가 없다고 하면서 고변한 자들의 목을 베어야 한다는 주장을 하였다는 고발이 있자, 선조가 당시 국청에 참여하였던 신료들에게 사실 여부를 물었다. 이산해가 오래된 일이라 기억할 수 없다고 답변하였는데, 이를 두고 홍성민은 정언신 언행은 역모를 무마해 옥사를 뒤집으려는 의도였고, 이산해의 발언은 군부를 기망하는 말이라고 비판하였다. 이에 선조는 이산해를 옹호하며 홍성민을 체차하고《宣祖修正實錄 23年 4月 1日》,

주장을 달리하는 이들을 무함하는 것이었으므로 성상께서 남쪽 지방의 외직으로 내보냈는데, 늘 원망을 품은 채 살펴야 할 갖가지 기무(機務)를 제쳐두고 신경 쓰지 않았습니다. 그러다가 공신을 책봉하는 일11)로 인해 상경하였을 때 정철이 극력으로 만류하자 이리저리 지연하며 임지로 떠나지 않았습니다.

여주 목사(驪州牧使) 이해수(李海壽)는 타고난 성품이 사악하고 악독하여 청의(淸議)에 버림을 받았으므로 항상 불만에 차 원망하는 마음을 품었습니다. 그러다가 정철이 뜻을 얻은 뒤에는 서로 간에 성세를 의지하며 선류(善類)를 무함하는데 조력하는 것을 좋은 방책으로 삼고, 사악한 당여 끌어들이기를 급선무로 삼았습니다. 항상 상신(相臣)을 해치려는 모략을 밤낮으로 꾸미는 것을 자기의 임무로 삼아 공경 대신들의 집을 일일이 찾아다니며 그 가부를 탐문하였는데 정론(正論)에 의하여 일이 꺾이는 바람에 끝내 그 뜻을 이루지 못하였습니다.

양양 부사(襄陽府使) 장운익(張雲翼)은 본디 부박한 사람으로 성품 또한 음험합니다. 권세가들의 집을 부지런히 드나들며 술에 취하거나 미치광이처럼 행동하면서 정철의 앞잡이가 되어 비방을 일삼았습니다. 이상 네 사람은 정철의 우익이 된 자들이니 모두 삭탈관작을 명하소서."

주상이 답하기를, "아뢴 대로 하라. 다만 윤근수는 원훈(元勳)이니 파직만 하라." 하였다.

7월 5일, 양사에서 논핵하기를 "그때의 대간들이 권간의 사주를 받고 정암수 등의 구명을 논하며 잡아들이라는 명을 이행하지 않았으니 모두

───

곧이어 홍성민을 경상 감사에 제수하였다. 《宣祖實錄 23年 5月 21日》
11) 공신을 책봉하는 일 : 평난 공신(平難功臣)의 책봉을 이른다. 평난 공신은 1589년(선조 22)에 정여립(鄭汝立)의 모반사건을 평정하고, 그 공로를 포상하여 이듬해(1590)에 내린 공신호(功臣號)이다. 홍성민은 이등 추충분의협책평난 공신(推忠奮義炳幾協策平難功臣)에 책봉되었다.

파직하소서." 하니, 아뢴 대로 하라 하였다. 【정암수(丁巖壽)는 향리(鄕里)에 있어 미처 추포하지 못하였고 홍천경(洪千璟)은 도주하였다. 양천경(梁千頃)과 강견(姜涀)은 서울에 있었으므로 잡아들여 신문하니, 자기들이 올린 소는 정철이 사주하였다고 승복한 후 형장 아래 죽었다.】

같은 달, 대간의 논계로 인하여 홍성민을 부령(富寧)에, 이해수를 종성(鍾城)에, 장운익을 온성(穩城)에 유배하고 윤근수는 관직을 삭탈하였다.

또 아뢰기를,

"정철의 죄악이 극에 달해 온 나라 사람이 다 함께 분노하고 있으므로 의금부에서 명천에 유배한 것도 이미 놀랄 만한 일인데, 전하께서 또 가깝고 편한 남쪽 지방으로 이배(移配)하셨습니다.[12] 그곳은 본가와의 거리가 수일 거리밖에 되지 않아서 그 소굴의 사당(私黨)과 서로 왕래하며 모의하면 헤아릴 수 없는 일이 생길 것이니 양계(兩界) 지방으로 배소를 옮기소서." 하니, 정철이 다시 강계로 이배되었다.

금부도사 이태수(李台壽)가 정철을 압송하여 순안(順安)에 도착한 후, 장계(狀啓)로 아뢰기를, "죄인의 병이 위중하여 길을 독촉해 압송하지 못하였습니다."라고 하자, 전교하기를,

"이태수가 조정을 두려워하지 않아서 간사한 역적을 압송하기를 엄격하게 하지 않고 마음대로 배회하며 지체하고 있다. 잡아들여 추국하고 다른 도사를 보내 정철을 압송하게 하라. 정철은 천성이 교활하고 악독하여,

---

12) 남쪽 …… 이배(移配)하셨습니다 : 1591년(선조24) 건저(建儲) 문제로 서인이 실각하고 정철 또한 탄핵을 받아 함경도 명천(明川)에 유배되었는데, 선조는 그가 대신이라는 이유를 들어 경상도 진주(晉州)로 이배하라는 명을 내렸다. 그러자 명이 있은 지 사흘 만에 대간의 논핵이 이어져 정철은 다시 평안도 강계(江界)로 이배되어 위리안치(圍籬安置)되었다.

배소에 도착하여 잡인과 교통하면 어떠한 죄를 저지를지 모르니 위리안치(圍籬安置)13)를 엄중하게 시행하는 것이 마땅하다." 하였다. -《시정록(時政錄)》, 《일월록(日月錄)》에 보인다.-

이전에 정언신(鄭彦信)이 갑산(甲山)으로 유배되었을 때 부사 신상절(申尙節)이 대접을 자못 후하게 하였다. 어사 백유함(白惟咸)이 염탐하여 그 사사로운 편지를 손에 넣고 이로써 신상절을 문책한 다음 아울러 정언신까지 무함하려 하였으나 이루지 못하였는데, 대부분의 사람들은 이것이 정철의 뜻이라고 하였다. 정철이 강계로 유배되었을 때 부사 조경(趙璥)이 또한 후하게 대접하였는데 대간이 논죄하여 조경을 형리(刑吏)에게 넘기니, 사람들이 백유함의 소행에 대한 보복이라고 하였다. 동·서 분당의 화가 이 지경에 이르도록 혹독하였다. -《하담록(荷潭錄)》에 보인다.-

양사가 함께 아뢰었는데, 그 내용은 다음과 같다.
"병조 판서 황정욱(黃廷彧)14)은 시기심이 많고 음험한데다 탐욕스러워

---

13) 위리안치(圍籬安置) : 안치는 죄인을 정배한 지역 안에서도 일정한 구역 안에서만 활동하도록 제한하는 것이고, 위리는 안치한 구역에 울타리를 쳐서 출입을 제한하는 것이다. 같은 맥락의 형벌로 천극(荐棘)과 가극(加棘)이 있는데, 천극은 정배된 죄인을 안치한 구역에 가시울타리를 둘러쳐서 마음대로 출입할 수 없도록 한 것이다. 천극을 할 때에는 죄인이 거처하는 집 가까이에 처마 높이로 나무 울타리를 치고 그 위에 가시울타리를 둘러쳐서 죄인이 하루 종일 해를 볼 수 없을 정도였다고 한다. 가극은 가시울타리를 둘러친 상태에서 추가로 가시울타리를 둘러친다는 의미 이다. 이는 죄인의 활동에 실질적인 제약을 가중한 것은 아니지만 처벌을 한 단계 강화한다는 상징적인 의미가 있다.

14) 황정욱(黃廷彧) : 1532~1607. 본관은 장수(長水), 자는 경문(景文), 호는 지천(芝川)이 다. 1558년(명종13) 문과에 급제한 후 예문관 검열·시강원 설서·지평 등을 역임하였 다. 1584년(선조17)에 주청사(奏請使)로 명나라에 가 종계변무(宗系辨誣)의 일을 해결 하고 돌아왔다. 1589년(선조22) 정여립모반사건으로 파직되었다가 곧 복직하였으며, 이듬해 종계변무의 공을 인정받아 광국 공신(光國功臣) 1등으로 장계부원군(長溪府院 君)에 봉해졌다. 임진왜란 때 왕자 순화군(順和君)을 배종(陪從)하다가 일본군의 포로가 되었을 때, 항복 권유문을 기초한 문제가 동인·서인 간의 정치쟁점이 되면서

넘쳐나는 비루한 행동을 이루 다 말할 수 없습니다. 왕실과 혼인[15]의 인연을 맺은 후로 교만한 횡포가 더욱 심해져 사람들이 경계라도 하면 반드시 성을 내며 말하기를, '병조 판서 한 자리를 잃는데 불과할 뿐 뿐 훈적(勳籍)은 여전히 남아 있다.' 하였습니다. 우승지 황혁(黃赫)은 젊어서부터 예의와 염치가 없어 사람대접을 받지 못하였는데, 스스로 말하기를, '비록 정철이 실세(失勢)했어도 나는 왕실과 혼인을 맺었으니 이산해·류성룡에게 손을 써 볼 수 있다. 그러니 정철이 다시 들어오지 못할까 염려할 것 없다.'고 하였습니다. 이들 부자가 이렇듯 간사한 역당과 당파를 결성하였는데 당당한 국가로서 어찌 행실이 형편없는 집안과 혼인할 수 있겠습니까?

호조 판서 윤두수(尹斗壽)는 선비들을 무함하고 무고한 사람들을 죄에 얽어 넣었으니, 이러한 일은 모두 이 사람의 지시와 계획에서 나온 것입니다. 좌승지 유근(柳根)의 거취는 오로지 권세를 추종하였으므로 정철 같은 간사한 사람도 배신할까 의심하여 그를 믿지 않았습니다. 그런데도 이처럼 붙어서 살살 기어 다니며 상중에도 아랑곳없이 어두운 밤에 틈을 엿보고 다닙니다.

황해 감사 이산보(李山甫)는 권간과 결탁하여 한 몸이 되었습니다. 사성(司成) 이흡(李洽)은 권간을 추종하여 아첨을 일삼으면서 못하는 짓이 없었는데, 혹 이를 말하는 사람이 있으면 반드시 팔을 걷어붙이고 큰소리치기를, '소인이라는 이름은 내가 감당하겠다.' 하였습니다. 병조 정랑[16] -그 이름을 잊었다.- 은 한결같이 사주를 받고 대신을 모함하였습니다.

길주(吉州)에 유배되었다가 1597년 왕의 특명으로 석방되었으나, 복관되지 못한 채 죽었다.
15) 왕실과 혼인 : 황정욱의 손녀이자 승지 황혁(黃赫)의 딸이 선조의 여섯째 왕자이자 순빈 김씨(順嬪金氏) 소생인 순화군(順和君, ?~1607)과 혼인한 것을 이른다.
16) 병조 정랑 : 《후광세첩(厚光世牒)》 권2, 〈문정공 사적(文靖公事蹟)〉에 따르면 임현(任鉉)을 이른다.

예조 정랑 김권(金權)은 음흉하고 간교하여 당파를 만들어서 사당을 곡진히 비호하였습니다. 고산 현감 황신(黃愼)은 옥사를 번복하려 한다는 말을 핑계로 대신을 무함하였으니, 만약 그 계략이 그대로 시행되었다면, 반드시 온 나라를 텅 비게 하고야 말았을 것입니다. 또한 외직으로 나가게 되자 앙심을 품고 분개하였습니다. 사과(司果) 구만(具䪨)은 비밀리에 출몰하면서 근거도 없이 도리에 벗어난 말을 지어냈습니다. 이들을 모두 파직하소서."

주상이 답하기를,

"풍문으로 떠도는 말은 사실에서 벗어난 경우가 없지 않다. 병조 판서는 원훈(元勳)이고, 황혁도 어찌 그러하였겠는가? 윤두수는 너그럽고 재주와 지혜가 있으며, 유근은 문학하는 선비로서 내가 매우 아끼고 있으니, 이 네 사람은 청한 대로 따를 수 없다. 이산보 이하는 아뢴 대로 하라." 하였다. -《일월록(日月錄)》에 보인다.-

대간이 다시 황정욱 등 네 사람을 논핵하며, 세 번 쫓겨났다가 세 번 다시 들어온 김안로(金安老)[17]에 비유하였고, 또 송(宋) 나라 소성(紹聖)의 일[18]을 인용하였다. 주상이 답하기를,

---

17) 김안로(金安老) : 1481~1537. 본관은 연안(延安), 자는 이숙(頤叔), 호는 희락당(希樂堂)·용천(龍泉)·퇴재(退齋)이다. 아들 희(禧)가 효혜공주(孝惠公主)와 혼인하여 중종의 부마(駙馬)가 되자 이를 계기로 권력을 남용하고, 중종의 제2계비인 문정왕후(文定王后)의 폐위를 기도하다가 발각되어 사사되었다. 허항, 채무택과 함께 정유삼흉(丁酉三凶)이라 불렸다.

18) 소성(紹聖)의 일 : 소성은 북송(北宋) 철종(哲宗)의 두 번째 연호로, 1094년 4월부터 1098년 5월까지 4년 간 사용되었다. 철종 원우(元祐) 연간에는 태황태후(太皇太后) 고씨(高氏)가 청정(聽政)하면서 사마광(司馬光), 여공저(呂公著) 등을 등용하고, 왕안석(王安石)의 신법(新法)을 파하였다. 그러다가 소성 연간 철종이 친정을 시작하면서 장돈(章惇), 여혜경(呂惠卿) 등을 기용하고 신법을 다시 채택하였으며 사마광 등 구당파 인사들을 배척하여 조정에서 축출하였다. 이후 사마광·문언박(文彦博)·정이(程頤)·소식(蘇軾) 등 신법을 반대했던 학자와 문인 300여 인은 간당(奸黨)으로 지목되어 유배되거나 금고되었다.

"병조 판서 황정욱은 자기 직무에 힘을 다하여 한 일이 많고, 원훈으로서 관작이 높은 사람인데, 무엇이 부족하여 방자하게 행동하였겠는가? 탐욕 스럽고 비루하다는 등의 말은 뜬소문으로서 사실에서 벗어난 말이고, 혹여 화류계에서 방탕하게 군 과실이 있다 해도 깊이 허물할 일이 아니다. 승정원에서 아뢴 탐욕스럽고 비루하다는 등의 말은 뜬소문으로 사실과 다른 말이다. 윤두수는 진실로 쓸 만한 사람이고, 유근은 사람이 경솔하고 가벼워 일개 시인에 지나지 않으나 내 일찍이 그의 재주를 아꼈다. 대개 크게 사악한 자는 이미 물러갔고 남은 당여도 뒤이어 쫓아냈으니, 나머지 사람들은 그 죄를 모두 씻어주고 거두어 씀으로써 진정하는 데 힘쓰는 것이 좋을 것이다. 이에 아뢴 내용은 윤허할 수 없다." 하였다.

양사에서 윤두수와 황혁 등을 쫓아내고자 연달아 아뢰었고, 심지어는 이들을 멀리 유배하라고 청하며 아뢰기를,

"황혁은 조정에 죄를 지었으니, 행실이 개·돼지 같은 집안과 국혼을 행할 수는 없습니다. 다시 바꾸어 정하소서." 하였다. 주상이 답하기를,

"보통 사람의 혼사도 신의를 저버릴 수 없거늘 하물며 한 나라의 임금이 그래서야 되겠는가?" 하였다. 마침내 윤두수를 홍원(洪原)에 유배하고 황혁은 관직을 삭탈하였다. -《일월록(日月錄)》에 보인다.-

이 해 봄, 윤두수가 왜(倭)의 정세를 명나라에 알려야 한다고 굳게 청하였다.[19] -《임진록(壬辰錄)》에 상세하다.- 사신 김응남(金應南)이 명나라에 갔다가

---

19) 윤두수가 …… 청하였다 : 선조 23년(1590)에 일본으로 건너간 조선의 통신사는 일본 통일을 치하하고 선린우호를 허락하는 국서를 풍신수길(豐臣秀吉)에게 전하였다. 그런데 통신사가 받은 답서는 상하관계를 나타내는 언어를 사용하며 조선의 신복(臣 服)을 강요하고 나아가 명까지도 위협하는 내용으로 채워져 있었다. 통신사의 보고를 통해 일본의 '가도입명(假道入明)' 계획이 알려지게 되자 조선의 조정에서는 이 사실을 명에 주문(奏聞)하는 문제를 두고 논의의 난항을 빚었다. 이때 김수(金睟)·류성룡(柳 成龍) 등은 조선이 독자적으로 일본과 통신한 사실이 명나라에 알려질 경우 조선이 일본과 우리가 왜적과 사통(私通)한 모양새가 되어 명나라로부터 억울한 화를 당할

돌아오자,[20] 주상이 윤두수의 선견지명을 가상히 여겨 특별히 그의 석방을 명하였으나 대간들이 석방하지 말기를 청하므로 연안(延安)에 이배하라 명하였다. 또 아뢰기를

"정암수(丁巖壽) 등을 잡아들일 때 대간이 권간의 사주를 받고 불가하다고 고집하였으니, 모두 파직하소서." 하니, 아뢴 대로 하라고 하였다. 이에 대사헌 최황(崔滉)·집의 성영(成泳)·장령 심희수(沈喜壽)·윤섬(尹暹)·지평 신잡(申磼)·우준민(禹俊民)·대사간 이증(李增)·사간 오덕령(吳德齡)·헌납 백유함(白惟咸)·유대진(兪大進)·정언 강찬(姜燦)·이흡(李洽) 등을 파직하였다. -《시정록(時政錄)》과 《일월록(日月錄)》에 모두 보인다.-

8월에 또 아뢰기를,

"전 이조 참의 박점(朴漸)[21]은 간사한 사람을 끌어들여 조정을 가득 채웠으니 삭직하소서. 충청 감사 이성중(李誠中)[22]은 사류(士類)의 한 사람

수도 있음을 우려, 명나라에 알리는 일을 반대하였으나 윤두수(尹斗壽)·황정욱(黃廷彧) 등은 신하된 자로서 군부(君父)인 명나라를 범하는 말을 들은 이상, 사대(事大)의 성의를 다하여 이 사실을 명조에 즉각 알리는 것이 당연하다는 주장을 폈다. 양측의 대립은 1591년 4월, 성절사(聖節使) 김응남(金應南)으로 하여금 사유를 갖추어 주문하되 최대한 간단하게만 알리자는 의견으로 모아졌고, 통신사가 내왕한 곡절은 주달하지 않기로 하였다. 동시에 일단 요동에 이르러 상황을 탐문해보고, 중국이 일본의 위협을 전혀 모르고 있을 경우 준비해 가는 주문 내용은 절대로 누설하지 말 것을 별도의 사항으로 지시하였다. 《宣祖修正實錄 24年 5月 1日》

20) 사신 …… 돌아오자 : 1591년(선조24), 조선 정부는 성절사 김응남에게 일단 요동에 이르러 상황을 탐문해보고, 명이 일본의 위협을 전혀 모르고 있을 경우 준비해 가는 주문 내용은 절대로 누설하지 말 것을 지시하였다. 김응남이 요동에 들어갔을 때 이미 일로에 조선이 왜적을 인도하여 중국을 침범할 것이라고 소문이 자자했으므로, 응남이 즉시 왜정을 주문하러 왔다고 하여 조선에 대한 명 조정의 의심을 풀었다.

21) 박점(朴漸) : 1532~1592. 본관은 고령(高靈), 자는 경진(景進), 호는 복암(復菴)이다. 박순(朴淳), 이이(李珥)와 교분이 두터웠다. 1569년(선조2) 별시 문과에 급제하여 이듬해 정언에 제수되었다. 이어 홍문관 부수찬·이조 좌랑을 거쳐, 1573년 명천 현감(明川縣監)이 되었다. 1589년(선조22) 11월 이조 참의(參議)가 되어 재직하던 중, 1591년(선조 24)에 건저(建儲) 문제로 서인이 실각할 때 함께 관직을 삭탈당하고 축출되었다.

으로 정철의 모의에 동참하였으며, 사인 우성전(禹性傳)23)은 괴이한 의논을
잘 만들어 공론을 협박하고 정철을 비호하였으니, 모두 파직하소서."
하니, 주상이 답하기를,

"박점과 이성중은 아뢴 대로 하라. 우성전은 평소 사람들의 말이 많았고
역적의 공초나 서찰에 나온 것이 한두 번이 아니었다. 이 사람은 근 10년을
외직으로 떠돌다가 전에 한두 번 입시한 일이 있었는데 사람됨이 매우
음험하였으니 파직에 그칠 수 없다. 관직을 삭탈하라." 하였다. 이성중이
부제학이었을 때 차자를 올려 세자 세우는 일을 논하였는데, 화의 근본이
여기에서 연유하였다.

대사간 이덕형(李德馨)24)이 피혐하며 올린 상소의 대략에,

---

22) 이성중(李誠中) : 1539~1593. 본관은 전주(全州), 자는 공저(公著), 호는 파곡(坡谷),
시호는 충간(忠簡)이다. 사헌부 집의(執義) 이경중(李敬中), 좌부승지(左副承知) 이양중
(李養中)의 형이고, 류성룡(柳成龍)·김성일(金誠一)과 가깝게 교유하였다. 1591년(선
조 24)에 건저(建儲) 문제를 제기하여 선조의 노여움을 사 충청도 감사로 좌천되었고,
그해 8월, 탄핵을 받아 파직되었다.

23) 우성전(禹性傳) : 1542~1593. 본관은 단양(丹陽), 자는 경선(景善), 호는 추연(秋淵)·연
암(淵庵), 시호는 문강(文康)이다. 초당(草堂) 허엽(許曄)의 사위이며, 이황(李滉)의
문인이다. 신사년(1581, 선조14) 이경중과 함께 정여립의 전랑 의망을 막았는데,
이 일로 우성전은 정인홍의 탄핵을 받고 수원 현감의 자리에서 파직되었다. 더하여
우성전은 을유년(1585, 선조18) 8월, 삼사에서 심의겸을 파척시키라는 차자를 올릴
때 당시 홍문관 전한 김수(金晬)를 만류하였던 일이 드러나 논란이 되는 등 이발과도
내내 정치적 대립 관계를 형성하였다. 우성전은 이후 1591년(선조24) 건저(建儲)
문제를 계기로 이산해·정인홍 등이 앞장서 정철을 비롯한 서인세력을 실각시켰을
때도 이에 반대하며 기축옥사와 관련한 당쟁의 재론과 확산을 막으려 하였다.
이에 대사헌 홍여순(洪汝諄)이 우성전을 아울러 논핵하였고, 이로부터 동인 내 남·북
분화가 본격화되기 시작되었다.(《燃藜室記述·宣祖朝故事本末·削奪柳成龍官爵》) 이
렇듯 북인 세력과 정치적 갈등과 대립을 거듭한 정치적 역정으로 인해 우성전은
훗날 남인의 거두로 손꼽히게 되었다.

24) 이덕형(李德馨) : 1561~1613. 본관은 광주(廣州), 자는 명보(明甫), 호는 한음(漢陰)·쌍
송(雙松)·포옹산인(抱雍散人), 시호는 문익(文翼), 봉호는 한원부원군(漢原府院君)이
다. 이산해(李山海)의 사위로, 1580년(선조13) 대과에 급제하였고, 이항복(李恒福)과
함께 사가독서(賜暇讀書)하였다. 1608년 진주사(陳奏使)가 되어 광해군 책봉에 대한

"근래 간당의 죄를 추론(追論)하기를 청하고 있는데, 소신의 처부(妻父) 이산해의 이름이 탄핵하는 소장에 연달아 나오고 있으므로 논핵하는 반열에 참여하는데 구애됨이 있사오니 체직하소서."라고 하였으나, 윤허 하지 아니하였다. -《일월록(日月錄)》,《시정록(時政錄)》에 보인다.-

9월에 대사간 홍여순(洪汝諄)이 아뢰기를,

"최영경(崔永慶)이 곧 길삼봉이라는 설은 정철이 은밀히 양천경(梁千頃) 형제와 강견(姜涀) 등을 사주하여 그들로 하여금 거짓을 날조하여 영경을 죽게 한 것에 지나지 않습니다. 양천경 등을 잡아들여 국문하소서." 하니, 그대로 윤허하였다. 이에 이들을 잡아 가두고 엄형을 가하니, 양천경이 임예신(任禮臣) 등 10여 명을 끌어들였으나 옥관이 묻지 않고 천경이 실정을 토해낼 때까지 거듭 국문하였다. 양천경 처의 종형이 되는 기효증(奇孝曾)이 천경에게 말하기를,

"살인죄에 대한 법률은 응당 수범과 종범을 가리는 법이니, 수범만 죽이고 종범은 으레 죄를 감면해준다. 이 일은 반드시 정철을 끌어들여야만 네가 살 수 있을 것이다." 하였다. 양천경이 마침내 정철을 끌어들여 죽음을 감면받고 장형(杖刑)을 받은 후 귀양을 가게 되었는데 모두 형장을 받다가 죽었다.

강견(姜涀) -강해(姜海)가 이름을 고쳤다.- 이 의대소(衣帶疏)25)를 올려 아뢰 기를,

"허위로 자복한 강견입니다. 신이 서울에서 우연히 전해들은 말26)을

인준을 받았으며, 영창대군의 처형과 폐모론(廢母論)에 적극 반대하였다. 벼슬이 영의정에 올랐으며, 문집인 《한음문고(漢陰文稿)》가 전한다.

25) 의대소(衣帶疏) : 옷의 띠 속에 비밀히 감춘 상소문을 이른다. 《仁祖實錄》 2年 5月 29日 기사에서 정철의 아들 정종명(鄭宗溟)·정홍명(鄭弘溟)이 올린 소장의 내용에 따르면, 강견이 무복하였다가 죽음에 임하여 '무복한 신하 강견입니다.'라고 시작하는 소를 작성해 의대(衣帶)에 매어 놓고 죽은 뒤에 진실을 밝힐 계책으로 삼으려 하였으나 당시 옥관(獄官)이 끝내 아뢰지 않아 무위로 돌아갔다고 한다.

김극가(金克家)에게 전하니 극가가 조응기(趙應祺)에게 이 말을 전하였는데,
이는 본디 신이 시킨 것이 아닙니다. 만약 말을 전한 죄로 형을 받는다면
신 또한 할 말이 없겠으나 무함한 죄로 형을 받는다면 원통하고 억울하기
그지없습니다. ……"하였다. -《일월록(日月錄)》에 보인다.-

　양천경 등이 옥사했을 때 이항복(李恒福)이 관직에서 물러나 있으며
그 공초를 보니, 당초 서로 거짓을 날조하여 선동한 것이 분명 천경 등의
소행이었으므로, 전일에 '수염의 길이가 배에 닿았다'는 등 그러모은 말이
바로 양천경 등의 소행임을 비로소 믿게 되었다. 이에 부제학 김성일(金誠一)
이 최영경의 원통한 죽음을 씻어 달라 청하니 대신에게 의논한 후 복직시키
라고 명하였다. -《기축록(己丑錄)》27)-

　만력 20년 임진년 -선조 25년- 4월에 왜구가 깊숙이 침입하자, 30일
주상이 난을 피해 서울을 떠났다.
　5월 5일 -1일이라고도 한다.-, 대가(大駕)가 개성에 이르러 정철을 불러들였
다. -전거는 위와 같다.-

---

26) 우연히 …… 말 : 최영경이 곧 길삼봉이라는 말을 이른다.
27) 기축록(己丑錄) : 《燃藜室記述·辛卯時事》,《混定編錄》에서는, 본문의 기록을 이항복
이 최영경 옥사의 시말을 기록한 것이라 하였다. 현전 《대동야승(大東野乘)》에 수록된
《기축록》에는 이 내용이 포함되어 있지 않으므로, 본문의 《기축록》은 이항복이
저술했다고 전해지는 《기축록》(《기축기사》라고도 한다)의 일부로 추정된다. 허목(許
穆), 윤선도(尹善道) 등 남인은 원래 강릉본 《백사집》에 정철의 간악한 죄상을 드러낸
원작 《기축록》이 수록되어 있으나, 정철의 아들인 정홍명 등이 적극적으로 문헌을
조작하는데 앞장 서 결국 진주본 《백사집》에는 정철을 옹호하여 그 책임을 면제해주
는 논조의 위작(僞作) 《기축록》이 수록되었다고 주장한다. 이항복의 《기축록》은
현전하는 강릉본에는 수록되어 있지 않고 진주본에만 실려 있다. 때문에 강릉본
《기축록》의 존재가 확인되지 않는 지금은 이항복의 《기축록》에 원작과 위작이
따로 있는 것이 사실인지의 여부조차 확인하기 어려우나, 그 시시비비와는 별도로
이 문제는 기축옥사를 둘러싼 정치적 공방이 조선후기 당쟁으로 이어지고 있음을
잘 보여주는 사례가 될 것이다.

만력 21년 계사년 -선조 26년- 10월, 대가가 환도하여, 최영경의 처자가
굶주림으로 장차 죽을 지경에 있다는 말을 듣고 해당 관청에 명하여
식량을 지급해 진휼하라 명하였다. 12월에 정철이 병으로 죽었다. -전거는
위와 같다.-

만력 22년 갑오년 -선조 27년- 5월, 전 현감 권유(權愉)[28]가 상소하여
말하기를,

"간신이 산림의 선비를 모함하여 사사로운 분노를 풀고 나라에 원망이
돌아가게 하였습니다." 하자, 주상이 산림의 선비가 누구냐고 물으니
최영경이라고 대답하였다.

16일 상중(喪中)의 정종명(鄭宗溟)[29]이 상소하여 변무(辨誣)하였으나 회답
하지 않고, 승정원에 전교하기를,

"삼봉(三峯)이라는 말은 그때 역적의 공초에는 있었으나, 정집(鄭緝)은
내가 친히 국문했는데 그의 공초에는 이 말이 없었다." 하였다. -정종명의
소장에 이러한 내용을 운운한 것이 있었으므로 이 전교가 있었다.-

20일 전교하기를,

"고(故) 사축(司畜) 최영경은 간신이 사사로운 감정을 품고 무함하여
옥중에서 원통하게 죽었으니 추증하여 원통함을 풀어주도록 이조에 하달
하라." 하였다. 최영경에게 대사헌을 추증하였다.[30]

---

28) 권유(權愉) : 본관은 안동(安東)이며, 고성(固城)에 거주하였다. 조식의 문인이다. 단
    성 현감을 지냈다.
29) 상중(喪中)의 정종명(鄭宗溟) : 정종명(1565~1626)의 본관은 연일(延日), 자는 사조(士
    朝), 호는 화곡(華谷)이다. 송강(松江) 정철(鄭澈)의 아들이다. 계사년(1593, 선조26)에
    아버지인 정철의 상을 당하여 거상(居喪) 중이었으므로 이렇게 칭한 것이다. 1594년
    (선조27) 권유가 상소하여 정철이 최영경을 무고하여 죽였다고 주장함으로써 정철의
    관작이 삭탈되기에 이르자 정종명이 변무소(辨誣疏)를 올렸다.(《宣祖實錄 27年 5月
    19日》) 정종명은 이후 광해군이 즉위하여 이발·이길·정개청 등의 신원이 본격적으
    로 논의되기 시작되었을 때에도 변무소를 올려 정철이 옥사의 확대를 저지하기 위해
    위해 노력하였음을 주장하였다. 《光海君日記 1年 12月 23日》

이에 양사에서 논하기를, "정철이 최영경을 무함해 죽였는데, 겉으로는 구해주는 척하면서 속으로는 실상 함정에 빠뜨렸으니 청컨대 추탈(追奪)하소서." 하였다. 그러자 정언 박동열(朴東說)이 피혐하며 아뢴 대략에,

"그때 전하께서 최영경의 집을 수색해 가져온 사운시(四韻詩)를 내리시니, 정철이 대답하기를, '계미년(1583, 선조16)·갑신년(1584, 선조17) 두 해 사이에 떠돌던 말들이고, 또 영경은 시에 능하지 못하니 이는 영경이 지은 것이 아닙니다.' 하였습니다. 주상께서 '최영경은 어떠한 사람인가?' 하시니, 정철이 대답하기를, '가정에서 효도하고 우애하는 사람입니다.'라고 하였습니다. 또 윤두수가 새로 대사헌이 되자 정철이 편지를 보내 말하기를, '연소한 무리가 이러한 주장을 하니 모름지기 힘써 막아야 합니다.' 하였습니다. 그러하니 만약 정철에게 기회를 틈타 함정에 빠뜨렸다는 것으로 죄를 묻는다면 억울하지 않겠습니까?"라고 하였다.

주상이 답하기를,

"나는 그 사이의 일들은 알지 못하고, 또한 어떤 사람의 소행인지도 모르지만 최영경이 독물(毒物)에 해를 당한 것만은 분명하다. 내가 석방하라 명하였는데도 결국 방면되지 못하고 옥중에서 죽었는데 여기에 자살했다는 오명까지 더해졌으니 천지간에 그 원통함이 극에 달하였을 것이다. 아! 나는 머지않아 물러가야 할 사람이므로, 내가 있을 때 그의 원통함을 풀어 주어 백년 후 지하에서 만나더라도 부끄러움이 없고자 한다. 그 시비에 대해서는 절로 공론이 있을 것이니, 한 사람의 손으로 천하의 눈을 가리기는 어려울 것이다. 나같이 어리석은 사람이 바늘방석에 앉아

---

30) 최영경에게 …… 추증하였다 : 최영경은 1594년(선조27) 신원되어 대사헌에 추증되었고, 사제(賜祭)의 특전을 받았다. 정인홍(鄭仁弘)을 비롯한 북인(北人) 측은 최영경의 죽음을 두고 성혼이 정철을 사주하여 죽인 것이라 여겼으므로, 이후 북인이 서인을 집요하게 공격하는 계기로 작용하였다. 1597년(선조30) 4월 박성(朴惺)이 최영경의 죽음과 관련하여 성혼과 정철을 논죄하는 상소를 올렸고, 1601년(선조34) 12월 문경호(文景虎)가 다시 이 문제를 제기함으로써 성혼·정철은 결국 삭탈관직 되었다.

있는 것 같은 심정을 어느 누가 알겠는가?" 하였다.

대사간 이기(李墍)·사간 이상의(李尙毅)·헌납 최관(崔瓘) 등이 피혐하며 아뢰기를,

"정철은 타고난 성품이 강퍅하고 남을 미워해 이기려 들며 시기만을 일삼아 자기와 뜻을 달리하는 자는 배척하며 무함하였고 눈만 흘겨도 반드시 보복하였습니다. 일찍이 최영경이 그 간악한 정상을 배척하여 말한 것을 원망하여 유감과 분노를 품었는데 마침 역적의 변고가 일어난 틈을 타 터무니없는 말을 지어내 마침내 옥사를 이루었습니다. 그러다 최영경의 죄상이 형체가 없다는 것이 밝혀져 전하께서 특명으로 그의 석방을 명하자 은밀히 언관을 사주해 다시 죄목을 씌우고 마침내 옥중에서 죽게 하였습니다. 신들은 정철이 착한 선비를 무함하여 죽인 죄를 논하고자 하였으나 정언 박동열이 다른 견해를 세워 공론이 펴지지 못하기에 이르렀 습니다. ……" 하니, 주상이 답하기를, "나는 다만 눈물이 흐를 뿐인데, 경들은 어찌하여 반드시 사직하려고만 하는가?" 하였다.

이에 사헌부가 아뢰어 이상의·이기·최관은 출사하게 하고 박동열은 체직하게 할 것을 청하였고, 마침내 사간원과 함께 아뢰어 정철의 관작을 추탈하라고 청하였다. 부제학 김륵(金玏) 등이 차자를 올려 논하기를 연일 지속하며 그치지 않았다.

8월, 사헌부가 아뢰기를,

"최영경이 항상 정철을 성격이 경솔하고 조급한 소인이라고 하였으므로 정철이 늘 마음에 원망을 품고 터무니없는 말을 날조해 냈으니, 처음에는 '길삼봉(吉三峯)'이라 하더니 두 번째는 '최삼봉(崔三峰)'이라 하였고, 마지막 에는 '삼봉은 영경이다'라고 하였습니다. 영경이 이미 죽은 후에도 만족할 줄 모르고 도리어 사리에 굴복하여 자살했다고 하였으니, 비록 조정(祖珽)이 백승(百升)의 노래를 이어 참소[31]한 것과 남곤(南袞)이 주초(走肖)의 참언을

―――――――――――

31) 조정(祖珽)이 …… 참소 : 백승(百升)의 노래는 북제(北齊) 때에 조정이 곡률광(斛律光)

이룬 것32)이라 해도 또한 이와 같이 음험하고 참혹하지는 않을 것입니다. 정엽(鄭曄)33)이라는 자가 감히 사사로운 주장을 함부로 퍼뜨려 공론을 저지하였으므로, 이 한 사람을 논핵하여 국시(國是)를 부호(扶護)하지 않을 수 없습니다. ……" 하니, 주상이 답하기를, "정철을 논하면 입이 더러워질까 두려우니 제쳐두는 것이 좋겠다." 하였다.

당시 홍문관의 정엽과 양사의 윤방(尹昉)·신흠(申欽)·이경함(李慶涵)·이시발(李時發)·신경진(辛慶晉)·이수광(李睟光)·조수익(趙守翼) 등은 이견을 세우다가 체차되었다.

11월 11일 양사가 합계하여 정철의 관직을 삭탈하여 왕법을 바르게 할 것을 청하니 아뢴 대로 하라고 하였다.

다음과 같이 전교하였다.

"고 영돈녕부사 정철은 뱀·전갈 같은 성품으로 귀역(鬼蜮)의 음모를 품고 독기를 부려 사람을 상하고 사물을 해치기만을 일삼았다. 지난날

을 참소하기 위해 인용한 노래이다. 중국 남북조(南北朝) 시대에 주(周) 나라가 제(齊) 나라를 침범하려 하였으나 곡률광의 무용(武勇)이 두려웠다. 이에 비밀리에 "백승이 하늘을 날고 명월(明月)이 장안을 비추는데……"라는 내용의 노래를 만들어 제나라에 퍼뜨렸다. 여기에서 백승은 100승이 들어가는 용량의 그릇, 즉 곡(斛)을 이름이요, 명월은 곡률광의 자(字)였으므로, 이 노래는 곡률광이 장차 역모를 할 것이라는 뜻을 담은 것이었다. 당시 북제의 재상 조정(祖珽)의 권세가 막중하자 황후의 아버지였던 곡률광이 그가 국가의 일을 그르칠까 두렵다고 비난하였는데, 이에 조정이 앙심을 품고 이 노래를 인용하여 참소함으로써 곡률광의 집안을 멸족시켰다. 《北齊書 卷17·斛律光列傳, 卷39·祖珽列傳》

32) 남곤(南袞)이 …… 것 : 남곤이 조광조(趙光祖)를 모함하기 위하여 희빈(熙嬪) 홍씨(洪氏)를 이용해 궁중의 나뭇잎에다 꿀로 '주초위왕(走肖爲王)', 즉 조씨가 왕이 된다는 글자를 써서 벌레가 파먹게 해 무고한 일을 말한다.

33) 정엽(鄭曄) …… 저지하였으므로 : 1563~1625. 본관은 초계(草溪), 자는 시회(時晦), 호는 수몽(守夢)이다. 송익필·성혼·이이의 문인으로, 대사헌·우참찬 등을 역임하였다. 1602년(선조35) 2월, 정인홍이 대사헌에 제수되며 성혼에 대한 공격을 한층 강화하였고, 결국 성혼은 간인(奸人)과 편당하고 국난(國難)에 왕을 저버린 죄 등으로 삭탈관직 되기에 이르렀다. 이 해 스승인 성혼을 옹호하던 문인 황신(黃愼)은 삭탈관작되었고, 오윤겸(吳允謙)과 정엽(鄭曄) 또한 각각 종성판관(鍾城判官)과 종성 부사(鍾城府使)로 폄출되었다.

역변이 일어나자 들어와 조정의 권력을 장악하고 국가의 화를 요행으로 삼아 자기의 사감을 푸는 기반으로 삼았다. 널리 심복을 심고 사방에 그물을 친 다음 산야에서 소를 올리게 하거나 대간에서 글을 올리게 하였으니, 이는 모두 정철이 직접 지시하였거나 혹은 제 손으로 상소의 초안을 작성한 것으로 조금도 거리낌이 없었다. 자기와 의견이 다른 사람을 일망타진하기 위해 나라 안에 함정을 만들고 사람을 무함하는 도구로 삼았으니, 무릇 눈 한번 흘겼다 하여 해를 입은 자만도 그 수를 알 수 없다.

우선 드러난 일로 말하자면, 최영경은 본래 산림의 선비로 세상일에는 관여함이 없이 다만 평생토록 악(惡)을 원수처럼 미워하였고, 항상 정철을 성격이 경솔하고 조급한 소인이라 여겼다. 이에 정철이 늘 앙심을 품고 있다가 중추부에서 회의가 있던 어느 날, '영남의 이름 있는 선비가 역당'이라는 말을 주창하였는데, 그 뜻이 영경을 가리키는 것이었다. 정철이 큰 옥사를 일으켜 한 도(道)의 선비를 모두 무함하려 하였으나 마침 힘껏 논박하는 사람이 있자 정철이 근신(近臣) -어사 오억령(吳億齡)- 을 영우(嶺右)[34] 지방에 파견하자고 아뢰었다. 정철이 그로 하여금 진주(晉州)로 곧장 내려가 영경을 원망하는 자의 집에 들러 묵게 하였는데, 이는 그 말을 채택하여 화를 꾸밀 음모를 이루고자 함이었으나 그 집에서 영경을 무고하지 않았고 사명을 받은 사람도 정철의 뜻을 따르지 않았다.

정철이 다시 그 당과 함께 터무니없는 낭설을 조작하여, 처음에는 '길삼봉(吉三峯)'이라 하였고 두 번째는 '최삼봉'이라 하였으며 마지막에는 '삼봉은 영경이다.'라고 하였다. 자기가 주창하고 자기가 답하여 예사로운 이야기처럼 만들고 온 나라에 퍼뜨려 사람들이 모두 익숙하게 듣게 한 후 바야흐로 옥사를 일으키기 시작하였다. 위에서 영경의 억울함을 살펴 특명으로 석방하였으나 정철은 다시 대간을 사주하여 국문하기를 청하였

----
34) 영우(嶺右) : 경상 우도(慶尙右道), 즉 경상도의 서부 지역을 이르는 말이다.

고, 심지어는 '산을 뚫어 길을 내고 경계를 넘어 서로 교류하였다.'라고까지 말하였으니 그 말이 음흉하기가 이와 같았다.

정철이 또 여러 사람이 있는 데서 술에 취해 칼로 목을 긋는 척하면서 말하기를, '최영경이 나를 이렇게 하려 하였다.' 하였으니, 그 마음씀과 쌓였던 생각이 원수에게 복수하려는 계책이었음을 그도 스스로 감추지 못하였던 것이다. 백방으로 죄를 얽어 끝내 감옥에서 죽게 만들었으니, 비록 조정(祖珽)이 백승(百升)의 노래를 이은 것과 남곤(南袞)이 주초(走肖)의 참언을 이룬 것이라 해도 또한 이처럼 참혹하지는 않았다. 그가 품고 있던 앙심을 제멋대로 실행하고 위기를 조성하며 남을 해치는 정상이 너무도 분명하여 눈이 있는 자는 모두 보았고, 입이 있는 자는 모두 말하였다.

오직 그의 뜻에 좋고 싫음을 가지고 사람의 죄를 결정하였다. 비록 역적의 입에서 나왔다 해도 정철의 뜻에 맞으면 반드시 풀어주었으니 남언경(南彦經)과 같은 부류가 그러하며, 비록 역적의 얼굴을 모른다 해도 정철의 뜻과 맞지 않으면 제멋대로 연루시켜 죽였으니 최영경과 같은 부류가 그러하였다. 온 나라가 원통한 일이라 하고 공론이 날로 분노하기에 이르자 정철이 말하기를, '주상의 뜻이 이와 같으니 우리도 어찌할 수 없다.' 하였으니, 이는 자기의 복수는 시원하게 하고 원망은 위로 돌린 것으로 그 마음 씀씀이가 교묘하고 참혹하였다. 악행을 저지른 자는 죽었거나 살았거나 옛날이나 지금이나를 가리지 않고 모두 주살하여 응징함이 옳지 이미 지나간 일이라 하여 버려두고 논하지 않아서는 안 된다. 정철의 관작을 추탈하는 일을 이조에 하달하라." -《동강집(東岡集)》에 보인다.-

이에 사림의 공론이 격렬하게 일어나서, 호남에서는 여섯 현인을 추가로 신원해야 한다는 논의가 나왔다. 여섯 현인은 동암(東巖), 남계(南溪)와 곤재(困齋) 정개청, 유몽정(柳夢井) -청계(淸溪)-, 조대중(曹大中) -정곡(鼎谷)-,

이황종(李黃鍾) -만취(晚翠)- 이다. -수우(守愚) 최영경은 대신의 논의로 인해 이에 앞서 이미 신원이 되었다.35)-

만력 23년 을미년(1595) -선조 28년-, 봄 대간과 호남유생 나덕윤(羅德潤) 등이 잇달아 상소와 차자를 올려, 기축년 옥사에 연루된 사람들이 죄 없이 무함을 받는 일을 말하고, 또 한랑(寒朗)이 초옥(楚獄)을 논한 구절36)을 인용하여 조신들이 입을 닫고 한 마디 말도 하지 않음을 책망하였다. …….

주상이 비답하기를, "너희들의 의논이 지당하니, 마땅히 논의하여 처리하겠다." 하였다.

영의정 류성룡(柳成龍)이 다음과 같이 아뢰었다.

"요즈음 대간과 지방의 유생들이 연이어 소장과 차자를 올려 기축년 원통한 옥사의 일을 말하며 조정의 신하들이 입을 닫고 있다고 책망하였습니다. 신등은 머리를 조아려 부끄러워하며 사죄드리기에 겨를이 없어야 하니, 무슨 낯으로 다시 논의를 하겠습니까? 국운이 불행하여 역적의 변고가 조정 신료 사이에서 생겼습니다. 옥사가 바야흐로 시작될 때 성상께서는 이미 옥사가 미칠 우환에 대해 염려하시고 옥석(玉石)을 구분하지 않고 모두 불사르게 될까 경계하여 덕음(德音)을 여러 차례 내리셨습니다.

만약 당시 옥사를 맡아 처리하는 신하가 성상의 지극한 뜻을 미루어 넓혀서 신중하고 공정한 신문으로 그 허실과 경중의 실정을 찾아내고 그 사이에 털끝만한 사의도 개입시키지 않았다면 원흉과 대악, 그리고 법의 단죄를 받아야 마땅한 자 외에 그 나머지, 즉 평시에 역적과 교유했으나

---

35) 수우(守愚) …… 되었다 : 최영경은 1594년(선조27) 신원되어 대사헌(大司憲)에 추증되었고, 사제(賜祭)의 특전을 받았다.

36) 한랑(寒朗)이 …… 구절 : 한나라 명제(明帝) 때 초왕(楚王) 영(英)이 역적으로 몰려 일어난 옥사를 '초옥(楚獄)'이라 하는데, 여기에 수많은 사람이 억울하게 연루되었다. 당시 역옥을 조사하던 시어사(侍御史) 한랑(寒朗)이 죽음을 무릅쓰고 여러 차례 직간하여 무고하게 연루된 이들을 풀어주게 하였다. 《後漢書 卷41 · 寒朗列傳》

역모는 몰랐던 자, 한두 번 얼굴을 맞댔거나 한두 차례 서신을 주고받았던 자, 고변이나 풍문에서 이름이 거론된 자들은 모두 마땅히 차례로 풀어주어 그 실상과 죄상이 어긋나지 않게 하였을 것입니다.

이와 같았다면 사람들은 모두 진심으로 복종하고 원통함이 풀려서, 이를 일러 천토(天討)라 하고 또한 왕법(王法)이라 하였을 것인데, 당시에는 그렇지 않았던 점이 있었습니다. 그 근원은 실로 근년 이래 조정이 분열되고 피차의 당색을 구분한 것에 있습니다. 이른바 한쪽 사람들이 이를 기화로 연좌시킬 계책으로 삼았으므로, 형세를 추종하고 의중을 엿보며 없는 죄를 꾸며 소를 올리는 자들이 공거(公車)37) 앞에 잇달았습니다. 그리하여 위로는 대부로부터 아래로는 초야의 선비에 이르기까지 발을 움직이고 손을 흔드는 것조차 모두 지목의 대상이 되었고 사소한 말 한마디도 반드시 역적을 두둔하는 죄로 밀어 넣었습니다. 이른바 3년에 걸친 큰 옥사에 억울하게 당하는 고초가 온갖 양상으로 이어졌는데 한 사람도 임금 앞에 이러한 사정을 아뢰는 이가 없으니, 이는 신하들이 나라를 저버림이 심한 것으로 그 죄는 모두에게 고르게 있는 것이지 한 사람만을 허물할 수는 없는 것입니다.

바야흐로 사변의 처음에 성상께서 석방의 문을 모두 열어주셔서 천은(天恩)을 크게 입고 사무친 원통함을 모두 씻었으니, 인심을 위로하여 풀어주고 하늘에 장구한 명(命)을 빌어 만세토록 중흥시킬 근본을 세운 일은 실로 우연이 아니었습니다. 이와 같았으므로 죄적(罪籍)에 올랐으되 살아남은 사람은 거의 다 성은을 입었으나, 유독 최영경(崔永慶)·정개청(鄭介淸)·유몽정(柳夢井)·이황종(李黃鍾) 등처럼 사망한 이들은 미처 원통함을 씻지 못하였습니다. 그러던 중 최영경은 성상의 특명과 대간의 연이은 논계로 이미 신원이 되고 증작(贈爵)까지 더해졌으니 듣고 보는 이들이 누구인들

---

37) 공거(公車) : 한(漢) 나라 때 상소 및 징소(徵召)에 대한 일을 관장했던 관서의 이름이다. 여기에서는 승정원을 가리킨다.

감격하지 않겠습니까? 정개청·유몽정·이황종 같은 자들도 비록 인품의 고하와 죄를 입은 선후가 있다 해도 억울한 누명을 쓴 것은 마찬가지입니다. 정개청은 호남 사람 중에서도 특히 명성이 높았던 사람으로 평생을 학술과 바른 품행으로 자임하였는데 우연히 한 편의 저술로 인해 죽음에 이르렀으니, 나덕윤의 무리가 발을 싸매고 천 리 길을 달려와 대궐 문을 두드리며 원통함을 호소한 것도 당연합니다.

대개 큰 병란과 큰 옥사는 한(漢) 나라와 당(唐) 나라가 멸망한 원인입니다. 그러므로 큰 옥사 후에 반드시 큰 병란이 있는 것은 이치가 그러한 것입니다. 이제 인심이 지나간 일을 경계로 삼고 나라의 운명이 장차 일신하려 하는데, 죄 없는 백성이 황천에서 원한을 품은 채 그 원통함을 씻지 못한다면 억울한 원기가 또한 치솟아 족히 하늘의 화기(和氣)를 범하고 국가의 형정에 누(累)를 끼칠 것이니 작은 일이 아닙니다.

신들의 뜻은 특별히 유생의 소장을 윤허하시어 정개청·유몽정·이황종 등의 억울함을 모두 씻어주시고, 이밖에 소장과 차자에서 미처 거명되지 못한 이들도 많으니 임진년의 하교에 의거하여 법에 따라 연좌된 자 외에는 모두 풀어주겠다는 뜻으로 의금부로 하여금 상세히 적어 올리도록 하고 그 연루된 사항의 경중에 따라 일체 용서하여 성상의 너그럽고 어진 은혜를 황천의 엎어 놓은 동이[覆盆]38) 아래에까지 고루 입게 해 주신다면 유신(維新)의 정사에 보탬이 되는 바가 적지 않을 것입니다. 황공하게도 감히 아룁니다." -《서애집(西厓集)》에 보인다.-

주상이 답하기를, "후일에 마땅히 면대하여 의논하겠다." 하였다.

---

38) 엎어 놓은 동이[覆盆] : 태양이 밝아도 땅에 엎어 놓은 동이 속에는 태양빛이 미치지 못한다는 뜻인데, 억울한 사정을 윗사람이 몰라주는 것을 비유하는 말이다. 《포박자(抱朴子)》〈변문(辨問)〉에 "해와 달도 비치지 못하는 곳이 있고, 성인도 알지 못하는 것이 있다. 그러나 어찌 이 때문에 성인이 하지 않는 것이라고 하며 천하에 신선이 없다고 하겠는가? 이것은 바로 삼광이 엎어 놓은 동이 안을 비추지 못한다고 책망하는 격이다.[日月有所不照, 聖人有所不知, 豈可以聖人所不爲, 便云天下無仙? 是責三光不照覆盆之內也.]"라고 하였다.

만력 24년 병신년 -선조 29년-, 역적 이몽학(李夢鶴), 한현(韓絢)이 연달아
역모를 일으켰다.[39] 좌의정 김응남(金應南)[40]이 추관이 되어 옥사를 너그럽
고 공평하게 다스리자 여론이 흡족해하며 그를 칭송해 말하기를, "재상으
로서 옥사를 다스림이 과연 이와 같구나!" 하였다. 당시 좌의정이 주상의
면전에서 진달하여 호서(湖西) 지역의 임경(任璟) 등 200여 명과 호남(湖南)
지역의 30여 명을 풀어주게 하였다. 일을 마치던 날 주상이 김응남을
불러 하교하기를,

"경 덕분에 시시비비를 명백히 가린 것이 기축년 원통한 죽음에 관한
일만한 것이 없기에 내 심히 가상하게 여긴다." 하니 좌의정이 일어나
대답하기를, "모든 것이 성상의 덕이니, 어찌 신의 힘이라 하겠습니까?"
하고, 이어 나아가 말하기를,

"신이 어찌 죽은 벗을 위해 군부를 기망하리까? 이발은 정여립의 흉악한

---

39) 이몽학(李夢鶴) …… 일으켰다 : 이몽학이 1596년(선조29) 임진왜란 중에 충청도에서
   일으킨 반란을 가리킨다. 이몽학은 본관이 전주(全州)로, 왕족의 서얼 출신이다.
   일찍이 충청도·전라도를 전전하다가, 임진왜란이 일어나자 모속관(募粟官) 한현(韓
   絢) 등과 함께 홍산(鴻山) 무량사(無量寺)에서 모의를 하고 의병을 가장하여 조련을
   실시하였으며, 동갑회(同甲會)라는 비밀결사를 조직하여 친목회를 가장, 반란군
   규합에 열중하였다. 한현은 어사 이시발(李時發)의 휘하에서 호서(湖西)의 조련을
   관리하라는 명을 받았으나, 민심이 이반되고 방비가 없음을 알아채고 이몽학과
   함께 거사를 모의하였다. 이몽학 등은 1596년(선조29) 7월 야음을 틈타 홍산현을
   습격하여 함락시키고, 이어 임천군(林川郡)·정산현(定山縣)·청양현(靑陽縣)·대흥
   현(大興縣)을 함락한 뒤 그 여세를 몰아 홍주성(洪州城)에 돌입하였다. 그러나 반란군
   중 이탈하여 관군과 내응하는 자가 속출하고, 전세가 불리하게 되면서, 결국 이몽학은
   부하들에 의해 살해되었다. 이후 한현은 반군 수천 명을 이끌고 홍주에 주둔하던
   중 홍가신의 진군으로 패주하다 사로잡혀 한양으로 압송되어 처형되었다.
40) 김응남(金應南) : 1546~1598. 본관은 원주, 자는 중숙(重叔), 호는 두암(斗巖)이다.
   1568년(선조1) 증광 문과에 급제하여 예문관·홍문관의 정자를 지낸 뒤, 사가독서(賜
   暇讀書)했다. 1583년 동부승지로 있다가 송응개(宋應漑)·허봉(許篈)·박근원(朴謹元)
   등이 병조 판서 이이(李珥)를 탄핵하다 도리어 선조의 노여움을 사 유배당할 때
   그들과 일당이라는 혐의를 받고 제주 목사로 좌천되었다. 1591년 성절사(聖節使)로
   가, 일본이 중국을 침범하려는 뜻을 가지고 있음을 전하였고, 1594년 우의정, 다음
   해 좌의정이 되어 영의정 류성룡과 함께 전쟁의 혼란한 정국을 수습하는 데 공을
   세웠다.

역모를 알지 못하였으나 그와 더불어 친밀히 교유한 죄는 진실로 죽어
마땅합니다. 그러나 그가 역모에 가담했다고 한다면 너무도 원통한 일입니
다." 하였다. 주상이 묵묵히 대답하지 않자, 공이 즉시 대궐 문밖으로
나와 탄식하며 말하기를, "내 비록 죽어 지하에서 경함(景涵)⁴¹⁾을 본다
해도 부끄럽지 않을 것이다." 하였다.

판서 만취(晚翠) 오억령(吳億齡)⁴²⁾ 어른이 경연 중에 밖으로 나와 말하기
를,

"오늘 좌의정은 감히 말하기 어려운 말을 이와 같이 진달하였으니
다른 사람이 미칠 수 없다고 할만하다." 하였다. 이 일이 있기 수개월
전, 판서 만전(晚全) 홍가신(洪可臣)⁴³⁾ 어른이 소를 올려 동암 형제가 억울한
죽임을 당한 실상을 극진히 진달하고, 또 말하기를,

"이발의 80세 노모를 때려죽이기에 이르렀으니 임진년의 왜변은 오로지
이로 말미암아 일어난 것입니다." 하였다. 주상이 진노하였으나 그가
홍주성(洪州城)을 지키고 역적 괴수 이몽학을 참살한 공을 특별히 참작하여
결국 죄를 묻지 않았다. -《무송소설(撫松小說)》에 보인다.-

이 해에 만전 홍가신이 홍주 목사에 임명되었다. 당시 구언(求言)이
있자 봉사(封事)를 올려 말하기를,

"신이 삼가 성지(聖旨)를 읽어보건대, '원통하게 죽은 신하들에 대해

---

41) 경함(景涵) : 이발(李潑)의 자이다.
42) 오억령(吳億齡) : 1552~1618. 본관은 동복(同福), 자는 대년(大年), 호는 만취(晚翠),
   시호는 문숙(文肅)이다. 1582년(선조15) 식년(式年) 문과(文科)에 급제했고, 1591년
   진주사(陳奏使) 질정관(質正官)으로 명나라에 다녀왔다. 1592년 임진왜란이 발발하자
   선조를 호종(扈從)하였고, 1593년 환도 후에는 대사간·도승지 등 주요 관직을 두루
   역임하였다. 광해군 7년(1615) 정인홍(鄭仁弘)의 탄핵을 받고 낙향하여 4년 동안
   대죄(待罪)하고 있다가 졸하였다.
43) 홍가신(洪可臣) : 1541~1615. 본관은 남양, 자 흥도(興道), 호 간옹(艮翁)이다. 1596년
   이몽학이 반란을 일으키자 민병을 규합해 무장 박명현(朴名賢)·임득의(林得義) 등과
   함께 난을 평정하고, 청난 공신(淸亂功臣) 1등에 녹훈되고 영원군(寧原君)에 봉해졌다.

포장(襃奬)하고 증직하라 이미 명하였으나 황천에 아직도 원한을 씻지 못한 사람이 있는 것은 아닌가?' 하셨습니다. 신이 듣기로, 반역은 큰 악이요 죄인을 형벌로 죽이는 것은 큰 법입니다. 큰 법을 들어 큰 악을 단죄함에 천하의 그 누가 통쾌하게 여기지 않겠습니까? 불행히도 이른바 반역자들이 평온한 나날에 일어나고 조정의 신료에서 나오는 바람에 화가 걷잡을 수 없이 퍼져 옥석(玉石)의 구분 없이 모두 태웠으니, 천하 사람들의 마음에 반드시 불만스레 불평이 들끓고 있을 것입니다.

아! 기축년 역옥의 참혹함은 말하려니 기가 막힙니다. 역신 정여립은 입으로는 시서(詩書)를 외웠으나 성품은 실로 딴 마음을 품고 있었으며, 급기야 뜻을 잃고 낭패하기에 이르자 남몰래 원망을 품고 은밀히 무뢰배들을 끌어들여 감히 석천(射天)의 흉계[44]를 꾸몄습니다. 이에 신명의 주살과 귀신의 앙화가 발길을 돌릴 틈도 없이 내려와 노륙(孥戮)[45]의 형벌이 위로 조상에까지 미쳤으니, 이는 진실로 마땅한 일이었습니다.

그러나 두세 명의 조정 신료의 경우, 이들은 모두 한 시대의 명류들로서, 다만 선인(善人)을 좋아하다보니 사람을 가릴 줄 몰랐고, 하는 말을 듣기만 하였지 그 행실은 보지 않았으며 서찰을 주고받으며 문답하는 사이에 망령되이 시사의 시비를 논하였으니, 이는 죄가 없다할 수 없습니다. 그러나 그것을 두고 역모에 동참하여 반역을 도모했다고 한다면 결단코 옳지 않습니다. 지금 의리는 묻지 않고 이해(利害)만 가지고 말해보아도, 이들은 모두 일찍부터 한때의 명망을 얻고 성상의 은혜를 융성히 입었으며 아침저녁으로 승진해 작위가 현달한 이들로 가만히 앉아 있어도 공경의

---

44) 석천(射天)의 흉계 : 천명을 거역하고 반역을 꾀하는 음모를 이른다. 은(殷) 나라의 무도한 임금 무을(武乙)이 인형을 만들어 '천신(天神)'이라고 부르면서 사람을 시켜 대신 두게 하는 방법으로 그와 장기를 두되, 천신이 이기지 못하면 가죽 주머니에 피를 담아 하늘을 향해 쏘아 맞히면서 '석천(射天)', 즉 '하늘을 쏜다'고 한 데서 유래하였다. 《史記 卷3 · 殷本紀》

45) 노륙(孥戮) : 죄인의 처자를 연좌시켜 죄인과 함께 처벌함을 이른다.

지위에 오르고 구하지 않아도 부귀영화가 저절로 이르렀을 텐데 무슨 까닭으로 순리를 배반하며 역모를 꾀하고 평안함을 떠나 위태로운 곳으로 나아가서 만 번 죽고 백번 패할 곳에서 구차히 요행을 바라겠습니까?

원래 조정이 분열하고 사론이 각립하여 인사를 등용하고 물리침이 격양되었을 때 이들의 형적이 너무 노골적으로 드러나는 것을 면치 못하였던 까닭에 한 쪽의 부류들이 뼈에 사무치도록 분한 마음을 품고 틈을 노렸다가 일망타진하는 계책을 부리려 한 지 오래되었습니다. 이때 마침 역괴가 일으킨 변란이 일어나자, 어사(御史)는 한랑(寒朗)이 했던 직언을 하지 않았고, 대신은 조보(趙普)46)의 권력을 훔쳐서 위협하여 꾀어내고 끌어들여 없는 죄를 갖가지로 꾸며냈습니다. 이발 형제의 경우 그들 자신뿐만 아니라 늙은 어미와 연약한 자식들까지 모두 혹독한 형장 아래 죽어 옥졸도 눈물을 흘리고 이서들은 탄식을 내뱉었으니 지극히 어진 하늘이 어찌 애통해하며 슬퍼하지 않았겠습니까? 이 때문에 7, 8년이 지난 지금까지도 나라 안에 말들이 자자하고 사람들이 마음 아파하고 답답해하는 것입니다.

조신(朝臣)들 중에서도 일찍이 원통함을 씻어주어야 한다고 말하는 이들이 여러 차례 있었으나, 역적을 참벌한 여파 속에 사기(士氣)가 꺾여서 겨우 그 실마리만 조금 아뢰고 말았을 뿐 주장을 끝까지 밀고 나가지 못하고 전하께서 스스로 깨닫게 되는 날만을 기다렸습니다. 아! 세월의 흐름은 냇물이 흐르는 것과 같고 세상의 무상함은 어디에도 예외가 없는데 전하께서 지금에 와서도 원통함을 씻어주지 않으신다면 어느 때 씻을 수 있겠습니까? 전하의 마음은 어찌하여 최영경에게는 밝으면서 유독 이 사람에게는 어두우십니까? 이는 진실로 좌우의 신하들이 이러한 곡절을

---

46) 조보(趙普) : 922~992. 송의 정치가로, 자는 칙평(則平)이다. 송 태조인 조광윤의 참모로 시작해서 송나라를 세우는데 큰 공을 세웠다. 범질(范質)과 더불어 송나라 초기의 뛰어난 재상으로 일컬어졌다.

잘 갖추어 전하께 주달하는 일이 없었기 때문이니, 이 때문에 온 나라 사람들이 그 원통함을 알고 있는데 전하만 홀로 모르고 계신 것입니다. 겨울의 음기 다음에는 반드시 봄의 양기가 오는 법이니, 오늘 전하의 하문은 그 측은지심이 발로된 것입니까?" -전거는 위와 같다.-

12월, 전 의금부 도사 나덕윤(羅德閏) 등이 소를 올려 여섯 신하의 원통함을 씻어 달라 청하였는데, 그 소의 대략에,

"이발, 이길이 정철에 대해 평소 물과 불처럼 대했다는 것을 전하께서도 이미 알고 계실 것입니다."라고 하였다. -전거는 위와 같다.-

만력 25년 정유년 -선조 30년-, 전 정랑 박성(朴惺)⁴⁷⁾이 소를 올려 여섯 신하의 원통함을 씻어 달라 청하였다.

만력 26년 무술년 -선조 31년-, 전 정자 조수홍(曺守弘)⁴⁸⁾이 소를 올려 여섯 신하의 원통함을 풀어달라 청하였다. -전거는 위와 같다.-

만력 27년 기해년 -선조 32년- 8월 2일, 전 별좌 나덕준(羅德峻) 등이 소를 올려 여섯 신하의 원통을 풀어달라 청하자, 주상이 비답하기를,

"옳고 그름은 마땅히 조정에서 판단해야 할 일이다. 너희들이 부지런히 주장하더라도 매번 번거롭게 해서는 안 될 것이다." 하였다. -전거는 위와 같다.-

---

47) 박성(朴惺) : 1549~1616. 본관은 밀양(密陽), 자는 덕응(德凝), 호는 대암(大庵)이다. 정구(鄭逑), 최영경(崔永慶), 김면(金沔), 장현광(張顯光) 등과 교유하며 남명(南冥) 조식(曺植)의 학문적 영향을 많이 받았다. 임진왜란 때 초유사 김성일의 막하에 있었고, 정유재란 때 체찰사 이원익의 막하에서 활약하였다. 1597년(선조30) 4월, 최영경의 죽음과 관련하여 성혼과 정철을 논죄하는 상소를 올렸다.

48) 조수홍(曺守弘) : 1574~1608. 본관은 창녕(昌寧), 자는 계의(季毅), 호는 사촌(沙村)이다. 정곡(鼎谷) 조대중(曺大中)의 조카이다.

만력 28년 경자년(1600) -선조 33년- 봄, 정승 이항복이 호남에 체찰사로
갔는데, 주상이 그에게 역적의 종적을 은밀히 살피게 하니 공이 장계를
올려 아뢰기를,

"역적은 조수(鳥獸)나 물고기, 자라처럼 곳곳에서 나는 산물이 아니므로
은밀히 살피기 어렵습니다." 하였다. 사람들이 모두 칭송하며 기담(奇談)이
라 하였다. -《하담파적록(荷潭破寂錄)》에 보인다.-

정승 이항복이 일찍이 경연에 입시하였는데, 진강이 파하고 좌우의
사신(史臣)이 모두 물러가자 공이 홀로 남아 있다가 일어나 절하고 말하기를,

"신이 일찍부터 한번 진달하고 싶었으나 생각만 있었을 뿐 실행에
옮기지 못한 채 여러 해가 되었습니다. 신이 외람되이 전하의 지우를
입어 지위가 비할 데가 없습니다만, 복이 다하면 재앙이 싹트는 법이고
죽을 날도 멀지 않았으니, 군부의 앞에서 정상을 사실대로 아뢰지 못한다면
신은 죽어서도 눈을 감지 못할 것입니다."

주상이 말하기를, "경은 긴말하지 말고 기탄없이 말하라." 하자 공이
일어나 절하고 앉은 다음 상세히 진달하기를,

"기축옥사 때 신이 문랑(問郎)이었으므로 처음부터 끝까지 잘 알고 있습
니다. 이발 형제의 원정(原情)과 형신(刑訊)을 받을 때의 공초(供招)로 볼
때, 이들은 진실로 역모에 동참한 사람들이 아닙니다. 대개 흉악한 역변이
조정 신료에게서 나와 전하께서 진노하시자 사람들이 모두 벌벌 떨며
한 사람도 그 원통한 정상을 조용히 아뢰는 사람이 없었으니, 이는 대개
전하의 위엄과 노여움을 두려워하였기 때문입니다. 이발은 일찍부터 역적
정여립과 절친하게 지냈으므로 끝내 형장 아래 죽음을 면할 수 없었지만
그의 80 노모까지 고문 끝에 죽었으니, 이는 성세(聖世)의 누가 되었습니다.
신이 품고 있는 생각이 있어도 황공하여 미처 아뢰지 못한 것이 이것입니
다." 하였다.

주상이 웃으며 답하기를, "뜻밖에도 이러한 말이 경의 입에서 나오는구려." 하자, 이 정승이 절하며 답하기를,

"신이 지극히 원통한 사람의 실정을 상세히 알면서도 시종일관 전하의 위엄을 두려워하여 낱낱이 아뢰지 않는다면 이는 다만 전하께서 베풀어주신 은혜를 저버리는 일일 뿐 아니라 또한 저승에서도 여한이 있게 될 것입니다. 더욱이 죄를 받아 죽은 사람이 아직 그 원통함을 씻지 못한 것은 어쩌하겠습니까?" 하니, 주상이 사신(史臣)을 돌아보며 말하기를,

"이는 후일과 관계되는 말이니, 하나도 빠뜨리지 말고 상세히 기록해야 할 것이다." 하였다. 당시 입시해 있던 겸춘추(兼春秋) 남복규(南復圭)가 이와 같은 사실을 전하며 말하기를,

"동암 형제의 신원은 실로 백사(白沙) 공의 한마디에서 시작되었다. ……"고 하였다. -《무송소설(撫松小說)》에 보인다.-

만력 29년 신축년 -선조 34년- 5월, 주상이 대신을 인대(引對)하였는데 백사(白沙)가 나아가 아뢰기를,

"지난 기축년 역옥 때, 신은 문사랑(問事郞)으로서 시종일관 안옥(按獄)에 참여하였고 좌의정[49] 또한 같은 때에 함께 참여하였으며 이 외에는 역옥 때의 일을 아는 사람이 없습니다. 소신은 병이 많아 아침저녁으로 언제 죽을지 모르니, 신이 죽으면 누가 다시 그때의 곡절을 알겠습니까? 소소하게 죄를 입은 사람이야 어찌 그 수를 다 헤아릴 수 있겠습니까? 이발 형제나 백유양 등이 죄를 받았으므로 역적과 함께 모의한 것이 있는 것 같지만 이는 일의 실정과 맞지 않습니다. 그들 무리가 식견이 우매하고 어두워 역적의 더할 수 없는 흉악함을 모르고 감히 천거한 죄를 지은 것은 진실로 피하기 어려우나 생각건대 그들은 역모에 관해서는 결코

---

49) 좌의정 : 《선조실록(宣祖實錄)》 34년 5월 27일 기사에서 이항복이 아뢴 말에 따르면, 이때의 좌의정은 기축옥사 당시 우참찬이었던 김명원(金命元)을 가리킨다.

알지 못하였습니다.

그들의 이름이 정집(鄭緝)의 공초에서 처음 나왔고 임언린(任彦獜)·선홍복(宣弘福)의 공초에서 재차 나왔는데, 임언린은 우매한 천인으로 엄형을 받는 와중에 난언(亂言)이 없지 않았습니다. 또 역적은 만고의 대악(大惡)인데 어찌 다시 조정의 신하들에게서 나왔겠습니까? 범상하게 교유한 것을 가지고 기어이 함께 역모를 꾀하였다 하는 것은 지극히 애매합니다. 예로부터 반군의 장수와 세력이 강한 신하가 권력을 장악하고 찬탈하는 경우 은밀히 당여를 심어 놓고 악행을 동모하여 반역을 행하는 일이 있기도 하였습니다. 그러나 이 역적은 고향 집에 있으면서 은밀히 무뢰배들과 결탁하였고 모의를 거행하기도 전에 일이 먼저 발각되었으니, 사대부들이 어찌 그 역모를 알 수 있었겠습니까? 다만 그들이 서로 주고받았다는 서찰을 보면 사람들이 모두 노여워할 만하니 그것으로써 죄를 준다면 누가 감히 뭐라 하겠습니까만 함께 역모를 꾀하였다는 죄명은 실로 정상과 맞지 않습니다. 정언신(鄭彦信)의 죄명50) 또한 심히 원통하고 억울합니다." 하였다.

그러자 주상이 성난 목소리로 말하기를,

"경은 그와 같은 말을 해서는 안 된다. 옥사를 다스리는 대체는 죄상이 드러나는 대로 정죄(定罪)하는 것이다. 이발은 정집의 공초에서 나왔을 뿐만 아니라 다른 자들의 공초에서도 그 이름이 많이 거론되었다. 이발이

---

50) 정언신(鄭彦信)의 죄명 : 정언신(1527~1591)의 본관은 동래(東萊), 자는 입부(立夫), 호는 나암(懶庵)이다. 1589년 기축옥사 때 우의정으로서 옥사를 다스리는 위관(委官)에 임명되었다. 그러나 대간으로부터 정여립의 구촌친(九寸親)이므로 공정한 처리를 할 수 없다는 탄핵을 받아, 위관을 사퇴하고 이어서 우의정도 사퇴하였다. 이후 정여립의 일파로 간주되어 남해에 유배되었다가 투옥되었다. 이때 유생 양형(梁詗)이 상소하여 '우의정 정언신이 옥사를 다스릴 때 고변한 사람을 베고 싶다는 말을 공공연하게 발설하였다.'고 주장한 것을 계기로 하여, 정언신이 역모를 무마해 옥사를 뒤집어 번복시키려 하였다는 죄명이 추가되었다. 이로 인해 사사(賜死)의 하교가 있었으나 감형되어 갑산(甲山)에 유배, 그곳에서 졸하였다. 1599년에 복관되었다.

역적과 친밀하였음은 누구나 다 아는 사실이고, 백유양이 역적과 혼인을 맺은 것은 말할 필요도 없는 사실이다. 경의 말은 모두 억측에서 나온 것으로, 그들은 모두 역적과 일체였다." 하니, 백사가 아뢰기를,

"정집 같은 경우 그 사람됨이 형편없었는데, 당시 다행히도 성상께서 정집에 대한 국문을 중지하고 신문하지 말라 명하셨으므로 죄 없는 사람을 어지러이 끌어들이는 일이 그 정도에서 멈추었지, 정집이 만약 오랫동안 국문을 받았다면 사람을 해친 것이 반드시 많았을 것입니다. 이로써 보자면 그가 죄 없는 사람을 어지러이 끌어들였던 것은 의심의 여지가 없습니다." 하였다.

주상이 말하기를,

"역적이 조정 신하들에게서 다시 나올 리 없다는 말은 더욱 불가하니, 역적에게 어찌 동모한 무리가 없었겠는가? 경의 말처럼 그들을 용서한다면 난신적자를 어떻게 징토하겠는가?" 하니, 백사가 아뢰기를,

"정여립은 황해도의 무뢰배들 및 산 속 승려들과 교유하고 왕래하며 어지러운 말을 만들어내고 바랄 수 없는 것을 바랐던 자취가 명백합니다만, 신의 생각에 조정의 신료 가운데 역모를 아는 이는 결코 없었을 것입니다." 하자, 주상이 말하기를,

"정여립이 어디에서 나왔는가? 사대부 가운데에서 나오지 않았는가? 악인과 당을 이룬 사람을 어찌 이와 같이 말할 수 있단 말인가? 《춘추》의 대의를 논하는 법은 난신적자의 당여에게 더욱 엄해야 한다."고 하였다.
-〈백사행장(白沙行狀)〉에 보인다.-

계곡(谿谷) -장유(張維)- 이 지은 백사 이상국의 행장에 이르기를,
"때마침 사화가 일어났는데 정승 정철이 사화의 수괴가 되었다."라고 하였다. 공은 기축년 원옥(冤獄)에 관한 일을 말하고 《기축록(己丑錄)》을 지었는데 강릉본(江陵本) 《백사집(白沙集)》에 그 글이 실려 있었다. 지금

그 글은 없어졌고 개작한 《기축록》이 세상에 퍼져 있는데 그 내용이
다수 변경되어 있으니 어떻게 된 일인가? -미수(眉叟)51)의 《기언(記言)》에
수록된 〈백사이상국사적[白沙李相國事]〉-

만력 30년 임인년 -선조 35년- 봄, 헌납 최충원(崔忠元) -수성(隋城)52) 사람-
이 두 번째 차자를 올렸는데, 그 내용은 다음과 같다.

"삼가 아뢰건대 신등이 전하의 지난 번 비답을 보니 '시비를 정하지
않을 수 없다.'고 하교하셨습니다. 크구나! 이 한 마디 말씀이 나라를
흥기시키기에 충분하니 우리나라는 모든 일이 잘 다스려질 것입니다!
무릇 최영경은 산림의 선비로서 그의 충효(忠孝)와 대절(大節)은 한 세상이
추중하였고 바른 말과 맑은 논의는 뭇 소인들이 시기하였습니다. 간신
정철은 최영경에게 배척당하자 이를 갈고 입술을 깨물며 독을 머금고
내뿜으려 한 지 오래였으나 그 기회를 얻지 못했을 뿐이었습니다. 불행히도
역적의 변고가 조정 신료에게서 나오자, 이에 정철이 팔을 걷어붙이고
일어나 때를 틈타 사감을 풀고 제멋대로 굴면서 당여를 모아 모의하고
세력을 합해 도모하였으니, 아, 최영경이 어찌 화를 면할 수 있었겠습니까?
그 죄를 날조한 계책과 무함한 정상은 말하자면 길어서 사람으로 하여금
기가 막히게 합니다.

그러나 그 자취를 논하면 정철이 죽인 것이나 그 실정을 따져보면
사실 성혼이 주장한 것53)입니다. 왜냐하면 성혼은 정철의 당으로, 성혼이

---

51) 미수(眉叟) : 허목(許穆)의 호이다.
52) 수성(隋城) : 경기도 수원의 이칭(異稱)이다.
53) 성혼이 …… 것 : 이때 성혼은 북인의 공세 속에, 임진년 왜란 때 선조를 호종하지
 않았던 출처 때문에 왕법(王法)으로 용서받지 못할 죄인이라는 명목에 더하여 기축옥
 사 당시 원옥(冤獄)을 확산시킨 소인배라는 혐의가 가중되고 있었다. 특히 최영경의
 죽음과 관련하여서는 1594년(선조27) 권유(權愉)가 상소하여 정철이 최영경을 무고하
 여 죽였다고 주장함으로써 정철의 관작이 삭탈된 이래 1597년(선조30) 4월, 정인홍의
 문인 박성(朴惺)이, 1601년(선조34) 12월 문경호(文景虎)가 '최영경을 죽음에 얽어

아니었다면 정철이 그 간악한 흉계를 이루지 못하였을 것이기 때문입니다. 정철과 성혼은 교분이 친밀하여 합심하여 한 몸이 되었던지라, 정철의 세력은 성혼에게 의지해 커졌고 성혼의 계략은 정철에게 의탁해 행해졌습니다. 크고 작은 논의가 있을 때마다 간여해 알지 못하는 것이 없었는데, 하물며 최영경을 죽이는 이 한 일을 어찌 몰랐겠습니까? 그 불순한 뜻을 벌하는 《춘추(春秋)》의 필법54)으로 시비를 살피고 포폄을 정하면 성혼이 주범이 되고 정철은 그 다음이 되니, 천 년 후에도 이들은 결코 부월(斧鉞)의 주륙을 면치 못할 것입니다.

　다행히도 성감(聖鑑)이 환히 빛나시어 작은 것도 비추지 않음이 없으시므로 성혼의 정상이 드러나 가리기 어렵게 되었습니다. 전하의 교서가 한번 반포되자 시비가 분명해졌으니, 이른바 백년을 기다리지 않아도 시비가 정해진다 한 것은 바로 오늘날의 일을 두고 하는 말입니다. 그러나 이는 다만 그 마음을 논하였을 뿐이니, 그 마음을 따져보면 미워할 만하나 그 자취를 캐보면 밝히기 어렵습니다. 지금 두 사람이 있는데, 칼을 잡고 사람을 죽인 자가 있고 옆에서 보기만 하고 구하지 않은 자가 있으면 법을 집행하는 관리는 그 구하지 않은 자를 먼저 다스려야 하겠습니까, 아니면 칼을 잡은 자를 먼저 다스려야 하겠습니까? 이것이 바로 성혼이

넣은 자는 정철, 이를 배후에서 조종한 자는 성혼'이라는 내용의 상소를 올려 최영경 옥사의 책임 소재를 성혼에게까지 확대하였다.(《燃藜室記述·宣祖朝故事本末》,《宣祖實錄 34年 12月 20日》) 여기에 1602년(선조35) 2월에는 대사헌에 제수된 정인홍이 성혼에 대한 공격을 한층 강화하였는데 본문의 사헌부 헌납 최충원(崔忠元)의 차자도 이러한 일환으로 작성된 것이다. 이와 같은 정치적 공세 앞에 결국 성혼은 간인(奸人)과 편당하고 국난(國難)에 왕을 저버린 죄 등으로 삭탈관작 되었다. 이에 대해 서인 측에서는 애초 최영경이 길삼봉이라는 유언비어를 믿고 장계를 올려 최영경을 잡아들인 사람은 동인인 전라 감사 홍여순(洪汝諄)이었고 정철과 성혼은 오히려 뜻을 모아 최영경의 구명을 위해 노력했다고 주장하였다.《宋子大全·松江鄭公神道碑銘 幷序》

54) 불순한 …… 필법 : 어떤 인물을 평할 때 겉으로 드러난 행위나 결과로써 평하지 않고 그 용심(用心)을 살펴 불순한 동기를 주벌(誅罰)한 《춘추》의 필법(筆法)을 이른다.

최영경을 구하지 않은 마음을 벌하되 사람을 죽인 죄는 더하려 하지 않는 까닭이니, 어찌 반드시 죄를 더한 후에야 죄를 물었다고 하겠습니까?

재차 국문할 것을 논계한 대간의 경우 권간을 종처럼 섬겨 현인을 해치고 나라를 그르쳤으니 이미 지나간 일이라 하여 용서해서는 안 됩니다. 신들이 그들의 죄를 청하는 것은 진실로 근본은 놓아두고 말단만 다스리는 것이 아닙니다. 아, 전하께서 성혼에 대해 뱃속을 들여다보듯 꿰뚫어 보시고 깊이 미워하며 통렬히 끊어버리시니, 신들은 오늘날 시비가 정해지지 않을까 근심하지 않습니다. 바라옵건대 전하께서 시종일관 유념하시어, 옳고 그름이 모두 그 합당함을 얻고 좋아하고 미워함이 일체 바른 데에서 나와 국론이 정해지도록 하시면 심히 다행이겠습니다."

주상이 다음과 같이 답하였다.

"차자를 보고 논한 뜻을 잘 알았다. 그 내용에, '사실 성혼이 주장한 것', '성혼이 아니었다면 정철이 그 간악한 흉계를 이루지 못하였을 것'이라 하였고, 또 말하기를, '합심하여 한 몸이 되었다', '천 년 후에도 결코 부월의 주륙을 면치 못할 것'이라 하였으니, 성혼의 정상이 이제 다 드러나 인심이 거의 아는 바가 있게 되었고 공론이 만세에 행해지게 되었으며 시비도 어느 정도 정해지게 되었다. 성혼과 정철은 한때 뭇 소인배들이 모인 소굴의 주인으로, 온 세상이 그들에게 속임을 당하였다. 그 정상을 몰랐다면 그만이거니와 이미 알고서도 언론의 책임이 있는 자가 곧장 배척하거나 그 소굴을 공파(攻破)하지 않아서 소인배들로 하여금 때를 틈타 출몰하게 한다면, 훗날 또 사람 같지 않은 이들이 널리 포진하여 정철의 자식을 끌어들이고 정철의 간악함을 비호하며 사론을 통제하고 공의를 가로막을 것이다. 그렇게 되면 하늘에 사무치는 구천의 원통함은 따지지 않더라도 국가의 일이 날로 잘못되어갈 것이니, 이 어찌 당대 임금의 책임이 아니라 하며 침묵으로 일관할 수 있겠는가? 옛날 곧은 신하가 흡사 '사람을 쏘려면 먼저 말을 쏘고 적을 사로잡으려면 먼저 왕을 사로잡는다'[55]라는 말을 한 것 같기에, 전에 내 망령된 소견[56]을 운운하였을 뿐이다. 그런데 지금 경들이 시끄럽게 사직하는 지경에 이르렀으니 진실로 불가하다. 지금 차자를 보니 참으로 가상하니, 내 마땅히 거듭 유념하겠다."-《최씨구일전(崔氏九逸傳)》에 보인다.-

정승 이 백사(白沙) 공의 행록(行錄)에 다음과 같은 내용이 있다.

임인년(1602, 선조35) 봄, 의론이 크게 변하자 떼를 지어 일어난 무리들이 시끄럽게 떠들어대며 기축년 옥사에 대한 처리를 끄집어 내 화를 전가하는 효시로 삼았다. 심지어는 "성 우계가 정철을 사주하여 최영경을 죽였다"고 하였고, 대간이 아뢴 내용 중에는 "청송당(聽訟堂)을 소인배들을 불러 모으는 곳으로 삼았다"[57]는 말이 있었으며, 또 "정철이 최영경을 죽인 것이 아니라 성혼이 죽인 것이다."라는 등의 말이 있었다.

성혼의 관직이 추삭(追削)되자, 선생[58]이 놀라 차자를 초(草)하였는데,

---

55) 사람을 …… 사로잡는다 : 두보의 시 〈전출새(前出塞)〉9수 중 6수의 "활을 당길 땐 응당 강궁을 당기고, 화살을 쏠 땐 응당 긴 화살을 쏜다. 사람을 쏘려면 먼저 말을 쏠 것이요, 적을 사로잡으려면 먼저 왕을 사로잡는다[挽弓當挽强, 用箭當用長. 射人先射, 馬擒賊先擒王]"라는 구절을 인용한 것이다.

56) 망령된 소견 : 1602년(선조35) 2월, 대사헌 홍이상(洪履祥), 대사간 정광적(鄭光績)을 필두로 하는 대간이 기축년에 최영경을 재차 국문하도록 청한 대간들의 관작을 삭탈하기를 청하였는데, 이에 대해 선조가 "시공(總功)은 자세히 살필 필요가 없다"는 비답을 내렸다. 이는 최영경의 죽음을 실제적으로 방관 묵인한 성혼은 놓아두고 재차 국문할 것을 청한 당시의 양사 관원 따위만을 거론하는 것은 곧 근본을 버리고 지엽만을 다스리는 것이 된다고 본 선조의 의중을 드러낸 것이었다. 《宣祖實錄 35年 2月 6日》

57) 청송당(聽訟堂)을 …… 삼았다 : 청송당은 성혼의 아버지 성수침(成守琛)의 서실(書室)을 이른다. 성수침은 조광조의 문인으로서, 기묘사화 후 벼슬길을 단념하고 학문에 전념하기 위해 집 뒤에 청송당을 짓고 많은 제자를 양성하였다. 서실의 이름인 청송당은 눌재(訥齋) 박상(朴祥)이 중종 21년(1526)에 지어주었다고 한다. 지금의 서울시 종로구 청운동에 그 터가 있다. 《宣祖實錄》 35年 2月 26日 사헌부의 계사에, 성혼이 "당류(黨類)를 불러 모아 그 아비가 평소 한가롭게 거처하던 곳을 뭇 소인들이 모여 재앙을 모의하는 곳으로 삼았다"고 비판한 내용이 보인다.

그 내용은 다음과 같다.

"듣건대 삼사가 번갈아 글을 올려 성혼에게 간인(奸人)과 당을 이루고 임금을 저버린 죄를 묻는다 합니다. 신이 병중에 이 소식을 듣고 마음에 불안한 것이 있습니다. 무릇 성혼에게는 죄를 물을 수 없으며 또 죄를 물을 필요도 없습니다. 지금 그를 미워하여 멀리한다면 그렇다 하겠습니다만 그를 거론하여 죄를 묻는다면 불가합니다. 성혼은 젊어서는 초야에서 독서를 하였고 늙어서도 조정에서 벼슬을 하지 않아 사방에서 그를 가리켜 유사(儒士)라 하였습니다. 유사로서 죄를 받으면 먼 외방에서 소문을 듣고 '성혼이 죄를 얻었다.'고 할 것입니다. 땅 속에서 말라버린 뼈야 그 영욕을 어찌 알겠습니까만 다음 세대의 후생들은 자연 사기(士氣)가 꺾일 것이니, 국가에는 무익하고 사람들이 보고 듣는 데에도 손상이 있게 될 것입니다.

더구나 성혼을 논하는 자들이 처음에는 '최영경을 무함하여 죽였다.'고 하였다가 여의치 않게 되자 '최영경은 성혼 때문에 죽었다.' 하였고, 그 다음에는 '역적을 추켜세웠다.' 하였다가 모두 사리에 맞지 않자 구불구불 이리 돌리고 저리 돌린 후에야 겨우 지금의 죄명을 만들었으니, 성혼의 죄를 도대체 몇 번이나 옮기고 몇 번이나 바꾼 것입니까? 이는 그 사람 때문에 죄를 찾은 것이지 죄로 인해 사람을 다스린 것이 아닙니다.

그런데 지금 신진 후생들이 미처 그 의중을 알아차리지 못한 채 남의 말에 영합하여 자신의 시비를 정하고 흔연히 팔을 걷어붙이며 '성혼의 죄를 물어야 한다.' 하고 있으니, 이는 성혼을 미워해서가 아니라, 자기의 공을 세우는 길이 성혼을 공격하는 데 있기 때문입니다. 이를 가지고 말하자면 성혼을 공격한 공은 신하들에게만 관계되고 성혼을 죄주었다는 이름은 결국 군왕에게 돌아갈 터이니 이는 해서는 안 되는 일입니다. 일개 외로운 신하가 감히 조정의 의논에 항거하니 그 죄가 용서받기 어려운 지라 차자를 올림에 두렵고 송구한 마음입니다."

---

58) 선생 : 이항복을 이른다.

차자를 갖추어 올리려 하는데, 청주(淸州) 사람 박이검(朴以儉)이 권력을
쥔 신하의 뜻을 따라 상소하여 선생을 멋대로 공격하기를, "정철의 심복이
아직도 정승의 자리를 차지하고 있다." 하므로, 선생이 즉시 사면을 청하였
고 준비했던 차자는 끝내 올리지 못하였다. 윤 2월, 우의정 윤승훈(尹承勳)이
아뢰기를,

"근래 조정이 안정되지 않아 비방하는 말들이 줄을 잇고 있으며 신
또한 비방에 둘러싸여 있습니다. 얼마 전 박이검이 이모(李某)를 정철의
심복이라고 힘껏 비난하였는데, 이모는 정철과 한때 조정에 같이 있었으니
어찌 서로 모르겠습니까만 그를 일러 심복이라 한다면 이는 사실이 아닙니
다. 신이 일찍이 들은 바로 이모는 정철과 사사로이 왕래한 일이 없었습니
다. 그런데도 이모가 시류(時流)에서 이러한 비방을 듣는 것은 근래 들어와
조정이 크게 변하려 하는데 이모가 수상의 자리에 있으면서도 평소 위의
뜻에 영합하지 않고 또 근거 없는 논의에 동요하지 않아 사람들이 모두
두려워하고 꺼려하기 때문입니다. 또한 이조 판서를 비의(備擬)할 때 시의
(時議)는 유영경을 바랐는데 이모가 천거하지 않았습니다. 이 때문에 이모를
반드시 공격하여 제거하고야 말려 하는 것이니, 이 죄라면 소신도 마땅히
함께 받아야 합니다.59)" 하였다.

동부승지 박이장(朴而章)이 말하기를,

"바깥사람들이 모두 말하기를, '이모와 정철은 서로 친하였으니, 이미
더불어 친밀히 지냈으면 어찌 그를 일러 교류하지 않았다 할 수 있겠는가?'
합니다. 신이 들으니 정철이 귀양 갈 때 이모가 시를 지어 전송하였고
정철 또한 이에 화답하였다고 합니다. 비록 정철의 심복은 아니라 해도

---

59) 이 …… 합니다 : 윤승훈은 이항복에 대하여 세간의 비난이 집중되는 것은 이조
판서에 유영경(柳永慶)이 아닌 홍진(洪進)을 의망하였기 때문인데 홍진을 천거한
것은 실상 자신이라고 하였다.(《宣祖實錄》35年 윤2月 2日) 위 내용에서 유영경을
이조 판서에 천거하지 않은 것이 죄라면 자신도 이항복과 함께 그 죄를 받아야
마땅하다고 윤승훈이 말한 것은 이 때문이다.

이를 두고 '교류하지 않았다'고 한다면, 대신의 말이 이와 같아서는 안
될 것입니다." 하였다. 수일 후에 주상이 다시 경연에 나아가자, 특진관
송언신(宋言愼)이 아뢰기를,

"신묘년(1591, 선조24) 정철이 강계(江界)에 유배 중일 때60) 지은 시에서,
'삶은 설한령(薛罕嶺)61)에 있고, 마음은 필운산(弼雲山)에 있네' 라고 하였는
데 이는 곧 이모를 가리킨 것62)입니다." 하자, 주상이 의아해하며 "이
무슨 말인가?" 하니 언신이 말하기를, "필운은 이모의 호입니다." 하였다.
좌의정 김명원(金命元)이 말하기를,

"정철은 마음으로 항상 이모를 각별히 좋아하였으므로 이런 시를 지은
것이지 그 사이에 다른 뜻은 없었습니다. 이모는 평생 동안 조그마한
집 한 채 없이 항상 장인인 권율(權慄)의 집에 얹혀살았습니다. 권율의
집이 인왕산 뒤에 있었는데 인왕산을 일명 필운산이라고도 하므로 이모가
이를 호로 삼은 듯합니다. 정철보다 이모의 연배가 뒤인데다 평소 친분도
없었습니다. 신의 경우는 정철과 서로 친밀히 어울렸으니 정철과 사귄
것이 죄가 된다면 진실로 신이 먼저 벌을 받아야 할 것입니다." 하니,
송언신이 낯빛이 변하여 물러갔다. 홍문관이 앞장서서 주창하여 선생을
탄핵하고자 일곱 차례에 걸쳐 일제히 아뢰었으나 끝내 논의가 일치하지
않아 파하였다. -금양위(錦陽尉) 박미(朴瀰)63)가 찬술한 〈백사행장(白沙行狀)〉에

---

60) 신묘년 …… 때 : 1591년(선조24) 정철(鄭澈)이 세자책봉 문제를 건의하였다가 선조(宣
祖)의 노여움을 사서 강계로 유배되고, 서인 세력 대부분이 파직되거나 유배된
일을 가리킨다.

61) 설한령(薛罕嶺) : 평안도 강계(江界)에 있는 재의 이름이다.

62) 이모를 가리킨 것 : 필운(弼雲)이 이항복의 호이므로 시구의 필운산은 이항복을
가리킨다는 말이다. 이항복은 필운산에 있는 장인인 권율(權慄)의 집을 빌려 살았던
까닭에 필운으로 호를 삼았다고 한다.

63) 박미(朴瀰) : 본관은 반남(潘南), 호는 분서(汾西), 자는 중연(仲淵), 시호는 문정(文貞)이
다. 박동량(朴東亮)의 아들이자 이항복의 문인으로, 선조의 다섯째 딸이자 인빈(仁嬪)
김씨(金氏)의 소생인 정안옹주(貞安翁主)와 혼인하여 금양위(錦陽尉)에 봉해졌다.
광해군 때 폐모 논의에 불참하였다가 삭탈관직 당했으나, 인조반정 후 구공신(舊功臣)

보인다.-

  7월 조강(朝講) 때 병조 판서 신잡(申磼)이 다음과 같이 아뢰었다.

  매번 진달하고자 하였으나 그리 하지 못하였습니다. 역옥 때 정철이 은밀히 아뢰기를,

  "역적들이 말하기를, '호남(湖南)의 목을 누르고 해서(海西)의 입을 막으며 의병이 영남(嶺南)에서 일어나면 나라는 위태롭게 될 것이다.' 라고 하였습니다." -일설의 '영남 대적(大賊)'64)은 최영경을 가리킨다.- 하니, 전하께서 작은 종이에 글을 써서 답하시기를,

  "이 말을 들은 자는 반드시 이 모의에 참여하였을 것이다. 누가 이것을 고변하였는가? 즉시 회답하여 아뢰어라." 하였습니다. 신이 문사랑(問事郎)으로서 봉서를 가지고 가 정철의 앞에서 열어보니, 정철이 매우 민망해하며 대답할 바를 모르다가 이윽고 말하기를, "이 말은 사람마다 모두 하는 말인데, 그대도 들어보았는가?" 하기에 신이 대답하기를, "나는 들어본 일이 없다."고 하자 정철이 말하기를, "이 말은 기효증(奇孝曾)과 이선경(李善慶)이 말해서 들은 것이다." 하기에 신이 말하기를, "이는 사안이 중대하니 대궐에 나아가 친히 아뢰지 않을 수 없다." 하였습니다. 이에 정철이 서계(書啓)할 때 기효증·이선경의 이름을 쓰지 않고 이항복의 이름을 써서 아뢰니, 이항복이 말하기를,

  "정철이 '기효증·이선경이 말해서 들었다.' 해놓고는 정작 지금 서계에는 내 이름을 써 넣었으니 답답한 일이다.……" 하였습니다. -《은대일록(銀臺日錄)》, 《기축록(己丑錄)》에 보인다.-

---

  의 적장자로 가자되었으며, 혜민서 제조에 서용되었다. 1638년 성절사로 청나라에 다녀온 뒤 금양군으로 개봉(改封)되었다.

64) 영남 대적(大賊) : 본문에 언급된 영남 의병을 가리킨다. '대적(大賊)'은 역모를 일으킨 측에는 곧 '의병'이 된다.

만력 34년 병오년(1606) -선조 39년- 10월, 전 찰방(察訪) 오익창(吳益昌)
등이 소를 올려 대신의 원통함을 풀어달라 청하였는데 그 내용은 대략
다음과 같다.

"이발(李潑)과 이길(李洁)은 역적과 거주하는 곳이 멀리 떨어져 있었으므
로 처음에는 친분이 없었는데, 그 아비 이중호(李仲虎)가 전주 부윤이 되자
이발과 이길 형제가 아비의 임소에 문안하기 위해 왕래하다 마침내 역적과
만나게 되었습니다. 사람 같지 않은 자와 망령되게 사귄 죄는 진실로
만 번 죽어 마땅하나, 역적의 흉악한 음모에 대해서야 이발과 이길이
어찌 생각이나 하였겠습니까?

역적이 요행히 과거에 급제하자 명성을 도둑질하기에 급급하여, 이이(李
珥)와 성혼(成渾)의 문하에 예를 갖추고 만나기를 청하여 출세의 기반으로
삼았습니다. 이로부터 이이와 성혼이 입을 모아 추천하고 발탁하여 역적의
명예가 청직(淸職)의 반열에 올랐으니, 역적의 헛된 명성은 이발·이길과
교유하기 전부터 이미 높았던 것입니다. 그렇다면 역적에게 속임을 당한
자가 어찌 유독 이발과 이길 뿐이겠습니까?

신들은 한 도(道)에 살면서 평소 그들의 효성과 우애가 천성에서 나와
집안에서의 올바른 행실이 옛 사람에 비추어도 부끄러움이 없다 들었습니
다. 선조 이래 10대가 연달아 과거에 급제하고 8대가 아울러 청현직에
올랐으며, 그 홍패(紅牌)로 병풍을 만들어 제사 날마다 중당(中堂)에 펼쳐놓
고 자제들을 독실히 권면하여 조상에게 욕됨이 없게 하였으니, 대대로
입은 국은에 보답하고자 생각한 것이 지극하였습니다. 다만 사람을 알아보
는 데 어두워 역적에게 속임을 당하였고 마침내 그 충효의 뜻을 드러내지
못한 채 머리를 나란히 하고 죽임을 당하였으니, 슬픈 일입니다."

만력 35년 정미년(1607) -선조 40년-, 생원 양극린(梁克遴)이 소를 올렸는데,
그 대략의 내용에 이르기를,

"이발, 이길의 효성과 우애는 사람들에게 알려진 지 오래되었습니다. 집에 있을 때 날마다 가묘에 참배하였고 부모에게 병환이 있으면 의대(衣帶)를 풀지 않았으며 네 명의 형제가 한 집에 거처하니, 사람들의 이간질하는 말이 없었습니다. 그 아비의 임종에 영결하지 못한 것을 지극히 원통하게 여겨 홀로 된 어미를 봉양함에 지극한 효성을 바쳤으니, 어찌 그 어버이를 사랑하면서 그 임금을 저버리는 자가 있겠습니까? 청컨대 신원해 주소서."
하였다.

한길(韓洁) 등이 소를 올려 이발 등의 원통함을 풀어달라 청하였고, 참봉 최홍우(崔弘宇) 등이 다섯 신하[65]의 원통함을 풀어달라 청하였다.

만력 36년 무신년(1608) -2월에 선조가 승하하고 광해군이 즉위하였다.- 2월, 전 의금부도사 나덕윤(羅德潤)이 소를 올려 기축년의 원옥(冤獄)을 신원해달라고 청하니 광해군이 답하기를, "이 일은 선왕조 때에 있었던 일이므로 감히 경솔히 논의할 수 없다. 마땅히 대신과 논의하여 조처하겠다." 하였다.

대신들이 수의하였다. 완평부원군(完平府院君) 이원익(李元翼)이 의견을 아뢰기를,

"기축년 간에 신은 관직을 제수 받아 외방에 있었고, 다른 사람을 통해 보고 들은 일마저 지금은 병으로 혼미하여 이미 잊어버렸습니다. 백유양의 편지 속 말들[66]에 대해서는 전혀 알지 못합니다. 대개 이발 등은 교유를 삼가지 못한 죄로 인해 역모의 극한 화에 빠지고 말았으니, 인심이 원통해 하며 불쌍히 여긴 지 오래되었고 갈수록 깊어지고 있습니다. 이제 속히

---

65) 다섯 신하 : 이발(李潑)·이길(李洁)·정개청(鄭介淸)·조대중(曺大中)·유몽정(柳夢井)을 이른다. 《宣祖實錄 40年 6月 11日》
66) 백유양의 …… 말들 : 백유양이 정여립에게 준 편지 속에 있었다는 무도한 말들을 이른다. 기축옥사 당시 선조가 심한 말은 진한 먹으로 지워 버린 후 국청에 내렸다 할 정도로 문제가 된 말들로, "이 사람은 인군의 도량이 전혀 없다[此人少無人君之量]", "승냥이처럼 시기하고 이리처럼 괴팍하다.[豺忌狼愎]"는 내용이 전한다. 《震鑑》

공론을 따라 지극한 원통함을 씻어주는 것이 실로 즉위 초 인심을 위로하고 기쁘게 하는 일대 거조가 될 것입니다." 하였다.

좌의정 이항복이 의견을 아뢴 것은 다음과 같다.

"역적을 알기는 어렵지 않으니, 역모를 꾀하면 역신(逆臣)이 되는 것이고 역모를 꾀하지 않으면 보통 사람이 될 뿐입니다. 그러므로 자가자(子家子)는 평자(平子)와 가장 친밀하였으나, 평음(平陰)의 난이 일어나자 하루아침에 원수가 되었고,67) 왕도(王導)는 왕돈(王敦)의 가까운 친척이었으나 남황(南皇)의 일에 대의를 앞세워 친족을 멸하였으니,68) 고금 천하에 이와 같은 일이 어찌 한정이 있겠습니까? 나라를 향하면 진실한 신하가 되고 나라를 등지면 역신이 되는 것으로, 용이 되느냐 뱀이 되느냐 하는 판단은 이 잠깐 사이의 향배에 달려 있을 뿐 어찌 친하고 친하지 않고를 말하겠습니까?

이발 등이 평소 역신을 끌어들여 현달한 벼슬에 오르게 하였으니 역적을 주살할 때 함께 연루되어 죽은 것은 당연한 사세입니다. 그러나 조정에서 법을 논의할 때는 마땅히 실정의 유무를 따져야지 사세를 핑계 삼아 그 죽음을 방임하는 것은 부당합니다. 신은 아직도 당시 국청에서 의논하여 아뢴 말 중에 '조정 신하들 가운데에서 정여립 하나가 나온 것만도 이미 커다란 변고인데, 어찌 정여립 같은 자가 또 나오겠습니까?……'라고

---

67) 자가자(子家子)는 …… 되었고 : 자가자(子家子)는 공자(孔子)의 후손 자가의백(子家懿伯)으로서 이름은 기(羈)이며 장공(莊公)의 현손이고, 평자(平子)는 노나라에서 권력을 휘두른 계평자(季平子)이다. 자가자는 노나라 소공(昭公)의 스승이었는데, 계평자가 반란을 일으켰을 때 그를 포용하라고 충고하였으나 소공이 듣지 않고 토벌하다 실패하여 제나라로 망명하게 되자 그를 따랐다고 한다. 《春秋左氏傳·魯昭公 25년 甲申》, 《歷代史·周 敬王》

68) 왕도(王導)는 …… 멸하였으니 : 왕도는 동진 원제(東晉元帝) 때의 충신(忠臣)이고 왕돈은 그의 종형(從兄)으로 반신(叛臣)이다. 왕돈이 사방의 적(賊)을 평정한 공(功)을 믿고 반란을 일으키자 왕도는 원제에게 "반역하는 신하가 어느 시대엔들 없었겠습니까만, 불행하게도 저의 일가에서 생겼습니다."라고 하고 대의(大義)를 위해 친척의 의리를 끊었다. 《晉書 卷98·王敦列傳》

한 대목을 기억하고 있습니다. 만약 '결코 그러할 리가 없다'고 한다면 이는 역적과 함께 하지 않았다는 것이니, 역모에 가담하지 않았다면 보통 신하와 무엇이 다르다 하겠습니까? 다만 스스로의 처신에 대해서는 진흙탕에 머리를 박고 죽음으로 용서를 구해야 마땅할 것입니다. 국문할 때 신의 소견은 이와 같아서 일찍이 이미 동료에게 말하였고, 선왕이 인대(引對)하시던 날에도 또한 이러한 내용으로 아뢰었으며, 지난 경연에서도 거듭 이 말을 올렸습니다. 백유양이 편지에서 말한 내용은 신이 혼미하여 기억하지 못하나, 대체로 성상께서 하교하신 바와 같으므로 신이 또한 일찍이 말하기를, '백유양은 역적이라는 이름은 씻어줄 수 있으나 관작은 회복해줄 수 없다.' 하였습니다."

영부사(領府事) 이산해(李山海)가 의견을 아뢰기를,

"기축년에 신은 파직되어 집에 있었고, 추국에 관한 일은 조보(朝報)에 나오지 않았으므로 들을 길이 없었습니다. 비록 사람들을 통해 겨우 한두 가지 일을 대략 듣기는 하였으나 또한 상세하지는 않았습니다. 대개 이발 등에게는 교유를 신중히 하지 않는 죄가 진실로 있다 하겠으나, 이로 인해 모역이라는 지극한 화에 빠져 늙은 어미와 어린 자식까지 모두 머리를 나란히 하고 주륙을 당하였으니 또한 참혹하지 않습니까? 그로부터 지금에 이르기까지 20여 년 동안 사람들이 모두 원통해 하였는데, 오늘에서야 비로소 공론이 제기되었으니 이야말로 지극한 원통함을 깨끗하게 씻어줄 때라 하겠습니다. 죄안(罪案)에서 이름을 지워주고 몰수한 재산을 돌려준다면 어찌 매우 다행한 일이 아니겠습니까? 백유양의 편지에서 나온 말에 대해서는 신들은 전혀 듣지 못하였습니다. 혹자는 이 말이 다른 사람의 편지에서 나온 말인데 백유양이 한 것이라 오인해 지적한 것이라고도 하는데, 과연 그러하다면 살펴서 처리하지 않아서는 안 될 것입니다." 하였다.

우의정 심희수(沈喜壽)가 의견을 아뢰기를,

"신이 삼가 비망기를 보니 하교가 상세하고 사리에 맞아 다른 말은 덧붙이기 어려울 듯합니다. 다만 이미 '이발 형제는 역모에 가담하지 않았고, 평소 역적과 가장 친밀하였다는 것도 서신을 왕래하며 서로를 찾아보고 칭찬한 것에 불과하다.' 하셨으니, 사람을 알아보는데 어둡고 교유를 삼가지 않은 죄로 죽었으면 그것으로 충분한 것인데, 심지어 그 늙은 어미와 어린 자식까지 엄혹한 형벌로 참화를 입었습니다. 이는 전에 없던 법으로, 20년이나 지난 후에 적몰한 가산을 돌려주는 것만으로는 구천의 원통함을 씻어주지 못할 듯합니다. 신은 기축년 옥사 때 외람되이 대간의 자리에 있었으므로 삼성(三省)의 자리에 참석하였으나 대궐 뜰에서 추국하던 국청에는 참여하지 못하였으므로 역적의 집에서 가지고 온 문서에 대해서는 전하는 소문만 들었을 뿐입니다. 지금 운운하는 흉악하고 패역한 말은 이진길(李震吉)의 서찰 가운데 있었던 말이지 백유양의 말이 아니라고들 하는데 오래된 일이라 실상 자세히 알지는 못합니다." 하였다.

청평부원군(淸平府院君) 한응인(韓應寅)이 의견을 아뢰기를,

"기축년 역옥을 다스리는 일이 거의 끝나갈 무렵 신이 승지로서 간혹 추국청에 참여한 일이 있었으나 지금은 병으로 혼미하여 전혀 기억하지 못하므로 이발 등의 일에 대해 일일이 진달하지 못하겠습니다. 대개 공론이 일어난 지 오래되었고 갈수록 더욱 격렬해지고 있으니 명쾌하게 억울함을 풀어주시어 여망에 응하실 때가 바로 지금입니다. 백유양이 역적과 서찰을 왕복한 일에 대해서는 상세히 알지 못합니다만 당시 들었던 내용이 또한 성상의 하교와 같습니다." 하였다.

대신들의 의논을 입계(入啓)하자 광해군이 답하기를,

"알겠다. 영의정이 올라오기를 기다려 수의(收議)를 마치고 처결하겠다. 또 정개청에 대해 당시 적몰 여부를 조사해 아뢰도록 하라." -그때 마침 역변(逆變)[69]이 일어나고 또 큰 변란을 만나 다시 아뢰지 못하였다.-

---

69) 역변(逆變) : 임해군의 역모 사건을 이른다.

이 해, 생원 강봉람(姜鳳覽)이 소를 올려 다섯 신하의 원통함을 풀어달라 아뢰니, 광해군이 의금부에 의논하여 아뢰게 하였다. 의금부에서 회답하여 아뢴 대략에,

"역신(逆臣) 정여립이 흉계를 품고 거짓을 꾸며 온 세상을 감쪽같이 속이니, 당시 사대부치고 조금이라도 안면이 있는 사람이면 서신을 왕래하며 문답하지 않는 이가 없었습니다. 정개청 등 5인은 역적과 같은 도에 있던 관계로 역적과 두터운 친분을 쌓기도 하고 서신을 주고받으며 수작하기도 하였으니, 이는 곧 인지상정입니다. 그러다 역적 정여립이 과부를 겁간한 후로는 사대부들이 모두 의아해하며 안부조차 완전히 끊은 지가 여러 해였으니, 흉악한 역모를 어찌 알았을 리가 있겠습니까?" 라고 하였고, 또 아뢰기를,

"선왕의 성교는 그 하나가 '그 사람들이 역모에 동참하였다는 것은 아니다.' 였고, 또 하나는 '형신(刑訊)이 비록 지나쳤으나 후세의 경계로 삼기에는 족하였다.' 였으니, 그들이 역모에 동참하지 않았다는 것은 선왕께서도 이미 훤히 알고 계셨습니다."라고 하였고, 또 아뢰기를, "순차적으로 신원해주시는 일은 오직 성상의 마음에 달려 있습니다."라고 하였다.

광해군이 답하기를, "우선 후일을 기다리라." 하였다.

만력 37년 기유년(1609) -광해군 1년-, 삼사가 합계하여 다섯 신하의 원통함을 풀어달라 청하였는데, 그 대략에,

"기축년의 역옥이 조정 신하들 사이에서 일어났는데 옥사를 다스리는 신하가 때를 틈타 무함하자 한때의 어진 이들이 모두 재앙의 그물에 걸려들어 죄가 있고 없고를 막론하고 머리를 나란히 한 채 주륙을 당하였으니 당시에 품은 원통함은 참혹하여 차마 말하기 어렵습니다."라고 하였고, 또 이르기를,

"지금 우리 성상께서 썩은 백골에 큰 은택을 내리심은 실로 선왕의

뜻을 계승하려는 효성에서 나온 것이니 어찌 '3년 동안 아버지의 도를
고치지 않는다'[70]는 것에 비할 수 있겠습니까? 청컨대, 이발·이길·백유
양·정개청 등은 죄안에서 그 이름을 지워주고 관작을 회복시켜 주며
적몰한 가산을 돌려주소서. 그 밖에 원통하게 죽은 이들은 속히 묘당(廟
堂)[71]에 명을 내려 자세히 조사하고 일체로 시행하게 하소서."라고 하였다.

광해군이 답하기를,

"모든 일은 때를 기다려 시행하는 것 만한 것이 없다. 내 뜻을 이미
간곡히 타일렀으니 우선 후일을 기다리라." 하였다.

이해 겨울 호남 진사 나덕윤(羅德潤), 전 참봉 최홍우(崔弘宇) 등이 소를
올렸는데, 대략의 내용은 다음과 같다.

"이발(李潑)·이길(李洁)·정개청(鄭介淸) 등에게는 이미 적몰한 가산을
돌려주고 그 관작을 복구하라는 명이 있었으나 유독 유몽정(柳夢井), 조대중
(曹大中) 등은 아직 사면의 은전을 입지 못하였습니다. 신 등은 먼저 유몽정,
조대중의 원통함을 아뢴 후 이발 등과 정개청의 일을 말씀드리겠습니다.
유몽정은 맑고 곧은 사람으로서, 역적 정여립과는 잠깐의 안면만 있을
뿐 절대 두터운 친분을 맺은 일이 없었습니다. 그러나 일찍이 정인홍(鄭仁弘)
과 함께 언관으로 있으며 정철이 심의겸(沈義謙)과 함께 일을 도모한 죄를
논하였다[72]가 권간의 미움을 받았습니다. 역옥이 일어나자 선대왕께서

70) 3년 …… 않는다 : 《논어》〈학이(學而)〉에 "아버지가 살아 계실 적에는 그 뜻을 살피고,
아버지가 돌아가시면 그 행실을 살펴서 3년 동안 아버지가 하신 것을 고침이 없어야
효라고 말할 수 있다.[子曰 : '父在, 觀其志 ; 父沒, 觀其行 ; 三年無改於父之道, 可謂孝矣.']"
라고 한 구절을 인용한 것이다.
71) 묘당(廟堂) : 종묘(宗廟)와 명당(明堂)이라는 뜻으로 조정(朝廷)을 일컫기도 하였고,
또는 의정부(議政府)를 달리 이르던 말이었는데, 왜란 이후에는 비변사(備邊司)를
지칭하기도 하였다.
72) 정철이 …… 논하였다 : 정인홍은 1580년(선조13) 12월 사헌부 장령을 제수 받고
이듬해 1월에 상경하였다. 이때 정인홍이 심의겸을 탄핵 제거하려 하므로 대사헌
이이가 적극 만류하다가 되지 않자, 결국 서인 전체에 대한 논핵이 아닌 심의겸만을

그를 그의 집에 정배(定配)하라는 명을 내리셨으나 정철의 강청으로 잡아들여 추국하였습니다. 한 차례의 형신을 받은 뒤 또 형을 중지하라는 전하의 명이 있었으나, 정철이 다시 은밀히 추국을 청하여 하루에 두 번 국문을 가해 죽이고야 말았습니다.

조대중은 강직한 사람으로서 역적과는 평소 안면이 없었다가 본도의 도사가 되어서야 만나보았을 뿐입니다. 조대중은 정철과 같은 도에 있으면서도 결코 만나지 않았고, 조대중이 급제하여 정철이 만나기를 요청했을 때도 끝내 가려 하지 않았으므로 정철이 분노를 품은 것이 하루 이틀의 일이 아니었습니다. 역변이 일어난 초기에 근거 없는 말[73]을 조작해 조대중을 얽어 넣어 죽이고 끝내는 시체를 베는 화까지 입혔습니다. 이 두 신하가 죄 없이 무함을 받은 것이 이처럼 극에 달하였으니, 구천의 원통함이 어찌 다함이 있겠습니까?

이발과 이길의 경우 역적을 알아보는 선견지명이 없었고 역적과 두터운 친분이 있었던 것도 사실이었으므로 그 죽음은 실로 당연하니, 다시 무슨 여한이 있겠습니까? 그러나 교유를 삼가지 않은 죄로 끝내 죽임을 당하였고, 늙은 어미와 어린 자식까지 아울러 엄형 아래 참화를 입었으니, 이것으로 그 죄를 갚기에 충분하지 않습니까? 신들이 전후로 원통함하다고 한 까닭은 그들 형제의 죽음을 애석하다 한 것이 아니라 다만 그들이 역심을 품은 것이 아니었음을 세상에 드러내지 못했기 때문으로, 이에

탄핵한다는 것을 전제로 하여 계사(啓辭)를 초(草)하였다. 그러나 정인홍이 "정철(鄭澈)이 심의겸과 붕당을 이루었다." 하며 심의겸과 함께 정철까지 아울러 탄핵하자 이이를 비롯한 서인의 반발이 일었다(《石潭日記·萬曆九年辛巳》). 유몽정은 이때 사헌부 지평으로 재직하고 있었는데, 심의겸과 아울러 정철까지 탄핵하려는 정인홍의 입장에 동조하지 않아 피혐하였다(《宣祖修正實錄 14年 8月 1日》). 그러나 유몽정이 기축옥사 때 피화된 사실로 추정해보면 그의 정치적 견해는 서인보다는 동인에 가까웠던 것으로 보인다.

73) 근거 없는 말 : 조대중이 정여립(鄭汝立)의 추형(追刑)을 슬퍼해 눈물을 흘렸다는 소문을 이른다.

신원을 청하는 글을 수차례에 걸쳐 올린 것입니다. 넓은 은혜가 이미 흡족히 내리고 혜택이 고루 흘렀으니, 보고 듣는 이들이 누구인들 기뻐하지 않겠습니까? 그러나 신들이 조금 유감으로 여기는 바가 있으니, 그들의 적몰된 가산은 돌려주었다 하나 아직 관작을 회복시키지 않은 것입니다.

정개청의 경우 산림의 한 선사(善士)로, 유림이 불행하여 원통함을 품고 죽었으나 지금 복관의 명을 받았습니다. 최영경은 정개청과 한 가지로 원통하게 죽은 사람인데 이미 증직과 사제(賜祭)의 광영을 입었고 그 자손을 등용하라는 은혜까지 내렸습니다. 정개청의 죽음은 최영경과 마찬가지로 원통한 죽음이었고, 정개청의 학문은 최영경보다 못하지 않으니, 선왕께서 영경에게 처분하신 내용으로 오늘날 개청을 포장하는 법을 삼으신다면 어찌 다행한 일이 아니겠습니까?

윤의중(尹毅中)은 이발, 이길과 외삼촌과 조카의 관계였으므로 관작을 삭탈당한 경우입니다.74) 이발, 이길이 이미 신원되었는데 이발 등의 족속에 대해서야 관작을 돌려주라는 명을 어찌 아끼겠습니까? 정철의 아들 정종명(鄭宗溟)이 감히 기망하는 소를 올려 거짓으로 꾸민 주장을 아뢰었는데, 이는 제 아비의 원통함을 풀어달라는 말을 빙자하여 이들에 대한 신원을 저지하려는 것이었으니 인간의 망극함이 어찌 이 지경에 이르렀단 말입니까? 기축년 무고하게 당했던 재앙을 오늘날 다시 볼 것 같습니다. ……."

두 번째 소는 나덕윤이 소수(疏首)75)가 되어 다섯 신하의 원통함을 풀어달

---

74) 윤의중(尹毅中)은 …… 경우입니다 : 윤의중(1524~?)의 본관은 해남(海南), 자는 치원(致遠), 호는 낙천(駱川)이다. 정랑 윤구(尹衢)의 아들로 이발·이길의 외숙이고 윤선도(尹善道)의 조부이다. 1548년(명종3) 별시문과에 병과로 급제하였고, 1554년 사가독서(賜暇讀書)를 하였으며, 직제학·예조 참의·승지 등을 거쳐 1562년 대사성에 올랐다. 1567년 경상도관찰사가 되었으며, 이후에 이조 참판·평안도관찰사·대사헌 등 요직을 두루 거쳤다. 1589년 기축옥사 때 이발·이길의 외숙이라는 이유로 파직되었다.

75) 소수(疏首) : 연명(聯名) 상소의 대표자로 맨 먼저 서명하는 사람을 이른다. 소두(疏頭)라고도 한다.

라 청하였다.

삼사의 합계가 기유년(1609, 광해군1)부터 시작되어, 이발·이길·백유
양·정개청의 신원을 청하였으나, 광해군은 그때마다, "선왕의 삼년상
안에는 감히 가벼이 논할 수 없다."고 답하였다.

만력 38년 경술년(1610) -광해군 2년-, 선조의 부묘(祔廟)76)를 마친 후
삼사가 다시 다섯 신하의 원통함을 풀어달라 청하였다. 수개월이 지나도
계속 아뢰자, 5월 18일 광해군이 답하기를, "공론이 이와 같으니 마땅히
의논하여 처리하겠다." 하였다.

만력 39년 신해년(1611) -광해군 3년-, 유생 나덕현(羅德顯)77)이 소를 올려
다섯 신하의 원통함을 풀어달라 청하였다.
생원 강봉람(姜鳳覽) 등이 소를 올려 이발 등의 관작을 돌려줄 것과
정개청의 어짊을 추숭할 것, 그리고 유몽정, 조대중 이하 사람들에게도
모두 지엄한 군주의 은혜를 내려줄 것을 청하였다.
생원 나원길(羅元吉) 등이 소를 올려, 이발 등에게 적몰한 가산을 돌려줄
것과 정개청의 관작을 회복시켜 줄 것을 청하였다. 그 소의 내용은 대략
다음과 같다.
"당초 옥사를 담당했던 신하가 사감을 품고 무함을 일삼아 추국청을
노기를 부리는 구렁텅이로 삼고, 은밀히 역당을 사주하여 그들로 하여금

---

76) 부묘(祔廟) : 삼년상을 마친 왕이나 왕비의 신주를 종묘로 옮겨 모시는 일을 이른다.
77) 나덕현(羅德顯) : 본관은 나주(羅州)이다. 나사침(羅士忱)의 넷째 아들이자 정개청(鄭
介淸)의 문인이다. 1589년(선조22) 기축옥사 당시 전라도 유생 정암수(丁巖壽) 등의
상소로 옥사가 확대되어 정개청이 서울로 압송되어 국문을 받을 때 나덕윤의 집안도
함께 연루되어 그의 형 나덕명(羅德明), 나덕준(羅德峻) 등이 함께 고초를 겪었다.
셋째 형인 나덕윤(羅德潤)과 함께 정개청의 신원을 주창하였다.

무고한 이들을 끌어들이게 하였으며, -선홍복(宣弘福), 정집(鄭緝), 사이(四伊)의 공초가 그러하다.- 없는 것을 가리켜 있다고 하면서 -선홍복 등이 공초에서 말한 것은 '이발 형제는 정여립과 평소 친분이 두터웠다.' 였을 뿐 이밖에 다른 난언(亂言)은 없었는데 추관이 역적의 공초에서 이발, 이길의 이름이 나왔다 하며 죄목을 날조하였다. 대신 김귀영(金貴榮)이 아뢴 말에 이르기를, '이발, 이길 등의 알려진 죄목은 다만 역적과 친밀하게 얽힌데 관계되었을 뿐 특별히 역모에 동참했다는 단서는 없습니다.……' 하였다.- 종국에는 사지에 몰아넣었고, 늙은 어미와 어린 아들까지 모두 엄혹한 형벌 아래 참화를 입혔으니 그 일을 말하자면 참혹합니다." -위의 두 상소는 연월(年月)이 분명하지 않으나 이 해의 일인 듯하므로 여기에 붙여둔다.-

만력 44년 병진년(1616) -광해군 8년- 6월 4일, 유생 유광열(柳光烈) 등이 소를 올려 다섯 신하의 원통함을 풀어달라 청하였다. 소를 들이자 계자(啓字)를 찍어 의금부에 내렸다. 14일, 의금부에서 회답하여 신원해줄 것을 청한다고 아뢰니, 아뢴 대로 윤허한다고 답하였다. -당시 조정의 의론이 더욱 어지러워져 미처 관작을 회복하는 데에는 이르지 못하였다.-

【권4】
당쟁과 기축옥사를 둘러싼 쟁점

열수(洌水) 정약용(丁若鏞) 편집

천계(天啓)[1] 3년 계해년(1623) -인조 원년- 3월 13일, 김류(金瑬), 이귀(李貴) 등이 주상을 받들어 반정(反正)을 하였다. 경운궁(慶運宮)[2]에서 즉위하여 대비[3]의 위호(位號)를 회복하였고, 역신 이이첨(李爾瞻),[4] 정인홍(鄭仁弘)[5]

---

1) 천계(天啓) : 명(明) 나라 희종(熹宗) 대에 사용한 연호로(1621~1627), 조선에서는 광해군 13년부터 인조 5년까지의 시기에 해당한다.

2) 경운궁(慶運宮) : 현재의 덕수궁(德壽宮)으로, 원래는 덕종(德宗)의 맏아들 월산대군 (月山大君) 이정(李婷)의 사저(私邸)였다. 임진왜란 때 의주로 피난하였던 선조가 환도(還都)한 후, 이곳에 머물면서 궁으로 사용하였다. 광해군 때 경운궁이라 개칭하였고, 인조 때 명례궁으로, 순종 때 덕수궁으로 개칭하였다.

3) 대비 : 인목대비(仁穆大妃, 1584~1632)를 이른다. 선조의 계비(繼妃)로, 본관은 연안 (延安)이며 연흥부원군(延興府院君) 김제남(金悌男)의 딸이다. 1602년(선조35)에 왕비에 책봉되었으며, 1606년에 영창대군(永昌大君)을 낳았다. 이때 세자인 광해군은 적장자가 아닐 뿐 아니라 명(明)의 책봉도 받지 못했다는 명분상의 약점을 갖고 있었다. 따라서 인목대비가 적자인 영창대군을 낳게 되자 정국은 왕위계승권을 둘러싸고 영창대군을 지지하는 유영경(柳永慶) 등 소북파와 광해군을 지지하는 정인홍(鄭仁弘)·이이첨(李爾瞻) 등 대북파로 나뉘게 되었으나 광해군의 즉위로 대북파가 정국을 주도하게 되었다. 이후 1613년에 동래 은상(銀商)의 살해 사건으로 시작된 박응서의 옥사가 국구(國舅)인 김제남이 모반을 꾀했다는 역모 사건으로 비화한 가운데 김제남과 영창대군이 죽임을 당하였다. 대비 또한 폐위되어 서궁에 유폐되었다가 인조반정 이후 복권되었다.

4) 이이첨(李爾瞻) : 1560~1623. 본관은 광주(廣州), 자는 득여(得與), 호는 관송(觀松)·쌍 리(雙里)이다. 1582년(선조15) 사마시에 합격하고 1608년 문과 중시에 장원하였다. 선조의 후사문제(後嗣問題)로 대북·소북이 대립하자 대북의 영수로 정인홍(鄭仁弘) 과 함께 광해군의 옹립을 주장하면서, 영창대군(永昌大君)을 옹립하려는 유영경(柳永

등을 모두 주살하였다. 명의(名義)의 훼손에 관계된 자들은 경중을 나누어 죄를 주었고 구신(舊臣) 이원익(李元翼)6) 등을 불러들였다. 인륜을 밝히다 죄를 얻은 자들은 모두 소환해 장려 등용하였고 폐조(廢朝) 때 책록된 공신7)은 삭훈하였다. -《선계(璿系)》-

　당시 공신들 중에 정철(鄭澈)의 관작을 회복해 달라 청하는 무리가 있자, 주상이 완평부원군(完平府院君) 이원익에게 묻자 그가 대답하기를,

　"정철을 두고 어떤 사람은 군자라 하고, 어떤 사람은 소인이라 합니다. 기축년 옥사는 실상 정철이 주관하였는데, 억울하게 죽은 사람이 많아 사람들이 지금까지도 비통해 합니다. 신이 일찍이 대사헌으로 있을 때에도

慶) 등 소북을 논박하였다. 1612년(광해군4) 김직재(金直哉)의 무옥(誣獄)을 일으켜 진릉군(晉陵君) 태경(泰慶) 등을 죽이고, 박응서(朴應犀) 등을 사주하여 영창대군을 무고하게 하여 영창대군을 강화에 안치, 살해하고 김제남(金悌男) 등을 사사하게 하였다. 1617년(광해군9) 인목대비(仁穆大妃)에 대한 폐모론을 발의하여 이듬해 대비를 서궁(西宮)에 유폐하였다. 1623년 인조반정으로 참형에 처해졌다.

5) 정인홍(鄭仁弘) : 1535~1623. 본관은 서산(瑞山). 자는 덕원(德遠), 호는 내암(來庵)이다. 합천(陜川) 출신으로 아버지는 건(健)이다. 조식(曺植)의 수제자로서 최영경(崔永慶)·김우옹(金宇顒) 등과 함께 경상우도의 남명학파(南冥學派)를 대표하였다. 1592년 임진왜란이 일어나자 영남 의병장의 호를 받아 많은 전공을 세웠고, 의병 활동을 통해 강력한 재지적(在地的) 기반을 구축하였다. 북인이 선조 말년에 소북·대북으로 분열되자, 이산해(李山海)·이이첨(李爾瞻)과 대북을 영도하였고, 광해군의 즉위 후 대북정권을 수립하였다. 1623년 인조반정이 일어나자 멀리서 조정의 권세를 좌지우지했다는 요집조권(遙執朝權)의 죄명을 받고 참형에 처해졌다.

6) 이원익(李元翼) : 1547~1634. 본관은 전주, 자는 공려(公勵), 호는 오리(梧里)이다. 광해군 대 대동법(大同法)을 경기도에서 실시하였으며, 폐모론(廢母論)에 반대하다가 유배되었다. 남인에 속했으나 정적들에게도 공평무사하다는 평을 들었다. 계해년(1623, 인조1) 반정 때 영의정으로 부름을 받고 자신의 진퇴를 걸고 광해군을 보전하게 하는 등 자칫 보복 정치로 혼란해지기 쉬웠던 정국을 수습하였으며, 아울러 기축옥사로 억울한 죽음을 당한 이들에 대한 신원(伸冤)을 주장하였다. 《梧里集 附錄 卷1·墓誌》, 《我我錄》

7) 폐조(廢朝) …… 공신 : 광해군(光海君) 때 책봉한 4종의 공신, 즉 임진왜란 때 광해군을 수종(隨從)한 위성 공신(衛聖功臣), 임해군(臨海君)의 치옥(治獄)과 관련한 익사 공신(翼社功臣), 유영경(柳永慶)의 치옥과 관련한 정운 공신(定運功臣), 김직재(金直哉)의 치옥과 관련한 형난 공신(亨難功臣)을 가리킨다.

이 사람에게 죄를 물어야 한다고 논한 일이 있습니다.[8] 지금 기축년(1589, 선조22)에 죄를 입은 자들을 모두 풀어준다면 정철 또한 풀어주어도 괜찮을 것입니다." 하니, 주상이 말하기를, "그렇다면 양쪽 모두 풀어주어라." 하여, 기축년에 원통하게 죽은 자들과 정철을 아울러 복관하였다. 옛날 송유(宋儒)가 왕안석(王安石)을 일러 소인 중의 군자라고 하였는데, 지금 완평부원군의 대답으로 말하자면 정철 또한 소인 중의 군자란 말인가? -《동소록(桐巢錄)》-

반정 후 정개청의 관작을 회복하고 무안(務安)에 사당을 건립하라는 특명을 내려 사림의 공의(公議)를 따랐다. -《조야기문(朝野記聞)》-

천계 4년 갑자년(1624) -인조 2년- 여름, 다섯 신하[9]의 관작을 회복하는 일에 대해 수의(收議)하라고 특명을 내리고, 또 전교하기를, "정철의 일은 가벼이 논의하기 어려울 듯하다. ……" 하였다.

또 말하기를,

"정철은 이미 옥사를 다스림이 정도에 지나쳤다는 것으로 죄를 입었다. 뇌성벽력 같은 위엄 아래 원통함을 품고 무고하게 화를 당한 이들이 분명 있을 것이니, 대신으로 하여금 공정하게 조사해서 의논하여 처리하게 하라." 하였고, 또 말하기를, "대신에게 의논하여 아뢰게 하라." 하였다. 영의정 이원익이 의견을 아뢰기를,

"정철의 일은 ……, 당시 죄를 입은 백유양 등에 대해서는 신 등이

---

8) 신이 …… 있습니다 : 신묘년(1591, 선조24), 건저(建儲) 문제로 정철을 위시한 서인세력이 실각할 때, 대사헌이었던 이원익이 대사간 홍여순(洪汝諄)과 양사 합계로 정철·백유함(白惟咸)·유공진(柳拱辰)·이춘영(李春英) 등이 편당을 지어 조정을 어지럽혔고, 기축년 옥사를 무리하게 확대하여 무고한 이들을 해쳤다고 논핵한 일을 이른다. 《宣祖修正實錄 24年 5月 1日》

9) 다섯 신하 : 이발(李潑)·이길(李洁)·정개청(鄭介淸)·조대중(趙大中)·유몽정(柳夢井)을 이른다.

지난 날 여러 차례 의논을 드려 신원을 청하였으니, 의금부로 하여금 여러 사람의 이름을 조사하여 아뢰고 처리하게 함이 마땅하겠습니다." 하였다.

좌의정 윤방(尹昉)10)이 올린 의견의 대략에,

"정철의 일은 ……, 당시 죄를 입은 사람들 중에 만약 무고하게 화를 당한 자가 있으면 해당 관서로 하여금 조사하여 아뢰고 처리하게 함이 마땅합니다."라고 하였다.

우의정 신흠(申欽)11)이 올린 의견의 대략에,

"정철의 일은 ……, 이발 등이 죄를 입었을 때 가산까지 적몰한 것 등의 일은 너무 지나친 처사였습니다. 신 또한 일찍부터 이 일을 아울러 전하께 진달하고 싶었으나 미처 하지 못하였습니다. 의금부로 하여금 조사하여 아뢰고 처리하게 함이 마땅합니다." 하였다. 대신들의 의논을 입계하자, 전교하기를 "의논대로 시행하라."라고 하였다.

천계(天啓) 5년 을축년(1625) -인조 3년- 3월, 작년의 의견 수렴을 따라 비로소 관작을 회복하였다.12) -그 나머지 네 신하13)에게도 모두 복관을 명하였

---

10) 윤방(尹昉) : 1563~1640. 본관은 해평(海平), 자는 가회(可晦), 호는 치천(稚川), 시호는 문익(文翼)이다. 문정공(文靖公) 윤두수(尹斗壽)의 아들이자 선조의 사위 해숭위(海嵩尉) 윤신지(尹新之)의 아버지이다. 이이(李珥)의 문인이다. 1588년(선조21)에 문과에 등제하였고, 임진왜란 때 선조를 호종하였으며, 정유재란 때 순안독찰(巡按督察)이 되어 군량 운반을 담당하였다. 1618년 인목대비(仁穆大妃)에 대한 폐모론이 일자 병을 핑계로 정청(政廳)에 불참해 탄핵을 받고 사직하였다가, 1623년 인조반정 후 다시 등용되었고, 1627년(인조5) 영의정에 올랐다.

11) 신흠(申欽) : 1566~1628. 본관은 평산, 자는 경숙(敬叔), 호는 현헌(玄軒)·상촌(象村), 시호는 문정(文貞)이다. 1586년(선조19) 문과에 합격하고, 임진왜란 때 도체찰사 정철(鄭澈)의 종사관이 되었으며, 1594년(선조27)에 세자책봉 주청사 윤근수(尹根壽)의 서장관으로 중국에 갔다. 1613년(광해군5)에는 유교칠신(遺敎七臣)으로 지목되어 방귀전리(放歸田里) 되었다가 인조반정 이후에 벼슬이 영의정에까지 올랐다.

12) 3월 …… 회복하였다 : 《기축록(己丑錄)》 및 《우득록(愚得錄)·곤재선생사실(困齋先生事實)》에 따르면, 3월이 아니라 2월의 일로 기록되어 있다.

다. -

숭정(崇禎)[14] 4년 신미년(1631) -인조 9년- 겨울, 호남 유생 양몽거(楊夢擧), 정무서(鄭武瑞) 등이 소를 올려 기축년 옥사에 죄 없는 명신(名臣)들이 무함을 받고 원통하게 죽은 정상을 진달하고, 정철의 관작을 추삭(追削)하여 악을 징치하고 죄를 토벌하는 법을 시행할 것 등을 청하였다. 주상이 특별히 하교하여 정철의 삭탈관작을 다시 명하였다.

숭정 9년 병자년(1636) -인조 14년- 봄, 태학 유생이 응지소(應旨疏)에서 다음과 같이 아뢰었다.

"신 등은 지극히 우매하고 비루하여 초야에 웅크리고 있으므로 조정의 득실에 대해 상세히 알지는 못하오나 사림의 공의와 백성의 휴척(休戚)에 대해서는 직접 보고 들은 바가 있습니다. 생각건대 바야흐로 명하신 일은 화기(和氣)를 상하게 하여 재앙을 초래하기에 족하니, 이는 성상의 과오 때문만이 아니라 또한 민심이 화합하지 못하고 있기 때문입니다. 이에 신 등이 몇 가지 사항을 조목별로 아뢰려 하오니 성명께서 헤아려 결정하시기 바랍니다.

사림의 공의는 기축년 억울하게 죽은 신하들이 포증(褒贈)의 은전을 고르게 입지 못한 것에 있을 뿐입니다. 신미년(1631, 인조9) 겨울, 유생 정무서(鄭武瑞) 등이 기축년의 억울한 옥사에 대해 진달하며 정철의 삭탈관작을 청하였는데, 전하께서 정철의 간악함을 밝게 통촉하시고 추탈하라는 명을 특별히 내리시니 이로써 온 나라의 공의가 펼쳐지고 사림의 울분이

---

13) 그 ……나머지 : 정개청(鄭介淸)과 나머지 네 신하, 즉 이발(李潑)・이길(李洁)・유몽정(柳夢井)・조대중(趙大中)을 이른다. 《愚得錄・困齋先生事實》

14) 숭정(崇禎) : 중국 명나라의 마지막 황제인 의종이 사용한 연호로, 명나라의 마지막 연호이기도 하다(1628~1644). 조선은 인조6년부터 인조22년까지의 시기가 해당한다.

씻겼습니다. 어진 이를 해치고 나라를 병들게 한 간흉이 죄 없이 원통하게 죽은 구천의 원혼들에게 끝내 자복하고 만 것이니, 저승에서나마 어찌 감읍하지 않겠습니까?

이미 악을 징치하고 죄를 토벌하는 법이 시행되었으니 원통하게 죽은 이에 대해 포증이 거행되는 것은 당연한데도 머리를 들고 고대한 지 여러 해가 지나도록 아직도 이 일을 아룀이 없으니, 이것이 바로 신 등이 자신의 우매함과 비루함을 헤아리지 못하고 심히 의아해하는 까닭입니다. 지난 날 대신(臺臣)이 아뢰어 기축옥사에 원통하게 죽은 이발, 이길 형제를 추증하라는 명이 내려졌으나, 그밖에 억울하게 죽은 신하들 또한 많은데 그들은 여전히 은전을 입지 못하고 있습니다. 구천의 원혼이야 애달피 여길 것이 없다 해도 한결같이 기원해 온 긍휼의 정치는 어찌 되는 것입니까?

당시 원통하게 죽은 사람들로 말하자면 정승 정언신(鄭彦信), 참판 정언지(鄭彦智), 지평 최영경(崔永慶), 현감 정개청(鄭介淸), 대사간 이발(李潑), 부제학 이길(李洁), 도사 조대중(曹大中), 지평 유몽정(柳夢井), 찰방 이황종(李黃鍾) 등으로, 정철이 무함한 내용은 다르나 원통함을 품고 죽음에 이른 것은 같습니다. 최영경은 신원 후 즉시 관작의 회복과 추증이 행해졌고, 이발과 이길은 지금 추증을 더하였는데, 나머지 정언신·정언지·정개청·조대중·유몽정·이황종 등 여섯 신하에게는 여전히 추증의 은전이 베풀어지지 않고 있으니, 이는 일국의 공의가 펴졌다 하나 여전히 펴지지 않은 것이요, 사림의 울분이 씻겼다 하나 여전히 씻기지 않은 것입니다.

최영경의 학행, 이발·이길의 효성과 우애는 지금 감히 번거롭게 진달하지 않겠사오나 정언신은 재상으로서의 덕망을 갖추고 세상의 중망을 한 몸에 받았으며, 인군에게 충성하고 나라를 사랑하는 마음과 착한 일을 권장하고 사악함을 배척하는 마음은 실로 국가의 주석이었습니다. 그런데 기축년 역옥이 일어난 초기에 정언신이 위관으로서 역옥을 다스리려

하자 정철이 경기에서 올라와 은밀히 아뢰기를 "언신은 역적과 동종(同宗)이므로 옥사를 다스릴 수 없다"고 하여, 언신이 세 차례의 소를 올리고 체직되었습니다. 또 남몰래 양천경(梁千頃) 등을 사주하여 소를 올리게 함으로써 언신에 대한 친국이 행해지게 되었고, 다시 양응형(梁應洞) 등을 사주해 소를 올려 무함하게 하였으며, 정철 자신이 당시 위관으로서 사이를 틈타 은밀히 아룀으로써 언신을 갑산(甲山)에 유배, 죽게 하였습니다.

정개청은 학문에 힘쓰며 고도(古道)를 좋아하였고 실천이 독실하였으며 경(敬)으로써 몸가짐을 바로 하였고 가르치는데 차례가 있었으며 현달을 구하지 않았고 지조가 군세었으나 정철의 무함을 받아 결국 북방에 유배되어 죽고 말았습니다. 조대중은 세운 뜻이 맑고 강직하며 논의가 강개하여 정철을 음험하고 사악한 인간이라 하였고, 같은 도에 있으면서도 결코 교유하지 않았습니다. 이에 정철이 역적을 위해 눈물을 흘렸다는 사특한 주장으로 연이어 끌어들여 무함함으로써 결국 형장 아래 죽게 하였습니다. 또한 시 한구로 인해 입은 무함은[15] 더욱 혹독하여 그 화가 구천에 미쳤습니다. 유몽정은 학행이 고명하고 지조가 강직하여 집에서나 조정에서나 일심으로 충효를 행하였고 관직에 나아가 백성을 다스릴 때는 몸가짐이 올발랐으며 사헌부에 재직하였을 때는 간악한 자를 극력으로 논척하였던 까닭에 정철에게 무함을 당하여 형장 아래에서 숨을 거두었습니다. 이황종은 타고난 자질이 독실하고 견해가 고매하였습니다. 처음에는 정철과 죽마교우였다가 중년에 접어들어 그의 간교한 실상을 보고는 결연히 절교하고 마침내 최영경과 마음을 통하는 교유를 맺었다가 정철에게

---

15) 시 …… 무함은 : 조대중이 국문(鞫問)을 받고 장살(杖殺)되기 직전에 "죽어 비간을 따라 갈 수 있다면, 외로운 넋 웃음 머금고 슬퍼하지 않으리라.[地下若從比干去 孤魂含笑不須悲]"고 읊은 구절을 말한다. 비간은 주왕(紂王)의 폭정(暴政)을 직언하다가 심장을 도려내지는 죽임을 당한 은(殷) 나라의 충신이었는데(《史記 卷3·殷本紀》), 이 시에서 조대중은 자신의 억울한 죽음을 비간에, 그리고 선조의 치세(治世)를 주왕의 폭정에 비유하였다. 선조는 이 시를 보고 대노하여 조대중을 역률(逆律)로 다스렸다. 《燃藜室記述 卷14·宣祖朝故事本末》

무함을 당해 옥중에서 원통하게 죽었습니다.

아! 권간이 권력을 쥐고 충량한 인재가 주륙을 당하기로는 기축년만한 일이 없었습니다. 무함을 당해 원통하게 죽은 정상이 양몽거, 정무서 등의 상소에 이미 자세한데, 오늘 신 등이 그 원통함을 추가로 쟁론하며 감히 중복하여 말씀드리는 것은 구천에 은혜를 베풀어달라는 것이 아니요 온 나라 사람이 이익을 보게 해달라고 바라는 것도 아닙니다. 바라건대 전하께서 촌부(村夫)의 말을 굽어 살피시어 원혼에게 벼슬을 추증하고 그 자손을 거두어 등용하신다면 사림의 여망에 부응하고 구천의 원혼을 달랠 수 있을 것이니 그 공도(公道)를 북돋고 충심을 장려하는 방도에 어찌 보탬이 적다하겠습니까?

아! 이발과 이길은 재앙의 그물에 함께 걸려들어 형제가 나란히 주륙을 당하였고, 노모와 어린 아들도 모두 목을 나란히 해 죽임을 당하였습니다. 비록 지금 그 원통함을 씻어주고 증직까지 거행되었으나 제사를 받들 후사가 없어 가엾다고 할 만한 데다 가까운 일가붙이도 없으니, 만약 동성(同姓)의 사람을 구하여 후사로 삼으면 예에 마땅함을 얻을 것입니다. 바라건대 성명께서 긍휼히 여기는 어진 마음을 특별히 베푸시어 후사를 세우라는 명을 내림으로써 후사가 없는 외로운 넋을 위로해 주신다면 어찌 일대의 선정(善政)이 아니겠습니까?

아! 추증(追贈)과 녹용(錄用)은 옛 전적(典籍)에서 상고할 수 있고 끊어진 후사를 이어주는 것은 성왕(聖王)이 힘쓰던 바입니다. 보통의 세신(世臣)에게도 오히려 벼슬을 추증하고 후손을 등용하는데 하물며 원통하게 죽은 신하에게는 어찌하여 위로하고 기쁘게 하는 방도를 베풀지 않으십니까? 보통 사람도 후사가 없으면 가엾다 할 만 한데 하물며 이발, 이길의 후사가 끊긴 일이야 어찌 애달프다 하지 않겠습니까? 구천의 원혼이 아직도 편하게 눈을 감지 못하고 있으므로 온 나라의 사림에게 공의가 있게 된 것이니, 바라건대 전하께서 살펴주소서."

주상이 비답을 내리기를,

"상소의 내용은 잘 살펴보았다. 구언에 응하여 말을 다한 정성을 내 가상히 여긴다. 소의 내용은 해당 관서로 하여금 아뢰어 처리하게 하겠다." 하였다. 이후 이발의 후사가 끊어진 것을 특히 긍휼히 여겨 경연에서 후사를 세워주는 일을 하교하자, 승지 양시경(楊時慶)이 의견을 아뢰기를,

"신의 집안에 광산(光山) 이씨 성의 아이가 있는데, 이름은 종백(宗伯)이고 나이는 16세로 이발의 8촌 되는 진사 이온(李溫)의 둘째 아들입니다." 하니, 주상이 특별히 이발과 이길의 제사를 명하고 별제(別提)의 관직을 제수하였다.

정유년(1657) -효종 8년- 겨울, 송준길(宋浚吉)16)이 무안현(務安縣)에 있는 정개청의 사당17)을 훼철할 것을 청하였다. 이에 그 위판(位版)을 불태우고,

---

16) 송준길(宋浚吉) : 1606~1672. 본관은 은진(恩津), 자는 명보(明甫)이며 호는 동춘당(同春堂), 시호는 문정(文正)이다. 이이(李珥)를 사숙하고, 김장생(金長生)의 문하생이 되었다. 1649년 김집(金集)이 이조 판서로 기용되면서 송시열과 함께 발탁되었다. 현종 대 1차 예송 논쟁에서 송시열이 주장한 기년설(朞年說)을 지지하였다. 1675년(숙종1) 허적(許積)·윤휴·허목 등의 공격을 받아 관작을 삭탈 당하였다가, 1680년 경신환국으로 서인이 재집권하면서 복관되었다.

17) 무안현(務安縣)에 …… 사당 : 정개청(鄭介淸)의 학문과 덕행을 추모하기 위해 생전의 정개청이 정사를 짓고 후진을 양성했던 전라도 무안 엄담(淹潭)에 건립된 자산서원(紫山書院)을 이른다. 조선 후기 당쟁의 전개과정에서 정개청에 대한 포폄은 많은 기복을 겪었는데, 이와 연계하여 자산서원 또한 그 건립 및 훼철, 복설을 거듭하였다. 처음 자산서원은 1616년(광해군8) 당시 정개청에 대한 활발한 신원(伸寃) 운동에 발맞춰 지방유생의 공의로 전라남도 함평군 엄다면 엄다리에 건립되었다. 이후 1657년(효종8)에 서인계의 집권으로 훼철되었다가 1677년(숙종3) 허목(許穆)의 주청으로 복설되었고, 1678년 '자산(紫山)'이라고 사액되었다. 1680년(숙종6) 경신환국으로 다시 서인이 집권하며 관찰사 임규(任奎)와 유경서(柳景瑞) 등의 상소에 따라 훼철되었다가, 1689년(숙종15) 기사환국 이후, 나두하(羅斗夏)·김덕원(金德遠) 등 유생의 상소로 1691년(숙종17) 다시 복설되었고, 정개청의 동생인 정대청(鄭大淸)을 추가 배향하였다. 이후 1702년(숙종28) 이만성(李晩成)의 상소에 의하여 재차 훼철되었다가 1752년(영조28)에 제동사(濟洞祠)라는 이름으로 중건되었다. 그 후로도 1762년의 훼철과 1789년의 복설을 거듭하다가 1868년(고종5) 대원군의 서원철폐령으로 훼철되었다. 이로써 보면 자산서원의 치폐는 남인의 집권 시에는 건립, 복설되고,

목재와 기와를 헐어 마구간을 지었다.

　무술년(1658) -효종 9년- 봄, 곤재(困齋) 정개청의 손자 두 명이 상소하여 원통함을 호소하였는데, 승정원이 물리치고 받아들이지 않아 주상에게 전해지지 못하였다.

　4월 공조 참의 윤선도(尹善道)18)가 두 번째 소를 올려 사직을 청하고, 겸하여 승정원이 소를 물리친 잘못을 논핵하였는데, 그 내용은 대략 다음과 같다.

　신이 듣건대 지난번에 정개청의 손자 두 사람이 할아비의 신원을 위해 발을 싸매고 천리 길을 올라와 소를 품고 호소하였으나, 승정원에서 물리쳐 끝내 상달하지 못하였다고 합니다. 그 후 신이 마침 사람을 통해 그 소를 얻어 보았는데, 말이 정연하고 조리가 있었으며 이른바 천지에 사무치는 원통함이라는 것도 거짓이 아니었습니다. 그 내용에

　"고 상신 류성룡(柳成龍)이 기축년의 원통함을 씻어달라 청하는 계사19)에

　　서인의 집권 시에는 훼철되는 등 집권세력의 당색에 따라 수차례의 치폐(置廢)를 반복, 서원과 당쟁이 연계되는 양상을 전형적으로 보여주었다.

18) 윤선도(尹善道) : 1587∼1671. 본관은 해남(海南), 자는 약이(約而), 호는 고산(孤山)이다. 1616년(광해군8) 성균관 유생으로서 이이첨(李爾瞻)·박승종(朴承宗)·유희분(柳希奮) 등을 격렬하게 규탄하는 〈병진소(丙辰疏)〉를 올렸다. 이로 인해 이이첨 일파의 모함을 받아 함경도 경원(慶源)으로 유배됐다. 1623년 인조반정(仁祖反正)으로 이이첨 일파가 처형된 뒤 풀려났고, 1628년(인조6) 별시문과(別試文科) 초시에 장원으로 합격해 봉림대군(鳳林大君)·인평대군(麟坪大君)의 스승이 됐다. 1652년(효종3) 효종의 부름을 받아 예조 참의가 됐으나 나아가지 않았고, 1657년(효종8) 71세에 다시 벼슬길에 올라 동부승지에 이르렀으나 송시열과 맞서다 관직에서 쫓겨났다. 1659년 효종이 승하하자 예론(禮論) 문제로 서인과 대립하던 중 삼수에 유배됐다가 1667년(현종8) 풀려나 부용동에서 85세로 졸하였다. 윤선도는 정치적으로 열세에 있던 남인의 정치적 입장을 견지하며 집권 세력인 서인과 정치적 대립을 거듭하였는데, 정개청의 신원 및 자산서원(紫山書院)의 치폐 등을 둘러싼 정치적 갈등도 그 주요한 쟁점이었다.

19) 고 …… 계사 : 선조 28년(1595), 호남 유생 나덕윤(羅德潤)이 상소하여 정개청을 위시해 기축년 옥사에 연루된 사람들이 죄 없이 무함을 받는 일을 말하고, 조정의 신하들이 이에 대해 한 마디 말도 하지 않음을 책망하였다. 이에 선조가 비변사에 의논을 명하자 류성룡이 회계하였는데, 그 내용이 《서애집(西厓集)》에 수록된 〈청신설기축원왕계(請伸雪己丑冤枉啓) 을미(乙未)〉이다.

서 '정개청은 호남 사람들에게 더욱 명성이 있었으며 평생을 학술과 바른 품행으로 자임'하였다고 아뢰었습니다."라고 하였습니다. 류성룡은 선조 조의 어진 재상으로 그 학문과 사업이 출중하였으니, 어찌 지난날의 김장생 (金長生)[20]이나 지금의 송준길(宋浚吉)보다 아래에 있다 하겠습니까? 더구나 류성룡은 정개청과 동시대의 사람이요, 김장생은 그때보다 조금 뒤의 사람이니, 정개청의 일에 있어서는 들은 바나 아는 바의 상략(詳略)이 분명 다를 것입니다. 더욱이 김장생이 들은 말이 실로 지극히 공정하고 올바른 사람에게서 나왔는지, 아니면 같은 편끼리 당을 지어 다른 이들을 공격하는 사람에게서 나왔는지, 또한 알 수 없는 일입니다.

정개청은 선조 시대에 사림이 추앙하였고 명경(名卿)이 추장하였으며 선조께서 예우하셨습니다. 비록 불행히도 더러운 무함을 당했으나 곧 신원이 되었는데 지금에 와 받는 무함이 기축년보다 갑절이나 더하니, 그 자손이 억울하다고 할 만합니다. 뿐만 아니라 역사가 오늘날 사림의 공론이 공평하지 못했다고 평가하게 된다면 천추에 애석함을 남기게 될까 두렵습니다. 이는 곧 조정에서 명확히 조사하고 신중히 분변하여 유행(儒行)을 권장하고 풍교(風敎)를 장려할 바탕으로 삼아야 할 문제로서, 실로 조정에 관계된 일이지 정개청의 자손에게 관계된 일이 아닙니다. 더구나 자손이 그 조부의 원통함을 호소하는 일은 옛날에도 그 법이 있었고 근자에도 이러한 규례가 있으니, 승정원은 즉시 입계(入啓)하여 성상의 처분과 조정의 처리에 맡기는 것이 당연했는데 이를 물리친 까닭은 무엇입니까? 그러고도 시의에 따라 이랬다저랬다 하지 않았다고 말할 수 있겠습니까?

신이 지난번 상소에서, '질박함으로써 나의 도를 보존하고, 조용히 삶으

---

20) 김장생(金長生) : 1548~1631. 본관은 광산(光山), 자는 희원(希元), 호는 사계((沙溪), 시호는 문원(文元)이다. 조선 후기 예학(禮學)의 대표적 인물로, 이이(李珥)와 송익필 (宋翼弼)의 문하에서 학문을 배워 서인 학문의 계보를 이었다. 인목대비 폐모 논의가 일어나고 북인이 득세하자 연산으로 낙향하여 예학 연구와 후진 양성에 힘썼다.

로써 물정에 가까워지네[用拙存吾道, 幽居近物情]'라는 두보(杜甫)의 시구21)를
인용하였습니다. 그러자 승지 한 사람이 이를 싫어하여 표지를 붙여 물리치
고 고쳐쓰라 하는 것을 신이 고치지 않고 다시 올렸는데, 모두 네 번
올려서 네 번 다 거부당했습니다. 그러다가 그날 오후 갑자기 사람을
시켜 그 소를 가져가 입계하였는데, 그 뒤 신이 들은 바로는 전하께서
신의 거취를 물으셔서 가져간 것이라고 하니, 신은 지금까지도 그 까닭을
모르겠습니다.

　신의 두 번째 사직소는 열세 번을 올려 열세 번 모두 거부되었으니,
이것이 모두 아무 의도 없이 그러한 것이겠습니까? 신이 외람되이 대부의
자리에 있는데도 상소의 내용이 조금이라도 시의와 어긋나면 상달되지
못하였는데, 하물며 초야의 보잘 것 없는 촌부의 말이겠습니까? 신의
말은 다만 사직하고 물러나기 위한 것일 뿐 남에게 크게 거슬림을 받을
것이 없었는데도 이와 같았는데, 혹여 어떤 사람이 소장에서 권귀를 지척하
기라도 한다면 그 사안의 안위가 호흡을 다툴 정도로 급박하다 해도
어찌 상달될 수 있겠습니까? ……

　응교 이단상(李端相)22)이 올린 상소의 대략에,
　"정개청의 일은 계해년(1623, 인조 원년) 반정 이후 비로소 신원되었으나,
이는 다만 역모에 가담하지 않았음을 밝혔을 뿐, 스승을 배신하여 이리저리

---

21) 질박함으로써 …… 시구 : 두보(杜甫)의 〈자취를 숨기고[屛迹]〉에 나오는 시구이다.
　　《杜少陵詩集 卷10》
22) 이단상(李端相) : 1628~1669. 본관은 연안(延安), 자는 유능(幼能), 호는 정관재(靜觀
　　齋)·서호(西湖), 시호는 문정(文貞)이다. 좌의정 이정귀(李廷龜)의 손자이자 대제학
　　이명한(李明漢)의 아들이다. 1664년(현종5)에 입지권학(立志勸學)에 관한 조목을 상소
　　하고 관직을 떠났으며, 송준길(宋浚吉) 등이 경연관에 추천하였으나 양주 동강(東岡)
　　으로 은퇴하였다. 그의 문하에서 아들인 이희조(李喜朝)와 김창협(金昌協)·김창흡(金
　　昌翕)·임영(林泳) 등의 학자가 배출되었으며, 석실서원(石室書院), 학산서원(鶴山書
　　院)에 제향 되었다. 《대학집람(大學集覽)》·《사례비요(四禮備要)》·《성현통기(聖賢通
　　紀)》·《정관재집》 등의 저술이 있다.

입장을 번복하고23) 역적의 괴수와 친밀했던 정상은 가리기 어렵습니다. 비록 효성 지극한 자손이라 해도 어찌 속일 수 있겠습니까? ……"라고 하였다.

6월, 전 공조 참의 윤선도가 고산(孤山)에 있으며 국시소(國是疏)24)를 올려 이르기를 다음과 같이 하였다.

아! 정개청이 소인의 미움을 받고 역사(蜮沙)의 재앙25)을 혹독하게 입어 기축년 옥사 때 제 명에 살지 못하고 죽었는데 다행히 신원된 지 이미 36년이 지났습니다.26) 그런데 지금에 와 받는 무함이 기축년보다 갑절이나 더한 것은 어째서입니까? 정개청은 열성(列聖)의 배양에 힘입어 덕성을 도야하였고, 초야에서 발탁되어 독실한 학문과 실천으로 세상의 추앙을 받았습니다. 그리하여 사림의 종사(宗師)가 되었을 뿐만 아니라 공경이 천거하고 성주(聖主)가 부르신 것이 한두 번이 아니었으니, 범상한 사람이 아니었음이 분명합니다.

보통 사람이 무고하게 오명을 뒤집어써도 하늘을 움직이기에 족한 법이므로 천신(賤臣)이 가슴을 두드리자 6월에 서리가 내리고,27) 서녀(庶女)

---

23) 스승을 …… 번복하고 : 상소에서 이단상은 박순과 정개청을 사제지간이라 보고, 박순이 실각하여 영의정에서 물러나자 정개청이 배은망덕하게 스승을 배신하고 동인과 친교를 맺었다고 추궁하였다.
24) 국시소(國是疏) : 이 글은 윤선도가 71세 때인 1658년(효종9) 동부승지로 있을 때 올린 소이다. 여기에서 윤선도는 이른바 정개청(鄭介淸)의 '배절의설(排節義說)'을 난역(亂逆)의 증좌로 제시하며 정개청을 제향한 자산서원(紫山書院)의 훼철을 주장하는 서인의 의도가 부당함을 조목조목 지적하였다. 이로 인해 윤선도는 삼사(三司)의 탄핵을 받아 삭직되었다.
25) 역사(蜮沙)의 재앙 : 비방과 중상을 당할 때 쓰는 말이다. 역사(射蜮) 혹은 사역(射蜮)이라고도 한다. 물속의 역(蜮)이라는 괴물이 모래를 머금었다가 물속에 비친 사람의 그림자에 모래를 뿜으면 그 사람이 병에 걸려 심하면 죽기까지 한다는 고대의 전설에서 유래한 것이다. 역은 단호(短狐)라고도 한다. 《搜神記 卷12》
26) 신원된 …… 지났습니다 : 1624년(인조2) 인조 7월 3일, 정개청을 비롯하여 이발(李潑)·이길(李洁)·유몽정(柳夢井)·조대중(趙大中) 등의 신원(伸冤)과 복관(復官)이 이루어졌다. 《仁祖實錄 2年 7月 3日》
27) 천신(賤臣)이 …… 내리고 : 전국시대 제(齊) 나라 추연(鄒衍)이 연(燕) 나라에서 무함을

가 하늘에 울부짖자 3년 동안 가뭄이 들었다[28]고 하였습니다. 하물며 지극한 행실을 몸에 지니고 오도(吾道)가 소중히 여긴 사람인데도 구천의 원통함이 풀린 것도 잠시, 후세의 무함이 더욱 혹독해졌다면 이를 두고 밝은 시대에 당연한 일이라고 하겠습니까? 부당한 일이라고 하겠습니까? 반드시 밝게 분변해야 할 일이겠습니까? 굳이 분변할 필요가 없는 일이겠습니까?

신이 듣기로 정개청은 본래 영남 철성(鐵城)[29] 사람으로, 그의 6대조 정가물(鄭可勿)은 고려 말에 영동정(令同正)으로 나주에 유배되었습니다. 당시 유배된 자들은 반드시 관청에 복역하여야 했으니 지금의 향리인 것입니다. 이후 역(役)을 면하고 무안으로 옮겨 가 살았는데, 대대로 현관(顯官)이 없었으므로 한미한 집안이라 말할 수는 있겠으나 관속(官屬)이라고 말한다면 또한 원통하지 않겠습니까? 관속은 곧 관노(官奴)로서, 향리와의 등급은 진실로 하늘과 땅 차이입니다.

더구나 서원(書院)의 건립 여부는 그 사람의 현부를 논할 일이지 굳이 그 사람의 세계(世系)를 논할 필요가 없는 것입니다. 그런데 지난 해 연신(筵臣) 송준길(宋浚吉)이 등대(登對)했을 때, 가장 먼저 한 말이 정개청이 무안의 관속이라는 것이었습니다. 이 말은 다만 기만하는 속임수일 뿐만 아니라 군자가 할 말도 아닌듯합니다. 그가 진짜 무안의 관노라면 이는 신분을

받고 하옥된 후 하늘을 우러러 억울함을 호소하며 통곡을 하니 6월 하늘에서 서리가 내렸다는 고사가 전하는데, 이로부터 유월비상(六月飛霜)이 원옥(冤獄)을 비유하는 말로 쓰이게 되었다. 《後漢書 卷57·劉瑜列傳》

28) 서녀(庶女)가 …… 들었다 : 한(漢) 나라 때 동해군(東海郡)에 효부(孝婦)가 살았는데, 자식도 없이 일찍 남편을 여의었으나 시어머니를 잘 봉양하였다. 시어머니가 재가시키려고 하였지만 끝내 따르지 않자, 시어머니는 자기 때문에 며느리가 재가하지 않는다고 생각하여 목매 자살하였는데, 그곳 태수(太守)가 효부에게 시어머니를 살해했다는 누명을 씌워 처형하니, 이후로 동해 지역에 3년 동안 큰 가뭄이 들었다. 그 뒤 후임 태수가 부임하여 효부의 누명을 벗겨 주고 그 묘에 제사를 지내자, 곧바로 큰비가 내렸다는 고사를 인용한 구절이다. 《漢書·于定國傳》

29) 철성(鐵城) : 경상남도 고성(固城)의 옛 이름이다.

숨겼던 것이니, 그 죄가 큽니다. 기축년 옥사를 꾸몄을 당시, 위관인 정철(鄭澈)과 동복(同福)30)에서 상소한 유생 정암수(丁巖壽), 나주 선비 홍천경(洪千璟) 등이 없는 일을 있는 것처럼 날조하여 비단에 수를 놓듯 온갖 방법으로 그를 얽어매었는데, 그때는 어찌하여 이 일을 거론해 하나의 죄안으로 보태지 않았단 말입니까? 어찌하여 재앙이 지난 후에야 이러한 말을 한단 말입니까? 그 말이 진실이 아니고 실상 날조된 것임을 쉽게 알 수 있습니다.

더구나 이단상(李端相)은 본래 송준길과 가장 친밀하여, 하나이면서 둘이요 둘이면서 하나인 사이입니다. 그들이 정개청을 무함하려는 계략을 강구하여 숙지하였을 것이 분명한데, 이단상의 소에서 "정개청은 나주 향리의 자손이다."라고 하였으니, 두 사람의 말이 어찌하여 이렇게도 다르단 말입니까? 이 두 사람이 진실로 정확히 알지도 못하고 정해진 소견도 없이 다만 허위로 없는 일을 날조했다는 사실을 분명히 알 수 있습니다. 아마도 이단상이 당초 송준길과 동모하여 의논을 정했다가, 이후 정개청의 자손이 원통해하는 바를 듣고 또 사림의 공의도 억누른다고 해서 불식시킬 수 있는 것이 아니게 되자, 혹시라도 전하께서 이 사실을 알아채고 잘못이라 하실까봐 두려움에 부득이하게 사실대로 말하면서 자기가 송준길과 다르게 말했다는 것도 깨닫지 못한 채 결국 송준길을 팔아버린 것입니다.

고(故) 상신(相臣) 박순(朴淳)은 계미년(1523, 중종18)에 태어났고, 개청은 기축년(1529, 중종24)에 태어났으니, 박순은 정개청보다 6살 연상에 불과합니다. 견수(肩隨)31)의 나이인데, 정개청이 어찌 박순과 사제의 연을 맺고

---

30) 동복(同福) : 전라남도 화순 지역의 옛 지명이다.

31) 견수(肩隨) : '견수'는 어깨를 나란히 하되 조금 뒤에서 뒤따라 걷는 것으로, 5년 정도의 나이 차이가 나는 것을 말한다. 《예기(禮記)》〈곡례(曲禮)〉에 "나이가 배나 더 많은 사람에게는 아버지처럼 섬기고, 10년이 더 많은 사람에게는 형처럼 섬기고, 5년이 더 많은 사람과는 어깨를 나란히 하고 걷되 조금 뒤처져서 따라간다.[年長以倍,

수학(受學)했을 리가 있겠습니까? 수학하고자 해도 박순의 나이 30세가
채 못 되었는데, 어찌 남을 가르쳤을 리가 있겠습니까? 박순은 서른 이후로
요직에 오랫동안 있으며 서울에 거주하였고 정개청은 지방에 있었으니,
박순이 개청을 가르치고자 했고 개청이 박순에게 수학하고자 했다 한들
그렇게 할 수 있었겠습니까? 정개청의 유고인《우득록(愚得錄)》중에는
박순에게 보낸 편지 몇 편이 실려 있는데, 그 제목이 '사암(思菴)32)에게
드리는 글'이나 '사암에게 올리는 글'로 되어 있고, 내용에서는 자신을
대부분 '후생(後生)'이라고 칭하거나 '모(某)'라고만 칭하였을 뿐 '문생(門生)'
이라고는 칭하지 않았으니, 이에 의거해 보면 사제지간이 아니었음이
또한 분명합니다.

그런데 송준길이 등대(登對)하였을 때, 김장생(金長生)의 말을 외워 말하기
를,

"정개청은 박순에 대해 사제의 분의(分義)가 있는데, 박순이 파직되어
물러난 뒤에는 도리어 박순을 공격하며 배척하였습니다." 하였고, 또
말하기를,

"김장생이 공식 석상에서 정개청에게 말하기를, '박 정승을 아십니까?'
하자, 개청이 말하기를, '그 집에 서적이 많다고 하기에 왕래하며 참고하였
습니다.'라고 했다 합니다." 하였습니다. 이는 스승을 배신했다는 것으로
정개청의 죄안을 삼으려 한 것입니다만, 개청이 박순과 본디 사제지간이
아니었음은 증거가 드러나 있어 의심의 여지없이 명백합니다. 정개청에게
스승을 배신했다는 죄를 더하고자 사제 간이었다는 설을 억지로 만들어
낸 것이 분명하니, 이는 또한 거짓으로 무함한 결과를 면치 못하고 만
것입니다.

이단상(李端相)이 소를 올려 말하기를,

則父事之 ; 十年以長, 則兄事之 ; 五年以長, 則肩隨之。]"라고 하였다.
32) 사암(思菴) : 박순(朴淳)의 호이다.

"정개청이 독실한 뜻으로 학문에 힘쓰는 것을 박순이 가상하게 여겨 그를 나주교수에 추천하였고, 이로써 정개청은 마침내 박순 문하의 사람이 되었습니다. 개청이 박순의 가르침을 받았다는 것은 온 세상이 다 알던 바라 합니다." 하고, 그 아래에 또 말하기를, "스승을 배신하여 이리저리 입장을 번복하였다고 합니다." 하였습니다. 이단상의 말을 자세히 살펴보면, 그 뜻은 대개 박순이 정개청을 추천하여 나주 교수로 삼았다는 말을 하여, 이로써 정개청이 박순 문하의 사람이 되었다는 설을 지어내고, 또 박순 문하의 사람이라는 말로 박순에게 가르침을 받았다는 설을 지어내는 데 있습니다. 그가 구차하게 견강부회한 뜻을 문자 사이에서 짚어낼 수 있으니, 스승을 배신했다는 것으로 정개청의 죄목을 삼고자 이러한 말을 교묘하게 지어냈음을 분명히 알 수 있습니다.

사학 유생(四學儒生)의 상소에서는,

"정개청은 본디 나주 향리의 자손인데, 글을 읽음에 매우 부지런하고 문의(文義)에 능통하므로, 고 상신(相臣) 박순이 그 재주를 아껴 집에 머무르게 하여 두루 보살피고 유가(儒家)의 서적으로 권면하여 힘써 가르친 것이 10여 년에 달하였습니다. 이로부터 정개청의 문장이 날로 발전하였고 용모도 예전에 비해 몰라보게 달라졌다고 합니다."라고 하였습니다. 이단상의 말을 송준길의 말과 비교해 보면 이미 부연하고 덧붙인 것이 많은데, 사학 유생의 소에서 부연하고 덧붙인 것은 또 이단상에 비해서 몇 배나 됩니다. 그들이 제멋대로 말을 지어냄에 조금도 거리낌이 없었음을 알 수 있으니, 옛말에 이른바 "죄를 뒤집어씌우려 한다면 어찌 할 말이 없을 것을 걱정하겠는가?[欲加之罪, 何患無辭?]"[33]라고 한 것은 바로 이런 경우를

---

33) 죄를 …… 걱정하겠는가 : 벌할 작정을 한다면 트집 잡을 핑계거리는 많을 것이라는 말이다. 춘추시대 진(晉) 나라 혜공(惠公)이 자신의 즉위를 도와준 이극(里克)을 죽이려 하자, 이극이 "나에게 죄를 덮어씌우려 한다면, 어찌 트집 잡을 말이 없겠습니까?[欲加之罪, 其無辭乎?]"라고 말하고는 자결했던 고사를 인용한 것이다. 《春秋左氏傳·僖公 10年》

두고 한 말입니다.

더군다나 제자가 되어 스승을 배신했다면, 이는 선비 된 자에게는 큰 죄안(罪案)이 되는 것입니다. 정개청이 박순의 제자였는데 종국에 가 박순을 배신한 것이 사실이라면 기축년 죄를 얽어 만들 때 어찌하여 이 사안을 덧붙여 하나의 죄안으로 만들지 않고 지금에 와서야 처음으로 제기한단 말입니까? 그 말이 거짓된 무함임을 여기에서도 분명히 증험할 수가 있습니다. 정개청과 박순은 고향이 같았으므로, 박순이 정개청의 학문과 품행을 잘 알고 서로 친하게 지냈을 뿐입니다. 일찍이 선조께서 병란이 일어날까 우려하였는데, 하루는 "만약 왜란이 일어나면 누구를 원수(元帥)로 삼을 만한가?"라고 하시자 박순이 대답하기를, "신의 어리석은 소견으로는 정개청이 팔도의 원수가 될 만합니다. 신이 그 사람됨을 보건대 학행뿐만 아니라 그 인물이나 재지(才智)에서 그보다 나은 사람이 드뭅니다."라고 했다 하는데, 이 말이 박순의 일기(日記)에 실려 있다고 합니다.

그러나 정개청이 나주 교수가 된 것은 박순이 천거하여 제수한 것은 아닙니다. 임오년(1582, 선조15)에 유몽정(柳夢井)이 나주 목사(羅州牧使)였는데, 당시 정개청의 제자인 사인(士人) 나덕준(羅德峻)과 나덕윤(羅德潤) 등이 대안동(大安洞)에 서재를 짓고 독서하고 학문을 닦는 장소로 삼았습니다. 하루는 나덕준 등이 향음주례(鄕飮酒禮)34)를 베풀며 정개청을 존빈(尊賓)으로 받들자, 유몽정이 이 소식을 듣고 찾아가 참관하였는데 그 성대한 의례를 아름답게 보고 감탄하기를,

"고례(古禮)가 행해지는 광경을 오늘 보게 되었으니 어찌 성대한 일이 아니겠는가? 이 고을은 곧 인재의 부고인데 한갓 사장(詞章)에만 힘쓰고 있으니, 모름지기 선생을 얻어야만 사풍(士風)을 변화시킬 수 있을 것이다." 하고는 마침내 봉소(封疏)를 올려 아뢰자, 정개청에게 나주 훈도를 제수하였

---

34) 향음주례(鄕飮酒禮) : 각 고을의 향대부(鄕大夫)가 소학(小學)의 현능한 인재를 빈객(賓客)으로 예우하고 국학(國學)에 추천하는 의례를 이른다. 《周禮 地官·大司徒》

던 것입니다.

이에 정개청이 두 번 세 번 사양하였으나 윤허를 받지 못하자 어쩔 수 없이 억지로 몸을 일으켜 부임하였습니다. 그리고는 고인(古人)이 전한 사제 간의 예법을 엄히 하였고, 《소학(小學)》 및 《여씨향약(呂氏鄕約)》 등 성경현전(聖經賢傳)으로부터 《성리대전(性理大全)》·《심경(心經)》·《근사록(近思錄)》에 이르기까지 가르침을 베풀고, 틈틈이 《가례(家禮)》·《의례(儀禮)》·《예기(禮記)》 등의 서책으로 정성스럽게 가르치고 이끌었습니다. 이렇게 시행한 지 1년 남짓 된 사이에 효제(孝悌)와 예의(禮義)의 기풍이 향당(鄕黨) 사이에 날로 퍼져갔으나, 당시의 문인(文人) 재자(才子) 중에 글 짓는 재주만으로 스스로 잘난 체하던 자들이 무리를 지어 조소하고 희롱하였습니다. 그 중 교생(校生) 홍천경(洪千璟)이라는 자가 글 솜씨를 자부하며 한 번도 향교에 나오지 않자 정개청이 목사에게 고하고 회초리로 다스렸는데, 이 일로 인해 마침내 홍천경이 분노를 품기에 이르렀습니다. 얼마 후 유몽정이 체차되어 떠나고, 정개청도 사직하고 돌아왔습니다. 김성일(金誠一)이 전임 나주 목사를 대신하여 부임해 온 후 예를 돈독히 갖추어 정개청을 청하고 나주 훈도의 직임을 마치기를 바랐으나, 정개청은 굳게 사양하며 나아가지 않았습니다. 이 일의 시말(始末)이 정개청의 가승(家乘)에 상세히 나와 있으니, 박순이 천거로 교수가 되었다는 설은 또한 거짓입니다.

그러나 정개청과 박순의 친분은 시종일관 어그러지지 않아서, 그 의리상의 문답이나 시문을 주고받은 것이 모두 정개청의 사고(私稿) 안에 들어 있으니, 지금 이른바 개청이 박순을 배신하고 공격하며 배척했다 하는 말들 역시 무함입니다. 또한 박순이 정개청과 이와 같이 절친하였으므로 김장생이 물어보았을 때에도 사제 간인지의 여부는 묻지 않았던 것이니 사제 간인지의 여부는 실로 따져볼 것도 없습니다. 그리고 정개청이 응답했을 때에도 박순과의 친분이 특별히 두텁다는 말을 했을 법하니, 어찌 다만 "문자를 살펴보고자 왕래했다"에 그쳤겠습니까? 그렇다면 소위 김장생과 정개청이 문답했다는 말은 그 상세한 내용은 빼고 대략의 내용만 드러내어 정개청의 죄로 삼으려 한 것이 아니겠습니까? 아니면 말을 전하는 사이에 그 상세한 내용은 잊어버리고 대략의 내용만 기억하여 말한 것입니까? 이 또한 알 수 없는 일입니다. 그러나 이미 사제 간이 아니니, 비록 "문자를 빌려 보느라 왕래했다."라고 했다 한들, 그 말이 어찌 의리에 해가 되겠습니까?

정개청은 가세가 빈한하였으나 어려서부터 산림에서의 곤궁함을 편안히 여기며 도의를 지켰고, 한 칸 방에서 스스로를 삼가며 오로지 학문에만 마음과 뜻을 기울였으며 교유를 일삼지 않았습니다. 한 시대의 명경(名卿)이 그를 천거한 것이 한두 번이 아니었지만, 정개청은 마음을 차분히 하고 은둔해 있으며 현달을 구하지 않았습니다. 만력(萬曆) 정축년(1577, 선조10)에 선조께서 그 명성을 듣고 북부 참봉(北部參奉)을 제수하였으며, 경진년(1580)에는 연은전 참봉(延恩殿參奉)을, 갑신년(1584)에는 사옹원 참봉(司饔院參奉)을, 을유년(1585)에는 소격서 참봉(昭格署參奉)을 제수하였으나, 모두 사은숙배(謝恩肅拜) 한 후 바로 돌아왔습니다. 다시 교정청 낭청(校正廳郎廳)에 제수되어 10여 일을 재직하였고, 병술년(1586)에 또 동몽교관(童蒙敎官)에 제수되자 사은숙배 후 곧장 돌아왔으며, 정해년(1587)에 전생서 주부(典牲署主簿)에 제수되자 사은숙배 후 소를 올려 도덕을 밝히고 큰 근본을 세워야 한다는 주장을 아뢰었습니다.

이에 선조께서 비망기(備忘記)를 내리시기를,

'이 소장을 보고 지극한 의론을 들을 수 있었으니 참으로 가상하다. 전일에도 소를 올려 진달하였으니, 전후의 간절한 충심이 더욱 아름답다. 내 비록 불민하나 마땅히 유념하여 살피겠다. 정개청을 승진시켜 서용함이 가하나 듣기에 노쇠한 부모가 있어서 관직에 나올 수 없다고 하니, 인근 고을의 수령을 제수하도록 하라.'라고 하였습니다. 이에 곡성 현감(谷城縣監)

을 제수 받고 개청이 힘써 부임하였으나, 집에 있는 늙은 아비를 봉양함이
여의치 않았던 관계로 8달 만에 체직하고 돌아왔습니다. 대개 그는 본분을
지키고 고요함을 즐겨 세상에 나온 것이 극히 드물었으니, 그가 명류(名流)
를 일일이 찾아다니며 방문 왕래하지 않은 것을 미루어 알 수 있습니다.

또 역적 정여립(鄭汝立)과 같은 도에 있었다 하나, 서로 간의 거리가
3일이 소요되는 데다 지기(志氣)가 같지 않고 출처의 자취도 달라, 처음부터
서로 만날 길이 없었습니다. 교정청에 종사했을 때에도 마침 정여립과
공석에서 함께 교정을 하게 되었으나 겨우 10일 만에 곧 돌아왔으니,
어찌 친밀하게 교유할 뜻이 있었다 하겠습니까? 그 후로는 전혀 상종한
일이 없었는데도 이단상이 소에서 이르기를,

"정개청은 정여립과 자주 산사(山寺)에서 만나 모의하였습니다. 여립이
'고금에 오직 이윤(伊尹)만이 세상을 다스릴 책임을 자임한 성인[35]이다.
〈누구를 섬긴들 나의 임금이 아니며 누구를 다스린들 나의 백성이 아니겠는
가?〉[36]라고 한 이윤의 말은 매우 융통성이 있으니 후생이 가장 본받을
만하다.'라고 하자, 정개청이 말하기를, '선비는 인의(仁義)와 중정(中正)을
마음의 근본으로 삼아야 한다. 절의(節義)는 한 쪽으로 치우쳤으니, 동한(東
漢) 말에 나라가 망하게 된 것은 이 때문이다.'라고 하였다 합니다." 하였습
니다.

아, 정개청이 정여립과 자주 산사에서 만나 모의하면서, "누구를 섬긴들

---

35) 이윤(伊尹)만이 …… 성인 : 《맹자(孟子)》〈만장 하(萬章下)〉에, "백이는 청렴을 실천한
   성인이고, 이윤은 시대적 책임을 자임한 성인이고, 유하혜는 화합을 행한 성인이고,
   공자는 시중을 얻은 성인이다.[伯夷 聖之淸者也 伊尹 聖之任者也 柳下惠 聖之和者也
   孔子 聖之時者也]"라고 한 말을 인용한 말이다.

36) 누구를 …… 아니겠는가 : 《맹자(孟子)》〈공손추 상(公孫丑上)〉에서 공손추가 맹자에
   게 백이(伯夷)나 이윤(伊尹)과 비교하여 어느 위치에 놓이느냐고 묻자, 맹자가 이윤에
   대해, "'누구를 섬긴들 임금이 아니며 누구를 부린들 백성이 아니랴?'하며, 세상이
   다스려져도 벼슬길에 나아가고 세상이 어지러워져도 벼슬길에 나아간 사람은 이윤이
   다.[何事非君 何使非民 治亦進 亂亦進 伊尹也]"라고 논평한 대목을 인용한 것이다.

나의 임금이 아니겠는가?"라는 말까지 하였다고 한다면, 그 정상이 의심할 만합니다. 당시 이러한 일이 정말 있었다면, 같은 고을의 홍천경(洪千璟) 등이나 인근 고을의 정암수(丁巖壽) 등이 결코 몰랐을 리가 없는데, 나주에서 무함하여 보고했을 때나 위관이 죄를 얽어 만들 때에는 어찌하여 이에 대한 한 마디 말도 없었단 말입니까? 그리고 절의는 한쪽으로 치우쳤다는 설을 정말 정여립과 의논하여 확정했다 하면, 이 또한 개청을 무함할 좋은 빌미가 되었을 것입니다. 그런데도 정암수 등이 소에서, 정개청이 지은 〈동한의 절의와 진·송의 청담에 대한 논설[東漢節義晉宋淸談說]〉 위에 거짓으로 '배(排)'자를 덧붙이고는 "정개청이 일찍이 절의를 배척하는 하나의 설을 지어 후생을 미혹했습니다. ……" 하였을 때, 그리고 위관 정철이 "정개청이 절의를 배척하는 논설을 지어 온 세상을 어지럽히고 있으니, 그 사특한 주장은 이루 다 말할 수 없습니다. 그가 이미 절의를 배척했다면 틀림없이 절의와 상반되는 일을 좋아했을 것이니, 절의와 상반되는 일이 무슨 일이겠습니까? ……"라고 아뢰며 기필코 죽이려 하였을 때, 또한 어찌하여 정여립과 산사에 모여 모의하면서 절의는 한쪽에 치우쳤다고 주장했다는 말을 한마디도 언급하지 않았단 말입니까? 당시 온갖 방법으로 죄목을 주워 모았는데도 지어내지 못했던 말을, 이단상의 무리가 70년이 지난 지금 도대체 어디에서 듣고 이런 주장을 한단 말입니까? 이로써 자기들 마음대로 지어냈다는 것이 또한 환히 밝혀졌다고 하겠습니다.

송준길이 등대하였을 때 아뢰기를, "정개청은 역적의 공초에 두 번이나 나왔습니다. ……" 하였는데, 개청이 잡혀 들어온 것은 당초 역적의 공초에 나왔기 때문이 아닙니다. 정여립의 역옥이 일어났을 때, 전라 감사가 역적 중 누락된 사람을 적발하는 일로 나주에 공문을 보내 협조 요청을 하고 탐문하게 하였는데, 나주의 유생 90여 명이 한데 모여, 역적과 관련된 사람은 전혀 없다는 일로 고장(告狀)을 제출하였습니다. 그런데 그 뒤 향소(鄕所)의 몇 사람과 교생(校生) 6, 7인이 자신들이 품고 있던 사감을 풀고자 정개청을 죽이려 모의하고, 없는 일을 날조하여 공론인양 고장을 제출하기를, "정개청이 그 문생 조봉서(趙鳳瑞)와 함께 정여립의 집에 가서 그 터를 살펴보았고 합니다." 하였으므로, 이 때문에 개청을 서울로 잡아들여 가두었던 것입니다.

정개청 공사(供辭)의 대략에, "나주 향소 및 향교의 유사(有司)와 당장(堂長) 등을 철저히 신문하여, 그 말의 근원을 속속들이 캐내어야 합니다."라고 하니, 선조께서 "의논하여 아뢰라."라고 전교하였습니다. 그러자 위관 정철이 아뢰기를 "터를 살펴보았다는 일에 대해서는 줄곧 억울하다 하고, 정여릉(鄭如陵)과 한 자리에서 대질신문을 받고 싶어 한다고 하니, 사실이 아닌듯합니다. 그러나 일찍이 절의를 배척하는 일설을 지어서 후진을 현혹한 일은 그 폐단이 홍수나 맹수보다도 심하니, 형문하여 실정을 알아내소서."라고 하였습니다. 이에 한 차례 형문한 뒤 위원(渭源)에 정배하였는데, 위관이 다시 아뢰어 경원(慶源)의 극변으로 개정하였습니다. 그리하여 6월에 아산보(阿山堡)의 배소에 도착해서, 7월에 병으로 죽었습니다.

정개청이 역적의 공초에 나왔다는 것은 애초부터 없었던 말인데, 지금 와서 역적의 공초에 두 번이나 나왔다고 말하는 것은 어디에 근거한 말입니까? 그러한즉 무안의 관노였다는 것, 박순과 사제의 관계였다는 것, 산사에 모여 모의했다는 것, 역적의 공초에 두 차례 나왔다는 등의 이 네 가지 조목은 모두 기축년에는 없던 말로, 지금 지어내 정개청의 죄안으로 삼으려 하는 말입니다. 정개청이 무함을 받는 것이 기축년 때보다 갑절이나 된다고 한 신의 말은 거짓이 아닙니다.

역적 정여립은 양의 바탕에 범의 가죽을 쓴 것37)과 같은 자로, 학문을 빙자하여 박식함을 과시하고, 성명(性命)에 대한 고담준론과 도의(道義)에

---

37) 양의 …… 것 : 양질호피(羊質虎皮), 즉 겉으로는 대단한 것 같지만 실제로는 형편없는 것을 비유하는 말이다. 한(漢) 나라 양웅(揚雄)의 《법언(法言)》 卷2, 〈오자(吾子)〉에 "양의 바탕에 범의 가죽을 쓰고 있어서, 풀을 보면 좋아하고 승냥이를 보면 벌벌 떤다.[羊質而虎皮, 見草而說, 見豺而戰]"라는 말이 나온다.

대한 강론을 펼쳐 한 세상의 어진 사대부들이 모두 속임을 당하였습니다. 정개청은 교정청에서 처음 그를 만났고, 그 후 동료의 도리로 우연한 기회에 편지를 보냈으니, 한번 소식을 통하는 일은 사람에게 흔히 있는 일이요, 몇 마디의 존칭은 편지에서 으레 하는 말인데, 이것으로 사람을 빠뜨리는 함정으로 삼을 줄이야 어찌 생각이나 하였겠습니까?

당시 위관 정철이 아뢰기를,

"이 서찰을 보면, 정개청이 역적과 두터운 친분을 맺고 결탁하였음이 실로 거짓이 아닙니다. 심지어는 '일찍부터 덕의(德義)를 흠모하여 그리운 마음이 깊다.' 하였고, 또 '도(道)를 보는 것이 고명(高明)한 사람은 오직 존형뿐입니다.' 하였으니, 경악을 금할 수 없습니다. ……"라고 하였는데, 이는 진실로 죄를 얽어 만든 의미심장한 글입니다. 그런데 송준길이 등대하여 아뢴 말과 이단상이 상소하여 아뢴 말 중에도 이런 말이 있으니, 정철과 전후하여 그 수법이 똑같다고 할 것입니다. 이미 신원된 지 오래되었는데 이를 다시 죄안으로 삼다니 또한 너무 심하지 않습니까?

아! 옛날에 왕안석(王安石)의 관직이 참정(參政)에 이르도록 사마광(司馬光)은 그가 소인인 줄을 몰랐고,[38] 후군집(侯君集)은 끝내 반역을 하였으나 위징(魏徵)은 일찍이 그를 추천[39]하였습니다. 그렇다고 해서 사마광을

---

38) 왕안석(王安石)의 …… 몰랐고 : 왕안석(王安石, 1021~1086)은 북송(北宋)의 정치가이자 문장가로 자는 개보(介甫), 호는 반산(半山)이며 형국공(荊國公)에 봉해졌다. 처음 왕안석이 참정(參政)이 되었을 때, 온 조정이 그를 어질다고 하였는데 여회만이 홀로 "왕안석이 반드시 천하를 어지럽히고야 말 것이다." 하며 탄핵하려 하니 사마광이 믿지 않고 여회를 말렸다. 이후 왕안석이 희령(熙寧) 연간 신법(新法)을 실시하는 과정에서 사마광을 비롯한 정이(程頤)·소식(蘇軾) 등 구법파 관료들과 심각한 갈등을 빚었는데, 사마광이 예전 여회의 말을 떠올리며 그의 선견지명에 감탄하였다고 한다. 《宋史 卷321·呂誨列傳》, 《宋史 卷336·司馬光列傳》

39) 후군집(侯君集)은 …… 추천 : 위징(魏徵)이 일찍이 이부상서(吏部尙書) 후군집(侯君集)을 재상이 될 재목이라고 은밀히 추천하였는데, 위징이 죽고 난 후 후군집이 반역죄를 범해 주살되었다. 위징이 죽었을 때 당 태종이 몹시 슬퍼하고 손수 비문을 지어주기까지 하였으나, 이후 그가 추천한 후군집이 반역을 저지르자 태종이 노하여 위징의 비(碑)를 넘어뜨렸다. 《舊唐書 卷71·魏徵列傳》

왕안석의 당여라 하고 위징을 후군집의 당여라고 하겠습니까? 정개청이 편지를 보낸 것이 만약 정여립의 흉악한 역모가 탄로 난 후에 있었던 일이라면 그 죄가 실로 헤아릴 수 없이 크다 하겠지만, 실제 그 일은 정여립의 흉악한 역모가 탄로 나기 전에 있었던 일이니, 어찌 죄가 있다 하겠습니까? 굳이 먼 옛일을 인용할 것도 없이, 우선 근래의 일을 가지고 말씀드리자면, 역적 심기원(沈器遠)[40]과 김자점(金自點)[41]이 권력을 잡았을 때 당시 사람들치고 누가 편지로 안부를 묻지 않았겠습니까? 그렇다고 그들 모두를 역적과 결탁했다 하고 역적과 똑같이 간주하여 주살하겠습니까? 그렇지 않다면 정개청이 한 번 편지를 보낸 것을 가지고 어찌 지금에 와 큰 죄라 하겠습니까?

이이첨(李爾瞻)이 소인이라는 것은 그가 크게 뜻을 얻기 전부터 사람들이 모두 알고 있었습니다. 더구나 그들 부자가 관서(關西)에 왕래했을 때는 그가 권력을 휘두르며 나라를 그르친 지 이미 여러 해가 되어, 그 심보가

---

40) 심기원(沈器遠) : ?~1644. 본관은 청송(靑松). 자는 수지(遂之)이다. 아버지는 군수 심간(沈諫)이고, 권필(權韠)의 문인이다. 유생으로 이귀(李貴) 등과 협력하여 1623년 인조반정에 공을 세워 정사 공신(靖社功臣) 1등에 책록되고 청원부원군(靑原府院君)에 봉해졌다. 1644년 좌의정으로 남한산성 수어사(守禦使)를 겸임한 것을 기회로, 심복의 장사들을 호위대(扈衛隊)에 두고 전 지사(前知事) 이일원(李一元)·광주부윤(廣州府尹) 권억(權澺) 등과 모의하여 회은군(懷恩君) 덕인(德仁)을 추대하려는 반란을 꾀하였다. 그러나 부하 황헌(黃瀗)·이원로(李元老) 등이 훈련대장 구인후(具仁垕)에게 밀고하여 거사 전에 죽임을 당하였다.

41) 김자점(金自點) : 1588~1651. 본관은 안동(安東). 자는 성지(成之), 호는 낙서(洛西)로, 현감(縣監) 김탁(金琢)의 아들이다. 음보로 출사해 병조 좌랑에까지 이르렀으나 인목 대비(仁穆大妃)의 폐비 논의에 반대하는 등 광해군 때에 대북 세력에 맞서다가 정계에서 축출되었다. 최명길(崔鳴吉)·심기원(沈器遠)·이귀(李貴) 등과 함께 인조반정을 모의하여 성공시켰고, 정사공신(靖社功臣) 1등에 녹훈되었다. 1636년 병자호란 이후, 청나라의 후원을 기반으로 권력을 장악하였으나 인조가 승하한 후 실권(失權)하게 되자 심복인 역관 이형장(李馨長)을 시켜 청나라에 조선의 새 왕이 옛 신하들을 몰아내고 청나라를 치려 한다고 고변하고, 그 증거로 청나라의 연호를 쓰지 않은 장릉지문(長陵誌文)을 보냈다가 광양으로 유배되었다. 1651년(효종2) 아들 익(釴)이 수어청 군사와 수원 군대를 동원해 원두표·김집·송시열·송준길(宋浚吉)을 제거하고 숭선군(崇善君)을 추대하려는 역모가 폭로되어 아들과 함께 복주되었다.

탄로 나고 죄상이 드러난 것이 이미 뚜렷하였습니다. 그런데도 이단상의
아비 이명한(李明漢)⁴²⁾은 이이첨에게 시를 지어 주기를

"지금 문성이 덕성과 함께 행차하니, 호산 천리 길에 흥취가 외롭지
않네. 생각건대 관서의 새로운 악보를 얻어, 봉황이 새끼를 거느린 곡조를
너도나도 부르리라.[文星今與德星俱, 千里湖山興不孤. 想得關西新樂譜, 一時爭唱鳳
將雛.]"라고 하였으니, 덕성과 문성, 그리고 봉황이 새끼를 거느린다 한
것은 대개 이이첨 부자를 가리킨 말입니다. 신은 시골에 있어서 이 시의
내용을 자세히 듣지 못했습니다. 그런데 신이 공조 참의가 되어 네 차례
소를 올렸으나 미처 체직(遞職)되지 않아 다시 다섯 번째 소를 올려 체직을
청하려 하자, 이단상 형제가 신의 소장(疏章)에 응당 이 시가 실려 있으리라
는 말을 잘못 듣고는 이를 갈고 손에 침을 뱉으며 기필코 신의 상소를
저지하려 하였으니, 혹자는 대론(臺論)이 촉발된 것도 대개 이 때문이라고
합니다. 이단상 형제가 분노한 나머지 가는 곳마다 소문을 내며 신을
모함하느라 여념이 없었으므로, 이 시를 듣지 못했던 사람들도 모두 알게
되었고 또 신의 귀에까지 들어오게 되었으니, 이는 바로 '봄 꿩이 제
울음에 죽는다.[春雉自鳴]'⁴³⁾는 격입니다. 이 시는 온 세상 사람들의 마음속
깊이 새겨지고 사방의 입에 오르내리며 나라의 사책(史冊)에까지 올라
모르는 사람이 없게 되었는데, 어찌하여 유독 이단상만 듣지 못한단 말입니
까?

사람들 중에는 혹 이 시를 가지고 이명한에게 죄를 돌리기도 하나,
신은 그렇게 해서는 안 된다고 생각합니다. 당시 조정에 있던 신하들이

---

42) 이명한(李明漢) : 1595~1645. 본관은 연안(延安), 자는 천장(天章), 호는 백주(白洲),
시호는 문정(文靖)이다. 1616년 증광 문과에 을과로 급제했다. 폐모론(廢母論)이 일어
났을 때 참여하지 않았다 하여 파면되었다. 이괄의 난 때 왕을 공주(公州)로 호종하여
8도에 보내는 교서를 지었다. 1643년 척화파(斥和派)로 심양(瀋陽)에 억류되었다.
심양에 잡혀갔던 의분을 노래한 시조 6수가 전하고, 문집 《백주집(白洲集)》이 있다.
43) 봄 …… 죽는다[春雉自鳴] : 감출 수 있었던 제 허물을 도리어 스스로 드러내는 것을
가리킨다. 《東彦解》

모두 이이첨과 교유를 끊지 못하였는데, 어찌 유독 이것을 문제 삼아 이명한에게 죄를 묻겠습니까? 그러나 이단상의 처지에서는 입장을 바꿔 상대방을 이해하고, 자기의 마음을 미루어 상대방을 헤아려야 되지 않겠습니까? 정개청의 편지는 정여립의 역모가 아직 드러나기 전에 보냈던 것인데, 편지에서 무심히 한 말을 가지고 그의 죄안으로 삼는 것은 이단상이 밝지 못하고 후하지 못함을 잘 보여주는 것입니다. 신의 이 의론은 실로 공명정대한 마음에서 나온 것으로, 이단상에게도 이로우면 이로웠지 해가 되지는 않을 것입니다. 그러나 만 번 말하여 만 번 타당할지라도 한 번 침묵을 지키는 것만 못하므로 처음에는 입 밖에 내지 않으려 하였으나, 이와 같은 의논은 대 성인이 포용하는 큰 도량에 도움이 될 것은 물론 천하에 본보기가 되어 후세에 전할 만한 일이 되겠기에 감히 구구한 작은 혐의를 피하지 않았습니다.

아! 정개청에게 무슨 죄가 있겠습니까? 그가 끝내 형을 받고 멀리 유배 가는 것을 면치 못한 것은 오직 절의를 배척하는 설을 지었다는 것 때문이었습니다. 그러나 고금 천하에 글을 짓는 사람치고 어찌 절의를 배척한다는 것으로 제목을 삼겠습니까? 이는 해명할 것도 없는 일입니다. 다만 생황(笙簧) 소리 같은 말[44]이 이미 성총(聖聰)을 어지럽혔으니 비록 일월(日月) 같은 명철함을 지니셨다 해도 정개청 글의 전문(全文)을 보지 못하면 명확하게 알 수 없는 점이 있을까 두려워, 신이 소장의 끝에 전문을 베껴 올리고, 아울러 옥에 갇혔을 때의 공사(供辭)도 함께 첨부하였사오니, 유념하여 살펴 주소서.

이단상이 소에서 아뢰기를,

"선조께서 하교하시기를, '정개청이 사람들의 이목을 놀라게 하였으니,

---

44) 생황 …… 말:《시경(詩經)》〈소아(小雅)·교언(巧言)〉에 "황(簧)과 같은 공교로운 말은 얼굴이 두껍기 때문이다.[巧言如簧, 顔之厚矣.]"에서 인용한 말로, 소인들이 교묘하게 꾸며대는 참언(讒言)을 비유한 것이다.

글에 능한 지제교(知製敎)로 하여금 문자를 지어 일일이 그 시비를 따져
바로잡게 하고, 이를 8도의 향교에 반포하여 목판에 새기고 벽에 붙여서
사습(士習)을 바르게 하라.'라고 하셨습니다. 그 후 고 상신 류성룡(柳成龍)이
기축년의 억울함을 풀어달라 청45)하였을 때 정개청 또한 그 안에 포함되어
있었으나, 계해년(1623, 인조1) 반정 후에야 비로소 신원되었다고 합니다."
하였고, 또 아뢰기를, "류성룡이 아뢴 말 중에 운운한 말은, 정개청이
역당으로 논해졌던 억울함을 풀어주고자 한 뜻에 불과합니다. ……"라고
하였습니다.

아, 기축년 옥사를 다스릴 때 정철이 아뢰기를,

"절의를 배척하는 설로 후진을 현혹시켜, 그 폐단이 홍수와 맹수보다도
심하니 정개청을 형문하여 실정을 알아내소서." 하고, 또 아뢰기를,

"절의를 배척하는 논설이 일세의 인심을 어지럽혔으니, 그 사특한 내용
은 이루 다 말할 수 없습니다. 그가 이미 절의를 배척하였다면 반드시
절의와 상반되는 일을 좋아했을 것인데, 절의와 상반되는 일이 무슨 일이겠
습니까? ……" 하였는데, 그 말이 지극히 간교하여 사람들이 음험하기
그지없는 그의 뜻을 깨닫지 못하였습니다. 대신의 말이 이와 같으니,
비록 밝으신 성상께서 위에 계셨어도 어찌 일거에 깨달을 수 있었겠습니까?
사신(詞臣)을 시켜 절의를 배척한 데 대해 논박하는 글을 짓게 한 것도
당연한 일이었습니다.

그러나 정개청이 논한 바는 실상은 이와 같지 않아서 천리에 부합하고
정·주(程朱)에 근본하였으니, 어찌 끝까지 정론(正論)을 사설(邪說)이라
매도할 수 있겠습니까? 옛날에 간당비(奸黨碑)46)와 위학금(僞學禁)47) 사건이

45) 고 …… 청 : 선조 28년(1595), 호남 유생 나덕윤(羅德潤)이 상소를 계기로 하여 류성룡
이 기축옥사에 억울하게 연루된 인사들의 신원을 주청하였던 일을 이른다. 그
내용이 《서애집(西厓集)》에 수록된 〈청신설기축원왕계(請伸雪己丑冤枉啓) 을미(乙
未)〉이다.
46) 간당비(奸黨碑) : 송 철종(宋哲宗) 원우(元祐) 원년(1086)에 사마광(司馬光)이 재상이

임금에게서 나온 것입니까? 소인에게서 나온 것입니까? 간당비에 포함된
자는 언제나 간당인 것이고, 위학금에 포함된 자는 언제나 위학인 것입니
까? 그렇다면 한때의 소인이 인심을 현혹시켰다 주장하고 반박글을 지어
반포하였던 까닭에 정개청만 유독 만세토록 분변하지도 못하고 밝히지도
못해서야 되겠습니까? 기축년에 무함을 받아 죽은 것이 오직 이 일 때문이
었고 보면, 계해년(1623, 인조 원년)의 신원도 이 일을 신원한 것이 아니겠습
니까? 신원된 지 이미 36년이 지났는데 다시 이 말을 하는 것은 무심코
하는 것이 아님이 틀림없습니다.

이단상이 소에서 아뢰기를, "이른바 억울함을 풀어주었다고 한 것은
다만 그가 역당에 가담한 것이 아님을 밝혀준 뜻"이라 했다는데, 이는
이치에 닿지 않는 말입니다. 정개청이 옥에 갇혀 공초를 바치고 난 후
위관이 의논하여 아뢴 말은 다만 절의를 배척하였다는 일설에 관한 것이었
으니, 정개청이 역당에 가담했다는 조항은 당초 옥사를 다스릴 때 이미
풀린 것입니다. 그러하니 계해년에 신원해 준 것은 절의를 배척했다는
무함이 아니겠습니까? 전에 이미 신원된 일을 가지고 지금에 와 다시
무함하고자 하니, 이 무슨 이치란 말입니까? 이단상이 역당에 가담하지

되고 나서 왕안석(王安石)이 신종(神宗) 때에 실시한 신법(新法)을 모두 폐지하고
옛 법을 회복하였다. 이후 소성(紹聖) 원년(1094)에 장돈(章惇)이 재상이 된 뒤, 다시
사마광 등을 배척하여 조정에서 축출하였으며, 휘종(徽宗) 숭녕(崇寧) 원년(1102)에
채경(蔡京)이 재상이 된 뒤에는 사마광・문언박(文彦博)・소식(蘇軾)・정이(程頤) 등
120인을 간당(姦黨)으로 지목하여 이른바 원우 간당비(元祐姦黨碑)를 세우고, 다시
사마광 이하 309인을 기록하여 원우 당적비(元祐黨籍碑)를 세운 뒤에 천하에 반포한
고사가 있다. 《宋史 卷19・徽宗本紀, 卷472・姦臣列傳・蔡京》
47) 위학금(僞學禁) : 송 영종(宋寧宗) 경원(慶元) 연간에 한탁주(韓侂胄)와 조여우(趙汝愚)
가 권력 쟁탈전을 벌일 적에 주희(朱熹) 등이 조여우의 편을 들었는데, 한탁주가
득세한 뒤에 승상 조여우 이하 59인을 모조리 몰아내는 한편, 도학(道學)을 위학(僞學)
이라고 규정하고는 주희의 학문을 일체 금지시키도록 한 이른바 '경원 당금(慶元黨禁)'
의 사건을 이른다. 위학이란 거짓된 학문이라는 뜻으로, 욕망에 따라 자기 뜻대로
살려고 하는 것이야말로 인간의 진정한 속성인 만큼, 이를 단속하여 굳이 수양하게
하려는 주희의 학문은 허위라고 한탁주가 주장하면서 도학을 배척하는 명분으로
삼았다. 《宋史 卷434・儒林列傳・蔡元定, 卷474・姦臣列傳・韓侂胄》

않은 것을 풀어주었을 뿐이라는 말은, 선묘(宣廟)께서는 역당으로 죄를
주었으나 계해년에 비로소 그 억울함을 풀어주었다는 말인 듯한데, 이는
정개청이 역당에 가담했다는 무함을 선묘께서 풀어주신 것을 가린 것입니
다. 또한 선왕인 인묘(仁廟)께서 신원해 주신 것은 실로 절의를 배척했다는
무함인데, 이단상은 다만 역당에 가담했다는 혐의를 풀어준 것이라고
말하였으니, 이는 정개청이 절의를 배척했다는 무함을 선왕께서 씻어준
것을 가린 것입니다. 그러한즉 이단상은 단지 정개청만을 무함하였을
뿐만 아니라 또한 선묘와 인묘, 그리고 전하까지도 거짓으로 속인 것입니다.

　류성룡이 아뢴 내용 중에,

　"정개청은 호남 사람 중에서도 더욱 명성이 높았던 사람으로 평생을
학술과 바른 품행으로 자임하였는데, 우연히 한 편의 저술로 인해 죽음에
이르렀습니다."라는 말이 있습니다. 그런데 이단상의 소에서는 이 말을
완전히 빼 버리고 단지 "기축년의 억울함을 풀어달라 청하였는데, 정개청
도 그 안에 들어 있었다 합니다." 하였고, 또 말하기를, "류성룡이 아뢴
말은 정개청이 역당으로 논해졌던 억울함을 풀어주고자 한 뜻에 불과합니
다." 하였으니, 그 말이 모두 근거가 없고 내용의 거짓과 기만이 더욱
드러났습니다.

　맹자가 이르기를 "그 시를 낭송하고 그 글을 읽으면서도 그가 어떤
사람인지 몰라서야 되겠는가?"[48] 하였는데, 이는 대개 그 사람의 저술을
보면 그 학술 도덕의 고하(高下)와 심천(深淺), 진위(眞僞)를 알 수 있기
때문입니다. 정개청의 저서로는 《수수기(隨手記)》 9권과 《우득록(愚得錄)》
3권이 있는데, 정개청이 처음 체포되었을 때 의금부 도사(義禁府都事)가

---

48) 그 …… 되겠는가 : 《맹자(孟子)》〈만장(萬章)〉에 "천하의 선사(善士)를 벗함으로써도
아직 족하지 않아서 또 우러러 옛사람을 논하는 것이다. 그 시를 외우고 그 글을
읽으면서도 그 사람을 알지 못하면 되겠는가? 이로써 그 세상을 논하는 것이니,
이것이 바로 우러러 벗하는 것이다.[以友天下之善士爲未足, 又尚論古之人. 誦其詩讀其書,
不知其人可乎? 是以論其世也, 是尚友也.]"라고 한 말을 인용한 것이다.

거두어 궁중으로 들여왔습니다. 그 후 선조께서 열람하시고 말씀하시기를,
"이 사람은 고인(古人)의 글을 읽은 사람이다." 하고는 현저(縣邸)⁴⁹⁾에 내려
본가에 돌려주라고 명하셨는데, 현저가 잘못 전하는 바람에 《수수기》는
분실되었으나 《우득록》은 지금껏 보존되어 있으니, 이 하나의 책만 보아도
정개청의 사람됨을 알 수 있습니다. 또 세상에 《기축록(己丑錄)》 2권이
있는데, 한 권에는 최영경(崔永慶)의 행장(行狀)과 묘갈(墓碣) 및 무함을
입고 신원(伸冤)된 일 등을 실었고, 다른 한 권에는 정개청이 무함 당한
일이 실려 있습니다. 두 권의 책에는 다른 말은 없고 다만 당시의 추안(推案)
과 소차(疏箚)가 기록되어 있는데, 누가 지었는지는 모르겠으나 틀림없이
덕을 숭상하고 선을 좋아하는 사람이 기록했을 것입니다. 이 두 권을
보시면 당시 옥사의 정상을 분변할 수 있습니다.

아! 기축년에 당론이 바야흐로 치성해져 정개청이 무함을 입고 죽었으나,
인조 초년에 사람들이 꾸짖고 경계하는 마음으로 피차의 파당을 타파하고
공도(公道)를 드넓히자, 정개청이 원통함을 씻고 관작이 회복되었습니다.
그런데 지금에 와 받는 무함이 또 기축년에 비해 갑절이나 되니, 이는
곧 당론이 다시 치성해진 것이 아니겠습니까? 그러한즉 정개청의 행(幸)과
불행(不幸)은 다만 공도가 행해지느냐 행해지지 않느냐에 달려있을 뿐이니,
공도가 행해지는 지의 여부가 어찌 정개청에게만 관련된 일이라 하겠습니
까? 이는 또한 성명(聖明)께서 근심하고 두려워해야 마땅한 일입니다.

아, 기축년 옥사를 정철이 주관하면서, 국가의 불행한 큰 변고를 자기의
사감을 푸는 기회로 삼아 조정에 가득했던 훌륭한 인사들을 거의 모두
주륙하였습니다. 그리고 그 여파가 초야에서 정철과 뜻을 달리하는 인사에
게까지 미쳐, 영남의 최영경과 호남의 정개청이 모두 화를 면치 못하였습니
다. 그 후 최영경은 신원이 되고 증작(贈爵)이 되었는데, 최영경과 정개청이

---

49) 현저(縣邸) : 이서(吏胥)로서 서울에 머물러 있으면서 고을의 사무를 연락하고 대행하
   는 사람으로, 경저리(京邸吏) 또는 경주인(京主人)이라고도 한다.

같은 처지였음에도 최영경만 먼저 신원이 되고 정개청은 아직 신원되지
못한 이유가 무엇이겠습니까? 최영경은 역당에 가담하여 군사를 일으키려
했다는 무함을 받아 죄를 입었고, 정개청은 절의를 배척하는 설을 지었다는
무함을 받아 죄를 입었는데, 죄명(罪名)에 경중이 있으므로 그 신원에
빠르고 더딘 차이가 있는 것은 진실로 그럴 수 있는 일입니다. 그러나
당시 영남에는 경연에 출입하며 임금의 마음을 계도하고 보좌하는 사람이
많았던 반면 호남에는 이런 사람이 없었으니, 이 또한 동시에 신원되지
못했던 이유라 할 것입니다.

　아, 최영경은 속세 밖에 은거하여 세상의 중망(重望)이 있었고, 정개청은
학술과 바른 품행으로써 세상의 추앙을 받았습니다. 또 두 사람 모두
정여립과 친분이 없었던 것은 물론 역적의 공초에도 나오지 않았는데,
정철이 이 두 사람을 기어이 죽이려 했던 까닭은 무엇이겠습니까? 최영경은
항상 정철을 성격이 경솔하고 조급한 소인이라 하였고, 또 안민학(安敏學)이
최영경에게 정철을 칭찬하며 "이 사람은 국가에 마음을 다한다 합니다."
하니 영경이 말하기를, "내 오랫동안 도성에 머물렀지만 그가 좋은 벼슬한
다는 말만 들었을 뿐, 정사를 밝게 일으켜 세웠다는 말은 듣지 못하였다."
하였는데, 정철이 그 말을 듣고 깊이 원한을 품었습니다.

　또 어떤 사람이 정개청에게 정철의 사람됨을 물으면서 그의 청렴함을
칭찬하자, 정개청이 말하기를,

　"선유(先儒)의 말에, '사람이 몸가짐을 청고(淸苦)하게 해도 관작(官爵)을
사랑하면 아비와 임금을 죽이는 일도 서슴없이 자행한다.'50) 하였다. ……"

50) 사람이 …… 자행한다 :《주자어류(朱子語類)》권13,〈학(學)7 역행(力行)〉에 "어떤
　사람은 몸가짐을 매우 검소하게 하여 그 절조를 채우기 위해 지렁이처럼 위로는
　마른 흙을 먹고 아래로는 누런 흙탕물을 마시면서도 도리어 관직만을 사랑하고,
　어떤 사람은 몸가짐이 청고한데도 여색(女色)을 좋아한다. 그들은 그저 사욕만을
　따를 뿐 이를 극복하지 못하기 때문에 일에 임해서도 단지 이것이 중한 것만 알고
　다른 것은 전혀 보지 못한다.……그들은 단지 관직만을 사랑하기 때문에 문득 아비와
　임금을 죽이는 일도 감히 저지르는 것이다.[有人奉身儉嗇之甚, 充其操, 上食槁壤, 下飮黃

하였습니다. 또 무자년(1588, 선조21)에 정철이 광주(光州)에 있었는데, 정개청이 곡성 현감으로 어버이를 뵙기 위해 왕래하면서도 한번도 문안하지 않았고 그 문 앞을 지나면서도 들어가지 않았으므로 정철이 더욱 깊이 앙심을 품었습니다. 이것이 두 사람에게 앙화(殃禍)의 빌미가 되어, 정철이 이들을 교묘하게 무함하여 한꺼번에 제거한 것입니다.

그러나 선비를 죽였다는 이름은 만세의 대악(大惡)이요 공론도 끝내 불식시킬 수 없었으므로, 두 도 사림들의 상소가 해마다 일어났고 조정에서는 대각의 논박이 때때로 준엄하였습니다. 이뿐만이 아닙니다. 선조의 성심도 곧 깨달으시고 즉시 정철의 삭탈관직을 명하신 후 강계(江界)에 안치시켰으며,[51] 매양 정철을 간철(奸澈) 또는 독철(毒澈)이라고 교시하셨고[52] 심지어 그 자손을 독종이라고 하며 벼슬에 의망하지 못하도록 전조(銓曹)에 엄히 하교하시니, 비록 효자 자손(孝子慈孫)이라도 감히 원통함을 호소할 수 없었습니다. 그런데 광해조 때에 와서 정철의 아들 정종명(鄭宗溟) 등이 그 아비의 억울함을 풀어달라 청하는 소를 올리며, 그 아비가 계청하여

泉底, 却只愛官職, 有人奉身淸苦而好色. 他只緣私欲不能克, 臨事只見這個重, 都不見別个了.……他只愛官職, 便弑父與君也敢.]"라는 말을 인용한 것이다.

51) 정철의 …… 안치시켰으며 : 1591년(선조24) 정철(鄭澈)이 세자책봉 문제를 건의하였다가 선조(宣祖)의 노여움을 사서 강계로 유배되고, 서인 세력 대부분이 파직되거나 유배된 일을 가리킨다.

52) 정철을 …… 교시하셨고 : 1593년(선조26) 정철이 사망한 후 그가 양천경(梁千頃)을 사주해 길삼봉에 관한 말을 퍼뜨리고 이로써 최영경을 무함해 죽였다는 주장이 전면화 되었고, 마침내 1594년(선조27) 그 관직이 추탈되었다. 이후로도 박성(朴惺)·문경호(文景虎) 등이 전후로 소를 올려 '최영경의 죄를 날조한 자는 정철, 뒤에서 교사한 자는 성혼'이라며 최영경 죽음을 둘러싼 책임 소재를 정철은 물론 성혼에게까지 확대하는 가운데 악독한 정철[毒澈], 흉악한 성혼[凶渾]이라는 표현을 써서 비난하였다.(《선조실록(宣祖實錄) 34년 12월 20일》) 이에 대한 선조의 직접적인 비답은 《선조실록》이나 《선조수정실록》에는 보이지 않으나, 이후 《숙종실록》 15년 3월 17일 수록된 진사(進士) 심제현(沈齊賢)의 상소에, 선조가 "흉악한 성혼과 악독한 정철이 나의 양사(良士)를 죽였다[凶渾毒澈, 殺我良士.]"라고 하교했다는 내용이 보인다. "흉혼독철(凶渾毒澈)"이라는 용어는 《기축록(己丑錄)》〈서수우당사적후(書守愚堂事蹟後)〉, 《기언(記言)》〈최수우사(崔守愚事)〉, 《연려실기술(燃藜室記述)》〈이이성혼출향복사(李珥成渾黜享復事)〉에도 보인다.

정개청을 무함한 말은 모두 빼 버리고 아뢰기를 "선조께서 절의를 배척한 논설을 심문 조목에 함께 포함시켜 형추하도록 명하셨습니다." 하였으며, 최영경의 일에 대해서도 그 아비가 구하려 하였으나 할 수 없었다는 뜻으로 말하였습니다. 그러고는 마침내 그 무리로 하여금 모두 이 말을 하게 하였는데, 그 뜻은 대개 선비를 죽였다는 오명을 임금에게 돌리고 선비를 죽인 아비의 죄명을 벗겨 주려는 것이었으니, 그 계책이 참혹합니다.

이단상(李端相)의 소에서도 또한 정철이 계청하여 정개청을 무함했던 말은 빼 버리고, 단지 "선조께서 '배절의 한 조항을 신문 조목 중에 첨가해 들이라'고 하교하셨고, 한 차례 형신(刑訊)한 뒤에 북쪽 변방에 유배하도록 명하셨는데, 그곳에서 죽었습니다."라고만 하였습니다. 이단상이 상소한 말은 대개 정종명의 말을 그대로 따른 것입니다. 또 김장생은 정철을 군자라 하였고, 송준길은 정개청을 무함하면서 그 말의 대부분을 자기 스승53)의 말로 증험하였는데, 이는 스승의 중망을 빌려 정철을 두둔하는 입지로 삼은 것이요, 정철을 두둔한 까닭은 스승의 말을 옳은 것으로 만들고자 해서입니다. 그가 거짓으로 속인 것이 지금 이미 환히 드러나 또한 기어이 만세의 공론이 있게 되었으니, 자기의 스승을 위하려던 것이 결국 스승을 해치는 결과가 되고 만 것이 아니겠습니까?

이단상이 정개청을 무함한 말은 모두 송준길과 표리를 이루고 있습니다. 그 말을 송준길의 말과 비교해보면 더욱 추가되고 치밀해졌으니, 모두 준길을 두둔하기 위한 것 아님이 없습니다. 그러나 이는 만세의 공론에 송준길의 병통과 흠결을 더욱 무겁게 만드는 것임을 자각하지 못한 것이니, 또한 너무나도 생각이 부족한 것입니다. 정개청이 구천에서 뼈가 썩은 지 이미 70년이 되었는데 지금 사람 중에 누가 꺼려하고 누가 원망하겠습니까? 비록 무함한다 해도 이로울 것이 없고, 신원한다 해도 해로울 것이 없는데, 지금 무함이 기축년보다 배나 더하는 것은 그 뜻이 어디에 있겠습니

---

53) 자기 스승 : 김장생을 이른다.

까? 이는 대개 정개청이 화를 자초한 것으로 만들어 선비를 죽였다는 정철의 악명을 벗기고자 하는 것입니다. 그러나 정개청의 죄명을 추후로 날조하는 것은 끝내 성공할 수 없었고, 후세에서도 또한 어찌 분변할 수 있는 사람이 없겠습니까? 그들도 이 점을 알기 때문에, 결국 선비를 죽인 악명을 군상에게 돌리려 한 것이니, 너무도 통탄할 만하지 않습니까?

서원(書院)이 있고 없고는 그 손해와 이익이 다만 사림에게 있을 뿐이지 그 사람에게 있는 것이 아닙니다. 정개청을 사종(師宗)으로 삼은 사람들도 어찌 서원의 유무로써 정개청의 경중(輕重)을 삼아, 서원이 있으면 영광스럽게 여기고 서원이 없으면 부족하게 여기겠습니까? 다만 우리나라에는 정개청에 미치지 못하는데도 서원에 봉안된 이들이 또한 헤아릴 수 없이 많은데, 유독 먼저 정개청의 서원을 훼철하려고 급급해하는 것은 대개 의도하는 바가 있기 때문입니다. 또한 서원의 건립과 훼철은 다만 그 사람의 도덕이 어떠한가를 논해야 할 뿐인데, 어찌하여 반드시 평생 지은 일도 없는 죄안을 찾아내려 한단 말입니까? 더구나 정개청과 같은 이는 관직도 보잘것없고 붕당의 지원도 전혀 없어서 그 서원을 훼철하는데 굳이 말과 힘을 허비할 필요가 없는데도 기축년의 죄상을 거짓으로 꾸미기까지 하니 어찌 목적하는 바가 없이 그렇게 하겠습니까? 그 뜻은 대개 선량한 선비를 죽였다는 정철의 악명을 벗겨주고자 함이 틀림없습니다.

신은 저들이 정개청을 해친 뒤에는 다시 최영경을 논할까 두렵습니다. 정종명의 말들을 주워 모아 이처럼 근거 없는 말을 지어내서, 위로는 밝게 벌여선 천지신명을 속이고[54] 아래로는 무섭게 가리키는 손과 주시하는 눈[55]들을 현혹하였으니, 당론이 국시를 해롭게 하고 국맥을 위태롭게

---

54) 밝게 …… 속이고 : 한유(韓愈)의 〈여맹상서서(與孟尙書書)〉에 "천지신명이 분명히 포진하고 삼엄히 벌여서 있으니, 무함할 수 있는 일이 아니다.[天地神祇, 昭布森列, 非可誣也.]"라고 한 구절을 인용한 것이다.

55) 무섭게 …… 눈 : 《대학장구(大學章句)》 전(傳) 6장에 "증자가 말하기를 '열 개의 눈이 지켜보는 바이고 열 개의 손가락이 가리키는 바이니 얼마나 두려운가.' 하였다.[曾子

하는 것이 이와 같습니다. 송준길은 한쪽 편의 사람들에게 명망이 높고 한 시대의 추존을 받고 있으므로 신이 정개청을 논하는 것이 준길과 다른 점이 있자, 사람들 중에는 신을 생각해 두려워하며 경계시키는 이도 있습니다. 그러나 "임금이 말을 하며 스스로 옳다고 하면 경사대부(卿士大夫)가 감히 그 잘못을 바로잡지 못한다."56)라고 한 것은 바로 자사(子思)가 깊이 경계한 바입니다. 임금과 신하 사이도 오히려 이와 같은데, 하물며 그 아래야 말해 무엇 하겠습니까? 그 말이 국시에 부합하지 않는 점이 있는데, 신이 어찌 차마 송준길이 있는 것만 알고 나라가 있는 것은 알지 못하여, 감히 주광(黈纊)57) 아래에서 밝게 분변하지 않을 수 있겠습니까?

더구나 송준길이 말한 것이 어찌 그가 멋대로 지어낸 것이겠습니까? 필시 다른 사람에게서 들은 말일 터이니, 그 사람이 송준길을 그르친 것이요 송준길이 국시를 그르친 것이 아닙니다. 자로(子路)는 자기 허물을 말해주면 듣기를 기뻐하였고,58) 공자는 허물이 있으면 사람들이 반드시 알게 되니 다행이라 하였으며,59) 대순(大舜)은 자기를 버리고 남을 따랐고60)

曰, 十目所視, 十手所指, 其嚴乎]"라고 한 구절을 인용한 것이다.

56) 임금이 …… 못한다 : 자사(子思)가 위후(衛侯)에게 "임금이 말을 하며 스스로 옳다 여기면 경대부가 감히 그 잘못을 바로잡을 수 없고, 경대부가 말을 하며 스스로 옳다 여기면 사서인이 감히 그 잘못을 바로잡을 수 없다.[君出言自以爲是, 而卿大夫莫敢矯其非, 卿大夫出言自以爲是, 而士庶人莫敢矯其非]"라고 한 구절을 인용한 것이다.《資治通鑑 卷1·周紀1·安王25年》

57) 주광(黈纊) : 면류관에 달아 두 귀 양쪽으로 늘어뜨린 황면(黃綿)으로 만든 작은 솜방울 이르는 말로, 임금이 불요불급(不要不急)한 말을 함부로 듣지 않겠다는 뜻을 보이는 의미를 가졌다. 여기에서는 임금을 지칭하는 용어로 쓰였다.

58) 자로(子路)는 …… 기뻐하였고 :《맹자(孟子)》〈공손추 상(公孫丑上)〉에 "자로는 남들이 자신에게 허물이 있음을 말해주면 기뻐하였다.[子路, 人告之以有過則喜]"라고 한 구절을 인용한 것이다.

59) 공자는 …… 하였으며 : 이 구절은《논어(論語)》〈술이(述而)〉의 다음과 같은 내용을 인용한 것이다. "진나라 사패(司敗)가 '소공이 예를 알았습니까?'라고 묻자, 공자는 '예를 아셨다.'라고 대답하였다. 공자가 물러가자, 사패는 무마기(巫馬期)에게 읍하여 나오게 하고는 '군자는 편들지 않는다고 들었다. 그런데 군자도 편을 드는가? 임금께서는 오나라에 장가드셨으니 동성이 된다. 그러므로 그 사실을 숨기기 위해 오맹자(吳

남의 선행을 도와주었다[61]고 합니다. 만약 송준길이 진정 군자로서 신의 말을 옳다고 여긴다면, 필시 자로가 자기의 허물을 지적해주면 기뻐하고, 공자가 허물이 있으면 사람들이 반드시 아는 것을 다행으로 여기며, 대순이 자기를 버리고 남을 따랐던 것처럼 할 것이니, 어찌 신의 말에 유감을 품겠습니까? 송준길이 과연 이 도리를 잘 행한다면 신 또한 어찌 송준길을 의심하며 끝까지 피차를 구분 지으려는 마음을 갖겠습니까? 뒷날 서로 만난다면, 그 시작이 어긋나 서로 길이 달랐던 것을 탄식하고 마침내 마음을 탁 터놓고 함께 어울릴 것입니다. 그러므로 신을 생각해 두려워한 사람은 곧 송준길이 자기의 허물 고치기를 꺼려하지 않는다는 것을 모르고 지레 송준길을 포기한 자입니다.

신은 정개청의 지극한 원통함을 안타까워하는 것이 아니라, 실로 국시가 크게 문란해진 것을 통탄하는 것입니다. 이에 나라를 생각하는 깊은 두려움과 전하를 생각하는 지극한 정성에서, 피하거나 숨길 일을 완전히 잊은 채 말을 가리지 못하였습니다. 삼가 바라옵건대 성명께서 은미한 곳도 빠짐없이 비추시고 덕음을 널리 펴시어 구천에 있는 정개청의 억울함을

孟子)라고 불렀던 것이다. 임금께서 예를 아신다면 누가 예를 알지 못하겠는가.'라고 하였다. 무마기가 이것을 아뢰자, 공자는 '나는 다행이다. 잘못이 있으면 남들이 반드시 아는구나.'라고 하였다.[陳司敗問 昭公知禮乎 孔子曰 知禮 孔子退 揖巫馬期而進之曰 吾聞君子不黨 君子亦黨乎 君取於吳 爲同姓 謂之吳孟子 君而知禮 孰不知禮 巫馬期以告 子曰 丘也幸 苟有過 人必知之]"

60) 대순(大舜)은 …… 따랐고 : 《맹자(孟子)》 〈공손추 상(公孫丑上)〉에 "대순은 이보다도 더 위대함이 있었으니, 선을 남과 함께하여 자신을 버리고 남을 따르시며 남에게서 취하여 선을 행함을 좋아하셨다.[大舜有大焉 善與人同 舍己從人 樂取於人以爲善]"라고 한 구절을 인용한 것이다.

61) 남의 …… 도와주었다 : 《맹자(孟子)》 〈공손추 상(公孫丑上)〉에, 순 임금은 밭 갈고 곡식을 심으며 질그릇 굽고 고기 잡을 때로부터 제왕이 되기에 이르기까지 남에게서 취한 것 아님이 없다고 언급하면서, "남에게 취하여 선을 하는 것은 남이 선을 하도록 도와주는 것이다. 그러므로 군자는 남이 선을 하도록 도와주는 것보다 큰 것이 없다.[取諸人以爲善, 是與人爲善者也. 故君子, 莫大乎與人爲善]"라고 한 구절을 인용한 것이다.

풀어주시고 만세토록 이어질 사림의 공론을 시원하게 해 주시어 국시를
바로잡고 국명을 영원하게 한다면 종사에 매우 다행이겠습니다.

　을묘년(1675) -숙종 원년- 호남의 유학(幼學)[62] 나적(羅績) 등이 상소하여
원통함을 호소하였다. -《조야기문(朝野記聞)》-

　유학(幼學) 안민유(安敏儒)의 소에 답하기를,

“이미 해당 관서로 하여금 아뢰어 처리하게 하였으니 번거롭게 하지
말라.” 하였다. 예조 판서 장선징(張善瀓)[63]이 회답하여 아뢰기를,

“정개청의 인품의 고하와 문학과 품행의 유무는 제쳐 놓고라도, 한
고을에서 위패를 모셔 향사한다는 것은 비록 조정과 크게 관계되는 바는
없다 해도 일찍이 50년 전 인조 조 때 이미 훼철하라는 명이 내렸는데도
따르지 않고 방치하였습니다. 그러다가 효종 조에 감사의 장계[64]로 인해
서원의 연혁과 당부(當否)를 물으시고, 특명을 내려 인조 때 내렸던 명을
거듭 천명하여 즉시 훼철하게 하였습니다. 그런데 19년이 지난 지금에
와 감히 또 말이 있는 것은 심히 부당한 일입니다.” 하니, 전교하기를,
“이 계사를 보니 나적 등의 말과는 크게 다르다.” 하였다. -《조야기문(朝野記
聞)》-

---

62) 유학(幼學) : 조선시대에 학교에 적을 둔 무위무관(無位無官)의 양반 유생을 이른다.

63) 장선징(張善瀓) : 1614~1678. 본관은 덕수(德水), 자는 정지(淨之), 호는 두곡(杜谷),
　　시호는 정장(正莊)이다. 아버지는 대제학 장유(張維)이고, 어머니는 김상용(金尙容)의
　　딸이며, 효종 비 인선왕후(仁宣王后)는 그의 누이가 된다. 병조 참판으로 아버지의
　　작위를 승습하여 풍양군(豊陽君)에 봉하여진 뒤 대사간·도승지·대사헌 등을 역임
　　하였다. 1674년 숙종 즉위 후 여러 차례 송시열의 신원을 간청하는 상소를 하였으나
　　용납되지 않자 고향에 돌아가 두문불출하다 졸하였다.

64) 감사의 장계 : 효종 8년, 충청 감사 서필원(徐必遠)이 양호(兩湖)에 중복 설립된 서원을
　　훼철할 것을 청하였고, 송준길(宋浚吉)이 이 의견을 극력 관철시켜, 이때 전팽령(全彭
　　齡)·곽시(郭詩)의 서원과 함께 정개청(鄭介淸)의 서원이 훼철되었다. 《孝宗實錄 8年
　　9月 25日》

병진년(1676) -숙종 2년-, 예조 판서 이무(李袤)65)가 소를 올려 아뢰기를, "선조 때 최영경에게는 증직하였고, 정언신에게는 관작을 돌려주었으나 당시 국사가 위급하여 백유양 등은 미처 신원해 줄 겨를이 없었습니다. 인조반정 후 이귀(李貴)가 신원에 앞장서서, 이발·이길·정개청의 관작을 돌려주고, 또 정철의 관작도 돌려주게 하였으니 이는 양쪽을 모두 화평하게 하자는 논의였습니다. 지금 들으니 백유양의 잔약한 후손들이 상언하여 관작을 회복해달라 청하였고, 정개청의 문생과 후학들이 훼철된 서원의 복설을 청했다 하니, 의견을 수렴하여 시행하게 하소서." 하였다.

호남 유생 오상옥(吳相玉) 등이 소를 올려 정개청 서원의 복설 등을 청하자, 답하기를, "송준길이 현능한 이를 시기하고 미워하는 계략을 별도로 꾸며, 신령이 봉안된 곳을 훼철하고 향사를 지내지 못하게 하였다." 하였다.

정사년(1677) -숙종 3년- 좌의정 권대운(權大運),66) 우의정 허목(許穆)이 의견을 개진한 후 정개청의 서원을 복설하라는 명이 내렸다.

무오년(1678) -숙종 4년- 봄, 호남유생 서국빈(徐國賓)이 상소하여 정개청의 서원에 사액(賜額)67)해줄 것을 청하였다. 4월, 소를 올린 유생의 요청을

---

65) 이무(李袤) : 1600~1684. 본관은 한산(韓山), 자는 연지(延之), 호는 과암(果菴)이다. 이산해(李山海)의 손자이자 이경전(李慶全)의 아들이다. 1629년(인조7) 별시문과에 병과로 급제하여 관직에 나갔다. 현종 말 갑인예송(甲寅禮訟)이 남인의 승리로 귀결되고, 이어 숙종이 즉위하면서 남인이 정국의 주도권을 장악하자 그동안 정치 참여에 제한적이었던 남인의 정계 진출이 활발하였는데, 이무도 그들 중 한 사람으로, 허목(許穆), 윤휴(尹鑴) 등과 함께 숙종 전반(前半) 청남(淸南)의 정론을 대변하였다.

66) 권대운(權大運) : 1612~1699. 본관은 안동, 자 시회(時會), 호 석담(石潭)이다. 1689년(숙종15) 기사환국 때 송시열의 사사를 주도하였으나, 1694년 갑술환국으로 삭탈관작되어 절도에 유배되었다.

67) 사액(賜額) : 서원의 명칭을 부여한 현판과 그에 따른 서적·노비 등을 하사함을 이른다.

특별히 윤허하여 자산서원(紫山書院)이라 사액하였다. -《조야기문(朝野記聞)》-

경신년(1680)[68] -숙종 6년- 가을, 호남 유생 유경서(柳景瑞) 등이 소를 올려 정개청의 사당을 훼철할 것을 청하였고, 또 오상옥(吳相玉), 양몽거(楊夢擧) 등이 군상을 기망한 죄를 다스려야 한다고 운운하였다. 전라 감사[69]가 장계를 올려 말하기를,

"사당의 훼철을 처음 명한 것은 인조, 효종의 명이었고, 사당을 세우고 복설한 것은 역적 윤휴(尹鑴)[70] 무리의 간악하고 사특한 논의였습니다."

68) 경신년 : 경신년은 이른바 경신환국(庚申換局)이 일어난 해이다. 환국은 허견(許堅)의 옥사를 기화로 확대되어 남인에서 서인으로의 정권 교체를 가져왔다. 영의정 허적(許積)의 아들인 허견이 숙종이 후사가 없는 상태에서 승하할 경우 복선군(福善君) 이남(李枏)이 왕위를 계승할 것으로 예상하고 이러한 문제를 거론하였다가, 정원로(鄭元老)와 강만철(姜萬鐵)에 의해 역모로 고변(告變)되었다. 이로 인해 허견은 군기시 앞길에서 능지처사(凌遲處死)되고 복선군은 교수형(絞首刑)에 처해졌으며, 영의정 허적, 좌의정 민희(閔熙), 우의정 오시수(吳始壽) 등이 주도하던 남인 정권은 영의정 김수항(金壽恒), 좌의정 정지화(鄭知和), 우의정 민정중(閔鼎重) 등이 주도하는 서인 정권으로 급격히 교체되었다. 자산서원 또한 서인이 정권을 잡게 됨에 따라 다시 훼철되었다.

69) 전라 감사 : 당시 전라 감사는 임규(任奎, 1620~1687)였다. 임규의 본관은 풍천(豐川), 자는 문중(文仲), 호는 석문(石門)·호은(壺隱)이다. 1680년(숙종6) 전라도 관찰사로 재직하며, 당시 윤휴(尹鑴)가 원장으로 있던 자산서원이 도내의 무뢰배들과 손을 잡고 문제를 일으키고 있다 하며 훼철을 단행하게 하였다. 자산서원은 정개청(鄭介淸)을 제향하는 서원으로서 집권세력의 당색에 따라 수차례의 치폐(置廢)를 반복하였는데, 자산서원의 훼철을 주장한 임규의 주청은 경신환국 이후 남인을 공격하는 서인의 입장을 대변하는 것이었다. 《肅宗實錄 6年 閏8月 24日》

70) 윤휴(尹鑴) : 1617~1680. 본관은 남원(南原), 자는 희중(希仲), 호는 백호(白湖)이다. 현종·숙종 연간에 북인계(北人系) 남인으로 활동하면서 현종 대 예송(禮訟) 이래 주요 현안을 둘러싸고 서인과 대립·갈등하였다. 그는 또한 학문적으로 주자의 경전 해석을 비판하고 《논어》, 《맹자》, 《중용》, 《대학》, 《효경》 등에 대해 독자적인 해석을 내놓아 주자의 장구(章句)와 주(註)를 수정하였는데, 이 때문에 송시열에 의해 사문난적(斯文亂賊)으로 몰리기도 하였다. 1680년(숙종6) 경신환국으로 서인이 집권하자 숙종의 모후인 명성대비를 배척하고 숙종의 정비인 인경왕후를 동요시켜 광성부원군 김만기(金萬基)를 제거하려 한 역모의 모주로 몰려 사사되었다. 《숙종실록(肅宗實錄)》 6년 윤8월 24일 기사에서 전라 감사 임규가 올린 장계에 따르면, 경신환국 당시 자산서원의 원장이 윤휴였다고 한다.

하니, 대신에게 의견을 수렴하게 한 후 정개청(鄭介淸), 곽시(郭時),71) 전팽령
(全彭齡)72) 등의 사원(祠院)을 훼철하라 명하였다.

기사년(1689) -숙종 15년-, 회천(懷川)73)이 변무소(辨誣疏)를 올리며, 김장

---

71) 곽시(郭時) : 본관은 선산(善山), 자(字)는 영이(詠而), 호(號)는 탄암(坦菴), 거주지는
    충청도 옥천(沃川)이다. 성종 때 담양 부사(潭陽府使)를 지내다가, 승정원 승지(承旨)에
    발탁된 용촌(龍村) 곽은(郭垠)의 손자이다. 곽시는 옥천을 대표하는 문장가로 널리
    알려졌으나 현직(顯職)을 역임하지 못하고, 과거에 급제한 지 얼마 되지 않아 갑자기
    세상을 떠났다. 1571년(선조4) 옥천의 유림이 서원을 세워 곽시를 향사하였으나
    임진왜란 때 소실되었다가, 1621년(광해군13) 표충사(表忠祠)에 의병장 조헌(趙憲),
    옥천 출신 목사(牧使) 전팽령(全彭齡)과 함께 제향 되었다. 이때 옥천의 유림들이
    표충사에 전팽령·곽시·조헌의 신위(神位)를 연령순으로 배열하고 제향하자, 조헌
    의 제자 김약(金鑰)이 조헌의 절의를 내세워 신위 배열의 개정을 요구하였다. 여기에
    더하여 우암(尤庵) 송시열(宋時烈)과 동춘당(同春堂) 송준길(宋浚吉)은 곽시가 생전에
    정자(程子)를 비판하는 글을 지었다고 하여 표충사에서 출향(黜享)시킬 것을 주장하였
    다. 이후 1682년(숙종8) 표충사를 창주서원(滄洲書院)으로 바꿀 때 곽시의 조부 곽은은
    조헌과 함께 배향되었으나, 곽시는 출향(黜享)되었다. 이에 숙종 때 옥천의 유림이
    곽시를 향사하기 위해 따로 사우(祠宇)를 세웠다.
72) 전팽령(全彭齡) : 1480~1560. 본관은 옥천(沃川). 자는 숙로(叔老), 호는 송정(松亭).
    전오례(全五禮)의 증손으로, 할아버지는 전효순(全孝順)이고, 아버지는 참판 전응경
    (全應卿)이다. 1504년(연산군10)에 사마시에 합격하여 생원이 되고, 1524년(중종19)에
    별시문과에 병과로 급제하였다. 1550년(명종5)에 상주 목사로 나가 청렴한 치정을
    하여 청백리의. 별칭인 염근(廉謹)에 선발되어 통정(通政)에 특승되었다. 1559년에
    가선(嘉善)에 승직, 부호군이 되었다. 단천 군수, 삼척과 밀양 부사 등을 역임하였다.
    1621년(광해군13) 표충사(表忠祠)에 의병장 조헌(趙憲), 승문원 정자(正字) 곽시(郭詩)
    와 함께 제향되었다가 경신년(1680, 숙종6) 윤 8월 곽시와 함께 출향되었다.
73) 회천(懷川) : 송시열(宋時烈, 1607~1689)을 가리킨다. 본관은 은진(恩津), 자는 영보(英
    甫), 호는 우암(尤菴)·우재(尤齋), 시호는 문정(文正)이다. 사용원 봉사 갑조(甲祚)의
    아들이며, 김장생(金長生)·김집(金集)의 문인이다. 1658년(효종9) 9월 19일 효종은
    호서산림(湖西山林) 세력을 재등용하는 일환으로 송시열을 이조 판서에 특서(特敍)하
    였다. 이후 송시열은 현종 대 두 차례 예송(禮訟)에 깊이 간여했다가 1674년 서인이
    패배하자 파직·삭출되었다. 서인이 노론과 소론으로 분열하는 과정에서 노론의
    종장(宗匠)이 되었다. 1689년(숙종15) 기사환국으로 남인이 재집권했는데, 이때 세자
    책봉에 반대하는 소를 올렸다가 유배되었고, 그 해 6월 정읍에서 사약을 받고 죽었다.
    회천은 송시열이 회덕(懷德)에 살았기 때문에 불린 별호로, 송시열은 이밖에 회장(懷
    丈)·회옹(懷翁)·회상(懷相) 등으로도 불렸다.

생이 황종해(黃宗海)74)에게 답한 편지를 적어 올렸는데, 그 편지에 말하기를,

"기축년 옥사에서 류상(柳相)75)이 위관으로 있을 때 이발(李潑)의 노모와 어린 아들을 어찌 살리고자 하지 않았겠습니까? 그러나 죄 없는 80 노부(老婦)를 구하기 위한 말 한마디 못한 채 마침내 형장 아래 죽게 하였고, 7살 어린 아이가 즉사하지 않자 그 목을 꺾어 죽게 하였습니다. 그런데도 숙부(肅夫) 김우옹(金宇顒)과 도가(道可) 정구(鄭逑)는 이를 그의 허물로 삼지 않고 도리어 우계(牛溪)76)와 송강(松江)77)에게 그 허물을 돌렸으니, 이 어찌 공론이라 하겠습니까? ……"하였다. -동소(桐巢) 남하정(南夏正)78)이 다음과 같이 말하였다. "이는 사계(沙溪)79)의 무함이다. 이발에 대해 노적(孥籍)80)의 형벌을 시행한 것은 경인년(1590, 선조23) 5월 12일의 일이었고, 서애(西厓)가 정승에 제수되어 조정으로 돌아온 것은 그 해 6월이었으니, 서애가 어찌 이조 판서로서 위관이 되었겠는가? 혹자는 말하기를, '사계는 정홍명(鄭弘溟)81)의 말을 익히 들었는데, 정홍명은 그 아비를 위해 서애에게 비방을 나누어지게 하고 군상에게 책임을 돌리려

---

74) 황종해(黃宗海) : 1579~1642. 인조 때의 학자이다. 본관은 회덕(懷德)이고, 자는 대진(大進)이며, 호는 후천(朽淺)이다. 정구(鄭逑)의 문인이다. 광해군 때 유생들과 함께 정인홍(鄭仁弘)을 배척하는 상소를 올렸고 폐모론(廢母論)이 일어나자 과거를 단념하고 김장생에게 나아가 예학(禮學)을 배웠다. 인조반정(仁祖反正) 뒤에 동몽교관(童蒙敎官), 후릉 참봉(厚陵參奉)에 천거되었으나 나아가지 않았다. 저서로는 《후천집(朽淺集)》이 있다.

75) 류상(柳相) : 류성룡(柳成龍)을 이른다.

76) 우계(牛溪) : 성혼(成渾)의 호이다.

77) 송강(松江) : 정철(鄭澈)의 호이다.

78) 남하정(南夏正) : 1678~1751. 본관은 의령(宜寧), 자(字)는 시백(時伯), 호(號)는 동소(桐巢)이다. 1714년(숙종40)에 진사시(進士試)에 합격하였으나 벼슬을 단념하고 진위현(振威縣) 동천(桐泉)의 구장(舊庄)에 은거하며 후진 양성에 힘썼다. 저서로는 근기 남인의 정치지향을 대변한 《동소만록(桐巢漫錄)》을 남겼다.

79) 사계(沙溪) : 김장생(金長生)의 호이다.

80) 노적(孥籍) : 역모나 반역을 범한 국사범(國事犯)에 대해 본인은 극형에 처하고, 처자는 연좌하여 노비의 적에 올리고 재산까지 몰수하는 형벌을 말한다.

81) 정홍명(鄭弘溟) : 1592~1650. 본관은 연일, 자는 자용(子容), 호는 기암(畸菴)·삼치(三癡)이다. 정철의 넷째 아들로, 송익필·김장생의 문인이다.

는 주장을 하였다. ……'라고 하였다."-

가을에 홍문관에 특명을 내려 《우득록(愚得錄)》을 등사하여 올리게 하였
다.

신미년(1691) -숙종 17년- 가을, 자산서원을 복설하고, 다시 정철의 관작을
추탈하라 명하였다.

임신년(1692) -숙종 18년- 정월 18일 무진(戊辰)에 청대(請對)하여 입시하였
을 때 우승지 권흠(權歆)이 말하기를,

"신이 지난번 기축년에 억울하게 죽은 이발·이길에게 증직하는 일을
진달하며 최영경·정개청의 일을 근거로 들었는데, 물러가 생각해보니
정개청에게는 아직 증직한 일이 없었습니다. 신이 자세히 살피지 못하고
아뢰었으니 황공하기 그지없사옵니다." 하니 찬선(贊善) 이현일(李玄逸)이
아뢰기를,

"최영경과 정개청은 모두 명망이 높은 사람들로서 같은 때 억울한
죽음을 맞았으나 유독 정개청만 아직 추장하는 은전을 입지 못하였으니
최영경과 마찬가지로 증직함이 마땅할 듯합니다." 하니, 주상이 "최영경과
같은 예로 증직함이 옳다." 하였다.

이 해, 전 교관(敎官) 류후상(柳後常)[82]이 조부를 변무(辨誣)하는 소[83]를

---

82) 류후상(柳後常) : 1648~1718. 본관은 풍산(豊山), 자는 덕일(德一)로, 류성룡(柳成龍)의
   4대손이다. 천거로 동몽교관(童蒙敎官)을 역임했고, 좌승지(左承旨)에 추증되었다.
83) 조부를 변무하는 소 : 조부는 류성룡을 이른다. 이발(李潑)의 노모와 어린 아들을
   잡아다 중형으로 국문하여 80세 노부인을 결국 장형(杖刑)으로 죽게 하고 10세도
   채 안 된 아이의 목을 부러뜨려 죽인 일은 기축옥사 처리 과정의 부도덕성을 상징하는
   사건으로 간주되어, 동인과 서인 간 치열한 논란을 양산해 낸 사건이었다. 이 일을
   두고 동인 측에서는 정철이 위관일 때 일어난 일이며, 서인이 이 옥사를 얼마나

올려 다음과 같이 말하였다.

고(故) 정승 허욱(許頊)과 판서 이수광(李晬光)의 일기에,

"기축년(1589, 선조22) 10월 2일, 황해도 관찰사 한준(韓準)의 밀계가 올라왔는데, 재령(載寧), 안악(安岳), 신천(信川) 등지에서 모반의 일이 있다는 내용이었다. 11일, 판돈령(判敦寧) 정철(鄭澈)이 경기에서 올라와 비밀리에 차자를 올려 역적을 토포하는 일과 도성을 삼엄히 경비할 일을 아뢰었다. 11월 8일, 정철에게 우의정을 제수하였다. 경인년(1590, 선조23) 위관 심수경(沈守慶)을 체직하고 정철을 위관으로 삼았다. 또 같은 해 5월 13일, 이발의 노모와 어린 아들이 모두 형장 아래 죽었고, 그 사위인 홍가신(洪可臣)의 아들 홍절(洪瑑), 김응남(金應南)의 아들 김명룡(金命龍)이 모두 압슬형을 받았으며, 그 문생과 노복들도 모두 끝까지 형신을 받았으나 한 사람도 승복하는 이가 없었다. 또 같은 해 5월 19일 위관 정철이 아뢰기를, '신하로서 전에 없는 국가의 변고를 당해 응당 심신이 괴로우니, 오직 역적에 대한 토벌이 지엄하지 않을까 두려울 뿐입니다.' 하였다. 또 29일, 이조 판서 류성룡에게 우의정을 제수하였다. ……"라고 하였습니다. 신의 조부의 연보(年譜)에도, "경인년(1590, 선조23) 4월, 이조 판서로 재임 중 죽은 아내의 귀장(歸葬)[84]을 위해 휴가를 청하고 귀향하였다. 5월 25일 정승에 제수되어 6월에 조정으로 돌아왔다." 하였으니, 5월 13일 이발의 노모와

부도덕하게 확산시켰는지를 상징하는 사건으로 바라보았다. 이에 반해 서인 측은, 이 일은 정철이 위관에서 체직된 후 류성룡이 위관이 되고 이양원(李陽元)·최흥원(崔興源)이 추관(推官)이 되었을 때의 일이라고 주장하였다. 임진왜란으로 거의 모든 기록이 유실된 상황에서 이 일은 양측 모두 자신의 주장을 입증하거나 상대편의 주장을 반박할 수 있는 결정적 근거를 제시하지 못한 채, 상대방의 부도덕성을 공격하는 정치적 소재로 사용되었다. 공방이 지속되는 상황에서 류성룡의 고손(高孫)인 류후상(柳後常)이 숙종 17년 11월과 숙종 18년 4월에 변무소(辨誣疏)를 올려 당시의 위관은 류성룡이 아닌 정철이라 주장하였다. 《肅宗實錄 17年 11月 22日, 18年 4月 14日》

84) 귀장(歸葬) : 타향(他鄕)에서 죽은 이의 시신을 고향으로 운구하여 장사 지냄을 이른다.

자식을 죽인 사람이 위관 정철이 아니라면 누구란 말입니까?

지난 해 송시열이 한 장의 소를 올리며 그의 스승 김장생이 어떤 사람에게 보낸 편지[85]를 첨부하였는데, 그 편지에 이르기를,

"류상(柳相)이 위관이 되었을 때, 이발의 노모와 어린 자식을 어찌 살리고자 하지 않았겠습니까? 그러나 죄 없는 80세 노부(老婦)를 구하기 위한 한 마디 말도 꺼내지 못한 채 결국 형장 아래 죽게 만들었고, 10살도 안 된 어린 아이가 바로 죽지 않아 엄한 전교가 내리자 목을 부러뜨려 죽게 하였습니다. 또한 이발과 백유양이 죽었을 때에도, 이산해와 류성룡이 위관으로 있으며 구하지 못하였으면서 지금 송강(宋江)에게만 죄를 덮어씌우니 또한 편협하지 않습니까? ……"라고 하였습니다.

아! 신의 조부는 기축년 겨울에 예조 판서였는데, 예조 판서로서 위관이 되는 것은 조정에 유례가 없을 뿐만 아니라, 더구나 당시 신의 조부는 그 이름이 백유양의 공초에서 나왔던 터라 석고대죄(席藁待罪)[86]를 하고 있었습니다. 공초에서 이름이 나왔는데 옥사를 다스리다니 어찌 그럴 리가 있었겠습니까? ……

갑술년(1694) -숙종 20년- 봄, 경연참찬관 권흠(權歆), 찬선 이현일(李玄逸)이 진달하여 기축년 억울하게 죽은 사람에 대한 추증을 청하니, 이발을 이조 참판에, 이길을 부제학에, 정개청을 집의에 추증하라 명하였다.

3월 4일 임인에 경연의 강론이 끝나자 이조 판서 이현일이 아뢰기를, "기축년에 억울하게 죽은 부제학 이발, 응교 이길은 조정에서의 지조와

---

85) 김장생이 …… 편지 : 김장생이 황종해(黃宗海)에게 답한 편지를 말한다. 이 편지에서 김장생은 기축년 당시 이발의 노모와 어린 아이가 죽임을 당한 사실을 두고, 이 일이 류성룡이 위관이었을 때 일어난 일로서 류성룡이 옥사를 지나치게 엄혹히 다스렸던 까닭에 초래된 일이었음에도 그 허물이 부당하게도 정철과 성혼에게 모아지고 있다고 항변하였다. 《沙溪全書·答黃宗海》

86) 석고대죄(席藁待罪) : 거적을 깔고 엎드려 벌을 받기를 기다린다는 뜻으로, 죄에 대한 처분을 기다림을 이른다.

집안에서의 올바른 품행이 모두 칭송 받을 만 하였습니다. 고(故) 판서 김시양(金時讓)은 기사(記事)에서[87] 그들의 효행을 성대하게 칭송하였고, 고 참의 안방준(安邦俊)[88]은 서인임에도 오히려 그들에 대한 칭송을 그치지 않았으니, 이 사람들의 평생을 볼 수 있습니다. 지난 날 함경감사 권흠이 승지였을 때 탑전에서 아뢰어 이들에게 추증하라는 명이 내렸습니다.[89] 그러나 이길에게는 먼 외손이 있을 뿐이고 이발은 내외손이 모두 없는 까닭에 추증의 은전이 아직 거행되지 못하고 있으니 진실로 애달프다 할 만합니다. 《승정원일기(承政院日記)》를 살펴보니, 이발에게는 이조 참판이, 이길에게는 부제학이 추증되었는데도 이들에게 혈손이 없는 까닭에 은전을 베풀 곳이 없다 합니다. 이에 호남의 사론은 그 고을에 정표(旌表)하여 후세에 보이도록 명하시면 그들의 충심을 드러내어 마침내 풍습을 교화하는 뜻을 북돋아 세울 수 있을 것이라 하므로 감히 아룁니다." 하니, 주상이 말하기를, "해당 관서로 하여금 아뢰어 처리하게 하라." 하였다. 이후 예조가 회답하여 아뢴 내용에 따라 특별히 정려(旌閭)를 명하였다. -얼마 되지 않아 당인(黨人)이 저지하는 바람에 결국 이 일이 중단되니, 사론이

---

87) 김시양(金時讓)은 기사(記事)에서 : 김시양(1581~1643)이 저술한 《부계기문(涪溪記 聞)》을 이른다. 《부계기문》은 1612년(광해군4) 이후 김시양이 함경북도 종성(鍾城)에 서 귀양살이하는 동안 집필한 문견잡록(聞見雜錄)으로, 부계는 종성의 이칭이다. 김시양은 이 책에서 당대 정치인들에 대한 인물평 및 기축옥사 당시 무고한 동인계 인사들이 다수 피해를 입었던 사정, 동인과 서인의 보복 등 당쟁의 이면을 상세히 서술하였다.

88) 안방준(安邦俊) : 1573~1654. 자는 사언(士彦), 호는 우산(牛山)·은봉(隱峰), 시호는 문강(文康)이다. 우계(牛溪) 성혼(成渾)의 문인이다. 포은(圃隱) 정몽주(鄭夢周)와 중봉 (重峰) 조헌(趙憲)의 호에서 한 자씩 빌어 자신의 호를 은봉이라 하였다 할 만큼 지기(志氣)가 강하고 절의를 숭상하였다. 임진왜란과 정묘호란, 병자호란 등 국난을 당할 때마다 의병을 일으켜 항쟁하였다. 인조반정 공신인 김류·이귀와 비공신계인 성문준(成文濬)·송준길(宋浚吉) 등과 친교가 있어 서인집권 하에서는 호남 지방을 대표하는 학자로 조정에 거듭 천거되었다. 정철과 함께 서인과 남인정권의 소장(消長)에 따라 포폄되었다. 저서로 《은봉전서(隱峰全書)》가 있다.

89) 지난 날 …… 내렸습니다 : 신미년(1691, 숙종17) 12월 25일, 승지 권흠이 이발, 이길의 억울함을 아뢰자 증직하라는 명이 내린 일을 이른다. 《肅宗實錄 17年 12月 25日》

애석해하였다.-

4월 이후, 당인(黨人)이 다시 권력을 잡자[90] 자산서원을 훼철해야 한다는 의론이 일어났으나 마침내 중지되었다.

임오년(1702) -숙종 28년-, 모관(某官) 이만성(李晩成)[91]이 정개청의 서원을 훼철하는 일을 청하자, 6월에 이르러 훼철하라 명하였다.

임인년(1722) -경종 2년-, 호남의 사론이 원적동(元積洞) 유허(遺墟)에 육현사(六賢祠)를 세울 것을 논의하였으나, 끝내 상달하지 못하였다.

동암(東巖)이 지은 저서로 《칠서강의(七書講義)》 2권이 있었는데, 호남에서 강학하는 유생들이 전해오며 《동암강의(東巖講義)》라 하다가 지금은 분실하여 없어졌으니, 애석하다.

기묘년(1819) -순조 19년-, 호남의 많은 선비들이 이씨 오현사(五賢祠)를 세울 것을 논의하였다. 강진현(康津縣) 북쪽 수암산(秀巖山) 아래 함은동(銜恩洞)을 봄·가을로 향사(享祀)할 장소로 삼으니, 5현은 필문(畢門) 선생 휘(諱)

---

90) 4월 …… 잡자 : 1694년(숙종10), 남인이 폐비(廢妃) 민씨(閔氏)의 복위 운동을 일으킨 서인을 제거하려다 실권하고, 1689년(숙종15) 기사환국(己巳換局)으로 물러났던 서인이 재집권한 갑술환국(甲戌換局)을 이른다.

91) 모관(某官) 이만성(李晩成) : 이만성(1659~1722)의 본관은 우봉(牛峯), 자는 사추(士秋), 호는 귀락당(歸樂堂), 시호는 충숙(忠肅)이다. 1696년(숙종22) 정시 문과에 장원급제하였고, 지평, 응교, 대사성, 이조 참판, 형조 판서, 이조 판서 등을 지냈다. 1721년(경종1) 병조 판서에 올라 노론 4대신과 함께 연잉군의 세제 책봉을 주청해 실현시켰으나, 이후 소론의 반격으로 일어난 신임옥사에 연루되어 64세를 일기로 옥사하였다. 1724년 영조가 즉위하자 복관되었다. 이만성이 경연에서 정개청 서원의 훼철을 청한 것은 숙종 28년 5월 26일의 일이었고, 당시 이만성의 관직은 부응교(副應敎)였다. 《肅宗實錄 28年 4月 25日, 5月 27日》

선제(先齊), 청심당(淸心堂) 선생 휘 조원(調元), 이소재(履素齋) 선생 휘 중호(仲虎), 동암(東巖) 선생 휘 발(潑), 남계(南溪) 선생 휘 길(洁)이다.

경진년(1820) -순조 20년-, 이씨 오현(五賢)의 사당을 세울 것을 논의하였다. 유림의 통문이 함께 일어나, 공충도 유생 113명, 전라도 유생 416명, 경상도 유생 216명이 연명하여 태학에 통지하고 예조에 단자를 올리니, 예조에서 본도에 공문을 보내 사원 아래 거주하는 민을 수호군을 삼는 일과 이들의 잡역(雜役)을 면제하는 내용으로 완문(完文)92)을 만들어 주었다.

정개(鄭忄), 이전(李坱) 등이 6현에 대한 신원소93)를 올려 다음과 같이 아뢰었다.

삼가 아뢰건대 소멸되지 않는 것은 천리이고, 막기 어려운 것은 공론입니다. 시비가 한때 현혹됨이 있더라도 훗날 공론이 반드시 밝아질 것이니, 만약 공론이 행해지지 않고 원통함이 풀리지 않는다면 천리는 소멸되고 인심은 막힐 것입니다. 그러한 즉 공론이 격렬한 곳을 살피고 오랫동안 사무친 원통함을 풀어주어 조야의 바람에 위로와 답을 내려주시면 어찌 정치를 새롭게 일신하는 큰 전기가 되지 않겠습니까?

신 등이 삼가 보건대, 기축년 역옥의 변란이 성명의 시대에 일어나 신명과 사람의 분노가 날이 갈수록 깊어졌습니다. 바야흐로 옥사의 추국이 시작되었을 때에는 성상께서 덕음(德音)을 여러 차례 내리며 옥석이 모두 탈까94) 염려하셨습니다. 그러나 당시 옥사를 다스리던 신하95)가 성상의

---

92) 완문(完文) : 조선시대 관부(官府)에서 향교·서원·결사(結社)·촌(村)·개인 등에게 발급하는 문서이다. 어떠한 사실의 확인 또는 권리나 특권의 인정을 위한 확인서, 인정서의 성격을 갖는다.

93) 신원소 : 이 상소문은 《기축록(己표錄)》에 1607년(선조40) 1월 21일 양극린(梁克遴) 등이 올린 소로 수록되어 있다.

뜻을 받들지 않아 기회를 틈타 일망타진할 계략을 교묘히 내고,《춘추(春
秋)》의 역적을 토벌하는 법에 가탁하여 사감을 풀고 원한을 갚을 기회로
삼았으니, 하늘을 속이고 사람을 해친 그 죄는 실로 용서받기 어렵습니다.

　다행히 성심이 고명하시어 별과 해가 어두운 곳을 비추듯 권력을 휘두르
던 신하를 내치시고 특별히 최영경의 원통함을 풀어주었으며 유배된
이들을 연달아 석방하여 주시니, 하늘의 뜻을 받들어 보답하고 인심을
위로하여 기쁘게 한 것이 지극하였다 할 수 있습니다. 그러나 그 나머지
원통하게 죽은 사람들은 아직도 은전을 입지 못하고 원한을 품은 채
구천을 떠도는 자가 하나 둘이 아닌데, 지난해에 정언신(鄭彦信)의 직첩을
돌려주시니 온 나라 신민들이 감읍하지 않는 사람이 없었습니다. 그리하여
사람들마다 무고하게 재앙을 당한 사람들도 이제 은전을 입을 것이라는
말을 듣고, 귀를 기울여 기다리지 않는 이가 없었는데, 호남의 4,5명에
대해서는 여전히 은명(恩命)을 아끼고 계십니다. 아! 횡액에 걸린 죄안은
다름이 없는데 신원의 은전은 같지 않으니, 천지와 같은 크나큰 도량에
유감이 없을 수 없습니다. 신 등이 듣건대, 사람을 보려면 반드시 먼저
그 평소의 행동과 집안에서의 품행, 나랏일을 하며 펼치는 정사를 보아야
한다고 합니다. 이에 신들이 먼저 이 4, 5명의 평소 소행을 말씀드린
후 이들이 당시 무함을 받았던 이유에 대해 아뢰겠습니다.

　정개청(鄭介淸)은 출신이 한미한데다 공명(功名)을 구하지 않았고 평생을

---

94) 옥석이 모두 탈까 :《서경(書經)》〈윤정(胤征)〉에 "곤륜산에 화염이 치솟아 옥석이
　　모두 탄다.[火炎崑岡, 玉石俱焚]"는 구절을 인용한 것이다. 흔히 옥석의 구분 없이
　　많은 선비들이 재앙을 당하는 것을 비유하는 말이다.
95) 옥사를 다스리던 신하 : 정철(鄭澈)을 이른다. 동·서 분당 이래 정철은 이이의 조제보
　　합(調劑保合)에 반대하는 등 시종일관 동인과 대립각을 세워 왔다. 동인의 역모를
　　서인이 고변하는 방식으로 시작된 기축옥사의 결과 동인의 의론을 주도하였던
　　이발·이길·백유양 등 다수의 사류가 처형되었고, 이로써 동인의 세력은 크게
　　약화되었다. 이 과정에서 위관으로 참여, 사건의 처리를 담당했던 정철은 옥사를
　　방조하거나 확산시켰다는 평가를 받았다.

학문과 바른 몸가짐에 힘썼습니다. 몸가짐은 반드시 선현(先賢)을 본받았고, 사람을 가르칠 때에는 반드시 충효를 우선으로 하였으며, 처신이 꼿꼿하고 처사가 독실하였으니, 그는 옛 사람 중에서 찾더라도 쉽게 얻을 수 없는 사람이었습니다. 그런데 불행히도 역적과 교정청(校正廳)에서 알게 되었고, 이후 한 번 보낸 편지도 동료의 도리로 보낸 것에 불과한데 어찌 역당에 가담했겠으며, 어찌 역적과 친밀히 교유하였겠습니까? 그런데도 끝내 북쪽 변방에 유배되어 한을 품고 죽었으니, 이는 다만 그가 절의(節義)에 관해 저술한 한 편의 글을 오히려 그의 평생 죄목으로 삼았기 때문입니다.

그가 저술한 글의 내용은 다름이 아니라 우연히 《주자어류(朱子語類)》를 보고, 동한(東漢)과 진(晉)·송(宋)의 사습(士習)이 같지 않음을 논하여 〈동한절의진송청담부동설서(東漢節義晉宋淸談不同說序)〉라 이름하고 이로써 문인들을 경계한 것입니다. 그런데 그를 해치고자 하는 자들이 도리어 '절의론(節義論)'이라 이름을 붙이고, 그 위에 '배(排)'자를 더하여 천총(天聰)을 기망하기에 이르렀으니, 저 참소하는 사람들이 또한 너무나 혹독하였던 것입니다. 그 아우 정대청(鄭大淸)은 형이 죄 없이 죽은 것을 비통히 여겨 평생토록 소식(素食)을 행하다가 마침내 슬픔 속에 죽고 말았으니, 한 집안의 원통한 정황을 여기에서 볼 수 있습니다.

유몽정(柳夢井)은 처음에 향천(鄕薦)96)을 받고 또 성균관의 천거를 받았으며, 집에 거처할 때나 조정에 있을 때 한결같은 마음으로 충효를 실천하였고, 관직에 나아가 백성을 다스릴 때는 가는 곳마다 훌륭한 공적이 있었습니다. 사헌부에 재직하였을 때는 권력을 일삼는 간신을 배척해 물리쳤는데, 한때의 당론이 지금껏 말을 전하고 있으며, 결국 이 때문에 미움을 받아 역당이라는 악명을 쓰고 형장 아래에서 죽음을 맞았습니다. 아! 설령 서신의 왕래가 있었다 해도 이 또한 동년배 간에 흔히 차리는 예절이요

---

96) 향천(鄕薦) : 향리(鄕里)에서 유일(遺逸)이나 효행이 뛰어난 이를 그 지방의 수령이 천거하는 제도를 이른다.

반드시 두터운 교분을 맺었다 할 것이 아닌데 이를 빌미 삼아 역당이라 지목하였으니 또한 원통하지 않겠습니까? 그가 죽은 다음 해에 흰 대추나무 수십 그루가 뜰 아래에서 자라나 지금껏 전해오는데 사람들이 이 소식을 듣고 감응의 소치라 여기니, 더욱 슬픈 일입니다.

조대중(曺大中)은 뜻과 기개가 강직하고 논의가 강개하여 간악한 이들에게 미움을 받았으니, 이것이 바로 그가 재앙을 모면하지 못했던 이유입니다. 역적을 위하여 눈물을 흘렸다는 말은 근거 없는 사악한 낭설이었는데 이를 가지고 죄목을 만들었으니 더욱 참혹하다 할 만합니다. 역적이 주륙을 당하는 날, 비록 역모에 가담한 자라 해도 오히려 그 형적이 보일까 두려워할 것인데, 하물며 조대중은 한 도의 도사(都事)로서 많은 사람이 지켜보는 공석에 있으며 공공연히 눈물을 흘린다는 게 가능한 일이겠습니까? 또한 죽음에 임해 지은 한 구절의 시[97]는 그 깊은 원통함을 읊어 자신의 무고함을 밝힌 것에 불과한 것인데, 하늘을 원망하고 남을 탓하는 것과 무슨 관련이 있다고 생황(笙簧) 소리 같은 참소가 죽어서까지 그치지 않으니 또한 심하지 않습니까?

이발(李潑)과 이길(李洁)의 경우, 신들도 그들의 망령된 교유가 죄를 받을 만한 것임을 알고 있으나 그 정상을 살펴보면 실로 슬퍼할 만합니다. 이들은 당초 역적과 동년배의 친분이 있었는데, 그 아비 이중호(李仲虎)가 전주 부윤이 되고 역적의 집이 읍성 안에 있어 아비를 문안할 때 왕래하며 서로 방문하다 두터운 친분을 맺었으니, 이는 만 번 죽어도 아까울 게 없습니다. 그러나 역적과 동모하였다고 하면 이는 천지간에 일대 원통한 일입니다.

신들이 들으니, 임금과 부모는 일체이며 충과 효는 일치한다 하는데,

---

97) 죽음에 …… 시 : 조대중이 국문(鞠問)을 받고 장살(杖殺)되기 직전에 "죽어 비간을 따라 갈 수 있다면, 외로운 넋 웃음 머금고 슬퍼하지 않으리라.[地下若從比干去, 孤魂含笑不須悲]"고 읊은 시 구절을 이른다. 《燃藜室記述 卷14·宣祖朝故事本末》

이발과 이길의 효성과 우애는 사람들에게 알려진 지 오래입니다. 평소 집에 있을 때 가묘(家廟)에 참배하기를 조석으로 거르지 않았고, 부모에게 병환이 있으면 의관을 벗지 않고 간호하였으며, 네 명의 형제가 한 집에 거처하니 사람들의 이간질이 없었습니다. 그 아비의 임종에 영결하지 못한 것을 평생 원통하게 여겨 홀로 된 어미를 봉양하며 번갈아 입사(入仕)하여 그 충과 효를 온전히 하고자 하였으니 어찌 그 어버이를 사랑하면서 그 임금을 저버리는 자가 있겠습니까? 더구나 그들의 선대는 대대로 영달하여 은총이 더할 나위 없이 융숭하였고, 심지어는 홍패(紅牌)를 이어 만든 병풍으로 성은(聖恩)을 자랑하며 자손들을 권면하기도 하였습니다. 은총에 감격하는 뜻이 이와 같았는데 역적과 더불어 역모를 꾀하였겠습니까? 다만 앞을 내다보는 식견이 부족해 사람을 가려 사귀지 못하였던 까닭에 자신도 죽고 친족도 씨가 말라 한 집도 남아나지 못하였으니 또한 원통하지 않겠습니까?

신이 생각하기에 이발과 이길의 죄는 망령된 교유에 있지 역적과 당을 이룬 데 있는 것은 아닙니다. 신들은 같은 도에서 나고 같은 도에서 자란 까닭에 그들의 한 마디 말이나 한 가지 행동도 일찍이 듣고 보지 않은 것이 없었는데, 지금 이러한 극악한 오명이 도리어 저희들이 보고 들은 밖에서 나왔으니, 간악한 무리가 재앙을 날조한 것이 너무도 심합니다. 아! 역적과 더불어 동시대를 보낸 것도 불행한 일이거늘 하물며 같은 조정에 있었고, 역적과 더불어 같은 조정에 있었던 것도 불행한 일이거늘 하물며 같은 도에 살았으니, 이는 다섯 신하에게 극심한 불행이었습니다. 당초 역적이 일찍부터 헛된 명성을 훔쳐 세상을 속이고 사람들을 기만하였으므로, 공경대부와 유생들이 역적과의 교유가 뒤처질까 걱정하지 않는 자가 없었으니, 왕망(王莽)의 겸손함[98] 속에 후예(后羿)와 한착(寒浞)의 간악

---

98) 왕망(王莽)의 겸손함 : 제위를 찬탈하여 한나라를 패망시키고 스스로 천자가 되었던 왕망이 평소에는 검소하고 겸손해서 사람들이 그의 덕을 칭송하였음을 이른다.

한 흉계[99]가 은밀히 도사리고 있었을 줄 어찌 알았겠습니까? 아! 사람을 알기 어려운 것은 고금의 공통된 병통입니다. 한때 서로 알고 지냈던 것을 가지고 모두 당이라 하고 한 도에 살았던 것을 가지고 다 그 마음을 의심한다면, 예로부터 역적의 변란이 일어났을 때 온전한 사람이 있었겠습니까? 그때의 정황을 명확하게 살펴보면, 벗을 가려 사귀는 데 밝지 못하였을 뿐 역당이라 함은 말도 안 되는 소리입니다.

아! 한 사람이 원통함을 품어도 재변을 부르기에 족하거늘 하물며 천지에 사무치는 원통함이야 어떠하겠습니까? 천재지변이 빈번하게 거듭 일어나는 이유가 반드시 이 때문이 아니라고 확신할 수 없으며 국가의 원기 또한 따라서 쇠하고 있습니다. 대개 반역은 천하의 큰 죄악으로, 천리에 용납되지 못하고 인심이 모두 통분하게 여기는 것입니다. 지금 무고하게 재앙을 당한 사람들에게 각기 의심할 만한 형적이 있는데도 거짓으로 두둔하며 천총을 기망한다면 이는 곧 천리를 거스르고 인심에 어긋나는 큰 죄를 짓는 것이니, 어찌 차마 전하를 저버리고 구천의 썩은 뼈를 두둔하겠습니까? 이제 나라가 재조(再造)되고 지극한 덕화가 새로워지고 있으니, 지금이 바로 인화(人和)를 보합하고 선비의 기풍을 북돋을 때입니다. 그런데 어찌 구천의 백성이 품은 원한을 억누르고 풀어주지 않아 만세에 끝없는 원통함을 남기겠습니까?

조정에 있는 신하들이 다섯 신하의 원통함을 모르지 않으면서도 입을 다물고 한 마디 말도 없으니, 신들은 통탄스럽습니다. 삼가 바라건대, 전하께서 공론이 이는 곳을 굽어 살피시어 무고하게 주륙된 이들을 긍휼히 여기시고, 특별한 은명으로 그들의 억울함을 풀어주신다면, 천리가 밝아지

《漢書 卷12·平帝紀, 卷99·王莽傳》

99) 후예(后羿)와 …… 흉계 : 후예와 한착의 간악한 흉계란 이들이 역심을 품고 변란을 일으킨 것을 가리킨다. 하(夏) 나라 때 유궁(有窮) 땅을 다스리던 활의 명수 예가 하나라 임금 상(相)을 몰아내고 그 자리를 차지하였는데, 그 뒤에 예의 신하 한착이 예와 상을 모두 죽이고 제위(帝位)를 찬탈하였다. 《史記·夏紀》

고 공론이 비로소 실행될 것이니 원근에서 보고 듣는 사람들치고 그
누가 "전하의 살피심이 하늘같다" 하지 않겠습니까? 신들이 기축년 이래
두세 차례 소를 올렸으나 한 번도 윤허를 받지 못하였으니, 오늘 이 호소
또한 진실로 외람된 일임을 알고 있습니다. 그러나 임금은 신하의 부모이니,
자식 된 자로서 어찌 부모가 자기 말을 받아들이지 않는다 해서 그 진정을
다하지 않겠습니까? 이것이 신들이 재삼 전하를 번거롭게 하며 그칠
줄 모르는 이유입니다. 바라옵건대 성상께서는 거울 같이 밝게 굽어 살펴주
소서. 신들은 더없이 두렵고 간절한 심정으로, 삼가 죽음을 무릅쓰고
아룁니다.

삼가 아뢰오니,100) 역적을 토벌하는 것보다 엄중한 것이 없으되 반드시
그 실상을 따지는 것은 《춘추》의 법이요, 옥사를 다스리는 것보다 중요한
것이 없으되 반드시 죄 없는 자를 가려서 풀어주는 것은 성왕(聖王)의
법도입니다. 역적을 토벌하면서 그 실상을 따지지 않으면 악한 자가 요행히
모면하는 길이 있게 되고, 옥사를 다스리면서 죄 없는 자를 풀어주지
않으면 선한 자가 무고하게 재앙을 받는 원통함이 있게 됩니다. 요행히
모면하게 되면 악행이 거침없이 자행되고 화단(禍端)이 열려 하늘의 토벌이
이루어지지 못할 것이요, 무고하게 재앙을 받게 되면 화기(和氣)를 손상하고
재변을 초래해 인심이 떠날 것입니다. 옛날의 제왕은 필히 이를 유념하면서,
마음을 비우고 기운을 화평하게 하여 그 실정을 얻는 데 힘썼고, 밝게
분별하고 신중하게 물어 반드시 그 죄에 걸맞게 하였습니다. 그러므로
용서하기 어려운 중죄에도 항상 실상을 헤아리는 법을 시행하고, 놓아주어
야 할 가벼운 죄에도 처벌에 신중을 기하는 법을 버리지 않으면 인심을
감동시키고 하늘의 뜻을 되돌릴 수 있으며, 악한 것을 징계하고 착한

---

100) 삼가 아뢰오니 : 본문에서는 이 소를 누가 올렸는지 밝히지 않았다. 《己丑錄》에는
병오년(1606, 선조39) 10월에 별좌(別坐) 오익창(吳益昌)이 올린 소로 소개되어 있다.

것을 권면하는 방도로써 다스리면 나라를 보전할 방도를 얻게 될 것입니다.

기축년 역옥의 변란이 조정 신하들 사이에서 나오자 천지가 용납하지 못하고 신명과 사람이 모두 분노하였습니다. 하늘의 해가 위에 있어 옥과 돌이 자연히 구분되고 용서받지 못할 죄를 지은 자가 모두 그 죄를 받았으니 요행히 모면한 자는 결코 없다 할 것이나, 뇌성벽력 같은 위엄이 걷히고 천도(天道)가 일주하였는데도 반드시 놓아주어야 할 죄인이 아직 그 원통함을 씻지 못하였으니, 무고하게 재앙에 걸려든 사람이 여전히 남아 있는 것입니다. 대신이 경연에서 아뢰어도 온후한 성상의 말씀을 듣지 못하고, 유생이 글을 올려 궐문에서 울부짖어도 여전히 윤허의 말씀을 내려주지 않으시니, 민심의 답답함은 어떠하겠으며 공론의 불통은 어떠하겠습니까? 아랫사람의 정성이 부족하여 그런 것입니까? 아니면 위의 의심이 아직 풀리지 않아 그런 것입니까? 신들이 되풀이 해 생각해보아도 실로 그 까닭을 모르겠습니다.

아! 같은 사람이라도, 선행을 하면 사람들이 사랑하고 악행을 저지르면 사람들이 미워하는 것은 천리의 공변됨이요, 모두 죽는다 해도 죄를 지어 죽으면 사람들이 통쾌히 여기고 죄가 없이 죽으면 사람들이 불쌍히 여기는 것은 인심의 올바름입니다. 무고하게 재앙을 만난 이들에게 만약 털끝 하나라도 의심할 만한 단서가 있다면, 신하된 자로서 어찌 유독 이 무리를 두둔하느라 천리의 공변됨과 인심의 올바름을 잃고 이들을 구차히 비호하는데 심력을 허비하며 구천의 썩은 뼈를 옹호하겠습니까?

예로부터 반역하는 신하의 대부분은 쇠란한 세상에서 나왔으니, 태아검(太阿劍)101)을 거꾸로 움켜쥐거나 무뢰배들이 떼를 지어 모이는 것은 모두 하루아침의 변고가 아닌데, 당당한 성명의 치세에 감히 임금의 자리를 넘겨다보기로는 이 역적보다 심한 경우가 없었습니다. 바야흐로 역적이

---

101) 태아검(太阿劍) : 고대 명검(名劍)의 이름으로, 여기에서는 형벌을 내리거나 인재를 취사(取捨)하는 등의 군주권을 의미한다.

명성을 도적질하던 초기에 학문을 가탁하여 박식함을 과시하고, 성명(性命)
에 대한 고담준론과 도의(道義)에 대한 강론을 펼쳐 온 세상을 속였습니다.
위로는 공경대부로부터 아래로는 초야의 선비에 이르기까지 역적과 한번
이라도 만나는 것을 다행으로 여기지 않는 이가 없었으니, 역적이 이와
같이 화단을 일으킬 마음을 감추고 있었을 줄이야 어찌 알았겠습니까?
당시 사류로서 역적과 어깨를 나란히 하고 함께 조정에 섰던 이들이
모두 그 거짓에 속았으니, 한때 이름을 알고 안면이 있다 해도 어찌 그들
모두를 역당이라 하겠습니까?

　간사한 무리들이 이 틈을 타 밖으로는 역적을 토벌한다는 명분을 내세우
면서 실상은 원한을 푸는 기회로 삼아 죄 없는 이를 무함하고 없는 죄를
날조하여 못하는 짓이 없었습니다. 평소 유감이나 원한이 있었던 사람을
역당으로 몰아넣고 반드시 죽이고야 말았으니 구천에서 원기(冤氣)를 품은
이들이 하나 둘이 아닙니다. 지금부터 신들이 한 도에서 원통하게 죽은
이들에 대해 말씀드리고자 합니다.

　정개청은 학문에 힘쓰고 옛 도(道)를 좋아하였으며 실천이 진실하였고
경(敬)으로써 몸가짐을 바르게 하였으며 가르치는데 차례가 있었고 영달을
구하지 않았으며 지조가 확고하였습니다. 역적과는 한 도 내에 있었으나
일찍이 교유하지 않다가 교정청에서 처음 만났으며 그후 동료의 도리로
범상히 편지를 보냈으니, 어찌 이를 두고 역당이라 할 수 있겠습니까?
그런데 정개청의 죄안을 만들려는 자가 구실이 없음을 근심하다 그가
저술한 절의에 관한 설에 거짓으로 '배(排)'자를 덧붙여 무함하였고 결국
북쪽 변방으로 귀양 보내 죽게 하였으니, 또한 원통하지 않겠습니까?

　대개 정개청이 지은 글은 당초 저술에 뜻을 두고 지은 것이 아니었습니다.
몸가짐에 대한 검속을 싫어하고 방자한 짓을 좋아하며 예법을 하찮게
여기는 선비의 습속을 항상 근심하던 차에 우연히 《주자어류(朱子語類)》를
읽다가 주자(朱子)와 장남헌(張南軒)이 동한(東漢)의 절의가 한번 격동하여

진·송(晉宋) 때 청담(淸談)의 폐단이 되었다고 논한 것을 보고, 이를 부연하는 논설을 지어 문인소자(門人小子)를 경계하고 당시의 풍습을 구제하려 한 것인데, 어찌 이로써 죄안을 삼을 수 있겠습니까? 더구나 참소하는 사람의 망극한 소행은 예로부터 늘 그러해서, 정자와 주자의 도덕도 사론(邪論)으로 지목되고 위학(僞學)으로 배척당하였으니,[102] 오직 임금이 밝게 살펴 간사한 사람이 해치지 못하게 해야 할 뿐입니다.

정개청의 아우 대청(大淸)은 형이 비명에 죽은 것을 애통해 하며 70 노령에 육식을 물리치고 소식(素食)을 행하였습니다. 그렇게 한 지 15년 만에 파리하게 말라서 자진하며 그 아들에게 유언하기를, 제전(祭奠)에 고기를 쓰지 말고 형님이 신원되는 날을 기다리라 하였으니, 이를 보고 들은 사람이라면 누군들 흐느껴 울지 않겠습니까?

유몽정(柳夢井)은 타고난 자질이 온화하며 순수하였고, 효행과 절의를 독실히 실천하였으며, 처음에 성균관의 추천을 받아 벼슬길에 오르니 사람들이 그 품행에 탄복하였습니다. 조정에 들어가서는 구차하게 영합하는 태도가 없었고, 백성을 다스릴 때는 청렴하고 근신하는 실상이 있었으며, 사헌부에 재직하였을 때는 사특한 간신의 마음을 꺾어 버렸습니다. 역적과 한 도(道)에 살았으므로 간혹 서신을 주고받기는 하였으나 실지로 왕래하는 친밀한 교분은 없었는데, 역적과의 교유가 두터웠다고 지목하여 형장 아래 죽게 하였으니 또한 참혹한 일입니다. 그가 죽은 다음 해인 신묘년(1591, 선조24)에 흰 대추나무 100여 그루가 강당 앞에 자라나 지금까지도

---

[102] 정자와 …… 배척당하였으니 : 송 영종(宋寧宗) 경원(慶元) 연간에 한탁주(韓侂胄)와 조여우(趙汝愚)가 권력 쟁탈전을 벌일 적에 주희(朱熹) 등이 조여우의 편을 들었는데, 한탁주가 득세한 뒤에 승상 조여우 이하 59인을 모조리 몰아내는 한편, 도학(道學)을 위학(僞學)이라고 규정하고는 주희의 학문을 일체 금지시키도록 한 이른바 '경원당금(慶元黨禁)'의 사건을 말한다. 위학이란 거짓된 학문이라는 뜻으로, 욕망에 따라 자기 뜻대로 살려고 하는 것이야말로 인간의 진정한 속성인 만큼, 이를 단속하여 굳이 수양하게 하려는 주희의 학문은 허위라고 한탁주가 주장하면서 도학을 배척하는 명분으로 삼았다. 《宋史 卷434·儒林列傳·蔡元定, 卷474·姦臣列傳·韓侂胄》

남아있는데, 이를 두고 사람들은 감응의 소치라고 하니, 또한 슬픈 일이 아니겠습니까?

조대중(曺大中)은 집에서 행한 우애가 천성에서 나왔고 마음가짐이 청빈하였는데, 논의가 강개하여 항상 간악한 것을 증오하는 마음을 품었다가 간당(奸黨)의 미움을 받았으니, 이것이 바로 그가 재앙을 모면하지 못한 이유입니다. 역적을 위하여 눈물을 흘렸다는 주장은 그를 무함하는 사악한 혀에서 나온 것인데 이를 가지고 죄목으로 삼았고, 옥중에서 지은 시한 구는 죽음에 임박해 정신이 어지러울 때 지은 것인데 이를 가지고 교묘하게 말을 꾸며 그 죄를 더하였으니 어찌 원통하지 않겠습니까?

또 이발(李潑)과 이길(李洁)은 망령되이 역적과 교유하였으니 그 죄가 큽니다. 대개 이발·이길은 사는 곳이 역적과 멀리 떨어져 있어 처음에는 두터운 교분이 없었습니다. 그러다가 그 아비 이중호(李仲虎)가 전주 부윤이 되자 이발과 이길이 때때로 부친의 임소에 가 문안하였는데 역적의 집이 성 밑에 있어 마침내 왕래하며 어울리다 교분이 더욱 친밀하게 되었으니, 그 망령되이 사귄 죄는 진실로 만 번 죽어 마땅하나 역적의 흉악한 음모와 은밀한 계략에 대해서야 이발·이길이 어찌 생각이나 하였겠습니까?

또 역적이 요행히 과거에 급제하자 명성을 도둑질하기에 급급하여, 성혼(成渾)과 이이(李珥)의 문하에 예를 갖추고 만나기를 구하여 출세의 기회로 삼았습니다. 이로부터 성혼과 이이가 입을 모아 추천하고 발탁하여 역적의 이름이 청직(淸職)의 반열에 올랐으니, 역적의 헛된 명성은 이발과 이길이 사귀기 전부터 이미 높았던 것입니다. 그렇다면 역적에게 속임을 당한 자가 어찌 이발과 이길 뿐이라 하겠습니까?

신들은 한 도(道)에 살면서 평소 그들의 효성과 우애가 천성에서 나왔고, 집안에서의 올바른 행실은 옛 사람과 비교해도 부끄러움이 없다 들었습니다. 조상 대대로 13대가 잇달아 과거에 급제하고 9대가 모두 청현직에 오르니, 그 홍패(紅牌)로 병풍을 만들어 제사 날마다 반드시 중당(中堂)에 펼쳐놓고 자제들을 독실히 면려하여 조상에게 욕됨이 없게 하였으니, 대대로 입은 국은에 보답하고자 생각한 것이 지극하였습니다.

또 그 아비의 임종 때 이발과 이길이 모두 관직에 있어 영결하지 못하였는데 이를 천지에 사무치는 원통함으로 여겨 상기(喪期)를 마친 후에도 어미를 봉양하며 곁을 떠나지 않고 형제 세 사람이 번갈아 벼슬에 나아갔으니 그 또한 효성의 일단이었습니다. 무릇 효제(孝悌)는 이치에 순(順)한 덕인데, 이발과 이길의 효성과 우애가 이와 같았으니, 이치에 어긋나고 인륜을 어지럽히는 일에 이르지 않았음이 분명합니다. 다만 사람을 알아보는데 어두웠던 까닭에 역적에게 속임을 당하였고, 결국 충효의 뜻을 드러내지 못한 채 어깨를 나란히 하고 죽임을 당하였으니, 진실로 슬픈 일입니다.

윤의중(尹毅中)의 경우, 선대의 옛 신하로서 왕실에 부지런히 힘쓴 것이 오래되었습니다. 그런데 단지 이발·이길과 외숙과 조카 간이라는 이유로 관작이 삭탈되었고, 아직도 복관(復官)의 은전이 베풀어지지 않고 있으니, 그 원통함이 또한 어떠하겠습니까? 아! 반역은 천하의 극악입니다. 역적과 같은 시대, 같은 조정에 선 것만으로도 참으로 불행하다 할 일인데 여기에 극악한 오명이 죄 없는 이에게 가해져 끝끝내 모면하지 못하였습니다. 살아서는 적신(賊臣)이 되고 죽어서는 역귀(逆鬼)가 되어, 천지에 사무치는 원통함이 비통하게도 구천을 억누르고 있습니다. 원통한 기운이 엉기면 여기(厲氣)[103]가 되고 맺히면 재변이 될 것이니, 자애롭게 덮어주고 백성을 가엾이 여기는 하늘이 무고하게 주륙 당한 사람들을 긍휼히 생각한다면 하늘의 사나운 위엄[104]이 크게 나타나지 않겠습니까?

아! 옛날 동한(東漢) 말년에 도적이 사납게 일어나[105] 왕실의 위기가

---

103) 여기(厲氣) : 전염병을 일으키는 나쁜 기운을 이른다.

104) 하늘의 사나운 위엄 : 《시경》〈소아(小雅) 우무정(雨無正)〉에 "하늘이 사나운지라 차분히 생각하고 계획하지 않네. 저 죄 있는 이들은 이미 죄를 받아서 그만이지만, 이 죄 없는 자들을 어찌하여 두루 죽음에 이르게 한단 말인가.[旻天疾威, 弗慮弗圖. 舍彼有罪, 旣伏其辜. 若此無罪, 淪胥以鋪]"라고 한 구절을 인용한 것이다.

마치 머리카락 한 올로 천 근 무게를 지탱하는 것과 같았는데, 식견 있는 사람들은 당고(黨錮)의 금고(禁錮)를 풀어주는 것을 나라를 회복하는 급선무로 삼았습니다. 또한 송나라 왕실이 싸우지 않자 원나라 군사가 황하를 건너 종묘사직의 멸망이 조석(朝夕)으로 임박하였는데, 군자들은 제왕(濟王)의 원통함106)을 씻어주는 것을 적을 토벌하는 요체로 삼았습니다. 필부가 원한을 품는 것은 나라의 성패가 달린 운수와 관련이 없는 듯하나 글을 올려 국사를 논하는 신하들이 다른 일은 다 제쳐두고 당고와 제왕의 원통함을 우선으로 풀어주고자 하였으니, 어찌 필부가 품은 원한으로 인해 족히 천지의 화기가 손상되고 곧은 도가 행하지 않으며 공론이 막히고 천리와 인심이 모두 사라져 나라도 따라서 망하게 된다 하지 않겠습니까?

지금 이 몇몇 신하들의 깊고 지극한 원통함이 당고나 제왕의 원통함보다 못하지 않으니, 오랑캐가 틈을 엿보거나 풍수(風水)로 인한 재변이 여기에서 연유하지 않았다고 단언할 수는 없을 듯합니다. 그러한즉 오늘날 성상께서 안으로 정사를 닦고 밖으로 오랑캐를 물리치는 방책이나 하늘을 공경하고 재변을 그치게 하는 방도는 저들의 사무친 원통함을 시원하게 풀어주는 이 한 일보다 나은 것이 없습니다. 삼가 바라건대, 성상께서는 굽어 살피소서.

---

105) 동한(東漢) …… 일어나 : 동한 영제(靈帝) 중평(中平) 원년에 태평도(太平道)의 수령 장각(張角) 등이 일으킨 봉기를 이른다. 봉기군들이 항상 머리에 노란 두건을 하고 다녔던 까닭에 황건적(黃巾賊)의 난이라고도 하였다. 《後漢書 卷8·靈帝紀》

106) 제왕(濟王)의 원통함 : 제왕은 중국 남송(南宋)의 종실인 조횡(趙竑, ?~1225)을 가리킨다. 조횡은 원래 영종(寧宗)의 당제(堂弟) 기왕(沂王) 조병(趙柄)의 후사였으나, 황자(皇子) 조순(趙詢)이 병으로 죽자 영종이 그를 양자로 삼아 태자로 세웠다. 그런데 조횡은 평소 재상 사미원(史彌遠)을 적대하였고, 이에 사미원이 영종의 조서를 위조하여 또 다른 종실 조윤(趙昀)을 태자로 삼고 그를 영종의 후사로 삼으니 그가 바로 이종(理宗)이다. 이에 따라 조횡은 태자의 자리에서 폐위되어 제왕(濟王)이 되고 호주(湖州)로 쫓겨나 거처하다가 삽천(霅川)의 변이 일어났을 때 모든 왕작(王爵)을 박탈당하고 스스로 목을 매어 죽었다. 《宋史 卷246·鎭王竑列傳》

전에 전하께서 일월 같은 빛을 밝히시고 천지의 어진 은덕을 드리우시어, 일찍이 유배되거나 폐고되었던 이들을 모두 용서하여 주셨습니다. 그리하여 최영경의 경우 한밤중에 '눈물을 흘렸다'는 전교를 내리시고[107] 특명으로 신원해주시기에 이르니, 온 나라의 신민이 감격하지 않는 자가 없었습니다. 그러나 말씀드린 이 몇몇 신하들만은 여전히 은전을 입지 못하고 있으니, 이것이 인심이 갈수록 답답해하고 공론이 더욱 격절해지는 이유입니다. 아! 이 신하들은 호남 사람이고, 신들 또한 호남 사람입니다. 몇몇 신하의 죄에 대해 온 나라 사람들이 모두 원통하다 하지만 직접 보고 듣기로는 신들보다 더 자세할 수는 없으니, 신들이 이미 그 원통함을 알고 있으면서도 성상께 아뢰지 않는다면 신들의 죄 또한 클 것입니다. 이것이 바로 성상께서 구언(求言)하시는 날에 신들이 시사(時事)의 어려움과 민생의 고통, 국가의 재정이나 군사 문제같이 우려스러운 일을 아뢰지 않고 다만 신원 한 가지 일만을 만 번 죽을 각오로 호소하며 그칠 줄 모르는 이유입니다. 엎드려 바라건대 성명께서는 유념해 주소서. 신들은 격절하고 송구하기 이를 데 없는 마음으로 삼가 죽음을 무릅쓰고 아룁니다.

---

107) 눈물을 …… 내리시고 : 1594년(선조27) 대사간 이기(李墍), 사간 이상의(李尙毅), 헌납 최관(崔瓘) 등이 정철이 최영경을 무함하여 죽인 죄상을 논핵한 소를 올렸는데, 선조의 비답에 "내 다만 눈물을 흘릴 뿐이다.[予只自流涕]"라는 내용이 있다. 이해 최영경에 대한 신원이 이루어져 최영경은 대사헌에 추증되었고, 사제(賜祭)의 특전을 받았다.

【권5】
기축사화 피화인의 행적

보유(補遺) 후학(後學) 안세영(安世泳) 집보(輯補)

동·서 분당 이후로 정철(鄭澈)은 이발(李潑)에게 배척당하였다. 기축년 (1589, 선조22) 옥사가 일어나자 정철이 우의정으로서 위관(委官)이 되었고, 자못 없는 죄를 꾸며내어 무옥(誣獄)을 이루었다. 또 말하기를,

"정철이 기축년 옥사를 다스리자 의론을 달리한 이발, 백유양(白惟讓) 등이 머리를 나란히 하고 죽임을 당하였고, 심지어 최영경(崔永慶), 정개청 (鄭介淸) 같은 산림(山林)의 선비들조차도 죽임을 면하지 못하였다."고 하였다. -《하담록(荷潭錄)》에 보인다.-

신묘년(1591, 선조24) 윤3월, 사헌부가 탄핵하기를,[1]

"이조정랑 유공진(柳拱辰)은 평소 행실이 보잘것없고 권세에 빌붙어 혼탁하게 어지럽힌 일이 많습니다. 검열 이춘영(李春英)은 사람됨이 경망스러운데다 말을 지어내고 일 만들기를 좋아하며 유생 때부터 재상의 집을 출입하였으니 청컨대 파직하소서." 하였다. 당시 이산해(李山海)가 김공량

---

1) 사헌부가 탄핵하기를 : 신묘년(1591, 선조24), 건저(建儲) 문제로 정철을 위시한 서인 세력이 실각할 때, 대사헌이었던 이원익·대사간 홍여순(洪汝諄)이 양사 합계하여, 정철(鄭澈)·백유함(白惟咸)·유공진(柳拱辰)·이춘영(李春英) 등이 편당을 지어 조정을 어지럽혔고, 기축년 옥사를 무리하게 확대하여 무고한 이들을 해쳤다고 논핵한 일을 이른다. 《宣祖修正實錄 24年 5月 1日》

(金公諒)2)과 서로 친밀하였는데, 이를 두고 권필(權韠)의 시에 이르기를,

"한나라 승상의 칠향거(七香車)3)가 삐걱삐걱 밤마다 김씨(金氏)·장씨(張氏)4)의 집으로 들어가네"라고 하였다. -《일월록(日月錄)》에 보인다.-

대사헌 황림(黃琳)이 논계할 때, 동료의 의논이 하나로 일치되지 않았다 하며 피혐하였다. 지평 김권(金權)이 아뢰기를,

"지금 조정이 안정되지 못하여 인심이 의심하고 두려워하니 마땅히 진정시키고 보합시켜야 할 터인데, 갑자기 하나하나 논핵하기 시작하면 더욱 어지럽게 될 것입니다. 신의 소견은 동료들과 같지 않으므로 뒷날 다시 의논하여 처리하자는 뜻으로 회답을 보냈습니다. ……"하니, 사간원에서는 김권을 체직시켜 물러나게 하고 황림을 출사시킬 것을 청하였다.

이에 황림 등이 먼저 탄핵한 그대로 연이어 아뢰니, 주상이 이르기를, "어지럽혔다는 일은 무엇이며, 출입하였다는 재상의 집은 누구이며, 무슨 말을 지어냈으며, 어떤 일 만들기를 좋아했느냐?" 하니, 회답하여 아뢰기를, "영돈녕 정철에게 아부하였고, 재상은 곧 정철입니다. 이춘영은 그의 외숙 백유함의 권세를 끼고 조정 일을 모의하여 한때 인물 진퇴의 권한이 그의 손에서 나왔습니다." 하였다. 주상이 답하기를, "아뢴 대로 하라." 하였다. -전거는 위와 같다.-

이발은 사람됨이 중후하고 엄정하며 학문에 뜻을 두었고, 수우당(守愚堂)

---

2) 김공량(金公諒) : 선조의 후궁 인빈 김씨의 오빠이다. 1591년(선조24) 좌의정 정철이 세자 책봉을 주청하자, 인빈에게 정철의 주장이 인빈 김씨의 소생인 신성군을 해치려는 의도를 가진 것이라고 전하여 선조에게 고하게 하였다. 이로 인해 정철은 강계로 유배되고 서인 세력 다수가 축출되었다.

3) 칠향거(七香車) : 각종의 향나무로 만든 수레로, 귀인(貴人)이 타는 수레를 말한다.

4) 김씨(金氏)·장씨(張氏) : 한(漢) 나라 선제(宣帝) 때의 귀족 김일제(金日磾)와 장안세(張安世)를 이른다. 이 두 사람은 모두 당대에 현달하였으며 7대의 후손들까지도 그 영화를 누렸으므로, 흔히 현달한 관원의 대명사로 쓰였다.

최영경(崔永慶)과 가장 친하였으며, 박의(朴宜)·김우옹(金宇顒) 등과 뜻을 같이 하는 벗이었다. 뜻을 돈독히 하여 학문에 힘쓰니 한때의 동료들이 모두 원대한 인물이 될 것이라 기대하였다. 알성시(謁聖試)에 장원으로 급제하자 화려한 명성이 자자하였고, 온 조정이 인재를 얻었다고 축하하였다. 곧바로 이조 좌랑에 제수되어 인물의 진퇴를 한결같이 공도(公道)에 따랐고, 조정의 기강을 부식하였으며 조정암(趙靜菴)의 옛 정치를 회복하려 함에 조금도 구차히 영합하는 뜻이 없었다. 우계(牛溪)·율곡(栗谷) 두 분과의 교분이 점차 멀어지자 서인이 매우 미워하였다. 처세가 험난해지자 시사(時事)가 어찌할 수 없는 지경임을 알고 부제학으로서 차자를 올리고 고향으로 물러갔다.

서실(書室)을 만들어 학문에 힘쓰던 중 역변이 일어나자 잡혀 와 대궐 뜰에서 국문을 받았다. 선조가 묻기를, "너는 왜 벼슬에서 물러났느냐?" 하자, 대답하기를,

"신에게는 노모가 있는데 평소 질병이 많았습니다. 그런데 천은이 망극하옵게도 형 급(汲)[5]이 편히 봉양할 수 있는 읍에 제수되어 이로부터 노모를 정읍에서 모시게 되었고, 아우 길도 이미 올라왔기에 신도 올라왔던 것입니다." 하였다. 주상이 묻기를, "너는 네 죄를 아느냐?" 하자, 대답하기를,

"사친(私親)으로 인해 오랫동안 관직에 종사하지 못하였습니다." 하니, 주상이 비웃으며, "늦었다."고 하였다. 평소 화평했던 주상의 용안에 온화한 기색이라고는 조금도 없었다.

이발을 종성(鍾城)에 유배하였다. 주상이 역적의 위협에 못 이겨 어쩔 수 없이 따랐던 자들은 그 죄를 묻지 말라[脅從罔治]는 전교를 내리자 옥사가

---

5) 형 급(汲) : 이발(李潑)의 형 이급(李汲, 1537~1589)을 이른다. 본관은 광산(光山)이다. 담양 부사(潭陽府使) 이중호(李仲虎)의 아들로, 정읍 현감(井邑縣監) 등을 지냈다. 기축옥사(己丑獄事)에 연루되어 아우인 이발·이길(李洁)과 함께 장살(杖殺)되었다.

누그러지려 하였다. 그러자 참소하는 말이 끝이 없고 재앙의 불길이 하늘에 닿았던 까닭에, 이발 형제가 모두 형장 아래 죽었다. 홍가신(洪可臣)·허상(許鐺)·김영일(金榮一) 등이 옷을 벗어 염습(殮襲)을 하고 친히 장례를 주선하였다. 이길(李洁)은 희천(熙川)에 유배되었다가 뒤에 다시 잡혀 왔고 결국 그도 형장 아래 죽었다. 이급(李汲)의 아들과 이발의 아들은 큰 아이가 10세, 작은 아이가 5세였는데 모두 죽었고, 심지어 이발의 노모도 잡아들여 압사형(壓沙刑) 끝에 죽였다. 이기(李芑)·윤원형(尹元衡)이 흉악한 위세를 떨쳤던 을사사화(乙巳士禍) 때도 이와 같이 참혹하고 악독한 형벌은 없었으므로, 옥졸들도 모두 눈물을 흘렸다. -《괘일록(掛一錄)》에 보인다.-

유사(遺事)에서 이르기를,

"기축년의 역옥이 일어나자 정철이 그 당여와 함께 나는 듯 소장을 올려 밀고함으로써 주상의 뜻을 움직였고 마침내 사림의 큰 재앙을 꾸며냈다."고 하였다. 또 이르기를,

"이발을 유배하라는 명이 내리자 정철이 친하게 지내던 의원 조영선(趙英璿)을 은밀히 보내 호남의 죄수 선홍복(宣弘福)을 달래고 위협하기를, '이발·이길·이급과 백유양을 끌어들이면 너는 무사할 수 있고 좋은 관직도 얻게 될 것이다.'라고 하였다. 홍복이 그 말을 믿고 하나같이 그 꼬임에 따라 무고하며 자기는 죄를 면하기를 바라다가 형장에 나아가서야 '일찍이 이와 같이 될 줄 알았다면 어찌 죄 없는 이들을 끌어들였으랴!'라고 탄식하였다." 하였다. -전거는 위와 같다.-

만력(萬曆) 17년 기축년(1589)에 참의(參議) 이발이 멀리 변방으로 귀양을 가는데 친구들도 감히 위문을 하는 사람이 없었다. 선생이 서리(書吏)를 시켜 성문 밖까지 전송하자 이발이 시를 지어 사례하였는데,

"삼천리 밖으로 귀양 가는 나그네, 일흔일곱 병든 어버이를 두고 가네"라

는 구절이 있었다. 얼마 후 다시 잡혀 와 국문(鞫問)을 받다가 형장 아래 죽었다. 선생이 면포(綿布)를 보내 부의(賻儀) 하였다. -〈류서애(柳西厓) 연보〉에 보인다.-

　경함(景涵) 이발 형제가 옥사에 연루되어 맹렬한 불길이 하늘까지 치솟자 사람들이 모두 화를 두려워하여 친구라 해도 안부조차 묻지 못하였는데 공만은 홀로 안부 묻기를 게을리 하지 않았다. 이발이 유배되자 옷을 벗어 주며 이별하였고, 얼마 후 다시 잡혀 와 모두 형장 아래 죽임을 당하자 공이 가서 곡하고 옷을 벗어 시신을 덮어 주었으며 친히 염습을 하고 관을 마련해 장사를 치러 주었다. 일가 사람이 혹여 화가 미칠까 근심하여 울면서 만류하자 공이 말하기를, "어찌 차마 와서 보지 않을 수 있겠는가? 화복(禍福)은 운명이다."라고 하였다. -홍만전(洪晩全)⁶⁾ 행장(行狀)-

　기축옥사는 송익필(宋翼弼)이 꾸미고 정철이 성사시켰으며 우계가 옆에서 조종하였다. 당시 아계(鵝溪)⁷⁾가 이조 판서로 있은 지 거의 10년이었는데 그동안 서인은 그 세가 매우 위축되었다. 정철은 전직 판윤(判尹)으로서 오랫동안 한직에 있으며 근기(近畿) 지방을 배회하고 있었는데, 우계·익필의 무리가 입시할 것을 권하자 철이 그날로 대궐에 나아가 승정원에 들어와 앉으니, 승정원과 홍문관의 상번인(上番人)들이 모두 대경실색하였다. 철이 곧 비밀 차자를 진계하였고, 며칠 후 우계가 이조 참판으로서 올라오니, 익필 형제⁸⁾가 그 사이를 왕래하며 모든 모의에 동참하지 않음이 없었다. -《운암록(雲巖錄)》-

---

6) 홍만전(洪晩全) : 홍가신(洪可臣)을 이르는 것으로, 만전은 그의 호이다.
7) 아계(鵝溪) : 이산해(李山海)의 호이다.
8) 익필 형제 : 송익필(宋翼弼, 1534~1599)·송한필(1539~?) 형제를 가리킨다.

아계가 젊어서부터 정철과 교분이 두터웠으나 이후 정철의 무리들에게
공격을 받자 이내 그와 등을 지고 이발, 이길 등과 함께 정철을 공격하였다.
기축옥사 때 정철이 다시 조정에 들어오고 이발 등이 고문 끝에 죽임을
당하자 산해가 매우 두려워하여 다시 정철과 결탁하고자 그를 섬기기를
심히 공경히 하며 말하기를,

"전날 그대를 공격한 것은 모두 김응남(金應南)과 류성룡의 소행이지
내가 한 것이 아니오."라고 하며 스스로를 모면할 계책으로 삼으려 하였다.
그러나 정철은 묵은 원한이 이미 깊어 끝내 풀지 않았다. 정여립(鄭汝立)의
옥사가 과도하게 확대되자 주상이 자못 싫어하였으므로, 산해가 대간을
시켜 정철을 논핵하는 계(啓)를 들이자 즉시 윤허하였다. 이에 정철이
위리안치 되었으나 산해는 여전히 정철과 서로 문안을 끊지 않았으며,
약(藥)도 부쳐 보냈다고 한다. -전거는 위와 같다.-

사계(沙溪) 김장생(金長生)이 정철 행장의 초(草)를 잡았는데, 정홍명이
아침저녁으로 곁을 지키며 도와서 완성하였으므로 그 내용 중에 우계에게
해가 되는 말들이 많았다. 이에 성혼과 정철 양가의 자제·문도 간에
한 집안 싸움으로 변하여 서로 만촉(蠻觸)처럼 배척[9]하는 것이 원수보다
심하였다. 노서(魯西)[10]가 그 사이에서 분란을 해소하고자 많은 노력을
기울인 끝에 보합하였으나,[11] 그 후 정홍명이 이정랑(李正郞)에게 보낸

9) 만촉(蠻觸)처럼 배척 : 사소한 일로 서로 반목하며 크게 다투는 것을 말한다. 달팽이의
   왼쪽 뿔에 있는 나라가 만(蠻)이고 오른쪽 뿔에 있는 나라가 촉(觸)인데, 서로 땅을
   뺏으려 다투느라 시체가 수만에 달하였다는 고사에서 나온 말이다.《莊子·則陽》
10) 노서(魯西) : 윤선거(尹宣擧, 1610~1669)의 호이다. 윤선거의 본관은 파평(坡平), 자는
   길보(吉甫)이다. 성혼(成渾)의 외손이자 윤황(尹煌)의 아들이며 윤증(尹拯)의 아버지이
   다. 병자호란 이후 강화도에서 살아남은 것을 자책하여 출사하지 않고, 학문에만
   정진하였다. 벗이었던 송시열과 윤휴가 학문·정치적으로 대립하자, 이를 중재하다
   가 결국 송시열과 대립하게 되었다.
11) 분란을 …… 보합하였으나 : 김장생이 지은 〈송강행록(松江行錄)〉에는 성혼(成渾)
   사후 그 자손 문인들의 처신에 대한 비판뿐만 아니라 기축옥사 당시 성혼의 무리한

편지에서 자기가 직접 듣고 목도한 것을 강경한 어조로 말하니, 곧 기축옥사를 기묘년의 일에 비유했다는 내용이었다.[12] 정홍명의 조카 정양(鄭瀁)[13]이 용안(龍安)에서 홍명의 문집을 판간하자, 노서가 편지를 보내 심히 질책하며 세력으로 위협하고 이해로 회유하다 훼판(毁板)에 이르러서야 그쳤다.[14] 또 아울러 정철의 행장을 고칠 것을 요구하며 누차에 걸쳐 사계의 자손들에게 애걸하였으나 그 자손들은 선대(先代)의 문자라는 이유로 끝내 들어주지

처사가 신묘년(1591, 선조24) 서인의 화를 불렀음을 암시하는 내용이 있었으므로 당시 성혼 문하와 김장생 문하 사이에는 불편한 감정이 없지 않았다. 윤선거의 경우, 〈송강행록〉에 오류가 많음을 지적하며, 이는 정홍명이 자신의 아버지인 정철을 옹호하고자 김장생에게 사실에 어긋난 일들을 전해주었기 때문일 것이라 의심하였다. 《魯西遺稿 續集 卷2 · 書松江邪正辨後 示宋李諸益》 이에 윤선거는 1651년(효종2) 〈서송강사정변후(書松江邪正辨後)〉를 지어 송시열 · 이유태 등에게 두루 회람을 시키고 질정을 구하는 등 논의를 보합하여 논란을 방지하고자 노력하였다.

12) 정홍명이 …… 내용이었다 : 정홍명이 이정랑에게 보냈다는 편지는 일명 '원성서(怨成書)' 혹은 '잠와서(潛窩書)'로 불리는 《답이창기서(答李昌期書)》를 가리킨다. 이 편지는 정홍명이 성혼의 문인인 잠와(潛窩) 이명준(李命俊, 1572~1630)에게 보낸 것으로, 내용은 주로 기축옥사의 실형(失刑) 문제만이 부각되어 그 책임이 모두 정철에게 돌려지는 현실에 대한 개탄으로 이루어져 있다. 실형은 사세 상 어쩔 수 없었음에도 역적을 토벌한 의리는 날로 망각하고 암암리에 역옥을 기묘 · 을사년의 사화(士禍)에까지 비유하고 있으며, 연소한 신진(新進)들이 흑백을 가리지 못한 채 그릇된 말을 끝없이 답습하고 있으니 이는 한 집안의 사사로운 절통함에 그치지 않는다는 항변이 그 주된 내용을 이루고 있다. 《畸庵集 續錄 卷11 · 答李昌期書》

13) 정양(鄭瀁) : 1600~1668. 본관은 연일(延日), 자 안숙(晏淑). 호는 부익(孚翼) · 경외(敬畏) · 외근(畏近)이다. 정철의 손자이자 정홍명의 조카이다. 1650년(효종1) 용안 현감으로 나가 치적을 올렸으며, 이후 비안 현감 · 종부시 주부 · 진천 현감 · 한성부 서윤 등을 지내고, 1662년(현종3) 장령(掌令)이 되었다. 송시열 · 유계(兪棨) 등과 친교를 맺었고, 《어록해(語錄解)》를 증수(增修), 간행하였다.

14) 정홍명의 …… 그쳤다 : 정홍명의 문집인 《기암집(畸庵集)》은 1653년(효종4) 아들 정리(鄭浰)와 조카 정양(鄭瀁)이 문집을 초간하였고, 1684년(숙종10) 정리가 문집을 중간하였다. 중간본에는 송시열의 서문이 실려 있으며 분량은 초간본에 비해 2권이 늘어난 12권 4책으로 구성되어 있다. 중간본에는 초간본에 수록되지 않았던 〈답이창기서(答李昌期書)〉가 실려 있는데, 내용은 주로 기축옥사의 실형(失刑) 문제만이 부각되어 그 책임이 모두 정철에게 돌려지는 현실에 대한 개탄으로 이루어져 있다. 이 편지가 초간본에 수록되지 않았던 것은 윤선거의 부탁 때문이었는데, 1684년 중간본에는 송시열의 주선으로 추록(追錄)되었다. 《魯西遺稿 卷17 · 祭鄭晏叔瀁文 戊申八月》《宋子大全 卷84 · 答金景能》

않았다. 이에 노서가 중론(衆論)이 하나로 일치되지 못하여 우계가 끝내
혐의를 깨끗이 벗을 수 없음을 알고 옥사를 뒤집는 의론을 주창하여,
기축옥사는 사류에서 발생한 억울한 옥사가 아니라 간악한 당에서 일어난
역옥(逆獄)이라고 주장하였다. 무릇 억울하게 죽은 사류들을 논하여 모두
역당으로 몰아넣었으니, 이는 거짓을 꾸며 없는 사실을 날조한 것이고
흰 것을 가리켜 검다고 한 것이다. -《동소록(桐巢錄)》-

　노서가 회천(懷川)[15]에게 보낸 편지에서 이르기를,
　"윤선도의 상소[海疏][16]는 정개청 한 사람만을 가지고 오로지 송강(松江)
만을 공격하였으니, 이 무함을 변정(辨正)하고자 한다면 근원을 궁구하여
지극히 논하지 않을 수 없습니다. 기축년 옥사에서 정여립은 비유하자면
형서(邢恕)[17]와 같고 이발은 비유하자면 장돈(章惇)·채경(蔡京)[18]과 같습니
다. 이발이 간악한 무리의 수괴였음이 비교적 드러났으나 다만 거듭 역옥(逆
獄)에 걸려들었던 까닭에 한쪽에서 불쌍히 여기는 중론이 그치지 않아
마침내 관작을 돌려주기에 이르렀으니 또한 통탄스럽지 않습니까? 한강(寒
岡)[19]은 을유년(1585, 선조18)에 죄를 받은 사람들[20] -성혼(成渾), 정철(鄭澈),

---

15)　회천(懷川) : 송시열(宋時烈)을 가리킨다.
16)　윤선도의 상소[海疏] : 윤선도가 71세 때인 1658년(효종9) 동부승지로 있을 때 올린
　　국시소(國是疏)를 이른다. 윤선도의 상소를 '해소(海疏)'라 한 것은 윤선도의 본관
　　및 그의 거주지가 해남(海南)이었기 때문이다.
17)　형서(邢恕) : 정자(程子)의 문인이었으나 뒤에 스승을 배신하여 모함하였고, 또 유학
　　을 버리고 선학(禪學)에 경도되었기 때문에 배사(背師)의 대명사가 된 인물이다.
18)　장돈(章惇)·채경(蔡京) : 송 철종(宋哲宗) 때의 간신으로 왕안석(王安石)의 신법(新法)
　　을 복구하고 동문관옥(同文館獄)을 조작하여 유현(儒賢)인 사마광(司馬光), 유지(劉摯),
　　양도(梁燾), 여대방(呂大防) 등을 축출한 간신들이다. 《宋史 卷200·刑法2》
19)　한강(寒岡) : 정구(鄭逑, 1543~1620)의 호이다.
20)　을유년에 …… 사람들 : 계미년(1583, 선조16) 삼찬(三竄)으로 위축된 동인은 1584년
　　(선조17) 1월에 이이가 졸한 이후 서인에 대한 반격을 시작하였으며, 6월 부제학
　　김우옹(金宇顒)의 상소를 필두로 8월에 양사가 심의겸(沈義謙)이 붕당을 만들었다고
　　비판하기 시작하였다. 이때 성혼, 정철, 윤두수 등 서인은 양사의 논척을 받는

윤두수(尹斗壽)- 을 사당(邪黨)이라고 하였고, 서애(西厓)는 이발 등의 무리가
뜻을 이루자 양(陽)이 회복된다 하였으며, 한음(漢陰)[21]은 임해군(臨海君)의
옥사[22]가 시원한 판결을 본 것은 기축옥사보다 낫다 하였고, 계해년(1623,
인조 원년)에 완평(完平)[23]은 기어이 이발 등을 정철과 아울러 신원하자
청하였으니, 이러한 의론들은 잘못된 것입니다. 기축옥사는 역옥(逆獄)이
니, 이에 관한 실적(實迹)으로써 몽매한 이들을 깨우쳐야 합니다. 먼저
성(誠) -탄옹(炭翁)[24]-과 희(希) -백호(白湖)[25]- 등 친한 벗들에게 알려주어
나라 안에서 말하기 좋아하는 선비들로 하여금 양현(兩賢)에 대한 무함이
오로지 정인홍(鄭仁弘)의 입에서 나온 것임을 알게 한다면 이야말로 진정한
변무(辨誣)라 할 것입니다." 하였다. -《노서집(魯西集)》-

　　신묘년(1591, 선조24)에 양천경(梁千頃)과 강해(姜海) 등 -정철의 사주를
받아 고변한 자들- 을 잡아들여 국문하니 정철의 간사한 정상을 남김없이

가운데 심의겸과 연루된 죄를 자핵할 것이 요구되었다.
21) 한음(漢陰) : 이덕형(李德馨)의 호이다.
22) 임해군(臨海君)의 옥사 : 임해군은 선조의 첫째 왕자 이진(李珒)이다. 광해군의 즉위
　　직후 장령 윤양(尹讓)과 헌납 윤효전(尹孝全) 등이 임해군이 다른 뜻을 품고 사사로이
　　군기(軍器)를 저장하고 결사대를 길러 역모를 꾀하는 기미가 있다고 고하였다. 이로
　　인해 국청(鞫廳)이 열려 고언백(高彦伯), 박명현(朴名賢), 운원도정(雲原都正) 등을
　　비롯한 임해군의 심복 및 비복 100여 명이 복주(伏誅)되었다. 이때 정인홍(鄭仁弘)과
　　이이첨(李爾瞻)의 대북 일파는 임해군까지도 죽일 것을 주장하였으나 이원익(李元翼),
　　이항복(李恒福) 등 원로대신은 형제의 도리를 들어 귀양을 보내는 선에서 옥사를
　　마무리 짓고자 하였다. 결국 임해군은 사사(賜死)를 면하고 교동(喬桐)으로 유배되었
　　으나, 1609년(광해군1) 죽임을 당하였다. 《燃藜室記述 · 廢主光海君故事本末 · 臨海君之
　　獄》
23) 완평(完平) : 완평부원군(完平府院君) 이원익(李元翼)을 이른다.
24) 탄옹(炭翁) : 권시(權諰, 1604~1672)의 호이다. 권시의 본관은 안동, 자는 사성(思誠)이
　　다. 본문에서 권시를 '성(誠)'이라 한 것은 그의 자가 '사성(思誠)'이기 때문이다.
　　1660년(현종1) 예송논쟁 당시 송시열과 송준길에 대립하여 윤선도를 지지하는 상소를
　　올렸다가 파직되어 낙향하였다. 저서로는 《탄옹집(炭翁集)》이 있다.
25) 백호(白湖) : 윤휴(尹鑴)의 호이다. 윤휴의 본관은 남원(南原), 자는 희중(希仲)이다.
　　본문에서 윤휴를 '희(希)'라 한 것은 그의 자가 희중(希仲)이기 때문이다.

모두 실토하였다. 노서가 "저들에게 혹독한 형벌을 엄히 가하여 기필코 자백을 받아내고서야 그쳤다고 하였다 한다." 하였으니, 어찌 기축년(1589, 선조22) 동인을 죽일 때에는 반드시 관대한 형벌을 사용하고, 유독 신묘년 에만 혹독한 형벌을 가하였겠는가? -《동소록(桐巢錄)》-

김남창(金南窓)26)이 말하기를,

"당이 나누어진 이래 사우(師友)의 도가 온전하게 보전되지 못한 지가 오래되었으니, 도를 온전하게 보전한 이는 오직 조여식(趙汝式)27) 뿐이다. 예전 신묘년(1591, 선조24)에 내가 금산(錦山)의 수령으로 있을 때 어떤 조정 신료가 사명(使命)으로 순행(巡幸) 차 이르렀는데 마침 여식도 옥천(沃川)에서 찾아왔다. 세 사람이 모두 친구였으므로 불을 밝히고 밤늦도록 대화를 나누다가 말이 기축년의 일에 미쳤다. 여식이 경함(景涵)28)의 일을 말하며 탄식하고 눈물을 머금으니 조정 신료가 말하기를, '경함이 역모에 동참했을 리는 결단코 없지만 정을 제쳐두고 죄를 정하자면 그가 죽은 것도 괴이할 것이 없다.' 하자 여식이 들고 있던 잔을 땅에 내던지고 돌아앉으며 조정 신료에게 말하기를, '경함에게 정말 죄가 있긴 하였으나, 공은 평소 그와의 교유가 친밀하고 두텁지 않았는가? 경함이 죽지 않고 살아 있다면 공의 그런 말도 오히려 괜찮겠지만 그가 이미 원통하게 죽은 마당에 공이 어찌 그러한 말을 한단 말인가? 사우에 대한 사군자(士君子)의 도가 과연 이와 같단 말인가?' 하며 눈물을 그치지 못하였다. 조정 신료가 부끄러워하며 사과하였으나 여식은 끝내 마음을 다 풀지 않았다. 비록 과격한 듯하나 또한 사우들이 본받을 만한 일이다." 하였다. -《중봉사우

---

26) 김남창(金南窓) : 김현성(金玄成, 1542~1621)으로, 남창은 그의 호이다. 이이(李珥)·
   성혼(成渾) 등과 교유하였으며, 명필(名筆)로 명성을 떨쳤다. 문집인《남창잡고(南窓雜
   稿)》가 전한다.
27) 조여식(趙汝式) : 조헌(趙憲)의 자이다.
28) 경함(景涵) : 이발(李潑)의 자이다.

록(重峯師友錄)》-

효종 무술년(1658, 효종9), 동춘(同春) 송준길(宋浚吉)이 정곤재(鄭困齋)의 서원29)을 훼철할 것을 건의하자 고산(孤山) 윤선도(尹善道)가 그 억울함을 쟁론하였다.30) 노서(魯西) 윤선거(尹宣擧)가 말하기를,

"윤선도는 윤의중(尹毅中)의 손자이고, 윤의중은 이발(李潑)의 외삼촌이다. 이발의 일가이기에 감히 정개청의 신원을 청한 것이니, 이는 다만 죄를 받은 집안의 자제가 스스로 말을 꾸며 어지러이 현혹시킬 계책으로 삼은 것일 뿐이다."라고 하였다. 할아버지의 누이의 아들은 곧 성이 다른 종조숙(從祖叔)인데, 그를 일러 죄를 받은 집안의 자제라 하는 것은 상앙(商鞅)의 수사율(收司律)31)에도 없었고 그 무리 장운익(張雲翼)이 '3족(族)을 멸하라'고 아뢰었을 때32)에도 언급하지 않았던 바인데, 하물며 정개청이 무슨 친척이 된다고 꺼려서 말하지 못하겠는가? -《동소록(桐巢錄)》-

성문준(成文濬)의 호는 창랑(滄浪)으로, 우계(牛溪)의 아들인데, 우계가 '실행(實行)이 나보다 낫다'고 칭찬하였다. 같은 시기의 정홍명(鄭弘溟)은 호가 기옹(畸翁)으로 정철의 아들이다. 성혼과 정철은 모두 사사로운 원한으

---

29) 정곤재(鄭困齋)의 서원 : 정개청(鄭介淸)의 학문과 덕행을 추모하기 위해 건립한 자산 서원(紫山書院)을 이른다.

30) 고산(孤山) …… 쟁론하였다. : 윤선도가 71세 때인 1658년(효종9) 동부승지로 있을 때 국시소(國是疏)를 올린 일을 이른다.

31) 상앙(商鞅)의 수사율(收司律) : 수사율은 수사연좌율(收司連坐律)의 준말로 연좌법을 말한다. 진나라 상앙이 제정한 법으로, 10가(家)를 1조(組)로 하여 그중 한 집이나 한 사람이 죄를 범한 경우 다른 9가가 연대책임을 지는 제도이다.《資治通鑑 卷2》

32) 3족(族)을 …… 때 : 기축옥사가 발발한 1589년 10월, 이발·이길·이급 3형제와 백유양(白惟讓)·조대중(曺大中)을 아울러 적몰하라는 명이 내리자 당시 장령(掌令)으로 있던 장운익(張雲翼)이 아뢰기를, "동인이 항상 서인이 척리(戚里)와 결탁한다고 배척하였는데, 지금 그들이 역적과 결탁한 죄를 어찌 이에 비하겠습니까. 청컨대 3족(三族)을 베는 법을 쓰소서." 하였다.《燃藜室記述·宣祖朝故事本末·己丑鄭汝立之獄》

로 선비들을 죽였던 까닭에 세상으로부터 많은 비난을 받고 있었으므로, 양가의 자제들은 각기 아버지익 허물을 씻기 위해 당론의 경계를 벗어나 동서의 사류들과 교유를 통하지 않음이 없었는데 이는 허물을 덮으려는 미봉책이었다. 이로 인해 양가의 자제와 문도들이 서로를 비방하였다. 윤선거(尹宣擧)는 사계(沙溪)의 문하를 일러 정홍명이 없었다면 도가 더욱 높아졌을 것이라 하고, 이유겸(李惟謙)은 우계의 문하를 일러 성문준이 없었다면 허물이 더욱 적었을 것이라 하며, 심지어 뺨을 때리고 욕을 하며 머리를 때리고 소란을 일으키며 자기들끼리 고부간에 반목하듯 한 것은 모두 이 때문이었다. -전거는 위와 같다.-

기축사화(己丑士禍)

정언신(鄭彦信), 정률(鄭慄)

처음에 정언신(鄭彦信)이 아들들과 공초할 말33)을 상의하였다. 맏아들 정협(鄭協)은 바른 대로 공초하지 않을 수 없다고 하였으나, 정언신은 작은 아들 정률(鄭慄)의 계책을 따랐다. 국문을 받을 때 미처 남김없이 다 아뢰지 못한 말34)들이 있어 화단이 장차 예측할 수 없게 되자 돌보아 주는 이가 없었는데 오직 이귀(李貴)만은 힘껏 구제하였다. -《혼정록(混定錄)》-

정언신의 자명소(自明疏)는 그의 아들 정률이 지은 것이다. 그러므로 주상이 정언신, 정언지, 홍종록이 정여립에게 보낸 편지 10장을 승정원에 내리며 등서(謄書) 후 다시 대내로 들여오라고 명하고, 이로 인해 언신이 중죄를 입게 되자 정률이 부끄럽고 한스러워 스스로 목숨을 끊었다. -《노서집(魯西集)》-

---

33) 공초할 말 : 기축옥사 초, 호남(湖南) 유생 양천회(梁千會)가 상소하여 역적 정여립과 역적과 교분이 있던 조신(朝紳)의 색출과 처벌을 주장하였는데, 그 내용이 《宣祖實錄》 22년 10월 28일 및 《宣祖修正實錄》 22년 11월 1일 기사에 수록되어 있다. 이 상소에서 양천회는 정언신(鄭彦信)이 역적 정여립과 절친한 친척 사이로 교분이 두터웠음에도 불구하고 의기양양한 기세가 평소와 다름이 없고, 적당(賊黨)에 대한 심문을 부실하게 하면서도 자핵(自劾)하는 소장(疏章)조차 올리지 않는다고 비판하였다. 이로 인해 정언신이 자명소(自明疏)를 올렸는데, 본문에서 '공초할 말'이라 한 것은 이 자명소에 쓸 내용을 가리킨다.
34) 국문을 …… 말 : 국문을 받을 때 정언신은 정여립과 서로 편지를 주고받은 일이 없다고 하였는데, 선전관 이응표(李應彪)가 내관(內官) 김양보(金良輔)와 함께 전주에 내려가 정여립의 집을 수색했을 때, 정언신이 정여립에게 보낸 편지 19장이 발견됨으로써 임금을 기만한 죄가 더해졌다. 《宣祖實錄 22年 10月 17日》, 《宣祖修正實錄 22年 11月 1日》, 《震鑑·己丑獄事》

이백사(李白沙)35)가 정률(鄭慄)의 죽음을 슬퍼하며 다음과 같이 시를
지었다.

인생이란 본디 잠시 머물다 가는 것	大抵本如寄
누가 오래 있고 빨리 감을 논하리오	誰將論久速
왔으면 곧 돌아가야 하는 것	其來卽是歸
이 이치를 내가 먼저 깨달았다오	玆理吾先燭
그런데도 그대 위해 슬퍼하는 건	然且爲君哀
내 아직 속됨을 면치 못해서네	所未能免俗
입이 있은들 어찌 다시 말하랴	有口豈復言
눈물만 흘릴 뿐 감히 곡도 못하네	有淚不敢哭
베개를 어루만지며 남이 엿볼까 두려워	撫枕畏人窺
소리를 삼켜 가며 가만히 우네	吞聲潛飮泣
그 누가 잘 드는 칼날로	誰持快剪刀
내 마음 굽이굽이 이리도 아프게 가르는고	痛割吾心曲

-《백사집(白沙集)》강릉판에는 이 시가 실렸었으나 진주판에서는 삭제하였다고
한다.36) 마침 근래 새 판본을 볼 수 있었는데 옛 판본대로 시가 실려 있으니 의아하다.
아마도 비난이 크게 일자 도로 수록한 것인 듯하다.-

영의정 이산해가 병중의 몸으로 출사하자 전교하기를,

"정언신의 죄는 의금부에서 이미 아뢰었으나 공이 병으로 휴가 중이라
미처 의논하여 처단하지 못하였다. 정언신의 전후 죄상은 극히 놀라우나

---

35) 이백사(李白沙) : 이항복(李恒福)을 가리키는 것으로 백사(白沙)는 그의 호이다.
36) 백사집(白沙集) …… 한다 : 현존하는 강릉본과 진주본을 비교해보면 정률에 대한
     만시가 진주본에서 산삭(刪削)된 것은 사실로 확인되나, 강릉본에 수록되었다는
     이항복의 〈기축기사〉는 그 존재가 확인되지 않는다. 그러나 사실 여부와 무관하게
     이 문제는 서인과 남인 간에 기축옥사를 바라보는 서로 다른 시각이 정치적 공방으로
     확산되어 조선후기 당쟁의 주요한 쟁점이 되었음을 잘 보여주는 사례라 할 것이다.

지금 지방 유생의 소로 인해 죄를 더하는 것은 사체에 온당치 않고 아마도 이후 폐단이 있게 될 것이다. 정언신은 이미 해도(海島)에 유배되어 죽을 날이 임박한 한낱 늙은이에 불과하니, 어찌 반드시 죄를 더할 필요가 있겠는가? 내 생각에는 그대로 두고 거론하지 않는 것이 좋겠다." 하였다. 전교하기를,

"정언신의 일은 전일 의금부에서 아뢴 내용으로 다시 의논하여 시행하라." 하였다.

기해년(1599, 선조32), 평천 부원군(平川府院君) 신잡(申磼)이 어전에 나와 근거 없는 말로 인해 정 아무개[37]의 원통함이 심하다고 낱낱이 말하였다. 공조 판서 신점(申點)이 이어서 나와 아뢰기를,

"정 아무개의 둘째 아들 율(慄)은 효자입니다. 아비가 화를 피하도록 아비를 대신해 자명소(自明疏)를 지었는데, 그 아비가 도리어 임금을 기망했다는 벌을 받게 되자 마침내 음식을 끊고 피를 토하며 죽었습니다." 하니, 성상께서 한참 동안 측은해 하셨다. 얼마 지나지 않아 공의 관작을 회복해 주라는 명이 내렸다. -《용주집(龍洲集)》-

이발(李潑), 이길(李洁) 심경(沈憬) 붙임

이발의 형제 네 사람 중 막내가 이직(李溭)인데, 점쟁이 송상(宋祥)이 일찍이 "이직이 가장 길하고 세 형은 지극히 흉하다" 하였다. 후에 이직은 명성을 이루지 못하고 요절하였으나, 이발·이길은 명사가 되고 이급(李汲)도 음관(蔭官)으로 벼슬에 올랐으므로 사람들은 모두 송상의 말이 허망하다 하였는데 이때에 와 모두 탄복하였다. -《혼정록(混定錄)》-

---

37) 정 아무개 : 정언신을 이른다.

이발의 문학과 명성은 실로 후배의 영수가 되었는데, 김효원(金孝元)을 옹호하는 주장을 펴다가 심의겸(沈義謙) 무리의 모함을 받아 대륙(大戮)[38]의 형벌을 받았으니 애석하고 한탄스럽다. -《괘일록(掛一錄)》-

이발은 질박하고 성실하며 장자(長者)의 풍모가 있었으나, 기세를 부려 시비를 논하고 중간에 이리저리 번복하였으며 벗을 가려 사귀지 못하다가 마침내 화를 당했다. 현감 신응구(申應榘)[39]는 젊었을 때 이발의 동생 직(溭)과 교분이 두터웠으나, 이직이 일찍 죽고 이발 등이 성혼과 이이를 배반한 후로는 드디어 이발 형제와 절교하였다. 옥사가 일어났을 때 신응구는 마침 임실(任實) 현감이었는데, 이발의 어머니가 근방의 읍으로 귀양와 생계가 곤란하게 되자 신응구가 자신이 가진 것을 내어 도움을 주었다. 이로 인해 비방이 크게 일자 신응구가 말하기를, "재앙이 닥친다 하여 옛 친구를 모른 채 할 수 없으니, 나는 이직의 모친을 보살핀 것이다." 하였다. 성혼이 듣고, "잘한 일이다."라고 칭찬하였다.

김응남(金應南)의 아들 명룡(命龍)과 홍가신(洪可臣)의 아들 질(淰)은 이길(李洁)의 딸들에게 장가들었다. 가신과 명룡이 모두 상서(上書)하여 이혼을 청하니, 그 화가 미칠까 두려워 한 것이었다. 당시 재상 김응남은 명나라에

---

38) 대륙(大戮) : 죄인을 죽이고 그 시신을 진열하여 사람들에게 보이는 것으로서 기시(棄市)를 뜻한다. 《춘추좌씨전》선공(宣公) 12년 조에 "옛날에 밝은 임금이 불경스러운 자를 징벌한 뒤에, 그 고래[鯨鯢]와 같은 시체를 모아 높이 쌓아 놓고는 이것을 대륙(大戮)이라고 하였으며, 이 광경을 모두 보게 함으로써 흉악한 행동을 징계토록 하였다.[古者明王伐不敬 取其鯨鯢而封之 以爲大戮 於是乎有京觀 以徵淫慝]"라는 말이 나온다.

39) 신응구(申應榘) : 1553~1623. 본관은 고령, 자는 자방(子方), 호는 만퇴헌(晚退軒)이다. 성혼·이이의 문인으로, 1582년에 사마시에 합격, 학문에만 정진하다가 천거로 장원(掌苑)이 되었다. 1613년 이이첨(李爾瞻) 등이 폐모론을 주장하자 관직에서 물러나 충청도 남포(藍浦)로 낙향하였다. 기축옥사 당시 동인을 배척하는데 급급하지 않고 공정한 의론을 전개하는데 힘썼다는 평을 받았다.

가고 없었는데[40] 명룡의 외숙 이산해(李山海)가 명룡을 시켜 그리 한 것이었
으므로 사림의 공론이 김응남은 허물하지 않고 홍가신만을 허물하였다.

심경(沈憬) -자는 중오(仲悟)이고, 심강(沈鋼)의 손자이자 심지겸(沈智謙)의 아들이
다.- 은 일찍이 이발 형제와 교분이 두터웠다. 이발이 화를 당하자 그
유해를 거두어 주는 사람이 없음을 슬퍼하여 관을 마련해 시신을 수습하고
시흥(始興) 설월리(雪月里)에 장사지내 주었다. 이로 인해 무함을 당하여
죄를 입고 부령(富寧)에 유배되었다가 임진년(1592, 선조25)에 석방되어
돌아왔고 광해 조 때 교관(敎官)의 벼슬을 지냈다.

백유양(白惟讓)

백유양의 자는 중겸(仲謙)이고 수원(水原) 사람이며 관직은 부제학에
이르렀다. 성품이 자상하고 온화하며 용모가 옥과 같았으나, 사(邪)·정(正)
의 시비를 분별함에는 논의가 강직하여 굴복함이 없었다. 명망이 두터워
당대의 인정을 받았으며 교유하는 자들도 모두 어진 스승들이었다.

예전에 백인걸(白仁傑)이 을사사화(乙巳士禍)가 일어난 뒤로 오랫동안
죄를 입어 폐고되어 있었다. 딸이 있었으나 혼인하려는 자가 없으므로
그 조카인 백유양에게 묻기를, "내가 의령군(義寧君)을 사위로 삼고자 한다."
하니, 백유양이 말하기를, "의령군은 종친이긴 하나 천한 서얼로, 그 어미와
숙모가 모두 수건을 쓰고 다니는 시정(市井)의 여자이니 혼인하지 마십시

---

40) 당시 …… 없었는데 : 당시 김응남이 성절사(聖節使)로서 명나라에 가서 왜적이 중국
   에 침범할 뜻을 갖고 있음을 예부(禮部)에 이자(移咨)하였던 일을 이른다. 《宣祖實錄
   24年 10月 24日》

오." 하였으나, 인걸이 듣지 않고 마침내 의령군을 사위로 맞이하였다. 이윽고 혼인한 뒤 의령군의 처가 된 인걸의 딸이 유양이 했던 말을 의령군에게 고하였고, 이로써 의령군과 유양의 사이에 틈이 생겼다. 의령군의 아들 이춘영(李春英)은 이 일로 묵은 감정을 품고 유양의 부자를 원수같이 미워하다가 옥사가 일어나자 그 외삼촌 백유함(白惟咸)과 함께 근거 없는 말을 만들어 내었다. -《기축별록(己丑別錄)》, 《을병조경록(乙丙照鏡錄)》-

정여립의 문서를 수색하다가 백유양이 보낸 편지 여러 통이 나왔는데, 그 내용 중 "내 아들이 곧 그대의 아들"이란 구절이 있고, 또 다른 내용에는 "정철은 나라를 그르칠 소인이다."라는 구절이 있었다. 주상이 그것을 보고 심히 노하여 잡아들여 국문하자, 백유양이 공초하기를, "신의 아들 수민(壽民)이 어리석고 배움이 없던 차에 마침 여립의 집과 연혼(連婚)하였으므로[41] 여립에게 수학하게 하면서 '내 아들이 그대의 아들'이라 하였던 것이니, 이는 옛 사람들이 아들을 서로 바꿔서 가르친다는 뜻으로 한 말이었습니다. 어찌 털끝만큼이라도 다른 뜻이 있었겠습니까?" 하였다. 부령(富寧)에 유배하라는 명이 내려 포천에 이르렀는데 다시 잡아들이라는 명이 내렸으니, 이는 대개 선홍복(宣弘福)의 공초에 백유양이 거론되었기 때문이었다.

백수민(白壽民)은 여립의 형 정여흥(鄭汝興)의 딸에게 장가들었다. 옥사가 일어나자 여립의 아우 여복(汝復) 역시 체포되어 서울 감옥에 갇혔는데 그의 종 백석(白石)이 옥바라지할 자금을 갖고 거리를 방황하다 포도청에 체포되었다. 그가 공초하기를, "백 참봉이라는 자가 저를 따라왔습니다." 하니, 국청(鞫廳)에서 아뢰기를, "필시 참의(參議) 백유양의 아들 수민일

41) 여립의 …… 연혼(連婚)하였으므로 : 백유양의 넷째 아들 백수민(白壽民)은 정여립의 형 정여흥(鄭汝興)의 딸과 혼인하였다. 《己丑錄》

것입니다." 하여, 마침내 백수민을 잡아와 국문하니 형장 아래 죽었다.

백유양의 아들 백진민(白振民)이 역변이 일어났던 초에 그 무리 10여
명과 함께 모의하기를,

"황해도의 수령은 서인이 반이나 되고 또 그 지방에는 이이(李珥)의
제자들이 많으니, 이번 일은 그들이 무고한 것이 틀림없다. 정 수찬(鄭修
撰)42)이 조석으로 올라오고 있을 터이니, 그가 오면 우리는 마땅히 소를
올려 원통함을 호소하자." 하고, 유영근(柳永謹)을 소두(疏頭)로 정해두었는
데, 여립이 자살했다는 소식을 듣고 모두 놀라 흩어졌다.

백유양이 죽은 뒤에 아들 진민(振民)과 흥민(興民)이 양주(楊州)에서 시묘
살이를 하였다. 정철이 백유함·이춘영과 함께 내관 이몽정(李夢鼎)을 시켜
서 은밀히 아뢰기를, "밖에서는 백진민 형제가 길삼봉(吉三峯)의 거처를
상세히 알고 있다고 말합니다." 하여, 경인년 5월 12일에 다 잡혀 왔다.
이에 공초하기를,

"아버지가 모르는 일을 아들이 어찌 알겠습니까? 죄가 있고 없고는
저 푸른 하늘이 밝혀줄 것입니다. 엎어진 둥지 아래 알이 어찌 온전하겠습니
까? 굳이 다시 국문할 것 없이 빨리 죽고 싶을 뿐입니다." 하였다. 옥중에
있으면서 소를 지어 스스로를 해명하고자 하였으나 이미 중형(重刑)을
받아 스스로 쓰지 못하고 마침내 9월 12일 형장 아래 숨을 거두었다.
흥민 또한 형장 아래 죽었다. -《기축록(己丑錄)》, 《일월록(日月錄)》-

---

42) 정 수찬(鄭修撰) : 정여립(鄭汝立, 1546~1589)을 이른다. 정여립은 1570년(선조3) 식년
    문과에 을과로 급제한 뒤 1583년(선조16) 예조 좌랑을 거쳐 이듬해 수찬(修撰)이
    되었다.

최영경(崔永慶)

최영경은 자는 효원(孝元)이고, 본관은 화순(和順)이며 호는 수우(守遇)이다. 기축년(1529, 중종24)에 나서 벼슬이 지평에 이르렀으며 남명(南冥) 조식(曺植)43)의 문인이다. 공은 날 때부터 특이한 자질이 있었고, 조금 자라서는 상소리를 입에 담지 않았고 걸음걸이도 법도가 있었다. 효성이 지극하여 3년 여묘를 살면서 조석으로 상식(上食)할 때 반드시 어육(漁肉)을 갖추었다. 하루는 큰 비가 와 도로가 막히는 바람에 상식에 채소만을 올리고 여막으로 물러왔는데 슬픔을 이길 수 없었다. 그런데 홀연 호랑이가 돼지를 잡아다가 상석(床石) 위에 놓고 갔다. 또 진주에 살 때 기일이 임박했는데, 제수로 고기를 준비하지 못해 종일토록 슬피 근심하자 노루 한 마리가 뜨락 원에 들어왔으니, 그의 정성스러운 효심에 감응이 일어난 것이라 하겠다. -〈행장(行狀)〉-

처음에 경주 참봉(慶州參奉)을 제수하였으나 나가지 않았고, 또 주부·수령·도사·좌랑 등 관직을 높여 제수하였으나 모두 나가지 않았다. 집이 가난하여 자주 끼니를 잇지 못하자 어떤 이가 같이 힘을 합해 갯둑을 쌓자고 강권하였으나, 듣지 않고 말하기를, "빈부는 하늘이 정한 것이니, 둑을 쌓는 것은 내 분수에 맞는 일이 아니다." 하였다. 온전한 옷 한 벌이 없어 출입할 때에는 남의 것을 빌려입는 형편이었지만 조금도 개의치 않았다. 사축(司畜)에 임명되자 사은하고 곧 돌아왔다. 노수신(盧守愼)이 만류하였으나 돌아오지 않자 편지를 보내 말하기를, "고집병이 대단하다." 하니, 공이 답하기를, "형통의 해악도 적지 않다."고 하였다. -전거는 위와

---

43) 조식(曺植) : 1501~1572. 본관은 창녕(昌寧), 자는 건중(健中), 호는 남명(南冥), 시호는 문정(文貞)이다. 1539년(중종34)에 유일(遺逸)로 천거되어 헌릉 참봉(獻陵參奉)에 제수되었으나 나아가지 않았고, 평생 학문연구와 후진교육에 힘썼다. 광해군 때 영의정에 추증되었다. 저서에 《남명집((南冥集)》 등이 있다.

같다.-

  공의 기상은 천길 높이의 바위벽 같고 가을 서리와 따가운 햇살 같았으며,
흉금이 깨끗하고 시원하여 옥으로 만든 병이나 얼음과 달 같았다. 바라보면
신선 같아서 그 기상과 풍모가 조남명(曺南冥)과 서로 견줄 만하였다. -《괘일
록(掛一錄)》-

  진주에는 한 이랑의 밭도 없었다. 아우 최여경(崔餘慶)이 진주로 장가
들었으므로 그 아우의 집에 가서 의지하였다. 그 집 앞에 큰 못이 있어
여경은 매양 연못에서 그물을 던져 고기를 잡았는데 크기가 소반만 하였으
나 영경은 수 년간이나 차마 먹지 못하였다. 훗날 사람들이 그 이유를
물으니, 전에 집이 가난하여 노모에게 맛있는 음식을 올리지 못하였는데,
어머니가 이미 돌아가셨으므로 차마 먹지 못한다고 하였다. -《괘일록(掛一
錄)》-

  효행이 있어 석곽(石槨)을 갖추어 부모를 장사지냈다. -《부계기문(涪溪記聞)》-

  사론이 여러 갈래로 분열되어 명리(名利)만을 차리는 것을 보고, 조정에
가까이 가지 않고자 하여 관직에 제수되어도 나가지 않았다. 서울에 있을
때 성혼(成渾)과 교분이 있었다. 성혼이 파주로부터 입성했다는 말을 듣고
찾아가 보려다가, 성혼이 심의겸(沈義謙)과 교분이 두텁다는 말을 듣고는
다시 왕래하지 않았다. 이이(李珥)가 처음 조정에 나왔을 때 사람들이
모두 고인(古人)이 다시 나왔다고 하였으나, 공만은 그렇지 않다고 말하였
다. -〈행장(行狀)〉-

  민순(閔純)이 말하기를, "효원(孝元)44)은 기한(饑寒)이 뼈에 배었으나 오히

려 태연하였으며 흉금이 깨끗하고 시원하여 항상 즐겁고 편안하였으니, 가난한 중에서도 편안한 마음으로 도를 즐거워하는 사람이 아니면 그렇게 할 수 없을 것이다.”하였다. -전거는 위와 같다.-

만력 계유년(1573, 선조6)에 행실이 높은 선비를 천거하라는 명이 있어 최영경에게 6품직을 제수하였다. 영경은 일찍이 조식(曺植)을 따라 종유하였는데 지조와 청렴함이 세상의 으뜸이었다. 의로운 일이 아니면 털끝만큼도 취하지 않았으며 지극한 효로써 어버이를 섬겼다. 부모가 돌아가자 가산을 기울여 장례를 치르는 바람에 마침내 가세가 가난해졌다. 집이 성중에 있었으나 남과 교제하기를 일삼지 않아 그를 아는 이가 없었고, 마을 사람들은 모두 그를 일러 ‘고집쟁이 선비’라고 하였다. 안민학(安敏學)이 처음 방문하였다가 그의 말을 듣고 그의 뛰어남을 깨달아 성혼에게 말하기를,

“우리 마을에 이인(異人)이 있는데 지금에서야 서로 알게 되었으니, 가서 보지 않겠소?”하였다. 성혼이 성중에 들어와 일부러 찾아가 문을 두드리니, 한참 만에 맨발의 작은 여종이 나와 맞이하였는데 문을 들어서니 향기로운 풀이 뜰에 가득하였다. 잠시 후 영경이 나왔는데 베옷에 떨어진 신을 신은 궁핍하고 소슬한 차림이었으나 그 용모는 엄중하여 범할 수 없는 기운이 있었고, 앉아서 이야기하니 한 점 티끌의 기운도 없었다. 성혼이 매우 기뻐하며 백인걸(白仁傑)에게 말하기를,

“내가 어떤 사람을 보고 왔는데, 홀연 맑은 바람이 소매에 가득 참을 깨달았다.”고 하였다. 이때부터 영경의 명성이 사림 사이에 널리 퍼졌다. -《석담일기(石潭日記)》-

인조 갑자년(1624, 인조2)에 김덕함(金德諴)이 아뢰기를,

---

44) 효원(孝元) : 최영경(崔永慶)의 호이다.

"신이 사천(泗川)에 귀양 갔을 때, 그 고을에 사는 최영경의 족인(族人)이 말하기를, '영경은 항상 빗질하지 않은 머리로 망건도 쓰지 않고 안석에 기대 눕기를 좋아하였다. 감사가 찾아와도 병을 핑계로 만나지 않았고, 두세 번 찾아 온 후에야 비로소 만나보며 말하기를, 〈아무개 수령은 치적이 나쁜데, 너는 어찌하여 배척하지 않으며, 아무개 수령은 치적이 좋은데, 너는 어찌하여 포상하지 않는가?〉 하였다. 진주 목사가 와도 또한 너라고 부르고, 사대부를 위압적으로 제어하고 다른 사람을 업신여기는 등 기행을 일삼았으나, 오직 제사 때만은 반드시 보름 동안 재계하고 몸소 제수의 차림을 주관하였다.'고 합니다." 하였다. -《성옹집(醒翁集)》-

공이 옥에 갇혔을 때 하루는 류성룡이 대궐 앞에서 정철을 만나 묻기를, "최영경의 옥사는 어찌되어 가는가?" 하니, 정철이 술에 취해 손으로 자기 목을 가리키며, "그가 일찍이 나를 이렇게 베려 하였다더라."고 말하였다. 대개 최영경이 항상 말하기를, "박순(朴淳)과 정철은 목을 베어 매달아야 한다"고 하였기 때문이었다. 심수경(沈守慶)이 말하기를, "남의 말을 어찌 다 믿을 수 있겠는가? 사람이 죽어가는 것을 보면 측은한 마음이 드는 것은 사람마다 다 같은 것인데, 어찌 차마 이러한 말을 입 밖에 내는가?" 하였다. -《서애집(西厓集)·수우전(守愚傳)》-

최영경이 국청으로 잡혀 들어왔을 때, 그 풍채가 마치 하늘에서 훨훨 내려오는 학과 같아 주변의 옥리들도 모두 놀라워했다. 이항복이 말하기를, "오늘 이 어른을 못 보았더라면 일생을 헛되이 보낼 뻔하였다." 하니, 정철이 웃으며 부채로 자기 목을 가리키며, "저놈이 내 목을 이렇게 베려고 했다." 하였다. 심수경이 말하기를, "공은 어찌하여 이러한 말을 하는가?" 하니 정철이 말하기를, "저러한 용모로 죽림(竹林) 속에 드러누워 세상을 조롱하였으니, 헛된 명성을 얻은 것이다." 하였다.

최영경이 진주 옥에 갇히자 거의 천여 명의 선비들이 옥문 앞에 모여들었다. 영경이 옥문을 닫고 들이지 않았는데도, 그들은 여러 날을 노숙하며 흩어지지 않았다. 어떤 사람이 묻기를,

"선생께서는 옥중에 계시면서 털끝만큼이라도 동요됨이 있으십니까?"

하니, 답하기를,

"내가 죽고 사는 문제를 놓은 지 벌써 30년이다." 하고, 또 말하기를,

"식욕이 가장 큰 문제다. 내가 잡혀오는 길에 동문 길가 짙푸른 잎사귀들을 보고 그 잎에 밥을 싸서 먹었으면 하는 마음이 울컥 솟았다." 하고는 크게 웃었다. -《괘일록(掛一錄)》-

공은 남보다 뛰어나 드높은 기백이 있고 흰 머리 흰 수염에 위엄 있는 풍모로, 사람들이 바라보면 경외할 만하였다. 이항복이 극구 칭찬하기를, "이 일로 인해 거인(巨人)을 보았다." 하였고, 좌의정 김명원(金命元)도 그를 칭송하기를, "비록 오랏줄에 묶여 있으나 당당하고 꿋꿋한 모습에 공경하는 마음이 생겼다." 하였다. -《기언(記言)》-

이항복이 일찍이 말하기를,

"기축옥사를 다스릴 때에 여러 사람의 진술하는 모양을 보니 모두가 황급하여 정신을 차리지 못하는데, 최영경은 차꼬를 차고 고문을 받는 중에도 마치 자기 집 방 안에 앉아 있는 것처럼 정신과 기색이 태연하였고, 말도 조리가 있어 평상시 손님을 대하는 것 같았으니, 그 기백이 남보다 매우 뛰어남이 있었다."고 하였다. -《석실어록(石室語錄)》-

옥중에 있을 때 공은 날마다 반드시 대궐을 향하여 앉았다. 집에서 부리던 종도 체포되어 같이 갇혀 있었는데, 어떤 사람이 말하기를,

"종이 만약 실언이라도 한다면 장차 화가 헤아리지 못할 지경이 될

테니 할 말을 미리 가르치십시오." 하자, 공이 말하기를,

"그가 응당 스스로 할 일이지 내가 어찌 간여하겠는가?" 하고, 끝내 가까이 하지 않았다. 위관이 역적 집안의 종을 국문하여 묻기를,

"최삼봉(崔三峯)이란 사람이 너의 집에 왕래하는 것을 보았느냐?" 하니, 그 종이 말하기를, "일찍이 본 적이 있는데, 머리가 반백인 사람이었습니다." 하므로, 공에게 세 번이나 옷을 바꿔 입게 하고 여러 죄수 사이에 둔 다음 종으로 하여금 알아내게 하였으나 끝내 찾아내지 못하였다.

공이 일찍이 이발의 소개로 역적과 만난 일이 있었다. 이후 벗에게 보낸 편지 말미에 역적의 안부를 물은 적이 있는데, 이때에 이르러 그 편지가 국청에 내려왔다. 문사랑(問事郞) 이항복(李恒福)이, 공이 그 편지에 대한 것을 잊고서 말하지 않을까 염려하여 자리에서 일어나 밖을 한 바퀴 돌며 말하기를,

"최 아무개는 죽을 것이다. 친구에게 보낸 편지 말미에 쓴 것이 있는데 죽지 않을 수 있겠는가?" 하자, 공이 그제야 깨닫고 사실대로 말하여 곤장 한 대도 맞지 않았으니 이는 이항복의 힘이었다.

그 후 특명으로 놓여나와 남의 집에 잠시 머물렀는데, 성혼이 그 아들 성문준(成文濬)을 시켜 쌀을 가져다주며 말하기를, "고향에 돌아갈 노자로 쓰시게." 하고, 또 묻기를, "무슨 연유로 사람들에게 미움을 받아 이 지경에 까지 이르렀는가?" 하니, 공이 답하기를, "그대의 부친에게 미움을 받아서 이렇게 되었다." 하였다. 다음 날 사헌부에서 다시 국문하기를 청하였으므로[45] 체포되어 갇혔다. -〈행장(行狀)〉-

---

45) 사헌부에서 …… 청하였으므로 : 최영경이 다시 수감된 이유는, 훗날 실록 기록에 따르면 "산을 파 길을 내고 도의 경계를 넘어서 역적 정여립과 서로 교유하였다[鑿山通道 越境相從爲言]"는 것이었다.(《宣祖實錄 27年 11月 13日》) 당시 최영경이 정여립과 평소 친밀히 교유했다는 주장은 정여립이 최영경의 집을 방문한 일이 있다는 소문으

재차 갇혀서 공초하기를,

"이이(李珥)가 사림 사이에 명망이 두터워, 한때 젊은 무리들이 그에게 붙어 출사(出仕)의 길로 삼고자 입을 모아 칭찬하기에 신이 웃으며 답하지 않았습니다. 그런데 이것으로 신이 이이를 헐뜯었다 하며 허다한 비방이 무리지어 일어났으니 이것이 신이 화를 입게 된 까닭입니다." 하였다. -《괘일록(掛一錄)》-

일찍이 양홍주(梁弘澍)[46]가 조식(曺植)을 이황(李滉)보다 낫다고 높였더니, 성혼이 말하기를,

"퇴계(退溪)는 학문이 깊으니, 남명(南冥)은 아마도 그만 못할 것이다." 하였다. 최영경이 그 말을 듣고 분노를 참지 못하였고, 신응구(申應榘)를 보고 또한 그 말이 잘못임을 말하였다. -《우계일기(牛溪日記)》-

양홍주는 정인홍(鄭仁弘)의 처남으로서 성혼의 문하에 출입하고, 아들 황(榥)도 그 문하에서 수학하게 하였으므로 인홍이 시기하고 노하여 홍주와 원수 사이가 되었고 서로 간에 비루하게 여겼다. 성혼이 이 사실을 듣고 말하기를, "홍주가 설혹 불선한 행동을 했다 하더라도 인홍이 그렇게까지 하는 것은 또한 너무 심하지 아니한가?" 하였다. 이에 인홍이 성혼에게

로 확대되며 최영경을 더욱 궁지로 몰아넣고 있었다. 조정에서는 소문의 진상을 정확하게 파악하기 위해 이 소문을 퍼뜨렸다고 지목된 이들을 불러 신문하였는데, 증인으로 소환된 이들이 모두 전해들은 이야기라며 부인하는 바람에 소문의 진원지는 미궁에 빠졌다. 이러한 상황에서 최영경이 정여립과 내통하였고 역모의 실질적 모주(謀主) 길삼봉은 최영경이라는 무성한 소문 속에 신문을 받던 최영경은 결국 옥사하기에 이르렀다.

46) 양홍주(梁弘澍) : 정인홍의 처남으로서, 1603년(선조36) 장문의 상소를 올려 성혼을 비판한 정인홍을 탄핵하였다. 《우계집(牛溪集)》〈잡록(雜錄)〉에 따르면, 최영경과 정인홍은 정축년(1577, 선조10) 이전에는 성혼을 멀리하지 않았는데, 양홍주가 중간에서 말을 잘못 전하여 비로소 의심하고 비방하는 단서가 생겼고, 그리하여 계미년(1583, 선조16) 이후에는 마침내 사이가 틀어져 멀어졌다고 하였다.

분노의 감정을 품고 갖은 방법으로 성혼을 헐뜯었다. 인홍이 영경의 행장을
저술하며 이르기를,

"공이 성혼과 교분이 있어 성혼이 파주에서 서울로 들어왔을 때 보러
가려 하는데, 어떤 벗이 성혼의 집으로부터 와서 말하기를, '성혼이 심
동지(沈同知)47)와 얘기를 나누며, 문지기에게 다른 손을 들이지 않도록
경계하고 있다.' 하므로 공이 일거에 돌아와 다시는 가지 않았다. ……"
하였다. -《노서집(魯西集)》-

경인년(1590, 선조23) 봄, 성혼이 정언 황신(黃愼)48)에게 말하기를,

"영경은 집에서 효도하고 또 기개와 절조가 있으니 비록 병통이 많다
해도 그 장점은 높이 인정할 만하다. 근자에 근거 없는 낭설이 떠도는데
그 내용이 너무도 이치에 맞지 않는다. 혹여 말을 꺼내는 자가 있다 해도
절대로 부화뇌동해서는 안 된다." 하였다. 그 후 과연 사간원에서 영경의
관작을 삭탈하자는 논의가 있자, 황신이 이르기를,

"영경은 일도(一道)에서 명망이 두터운데 지금 유언비어를 가지고 죄를
주는 것은 옳지 않다." 하였고, 사간 유근(柳根)49)도, "그렇다. 제갈량(諸葛亮)

---

47) 심 동지(沈同知) : 심의겸(沈義謙, 1535~1587)을 이른다.
48) 황신(黃愼) : 1560~1617. 본관은 창원(昌原). 자는 사숙(思叔), 호는 추포(秋浦), 시호는
  문민(文敏)이다. 성혼·이이에게 수학했다. 1589년 기축옥사 때 이산해를 탄핵하다가
  이듬해 고산 현감으로 좌천당한 데 이어, 1591년에는 정철의 일당이라 하여 파직되었
  다. 1601년 정인홍의 문인 문경호(文景虎)가 스승인 성혼과 그 문인들을 탄핵하는
  상소를 올리자, 대사헌으로서 이에 맞서다가 북인들에 의해 관직이 삭탈되었다.
  1613년 계축옥사가 일어나자 옹진에 유배되어 그곳에서 죽었다. 인조반정으로 서인
  정권이 들어서자 우의정에 추증되었고, 공주 창강서원(滄江書院)에 제향 되었다.
49) 유근(柳根) : 1549~1627. 본관은 진주(晉州), 자는 회부(晦夫), 호는 서경(西坰)·고산
  (孤山), 시호는 문정(文靖)이다. 1591년 좌승지로서 정철의 일파로 탄핵 받고 파직되었
  다. 1613년(광해군5) 폐모론(廢母論)에 반대하다가 관작이 삭탈되었으며, 이후 대북파
  (大北派)가 전횡하자 괴산(槐山)에 은거하였다. 1627년 정묘호란 때 강화로 왕을
  호종하던 중 통진(通津)에서 죽었다. 괴산의 화암서원(花巖書院)에 제향 되었다.
  문집으로 《서경집(西坰集)》이 전한다.

이 허정(許靖)을 우선으로 등용하여 촉중(蜀中)의 인심을 수습하였으니,[50] 헛된 명성일지라도 무시할 수 없다." 하여, 마침내 그 의논이 중지되었다. ―대사헌 황신(黃愼)의 소(疏)―

당시 김여물(金汝岉)이 남도로부터 올라와 최영경이 삼봉(三峯)임을 증명하는 소를 올리려 하니, 성혼이 말하기를,

"영경이 비록 병통이 있다하나 어찌 군신의 대의를 모를 리가 있겠는가?" 하니, 여물이 말하기를,

"선생께서 능히 그 사람에게 다른 뜻이 없다는 것을 보증할 수 있으십니까?" 하고, 마침내 소를 올리려 하던 것을 중지하였다. ―《우계연보(牛溪年譜)》―

파산(坡山)[51]에서 최영경이 옥에 갇혔다는 소식을 듣고, 정철에게 편지를 보내 힘껏 구하게 하니 정철이 답하기를,

"보내신 편지에 영경이 몸가짐이 청수(淸修)하고 효심과 우애가 지극하니 구해주라 하신 말씀은 다만 일이 이루어지지 않을 뿐만 아니라 일의 체모에도 또한 온당치 않은 점이 있는 듯합니다." 하였다. 영경이 출옥했다는 소식을 듣자 아들 성문준을 보내 위문의 말을 전하자 영경이 기뻐하며 사례하기를,

"나 역시 그대의 부친을 다시 만나고 죽고 싶으나 어찌 가능한 일이겠는가?" 하였다. 이후 영경이 다시 수감되었다가 죽었다는 말을 듣고 쌀을 보내 초상에 부의하고 정철에게 편지를 보내 말하기를,

"들건대 최 아무개가 죽었다 하니 상심과 탄식을 이길 수 없다. 이

---

50) 제갈량(諸葛亮)이 …… 수습하였으니 : 허정(許靖)은 촉중(蜀中)의 명사(名士)인데 유비(劉備)가 촉중을 평정한 뒤에 허정을 유명무실한 사람이라고 쓰지 않으니, 제갈량이 말하기를, "아무리 실상이 없더라도 이름 있는 사람이니, 그를 등용하여 인심을 수습하소서." 하였다. 《三國志 卷37·蜀書·法正》

51) 파산(坡山) : 파산, 즉 파주(坡州)에 거주하던 성혼(成渾)을 이른다.

사람은 말년에 방자하고 착란이 있었으며 또 그 본분을 지키지 못하였으나 고결하고 지조 높은 선비였음이 분명하니, 이미 죄를 지은 정황이 없었으면 조정에서 용납하여 그대로 두었어야 했다. 그런데 대간의 논의가 재차 일어나 마침내 옥중에 다시 가두어 죽게 하였으니 이리 하고도 인심을 복종시킬 수 있겠는가? 애석한 일이다." 하였다. -《노서집(魯西集)》-

임진년(1592, 선조25)에 류성룡과 정철이 안주(安州)에서 만났을 때 정철이 묻기를,

"남들이 말하기를, 공 또한 내가 사감(私憾)을 품고 최영경을 죽였다고 하였다는데 그러한 말을 한 일이 있습니까?" 하자, 성룡이 웃으며 말하기를,

"당시 비슷한 형적을 보았으므로 일찍이 그러한 말을 하였습니다." 하니, 정철이 깜짝 놀랐다. -《기재잡기(寄齋雜記)》-

기축옥사 때에 최영경이 가장 원통하게 죽었다. 그러므로 영경을 옹호하는 자들은 정철이 그를 무함하여 죽였다고 원망하였으나, 정철이 위관으로 있으면서 일찍이 여러 차례 영경을 구하려 하였고 무함하여 죽이려 한 행적이 없었음은 가릴 수 없는 일이었다. 그러므로 그들은, '겉으로는 구해주는 척하면서 속으로는 실상 함정에 빠뜨렸다'는 것을 정철의 죄목으로 삼았고, 정인홍에 이르면 이 말을 성혼에게 옮겨 이르기를, '사주한 자는 성혼이요, 터무니없는 말을 날조한 자는 정철이다'라고 하였으며, 급기야 문경호(文景虎)[52]의 소에 이르면 곧장 성혼을 가리켜 무함하여 죽였다고 하는 등 그 말을 여러 번 바꿔가며 점차 죄를 만들었다.[53] -박태보

---

52) 문경호(文景虎) : ?~1620. 본관은 남평(南平), 호는 역양(嶧陽)으로 정인홍의 문인이다. 1592년(선조25) 임진왜란 때 곽재우와 함께 의병으로 활동하였다. 1601년 생원으로서 소를 올려 처사 최영경이 죽은 일은 정철과 성혼이 주도한 것이었다고 논척하였다.

53) 그 …… 만들었다 : 최영경은 1589년(선조22) 기축옥사 때, 그가 곧 역모의 주모자 길삼봉이라는 무고를 받고 투옥되어 문초를 받다가 옥사했다. 최영경의 죽음을

(朴泰輔)의 《정재집(定齋集)》-

유몽정(柳夢井)

유몽정(柳夢井)의 자는 □□, 본관은 문화(文化)이며 호는 청계(淸溪)이다. 성품이 맑고 강직하며 학문이 순박하고 올발랐다. 처음에 향천(鄕薦)을 받고 또 성균관의 천거를 받았다. 화를 당한 후 흰 대추나무 수십 그루가 뜰 아래에서 자라났다.

정개청(鄭介淸)

정개청의 본관은 영남(嶺南) 철성(鐵城)으로, 본명은 유청(惟淸), 호는 곤재(困齋)이다. 6대조 정가물(鄭可勿)이 고려 말 영동정(令同正)으로서 나주에 유배되었는데 그 후 역(役)을 면하고 무안에 거주하였다. -고산(孤山) 윤선도(尹善道)의 소-

---

두고 정인홍을 필두로 한 동인의 시각은 '최영경의 죄를 날조한 자는 정철, 뒤에서 교사한 자는 성혼'이라는 것이었다. 신묘년(1591, 선조24) 서인의 실각 이후 정철과 성혼에게 최영경 죽음의 책임을 묻는 동인의 정치적 공세는 꾸준히 지속되었다. 먼저 1594년(선조27) 권유(權愉)가 상소하여 정철이 최영경을 무고하여 죽였다고 주장함으로써 정철의 관작이 삭탈된 이래 1597년(선조30) 4월, 정인홍의 문인 박성(朴惺)이, 1601년(선조34) 12월 문경호(文景虎)가 '최영경을 죽음에 얽어 넣은 자는 정철, 이를 배후에서 조종한 자는 성혼'이라는 내용의 상소를 올려 최영경 옥사의 책임 소재를 성혼에게까지 확대하였다.(《燃藜室記述·宣祖朝故事本末》, 《宣祖實錄 34年 12月 20日》)

동한절의설(東漢節義說)과 진송청담설(晉宋淸談說) 서(序)

-일설(一說)에는 동한과 진송이 숭상한 바가 같지 않다는 설[東漢晉宋所尙不同說]이라고도
하며, 갑신년(1584, 선조17) 3월 □일에 지었다.-

　개청이 일찍이 생각하기를, 당우삼대(唐虞三代) 때 인재를 일으킨 것은
인륜을 밝힌 것이니, 말하자면 오교(五敎)54), 구덕(九德)55), 육덕(六德), 육행
(六行)56)이 그것으로서 풍화의 아름다움과 인재의 번성함에 화락하고 아름
다웠다. 후세에 들어와 숭상한 것은 백가(百家)의 여러 기예와 신(申)·한
(韓),57) 황로(黃老),58) 절의(節義), 청담(淸淡)이었는데 인심의 사특함과 세도
의 어지러움이 날로 더해졌던 것은 무슨 까닭인가?
　내가 망령되이 생각하기를, 삼대 이상의 학문은 그 체(體)를 밝히고

---

54)　오교(五敎) : 부의(父義)·모자(母慈)·형우(兄友)·제공(弟恭)·자효(子孝)의 다섯 가
　　지 덕목이다. 《상서(尙書)》〈순전(舜典)〉에, 설(契)에게 명하여 "오품(五品)이 순하지
　　않으므로 너를 사도로 삼으니, 공경히 오교(五敎)를 펴되 너그러움에 있게 하라.[五品
　　不遜, 汝作司徒, 敬敷五敎在寬.]"라고 하였다. 맹자(孟子)는 오교를 부자유친(父子有
　　親)·군신유의(君臣有義)·부부유별(夫婦有別)·장유유서(長幼有序)·붕우유신(朋
　　友有信)의 오륜(五倫)으로 제시하였다.
55)　구덕(九德) : 《서경(書經)》〈고요모(皐陶謨)〉에서 고요가 우(禹)임금에게 말한 아홉 가지
　　덕으로, 너그러우면서도 위엄이 있으며[寬而栗], 부드러우면서도 꿋꿋하며[柔而立],
　　성실하면서도 공손하며[愿而恭], 다스리면서도 공경하며[亂而敬], 온순하면서도 굳세
　　며[擾而毅], 곧으면서도 온화하며[直而溫], 간결하면서도 청렴하며[節而廉], 강건하면
　　서도 착실하며[剛而塞], 날래면서도 의로운 것[彊而義]을 가리킨다.
56)　육덕(六德), 육행(六行) : 《주례(周禮)》〈지관사도(地官司徒)〉에 "대사도(大司徒)가 지
　　방에서 세 가지로 백성을 가르치고 인재를 천거하니, 첫째는 육덕(六德)으로 지(知)·
　　인(仁)·성(聖)·의(義)·충(忠)·화(和)이고, 둘째는 육행(六行)으로 효(孝)·우(友)·
　　목(睦)·인(婣)·임(任)·휼(恤)이고, 셋째는 육예(六藝)로 예(禮)·악(樂)·사(射)·어
　　(御)·서(書)·수(數)이다."라고 하였다.
57)　신(申)·한(韓) : 전국 시대의 법가(法家)인 신불해(申不害)와 한비자(韓非子)의 병칭이
　　다.
58)　황로(黃老) : 신도(愼到), 신불해(申不害), 한비(韓非)로 이어지는 선진(先秦) 법가의
　　사상가들이 노자(老子)의 도론(道論)을 사회정치적 범주로 확장시켜 통치술의 원리와
　　방법을 제시한 학문 사상을 이른다.

그 용(用)을 알맞게 함으로써 만고를 통하여 시행될 수 있는 것인데, 한(漢)·
당(唐) 이하의 습속은 그 말단만을 일삼고 근본을 버려두어 당시에도
폐해를 면치 못하였으니, 이것이 치란(治亂), 안위(安危)가 나뉜 까닭으로,
학자들은 마땅히 이를 강구하여 헤아려 가려야 할 것이고 국가는 마땅히
이를 살펴 거울로 삼고 경계해야 할 것이다. 그러나 의지하여 바로잡을
바가 없어서 마음에 의심만 품은 지 여러 해였다.

그러다가 《주자어류(朱子語類)》를 읽어보니, 어떤 사람이 정이천(程伊川)
의 말을 인용하여 말하기를,

"진(晉)·송(宋)의 청담은 동한(東漢)의 절의가 한번 격화되어 여기에
이른 것이다." 하니, 주자가 말하기를,

"동한이 절의를 숭상하였을 때 그 속에 청담과 같은 의사가 있었다.
대개 당시 절의를 숭상하던 사람들은 온 세상을 오만하게 내려다보고
조정을 더럽게 여기는 생각을 가졌는데, 여기에서 자연히 천하를 경시하는
마음이 있게 되어 얼마 있다가 청담으로 흘러 들어가게 된 것이다." 하였
고,[59] 또 말하기를,

"절의 있는 선비가 진실로 그 지위에 합당한 말을 하지 않았으니, 화를
초래한 것은 당연한 일이었다."[60] 하였으며, 또 말하기를,

"후한(後漢)의 명절(名節)은 말년에 이르러 자기를 귀하게 여기고 남을
천하게 여기는 폐단이 있었다. 이러한 폐단이 그치지 않고 계속 쌓이다
보면 그 형세가 반드시 부허(浮虛)함에 이르러 노장(老莊)으로 흘러 들어가기
마련이다."[61] 하였고, 또 말하기를,

59) 어떤 …… 하였고 :《주자어류(朱子語類)》권34〈논어(論語)16·자위안연왈장(子謂顏
淵曰章)〉에 나온다. 여기에서는 '東漢節義之時'가 '東漢崇尙節義之時'로 되어 있다.
60) 절의 …… 족하였다 :《주자어류(朱子語類)》권135〈역대(歷代)2·문기원조(問器遠
條)〉에 나온 구절이다.
61) 후한(後漢)의 …… 마련이다 :《주자어류(朱子語類)》권129〈본조(本朝)3·자국초지희
령인물(自國初至熙寧人物)〉에 나온 구절을 인용한 것이다.

"건안(建安)⁶²⁾ 이후 중국의 사대부들은 다만 조씨(曹氏)가 있는 줄만
알고 한나라 왕실이 있는 줄을 알지 못하였다."⁶³⁾ 하였고, 진(晉)·송(宋)의
인물들에 대해서는 "비록 고결함을 숭상한다고 하나 개개인마다 관직을
탐하였고, 이쪽에서는 일면 청담을 숭상하면서도 저쪽에서는 일면 권세를
부리며 뇌물을 거두어들였다."⁶⁴⁾ 하였다.

이에 내가 전일에 의심하던 것이 얼음 녹듯 환히 풀리면서 기쁜 마음에
동한의 절의와 진·송의 청담이 끼친 폐단을 분명하게 논하게 되었다.
그리하여 성현(聖賢)의 학문에 종사하고 예의(禮義)의 규범에 순응하는
것은 알지 못한 채 단지 조정의 잘못을 들추어내 비방하고 인물의 선악을
따지는 것만 능사로 삼아, 사태를 파악하는 것이 밝지 못하고 시의적절
하게 대처하는 것이 타당함을 잃은 나머지 몸을 망치고 공을 무너뜨리며
나라의 멸망을 재촉하는 지경에 이르렀는데도 자신은 그것이 잘못임을
알지 못하였던 것을 탄식하며, 이러한 내용으로 설(說)을 지었다.

동한의 절의를 공명(功名)을 숭상하는 것에 비교한다면, 그 고상함이
그래도 완악한 자를 격동시키고 나태한 자를 일으킬 수 있으며, 진·송의
청담을 이익을 추구하는 것에 비교한다면, 그 기개가 또한 정욕을 바로잡고
물욕을 진정시킬 수 있는 것이다. 그러나 성문(聖門)에 종사할 줄도 모르고

---

62) 건안(建安) : 후한(後漢) 마지막 황제인 헌제(獻帝)의 연호로, 196~220년까지 사용되
었다.

63) 건안(建安) …… 못하였다 :《회암집(晦菴集)》권35〈답유자징(答劉子澄)〉에, "요사이
온공(溫公)이 동한(東漢)의 명절(名節)을 논한 곳을 보고 미진한 점이 있음을 깨달았습
니다. 그는 당고(黨錮)에 연루된 사람들이 죽음에 나아가기를 피하지 않아 광무제(光武
帝), 명제(明帝), 장제(章帝)의 공렬이 된 것은 알았으나, 건안(建安) 이후 중국의
사대부들이 조씨(曹氏)가 있는 줄만 알고 한실(漢室)이 있는 줄을 몰랐기에 살육이
낭자한 당고의 화를 불러들였음을 몰랐습니다.〔近看溫公論東漢名節處 覺得有未盡處
但知黨錮諸賢趣死不避 爲光武明章之烈 而不知建安以後中州士大夫 只知有曹氏 不知有漢室
却是黨錮殺戮之禍有以殿之也〕"라고 한 구절을 인용한 것이다.

64) 비록 …… 거두어들였다 :《주자어류(朱子語類)》권34〈논어(論語)16·술이편(述而
篇)〉자위안연왈장(子謂顏淵曰章)에 나온 구절이다.

의리의 편안함을 따르지도 않은 채 장황하게 의기(意氣)를 발산하여 나라를
망치는 지경에 이르러서도 스스로는 그것이 잘못된 것임을 알지 못하였으
니, 그렇다면 이는 또한 세상의 교화에 보탬이 되지 않는 것이 분명하다.

대개 절의를 숭상하는 사람들은 그 마음이 천하를 경시하고 온 세상을
오만하게 흘겨보며, 예의의 규범을 벗어나고 성명(性命)의 올바름을 달갑게
여기지 않는다. 그리하여 천하 사람들로 하여금 모두 자기는 옳고 남은
그르다는 생각을 갖게 하여, 끝내는 교활한 자들이 너도나도 일어나 신기(神
器)65)를 훔쳐보게 만든다. 또한 청담(淸談)의 부류로 말하면 단지 물결치는
대로 따라 흐르는 자들로, 스스로 부귀도 필요하지 않고 빈천도 잊을
수 있다 말하면서도, 한쪽에서는 고결한 면모를 보이는 듯하되 다른 한쪽에
서는 실상 권력을 부리며 재화를 거두어들이는 행태를 벗어나지 못한다.
이는 또한 온 세상의 추종하는 자들로 하여금 서로 따르며 교만하고
허탄함에 이르게 하였을 뿐 끝내 회복할 계책은 진작하지 못하고 찬탈(簒奪)
의 형세만 이루게 하고 말았다.

대개 절의(節義)는 소보(巢父)와 허유(許由)66)를 사모하고, 청담은 장자(莊
子)와 노자(老子)를 숭상하는 것인데, 그 차곡차곡 쌓인 폐단이 이 지경에
이르렀다. 그 처음을 살펴보면 모두 신민(新民)과 명덕(明德)의 학문67)을

---

65) 신기(神器) : 제위(帝位)를 계승하는 데 수반되는 보물, 즉 옥새(玉璽)·보정(寶鼎)
등을 일컫는 말로, 황제의 자리나 권력을 이른다. 《한서(漢書)》〈서전상(敍傳上)〉의
안사고(顔師古) 주에 유덕(劉德)의 말을 인용하여 "신기는 옥새다.[神器, 璽也.]"라고
하였다.
66) 소보(巢父)와 허유(許由) : 요(堯) 임금 시절, 기산(箕山)에 은거하던 고사(高士)들이다.
요 임금이 허유를 불러 구주(九州)의 장(長)으로 삼으려고 하자 허유가 더러운 말을
들었다고 하면서 영수(穎水)의 물에 귀를 씻었다. 소보가 소를 끌고 와서 물을 먹이려
하다가 그 귀를 씻은 물을 먹이면 소를 더럽히겠다고 하면서 상류로 올라가 물을
먹였다고 전한다. 《高士傳》
67) 신민(新民)과 명덕(明德)의 학문 : 덕을 밝히고[明德] 백성을 새롭게 한다[新民]는 뜻으
로, 지극한 선에 이른다[止於至善]는 조항과 함께 《대학(大學)》의 삼강령(三綱領)을
이룬다. 여기에서는 유교를 지칭하는 용어로 쓰였다.

알지 못한 채 이륜(彝倫)의 밖에서 자기 한 몸만 선하려 하고, 시청언동(視聽言動)의 이치는 궁구하지 않은 채 자신을 단속하는 절도에서 스스로 벗어나려 하였다. 이는 모두 쇠락한 세상이 숭상하는 것이자 성현(聖賢)의 중화(中和)의 도에 죄를 얻은 것임은 만고를 통하여 다르지 않을 것이니, 후세에 나라를 다스리는 자는 귀감(龜鑑)으로 삼아야 하고 학문을 하는 자들 또한 경계로 삼아야 할 것이다.

국청(鞠廳)의 공초(供招)

절의는 사람의 마음에 근본 하는 고유한 것이며, 기강을 부지하는 동량입니다. 신 개청이 비록 무식하나 어찌 절의가 세상 교화에 관계됨을 모르겠습니까? 신이 전일에 지은 글은 주자가 논한 것을 읽고 보니 느낀 바가 있어 동한(東漢) 시대 절의의 폐단을 밝힌 것뿐입니다. 대개 절의라는 것은 의리에 밝고 사사로운 이해에 가리어지지 않는 것이므로 평소 절의를 몸소 실행하면 임금은 밝아지고 신하는 곧아져서, 화란의 근본을 없애고 간특한 싹을 미리 꺾어 버릴 수 있으며, 불행히도 환난을 만나면 이해를 돌아보지 않고 절의를 위해 죽을 수 있는 것입니다.

옛날 동한의 선비들은 그 대의가 마음에서 근원하였고 이를 지키기 위해 생사를 가리지 않았으니 진실로 훌륭한 일이라 하겠으나, 본전(本傳)을 상고하고 주자의 뜻을 궁구해 보면, 이들은 스스로의 직분을 닦지 않고 의리에 힘쓰지 않았으며 조정을 더럽게 여기고 천하를 얕잡아보았습니다. 일찍이 인물의 장단점을 논하며 조정을 비방하는 데 앞다투어 나섰고, 공경(公卿) 이하로 모두 그 논평을 두려워하며 신을 끌고 허겁지겁 문에 이른즉 이는 곧 학생이 나라의 운명을 좌지우지 한 것입니다. 배신(陪臣)이 나라의 운명을 좌지우지해도 오히려 나라를 망하게 할 수 있는데 하물며 학생이 나라의 운명을 좌지우지 한다면 나라를 길이 보전할 수 있겠습니까? 이것이 바로 주자가 "절의 있는 선비가 진실로 그 지위에 합당한 말을 하지 않았으니, 이로 인해 화를 자초한 것은 당연한 일이었다."라고 논한 까닭입니다. 그러므로 신이 삼가 주자의 뜻을 취하여 말하기를,

"한낱 절의의 이름만 알고 절의의 실상을 모르면 그 폐단이 교만하고 허탄함에 이르러 마침내 사사로운 이해에 빠지게 되므로 정사(政事)는 제대로 시행되지 못하고 자리는 그에 걸맞은 사람을 얻지 못하게 되며, 기미를 미리 살펴 제대로 된 대처를 못하게 되므로 장차 소인들이 그 틈을 엿보아 나라를 망치게 될 것이다."라고 한 것입니다. 그렇기 때문에 양기(梁冀)가 질제(質帝)를 시해하였을 때, 이고(李固)가 재상이 되어서도 그 죄를 성토하여 주륙하지 못했을 뿐만 아니라 도리어 그의 명을 받고 순응하며 묵묵히 참았습니다. 또한 환관들이 권력을 쥐었을 때 두무(竇武)가 죽이려 꾀하다가 스스로 그 선후경중의 차례를 잃어버린 나머지 마침내 사류(士類)가 섬멸되고 나라도 따라서 망하였으니, 이는 모두 절의의 실제에 힘쓰지 않아서 그러했던 것입니다.

학문이 반드시 명덕(明德)을 밝히고 격물치지(格物致知)에 힘써 절의의 근본을 알고, 뜻을 참되게 하고 마음을 바르게 하여 절의의 실제를 행하게 되면 인도(人道)가 바르게 되고 기강이 확립되어 비록 절의에 죽고자 해도 절의에 죽어야 할 환란이 없게 될 것입니다. 신이 전에 절의와 청담에 대해 논한 것은 비록 말이 분명치 못하였으나 실은 절의의 근본을 배양함에 그 뜻이 있었던 것인데 도리어 절의를 배척하였다고 하니, 이는 신의 본심이 아니며 원통함을 품고도 발명할 데가 없습니다. -《고산집(孤山集)》-

공은 평소 정철의 사람됨을 인정하지 않았다. 어떤 이가 정철의 청백한 지조가 취할 만하다고 하니, 공은 답하지 않고 다만 말하기를, "그 사람은 본심을 감추고 거짓으로 행동하니 올바른 사람이 아니다." 하였으므로

정철이 듣고서 매우 노하였다. 얼마 뒤 정여립의 역변이 있어 옥사가 이루어지자 정철이 각 고을에 명하여 죄인의 당여로서 잡아들일 만한 자를 염탐하라 하니 사람들이 그 이유를 몰랐었는데, 나주 사람 5, 6명이 공이 죄인과 왕래한 정황을 발고하였다. 공이 하기를, "공이 여립과 통하였다."고 고발하였다. 공의 사후 정승 류성룡(柳成龍)이 주상에게 아뢰기를, "정개청은 평소 경술(經術)과 올바른 행실에 힘쓰다가 우연히 하나의 저술로 인해 마침내 죽임을 당하기에 이르렀습니다." 하였다. -《기언(記言)》-

공의 저서로는 《수수기(隨手記)》 9권과 《우득록(愚得錄)》 3권이 있다. -전거는 위와 같다.-

붙임[附]

이언길(李彦吉) -김제 군수(金堤郡守)-, 류덕수(柳德粹) -선산 부사(善山府使)-, 윤기신(尹起莘) -참봉(參奉)-, 조대중(曺大中) -전라 도사(全羅都事)-, 유종지(柳宗智) -참봉(參奉)-, 이황종(李黃鍾) -호 만취(晩翠)-, 김빙(金憑), 한백겸(韓百謙) -참의(參議)에 천거되었고, 호는 구암(久庵)이다-, 신식(申湜), 심경(沈憬).

효종 9년(1658) 무술년 6월, 전 공조 참의 윤선도(尹善道)가 올린 국시소(國是疏) 끝 부분의 내용은 다음과 같다.

기축년(1589, 선조22) 역옥(逆獄) 당시 고(故) 상신(相臣) 정언신(鄭彦信)이 체포되자 그 아들 정률(鄭慄)이 그 아비의 지극히 원통한 사정을 비통하게 여긴 나머지 그만 최절(摧折)[68]하고 말았습니다.[69] 그때 그 집이 참혹한

---

68) 최절(摧折) : 난최옥절(蘭摧玉折)의 준말로, 현재(賢才)가 요절(夭折)한 것을 비유하는 말이다.

환란에 휩싸인 상황에서 사람들에게 만사(挽詞)를 청할 생각도 하지 못하였
고 사람들도 감히 민사를 짓지 못하였습니다. 그러나 고(故) 상신(相臣)
이항복(李恒福)이 정률과 교분이 있었고, 또 문사랑(問事郞)으로서 그 원통한
사정을 상세히 알고 있었으므로, 한 편의 글을 지어서 광중(壙中)에 넣게
하였습니다. 그 후 정률의 아들 정세규(鄭世規) 등이 장성하여, 정률을
이장(移葬)할 때 무덤을 열고 그 만사를 얻었는데, 내용에,

‘입이 있은들 어찌 감히 말하랴, 눈물만 흘릴 뿐 감히 곡도 못하네.
베개를 어루만지며 남이 엿볼까 두려워, 소리를 삼켜 가며 가만히 우네.
그 누가 잘 드는 칼날로 내 마음 굽이굽이 이리도 아프게 가르는고.[有口豈敢
言, 有淚不敢哭. 撫枕畏人窺, 呑聲潛飮泣. 誰持快剪刀, 痛割吾心曲.]’라고 하였습니다.

그 후 강원 감사(江原監司) 이현영(李顯英)과 강릉 부사(江陵府使) 이명준(李
命俊)이 강릉에서《백사집(白沙集)》을 발간하여 세상에 전하였습니다. 그런
데 정철의 아들 정홍명(鄭弘溟)이 이 만사(挽詞)를 보고는 꺼려하여, 다시
《백사집》을 진주(晉州)에서 발간하였습니다. 그런데 이 진주판(晉州板)에서
는 이 시를 삭제해 버리고, 한 편의 글을 말단에 추가하여 집어넣고는
마치 이항복이 지은 것처럼 하였는데, 그 글은 모두 정철이 선류(善類)를
극력 변호하고 힘껏 구제하였으며 선비를 죽이는 일은 하지 않았다고
말하고 있습니다. 그러나 안목이 있는 사람들은 모두 “문체(文體)가 같지
않다. 반 이상은 이항복의 문체와 같으나, 반 이하는 전혀 같지 않고
위와 아래의 말뜻이 대부분 큰 차이를 보인다.”라고 하였습니다. 또한
이항복의 본뜻이 이와 같지 않음을 알고서 모두 이르기를 “이 글은 정홍명이

---

69) 정률(鄭慄)이 …… 말았습니다 : 정언신이 자명소(自明疏)를 올리기 전 아들들과 공초
할 말을 상의하였는데, 맏아들 정협(鄭協)은 정여립과 서찰을 주고받은 일을 숨겨서는
안 된다고 하였으나 차남인 정률(鄭慄)은 이 사실을 숨기는 것이 좋겠다고 하였다.
이에 정언신이 정률의 계책을 따랐으나, 정여립의 집을 수색하는 과정에서 정언신이
보낸 편지가 발견됨에 따라 국문을 받고 남해에 유배되었다. 이에 정률은 죄책감을
이기지 못해 곡기를 끊고 자살했다고 전한다.

멋대로 자기의 생각을 더하여 교묘하게 꾸미고 첨가해 조작한 것이다."라
고 하였습니다.

위와 아래의 문체가 같지 않은 것과 위와 아래의 말뜻이 큰 차이를
보이는 것을 가지고 유추해 보건대, 이 글은 본래 정철의 간악한 실상을
드러냈으므로 이항복의 자제들이 감히 내놓지 못하였고 이 때문에 강릉본
(江陵本)에 들어가지 않았던 것인데, 정홍명이 교묘하게 꾸미고 첨가해
조작한 뒤에 문집의 끝에다 편집하여 진주본(晉州本)을 발간한 것이 아닌가
합니다. 그러나 이 글을 완전히 고치지 않고 반 이상 정철에게 해로운
말을 그대로 둔 것은, 대개 이렇게 하지 않으면 사람들이 믿지 않을까
두려워했기 때문입니다. 지금 정철을 비호하는 무리로 하여금 정개청의
글을 간행하게 한다면, 이와 같은 폐단이 있게 될까 두렵습니다. …….

【권6】
이발·이길의 유문(遺文)과 부록

동암 선생(東巖先生) 유문(遺文)

시(詩)

양심당(養心堂)[1]의 시에 삼가 차운하다[謹次養心堂]

가학으로 심법을 전하니, 하나의 근원은 바다처럼 깊구나. 우러러보면 곧 나에게 있으니 이 밖에 다시 무엇을 찾으리오.

경현대(景賢臺)

소요하다 대(臺) 위에 서니, 눈앞에 원경이 끝없이 펼쳐지네. 이에 만족한다 하지 말라, 성인 위에 또 하늘이 있다네.

---

1) 양심당(養心堂) : 양심당 이시원(李始元, 1428~1488)의 호이다. 이발(李潑)의 5대조 필문(蓽門) 이선제(李先齊, 1384~1454)의 장남이다.

지석정(砥石亭)2)

우뚝 솟은 저 바위는 몇 년의 풍상을 겪었던가. 지주(砥柱)3)가 되어 하늘을 받치고 서 있는 곳, 큰 강물 가운데였네.

남쪽으로 돌아오는 길 위에서[南還途中]

남녘 길 아득한데 새 날아가서, 서울 서쪽 햇가의 구름을 가리키네. 아침에 일어나 간밤 꿈을 기억해 보니, 반은 어머니요 반은 성군(聖君)이어라.

상주 서루4)[題尙州書樓]

상산(商山) 속 자지곡(紫芝曲)5)이 들리는 듯하고, 낙수(洛水)에서 나온 귀주(龜疇)6)가 떠오르네. 사벌(沙伐)7)에 남긴 자취 물을 곳이 없으니, 수천 년 후 하늘엔 조각구름뿐이라네.

---

2) 지석정(砥石亭) : 나주시 남평읍 남석리 지석강변에 동암(東巖) 이발(李潑)이 세운 정자이다.

3) 지주(砥柱) : 중국 황하(黃河)의 거센 물살 가운데 우뚝이 서 있는 바위산으로, 흔히 혼탁한 세속에 휩쓸리지 않고 꿋꿋하게 자신의 절조를 지키는 군자에 비유하는 용어이다.

4) 서루(書樓) : 서재로 쓰거나 책을 넣어 두는 다락을 이른다.

5) 상산(商山) 속 자지곡(紫芝曲) : 진(秦) 나라 말기에 난세를 피해 상산(商山)으로 은거했던 사호(四皓), 즉 동원공(東園公), 기리계(綺里季), 하황공(夏黃公), 녹리선생(甪里先生)이 불렀다는 은자(隱者)의 노래이다.

6) 낙수(洛水)에서 나온 귀주(龜疇) : 홍범구주(洪範九疇)를 말한다. 하우씨(夏禹氏)가 치수(治水)할 때 낙수(洛水)에서 나온 신귀(神龜)의 등에서 귀주를 얻었는데, 그것이 천하를 다스리는 아홉 가지 대법(大法)인 홍범구주의 근원이 되었다.

7) 사벌(沙伐) : 경북 상주(尙州)의 이칭(異稱)이다.

적벽(赤壁)8) 강가 위 조그만 집에 묵고 난 다음 날 새벽, 시로써 서신을 대신하여 복천(福川) 김부륜(金富倫)9)에게 드림. 병술년(1586, 선조19)[宿赤 壁江上小屋, 翌曉卽以詩代簡, 呈金福川 富倫 丙戌]

그대 지금 어찌 지내시는지, 아득한 그대 생각 참으로 끝이 없구려. 어제 선영(先塋) 아래 이르러, 황량한 언덕 무성한 잡풀을 베었소. 봄의 흥취에 우연히 이끌려, 그대로 창랑(滄浪)에서 노닐다, 해질녘 짙은 안개에 비로소 돌아갈 채비하고, 새벽녘 내리는 비에 다시금 배를 재촉하오. 세상사 참으로 어지러워, 오랜 약속 지키기가 이리도 어렵구려. 늦은 봄 꾀꼬리 소리와 꽃이 그리워, 다시 찾아와 잠시 머물렀소. 그대를 맞이해 고마움에 보답하고자, 날마다 새 술을 거른다오. 함께 손잡고 선경(仙境)에 들어가, 한바탕 웃음으로 만사를 잊고 싶구려.

계소(啓疏)

대사간으로서 피험하는 계사[大司諫避嫌啓辭]10)

---

8) 적벽(赤壁) : 현 전라남도 화순군의 동북쪽 이서면 장학리 동복천 상류 창랑천에 자리한 절벽을 이른다. 《동국여지지(東國輿地誌)》

9) 김부륜(金富倫) : 1531~1598. 본관은 광산(光山), 자는 돈서(惇敍), 호는 설월당(雪月堂) 이다. 아버지는 생원 유(綏)이며, 어머니는 순천김씨(順天金氏)로 수홍(粹洪)의 딸이 다. 이황(李滉)의 문인으로 1555년(명종10) 사마시에 합격, 1572년(선조5) 유일(遺逸)로 천거되었다. 1585년(선조18) 전라도 동복 현감(同福縣監)으로 부임하여 향교를 중수하 고 봉급을 털어 서적 8백여 책을 구입하는 등 지방교육 진흥에 많은 공헌을 하였고, 또 학령(學令) 수십조를 만들어 학생들의 교육에도 힘썼다. 정구(鄭逑)·김성일(金誠 一)·이발(李潑)과 교유하며 도의를 강마(講磨)하였다.

10) 대사간으로서 피험하는 계사[大司諫避嫌啓辭] : 계미년(1583, 선조16) 삼찬(三竄)으로 위축된 동인은 1584년(선조17) 1월에 이이가 졸한 이후 서인에 대한 반격을 시작하였 으며, 6월 부제학 김우옹(金宇顒)의 상소를 필두로 8월에 양사가 심의겸(沈義謙)이 붕당을 만들었다고 비판하기 시작하였다. 이발의 이 계사는 서인인 예조 판서

다음과 같이 아뢰었다.

"신하가 임금을 섬김에 곧은 말로 다 아뢰고 숨김이 없어야 하는 것11)입
니다. 신은 비록 보잘 것 없으나 일찍이 이 의리를 옛사람에게 들었습니다.
지난번에 본원(本院)에서 심의겸(沈義謙)이 당을 만들고 나라를 제멋대로
한 죄를 논하자 주상께서 그와 교결(交結)한 사람이 누구냐고 하문하시고
간곡한 하교까지 있으셨습니다. 대관(臺官)이 된 자는 마땅히 성상의 뜻을
공경히 받들어 빠짐없이 낱낱이 진달하여 성상으로 하여금 그 무리가
누구인지를 모두 알아서 하늘과 같은 큰 도량으로 포용하여 두루 덮어주게
해야 할 것이고, 아래에 있는 사람은 그 사이에 사사로운 마음을 개입하지
말아야 할 것입니다.

예조 판서 홍성민(洪聖民), 부제학 구봉령(具鳳齡)은 실로 서인 중에서도
인망이 두텁고 그 재화(才華)와 문학이 또한 조정에 필요한 이들입니다.
그러나 당초 모두 심의겸의 친한 벗으로서 이로 인하여 발신하였음을
나라 사람들이 모두 알고 있으니, 애초에 배척을 당한 자들12)과 무엇이
다르겠습니까? 다만 그 가운데에 헤아려 넣지 않았을 뿐입니다. 인신(人臣)
이 일을 의논함에 있어 어찌 길고 짧은 것을 멋대로 취하고 버려서 감히

홍성민(洪聖民), 부제학 구봉령(具鳳齡)을 심의겸의 당여로 거론하며, 앞서 사간원에
서 심의겸이 당을 만들고 나라를 제멋대로 한 죄를 논할 때 이들을 빠뜨리고 거론하지
않은 죄를 자핵(自劾)함으로써 서인에 대한 공세를 강화하는 내용이다. 《宣祖實錄
17年 8月 25日》

11) 신하가 …… 것 : 원문은 '有犯無隱'이다. 《예기》〈단궁 상(檀弓上)〉에 "임금을 섬김에
곧은 말로 아뢰어 숨김이 없고, 좌우로 나아가 봉양함이 일정한 방소가 있으며,
죽을 때까지 부지런히 섬기고, 부모의 삼년상에 비견한다.[事君, 有犯而無隱, 左右就養
有方, 服勤至死, 方喪三年.]"라고 한 구절을 인용한 것이다.

12) 애초에 …… 자들 : 갑신년(1584, 선조17) 동인에 의해, 심의겸과 붕당을 결성한 이들로
지목된 서인 세력 일반을 가리킨다. 1584년(선조17) 6월, 부제학 김우옹(金宇顒)의
상소를 필두로 8월에 양사가 심의겸(沈義謙)이 붕당을 결성한 죄를 거론하였다.
이때 심의겸과 붕당을 이루어 조정을 탁란시킨 이들로 지목된 이들은 정철을 위시하
여 박순(朴淳)·이이(李珥)·박응남(朴應男)·김계휘(金繼輝)·윤두수(尹斗壽)·윤근
수(尹根壽)·박점(朴漸)·이해수(李海壽)·신응시(辛應時)·성혼(成渾) 등이었다.

천일(天日) 아래에 곧게 진달하지 않아 배척되지 않은 자들의 비웃음을 사겠습니까?

의리로 헤아려 봄에 진퇴(進退)에 의거함이 없어 어리석은 신이 사체를 알지 못하였으니, 신하가 숨김없이 임금을 섬기는 도리가 아닌 듯합니다. 삼가 금월 19일 양사(兩司)에 비답하신 말씀을 읽으니,

'당초 그 원인을 밝게 분변하여 정하지 않고, 조정(調停)하느니 진정(鎭靜)하느니 하는 설을 만들어 위아래의 마음을 현혹시키고 끝내 나라를 그르치는 조짐을 빚어내었다.' 하셨습니다. 크시도다, 왕의 말씀이여! 참으로 오늘날 조정의 약석(藥石)이니, 신은 이루 말할 수 없이 감격하여 눈물을 흘립니다.

당초 소신이 외람되게도 나라의 일을 논의하고 언책(言責)하는 자리에 있으면서도 매번 화평(和平)의 설에 이끌려[13] 언론이 명백하지 못하고 처사가 곧지 못하여 성상의 앞에 시종곡절(始終曲折)을 다 아뢰지 못하였으니, 구차하고 그릇되어 스스로 기망한 죄에 빠진 것이 심합니다. 지금 성상의 비답을 읽으니 황공하고 송구하여 몸 둘 바를 모르겠습니다. 신의 어리석고 막힌 소견이 이미 저와 같고 기망한 죄가 또 이와 같으니, 사세상 동료와 더불어 서로 용납하여 다시 맑은 조정에서 얼굴을 들 수 없습니다. 청컨대 파직하여 주소서."

비답하기를, "사직하지 말고 물러가 물론(物論)을 기다리라." 하였다.
-《계갑록(癸甲錄)》-

---

13) 화평(和平)의 …… 이끌려 : 이발은 1583년(선조16) 계미삼찬(癸未三竄)이 일어나기 전까지는 서인과 동인을 조제보합(調劑保合)하려 했던 이이의 주장에 대체로 동의해 왔다. 가령 1580년(선조13) 12월 정인홍(鄭仁弘)이 사헌부 장령을 제수 받고 이듬해 1월에 상경하여 "정철(鄭澈)이 심의겸과 붕당을 이루었다." 하며 심의겸과 함께 정철까지 아울러 탄핵하였을 때에도 이발은 이를 만류하며, 이이의 조제보합론에 힘을 실어준 바가 있다. 《石潭日記·萬曆九年辛巳》

소(疏)

-당시 삼사의 탄핵이 하루도 빠짐없이 행해졌으므로, 소를 올려 말하였다.-

"신은 일찍이 이이(李珥)를 경세제민(經世濟民)의 인재라고 인정하였고, 성혼(成渾)을 도덕으로 추존하여 평소 도의(道義)로 교유함이 두터웠습니다. 지금 공론은 중요하고 사사로운 교분은 가벼우니, 옛 벗도 생각해야 하겠으나 국가를 저버릴 수는 없습니다.……" 주상이 자못 이 말을 믿었다.

서(書)

혹인(或人)에게 답함 -병술년(1586, 선조19) 8월 10일-

삼가 편지를 받고 펼쳐 보니 마치 고아한 모습을 마주하듯 하여 이루 말할 수 없이 큰 위안이 됩니다. 제가 도성에 들어온 후로 때때로 벗들을 통해 평안하시다는 소식을 들었습니다. 그리운 마음 참으로 간절하나 만날 길이 없으니 제 시름만 더해갑니다. 이번에 보내주신 편지에서 근래 병환으로 괴로우시다 하니 심히 염려됩니다. 제가 비록 어버이와 천리 밖 멀리 떨어져 있으나 그리운 마음 날로 깊어져 이달 그믐에는 귀성할 계획이었는데, 어제 다시 좨주(祭酒)가 되었고 대례(大禮)가 임박한 바람에 어쩔 수 없이 더 머무르게 되었습니다. 하여 저는 한 열흘 새에 가게 될 듯합니다. 만날 기약이 없으니 편지지를 잡고 슬퍼할 뿐입니다.

혹인(或人)에게 보냄

삼가 여쭈오니 밤사이 객의 근황은 어떠하십니까? 무척 그립습니다.

저도 무사히 귀성하여 부모님을 모시고 있습니다. 다만 머리를 돌려보니 강가에서 하룻밤을 노닐었던 일이 어느새 옛날 일이 되었습니다. 세상사 무슨 일이 이와 같지 않겠습니까? 다시 북산(北山) 시냇가에서 깊은 술잔 높이 들고 예전 즐거웠던 밤의 모임을 잇고 싶었는데 하늘이 마침 비를 내려주는 바람에 어려울 듯합니다. 그러나 큰 비가 내릴 것 같지는 않으니 저녁 무렵이면 비가 개이지 않겠습니까? 다만 손님께서 오래 머무르지 않으실 듯하니 종전의 계획이 기약할 수 없게 되는 것은 아닌지 염려됩니다. 가실지 머무르실지 말씀해주시기 바랍니다.

김 동복(金同福)14) -부륜(富倫)- 에게 답함

보내주신 편지를 받고 보니 위로가 됨을 어찌 다 말로 하겠습니까? 저는 매번 올 때마다 배를 띄워 오랜 약속을 지키고 싶었으나 병든 노모를 모시느라 한 번도 출타할 겨를이 없었습니다. 그런데 지금 마침 일 때문에 해남(海南) 등지로 가게 되어 이미 집을 출발하여 나온 김에 존형을 모시고 싶었습니다. 오늘 온 것은 다만 반갑게 해후하기 위해서일 뿐이었는데 존형께서 오지 못하신다는 소식을 들었으니 안타까운 마음을 말로 다 할 수 있겠습니까? -원문 빠짐-15) 함께 감이 마땅하나 완악한 백성이 …… -원문 빠짐-.16) -원문 빠짐-17) 이 때문에 문을 닫아걸고 나오지 않는 것입니

---

14) 김 동복(金同福) : 김부륜(金富倫)이 동복 현감으로 있었기 때문에 김 동복이라 칭하였다.

15) 원문 빠짐 : 底本의 원문은 "各缺感惠"인데 결자와의 관계를 알 수 없어 번역하지 않았다.

16) 원문 빠짐 : 底本의 원문은 "頑民被缺爾物故略 又告奸罪缺矣"인데 결자와의 관계를 알 수 없어 번역하지 않았다.

17) 원문 빠짐 : 底本의 원문은 "在缺明使君雖自以爲引咎而缺"인데 결자와의 관계를 알 수 없어 번역하지 않았다. 명시된 글자만을 굳이 번역하자면 "현명하신 사또께서 비록 스스로 자책한다 해도 ……"가 된다. 여기에서 "현명하신 사또"는 1585년(선조18)에 전라도 동복 현감(同福縣監)으로 부임한 김부륜(金富倫)을 이른다.

까? 제가 듣기에 대형께서 편안하시다 하므로, 적벽(赤壁)에서 배를 띄우기를 원하오나 인간사 한번의 만남에도 운수가 있음을 알고 있습니다. 다시 장흥(長興)으로 갔다가 돌아올 때 -원문 빠짐-18). 냇가에서 만나 정담을 나누기를 바라오니, 어떠십니까? 짧은 만남에 불과하더라도 만나 뵙지 못하는 것보다는 나을 것입니다. 나머지는 직접 뵐 때까지 기다리겠습니다. 살펴 주시기 바랍니다.

묘지명(墓誌銘)

십성당(十省堂) 엄공(嚴公)의 묘지명(墓誌銘)19)

엄씨(嚴氏)의 선대는 세계(世系)가 영월(寧越)에서 나왔다. 5대조 휘 유온(有溫)은 가선대부 동지총제(嘉善大夫同知摠制)이고 고조(高祖)는 휘 극인(克仁)이며 증조(曾祖) 휘 송수(松壽)는 승문원 교리(承文院校理)이다. 조(祖) 휘 회(誨)는 금천 현감(衿川縣監)이었고 연산 대의 난정을 만나 무함을 당하였으나 중종반정으로 풀려났으며 공조 참의에 제수되었다. 고(考) 휘 용화(用和)는 어려서부터 학업에 힘썼으나 마치지 못하고 고향 강가로 물러가 낚시로 소일하며 늙어가다 천거로 부장(部將)이 되었고 사첨시(司贍寺) 첨정(僉正) 김중함(金仲諴)의 집안에 장가들어, 정덕(正德)20) 무진년(1508, 중종3) 공을 낳았다.

---

18) 원문 빠짐 : 底本의 원문은 "歸時欲道缺縣前之路"인데 결자와의 관계를 알 수 없어 번역하지 않았다.

19) 십성당(十省堂) 엄공(嚴公)의 묘지명(墓誌銘) : 이 글은 만력(萬曆) 4년(1576) 8월, 당시 이조정랑으로 있던 이발(李潑)이 지었다. 《十省堂集·誌銘》

20) 정덕(正德) : 명(明) 나라 제10대 황제 무종(武宗)의 연호로(1506~1521), 조선은 중종 1년부터 16년까지의 시기에 해당한다.

공의 휘는 흔(昕)이고 자는 계소(啓昭)이다. 어려서부터 비범한 자질이 있었고 자라서는 뜻을 돈독히 하여 학업을 닦음에 밤낮으로 게을리하지 않았다. 가정(嘉靖) 을유년(1525, 중종20)에 사마시(司馬試)에 입격하였고 무자년에는 문과 제3인에 올랐다. 규정에 따라 사첨시 직장(直長)에 제수되었고, 이 해 가을에는 홍문관에 선발되어 정자(正字)가 되었으며 곧 저작(著作)으로 올라 지제교(知製敎)를 겸하는데, 이때부터 항상 지제교를 겸대(兼帶)하였다. 다시 박사로 옮겨 시강원(侍講院) 설서(說書)를 겸하였다가 이윽고 부수찬으로 전임하였고 사간원 정언에 제수되었는데 직을 잘 수행하였다는 명성이 있었다.

당시 김안로(金安老)가 지방에 유배되어 있었는데, 조정의 의론 다수가 동궁의 입지를 위하여 다시 불러 등용하고자 하였으나 공만은 홀로 불가하다고 고집하며 말하기를,

"나는 김안로와 일찍이 혼인으로 맺어진 인척이므로 그 마음 씀과 행동거지에 대해 익숙히 들어왔는데, 그는 결코 훌륭한 선비가 아니다. 하물며 동궁은 일국의 신민이 모두 추앙하고 추대하는 바인데 어찌 이 사람으로 입지의 경중을 삼는단 말인가?" 하니 듣는 사람들이 목을 움츠렸으나 공은 두려워하는 기색이 없었다. 수찬과 겸사서를 역임하고 이조 좌랑이 되었다. 이윽고 김안로가 뜻을 이루었는데 지난날의 혐의로 공을 배척하니, 공이 파직되어 양천(陽川) 선업(先業)에 머무른 것이 7년에 이르렀다. 문을 닫아걸고 사람들과 왕래하지 않으면서 날마다 서사(書史)를 가지고 스스로의 즐거움으로 삼았다. 일찍이 생각하기를 증자(曾子)는 성문(聖門)의 고제(高第)인데도 오히려 날마다 세 가지로 자신을 반성[21]하였으니,

---

21) 증자(曾子)는 …… 반성 : 공자의 제자인 증삼(曾參)이 하루에 세 가지로 자신을 반성한 것을 말한다. 《논어(論語)》〈학이(學而)〉에 "증자가 말하였다. '나는 날마다 세 가지로 내 몸을 반성하노니, 다른 사람과 함께 도모하면서 충실하지 못했던가? 벗과 함께 사귀면서 미덥지 못했던가? 스승에게 배운 것을 익히지 않았던가?[曾子曰, 吾日三省吾身, 爲人謀而不忠乎? 與朋友交而不信乎? 傳不習乎?]"라고 하였다.

후학으로서는 더욱 힘쓰지 않을 수 없다고 하면서 마침내 당호(堂號)를 십성(十省)으로 하고 이로써 스스로를 경계하였다.

갑오년(1534, 중종29) 부친상을 당하였는데 삼년상을 치르는 동안 한 번도 집에 들어가지 않았고 예제를 지킴에 심히 근면하였다. 정유년 권력을 부리던 자가 처단되자[22] 공이 오랜 폐고(廢錮)에서 일어나 전적(典籍)에 제수되었고 사서(司書)로 옮겼다가 수찬(修撰)·교리(校理)를 역임하고 이조 정랑(吏曹正郞)에 제수되었다. 기해년(1539, 중종34) 화찰(華察)과 설정총(薛 廷寵) 두 사신이 오자[23] 공이 종사관(從事官)으로서 수행하였는데, 명나라 사신들이 공의 예모(禮貌)가 고아(高雅)하고 예의법도가 엄정함을 보고 입을 모아 칭찬하였다. 검상(檢詳)·사인(舍人)에 오르고 장령(掌令)·필선 (弼善)으로 옮겼다가 다시 사인으로 전임하였고 전한(典翰)이 되었다. 임인 년 풍비(風痺)[24]에 시달리다가 사성(司成)·사예(司藝)에서 물러났고, 계묘 년 병세가 위독해져 9월 19일 집에서 졸하였다. 부음이 전하자 동궁이 깊이 애도하며 부의를 넉넉하게 내렸다. 향년 36세로, 그해 12월에 양천현 (陽川縣) 백석(白石) 언덕 선영에 장사지냈다.

공은 타고난 자질이 순수하고 아름다웠으며 도량이 크고 굳세었다. 집안에서 사람들을 대할 때나 벗들과 교유할 때 한결같이 초심(初心)을 유지하며 일찍이 변함이 없었고, 종족을 보살피고 동복(僮僕)을 다스림에 모두 법도가 있었다. 어려서 어머니를 여의고 서모(庶母)를 공경으로 섬겼으 며, 부장 공이 일찍이 풍질(風疾)을 앓아 몸져누운 지 3년이었는데, 공이 친히 약을 조제하며 잠시도 곁을 떠나지 않아 모습이 파리하게 야위었다.

---

22) 정유년 …… 처단되자 : 정유년(1537, 중종32), 김안로(金安老)·허항(許沆)·채무택 (蔡無擇) 등 이른바 정유삼흉(丁酉三凶)이 중종의 제2계비인 문정왕후(文定王后)의 폐위를 기도하다가 발각되어 사사된 일을 이른다.

23) 기해년 …… 오자 : 1539년(중종34) 명나라 한림원 시독 화찰(華察)과 좌급사중 설정총 (薛廷寵)이 조선에 사신으로 파견된 일을 이른다.

24) 풍비(風痺) : 찬바람이나 습기가 몸에 침투하여 생기는 병으로, 통증이나 마비 상태의 증상이 있다.

모진 추위에도 반드시 목욕재계하고 밤마다 하늘에 아버지의 병을 낫게 해 달라 빌며 간혹 아침까지 이슬을 맞고 서 있곤 하니 보는 이들도 슬퍼하며 눈물을 흘렸다. 어린 동생 엄병(嚴昞)이 상중에 병이 걸리자 의사를 맞이하여 처방하는 일에 마음을 다하고 게을리 하지 않으니, 대개 그 효심과 우애의 정성은 천성에서 나온 것이었다.

항상 한 칸 방에 거처하며 좌우 책에 둘러싸여 새벽이 되어서야 일어났다. 단정히 앉아 소리 내어 책을 읽고, 옛 사람이 마음을 다스리고 자신의 사욕을 극복한 가르침을 살펴서 반드시 반복하여 깊이 있는 해석을 더하였다. 일찍이 호담암(胡澹庵)의 봉사(封事)25) 한 통을 써서 문미(門楣)26) 사이에 걸어놓고 퇴근해 돌아오면 반드시 소리 높여 한 편을 읽음으로써 스스로를 면려하였다. 공이 들어와서는 논사(論思)의 직임에 대비하고27) 나가서는 궁료(宮僚)28)의 선발에 응하여, 성상(聖上)의 예지에 보탬이 되는 것과 동궁을 보도(輔導)하는 일을 자기의 소임으로 삼아 품은 말은 반드시 다 진달하니 주위에서 모두 공경하지 않음이 없었다. 언책(言責)의 직임을 맡았을 때는 논의가 바람이 일 듯 하였고 이해를 돌아보지 않아 일찍이 김안로를 간교하다고 배척하였는데 이후 결국 그 말과 같이 되었으니, 사람들이

---

25) 호담암(胡澹庵)의 봉사(封事) : 호담암(胡澹庵)은 송(宋) 나라 사람 호전(胡銓)으로, 자는 방형(邦衡), 호는 담암이다. 봉사(封事)는 그가 고종(高宗)에게 올린 〈상고종봉사(上高宗封事)〉를 이른다. 송나라가 금(金) 나라의 침입을 당하여 진회(秦檜)가 화친을 주장하자, 당시 추밀원 편수관(樞密院編修官)으로 있던 호전이 장문의 봉사(封事)를 올려, 진회와 손근(孫近) 등 화친을 주장하는 간신을 효수(梟首)하고 오랑캐 사신의 무례함을 문책하라고 하는 등 시종일관 척화(斥和)를 주장하였다. 또한 주장대로 이루어지지 않는다면 "동해에 가서 죽을 뿐이니, 어찌 작은 조정(朝廷)에 처하여 살아남기를 구하겠는가."라고 하였다. 《宋史 卷374·胡銓列傳》
26) 문미(門楣) : 문이나 창문 위에 가로로 댄 나무를 이른다.
27) 논사(論思)의 …… 대비하고 : 논사는 국정운영을 뒷받침할 학문·사상 등에 관해 논변·자문하는 것으로, 흔히 홍문관 관원을 지칭한다. 여기에서는 엄흔이 홍문관원으로서의 직임에 충실했음을 이른다.
28) 궁료(宮僚) : 동궁에 딸린 관료란 뜻으로, 세자시강원 보덕 이하의 관료를 통칭하는 용어이다.

공의 원대한 식견에 탄복하였다. 공의 시문(詩文)은 고상하고 힘이 있으며
원만하고 수려하였다. 사가서당(賜暇書堂)29) 후 다시 예문관(藝文官) 응교(應
敎)를 겸대하였다. 시배(時輩)들에게 추앙받는 것이 이와 같았으나 청렴하
고 검소함으로 더욱 자신을 갈고 닦아 대대로 전할 가업을 남겼다. 그러나
한 번 병이 들자 일어나지 못하였으니, 벗들이 눈물을 흘리며 조문하였고
나라의 그릇을 잃은 것을 모두 애석해 하였다.

부인 무안(務安) 박씨(朴氏)는 사인(士人) 대유(大有)의 딸이다. 현숙하고
법도가 있어 부녀자의 도리를 매우 잘 갖추었다. 공보다 1년 앞서 졸하였고,
슬하에 3녀 1남을 두었다. 첫째 딸은 정랑(正郞) 유사신(柳思新)에게 시집
가 1녀를 낳았는데, 유학(幼學) 조규(趙珪)에게 시집 갔다. 둘째 딸은 유학(幼
學) 이문거(李文琚)에게 시집 가 4녀 1남을 낳았는데 모두 어리다. 셋째
딸은 유학(幼學) 김여순(金汝順)에게 시집 가 3남을 낳았는데 모두 어리다.
아들 인술(仁述)은 음보(蔭補)로 사옹원(司饔院) 참봉(參奉)을 지냈는데 직책
을 수행함에 부지런하고 삼가 능히 그 가업을 이을만하였다. 호군(護軍)
박행검(朴行儉)의 딸에게 장가들어 2녀 1남을 낳았는데 모두 어리다.

인술은 나와 집을 나란히 한 이웃인데, 하루는 나에게 수장(手狀)을
주며 말하기를,

"우리 선친께서 세상을 떠나신 지 올해로 24년이 되었는데, 아직도
명지(銘誌)를 돌에 새기지 못하고 상자에 보관만 해두고 있습니다. 후세에
밝게 드러내야 함에도 불구하고 선친의 올바른 행실이 빛을 보지 못한
채 전해지지 않는다면 저의 죄가 될 것이니, 그대가 힘써주십시오." 하였다.
생각건대 공의 빛나는 덕을 세상에 드러내는 일에 내가 적임자는 아니나,

---

29) 사가서당(賜暇書堂) : 문신(文臣) 중에 젊고 학문에 뛰어난 사람에게 휴가를 주어
    서당에서 오로지 학업을 닦게 하는 것을 이른다. 서당은 독서당 또는 호당이라고도
    하는데, 세종 때 장의사(藏義寺)에서 공부하게 한 것이 시초로 지금의 서울 옥수동(玉水
    洞)·한남동(漢南洞)·보광동(普光洞) 등 강변의 경치 좋은 곳에 두었던 까닭에 동호독
    서당(東湖讀書堂)이라고 불리었으며 이를 줄여서 호당(湖堂)이라 하기도 하였다.

인술의 뜻이 매우 간절하고 언사는 슬픔이 넘쳐 차마 사양하지 못하였다. 이에 대략 그 세계(世系)와 이력(履歷), 지행(志行)을 서술하고, 또 이어 명(銘)을 써 이르기를 "덕이 있고 재주를 갖추었으나 수명은 길지 못하였네. 많은 것을 쌓아놓고도 취한 것은 청렴이니 무슨 허물을 돌릴 수 있으리오. 내가 그의 자취 한데 모아 고함으로써 불후(不朽)하게 하리라." 하였다.

남계공(南溪公) 유문(遺文)

시(詩)

김 설월당(金雪月堂)[30]의 시에 차운하다[次金雪月堂]

시 읊고 노래하면 즐거움이 그 속에 있으니, 백년을 유유자적 정결한 늙은이가 되었네. 이 사이 맑은 뜻을 아는 사람 없으니, 달빛은 오동나무를 비추고 바람은 물 위에 이네.

서(書)

혹인(或人)에게 답함

---

30) 김 설월당(金雪月堂) : 김부륜(金富倫, 1531~1598)을 이른다. 설월당(雪月堂)은 김부륜의 호이다.

지난번에 이곤(李鵾)을 통하여 답장을 받고 근자에 잘 지내고 계심을
알게 되어 매우 위안이 됩니다. 저는 병든 부모님을 살피고 있는데 조금
차도가 있는 듯합니다. 귀읍(貴邑) 사람 김경옥(金景玉)의 처부(妻父) 백걸(白
傑)은 평소 이 곳 현(縣)에 살아 서로 알고 지내는 사람인데, 지금 경옥이
죄수를 숨겨주어 장차 중죄를 받는다 하니 심히 안타깝습니다. 듣자하니
경옥이란 사람은 비록 이 곳에 거주하고 있지만 해마다 입번(立番)하고
있으므로 도피를 일삼는 부류가 아니라고 하니, 과연 그러하다면 그 사정이
용서할만합니다. 아는 사람이 와서 간청하므로 감히 번거롭게 해드리니,
송구할 뿐입니다.

부록(附錄)

행장(行狀)

본관은 전라도(全羅道) 광산군(光山郡)이다. 고조(高祖) 형원(亨元)은 가선
대부(嘉善大夫) 홍문관 제학(弘文館提學)을 지냈고, 증조(曾祖) 달선(達善)은
통정대부(通政大夫) 홍문관 수찬(弘文館修撰)을 지냈고, 조(祖) 공인(公仁)은
통훈대부(通訓大夫) 예문관 검열(藝文館檢閱)을 지냈고, 부(父) 중호(仲虎)는
가선대부(嘉善大夫) 예조 참판(禮曹參判)을 지냈고, 어머니 해남(海南) 윤씨(尹
氏)는 정부인(貞夫人)에 봉해졌다.

공의 휘는 발(潑)이고 자는 경함(景涵)이며 당시 사람들은 동암 선생(東巖先
生)이라 불렀다. 공의 후손 병하(炳夏) 군이 5일 치의 식량을 마련해 나[31]를

---

31) 나 : 행장(行狀)의 저자 회당(晦堂) 장석영(張錫英)을 이른다. 장석영은 이발의 후손
    이병하(李炳夏)의 부탁으로 임자년(1912)에 이발의 행장을 지었고, 이후 1921년에는

찾아와 공의 행장을 청하였다. 내가 공의 유사(遺事)를 세 번 되풀이하여 살펴본 후 개탄하며 크게 탄식해 말하기를,

"공의 맑은 이름과 지극한 행실은 마땅히 태상(太常)32)에 실리고 예원(藝苑)33)에 전하며 천지간에 찬란히 빛나야 하거늘 어찌하여 백세(百世)가 지난 후 그림자나 메아리마저 마침내 잦아들고서야 공의 덕을 기록하는 글이 나의 대착(代斲)34)을 기다리게 되었는가?" 하였다.

당인(黨人)이 사람에게 재앙을 일으킴이 혹심하였으나 하늘이 뜻이 정해지면 능히 사람을 이길 수 있다.35) 하늘이 경봉(慶封)에게는 후하여36)

《동남소사(東南小史)》의 간행 서문을 지었다.

32) 태상(太常) : '태상'은 해와 달을 그린 왕의 깃발 이름으로, 공이 있는 사람은 왕이 태상에 이름을 써서 그 사람과 공적을 기렸다. 《주례(周禮)》〈하관(夏官) 사훈(司勳)〉에 "공적이 있는 자는 왕의 태상에 이름을 기록한다.[凡有功者, 銘書于王之太常]"라고 하였다.

33) 예원(藝苑) : 좁게는 국가의 문서를 담당하는 홍문관(弘文館)과 예문관(藝文館)을 두루 칭하는 용어이자 넓게는 문원(文苑) 또는 예림(藝林)과 같은 말로, 문단(文壇)을 이르는 용어로 쓰인다.

34) 대착(代斲) : 용렬한 목수가 훌륭한 목수를 대신해 나무를 깎으면 손가락만 상할 뿐이라는 뜻으로, 감당하기 어려운 일을 하다가 다른 사람의 비웃음만 산다는 말이다. 《노자(老子)》 74장에 "무릇 큰 장인을 대신하여 깎는 자는 그 손을 상하지 않는 자가 드물다.[夫代大匠斲, 希有不傷其手矣]"라고 한 데서 유래하였다.

35) 하늘의 …… 있다 : 때로 사람에 의하여 이치에 어긋난 일이 일어날 수 있으나, 결국 천도가 안정되고 나면 옳고 그름이 정해져 순리에 따라 시행됨을 뜻한다. 《사기(史記)》 권66 〈오자서열전(伍子胥列傳)〉에 "사람이 많으면 하늘을 이기는 경우도 있지만, 하늘의 뜻이 정해지면 역시 사람을 능히 무너뜨린다.[人衆則勝天, 天定亦能破人]"라는 말이 나오는데, 소식(蘇軾)이 이를 인용하여 "사람이 많으면 하늘을 이기지만, 하늘의 뜻이 정해지면 역시 사람을 이긴다.[人衆者勝天, 天定亦勝人]"라는 시구로 표현한 바 있다. 《蘇東坡詩集 卷45・用前韻再和孫志擧》

36) 하늘이 …… 후하여 : 《춘추좌씨전》 양공 28년(기원전 545) 조에 "하늘은 아마도 악인을 부자로 만드나 봅니다. 경봉(慶封)이 또 부자가 되었으니 말입니다.[天殆富淫人 慶封又富矣]"라는 내용이 보인다. 경봉(慶封, ?~기원전 538)은 춘추 시대 제(齊) 나라의 대부이다. 기원전 548년에 최저(崔杼)가 제 장공(齊莊公)을 시해하고 경공(景公)을 옹립하자, 최저와 함께 우상(右相)과 좌상(左相)을 나누어 맡다가, 경공 2년(기원전 546)에 최저를 죽이고 국정을 독차지하였다. 아들 경사(慶舍)에게 국정을 넘기려다가 다른 귀족들의 반대로 경사가 피살되고, 그도 노(魯) 나라로 달아났다가 다시 오(吳) 나라로 달아났다. 오나라 왕 구여(句餘)가 경봉에게 주방(朱方)이란 읍을 주고 살게

대대로 나라의 명운을 좌지우지하였고, 최저(崔杼)에게는 박하게 하기를[37] 오랫동안 하였으나 다투지 않았던 것은 또한 어째서인가? 두 아들을 자루에 넣어 대궐 뜰에서 때려죽인 일을 많은 사람들이 말하여 왔으나, 그대가 엎어진 둥지 아래 태어난 까닭에 공의 의리를 3백 년 후에 천명하는 것이리라. 이것은 곧 하늘이 뜻이 정해진 것이니, 공의 행장을 짓는 일을 그만들 수 없다.

삼가 살피건대 고려의 상서좌복야(尙書左僕射) 순백(珣白)은 공의 먼 조상이다. 우리 문묘(文廟)의 명신(名臣) 경창군(慶昌君) 필문(蓽門) 선제(先齊)[38]는 이조 판서와 대제학에 추증되었고 문장과 도학으로 일세의 유종(儒宗)이 되었는데, 공은 그 5대손이다. 상서로부터 공에 이르기까지 무릇 10대가 연달아 문과에 발탁되었고, 명공(名公)과 석덕(碩德)이 대대로 끊이지 않았다. 공이 일찍이 선대의 제사를 지낼 때면 누대의 홍패지(紅牌紙)를 이어 붙여 만든 10폭 병풍을 중당(中堂)에 펼쳐놓고 자손들의 충효를 권면하였으니, 나라 사람들이 문벌을 꼽을 때 공의 가문을 손꼽는 것은 이 때문이었다.

공은 황명(皇明) 가정(嘉靖) 갑진년(1544, 중종39), 해남의 외가에서 태어났다. 어려서부터 이미 효심과 우애를 알았고, 부모가 평소 질환이 잦자 의대(衣帶)를 풀지 않은 채 항상 옆에서 모시며 음식을 올리고 약을 조제하는 일을 늘 집안사람에게 맡기지 않았다. 품성과 자질이 순후하고 아름다우며, 뜻과 행실이 고결하였고 몸가짐이 엄정하여 일찍이 평생 동안 요행을

하자, 경봉은 제나라에 있을 때보다 더 부유하게 되었다. 이에 노나라의 자복혜백(子服惠伯)이 숙손목자(叔孫穆子)에게 이와 같은 말을 한 것이다.

37) 최저(崔杼)에게는 …… 하기를 : 제나라 대부(大夫) 최저가 장공(莊公)을 죽인 뒤 경공(景公)을 군주로 세운 다음 자신은 승상이 되고 경봉(慶封)을 좌상으로 삼았는데, 경공 2년(기원전 546) 국정을 독차지하려는 경봉에게 죽임을 당하였다.《春秋左氏傳·襄公25年, 襄公27年》

38) 경창군(慶昌君) 필문(蓽門) 선제(先齊) : 이선제(李先齊, 1384~1454)를 말한다. 본관은 광주(光州), 자는 가보(家父), 호는 필문(蓽門)이다. 양촌(陽村) 권근(權近, 1352~1409), 매헌(梅軒) 권우(權遇, 1363~1419)의 문인이다. 성삼문, 박팽년 등과 함께《고려사》를 지은 공으로 경창군(慶昌君)에 봉해졌다.

바라는 일이 없었다. 추위와 더위가 아무리 혹독해도 새벽 문안을 거르지 않았고, 형제가 함께 살아 사람들의 이간질하는 말이 없었다. 선조의 덕업을 이어받아 지킴에 그 정성스러운 효성을 다하였고 사람을 대하고 사물을 접함에 자신을 드러내지 않았다. 마음가짐과 행실이 대개 예의법도를 따랐고, 문예(文藝)·사화(詞華)는 여력이 있을 때의 일이었다. 세속의 재물과 명리, 번잡함과 화려함에는 담담하니 털끝만큼도 연루됨이 없었다. 당시의 명현(名賢)인 문성공(文成公) 이이(李珥), 문충공(文忠公) 류성룡(柳成龍), 문정공(文貞公) 김우옹(金宇顒), 문열공(文烈公) 조헌(趙憲), 수우당(守愚堂) 최영경(崔永慶) 등과 깊이 교유하여 도를 합하고 뜻을 같이 하니, 사람들이 모두 원대한 그릇으로 기대하였다.

선조 무진년(1568, 선조1)에 증광시(增廣試) 진사(進士)에 합격했고, 계유년(1573, 선조6) 알성시(謁聖試)에 장원급제하니, 온 조정이 인재를 얻었다고 축하하였다. 문성공 이이의 추천으로 전랑(銓郞)에 제수되었고, 홍문관(弘文館), 사가독서(賜暇讀書), 사인(舍人), 이조 참의(吏曹參議), 대사성(大司成), 부제학(副提學), 도승지(都丞旨) 등의 관직을 두루 역임하니, 모두 일대(一代)의 청요직(淸要職)이었다. 임금의 총애가 날로 융성해지자 공은 은혜에 감격하여 경연을 출입할 때 인재의 진퇴(進退)와 강상(綱常)의 부식을 자기의 소임으로 삼았고, 기묘년 조정암(趙靜庵)의 정치를 회복하여 한 시대를 도야하고자 생각하여 눈을 흘기거나 구차히 영합하는 뜻이 조금도 없었다. 인물의 장단점을 논하며 악을 미워하기를 매우 심히 하여 조금의 가차도 두지 않았으므로, 어지러이 영합하는 자들은 대부분 좋아하지 않았다.

선친이 세상을 떠났을 때 공의 형제가 관직 때문에 서울에 있었던 바람에 임종을 지키지 못하였으므로 이를 평생의 원통함으로 여겼다. 이에 모부인을 봉양하며 차마 잠시도 떨어지지 못하였고, 간혹 어쩔 수 없이 입조(入朝)해야 할 때에도 형제가 함께 출사하여 모친의 곁을 비워두는 일이 없었다. 일찍이 서울에서 귀성하던 중에 지은 시에서 이르기를,

"남녘 길 아득한데 새 날아가고, 서쪽에서 향해 보는 서울은 햇가에 구름일세. 아침에 일어나 간밤 꿈을 기억해 보니, 반은 어머니요 반은 성군(聖君)이어라.[南路迢迢鳥外分, 長安西指日邊雲. 朝來記得中宵夢, 半是慈親半聖君.]" 하였다. 돌아와 조복(朝服) 차림으로 사당을 참배하고 모부인을 모셨다. 모부인이 집 근처에 있는 닭장을 싫어하였는데 병아리들의 소리가 시끄러웠기 때문이었다. 이에 모부인이 시비(侍婢)에게 명하여 치우게 하자 공이 나가 손수 치우다가 우리 안의 알이 깨져 조복이 더럽혀졌다. 시비가 놀라 소리를 지르려 하자 공이 눈짓으로 말렸는데, 이는 모부인이 놀랄까 염려해서였다. 어버이의 뜻에 순응함이 대개 이와 같았다.

을해년(1575, 선조8), 조정에 심의겸(沈義謙)과 김효원(金孝元)의 당이 있었다. 심의겸을 옹호하는 이들은 서인이 되었는데 송강(松江) 정철(鄭澈)이 앞장섰고, 김효원을 옹호하는 이들은 동인이 되어 공을 우두머리로 하였다. 서로 알력을 빚어 조정의 의론이 크게 어그러지자 문성공 이이 선생이 "김효원이 낫고 심의겸이 그만 못하다.[金優沈劣]", "심의겸이 옳고 김효원이 그르다.[沈是金非]"라는 주장으로 양측의 조정(調停)에 힘썼다. 그리하여 김효원·심의겸 두 사람을 내친 후[39] 공과 송강에게 매번 말하기를,

"심의겸이 옳고 김효원이 그르다는 말을 구구하게 논변해봤자 무슨 대수이겠습니까? 그대들 두 사람의 논의가 화합한다면 사림은 거의 평온해

---

39) 양측의 …… 후 : 동·서의 갈등이 표면화되기 시작하자 1575년(선조8) 이이는 좌의정 노수신과 상의하여 심의겸과 김효원을 모두 외방으로 내보내 의론을 진정시키고자 하였다. 이에 선조는 김효원을 함경도 경흥 부사(慶興府使)에, 심의겸을 개성 유수(開城留守)에 임명하였는데, 이러한 조치는 당초 이이의 의도와는 달리 오히려 당쟁의 불씨를 부추기는 결과를 가져왔다. 개성에 비해 함경도 경흥은 외진 곳이었기 때문에 서인을 우대하고 동인을 홀대한 것으로 받아들여져 동인의 반발이 극심했기 때문이다. 이에 이이가 김효원을 삼척 부사(三陟府使)로 옮기게 하였으나, 서인의 공세 속에 김효원을 지지하던 이성중·정희적·노준 등까지 외직으로 밀려남으로써 이이는 동인의 비판을 받고 한동안 칩거하게 되었다. 그러자 정철(鄭澈)·구봉령(具鳳齡)·신응시(辛應時)·이해수(李海壽) 등 서인은 김효원을 소인으로 규정하며 동인에 대한 정치적 공세를 한층 강화해 나갔다. 《石潭日記·萬曆四年丙子》,《松江集·年譜上》

질 것입니다." 하였다. 그 말이 심히 격절(激切)하였으나, 공은 듣지 않고 정철을 더욱 심하게 미워하여 매양 그에 대해 성격이 경솔하고 조급한 소인배라고 하였다. 한번은 취중에 손으로 송강의 수염을 뽑았는데, 송강이 바로 읊기를,

"몇 가닥 긴 수염을 그대가 뽑아가니, 늙은이 풍채가 문득 초라해졌네.[數箇長髥君拉去, 老夫風彩便蕭條]"라고 하였다. 세상에서는 기축년 화의 조짐이 이때 싹텄다고 전한다.

정여립(鄭汝立)이란 자가 있었는데 관직을 버리고 고향에 머물렀다. 우계(牛溪)·율곡(栗谷) 등 제현(諸賢)들과 서로 어울려 학문을 논하였고, 율곡이 이조 판서가 되어 그의 박학과 재주를 천거하자 이로써 한때 명망이 높아져 사람들이 그를 죽도 선생(竹島先生)이라 일컬었다. 여립이 일찍이 율곡을 일러 아직 익지 않은 공자라 하였는데, 율곡이 죽자 도리어 율곡을 공격하고 동인을 붙좇았다. 공이 그러한 그를 막지 못하자 이로 말미암아 서인에게 미움을 받음이 더욱 심해졌다. 병술년(1586, 선조19), 공이 부름을 받고 상경하였는데 당론이 점차 격화되어 보합(保合)할 가망이 없음을 보고 마침내 진취(進取)의 뜻을 접었다. 한 치의 망설임도 없이 고향으로 돌아와 복천(福川) 적벽(赤壁) 강가에서 노닐며 시를 지어 그 뜻을 말하였는데, "세상사 참으로 어지러워[有塵機諒擾擾]" "한바탕 웃음으로 만사를 잊고 싶네[一笑萬事休]" 등의 구절이 있다. 남평(南平) 원적동(元積洞)에 거처를 정하고, 물소리와 산 빛 사이를 거닐며 문인(門人) 김사중(金士重) 등과 경의(經義)를 토론하고 《칠서강의(七書講義)》를 저술하였다.

기축년(1589, 선조22) 10월, 정여립이 역모를 꾀하다 복주되었다. 당인이 이를 패금(貝錦)[40]의 기화로 삼아 한때의 청류(淸流)를 무함하여 옥사를

---

40) 패금(貝錦) : '패금'은 자개무늬의 비단으로, 남의 죄를 비단 짜듯이 얽어 참소(讒訴)하는 일을 뜻한다. 《시경(詩經)》〈소아(小雅)·항백(巷伯)〉에서 "울긋불긋 잘도 짠 자개무늬 비단이여, 참소하는 저 사람이 또한 너무 심하도다.[萋兮斐兮, 成是貝錦, 彼讒人者, 亦已大甚]"라고 하였다.

만들어냈고, 양천회(梁千會) 등으로 하여금 상소하게 하여, 공이 역적과 친밀하게 교유한 정황을 참소하였다. 11월, 정철을 우의정에 임명하고 위관(委官)으로 삼았다.[41] 주상이 선정전(宣政殿)에 나와 친국(親鞫)하여 묻기를, "너는 왜 벼슬에서 물러났느냐?" 하자, 대답하기를, "신에게는 노모가 있어 슬하를 떠날 수 없었는데, 지금은 형 급(汲)이 노모를 편히 봉양할 수 있는 읍에서 모시고 있으므로 신이 아우 길(洁)과 함께 올라왔습니다." 하였다. 주상이 묻기를, "너는 네 죄를 아느냐?" 하자 대답하기를, "사친(私親)으로 인해 오랫동안 관직을 비워두었으니 불충(不忠)의 죄가 큽니다." 하니, 주상이 미소 지으며, "늦었다."라고 하였다. 주상의 용안이 화평하였고 격노도 거두어져 마침내 공을 종성(鍾城)에, 아우 길은 위원(渭原)에 유배하였고, 이어 '역적의 위협에 못 이겨 어쩔 수 없이 따랐던 자들은 그 죄를 묻지 말라[脅從罔治]'는 전교가 내려 옥사가 조금 누그러졌다.

12월, 당인이 또 호남(湖南) 사람 정암수(丁巖壽)로 하여금 상소하여 조정에 가득한 명류(名流)를 배척하게 하였는데,[42] 공의 형제 또한 포함되었다. 소가 들어가자 주상이 진노하여 이르기를,

"역변이 생긴 기회를 틈타 감히 제 멋대로 죄 없는 사람을 무함하는

---

41) 정철을 …… 삼았다 : 1589년(선조22) 기축옥사 발발 직후에는 정언신(鄭彦信)이 우의 정으로서 옥사를 다스리는 위관(委官)에 임명되었다. 그러나 대간으로부터 정여립의 구촌친(九寸親)이므로 공정한 처리를 할 수 없다는 탄핵을 받아, 위관을 사퇴하고 이어서 우의정도 사퇴하였다. 이에 1589년 11월 8일, 정철이 우의정에 제수되었고, 이어 1590년(선조23) 위관이 되어 옥사를 다스렸다.

42) 호남(湖南) …… 하였는데 : 정암수(丁巖壽, 1534~1594)의 본관은 창원, 자 응룡(應龍), 호 창랑(滄浪)이다. 기축옥사 당시 박천정(朴天挺) 등과 연명하여 상소를 올렸다. 상소의 내용은 이산해와 정언신 등이 전후로 나라를 그르치고 역적을 비호한 정상을 극언하고, 또 한효순(韓孝純)·이정직(李廷直)·정개청(鄭介淸)·유종지(柳宗智)·유 영립(柳永立)·류성룡(柳成龍)·이양원(李陽元)·윤의중(尹毅中)·윤탁연(尹卓然)· 김응남(金應南)·송언신(宋言愼)·남언경(南彦經)·이언길(李彦吉)·조대중(曺大 中)·이홍로(李弘老)·이순인(李純仁)·유몽정(柳蒙井)·김홍미(金弘微) 등의 죄를 거 론하는 것이었다. 이를 두고 동인 사이에서는 정암수는 정철의 문객이며 상소는 정철의 사주를 받아 작성된 것이라는 소문이 공공연하게 떠돌고 있었다.《宣祖實錄 22年 12月 14日》

계책을 꾸며서 어질고 고명한 정승 고관들을 모두 배척하니, 이는 기필코 온 나라를 텅 비게 하고 나서야 그만두려는 것이다. 그 속셈이 지극히 흉악하고 참혹하다." 하였다. 당인이 또 양산숙(梁山璹) 등으로 하여금 상소하여 배척하게 하니,[43] 주상이 이르기를,

"이 무리가 소를 올려 조정의 신하들을 모두 배척하면서도 유독 우의정[44] 이하 몇 사람만은 칭찬하였다. 스스로는 곧은 말이라고 여기겠으나 도리어 그 정상을 드러냈으니 가소로운 일이다." 하였다. 이에 당인이 마침내 백방으로 죄를 얽어 기필코 천총(天聰)을 돌이키고자 연루자를 모두 끌어들여 처벌하고 근거 없는 말을 날조해 일망타진하니 한 사람도 벗어나지 못하였다. 무릇 맑은 명성을 지닌 사류 112인은 형장 아래 죽게 하거나 유배 보냈고, 그 외 죽거나 귀양 가거나 폐고(廢錮)된 자들도 이루 다 기록할 수 없다.

같은 달 18일, 공이 형장 아래 운명하였다. 옥중에서 옷자락에 혈서를 쓰고 말하기를,

"망령되이 역적과 교유하여 화가 노모(老母)에게 미치게 되었다. 남쪽을 바라보며 통곡하니 땅은 검고 하늘은 푸르구나." 하니, 이를 본 자들이 모두 눈물을 흘렸다. 공이 수차례 혹독한 형신을 받아 온몸에 성한 살점이 없었고 숨이 거의 끊어지게 되었다가도 매번 다시 국문이 시작되면 반드시 두 손을 공손히 모으고 꿇어앉았는데 말이 상세하고 정신이 또렷하였다. 백사(白沙) 이 상공(李相公)이 문사랑(問事郞)으로서 이 광경을 보고 감탄하며 말하기를, "국정(鞫庭)에서 진술할 때 행동거지가 어긋나지 않은 사람은 경함(景涵)[45] 한 사람뿐이다." 하였다. 29일, 공의 아우 이길(李洁) 또한

형장 아래 죽었다. 공의 형제는 4인이었는데, 진사(進士) 이직(李㵢)은 부친 상을 치르며 지나치게 몸을 상해 죽었다. 장남 이급(李汲)은 현감(縣監)이고, 그 다음이 공이다. 그 다음 길은 관직이 응교(應敎)에 이르렀고, 호는 남계(南溪)로, 맑은 명성과 곧은 지조로 공과 우열을 가리기 힘들 정도로 뛰어난 인재였다. 세 사람이 모두 형신을 받다 죽었다.

이윽고 공이 숨지자 사대부들이 모두 숨을 몰아쉬거나 숨을 죽였으며 감히 찾아와 보지 못하였는데, 류 문충(柳文忠)46) 선생만은 면포를 보내 부의하였고, 만전(晚全) 홍가신(洪可臣)47)은 옷을 벗어 시신을 덮어 주고 곡을 하였으며, 빈렴(殯殮)의 절차를 주선하였다. 어떤 사람이 말하기를, "혹여 화가 미치면 어떠합니까?" 하자 홍공이 말하기를, "화복은 운명이니, 내 어찌 차마 화를 당할까 염려하여 저버리겠는가?" 하였다. 부윤(府尹) 허상(許鏛)은 장례를 맡아 관을 마련하고 염습을 하여 상을 치러 주었다. 지금 시흥(始興) 설월리(雪月里) 유좌(酉坐) 언덕에 두 묘가 있는데, 공과 남계 공을 모신 곳이다. 경인년(1590, 선조23) 5월, 채지목(蔡之穆) 등이 무함하는 소를 올려,48) 공의 노모와 어린 아들이 모두 갇혀 추국을 받았다. 윤 부인(尹夫人)은 당시 77세였는데, 압슬형을 받았으나 끝내 불복하고 죽었고, 두 아들은 자루에 넣어서 때려 죽였다. 문생과 고리(故吏)들도

---

45) 경함(景涵) : 이발(李潑)의 자(字)이다.
46) 류 문충(柳文忠) : 류성룡(柳成龍, 1542~1607)을 이른다. 문충(文忠)은 시호이다.
47) 홍가신(洪可臣) : 1541~1615. 본관은 남양, 자 흥도(興道), 호 간옹(艮翁)이다. 홍가신의 셋째 아들 홍절(洪㮹)은 이길(李洁)의 사위였는데, 그 또한 기축옥사 때 압슬형을 받고 죽었다.
48) 채지목(蔡之穆) …… 올려 : 채지목은 담양(潭陽)의 생원으로, 당시 광양(光陽)의 훈도(訓導)로 있으면서 그곳 교생(校生)들과 모의하여 고변하였다. 고변의 내용은, 이발 형제와 가까웠던 전 광양 현감 김극조(金克祧)가 군기(軍器)를 만들어 역모를 보조했다는 것이었다. 이로 인해 김극조는 국문을 받다 죽었고, 이발의 노모 및 어린 아들들이 모두 추국 끝에 죽임을 당하였다. 이후 광양의 아전들을 국문하는 과정에서 무고의 죄상이 드러나자 채지목 등 10여 인에게 반좌율(反坐律)을 적용하여 모두 주살하였다. 《燃藜室記述·己丑鄭汝立之獄》

모두 고문 끝에 죽임을 당하였고, 가동(家僮) 10여 인 또한 난언(亂言)이나 승복하는 자 하나 없이 동시에 죽었다.

　그 후 대신(大臣)과 유신(儒臣), 삼사(三司)의 신하들이 잇달아 소를 올리고, 양호(兩湖)의 유생들이 궁궐 문 앞에서 한 목소리로 기축옥사의 원통함을 설원해달라 청하였다. 신묘년(1591, 선조24), 주상이 양사(兩司)의 합계로 인하여 정승 정철을 파직하고[49] 조당(朝堂)에 죄명을 게시하라 명하여 그 무옥(誣獄)의 죄상을 밝혔다. 이후 우리 헌문왕(憲文王)[50] 초년에 공에게 이조 참판을 추증하고, 형 급과 아우 길에게는 모두 신원하여 관직을 추증하라는 명이 내렸다. 또 유허지(遺墟地)에 그 충효를 기리는 정려문(旌閭門)을 세우라 명하니, 양호(兩湖)와 영남(嶺南)의 유생들이 강진현(康津縣) 수암(秀巖)에 사당을 세우고, 공의 5세조 필문(蓽門),[51] 족고조(族高祖) 청심당(淸心堂),[52] 황고(皇考) 이소재(履素齋)[53] 및 공과 공의 아우 남계 공 등 5현을 한 사당에서 제향하였다.

　공의 부인 밀양(密陽) 박씨(朴氏)는 판서(判書) 박이(朴苡)의 딸로 2남1녀를 낳았다. 만귀(萬貴)는 9세에 피화(被禍)되었다. 만수(萬壽)는 당시 7세로 막 잡혀가려 할 때 윤 부인이 여종 귀덕(貴德)에게 명하여 몰래 업고 서석산(瑞石山) 속 주남촌(周南村)에 숨어 있게 하였고, 귀덕의 5세 아들로 만수를

49) 주상이 …… 파직하고 : 신묘년(1591, 선조24), 정철은 건저문제(建儲問題)를 제기하여 광해군(光海君)의 왕세자 책봉을 건의하였다가 파직되어 진주(晉州)로 유배되었고, 이어 다시 강계(江界)로 이배(移配)되었다. 서인의 실각 이후, 정철과 성혼에게 기축옥사의 무리한 처리를 확산·방조한 책임을 묻는 동인의 정치적 공격이 시작되었다. 동인은 최영경의 신원, 그의 억울한 죽음에 대한 책임자 처벌을 주장하며, 최영경의 죽음을 기축옥사 처리 과정에서 서인이 보여준 부도덕성을 상징하는 사건으로 간주하고, 선조대 후반 주요한 정치 문제로 쟁점화 하였다.
50) 헌문왕(憲文王) : 인조(仁祖)를 이른다. 인조의 시호가 '헌문열무명숙순효(憲文烈武明肅純孝)'이므로 헌문왕이라 하였다.
51) 필문(蓽門) : 이선제(李先齊, 1384~1454)를 이른다. 이발(李潑)의 5세조이다.
52) 청심당(淸心堂) : 이조원(李調元, 1433~1510)을 이른다. 필문(蓽門) 이선제(李先齊)의 셋째 아들로, 문장과 도학으로 이름이 높았다.
53) 이소재(履素齋) : 이중호(李仲虎, 1516~1583)의 호다. 이발(李潑)의 아버지이다.

대신하게 하였다. 신원이 이루어진 후, 조정에서는 이씨의 진짜 고아가
있음을 알지 못하고 끊어진 후사를 잇게 하라는 명을 내려 족자(族子)
종백(宗伯)으로 하여금 후사를 잇게 하였다.54) 딸은 승지(承旨) 양시경(楊時
慶)에게 시집갔다. 만수는 철신(哲臣)을 낳았고, 철신은 만손(晚孫), 만연(晚
延)을 낳았으며, 만손은 아들 홍립(弘立)을 두었고, 만연은 아들 홍수(弘守)를
두었다.

　공의 효심과 우애는 천성에서 근원하였고, 충성(忠誠)은 쇠나 돌을 뚫을
만하였다. 일찍부터 성세(盛世)에 명성을 떨치니 묘당(廟堂) 위의 호련(瑚
璉)55)과 같은 인재였고, 물러나 학업을 닦으니 우뚝한 사림의 영수(領袖)가
되었다. 하늘이 이 사람을 낸 것은 장차 이 세상에 큰일을 하게 하려
함이었는데, 해바라기[葵藿]의 정성56)은 태양의 위에 가 닿지 못하였고,
이응(李膺)·범방(范滂)57)의 어짊으로도 삼목(三木)58)의 아래에서 억울한
죽임을 당하였다. 아아, 애석하다! 세상에서 공을 논할 때 가장 많이 나온
말이 하나는 당색에 치우쳤다는 것이요, 또 하나는 정적(鄭賊)59)을 지나치게
미워했다는 것이니, 그 말들이 옳다. 그러나 이로써 '허물을 보고 그의

---

54) 종백(宗伯)으로 …… 하였다 : 이종백(李宗伯)은 이발(李潑)의 8촌 아우 이온(李溫)의
　　둘째 아들로, 인조 12년(1634) 가을 이발에게 입후(立後)되었다.
55) 호련(瑚璉) : 호(瑚)와 연(璉)은 모두 종묘(宗廟)에서 서직(黍稷)을 담는 성대한 제기(祭
　　器)인데, 그 귀중함으로 인해 큰 임무를 감당할 만한 재능을 소유한 사람에게 비유하였
　　다. 《논어(論語)》〈공야장(公冶長)〉에 "자공(子貢)이 묻기를, '저는 어떻습니까?'라고
　　하니, 공자가 말하기를, '너는 그릇이다.'라고 하였다. 자공이 또 묻기를, '무슨 그릇입
　　니까?'라고 하니, 공자가 말하기를 '호련이다.'"라고 하였다.
56) 해바라기[葵藿]의 정성 : '규곽(葵藿)'은 해바라기로, 꽃이 항상 태양을 향하기 때문에
　　임금을 향한 신하의 일편단심을 비유하는 말로 쓰인다.
57) 이응(李膺)·범방(范滂) : 동한(東漢)의 사대부들로, 환관들이 자신들의 전횡에 반대
　　하는 관원을 일망타진하고자 당파를 조장한다는 죄목으로 이른바 '당고(黨錮)의
　　화(禍)'를 일으켰을 때, 모두 당인으로 지목되어 화를 당하였다. 《後漢書 卷67·黨錮列
　　傳》
58) 삼목(三木) : 죄인의 목·손·발에 채우던 세 가지 형구(刑具)를 이른다.
59) 정적(鄭賊) : 정철(鄭澈, 1536~1593)을 이른다.

인(仁謂)을 안다[觀過知仁]'[60]고 하면 가하거니와 불충(不忠)으로 매도하면
또한 무함이 아니겠는가? 백승(百升)의 노래[61]는 그 음모가 또한 참혹하였
고, 무목(武穆)의 죽음[62]은 하늘에 그 원통함을 호소할 수 없었다. 천년
후에서야 사람으로 하여금 그 풍모를 그려보며 탄식하고 눈물을 흘리게
하니, 대신 죽어 살릴 수만 있다면 백 번이라도 죽겠으나[63] 그리 될 수는
없는 일이다. 삼가 공의 행적과 이력, 화란(禍亂)의 대략을 서술하고 그
사실들을 모아 감히 사라지지 않게 하였다. 삼가 훗날 태사씨(太史氏)가
널리 채집해주기만을[64] 기다릴 뿐이다.

임자년(1912) 중추(仲秋) 인주(仁州) 장석영(張錫英) 삼가 씀.

---

60) 허물을 …… 안다 : 어떤 허물을 저질렀는지를 잘 살펴보면 그 사람이 어진지 여부를
   알 수 있다는 말로, 과실을 저질렀다 해도 정리 상 부득이하게 저지르는 경우도
   있으므로 그 과실에 대해 일률적인 잣대를 들이댈 것이 아니라 그 이면의 사정을
   들여다보아야 한다는 뜻이다. 《논어》〈이인(里仁)〉의 "공자께서 말씀하시기를 '사람
   의 허물은 그 무리에 따라 다르다. 허물을 보면 그 사람의 인(仁)을 알 수 있다.[子曰
   人之過也 各於其黨 觀過斯知仁矣]"라는 구절을 인용한 것이다.
61) 백승(百升)의 노래 : 백승의 노래는 북제(北齊) 때에 조정이 곡률광(斛律光)을 참소하
   기 위해 인용한 노래이다. 《北齊書 卷17·斛律光列傳, 卷39·祖珽列傳》
62) 무목(武穆)의 죽음 : 무목은 악비(岳飛, 1103~1141)의 시호이다. 악비는 남송의 명장으
   로, 금나라의 군대를 여러 차례 격파해 고종으로부터 '정충악비(精忠岳飛)'라는 4글자
   를 하사받았다. 그 뒤 초토사(招討使)가 되어 금나라 군대를 대파한 뒤 황하를 건너
   진격하려고 하였는데, 주화론을 주장하던 진회(秦檜)의 음모로 군사를 돌렸다가
   체포되어 옥사(獄死)하였다. 《宋史·岳飛列傳》
63) 대신 …… 죽겠으나 : 원문의 '백신(百身)'은 그대를 살려 낼 수만 있다면 백 번 죽는
   한이 있어도 기꺼이 자신의 몸을 바치겠다는 말이다. 《시경》〈황조(黃鳥)〉에 "대신
   죽어 살려 낼 수만 있다면, 백 번 죽더라도 기꺼워하리라.[如可贖兮, 人百其身]"라고
   하였다.
64) 태사씨(太史氏)가 …… 채집해주기만을 : 태사씨는 사관(史官)으로, 옛날에 천자가
   태사를 사방에 보내어 풍요(風謠), 즉 민간의 시와 노래를 채집하게 함으로써 민간의
   풍속을 살피고 정치의 득실(得失)을 알았던 일을 이른다. 《예기》〈왕제(王制)〉에,
   천자가 5년에 한 번씩 천하를 순수(巡守)할 적에 "태사에게 민간의 시가를 채집해
   올리도록 명하여 백성의 풍속을 살핀다.[命太師陳詩, 以觀民風.]"라고 하고, 《한서(漢
   書)》권30〈예문지(藝文志)〉에 "옛날에는 시를 채집하는 관원을 두었으니, 왕자(王者)
   가 이를 통해서 풍속을 살피고 정치의 득실을 알았다.[古有采詩之官, 王者所以觀風俗知
   得失.]"라고 하였다.

묘표(墓表)

공의 휘는 발(潑), 자는 경함(景涵), 호는 동암(東巖)이고 아우 길(洁)의 자는 경연(景淵), 호는 남계(南溪)이다. 성은 이씨이며 광산 사람이다. 먼 선조가 되는 휘 순백(珣白)은 고려의 좌복야(左僕射)를 지냈고, 5세조 휘 선제(先齊)는 조선의 세자좌부빈객(世子左副賓客)을 지내고 경창군(慶昌君)에 봉해졌다. 고조 휘 형원(亨元)은 예문 제학(藝文提學)을 지냈고, 증조 휘 달선(達善)은 수찬(修撰)을, 조 휘 공인(公仁)은 한림(翰林)을, 고 휘 중호(仲虎)는 부제학(副提學)을 지냈다. 어머니 해남 윤씨(海南尹氏)는 수찬 윤구(尹衢)의 딸이다.

공희왕(恭僖王)[65] 갑진년(1544, 중종39), 동암 공이 해남(海南) 연동(蓮洞)의 외가에서 태어났다. 어릴 때부터 자질이 남달랐고, 총명하고 슬기로움이 남보다 뛰어났다. 자라서는 김척암(金惕庵),[66] 민습정(閔習靜)[67]을 스승으로 삼아 배웠고, 문성공(文成公) 이이(李珥), 문충공(文忠公) 류성룡(柳成龍), 문열공(文烈公) 조헌(趙憲), 수우당(守愚堂) 최영경(崔永慶) 등을 벗하였으니 모두 존경 받는 현사(賢士)들이었다. 남계 공은 공보다 7년 후에 태어났는데, 문학(文學)이나 행실에서 마치 이정(二程)[68]과 같았다. 동암 공은 25세에 진사(進士)가 되고, 30세에 알성 문과(謁聖 文科)에서 장원급제하여 호당(湖堂)[69]에 선발되었고 홍문관에 들어갔다. 전랑(銓郎), 사인(舍人), 이조 참의(吏曹參議), 대사성(大司成), 대사간(大司諫)을 거쳐 부제학(副提學)에 이르렀다.

---

65) 공희왕(恭僖王) : 조선의 11대왕 중종(中宗)의 시호(諡號)이다.

66) 김척암(金惕庵) : 김근공(金謹恭)을 이르는 것으로, 척암은 그의 호이다.

67) 민습정(閔習靜) : 민순(閔純)을 이르는 것으로, 습정은 그의 호이다.

68) 이정(二程) : 명도선생(明道先生)이라 불리었던 정호(1032~1085)와 이천선생(伊川先生)이라 불리었던 정이(1033~1108) 형제를 이른다. 성리학을 창시한 북송오자(北宋五子)에 속하였으며 《이정전서(二程全書)》등의 저술을 남겼다.

69) 호당(湖堂) : 문신(文臣) 중에 젊고 학문에 뛰어난 사람에게 휴가를 주어 학업에 전념하게 하는 사가독서(賜暇讀書)를 이른다. 이발은 1575년(선조8) 홍문관에 들어가 검교(檢校)로서 사가독서 할 수 있는 휴가를 받았다.

남계 공은 18세에 진사가 되고, 28세에 알성 문과 제2인에 올랐으며, 관직은 사인(舍人)에 이르렀는데, 화변이 일어난 후로 그 상세한 내용은 알 수 없게 되었다. 두 선생은 높은 재질과 성대한 학문으로 일찍부터 명성이 높았고 한 세상을 경동(傾動)시켜 사림의 태두(泰斗)가 되었다. 대각(臺閣)을 두루 역임하였고 개연히 백성들에게 은택을 끼치는 것으로 스스로를 기약하였으며 선악을 분별함에 흔들림이 없었으므로, 당시 칭송이 자자하였으며 두 공의 재앙은 실로 여기에 숨어 있었다.

소경왕(昭敬王)[70] 기축년(1589, 선조22), 정여립(鄭汝立)의 옥사가 일어나자, 공을 미워하는 자들이 스스로 나서서[自媒][71] 옥사를 다스렸고, 공을 원망하는 자들이 종용하며 옥사를 양성하였다. 이들은 입을 모으고 팔을 맞잡으며 한때의 명류(名流)를 무함하고 함정에 몰아넣어 몰살시켰다. 두 공이 가장 먼저 화를 입어, 동암 공은 종성(鍾城)에, 남계 공은 희천(熙川)에 유배되었는데, 공을 벼르고 있던 자들이 다시 선홍복(宣弘福)을 사주하여 공의 형제를 무함하자 재차 잡혀 와 결국 형장 아래 숨을 거두었다. 경인년 (1590, 선조23) 5월, 80세 모부인(母夫人)과 동암의 아들로 9살밖에 안 되었던 만귀(萬貴)가 함께 형장 아래 죽임을 당하였으니, 이는 대개 공을 해친 자들이 여전히 옥사의 판결을 주도하였기 때문이었다. 8월, 비로소 주상이

---

70) 소경왕(昭敬王) : 조선 제14대 왕 선조(宣祖, 1552~1608)를 이른다. 소경(昭敬)은 그의 시호로, 선조소경정륜립극성덕홍렬지성대의격천희운경명신력홍공융업현문의무성예달효대왕(宣祖昭敬正倫立極盛德洪烈至誠大義格天熙運景命神曆弘功隆業顯文毅武聖睿達孝大王)의 앞부분을 이른 것이다.

71) 스스로 나서서[自媒] : 본문의 '자매(自媒)'는 스스로를 추천한다는 말이다. 기축옥사가 발발하자 정철은 고양(高陽)에서 상경하여 서울로 올라와 위관(委官)이 되었다. 동·서 분당 이래 정철은 이발·정인홍 등의 동인과 시종일관 대립각을 세워 왔다. 따라서 동인의 역모를 서인이 고변하는 방식으로 시작된 기축옥사에 서인인 정철이 위관으로 참여하는 것은 옥사를 방조하거나 확산시킨다는 불필요한 오해와 원한을 초래할 수 있다는 점을 우려하여 서인 내에서도 만류의 목소리가 있었으나 정철은 이를 일축하고 위관이 되었다. 이 글에서 "스스로 나서서"라는 말은 정철이 위관의 소임을 자임한 결과 옥사의 처리가 불공정하게 이루어졌음을 비판한 말이라고 할 수 있다.

옥사의 판결을 주도하는 자들이 간악하고 악독하다는 것을 깨닫고, 정철(鄭
澈)을 강계(江界)로 유배하였다.

　헌문왕(憲文王) 갑자년(1624, 인조2)에 복관(復官)을 명하였고, 현의왕(顯義
王)72) 갑술년(1694, 숙종20) 정려(旌閭)하고 관작을 추증하여 공분(公憤)에
찬 여론을 위로하였다. 또 족인(族人)의 아들 종백(宗伯)을 입후(立後)하여
제사를 모시게 하였으니, 죄 없이 화를 당하여 후사가 끊어진 것을 가엾게
여긴 것이었다. 바야흐로 화변(禍變)이 일어났을 때, 동암의 아들 만수(萬壽)
는 막 7세가 되었는데, 공의 여종 귀덕(貴德)이 업고 서석산(瑞石山) 속
주남촌(周南村)으로 도피하여 화를 면할 수 있었다. 지금 두 공의 묘표(墓表)
를 세우는 사람은 동암의 후손 덕휴(德休)이다. 아! 사화(士禍)가 일어났을
때, 그 시작은 언의(言議)가 다름에 불과하였을 뿐이었는데, 그 끝으로
흘러가면서 참혹하게 도륙하는 데에 이르렀다. 필부(匹夫)가 원수를 갚으며
십족(十族)을 멸족73)시키고, 말 한마디라도 실수하면 만 개나 되는 쇠뇌가
모이니, 온 나라 사람들이 지치고 생기를 잃은 지 300여 년이 되었다.
실로 정철이 이러한 재앙을 주관하였고, 두 공이 가장 먼저 그 화를 입었다.
공이 죽임을 당한 후, 문생(門生)과 하인들이 모두 살아남은 사람이 없었다.
공의 벗 부윤(府尹) 허상(許鏛)과 만전(晩全) 홍가신(洪可臣), 수사(水使) 엄황(嚴
愰)이 빈렴(殯殮)하여 설월리(雪月里) 유좌(酉坐) 언덕에 장사지내고, 하나의
묘표(墓表)로 두 공 묘를 아우르는 표식으로 삼아 한 묘역에 두었다.

　동암공의 부인 밀양 박씨(密陽朴氏)는 판서(判書) 이(𥮓)의 딸이고, 남계공
의 부인 창녕 조씨(昌寧曺氏)는 목사(牧使) 세덕(世德)의 딸이다. 동암의 입후

---

72) 현의왕(顯義王) : 조선의 19대 임금 숙종(肅宗, 재위 1674~1720)으로, '현의(顯義)'는
　　숙종의 존호 '현의광륜예성영렬장문헌무경명원효(顯義光倫睿聖英烈章文憲武敬明元
　　孝)'의 앞의 두 글자를 따 이른 것이다.
73) 십족(十族)을 멸족 : 죄인을 형벌하는데 구족(九族)과 문인까지 주멸(誅滅)하는 것을
　　말한다. 옛날에는 족멸(族滅)이 구족에 그쳤는데, 명(明) 나라 성조(成祖)는 방효유(方
　　孝孺)를 족멸할 때에 구족 이외에 그 문인까지 주멸하였다.

된 아들 종백은 이후 진천(鎭川)에 거주하였고, 친아들 만수는 이후 동복(同福)[74)에 거주하였다. 남계공은 후사가 없고, 멸족의 여파 속에서 후손 몇 명이 근근이 남아 전한다. 두 공의 숨겨진 유적(遺蹟)은 대략 다산(茶山) 정공(丁公)이 지은 《동남소사(東南小史)》에 실려 있다.

풍산(豊山) 홍필주(洪弼周)[75)가 사실들을 모아, 공이 세상을 떠난 지 385년 후인 계축년(1913)에 기록하다.

묘갈명(墓碣銘) 병서(幷書)

예전 소경왕(昭敬王) 기축년(1589, 선조22)에 당인(黨人)이 앙화(殃禍)를 일으켜 한때의 명류(名流)들을 무함하고, 그물과 함정을 곳곳에 놓아 한데 몰아넣은 후 몰살시켰다. 동암(東巖) 이공(李公)은 실로 여섯 현인[76) 중 가장 큰 화를 입었다. 다음 해 무함하여 죽인 자는 유배되었다. 111년이 흐른 원효왕(元孝王)[77) 갑술년(1694, 숙종20)에 공의 관작(官爵)을 회복하였고, 이조 참판을 추증하였다. 또 218년 후에 후손 병하(炳夏)가 처음으로 묘석(墓石) 세우는 일을 계획하고 나[78)에게 묘갈명을 청하였다. 내가 폐고

---

74) 동복(同福) : 전라남도 화순(和順)의 옛 이름이다.

75) 홍필주(洪弼周) : 1857~1917. 본관은 풍산(豊山). 자는 사량(士良), 호는 자은(紫隱)이다. 홍만조의 6세손이며, 아버지는 성균 진사(成均進士) 홍가모(洪可謨)이다. 1904년 이건하(李乾夏)·박기양(朴箕陽) 등과 함께 일본의 황무지개척권 요구에 반대하는 운동을 전개하였다. 1907년에는 을사조약 이후 깊어지는 민족적 위기를 타개하기 위한 계몽운동단체인 대한협회의 발기인으로 참여하여 항일운동과 애국계몽운동에 헌신하였다.

76) 여섯 현인 : 이발(李潑), 이길(李洁), 정개청(鄭介淸), 유몽정(柳夢井), 조대중(曹大中), 이황종(李黃鍾)을 이른다. 《東南小史 卷3》

77) 원효왕(元孝王) : 조선의 19대 임금 숙종(肅宗)으로, '원효(元孝)'는 숙종의 존호 '현의광륜예성영렬장문헌무경명원효(顯義光倫睿聖英烈章文憲武敬明元孝)' 중 끝의 두 글자를 따 이른 것이다.

78) 나 : 장석신(張錫藎, 1841~1923)을 이른다. 본관은 인동(仁同), 자는 순명(舜鳴), 호는

(廢錮)된 채로 죽음을 각오하고 있는 터라 감히 이 일에 응하지 않다가, 수백 년 동안 미처 마치지 못한 일이기도 하고 4백 리 먼 길을 찾아온 정성도 있어 의리상 끝까지 사양하지 못하였다. 이에 마침내 내가 그 가장(家狀)과 《수암지(秀巖誌)》를 읽어보고 말하기를,

"아아! 공이 집에서는 효심과 우애가 지극하였고, 조정에 나아가서는 명절(名節)을 지켰는데 양화의 그물망에 걸려들었으니, 이는 진실로 하늘의 뜻이다. 공이 양화에 걸렸으나 결국은 그 울분을 풀어주고 그 실상을 포장(襃獎)한 것 또한 하늘의 뜻이다. 이미 포장이 이루어졌는데도 아직껏 그 의리를 드러낼 묘석 하나도 세우지 못하고 있는 것은 못난 후손이 부진해서임을 알 수 있으니, 이 또한 어찌 하늘의 뜻이 없다고 하겠는가?" 하였다.

공의 휘는 발(潑)이고 자는 경함(景涵)이며 본관은 광주(光州)이다. 좌복야(佐僕射) 순백(珣白)은 그 먼 조상이고, 5세조 선제(先齊)는 세자좌부빈객(世子左副賓客)을 지내고 경창군(慶昌君)에 봉해졌으며 호는 필문(蓽門)이다. 고조(古祖) 형원(亨元)은 예문 제학(藝文提學)을 지냈고, 증조(曾祖) 달선(達善)은 수찬(修撰)을, 조(祖) 공인(公仁)은 한림(翰林)을 지냈으며, 고(考) 중호(仲虎)는 부제학을 지냈고 호는 이소재(履素齋)이다. 10세에 걸쳐 연달아 문과(文科)에 급제하였는데, 일찍이 그 홍패(紅牌)들로 병풍을 만들어 선대의 제사 때마다 펼쳐 놓고 후손들에게 보임으로써 나라의 은혜에 보답하고 가학(家學)을 전승하게 하였다.

어머니 해남 윤씨(海南尹氏)는 수찬(修撰) 구(衢)의 딸이다. 공은 공희왕(恭僖王)[79] 갑진년(1544, 중종39) 해남 연동(蓮洞) 외가에서 태어났다. 몸가짐이

과재(果齋)·일범(一帆)이다. 다른 이름은 장동한(張東翰)이며, 장석영(張錫英)의 형이다. 1905년 을사조약으로 나라의 외교권을 박탈당하자 협약을 철회하고 을사5적을 처형할 것을 상소하였다. 국권피탈 후 가야산(伽倻山)에 은거하며 후학양성에 힘썼다. 저서로 《나려국조명신록(羅麗國朝名臣錄)》,《전후집별집(前後集別集)》,《동화세기(東華世紀)》 등이 있으며, 시문집인 《과재문집》 11권 5책이 전한다.

79) 공희왕(恭僖王) : 조선의 11대왕 중종(中宗)의 시호(諡號)이다.

단정하였고 재주와 슬기가 뛰어났다. 어려서 책을 읽어 이미 학문을 하는 방도를 알았고, 자라서는 김척암(金惕庵),[80] 민습정(閔習靜)[81]을 스승으로 섬기며 문성공(文成公) 이이(李珥), 문충공(文忠公) 류성룡(柳成龍), 문열공(文烈公) 조헌(趙憲), 수우당(守愚堂) 최영경(崔永慶)을 벗으로 하니 유익함이 매우 컸다. 어버이 섬기기를 충심을 다해 극진히 봉양하여 탕약 달이는 일을 비복에게 맡기지 않았다. 매일 아침 조복을 입고 사당을 참배하고 어머니에게 문안 인사를 올렸다. 어머니가 닭장을 싫어하였는데 침실(寢室) 가까이에 있으며 소리가 시끄러웠기 때문이었다. 이에 시비(侍婢)들에게 명하여 치우게 하였는데 공이 직접 우리를 치우다가 알이 깨져 조복을 더럽혔다. 이 광경을 본 사람이 눈이 휘둥그레 놀라 멍하게 있자 공이 손으로 닦고 어머니에게 알리지 말라 경계하니, 어머니가 놀랄까 염려해서 였다. 한 명의 형, 두 명의 아우와 같은 방에서 거처하며 즐겁고 화락하게 지내니 고을 사람 모두가 그 효심과 우애를 칭송하였다.

무진년(1568, 선조1) 사마시(司馬試)에 입격하고, 계유년(1573, 선조6) 알성시(謁聖試)에서 장원급제 한 후 호당(湖堂)과 홍문관에 선발되었으며 이후 전랑(銓郎), 사인(舍人), 이조 참의(吏曹參議), 대사성(大司成), 대사간(大司諫)을 두루 거쳐 부제학(副提學)에 이르니, 모두 손꼽히는 화무직(華膴職)[82]이 었다. 조정에 있으며 인재의 등용을 자기의 소임으로 삼았고, 차자를 올려 다스림의 근본을 진언하였으며 경연에서 왕도의 요체를 아뢰었다. 인물의 선악을 논함에 주저함이 없었고 대인을 하찮게 보기[藐視大人][83]를 강직하게 하며 아첨하지 않았다. 이 때문에 기뻐하지 않는 자들이 이를

---

80) 김척암(金惕庵) : 김근공(金謹恭, 1526~1568)으로, 척암(惕菴)은 그의 호이다.

81) 민습정(閔習靜) : 민순(閔純, 1519~1591)으로, 습정(習靜)은 그의 호이다.

82) 화무직(華膴職) : 화(華)는 사헌부·사간원·홍문관의 삼사와 같은 청환직(淸宦職)을 가리키며, 무(膴)는 호조와 같이 녹이 후한 관직을 가리킨다.

83) 대인을 하찮게 보기[藐視大人] : 권력과 명성에 굴하지 않는다는 의미로, 맹자가 "대인에게 유세할 때에는 하찮게 여기고 존귀함을 보지 말아야 한다.[說大人 則藐之 勿視其巍巍然]"라고 한 구절을 인용한 것이다. 《孟子·盡心下》

갈고 틈을 엿보아 당론이 치성해지고 창칼을 들고 싸우는 지경에 이르니, 공이 보기에 마치 공복(公服)을 정제하고 도탄에 앉아있는 듯한 형국이었다. 공이 남쪽으로 귀향하며 지은 시를 보면, "아침에 일어나 간밤 꿈을 기억해 보니, 반은 어머니요 반은 성군이어라.[朝來記得中宵夢, 半是慈親半聖君]"라는 구절이 있었다. 선영(先塋) 아래 거처하며 문하의 제현(諸賢)들과 경의(經義)를 강론하며 토론하였고,《칠서강의(七書講義)》2책을 저술하는 등 산수 간에 시를 읊으며 일생을 마칠 뜻을 가졌다.

기축년(1589, 선조22) 정여립(鄭汝立)의 모반이 일어나자, 당인(黨人)들이 이를 기화로 삼아 기뻐 날뛰며 일제히 일어나 공을 지목해 역적과 교분이 두텁다고 하는 등 터무니없는 말로 날조 무함하였다. 처음에 종성(鍾城)에 유배되었다가 곧 다시 잡혀와 형신을 받으니, 온몸에 온전한 살점이 없고 숨이 거의 끊어질 지경이었으나 그래도 단정히 꿇어앉아 진술하였는데 조리가 정연하여 조금의 어긋남도 없었다. 백사(白沙) 이 문충공(李文忠公)[84] 이 당시 문랑(問郎)으로서 이 광경을 보고 나와 다른 사람에게 말하기를, "국정(鞫庭)에서 행동거지가 어긋나지 않은 사람은 경함(景涵)[85] 한 사람뿐이다." 하였다. 이윽고 공의 숨이 끊어지자, 사람들이 화를 두려워하여 감히 가까이 가지 못하였는데 부윤(府尹) 허상(許鏛), 만전(晩全) 홍가신(洪可臣)이 관을 마련하고 염습을 하여 곡하기를, "내 어찌 차마 화를 당할까 두려워하여 저버리겠는가?" 하였다. 시흥(始興) 설월리(雪月里) 묘향(卯向) 언덕에 장사지냈다.

경인년(1590, 선조23) 모부인(母夫人)과 9살 어린 아이가 함께 옥사하였고, 문생과 하인들도 대부분 형신을 당하였으나 불복하였다. 아, 당쟁의 화가 어찌 이리도 참혹하단 말인가! 부인 밀양 박씨(密陽朴氏)는 참판 이(苡)의

---

84) 백사(白沙) 이 문충공(李文忠公) : 이항복(李恒福)을 가리키는 것으로, 백사(白沙)는 그의 호, 문충(文忠)은 그의 시호이다.
85) 경함(景涵) : 이발(李潑)의 자(字)이다.

딸로, 묘는 □□산 □향에 있다. 둘째 아들 만수(萬壽)는 7세의 나이로 붙잡히려던 차에 여종 귀덕(貴德)이 업고 도망갔는데, 자기 아들의 목숨으로 만수를 대신하였으나 조정에서는 알지 못하였다. 신원이 이루어졌을 때 일족의 후손 종백(宗伯)을 입후(立後)하도록 명하였다. 딸은 승지 양시경(楊時慶)에게 시집갔다. 만수는 아들 철신(哲臣)을 두었고, 철신은 아들 만손(晚孫)과 만연(晚廷)을 두었으며, 만손은 아들 홍립(弘立)을, 만연은 아들 홍수(弘守)를 두었다.

다음과 같이 명(銘)한다.

묻건대 공의 귀향길은 무사했는가? 어찌하여 하늘은 푸르고 땅은 검은데 북쪽 대궐을 바라보았는가? 묻건대 공의 취함은 올발랐던가? 어찌하여 포박된 채 옥에 갇혀 스스로 병들었는가? 아, 시대와 운명이 어긋나니, 이응(李膺), 범방(范滂)도 벗어나지 못하였네. 백 년 후 하사받은 의금(衣衾)이 찬란하니, 밝은 하늘 참되게도 기어이 돌아왔네.[86] 성대한 풍모와 지조 후세에 드리우니, 눈 덮인 오산(梧山) 우러르며 절뚝이지도 뛰지도 않네.

수암서원(秀巖書院)[87] 봉안문(奉安文)

한양(漢陽) 조중일(趙重日) 지음

4세(世)에 걸쳐 5공(公)을 배출하니, 자취를 이어 덕과 짝하였네. 백

---

86) 밝은 …… 돌아왔네 : 《초사(楚辭)》〈초사후어(楚辭後語) 궤시(佹詩)〉에서, "밝은 하늘이 회복되지 않으니 근심이 끝이 없도다. 천추에 반드시 되돌아오리니 옛 떳떳한 도리이다. 제자들은 학문에 힘쓰라. 하늘이 잊지 않을 것이다.[皓天不復 憂無疆也 千秋必反 古之常也 弟子勉學 天不忘也]"라고 한 순자(荀子)의 말을 인용한 것이다.

87) 수암서원(秀巖書院) : 전라남도 강진군 성전면 수양리에 있는 서원이다. 조선 전기의 문신 이선제(李先齊)를 봉안하기 위하여 1624년(인조2)에 창건되어 1820년(순조20)에 수암사(秀巖祠)라 사액되었다. 1868년(고종5)에 흥선대원군의 서원철폐령에 따라 훼철되었다가 1919년에 신실(神室)이 건립되고 1920년에 설단되었다. 이선제를 비롯하여 이조원(李調元)·이중호(李仲虎)·이발(李潑)·이길(李洁)이 배향되어 있다.

년을 기다려, 묘우를 새롭게 낙성하였네.

상향문(常享文)

가학으로 시(詩)와 예(禮) 배워, 평생토록 충효했네.
나라 은혜 사모하여, 반드시 보답하려 하였네

위는 동암(東巖) 이 선생(李先生)의 상향문이다.

사림의 영원한 그루터기, 가을 물 서리 맞은 갈대.
끊이지 않는 맑은 바람에, 나약한 이 일어나 염치를 세우네.

위는 남계(南溪) 이 선생(李先生)의 상향문이다.

진성(眞城) 이휘령(李彙寧)[88] 지음

시(詩)와 예(禮)는 선대의 유업(遺業)이니, 충효의 대절 뛰어났네. 완악한
자 염치를 알고 나약한 자 뜻을 세우니,[89] 백세에 교화가 드리웠네.

위는 동암(東巖) 이 선생(李先生)의 상향문이다.

---

88) 이휘령(李彙寧) : 1788~1861. 본관은 진성(眞城), 자는 군목(君睦), 호는 고계(古溪).
아버지는 이승순(李承淳)이며, 어머니는 경주최씨(慶州崔氏)이다. 종가의 이지순(李志
淳)에게 입후되어 이황(李滉)의 10세 종손이 되었다. 이황의 성리학에 전심, 가학(家學)
을 이었다.

89) 완악한 …… 세우니 : 탐욕스러운 사람은 청렴해지고 나약한 사람은 뜻을 세우게
된다[廉頑立懦]는 뜻으로, 맹자가 백이의 청렴한 절개를 칭송한 말이다.《맹자(孟子)》
〈만장 하(萬章下)〉에서 맹자가 "백이의 풍도를 들은 자들은, 탐욕한 사람은 청렴해지
고 나약한 사람은 뜻을 세우게 된다.[聞伯夷之風者, 頑夫廉, 懦夫有立志.]"라고 한 말을
인용한 것이다.

충효가 화합하여 도의의 영수가 되었네. 맑은 명성 지극한 행실 온 천지에 영원하리라.

위는 남계(南溪) 이 선생(李先生)의 상향문이다.

동암(東巖)·남계(南溪) 두 분의 사실기의 뒤에 씀
[東巖南溪二公事實記後]

옛날부터 흉특하고 시기하는 무리들은 정인(正人), 단사(端士)를 미워하여 어떤 일을 빌미로 무고하게 얽어매다가 결국에는 예측할 수 없는 화를 만들어 내었으니, 크게는 주륙(誅戮)하거나 유배하고 작게는 폐척(廢斥)하거나 금고(禁錮)하는 것이 어느 때인들 없었겠는가? 비록 그러하나 올바른 것을 가리켜 사악하다고 하거나 충신을 가리켜 아첨꾼이라 하는 것은 대개 모두 조그만 문채(文彩)를 과장하여 자개 무늬의 비단이라고 한 것90)이었다. 그러나 수레에 가득 실린 귀신을 보고 활시위를 당기듯이91) 전혀 없는 사실을 있다고 하면서 점점 더 크게 확대하여 마침내 멸족(滅族)의 참화를 이룬 경우는 수천, 수백 년 역사에서도 또한 흔히 볼 수 없는

90) 조그만 …… 것 : 《시경(詩經)》〈항백(巷伯)〉에 "조금 문채가 있는 것으로, 자개 무늬의 비단을 이루도다.[萋兮斐兮. 成是貝錦]" 한 데서 나온 말로, 참소하는 사람이 남의 작은 잘못을 그럴듯하게 꾸며서 큰 죄가 있는 것처럼 날조하는 것을 가리킨다.

91) 수레에 …… 당기듯이 : 존재하지 않는 것을 있다고 하는 터무니없는 말을 가리킨다. 《주역(周易)》〈규괘(睽卦)〉 상구(上九)에 "상구(上九)는 규고(睽孤)하여, 돼지가 진흙을 등에 묻힌 것과 귀신(鬼神)이 한 수레에 가득히 실려 있는 것을 보는 것이다.[睽孤, 見豕負塗, 載鬼一車]"라고 한 데서 온 말이다. 전(傳)에서 풀이하기를, "상(上)은 삼(三)과 비록 정응(正應)이 되나 규(睽)의 극(極)에 거하다 보니 의심하지 않는 것이 없다. 그래서 삼을 보기를 더러운 돼지가 등에 진흙까지 묻히고 있는 것처럼 여기니, 깊이 미워함을 나타낸 것이다. 미워하는 것이 심하면 시기하여 그 죄악을 이루어 마치 귀신이 한 수레에 가득히 실려 있는 것을 보는 것과 같다. 귀신은 본래 형체가 없는데 한 수레 가득히 실려 있는 것을 본다는 것은 없는 것을 있는 것으로 여김을 말한 것이니, 망녕됨이 지극하다."라고 하였다.

것이었으니, 아아, 슬프다! 옛날 진회(秦檜)가 "아마도 그런 일이 있지 않았겠는가?[莫須有]"라는 세 글자로 악비(岳飛)를 모함하여 죽음에 이르게 하자,[92] 동래(東萊) 여성공(呂成公)[93]이 말하기를,

"나는 악무목(岳武穆)[94]의 죽음을 생각할 때마다 곧바로 하늘에 호소하고자 하였으나 어찌할 방도가 없었다." 하였으니, 지금 나 또한 두 공이 원통한 죽음을 맞은 일에 대해 그렇게 말할 수 있다.

공의 족손(族孫) 두망(斗望)은 호남(湖南)의 선비이다. 강개하여 기절(氣節)이 있고 오래도록 나와 종유(從遊)하여 망년지교(忘年之交)를 맺었었는데, 때때로 이 일에 대해 언급할 때면 비분함이 가슴에 가득하지 않은 적이 없었으며 간혹 목이 메어 말을 잇지 못하는 경우도 있었다. 마침 내가 죄인으로 폐고(廢固)되어 남쪽으로 내려오자,[95] 찾아와 일찍이 수집해

---

92) 진회(秦檜)가 …… 하자 : 악비는 남송의 명장으로, 금나라의 군대를 여러 차례 격파해 고종으로부터 '정충악비(精忠岳飛)'라는 4글자를 하사받았다. 그 뒤 초토사(招討使)가 되어 금나라 군대를 대파한 뒤 황하를 건너 진격하려고 하였는데, 주화론을 주장하던 진회(秦檜)의 음모로 군사를 돌렸다가 체포되어 옥사(獄死)하였다. 진회가 악비를 무함하여 죽일 때, "악비의 아들 운(雲)이 장헌(張憲)에게 보낸 편지 내용이 불분명하긴 하나 사체로 볼 때에는 있을 법한 일이다.[莫須有]"라고 하자, 한세충(韓世忠)이 "'막수유'라는 세 글자를 가지고 어떻게 천하 사람들을 이해시키겠는가."라고 한 고사가 있다. 이후 '막수유'는 악비의 억울한 죽음을 상징하는 용어이자 사실이 분명치 않은 사건을 있을 법한 일이라고 추단(推斷)하는 옥사를 지칭하는 말로 사용되었다. 《宋史·岳飛列傳》

93) 동래(東萊) 여성공(呂成公) : 남송의 유학자인 여조겸(呂祖謙, 1137~1181)을 말한다. 그의 처음 시호가 성(成)이었기 때문에 여성공(呂成公)이라고 하였다. 자는 백공(伯恭), 호는 동래(東萊)이다. 주희, 장식(張栻)과 친하여 동남삼현(東南三賢)이라 불렸다. 주자(朱子)와 절친한 벗으로, 함께 북송 도학자들의 어록인 《근사록(近思錄)》을 편저했고, 사학(史學)을 주장하여 절동학파(浙東學派)의 시조가 되었다. 저서로는 《동래좌씨박의(東萊左氏博議)》, 《동래역설(東萊易說)》, 《동래집》 등이 있다.

94) 악무목(岳武穆) : 악비(岳飛, 1103~1141)를 이르는 말로, 무목은 악비의 시호이다.

95) 내가 …… 내려오자 : 이 글의 저자 이현일(李玄逸, 1627~1704)은 1694년(숙종20) 갑술옥사(甲戌獄事)로 남인이 축출 당하자 조사기(趙嗣基)를 신구하다가 홍원(洪原)에 유배되었고, 다시 서인의 탄핵을 받아 종성(鍾城)에 위리안치(圍籬安置) 되었다가 1697년(숙종23) 광양(光陽)에 이배(移配), 1704년(숙종30)에 풀려나와 10월에 세상을 마쳤다. 본문의 남쪽은 광양을 가리킨다.

엮어 두었던 〈이공유사기(李公遺事記)〉 한 통을 보여주며 한 마디 말이라도
써 주기를 청하였다. 내가 받들어 읽으며 감격하여 눈물을 흘렸기로,
인하여 그 뒤에 써서 돌려보낸다.

  숙종 24년(1698) 무인(戊寅) 3월 을미(乙未) 재령(載寧) 이현일(李玄逸)[96]
씀.

  내가 세상의 죄인이 되어 유배지를 네 번 옮긴 끝에 지금 전라도 지도(智島)
에 이르렀다.[97] 일민(逸民)[98] 이두망(李斗望) 씨가 분령(分嶺)[99]에서 찾아와
생사의 안부를 묻고, 이어 기록한 글을 펼쳐 보이며 말하기를,

  "이것은 동암(東巖) 선생 형제가 화를 입은 일의 전말을 적은 것이니,
원컨대 군자의 한마디를 얻어 일사장(逸事狀)으로 삼고자 합니다." 하기에
내가 병을 이유로 사양하였다. 천천히 그 기록을 살펴보니, 두망씨가
두 분의 생애를 대략 서술하고 이 사건에 대한 당대 저명한 인사들의
기록을 매우 상세히 뽑아 놓았는데, 효심과 우애는 두 공의 천성이었다.

---

96) 이현일(李玄逸) : 1627~1704. 본관은 재령(載寧), 자는 익승(翼升), 호는 갈암(葛庵)이
   다. 1666년(현종7) 영남 유생들을 이끌고 송시열(宋時烈)의 기년예설(朞年禮說)을
   비판하는 소를 올렸다. 숙종이 즉위하던 해(1674)에 참봉에 천거되어 지평에 제수되었
   으며, 뒤이어 대사헌이 되어 과거제도의 개혁을 주장하였다. 갑술옥사(甲戌獄事)로
   종성(鐘城)과 광양에 안치되었다. 영남학파의 거두로 퇴계의 이기호발설(理氣互發說)
   을 지지하였다. 1852년(철종3) 복관되었고, 1871년(고종8) 문경(文敬)이라는 시호가
   내려졌다.
97) 내가 …… 이르렀다 : 이 글의 저자 이봉징(李鳳徵, 1640~1705)의 본관은 연안(延安),
   자(字)는 명서(鳴瑞), 호는 은봉(隱峯)이다. 1640년 지평을 지낸 이완(李完)의 첫째
   아들이다. 갑술옥사로 남인들이 숙청될 때 파직되었다가 이후 형조 참판으로 복직하
   였다. 1701년(숙종27) 8월, 인현왕후(仁顯王后)의 상(喪)에 희빈(禧嬪) 장씨(張氏)의
   복제(服制)는 다른 후궁과 차이를 두어야 한다고 상소하였다가 거제도(巨濟島)에
   유배되었고, 1704년 지도(智島)로 이배(移配), 위리안치(圍籬安置)되었다가 1705년
   배소에서 졸하였다. 《承政院日記 肅宗 27年 8月 27日, 31年 6月 29日》
98) 일민(逸民) : 학문과 덕행이 있으나 세상에 나와 출사(出仕)하지 않고 은거하는 선비를
   이른다.
99) 분령(分嶺) : 전라도 낙안군(樂安郡)의 옛 명칭이다.

공자가 이르기를, "충신은 반드시 효자의 가문에서 구해야 한다."¹⁰⁰⁾ 했다. 공의 지극한 행실이 이와 같은데, 어찌 정철(鄭澈)의 무함처럼 임금을 잊고 역적을 붙좇았을 리가 있겠는가?

공은 형신(刑訊)을 받으면서도 안색이 변하지 않았고 말도 조리가 분명하였으니 지금까지도 듣는 자들이 시원하게 여기고 있다. 또한 애로(厓老)¹⁰¹⁾의 헌의(獻議), 송상(松相)¹⁰²⁾의 계사(啓辭)를 보면 오랫동안 감개(感慨)하게 된다. 공이 일찍이 이조에 있으며 정철을 배척하는데 매우 엄격하였으므로, 정철이 위관(委官)이 되었을 때 공을 구원하는 말을 한 마디라도 하는 사람이 있으면 문득 죄를 얽어 3년의 대옥(大獄)을 만들었고, 마침내 공의 80세 노모와 10세 어린 아이까지도 죽음을 면치 못하게 하였으니, 사람에게 원독(冤毒)을 끼친 것이 심하다고 할 만하다. 정철이 이후 죄를 받았다고는 하나 이미 세상을 떠난 공에게 무슨 유익함이 있겠는가? 그래도 오리(梧里)¹⁰³⁾를 비롯한 여러 공들이 공의 억울함을 풀어달라 청하여 공의 관작이 회복되었고, 임금의 주벌(誅伐)이 이미 백골이 된 정철에게 가해졌으니, 공은 구천에서나마 생전의 불행을 슬퍼하고 있지만은 않을 것이다. 두망씨의 이 집록(輯錄)은 모두 만고에 길이 전할 전적(典籍)이니, 내 다시 무슨 말을 하겠는가? 그 청을 거절하기 어려워 짧은 글을 써서 책 끝에 붙인다.

주상 재위 31년 을유년(1705) 초여름 초길(初吉)¹⁰⁴⁾ 연안(延安) 이봉징(李鳳徵) 씀.

100) 공자가 …… 한다 : 《후한서(後漢書)》 권56 〈위표전(韋彪傳)〉에 "공자(孔子)가 이르기를, '어버이를 효도로 섬기기 때문에 충성을 임금에게 옮길 수 있나니, 그러므로 충신은 반드시 효자의 가문에서 구하는 것이다.'라고 하였다."[孔子曰 ; "事親孝, 故忠可移於君, 是以求忠臣, 必於孝子之門.]"라고 하였다.
101) 애로(厓老) : 서애(西厓) 류성룡(柳成龍)을 이른다.
102) 송상(松相) : 송강(松江) 정철(鄭澈)을 이른다.
103) 오리(梧里) : 완평부원군(完平府院君) 이원익(李元翼)의 호이다.
104) 초길(初吉) : 매월 음력 초하루를 이르는 말이다.

우리 장헌대왕(莊憲大王)[105]의 하교(下敎)에 이르기를,

"진(秦) 나라 때 잔악하고 포악함을 숭상하여, 조고(趙高)[106]의 무리가 가혹하고 각박한 법에 힘쓰고 어진 은혜가 없어 이세(二世)만에 망하였으니[107] 어찌 경계하지 않으랴? 옥사(獄事)란 것은 사람의 사생(死生)이 매인 것이다. 진실로 참된 정상을 얻지 못하고 매질로 자복을 받으려 하면, 형벌이 중도에 맞지 않아 원통함을 머금고 억울함을 품게 되어 끝내 신원(伸冤)이 이루어지지 못하고 족히 천지의 화기를 상하게 하여 수재(水災)와 한재(旱災)를 초래하게 되니, 이는 고금(古今)의 통환(通患)이다."라고 하였다. 선묘 조(宣廟朝)에 풍원부원군(豐原府院君) 류문충(柳文忠)[108]이 아뢴 말에, "큰 옥사 뒤에는 반드시 큰 병란이 있기 마련이니, 이는 사리가 그러한 것입니다. 대저 큰 병란과 큰 옥사는 한(漢)·당(唐)이 나라를 망친 까닭입니다."라고 하였다.

생각건대 쇠잔하고 비천한 이 몸은 산동(山東)의 한 백성에 불과하다. 비록 백세 후라 해도 지팡이를 짚고 성조(聖朝)가 내리신 교지의 뜻을 경청[109]하면 생을 보전해주는 천지의 인(仁)을 볼 수 있으리니, 온 동녘

---

105) 장헌대왕(莊憲大王) : 세종을 이른다. 장헌은 세종의 시호로서, 아래 하교의 내용은 《세종실록(世宗實錄)》 13년 6월 2일 기사에 실려 있다.

106) 조고(趙高) : 진(秦) 나라 때의 환관이다. 진 시황(秦始皇)이 죽자 승상(丞相) 이사(李斯)와 거짓 조서를 만들어 장자(長子) 부소(扶蘇)를 죽이고 이세(二世) 호해(胡亥)를 세웠다. 이후 이사를 죽이고 승상이 되어 대소사를 제멋대로 하다가 진나라를 멸망에 이르게 하였다.

107) 이세(二世)만에 망하였으니 : 진나라는 기원전 221년 시황제(始皇帝)가 6국을 멸망시켜 통일한 지 14년 만인 기원전 207년에 이세 황제(二世皇帝) 호해(胡亥)가 조고(趙高)에 시해되었고, 그 다음해인 기원전 206년에 이세 황제의 아들 진왕(秦王) 자영(子嬰)이 유방(劉邦)에게 항복하여 멸망하였다.

108) 류문충(柳文忠) : 류성룡(柳成龍, 1542~1607)을 이르는 것으로, 문충은 그의 시호이다.

109) 산동(山東)의 …… 경청 : 조령(詔令)에 고무되어 덕화(德化)를 바라는 늙은 백성들을 이른다. 옛날 한 문제(漢文帝) 때 산동의 관리가 조령을 선포하면 노쇠한 늙은이들까지 지팡이를 짚고 가서 듣고 죽기 전에 덕화가 이루어지는 것을 보기 원했다는 고사에서 나온 말이다. 《漢書 卷51·賈山傳》

땅 억만 백성들 중 누구인들 당대에 성대한 덕화를 볼 것이라 생각하지
않겠는가? 풍원부원군이 아뢴, 큰 옥사와 큰 병란에 관한 의론110)은 또한
당시의 경험에서 나온 것으로 성상의 마음을 극진하고 완곡하게 깨우친
것이다. 대개 사서(史書)에 역대 형정이 실추된 사례가 드러난 것을 말하자
면, 모질게 달군 구리 기둥111)으로 충성스럽고 현량한 인재를 불태워
죽였으니 슬퍼할 만하고, 적위(赤渭)의 물결 소리에 백성이 노륙(孥戮)되었
으니 무슨 죄란 말인가? 동한(東漢)의 어진 인재들을 금고(禁錮)하고,112)
원우(元祐) 당인들에 대한 주살을 의논한 것113)은 모두 간악한 환관의
모략이자 뭇 소인들이 뜻을 얻어 행한 것으로, 검수도산(劍樹刀山)114)같은
혹독한 형벌로 비바람을 호령함은 소문과 같고, 나희석(羅希奭)・길온(吉溫)
같은 간신이 원옥(冤獄)을 만들어 무고한 사람을 해친 것[羅鉗吉網]115)은

110) 큰 …… 의론 : "큰 옥사 뒤에는 반드시 큰 병란이 있기 마련이니, 이는 사리가
    그러한 것입니다.[大獄之後, 必有大兵, 理所必然.]"라고 한 류성룡의 말을 가리킨다.

111) 모질게 …… 기둥 : 은(殷)의 주왕(紂王)이 달기(妲己)를 총애하여 술로 연못을 만들고
    고기를 걸어서 숲을 만들어 놓고는 밤새도록 잔치를 벌이면서 즐겼으며, 이를 비방하
    는 자에 대해서는 구리 기둥에다 기름을 바르고 이를 숯불로 달군 다음 기어 올라가게
    하는 포락(炮烙)의 형벌을 내리고 달기와 함께 이를 보면서 즐기는 등, 황음(荒淫)을
    하였다. 이에 무왕(武王)이 주왕을 축출하고 은나라를 멸망시켰다. 《史略 卷1・夏后氏,
    殷成湯》

112) 동한(東漢)의 …… 금고(禁錮)하고 : 동한 말엽 환관(宦官)들이 권력 농단을 진번(陳
    蕃)・이응(李膺) 등이 바로잡고자 공박하였는데, 환관들은 도리어 당인(黨人)이라고
    지목하고 종신토록 금고(禁錮)하였던 당고(黨錮)의 변을 이른다. 《後漢書・黨錮列傳》

113) 원우(元祐) …… 것 : 송(宋) 휘종(徽宗) 숭녕(崇寧) 원년(1102)에 채경(蔡京)이 재상이
    되어, 사마광(司馬光)・문언박(文彦博)・소식(蘇軾)・정이(程頤) 등 120인을 간당(姦
    黨)으로 지목하여 이른바 원우 간당비(元祐姦黨碑)를 세우고, 다시 사마광 이하 309인
    을 기록하여 원우 당적비(元祐黨籍碑)를 세운 뒤에 천하에 반포한 일을 이른다.
    《宋史 卷19・徽宗本紀, 卷472・姦臣列傳・蔡京》

114) 검수도산(劍樹刀山) : 무성한 숲처럼 칼을 거꾸로 세워 이루어진 산을 건너가게 하는
    불교의 지옥을 말한다.

115) 나희석(羅希奭)・길온(吉溫) …… 것[羅鉗吉網] : 나겸길망(羅鉗吉網)은 당나라의 간신
    나희석(羅希奭)과 길온(吉溫)이 원옥(冤獄)을 만들어 무고한 사람을 해친 것을 이른다.
    천보(天寶) 연간에 이임보(李林甫)가 재상이 되자, 자신과 뜻을 달리하는 사람들을
    제거하기 위하여 혹리(酷吏)인 나희석과 길온을 등용하여 어사로 삼았다. 이들이

우레 같은 임금의 위엄을 빙자하여 권위를 행사한 것이니, 이는 모두 순식간에 난망(亂亡)이 서로 잇따른 것이다.

미루어 보건대 3년에 걸친 아조(我朝)의 기축 대옥(大獄)은 8년간의 임진대 병란을 초래했다. 그 응험이 이리도 빠른데 경계하지 않을 수 있겠는가? 다행히도 조종 성령이 묵묵히 보우하사 주나라와 한나라가 다시 부흥할 수 있었고, 우리 선조 대왕은 총명예지한 자질로서 금방 대오각성 하셨다. 그리하여 당시의 옥관들을 '간독(奸毒)'이라 지목한 엄한 전교를 받들어 조당(朝堂)에 방을 붙여 게시하게 하고 먼 변방으로 유배하시니, 이에 이르러 원한을 품은 황천의 유골이 억울함이 풀리는 은택을 크게 입었다. 또한 하늘의 기강을 넓혀서 모두에게 관대한 도량[包荒]116)을 베푸셨으니, 이는 이른바 마른 뿌리에서 화려하게 꽃이 핀 것117)이며 마른 뼈에 통통하게 살이 오른 것이다. 화락한 기운을 불러오고 천신이 보우해주시니, 난리를 평정하고 중흥을 이루는 거사가 실로 여기에 기반한 것이다. 당시 옥사를 주관한 관인으로 말하자면 그 마음 씀과 형정의 사용에 대해 열 개의 손가락이 가리키고 열 개의 눈이 지켜보았으며118) 조야(朝野)의 사필(史筆)이 전하였으니, 그가 만약 다른 대에 태어난다 해도 성조(聖祖)를 섬길

이임보의 뜻을 받들어 무고한 사람들을 무함하고 원옥(冤獄)을 만들어 내자, 당시 사람들이 '나겸길망(羅鉗吉網)'이라고 칭하였다. 겸(鉗)은 목에 채우는 형구이고, 망(網)은 죄망(罪網)을 이른다. 후에는 간신들이 붕당을 지어 무고한 사람들을 해치는 것을 비유하는 말로 쓰였다. 《舊唐書 卷186·酷吏列傳·羅希奭》

116) 관대한 도량[包荒] : 거칠고 더러운 것까지 관대하게 포용한다는 뜻으로, 《주역》 〈태괘(泰卦) 구이(九二)〉에 "거친 것을 포용해 주고, 황하(黃河)를 맨몸으로 건너는 용맹을 발휘하며, 멀리 있는 것을 버리지 않고, 붕당(朋黨)을 없애면 중도에 합치되리라.[包荒, 用馮河, 不遐遺, 朋亡, 得尙于中行.]"라고 한 데서 온 말이다.

117) 마른 …… 것 : 《주역》 〈대과괘(大過卦) 구이(九二) 경문에서 "마른 버드나무에 뿌리가 생기며 늙은 남자가 젊은 아내를 얻으니 이롭지 않음이 없다.[枯楊, 生稊, 老夫, 得其女妻, 无不利]"는 구절을 인용한 것이다.

118) 열 …… 지켜보았으며 : 《대학장구(大學章句)》 전(傳) 6장에 "증자가 말하기를 '열 개의 눈이 지켜보는 바이고 열 개의 손가락이 가리키는 바이니 얼마나 두려운가.' 하였다.[曾子曰, 十目所視, 十手所指, 其嚴乎]"라고 한 구절을 인용한 것이다.

수 없을 것이고, 동국(東國)의 신자 됨을 면할 수 없다면 장헌대왕의 죄인이
될 것이 분명하다. 만약 성령이 밝게 임한다면, 진나라 때 조고(趙高)의
무리를 귀히 여기지 않고 부월(鈇鉞)로 주살하였을 것이니, 어찌 잠시라도
용서할 수 있겠는가? 일찍이 이 책을 엮으며 옥사의 시말을 두루 살펴보고
마음속으로 개탄함이 없을 수 없어 붓 가는대로 쓰다 보니 여기에 이르렀다.
진실로 시휘(時諱)에 저촉됨을 알고 있으니, 나를 알아주는 것도 나를
죄주는 것도 오직 하늘일지언저!

　계축년(1913) 겨울 10월 하순[下浣] 통훈대부(通訓大夫) 전 한성부판사(前漢
城府判事) 파평(坡平) 윤경규(尹庚圭) 씀.

《東南小史》校勘·標點

校刊 東南小史 序 | 張錫英

夫天地之大, 而寒暑災祥有不得其常者, 何哉? 人固不得無憾於此也. 竊嘗論之, 天道玄遠, 久而後亦有報應, 蓋亦莫之致而致也. 今人有不耕不獲, 而視天夢夢, 幸望其兩粟, 又有今日行一善事, 明日責報於天, 曰"爲善無報"者, 皆妄也. 苟使雷霆日轟轟繞天, 而爲惡者擊之, 爲善者則日與之富貴福澤, 天亦曷勝其勞攘哉?

國朝士禍之酷, 至於己丑之獄而極矣. 天生善類, 若將陶鑄一世, 而又生鬼蜮之毒, 子光誣國史, 袞・貞做讖文. 子光・袞・貞合爲一人, 釀成東・南之禍, 而張羅設穽, 芟夷殆盡. 噫! 神天俯臨, 忍使善類就戮, 而黨人之計得售於巖廊之上, 是則可謂有天道耶?

雖然, 尺霧障天, 不能虧太陽之明, 重陰遍宇, 窮泉之一雷, 猶復四聰回悟, 榜罪人於朝堂, 襟紳齊籲, 泉下之幽冤始伸. 繼絶之命, 斷自宸衷, 又有貴德之忠, 而趙氏眞孤得脫於屠岸之手, 是則可謂無天道耶?

洌水 丁公生二百年之後, 裒輯朝家文字及野乘所載, 作《東南小史》. 蓋自東・南諸公居家立朝, 行義之可紀者, 以及黨議之分朋・獄事之鈎連・聖朝昭雪之典・士林尊衛之論, 莫不紀載, 而瞭然如見當日事. 使夫千載之下無所逃其善惡, 是則天之有應於久遠之後, 而人之所憾於天者, 始渙然矣. 孔子作《春秋》, 亂臣賊子懼, 此聖人之大權也. 竊謂此史之作, 而東方之爲人臣而黨惡而戕善者, 亦是以知誡也. 李君 炳夏奉丁公史, 方潔梨以壽之, 而踵六百里, 請余梳洗且謁弁文. 余嘗爲東巖 李公狀其行而悲之, 今亦不可辭也. 奉讀而丁乙之, 敬書于篇首.

太上陟方後四年, 辛酉孟冬, 仁州 張錫英謹序.

東南小史 序 | 安世泳

不佞少嘗侍家大人側, 獲聞東·南兩先生家禍孔酷, 而其詳得之於泂水所輯《小史》中矣. 古有光山 李氏號東巖·南溪, 以同氣生於明·宣朝右文之世. 文學·清望爲一代所推重, 而當東·西論橫潰之時, 出入經幄, 每以王道陳達, 振綱紀·分邪正爲己任, 欲回趙靜庵舊政, 少無苟合之意, 則不悅者多, 恰受一邊人睢盱, 必然之勢.

適會己丑之獄出於縉紳之間, 而彼平日不逞之徒乃翔舞焉, 謂此時可乘, 四張機牙, 百方羅織, 一時賢士大夫, 稍有聞者, 混被橫罹之禍, 則如二公先被網打之患, 亦必然之勢也. 一門老少, 蘆粉靡遺, 士林遭禍, 古今天下, 寧有若是之慘且酷耶? 天道無知, 於斯可驗, 而百世之下, 猶令人氣塞, 莫省所究也.

後雖有雪冤復爵·貤贈旌表之時, 眞孤隱逃無聞, 故繼絶之命出於仁廟楊敎. 而螟嗣雲仍, 其支也如弱線之延·其居也若晨星之望, 湖鄉古家尙傳東·南之號者, 是可曰"天道有知"耶?

浩劫滄桑, 杞·宋之文獻無徵, 後之君子亦或有尙義氣而致景慕者, 收拾遺粉餘馥·爛紙缺文以成若干篇者, 無論公私文蹟, 間多傳訛, 未可以盡信矣. 故泂水 丁公題羅皃所撰《秀巖誌》下云"原編諸條, 其曰'出於野乘'云者, 黨論以後, 不可憑也"者, 儘非虛語也.

光李門族, 自經禍變後, 殆三百年零替不振邇來, 始以東·南事蹟之在人者, 錄諸梓以徵諸後商量多矣. 歲辛巳春, 東巖後孫承弼持其族人遠基之託, 而來訪僻湫. 蓋洌水所輯《小史》一卷, 膽在几上者, 略有諛見之僭加添錄, 未免錯雜, 而亦嘗寓目於各人文藁者, 有意未錄, 不爲不多矣.

今玆事役, 三百年未遑之擧也, 敢以平昔氣類之感, 間嘗竊附己意, 多方考據, 用史家書例, 書頭每用上國年號·本朝世次月日以表章之. 始言黨論之相角·中言獄事之滋蔓·末言飜案伸理之事. 而雜出於各家傳記者·疏箚之出於朝報者, 略略抄錄以成書四編, 亦或有遺文漏蹟之可以添入者, 至如立祠升享時文蹟可考者以成五編. 蓋倣洌水所輯, 而略加更互推演, 則其於考校之名, 玆不敢辭焉.

辛巳二月上浣, 後學順興 安世泳謹序.

【卷之一】
동・서분당과 기축옥사의 발발

洌水 丁若鏞 輯

大明 嘉靖二十三年 甲辰【我中宗三十九年】李東巖公生于外鄉海南 白蓮洞 尹氏第【公母夫人尹氏橘亭 衢之女】. 諱潑, 字景涵, 東巖其號也. 李氏 光山人, 世居光州 泥場, 萬山 長子洞, 公徙居南平 元積洞, 今其遺墟在砥石江上. 提學仲虎之子.【見李氏家狀】

嘉靖二十九年, 庚戌【我明宗五年】南溪公生. 諱洁, 字景淵, 潑之弟也. 公之兄弟生而至孝. 父母素多疾病, 兄弟衣不解帶, 常侍側, 藥餌飲饌, 未嘗委諸婢僕.【見金時讓《荷潭錄》】公兄弟四人, 長曰汲, 季曰渙. 同居一室, 友愛篤至, 人無間言.

隆慶元年, 丁卯【我明宗二十二年】, 南溪公年十八, 中式年進士. 隆慶二年, 戊辰【我宣祖元年】, 東巖公年二十五, 中增廣進士.【上同】萬曆元年, 癸酉【我宣祖六年】, 東巖公年三十, 魁謁聖文科.

萬曆二年, 甲戌【我宣祖七年】秋七月, 以李潑爲吏曹佐郎. 潑少志於學, 立心不苟, 頗有清名. 李栗谷 珥力薦當路, 出身未幾, 卽居清要, 人望甚重.【見《石潭日記》】

潑爲人重厚嚴正, 自少有志於學術, 遊愓庵 金謹恭・習靜 閔純門, 與崔永慶最親, 洪可臣・許鏛・朴宜・尹起莘・金榮一・金宇顒輩爲同志之友, 皆以遠大期之. 及捷謁聖壯元, 華聞藉藉, 直拜銓郎, 扶植士論. 欲回趙靜庵舊政. 出入經筵, 每以王道陳達, 振網紀·分邪正爲己務, 少無苟合之意.
【見《掛一錄》】

時沈義謙·金孝元角立之說, 日益盛, 朝論紛紜. 大司諫鄭芝衍問于李珥
曰："議論橫潰, 將何處置?"珥曰："此由銓曹不得其人[1]故也. 但當靜以
鎭之, 終不可駁擊. 惟朴謹元所爲不厭衆心, 此可啓遞, 而銓郎有闕矣, 若得
公平之人補之[2], 政事得體. 而仁伯自求補外, 則庶可無事."芝衍深然之, 欲
只駁朴謹元, 以僚議欲悉駁銓官. 其論甚盛, 芝衍不能抑. 蓋吏曹佐郎[3]李
誠中·許篈皆孝元深友, 故欲擊之以殺其勢. 於是悉遞參判以下, 年少士
類多疑恨.【見《石潭日記》】

萬曆三年乙亥【我宣祖八年】, 東西黨起. 先是朝廷懲於乙巳之禍, 擠排外戚已
甚. 至是, 沈義謙目之爲西, 金孝元目之爲東. 右義謙者, 鄭澈·尹斗壽·
張雲翼·李海壽皆戚里[4]也. 右孝元者李山海·許曄·李潑·金應南·
白惟讓, 皆名流也. 餘外諸人不可盡記. 以東淸西濁, 金優沈劣, 互相傾軋.
【見安鍊石〈論黨源流〉】

李珥爲調停之計, 言于相臣盧守愼, 建白兩人補外之說. 以義謙爲開城留
守, 孝元爲三陟府使, 而黨論互相愈激. 東人以珥倡爲半是半非之論, 指之
謂'沈黨'. 時鄭汝立登庚午科, 棄官歸鄕, 以讀書爲名. 時住坡山, 與李珥·
成渾相從論學, 珥·渾稱許於士友間. 以此汝立名重朝野, 一道多士聞風
出入其門, 至以竹島先生稱之.【見李廷龜《月沙集》·安邦俊《己丑記事》】

萬曆四年, 丙子【我宣祖九年】春二月, 李潑遞銓郎, 李珥棄官歸鄕. 朝論便激,
欲深治金孝元, 珥極力止之, 且引李潑爲銓郎. 時輩欲以尹晛薦銓郎, 珥心
知晛不合於銓曹, 而爲調劑故不敢止, 且以爲"李潑在銓, 必能制晛之行
私". 及晛爲吏郎,[5] 潑適以都承旨知吏曹朴好[6]元同瑠, 有相避之規. 故事

---

1) 人：底本은 "入"으로 되어 있다.《石潭日記》에 근거하여 수정하였다.
2) 補：底本에는 없다.《石潭日記》에 근거하여 보충하였다.
3) 郞：底本에는 없다.《石潭日記》에 근거하여 보충하였다.
4) 里：底本은 "李"로 되어 있다.《石潭日記》에 근거하여 수정하였다.

只以都承旨改知他曹, 而吏曹不遞, 政院請改好元知他曹. 上曰:"李潑非
不可遞之人也." 遂遞潑, 晛始得用事.【見《石潭日記》】

李珥謂金宇顒曰:"季涵淸名爲世所重, 故儕輩恃季涵而輕珥[7]矣." 宇顒
曰:"將何以救之?" 珥曰:"而見【柳成龍字】·肅夫【宇顒字】·景涵紋于要
地則可救矣." 宇顒曰:"公亦去矣, 吾等雖留,[8] 何益?"【上同】

珥見朴淳, 淳曰:"計將安出?" 珥曰:"柳成龍·金誠一輩歸鄕不來, 想必
有間言所動, 此人須白上特召. 而金宇顒近被主上疏待, 亦白上引入經幄,
與李潑輩持時論, 而季涵亦不來, 亦請特召. 如此裒合人才, 而用人之際,
權衡平正, 使人不得橫議, 務在調和鎭定. 如此一二年, 則朝廷淸矣."【上同】

萬曆五年, 丁丑【我宣祖十年】南溪公年二十八, 是歲擢廷試第二名, 人望與其
兄相上下. 後歷官議政府舍人·弘文館應敎·大司成. 東巖公兄弟性猖
介, 嫉惡太甚, 不少假貸. 時鄭澈猖狂酒色, 凌蔑禮法, 趨利赴權者, 靡然從
之, 公常以澈爲'索性小人'. 澈長於南溪十四歲, 而南溪不甚尊敬. 嘗唾面拔
其鬚, 澈卽吟曰:"數個疎鬐君拔去, 老夫風采更蕭條." 三笑出去. 世傳以
爲公之禍實萌於此云.【見《己丑錄》·《桐巢錄》】

八月, 掌令李潑劾罷尹斗壽·根壽·尹晛職. 弘文館修撰姜緖於經席啓
曰:"士類分作東西二邊, 皆可用之人也, 不可捨一取一. 云云."於是, 上已
知東西之說矣. 李潑偏主於東, 鄭澈偏主於西, 二人所見不同, 皆有人望,
且憂國奉公爲一時之最. 故李珥每謂澈·潑二人曰:"君等二人, 議論和
協, 同心調劑, 則士林庶可無事."言之甚切, 澈稍回所見, 與潑定交, 相與作
持平之論.而東人喜事者, 終攻擊西人之不善者以防後患, 皆以斗壽三父子
爲邪魁, 決意去之, 惟柳成龍與潑不從矣. 金誠一聞珍島郡守李銖運米賂

　5) 郎:底本은 "曹"로 되어 있다. 《石潭日記》에 근거하여 수정하였다.
　6) 好:底本은 "謹"으로 되어 있다. 《石潭日記》에 근거하여 수정하였다. 이하 동일사례에
　　 대해서는 校勘記를 달지 않는다.
　7) 珥:底本은 "肆"로 되어 있다. 《石潭日記》에 근거하여 수정하였다.
　8) 留:底本은 "多"로 되어 있다. 《石潭日記》에 근거하여 수정하였다.

斗壽兄弟及睨家, 甚怒. 於經席啓論貪污曰："田應禎雖受罪, 而厥後亦有載米行賂者, 貪風未戢矣." 上遽問曰："是何人?", 誠一猝然對曰："珍島郡守李銖也." 弘文館劾遞金繼輝, 李山海拜大司諫. 於是兩司憤激, 大司憲朴大立持論尤勁. 掌令李潑袖出彈文, 毛擧三尹一家隱慝, 不復推究虛實, 一一上達, 醜詆無所不至. 自上既以東人攻西爲不公, 又以繼輝黨西爲不是. 於是, 士類出繼輝爲全羅道觀察使, 皆指爲不吉之人, 朝廷騷擾. 而傍觀者皆目爲東西之戰, 不以爲公論, 惟東人自恃爲淸流, 而慷慨日甚. 鄭澈與李潑議論大乖, 東人顯斥澈爲小人, 東西更無相合之望矣.【見《石潭日記》】謹按朝廷之上見識爲大, 無識見則雖賢亦敗事. 今者士類之戰, 皆出於不解事, 一不解事而金誠一發其端. 二不解事而金繼輝激成士類之怒. 三不解事而李潑列數三尹一家之慝, 不究虛實, 而醜詆之. 四不解事而鄭澈與李潑乖激, 永絶東西相協之望. 自是之後, 赴東者日起, 爭出新論. 而流俗舊臣曾棄於西人者, 乃居要地, 招權釋憾, 峻其議論, 自明貢忠於東. 而西人則雖善士, 皆不見容, 淸名之士, 反與流俗爲一, 而淸濁混雜, 無以分別矣. 嗚呼! 金誠一固不足多責, 以繼輝之疏通, 李潑之重望, 鄭澈之剛直, 猶不免同歸於誤事, 豈非命耶?【上同】

時兩司將請治李珥之罪, 不果. 去年冬, 李珥在坡州, 白仁傑在京, 欲上疏極論時事, 兼進保合東西之策, 而恐其辭不達意, 通于珥使修潤之. 珥乃依其言, 略爲一文字以送之, 至是年夏, 仁傑始上疏. 珥負時望, 東人意珥必扶東人之勢, 而及上疏譏誚東人, 東人甚怒, 至於李潑·柳成龍輩, 亦不能平.【上同】

弘文館將處置, 金宇顒時爲校理, 大言曰："宋應洞[9]必是小人也. 欲乘此機會陷害君子也, 當劾遞憲府及應洞, 而獨存[10]大諫以下, 可也." 同僚不

---

9) 洞：底本은 "炯"으로 되어 있다. 《石潭日記》에 근거하여 수정하였다. 이하 동일사례에 대해서는 校勘記를 달지 않는다.

10) 存：底本에는 없다. 《石潭日記》에 근거하여 보충하였다.

從, 爭辨自午至昏. <u>宇顒</u>極言竭論, 曰："處置失宜, 則吾等亦將得小人之名, 豈可爲一<u>宋應洞</u>, 而皆陷於小人之域乎?" 同僚多右<u>應洞</u>, 議久不決. 副提學<u>李山海</u>・應敎<u>李潑</u>依違兩間, 乃爲兩全之計.【上同】

<u>鄭澈</u>謂人曰："時論至於攻<u>叔獻</u>, 則尙何言哉? 自今東人安得爲士類乎?" 於是, 東人愧屈, 不能肆意攻西, 而<u>金宇顒</u>・<u>李潑</u>因發調劑之論, 稍抑東人浮薄之論, 庶有和平之望. 識者以爲"<u>李珥</u>之疏, 雖見沮抑, 而不爲無助"云.【上同】

<u>萬曆</u>十一年, 癸未【我宣祖十六年】<u>李栗谷珥</u>爲吏判肅謝, 上引見慰諭, <u>珥</u>曰："當今人物眇然, 文士中可用之人, 尤爲難得. <u>鄭汝立</u>博學有才, 此實可用, 但有凌厲之病耳. 今者每爲注擬而不落點, 無乃有讒間之言乎?" 於是, <u>汝立</u>爲修撰. <u>汝立</u>嘗稱道<u>栗谷</u>曰："未熟底<u>孔子</u>."【見宣祖《時政錄》・金時讓《破寂錄》】

<u>栗谷</u>與<u>東巖</u>公書, 曰："<u>沈</u>・<u>金</u>區區之辨, 有何大關乎? 置而勿問, 只觀優劣, 用舍可也. 安有以一二人之優劣, 而擧士林血爭乎? 今當主論曰：'<u>沈</u>也雖無形現之過, 旣是外戚, 又與士類相失, 此當只保爵祿, 而不可更處要地. 三尹【斗壽・根壽父子】大忤士類, 不可更參淸選. 其餘西人隨才授職, 少無猜妨, 東人之議論過激者, 裁而抑之. 乘時傅會者斥而外之. 云云.'" 當是時, 東西攻擊轉加一層.【見《野乘》】

西人之言曰："<u>李潑</u>於<u>栗谷</u>, 始合而終貳爲反復." 此則不然. <u>栗谷</u>始爲調停之論, 及其再入, 則偏於西論, <u>東巖</u>不得不自貳矣. 反復之本在於<u>栗谷</u>, 反咎<u>東巖</u>可乎?【上同】

<u>東巖</u>公兄弟從宦在京, 遭先考副提學公喪, 常以不及終天爲至恨.【第潑過中祥而卒.】奉養母夫人, 誠意愈至, 兄弟迭侍左右. 不忍暫移時, 上眷方隆, 雖黽勉入朝, 亦未嘗同時並出. 家傳故老言, "公歸覲, 一日謁家廟, 仍侍母夫人側. 夫人惡近堂梅柳鳥聲亂耳, 故因使伐其樹, 其承順之道, 多如此云."【見〈李氏家狀〉】

公爲省母夫人, 自京歸途中, 有詩曰: "南路迢迢鳥外分, 長安西指日邊雲. 朝來記得中宵夢, 半是思親半憶君." 其愛君愛親之情, 發於吟咏者如此云. 【上同】

公先世連擢科第, 並攝淸班. 公嘗聯疊紅紙, 爲十帖屏障, 每於祀事, 設中堂以示子孫, 以勸忠孝. 其含戀國恩, 思欲報效者, 素所蓄積也. 【上同】

萬曆十二年甲申【我宣祖十七年】正月十六日, 李珥卒, 汝立始趨附於東人. 於是西人釁端愈起, 怨公愈甚, 又曰: "及栗谷卒, 汝立附于李潑兄弟, 反攻栗谷." 【見《荷潭錄》】

萬曆十五年丁亥【我宣祖二十年】, 倭變起干, 全州府尹南彦經請汝立計事. 汝立一號令之間, 軍民聚會, 無敢後者. 汝立分部諸軍, 各定領將, 皆是大同契親切武士. 倭賊自退. 【上同】

汝立氣魄盛壯, 論議風生, 開口則不問是非, 滿座嘆服. 【上同】

萬曆十七年己丑【我宣祖二十二年】, 是歲士禍作.【成滄浪 文濬, 牛溪子也, 上尹海平書以己丑獄爲士禍. ○ 張溪谷撰〈白沙行狀〉亦言己丑事曰: "會士禍起, 相國鄭澈爲禍首". 其爲士禍云者, 蓋亦當時公共之論也. 見《桐巢錄》】

九月, 李潑棄官歸鄉.

十月初二日, 黃海監司韓準密啓入來, 是夜命三公·大卿·丞旨·禁府堂上入對復命. 入直摠管及上下番玉堂皆入侍, 獨檢閱李震吉勿入. 以秘狀下示, 乃安岳郡守李軸·載寧郡守朴忠侃·信川郡守韓應寅等上變事也. 全州居修撰鄭汝立謀叛爲魁首, 其同黨趙球【安岳人】密告云. 於是分遣禁府都事于海西·湖南, 命下震吉于禁府, 震吉, 汝立甥也. 【見《時政錄》】

初八日, 黃海道罪人等拿來, 命於殿庭鞫之. 領相柳㙉·左相李山海·右相鄭彦信·判府事金貴榮等同鞫. 【上同】

初九日, 兩司啓李震吉, 請削去史官, 依啓. 【上同】

十一日, 判敦寧鄭澈自畿甸 楊根入來, 肅拜後, 上密箚, 乃指捕逆賊·京城嚴戒事也. 答曰: "益見卿忠節, 當議處." 【上同】

十四日, 命遣督捕御史丁允祐·李大海·鄭淑男等於三南.【上同】

十五日, 安岳水軍黃彦綸·方義臣等拿來被刑.【見《李白沙日記》】

宣傳官李用澄·內官金良輔馳至全州時, 汝立與其子玉男及邊汜·朴延
齡之子春龍, 匿于鎮安 竹島. 縣監閔仁伯領官軍, 跟捕圍住, 見汝立等環立
巖間. 仁伯欲生擒謚以王命, 戒官軍勿迫. 汝立先以刀斫邊汜卽死, 又斫玉
男及春龍, 不死仆地. 因以釰柄植地, 自就刀割頸, 聲如牛吼卽死. 遂獲其
尸, 尸及玉男·春龍以來. 云云.【《海東野言》】

十九日, 親鞫, 玉男·春龍俱服. 玉男時年十七. 問: "汝家往來人?" 供
曰: "羅州人吉三峯·古阜 韓憬·泰仁 宋侃·南原 趙惟直·辛汝成·
海西 金世謙·朴延齡·李箕·李光秀·朴杍·朴文長·邊崇福等十餘
人常來訪. 池涵斗及僧義衍不知其所來, 涵斗常在家間, 衍僧日夜同處, 延
齡欲探京中消息後, 仍往海西. 云云." 皆就捕, 不服而死.【上同】

　玉男生而神采俊秀, 重瞳, 而兩肩有痣如日月狀. 汝立萌逆, 蓋恃此子云.
供曰: "吉三峯多力, 如盤之石, 以手攻破." 問郎李恒福不能卽書, 玉男
曰: "何不以如盤大石拳扣卽破書之?" 涵斗供曰: "矣身拳扣盤石, 四破
如電, 故爲徒中之將云." 崇福在全州則曰'邊汜', 在東萊則曰'白日昇天'.
【《亂中雜錄》】

二十七日, 磔汝立·汜等尸于市, 命百官序立. 震吉不服杖斃. 蓋與汝立書
中"有主昏日甚"等語, 命斷以逆律.【《朝野記聞》】

權停禮受朝賀. 告廟頒赦, 百官加資級. 教書曰: "《春秋》著無將之義, 王
法至嚴, 漢家重不道之誅, 罪人斯得. 玆當鯨鯢之戮, 合需雷雨之施. 予以寡
昧之資[11], 叨守艱大之業, 常[12]臨廿載之淵谷, 庶囿萬姓於陶甄, 豈意逆賊
之魁, 乃出縉紳之列?

---

11) 資: 底本은 "姿"로 되어 있다.《宣祖修正實錄 22年 10月 1日》에 근거하여 수정하였다.
12) 常: 底本은 "嘗"으로 되어 있다.《宣祖修正實錄 22年 10月 1日》에 근거하여 수정하였
다.

賊臣鄭汝立惡甚梟獍, 毒逾蛇虺. 囊橐詩書, 有同王莽之欺世, 禱張符讖, 敢畜山童之陰謀. 罔念卵育之恩, 欲逞嘯聚之計, 乃與邊汜·朴文長·朴 延齡·金世謙·李光秀·李箕·朴應逢·方義臣·黃彦綸等, 相隨昏夜 已涉歲年. 結沙門而騁妖, 假玉函而惑衆. 布凶隷於都下, 謂武庫之可焚, 遣術[13]士於山中, 睨檀基而欲據. 矯旨而剪方伯, 戕閫帥, 分符而摶畿郊, 取江倉, 奸計益深, 禍機[14]垂發. 擬殺本兵之長, 志欲何爲. 將揮犯闕之 戈[15], 事且叵測.

在從臣而居群盜之首, 混冠裳而懷猘狗之心, 亂賊何代無, 未有甚於此者. 凡民罔不憝, 皆可得而[16]誅之. 縱失悖暲之伏辜, 已快逆敦之踞斬, 肆將汝 立等凌遲處斬. 云云. 於戲! 天網不漏, 旣正罔赦之刑, 輿情共欣, 式擧維新 之典."【大提學李陽元製進.】

鄭澈素與士類相失, 至是指嗾京外無賴輩, 構誣淸流, 鍛鍊成獄, 無所不至. 【《朝野記聞》】

時宋翼弼以安相家推奴事, 逃住海西, 變姓名自稱趙生員. 日夜怨東人, 痛 入骨髓, 翰弼誑誘海西愚氓曰: "全州聖人生焉, 乃鄭修撰也. 與吉三峯相 知往來, 而三峯勇知無雙, 亦神人也. 爾等若往候則官爵自至."

校生邊崇福·朴廷齡等若干人信之往謁, 汝立款遇送之. 於是朴忠侃馳往 安岳謂李軸曰: "汝立謀叛已著, 速圖之." 軸拙者甚難之, 又往信川則韓應 演神者知其幾, 飲酒佯醉, 忠侃不得開口. 如是者再, 忠侃遂劫李軸, 恐應 演, 報監司, 狀啓, 則朝野震動.

上聚大臣曰: "予知汝立之爲人, 何至於爲逆?" 左相鄭彦信微哂曰: "豈 有此事? 雖然不可不拿鞫." 西人皆曰: "汝立心術則不正, 豈有叛逆之理

---

13) 術: 底本은 "武"로 되어 있다. 《宣祖修正實錄 22年 10月 1日》에 근거하여 수정하였다.
14) 機: 底本은 "幾"로 되어 있다. 《宣祖修正實錄 22年 10月 1日》에 근거하여 수정하였다.
15) 戈: 底本에는 이 앞에 "干"이 더 있다. 《宣祖修正實錄 22年 10月 1日》에 근거하여 수정하였다.
16) 而: 底本은 "以"로 되어 있다. 《宣祖修正實錄 22年 10月 1日》에 근거하여 수정하였다.

乎?"時謀逆愚氓數人, 海伯韓準密着枷上送, 自上親鞫則皆丐乞窮民. 上笑曰:"汝立雖叛, 豈與此輩同謀乎?"仍問曰:"爾輩爲叛逆乎?"曰:"叛逆則不知, 欲爲叛國也."又問:"叛國何意?"曰:"衣食有餘."云. 事狀不實, 卽欲放送, 而姑待汝立之來, 汝立亡命逃躱至鎭安 竹島別墅, 自刎而死, 崇福從其尸傍, 亦刎死.【《桐巢錄》】

於是大禍起, 西人雀躍, 東人喪氣. 蓋上厭苦西人擬注, 李山海爲吏判十年, 西人散在閒 地, 氣色蕭索. 及起逆變之後, 彈冠相賀. 東人自退, 西人居其位, 報

逆賊文書中有祭文七張, 列數君上語極凶慘. 鞫廳不忍上達, 只以不忍見聞爲啓, 上震怒. 凡平日崇奬汝立者皆坐之.【見《魯西集》】

二十八日, 領相柳琠卒, 傳曰:"大臣卒逝, 不勝驚悼. 因逆賊推鞫, 勤勞國事, 予失股肱, 不勝痛心."

初汝立叛背李珥, 阿附時論, 反覆之狀, 西人常懷痛憤. 今爲逆賊, 西人雀躍相賀. 且自甲申以後, 西人爲東人所攻, 不容於朝者, 凡五六年, 積憤之餘, 無識鬼魁之輩相與抵掌大喜以爲"逆賊出於東人, 自後東人無復有振起之路", 以汝立爲陷阱, 公然倡言, 曰"某乃某族, 某是某友". 於是不惟與賊親厚者, 自以爲必死, 雖不知逆賊面目者, 名爲東人, 則勿論朝士·儒生, 擧皆有疑懼之心, 氣像之愁慘, 不忍見聞. 梁千會適上京首先上疏.【見《混定錄》】

十一月初二日, 生員梁千會疏曰:"臣家湖南, 詳知賊情. 當初自附於讀書之流, 李潑兄弟往來南中, 與之相結. 時李珥·成渾負重名, 而潑·洁方共尊崇, 故引而薦之, 出入其門. 珥沒之後, 汝立首爲倒戈, 與潑等爲擠陷忠賢之計, 故原其賊之所以至此, 亦由當路之臣交通締結, 聲勢相倚. 故汝立身雖在外, 遙執朝權, 勢焰燻灼, 惟意所欲, 無復忌憚. 於是陰權用事之臣, 力主推刷之議, 使國內波蕩然後, 陰囑銓官之親切者, 使圖海西佐幕之任, 以爲起事之計. 所願不成, 則又囑奉使之臣, 一時罷府尹·判官, 欲爲乘虛作亂之計.

朝臣墮其術中, 承望風旨, 初聞此變, 專事營救. 或以爲李珥弟子誣告生事, 或以爲汝立爲人忠貫白日, 至以韓準爲非. 惟其朝議如此, 故權堪等乃敢稽緩, 捕捉疎漏. 太學生擬疏營救, 推鞫之官, 盤問不實, 外言藉藉. 億守招辭'京中相切往來者, 非獨我也'云, 則鄭彦信令速加痛杖, 略不省問, 恐露端緒, 一向掩覆. 今逆賊之結爲死友, 相爲心腹, 如李潑·李洁·白惟讓, 同宗親密, 如鄭彦信·鄭彦智者, 猶伴食中書, 出入經幄, 揚揚如平日. 門生·親舊方且囚禁, 而獨於朝臣, 晏然無一所問, 是王法獨行於疎賤, 而不行於貴近也. 趙憲屢上封章, 切摩貴近, 原其本心, 實出於忠愛. 而得罪投荒, 若使逆賊之徒甘心快意, 其斲喪國脈, 摧折士氣, 亦已甚矣.宜亟召還, 以賞忠言."

答曰: "梁千會疏章, 嗚呼! 晚矣. 大加嘉獎."【上同 ○竊意此疏自質曰"詳知賊情", 豈君子之所爲乎? 其自爲身謀, 亦妄矣. 抑亦天禍士林, 生此怪鬼輩, 以啓日後飜覆之害耶? ○見《日月錄》】

於是鄭彦信上疏, 自明辭委官曰: "臣與逆賊趣舍異路, 年輩不敵, 京鄉相懸, 其無過從之雅, 國人所共知." 答曰: "儒生之言, 何足數焉? 宜勿辭."【見《龍洲集·鄭碑》·《己丑錄》】

吏判李陽元上疏辭職,【擬汝立 黃海都事時, 銓官故也】疏略曰: "與汝立平生不見面目. 庶官注擬[17]之際, 只循舊例. 云云." 答曰: "卿則不然. 千會之疏乃億度之說, 予已知矣, 安心勿辭."

初四日, 禮曹正郎白惟咸疏略曰: "臣積戾辜恩, 退伏田間, 國有逆變, 不敢寧居, 收召魂魄, 再入脩門. 云云." 乃陳推鞫之官盤問疎漏, 臺諫循默之狀乃"金宇顒·李潑·李洁輩與逆賊交密偏黨私護, 佐郎金憑家在全州, 與逆賊素相親密, 營救於公朝, 人心駭憤. 主勢孤立, 邪議橫流, 賊魁雖誅, 餘憂未艾. 云云." 答曰: "汝眞白卿之子, 果有後矣. 汝之先卿老而不忘君,

---

17) 擬:底本은 "意"로 되어 있다. 국립중앙도서관 소장 《東南小史》(古2156-13-87, 이하 '국도본'으로 줄임)에 근거하여 수정하였다.

左右於予, 汝則以年少之人 何爲退在鄉曲? 此則汝不及先卿矣. 當此國危之時, 自今以後更勿去. 予將用汝. 此輩情狀, 予亦盡得矣."【見《己丑錄》】

傳曰: "自變作之日, 右相所爲, 多有未安者, 然大臣之位, 予何暴擧而形於辭色? 自初推鞫疎漏, 予已疑訝, 千會之疏亦已晩矣. 今反上疏以辨, 辭語亦多未穩, 至曰'不通書札', 其謂予無目耶?", 封書於政院, 曰: "未知此某人書? 至曰'悠悠時事, 欲陳支離', 又有'可笑'等語, 如是而尙可謂之不親厚, 不通書札, 修飾許多辭說耶? 身爲大臣, 乃敢面瞞乎, 予不勝痛憤. 予非不知早發此等書, 而念慮多矣, 豈計不及而不爲乎? 二十年待大臣之節, 因此盡喪, 尤爲痛甚."

政院見之, 謄書還入.

初七日, 兩司啓曰: "鄭彦信·金宇顒·白惟讓或以族屬·或以交友·或以聯姻, 與賊俱有相厚之分, 不可仍在朝列, 請罷職. 右議政鄭彦信曾與逆賊有同宗相厚之分, 通書問信非一再. 而身居台鼎, 天日之下, 敢以不相通信飾詐, 欺罔君父, 蔽護己罪之狀, 昭不可掩, 請命斥退." 院啓則兼擧李潑·李洁, 幷依啓.

初八日, 鄭澈拜右議政爲委官【代鄭彦信】, 成渾爲吏曹參判【代鄭彦智】, 崔滉爲大司憲, 白惟咸爲獻納.

十一日, 惟咸劾, 遞兩司, 特竄金宇顒於會寧. 傳曰: "宇顒·汝立結爲心腹, 朝廷之事, 無不相議. 予之無心答說亦皆伺聽, 臆度君心, 潛通汝立, 觀其情狀, 有同鼠子. 此人, 予知其反覆小人, 而不料其情狀之至此. 六鎭定配." 時宇顒兄宇宏【前大諫】臨路送別, 握手痛哭, 宇顒顔色怡然, 曰: "兄過痛, 余心不寧." 就道, 到鐵嶺, 値趙憲自北出來, 憲曰: "盡夫到此悔否?", 宇顒笑答曰: "公論後世而定, 豈可以一時之刑罰劫之耶?"【見《掛一錄》】

十二日, 鄭緝【汝立之侄】招以爲鄭彦信·鄭彦智·洪宗祿·鄭昌衍·李潑·李洁·白惟讓同心親舊, 命親鞫. 鄭澈啓曰: "朝紳交親逆賊, 不過好而不知其惡而已, 天下寧有兩汝立乎?"【見《時政錄》○ 陰以喉設, 外施寬大, 其言亦

怪, 誰其信之? 奸詐之態, 可見.】

命彦信中道付處, 彦智 江界·宗祿 龜城·潑 鍾城·洁 熙川·惟讓 富寧
遠竄, 昌衍放送.

時賊魁旣死, 又不得所謂吉三峯者. 諸賊所援雖多, 旣失其本, 故其時論罪
者, 多出文書之中.【見《日月錄》】

彦信置對, 初以門黜, 中以付處, 終以竄配. 李貴當時之一布衣, 抗言"鄭政
丞坐與賊相知者甚冤", 不憚以身爲質. 徒步往坡州, 力請成渾上疏救解, 事
雖不果, 可謂不黨之君子.【見《龍洲集碑》】

時臺諫論彦信以欺罔. 成渾抵書於當路, 曰: "大臣以一言失實, 遽被重辟,
有損王政. 宋朝未嘗殺一大臣, 仁厚可法." 其論遂寢.【《牛溪諡狀》】

潑配鍾城, 路遇安敏學, 語曰: "人生世間, 未能爲孝子·忠臣, 反受逆名,
他日地下, 何面目見師友乎?"【見《掛一錄》】

緝臨刑大呼曰: "喀我以多引人則汝可活, 今日何殺我?"【見《龍洲集》】

十二月初三日, 府啓: "行護軍洪汝諄陰險且巧, 縱恣無忌, 娼嫉陷害, 是其
常性. 到處淫刑, 戕殺人命, 其居官貪虐之狀, 難可勝言. 鄭彦信付處傳旨,
擅自增減, 其情叵測, 請罷職不敍. 行護軍丁胤福·前校理宋言愼, 與逆賊
交厚, 前佐郎金弘微極力推薦李震吉, 前縣監韓浚謙·前佐郎朴承宗·前
著作鄭經世引進震吉於史局, 而獄事未畢, 遽蒙敍命, 請還收." 答曰: "依
啓. 洪汝諄事不允."

獻納白惟咸劾洪汝諄, 不允, 洪汝諄女弟入內, 爲御嬪也.【見《日月錄》】

初四日, 院啓: "水原府使洪可臣與逆賊交情最密, 與李潑兄弟互相推奬,
請罷職. 承文權知正字素無名稱, 而參史官薦, 請削去." "依啓."

兩司合啓: "及第鄭彦信變作之初, 榻前面對之際, 已有營護逆賊之意. 及
參鞫之時, 亦有終始眩亂之迹, 至以推治元告爲言, 欲使獄事稽緩, 請遠竄.
及第任國老參鞫之時, 附會彦信, 多有營護逆賊之意. 獄事疎漏, 亦由於此
人, 請門黜." "依啓." 彦信配南海[18].

初七日, <u>趙憲</u>擬典翰望, 傳曰:"不可輕易除職."

初八日, <u>柳成龍</u>以名出於<u>白惟讓</u>之招, 【一作名登臺疏.】上疏自列, 答曰:"賊招, 何干於卿? 卿金玉佳士, 卿之心志可貫白日, 予之知之者久矣."傳曰:"故執義李敬中爲吏郞時, 當逆賊有名稱, 知其無狀, 極力排之, 不通淸顯之路, 竟被論劾. 其先見之明不下古人, 其追贈判書, 賜美謚."時上問筵臣曰:"<u>汝立</u>凶變, 無一人知之乎?", <u>柳成龍</u>曰:"<u>李敬中</u>嘗塞其銓郞之薦, 其時臺諫反駁<u>李敬中</u>."上遂命特贈爵謚, 其時臺諫<u>鄭仁弘</u>·<u>朴光玉</u>削職. 【見《日月錄》○是後<u>仁弘</u>遂與柳成龍有隙.】

初十日, 傳于<u>左相李山海</u>, 曰:"逆賊出於縉紳之間, 此大變中之大不幸也. 言官論劾交結人, 則誠是矣, 但近觀氣象, 似有波及之漸, 甚非予所喜. 其或泛然相從, 此人之常事也, 若乘此機, 或平日言論異同者, 皆指以斥之, 則其害有不可勝言者. 卿可力止之, 不聽則面對直啓, 周旋鎭定."

持平<u>黃赫</u>避辭, 曰:"自上下相臣之敎, 其欲鎭定之意至矣. 今者逆賊出於一時所謂名流, 其平昔締結推獎, 助其聲勢, 釀成此變者, 揆以王法, 自有其罪. 言官擧所聞, 次第論列, 其波及之患, 臣等亦嘗有慮. 況四五年來, 朝著不靖, 收司之律[19]一節深於一節, 至於師友·姻婭之親, 并被中傷, 皆扼腕而不敢言久矣. 當此更化之時, 孰敢以言論異同, 乘時傾軋, 以爲自蹈小人之覆轍也哉? 其間如有貪虐大段無狀之人, 則不得不隨罪按劾, 臣欲陳達, 大司憲崔滉答語不遜, 待諸臣如郞吏. 云云."

大司憲<u>崔滉</u>·掌令<u>尹暹</u>·<u>沈喜壽</u>·持平<u>申磼</u>皆避嫌, 蓋<u>赫</u>欲駁<u>洪汝諄</u>[20]而<u>滉</u>不從. 上命<u>遞赫</u>, 答<u>滉</u>避辭, 曰:"<u>赫</u>之言不過數行, 而其心已露, 予安得不<u>遞</u>?"【見《時政錄》】

十二日, 樂安校生<u>宣弘福</u>招引<u>李潑</u>·<u>李洁</u>·<u>白惟讓</u>, 又曰"<u>李震吉</u>得讖書

---

18) 南海:底本은 "海南"으로 되어 있다. 국도본과《宣祖實錄》22年 12月 4日 기사에 근거하여 수정하였다.

19) 律:底本은 "錄"으로 되어 있다.《己丑錄》에 근거하여 수정하였다.

20) 諄:底本은 "淳"으로 되어 있다. 국도본에 근거하여 수정하였다.

於柳德粹【善山府使】處. 云云." 潑·洁·惟讓自配所再拿推鞫, 李汲·德粹亦杖訊. 【見《己丑錄》】

初潑與李廷鸞囚在一間, 潑謂廷鸞曰: "知人難, 鄭澈, 人所畏敬, 而吾獨不知, 至今恨之. 君嘗無慢惡, 無死理, 吾則死有餘禍矣." 廷鸞宥, 潑配鍾城, 至是又出於宣弘福之招, 拿還. 潑在獄, 謂同繫者曰: "吾死不畏, 但老母在奈何?", 嘆曰: "'愛親者, 不敢慢於人 ; 敬親者, 不敢惡於人', 後悔莫及. 南望痛哭, 地黑天蒼."【見《掛一錄》】

潑初發配, 自上有脅從罔治之敎. 讒言罔極, 禍炎滔天, 潑·汲兄弟同死於杖, 洁追後拿來亦死. 【見《掛一錄》】

惟讓與汝立多有犯上不道之語, 自上抹去其甚者, 下于鞫廳. 有曰"此人猜忌狼愎", 又曰"此人少無人君之量云", 上命斷以逆律. 鄭澈曰: "經幄出一汝立, 已是大變, 惟讓雖無狀, 豈復爲汝立乎?", 上大怒, 以大臣專權爲敎.21)【上同】

弘福臨刑呼曰: "吾罪固當死. 信聽永善之言, 陷無辜之人, 愧恨奈何?" 蓋鄭澈使醫員趙永善, 陰喉弘福也. 【見《掛一錄》】

於是獄事大張, 李彥吉·尹起莘·柳宗智幷杖斃, 洪可臣·李渭濱·許鏜·朴宜·康復誠·金昌一等數十人削黜禁錮, 金榮一刑二次削職. 館學儒生稍有名者皆禁錮.【上同】

十四日, 全羅道儒生丁巖壽等應旨上疏, 極言李山海·鄭彥信等前後誤國護逆之狀, 又言韓孝純·李廷直·鄭介淸·柳宗智·柳永立·柳成龍·李陽元·尹毅中·尹卓然·金應南·宋言愼·南彥經·李彥吉·曹大中·李弘老·李純仁·柳夢井·金弘微等之罪.

又曰前縣監羅士忱與其子德明·德峻·德潤伸救汝立, 以告者爲誣告, 場中借述, 與賊私語之迹, 而又德明等, 使其從弟德顯·德憲等, 作亂多士之事. 又曰: "鄭仁弘與汝立情意甚篤, 合爲一體", 又曰: "癸未, 三司之攻數

---

21) 敎 : 底本은 "政"으로 되어 있다. 국도본에 근거하여 수정하였다.

賢也, 有一臺臣念上有不豫色, 欲停論, 洪汝諄曰‘當此之時, 社稷爲重’, 汝
諄無君不道, 中外切齒. 云云.” 又曰：“時有賊家文書搜探時, 益山郡守金
穎男及奉使武人等, 希時宰之意, 査其手蹟而火之, 又姑爲緩捕, 使賊避匿.
云云.” 語甚張皇.

上震怒, 召山海·成龍等, 慰諭之, 命拿致嚴壽及朴天挺·朴大鵬·任尹
聖·金承緖·梁山龍·李慶男·金應會·柳思敬·柳瑛等十人,　下王
獄. 上曰：“汝等如是詳知, 何不早來上變?”【嚴壽等疏斥諸人, 蓋與鄭澈異議者,
皆指爲逆黨. 製疏宋翼弼.】

傳曰：“乘此逆變, 敢肆構陷之計, 捏造無形之語, 陰陳邪譎之疏, 賢相名
卿, 無不指斥, 必欲空國而後已. 原其設心, 將欲何爲? 其凶慘之狀, 極爲駭
愕. 此必聽奸人指嗾, 的然無疑, 拿鞫定罪.”【時澈嗾臺諫及館儒, 救疏.】

臺諫累啓伸救, 不從. 館學儒生崔起南等疏略曰：“此人等實出於討逆之
義, 而爲狂妄不中之論也. 微有形迹, 而過爲揣度者有之；涉於難信, 而指
爲必然者有之. 而情理之22)所不近·洛下之所未聞者亦且十居一二, 滿紙
辭意, 亦豈盡是? 不實者如是, 故幷與其實者同歸于不實之地. 今此湖儒之疏,
實殿下使之言也, 旣使之言, 又從而罪之, 則不幾誘之陷於刑戮乎? 竊聞李
穆之於成廟, 請‘烹大臣’；徐嶠之於明考, 願‘斬佞臣’, 而未聞有加罪之擧.
今玆嚴壽之言, 其正直·切實, 雖曰不及於二臣, 而以殿下包容之量, 獨不
可取法於先王乎?”上優答從之. 【上同】

十五日, 潑在囚中, 以血書裾‘正心’二字.【見上同】

湖南儒生梁山璹·金光運等上疏, 皆指斥時宰.

傳曰：“人心乖悖, 至於如此, 此輩陳疏, 盡斥朝臣, 而獨贊右相【澈也】以下
數人. 自以爲直言, 而反露其情狀, 可哂也. 趙憲奸鬼尙不畏戢, 輕蔑朝廷,
必將再踰磨天嶺耶? 如此之人, 不稟上旨, 汲汲收敍, 吏曹判書洪聖民遞
差.”【見《日月錄》】

---

22) 之：底本에는 없다. 국도본에 근거하여 보충하였다.

上謂：“趙憲前後疏出於宋翼弼兄弟指嗾.”命刑曹捉囚, 窮推其叛主逃躲之罪.【見《時政錄》】

十六日, 左相李山海待罪, 答曰：“此乃奸人所囑, 陰試予, 欲掃朝廷之計, 不難知也, 予欲得其人耳. 但其言不足數, 既已面喩, 而如是啓之, 是困我也.”山海復陳箚, 答曰：“昨聞卿先出, 心切驚痛. 其後見疏章, 則有羅州奸賊數人陰斥朝廷, 而其意實在於卿, 予不勝痛憤. 卿忠愼寬厚, 量如萬斛之船, 有古大臣風. 柳成龍學問純正, 盡心國事, 望之令人起敬. 又才智超凡, 實非俗儒及其萬一. 予明知兩人, 視予爲嬰兒, 弄於股掌之間, 予不勝痛憤. 必欲得其23)指嗾之奸人而甘心焉, 寧有過中之擧, 他不可顧也.”【見《混定錄》】

時三司請治辭連人. 太學生李春榮等力主陳疏之議, 吳允謙以爲“鞫獄非儒生所知, 必欲陳疏, 則當以‘明敎化, 使亂臣賊子知懼’等語爲主意”. 疏中略不擧辭連人名字, 識者以爲得體.

十八日, 東巖公殞於拷掠24). 眼精安然不變如日月, 順終命.

二十九日, 南溪公殞於拷掠. 公兄弟持身嚴苦平居, 未嘗見怠慢色. 方幽繫受訊, 體無完膚, 氣息垂絶, 而每當改鞫時, 必端拱以跪, 神精自若, 言語詳盡. 李白沙【恒福】以問郎見之, 亟歎, 曰：“鞫庭供辭, 不失擧措, 惟景涵一人而已.”公既拷死, 士大夫皆喘息屛氣, 莫敢顧恤, 獨許府尹� 經紀其喪, 具棺衾以葬. 洪晚全可臣解衣覆尸而哭之, 殯殮之節, 躬親周旋. 人或戒以波及, 洪公曰：“禍福命也, 吾不忍以禍故相負也.”【見《時政錄》】

初守夢鄭曄疏有：“宋翼弼文章·學識超絶一世, 與李珥·成渾爲講磨之交. 李珥既歿之後, 李潑·白惟讓等仇疾珥·渾, 延及翼弼, 必欲置之死地而後已, 可謂怒甲移乙之甚者也. 翼弼之父祀連乃故相安瑭孼妹子也. 祀連之母既已從良, 祀連又至雜科出身, 則連二世良役, 且過六十年大限

23) 得其：원문은 “其得”이다. 《己丑錄》에 근거하여 수정하였다.
24) 拷掠：底本은 “拷椋”으로 되어 있다. 용례에 근거하여 수정하였다. 아래도 같다.

者, 不得還賤, 昭載法典. 而潑等以祀連上變爲安家子孫不共戴天之讐, 故乘機指嗾, 蔑法還賤. 其時訟官或有執法之意, 則潑等駁遞之, 至再至三而後, 始得行其志. 夫法者, 祖宗金石之典也. 祀連雖得罪善類, 翼弼雖犯時怒, 豈可以一時私憤, 而屈祖宗金石之典以快其心也哉?" 按此疏旨意, 宋之血怨深於東巖, 己丑之獄出於宋, 尤無疑. 【見《桐巢錄》】

宋翼弼者安相 塘家奴也, 安家族滅. 安處謹有賤妾, 方娠逃難, 竊懷甘丁所付文券以出, 生子玳. 【一云廷蘭】 旣長, 授其券又遺書, 囑以復讐雪冤. 至明廟丙寅, 乃上書訴冤, 安相始復官有孥坐. 及宣廟朝乙亥, 上採公誦之言, 贈諡貞愍致祭.

安玳挾券, 訟于掌隷院. 時祀連已死, 寅弼·翼弼·富弼·翰弼與栗谷·牛溪皆爲執友, 其氣勢·權力能驅駕一世. 以故訟官相繼辭, 不坐者殆月餘. 丁監司 胤禧聞而憤之, 故揚言於衆中, 曰: "周官八議, 其一議賢, 賢如龜峰者, 豈可爲人奴乎?". 時論大喜, 乃以公爲判決事, 公出仕翼日, 卽決給安玳, 幷囚翼弼, 將欲刑之. 西黨恨其見賣, 卽遞公, 故縱翼弼兄弟, 使之遠遁. 翼弼亡匿海西, 日夜思議, 必欲甘心於東人. 詗知鄭汝立方棄官歸鄉, 召聚學徒, 門多雜類, 又結鄉里無賴子弟, 作大同契, 鄉射飮, 一世輻湊, 非允異常.

於是翼弼以爲奇貨, 乃變姓名潛蹤, 賣術於黃海[25] 延·白之間, 誆誘其鄉品土豪之富厚闕張者流, 曰: "吾卜爾之山·相爾之面·筭爾之命數, 三年間, 當作將相. 道內某某地有某某者, 與爾輩同時佐命之人也, 盍與相從交結?" 又示讖文, 曰: "'木子亡, 奠邑興', 此其時也. 吾望見湖南, 王氣方旺. 爾輩宜急往, 物色鄭姓人, 以讖文告, 與之同擧大事, 富貴可立圖也." 遐裔無識之徒信聽其言, 奔走於湖南. 聞鄭汝立之名藉藉一道, 輻湊其門, 爭相結納, 往來不絶, 因渠輩酒間相許, 稍稍發露. 汝立居湖南而告變自海西起者, 以此也. 汝立獄成, 翼弼又陰囑松·生, 密密羅織, 東人名士網打殆

---

25) 黃海: 底本은 "海黃"으로 되어 있다. 문맥과 용례에 비추어 수정하였다.

盡者, 蓋以是也. 凶人種子, 世濟其惡, 以其術詭謀秘, 舉世尠有知矣.【《安氏所錄》】

【卷之二】

기축옥사의 확산

洌水 丁若鏞 輯

萬曆十八年庚寅【我宣祖二十三年】二月, 以朴忠侃爲刑曹參判·李軸爲工曹參判·韓應寅爲戶曹參判, 密告人李綏[1]·姜應祺加階, 趙球拜正郎, 閔仁伯爲禮曹[2]參議, 因命錄勳. 忠侃啓請幷錄推鞫諸臣, 從之. 於是錄平難功臣朴忠侃等二十二人, 兩司論其太過.【見《時政錄》】

持平尹洞啓曰:"先朝錄勳亦有改於十年之後者, 曷若正之於厥初之爲愈哉?"【見《時政錄》.《功臣錄》曰"八月錄勳".】

鄭澈遞委官, 沈守慶拜相爲委官.

十八日, 命罷領中樞盧守愼職, 傳曰:"盧守愼於甲申冬在政府, 承命薦賢, 而乃以金宇顒·李潑·白惟讓·鄭汝立薦進, 此無非奸賊之輩. 披見其薦記, 不覺髮豎. 古今安有如此大臣乎? 夫守令犯憲, 乃坐擧主, 此何等事而爲臺諫者褒如充耳, 公論無也. 此卿, 予所優待, 而興亡所繫, 不得掩覆. 朝廷從公論處置."

左議政鄭澈·右議政沈守慶回啓:"伏覩聖敎, 盧守愼事不勝驚悚. 守愼蒙不世之遇, 被無前之寵, 所當盡心王室, 爲國薦賢, 而其所薦賢者, 率多逆

---

1) 綏:底本은 "緩"으로 되어 있다. 국도본과《宣祖實錄》22年 12月 16日 기사에 근거하여 수정하였다.
2) 曹:底本에는 없다. 국도본에 근거하여 보충하였다.

賊流輩. 方邪議橫行, 釀成逆豎聲勢之時, 未嘗有一言禁戒制伏, 而一聽時輩作弄, 反自薦擧, 其罪固難逃矣. 及其變作之後, 猶不知待罪, 而惟以歇后數語泛然陳啓而退, 其衰耗甚矣. 然不過知人不明, 爲一國氣勢所壓而然也. 況守愼以四朝舊臣, 老病已甚, 方以腫脹, 命脈如縷. 自上待舊臣, 宜存終始之義, 宜示以寬容. 答曰: "知道." 【上同】

大司憲洪聖民‧大諫李山甫合啓: "盧守愼承薦賢之命, 乃以逆賊膺命. 當時逆節, 雖未盡露, 其兇譎陰邪之狀, 人或有灼知者, 而至以爲薦, 助成逆豎凌駕之心, 未嘗有一言折其萌蘗, 而反爲之推引. 及乎變作之後, 不以誤薦引咎, 只以從容處置爲辭, 請令削奪官職." 答曰: "罷職." 連啓三日, 不允.

初守愼聞逆變, 詣闕上箚數行, 曰: "逆變起於士林, 中間虛言, 從容劾治, 罪人斯得." 成渾見之, 曰: "字字帶邪." 臺啓削出, 待罪東門外. 鄭澈使人問之, 曰: "相國前薦逆賊, 今何如矣?" 答曰: "各有所見."

初兩司以改宗系事, 請上尊號, 白惟咸獨以爲不可, 至是上尊號.

前忠淸監司李輅製迲多士, 出'火炎崑岡'之賦, 或疑而不製. 憲府以爲"四字初非可出之題. 當治獄之日, 隱然有不平之意, 請罷. 江原監司金應南與李洁連婚, 又卜妾其門, 請遞." 【見《日月錄》】

憲府啓: "參奉尹起莘周流兩南, 交結逆賊, 請削." 命起莘拿囚. 杖死. 【起莘卽李潑兄弟道義之交. 受刑十二次, 終始不撓. ○《掛一錄》】起莘之在獄也, 家人欲行賂求免, 起莘曰: "苟且而生, 不如死.", 不聽. 【見《混定錄》】

三月十三日, 全羅都事曺大中以爲賊涕泣‧行素, 臺諫論啓, 拿鞫杖斃. 初大中以都事巡到寶城, 聞逆變, 送其所帶妓, 相與泣別, 於是爲賊涕泣之說, 傳播遠邇. 諫院欲論啓, 黃愼曰: "不察眞僞, 徑論未安. 若以大中爲吉士, 則妄交逆賊, 心之悔悟, 以爲奸人, 則與逆賊親厚之迹, 猶恐其見著, 爲賊涕泣, 萬不近情." 僚議遂止, 及愼遞, 臺諫論啓殺之. 【見安邦俊日記】

初潭陽府使金汝岉以討捕使周行列邑, 至和順, 訪大中于其家. 會汝立自

殺之報適至, 大中曰:"國賊已得, 今日設酌, 未爲不可.", 與汝岉終日大醉
而散, 至是大中招援引汝岉爲證. 時汝岉以義州牧使方赴任, 欲明其冤, 待
命禁府門外, 鞫廳終始不問, 加刑大中.【見《混定錄》】

四月, 諫院啓:"汝立包藏禍心, 非一朝一夕之故, 而銓曹曾擬金堤郡守·
黃海都事以副其願求之計, 幾至變生不測, 堂郎請罷." 答曰:"騷擾, 不
允." 蓋李山海擬金堤·李陽元擬海都. 黃愼主論劾之, 李山海辭職上疏, 批
答慰諭備至.

時士禍大作, 鄭澈主謀用事. 凡朝士有人望者率一切陷入, 設爲三等.【見《白
沙集》】

五月, 蔡之穆等投疏告:"金克愊曾宰光陽時, 多造軍器, 助李潑兄弟爲不
道." 十四日, 尹夫人幷穉子皆拿囚. 夫人竟致壓沙而殂, 三歲穉兒皆囊撲而
死. 金克愊及南溪公婿洪窈·金命龍等幷就理, 至壓沙, 不服, 而二公之門
生·故吏·奴僕盡施嚴訊, 而無一人承服者.【見《時政記》及金克愊家文字及李廷
馥日記中. 廷馥其時問事郎也.】

潭3)陽生員蔡之穆爲光陽訓導, 與本縣校生等謀, 曰:"前縣監金國柱 靈巖
人也, 與李潑相識, 以陰助軍器爲名, 則國柱可陷逆, 吾等受賞." 遂密告于
新縣監韓德修, 德修亦奇其謀,4) 新造僞帖, 因枚5)擧上疏. 時國柱爲理山府
使, 拿鞫而死. 光陽下吏等鞫問, 得誣告狀, 之穆等十餘人用反坐律, 皆誅
之.

初李洁已死, 推治其老母·穉子. 母夫人尹氏年八十二, 子八歲, 俱死嚴刑
之下. 潑母臨刑, 嘆曰:"吾子豈有是罪?" 潑子供曰:"父平日敎兒者, 入
則孝·出則忠, 逆賊之事, 非所聞也." 上曰:"此言, 豈堪出於此兒?", 遂幷
狀斃. 洁婿洪窈【可臣之子】·金命龍俱壓膝, 門生·奴僕盡爲嚴刑, 無一人

---

3) 潭:底本은 앞에 "一本"이 있다. 내용상 문맥이 닿지 않는 衍文으로 추정되어 삭제하고
　번역하지 않았다.
4) 德修亦奇其謀:底本에는 없다. 《亂中雜錄 庚寅》에 근거하여 보충하였다.
5) 枚:底本은 "校"로 되어 있다. 《亂中雜錄 庚寅》에 근거하여 수정하였다.

承服者.【見《日月錄》·《己丑錄》】

汲與潑之子, 長年十二, 季五歲, 皆殺死, 潑母至於壓沙. 雖乙巳之禍, 未有如此, 獄卒莫不流涕.【見《掛一錄》】

同月全羅監司洪汝諄狀啓: "羅州鄉所告鄭介清與儒生趙鳳瑞【介清門人】, 往汝立觀基地云云, 囚於州獄." 未幾臺諫論其與逆賊親厚及排節義論二事, 拿鞫.【見《己丑錄》】

初丁嚴壽疏後, 介清之徒裵蕡等上疏, 爲師訟冤. 至是介清與逆賊遊山之說, 傳播道內, 汝諄以眞僞訪于羅州座首柳潑·鄉校堂長辛彭年, 以爲的實.【見《混定錄》】

介清供略曰: "壬午年間, 本州牧使誤聞虛名, 薦爲本州訓導, 至於再除. 賦性抗拙, 不能低昂. 以《小學》·四書·《近思錄》[6]等書勤勤教誨, 逐日整巾服, 揖讓進退, 或有怠慢者, 罰之以楚. 其中驕[7]虛不樂檢束者, 嫉之如讎, 如校生洪千璟, 則至於面辱臣. 自度誠意不足感人, 人亦不可與爲善, 即爲罷歸. 其後爲本州書院院長, 含怒者一二人, 不告土主, 擅削院長, 終必欲殺之. 自逆變以來, 簧鼓譸張, 羅織構陷, 無所不至.

丁嚴壽疏以臣所著《東漢節義晉宋淸談》一節, 指爲排節義, 又出通文, 謂臣托身於尹元衡家, 創出無形之言. 猶恐以此不得致死, 今者又以爲臣與趙鳳瑞偕往汝立觀基地, 任意增加罪目, 至於三度, 其誣陷必殺之狀, 昭不可掩.

臣與汝立雖在同道, 一不見面目, 乙酉以校正郎始見, 公廳講校纔十日, 有何親密? 實若觀基往來, 則逆賊黨何無一人發告乎? 羅州鄉所·鄉校有司等, 一處面質, 嚴覈言根, 昭雪冤枉. 云云."【上同】

自上下介清與逆賊書, 因曰: "'見道高明, 當世惟尊兄一人而已.', 其所謂

---

6) 錄: 底本에는 없다.《己丑錄》에 근거하여 보충하였다.

7) 驕: 底本은 "矯"로 되어 있다.《己丑錄》에 근거하여 수정하였다. 이하 동일 사례에 대해서는 校勘記를 달지 않는다.

道者, 何道也? 又命詞臣, 將介淸著說, 逐條攻辨, 榜示列邑.【上同】

介淸書有曰"夙欽德義, 有懷傾腸". 鄭澈啓曰:"觀此書札, 介淸與逆賊締結, 正是不虛. 且所作排節義論惑亂一世, 渠以節義爲排, 則必好爲節義相背之事, 節義相背之事, 何事耶?"【見《己丑錄》】

澈嘗以介淸爲不測之人. 至於排節義推問之際, 介淸曰:"此朱子之說." 澈厲聲曰:"朱子·朱子, 汝何知朱子? 朱子於其師, 亦有背恩忘德乎?", 介淸垂頭不復言. 其後澈每語及介淸, 必曰:"介淸未叛之汝立·汝立已叛之介淸."【見《混定錄》】

介淸獄中疏略曰:

在當時, 雖智者, 未能逆料爲逆. 況臣昏庸, 豈知包藏凶變哉? 凡書辭親密則辭煩而無敬謹之意; 相疏則辭敬而多稱道. 臣與逆賊書, 不知奸而稱道過當, 則罪在罔赦, 不相親密, 則見於書辭, 只其二度, 則非交結往來, 據此可見.

節義根於人心之固有, 而扶持綱紀之棟樑. 臣雖無識, 豈不知節義之有關於世敎? 臣前日所著者, 讀朱子之書, 見朱子之論, 因有所感, 以著其東漢節義之弊而已. 蓋節義云者, 明於義理, 而不蔽於利害之私, 故其在平昔行於身者, 旣足以君明臣直, 潛消禍本, 逆折姦萌, 而不幸遇患難, 則不顧利害, 而能伏節死義者也.

若夫東漢之士, 其大義根於心, 死生不辨, 則誠可尙也. 考諸本傳, 究其朱子之意, 則不修職分, 不務義理, 汚濁朝廷, 高視天下. 嘗以臧否人物, 誹訐朝廷, 競爲相尙, 而自公卿以下莫不畏其評議, 屣履到門, 則是乃學生執國命, 豈可以長保其國乎?

故臣竊取朱子之意, 而謂:"徒知節義之名, 不知節義之實, 則其弊或至於驕虛浮誕, 卒陷於利害之私. 故政不得其道·位不得其人, 失措於幾微之際, 而將使小人乘其隙, 無以爲國矣. 故梁冀之弑[8]質帝, 李固爲相, 而非但

---

8) 弑:底本은 "試"로 되어 있다.《己丑錄·鄭介淸再招》에 근거하여 수정하였다.

不能聲罪顯戮, 反聽命受制而隱忍焉. 宦者之盤錯, 竇武謀誅, 而自失其先後輕重之序, 卒之士類殲滅, 國隨以亡, 此皆不務節義之實而然也. 必也學至明其明德, 格致而知其節義之本·誠正而行其節義之實, 則人道正·綱紀立, 雖欲伏節死義, 自無伏節死義之患矣."臣之前日所論節義·淸談, 語雖未瑩, 其實有意於培壅節義根本, 而反以爲排節義, 此非臣之本心, 而抱冤無所發明者也. 【上同】

委官啓:"觀基之事, 一向稱冤, 至欲與鄭汝[9]能等一處憑閱, 似爲不實. 而排節義一說眩惑後進, 其流之禍甚於洪水·猛獸, 請刑推得情."答曰:"依啓."刑一次後, 請加刑, 命"照律". 初配渭原, 委官更啓, 改慶源 阿山堡. 六月, 到配, 七月, 歿. 【見《己丑錄》】

時介淸再出於賊僧性熙招, 有拿命, 而介淸已死於配所矣. 【見《混定錄》】

時寶城居金用男·金山重等與古阜郡守丁焰同議, 告:"羅州人林地·松廣寺僧性熙與吉三峯, 留松廣寺 三日庵, 同謀起兵, 林地以戰馬賣買事, 歸順天妻家. 云云."林地一門及寺僧惠熙·希性·心懷·心淨三十餘人及寺傍居人二十餘人拿囚.

鞫廳啓曰:"松廣距寶城六十里, 距順天八十里, 距古阜三日程. 朝廷方求吉三峯, 用男等, 何不告六十里寶城·八十里順天, 乃告于三日之程古阜乎? 古阜 丁焰之妾卽用男·山重之妹也, 其間情狀, 未能的知."焰恐其獄事不實反坐, 自其郡多載綿布, 行賂禁府獄卒, 敎誘性熙誣服. 熙不援引諸林, 自以爲與汝立同謀. 於是諸林皆蒙放, 惟地受刑一次, 定配北邊.

性熙文書中有密記. 上問:"汝何得之?"性熙供曰:"某年往汝立家, 謄置矣."上又問:"其時汝立獨在乎?"供曰:"座中有客, 其一忘名, 其一[10]乃前谷城縣監鄭介淸云."於是介淸還有拿命. 同月二十六日, 傳曰:"潑等事狀已著, 證據已悉, 依律處斷, 議啓."禁府啓:"惟在聖斷. 云云."

---

9) 汝:底本에는 없다.《己丑錄》에 근거하여 보충하였다.

10) 其一:底本에는 없다.《燃藜室記述·己丑鄭汝立之獄》에 근거하여 보충하였다.

二十八日, 以李潑等事收議. 領相李山海議:"潑等事, 臣之愚見亦與禁府
回啓之意, 無異. 惟在聖斷鑑量." 沈守慶議:"小臣不參於李潑等推鞫之
時, 只聞傳播之言, 未知其出於賊口者何如也. 但不服旣斃之後, 因賊口援
引,¹¹⁾ 斷以逆律, 恐或未盡於刑政大體. 伏惟上裁." 金貴榮議:"小臣伏見,
李潑罪目只係於與逆賊親密綢繆, 別無同參逆謀之端. 今以同參之律追加
於旣死之身, 未審於政刑大體何如也. 伏惟上裁." 委官鄭澈啓:"李潑等
之罪昭著已久, 誅討之上敎至嚴, 以臣等昏昧, 固難容贅, 請廣收廷議."【上
同】

六月初一日, 二品以上收議. 黃廷彧·兪泓·金命元·尹卓然·朴忠
侃·黃琳·邊協·金貴榮·李山海·沈守慶·任說·鄭澈·李陽元等
議:"當初旣不承服, 斃于杖下, 以證據擬罪, 遽加重律爲未穩." 崔興元·
尹根壽在家收議亦同. 崔滉方在告不收議, 權克禮追議亦同. 權徵議:"刑
政大體關繫一世勸戒, 如有分毫未盡之情, 則人有辭而獄不成. 以潑·洁
平日所爲及賊招揣之, 則潑服¹²⁾知情隱藏之律, 洁有間於潑, 若目之以參
謀, 繩之以上刑, 則似爲未安. 至於汲未得顯達之一微官, 旣無推獎釀變之
迹. 有何輕重於逆賊乎, 混加重律, 恐過重.【上同】

同月, 羅州 梁千頃·梁泂等上疏, 論鄭彦信護逆狀, 傳曰:"彦信欲斬告
者之說, 公然發說, 聽中事駭然, 莫甚於此. 而朝廷無一言, 因儒疏, 始得聞
之, 是亦可怪之事¹³⁾也. 彦信身爲大臣, 敢肆欺罔, 其兄彦智亦效之, 此二人
者心已無君. 不勝駭愕." 鞫廳回啓:"彦信¹⁴⁾此說傳播已久, 不以上聞, 臣
罪大矣. 旣已現發, 不可不問, 卽招他大臣, 議罪." 依啓.【見《時政錄》】
委官啓曰:"梁泂等疏出於草野荒僻之中, 不無流聞不實之語. 玉男炙口
爛耳乃其一也. 然鄭彦信斬告者十餘輩之說, 嘗播都下, 臣亦有聞. 果如其

---

11) 引:底本은 "因"으로 되어 있다. 《己丑錄》에 근거하여 수정하였다.

12) 服:底本은 이 앞에 "不"이 더 있다. 《己丑錄》에 근거하여 수정하였다.

13) 事:底本은 "輩"로 되어 있다. 《燃藜室記述·己丑鄭汝立之獄》에 근거하여 수정하였다.

14) 信:底本은 "智"로 되어 있다. 《燃藜室記述·己丑鄭汝立之獄》에 근거하여 수정하였다.

言, 此乃反獄手段, 其爲罪狀固難容貸. 此一款, 請招問參鞫諸臣, 然後處之
爲宜."【見《己丑錄》】

姜海上疏, 曰:"鄭彦信竄時, 崔永慶門徒等日來鄭所, 不以爲唁而爲賀, 其
志難測. 云云." 命招參鞫大臣·禁堂問之, 金貴榮曰:"左耳偏聾, 非高聲
不得聞." 兪泓·洪聖民曰:"彦信以爲'此實無根之言, 若不治, 則將不勝
紛擾, 斬如此出言者十餘人, 則浮言自止.', 臣等力排之." 李山海稱病不來,
上命往問, 啓曰:"日久, 不能分明記憶, 而監司狀啓不爲詳盡, 故詳悉其
由, 急急更啓事, 回啓時, 彦信之言似發於此時矣."【上同】

大憲洪聖民啓曰:"當時之事可駭可痛者, 非一非再, 持兩端者居多. 如[15]
微臣雖冒推官, 時或出言, 人皆反目以視, 臣與兪泓相顧咄咄. 彦信發言之
時, 臣實抗之, 李山海亦言其不可, 顧語臣, 曰:'吾見與判尹同.', 彦信再三
唱說, 則山海稍屈, 曰:'更思之, 以直截之, 則右相之言是矣.'

彦信請推黃海監司, 臣言其不可, 座中亦有言者, 其事遂寢. 山海之啓曰'不
得分明記得者', 此必山海大病之餘, 昏忘致此, 然不能無怪. 天日在上, 鬼
神在傍, 欺罔君父, 何以生爲? 臣有此懷, 不能達於推鞫之時, 又不能陳於論
罪之時, 厥罪惟均. 請伏司寇之刑."

答曰:"卿旣親見, 何不卽言, 而今因儒疏, 多費辭說? 甚不合理. 人言之或
左或右, 不是異事, 豈可因一人之言而欲橫嫁於他人乎? 旣爲辭職, 依啓."
傳于政院, 曰:"洪聖民啓辭內'欺[16]罔'事, 政院議[17]啓." 回啓曰:"以文勢
觀之, 似指山海, 而'厥罪惟均'之語觀之, 則恐是自責之語也." 遂命招, 聖民
對以自責已過.

正言黃愼啓曰:"邪議橫生, 事機之危, 間不容髮, 苟非聖民·兪泓抗言力
排, 則未知國事終何如也. 假曰聖民之言不無過當, 不猶愈於諸人之首鼠

---

15) 如:底本은 "與"로 되어 있다. 《己丑錄》에 근거하여 수정하였다.

16) 欺:底本은 "殿"으로 되어 있다. 《己丑錄》에 근거하여 수정하였다.

17) 議:底本은 "依"로 되어 있다. 《燃藜室記述·宣祖朝故事本末》에 근거하여 수정하였다.

兩端者乎? 今也譴責之嚴不加於彼, 而反加於此, 臣恐依阿顧望者因是得
志, 而忠直之言無路上聞也. <u>彦信</u>所言, 同坐皆聞之, 而<u>李山海</u>獨以爲依俙
記憶, 此雖與稱耳聾者不同, 已非直截之言. 而又以箚辭自明, 前後異辭,
大臣告君, 豈容如是?" 上震怒, 卽命遞職.【見《時政錄》】

特拜<u>洪聖民</u> 慶尙監司, <u>黃愼</u> 高山縣監.【見《己丑錄》】

左相<u>鄭澈</u>啓: "以雖未親見<u>鄭彦信</u>欲斬告者之事, 傳播已久, 聞之熟矣, 而
因循緘嘿, 終未上聞, 請免." 上曰: "勿辭."【見《時政錄》】

領相<u>李山海</u>辭免, 上優諭曰: "卿何遽有此呈辭? 百計圖之卿之態, 予已知
之, 雖萬人攻之, 不可信也. 吁! 卿去則他相亦不能自全, 是豈美事? 勿復呈
辭. 速爲出仕則多事好矣, 不然, 人必有侮之者矣."【上同】

追刑<u>全羅</u>都事<u>曺大中</u>. 右相<u>沈守慶</u>辭遞, <u>鄭澈</u>還爲委官. 初<u>大中</u>臨死, 以詩
呈省座, 曰: "地下若從<u>比干</u>去, 孤魂含笑不須悲." 判義禁<u>崔滉</u>欲達, 委官
<u>沈守慶</u>曰: "臨死亂言, 何足上達?" 至是<u>滉</u>卒白之, 上引對問故, <u>沈守慶</u>對
曰: "凡罪人原情・供招外, 餘事更無受理之例, 況臨死荒亂之詩乎?" 上
震怒, 特拿其妻妾・子女・弟侄, <u>大中</u>論以逆律戮尸. <u>守慶</u>三辭遞.【上同】

禁府啓曰: "<u>大中</u>奴事<u>李潑</u>・<u>白惟讓</u>, 恒言: '<u>李珥</u>・<u>成渾</u>可殺'. 與逆賊交
結甚密, 逆賊自殺之後, 涕泣・行素之說發於公論, 論以逆律, 固不足惜.
然比諸前後伏誅諸賊, 似不無有間." 上曰: "<u>曺大中</u>悖逆之狀, 自有其詩,
而流涕・行素, 渠旣自服, 別無更議. 庇護逆賊, 自有其律, 按律施行." 時將
壓膝等刑施於<u>大中</u>妻妾, 委官與禁堂啓曰: "逆賊與護逆, 罪有輕重. 今以
護逆議<u>大中</u>而鞫其妻妾, 於刑政大體, 恐有未盡." 再啓, 始允, 女人則勿問,
其外訊之.【上同】

至是禁府啓: "<u>梁泂</u>疏云<u>泰仁</u>居<u>房大遂</u>等拿來事, 發遣羅將, 到本縣訪問,
元無房姓人, 他無摘18)發之路. <u>恩津</u>縣監<u>趙綱</u>19)憑問處置."

---

18) 摘: 底本은 "榜"으로 되어 있다. 국도본에 근거하여 수정하였다.
19) 綱: 底本은 "絅"으로 되어 있다. 국도본과 《己丑錄》에 근거하여 수정하였다. 이하

傳曰：“李潑等初出於鄭緝之招, 又出於宣弘福之招, 又出四伊之招, 同參事狀不一而足. 況其平日與[20]逆賊締結綢繆, 合爲一體之狀, 尺童所知, 而往來書札, 不啻如父子兄弟, 失刑於此, 則當治何人乎? 《春秋》討賊之義, 身無存沒, 依律處斬, 議[21]啓. 逆賊分送兵器於鄭彦信之說, 十分的實, 未滿一哂, 彦信聞之, 亦必不服. 長箭欲何爲哉? 況其疏說誣罔百出, 此不足問, 不可以此刑推. 但趙綱以逆賊移書於金孝元爲辭. 夫逆賊欲爲子弟入學, 則交友之當道非一, 何必傳囑於已爲永興之孝元乎? 當此人心極險之時, 堂堂國家因外方儒生荒雜之疏, 推鞫·推刑, 大傷事體, 必有後弊. 不如置之. 趙綱除刑推放送, 房大進勿論.”【《己丑錄》】

吏判柳成龍拜右相, 崔滉拜吏判.【上同】

二十日閉門後, 委官密啓, 禁都自門隙入, 啓：“鄭彦信締結逆賊, 欺罔君父, 不但負宗社·蔑君父而已, 崔·鄭爲心腹窟穴. 云云.”夜三更, 發遣都事李培達, 七月拿來.委官啓曰：“推鞫事體, 恐不當與凡罪人同. 大臣鞫於三省, 無前例可據, 與他大臣同參按問, 何如?”上曰：“他大臣議啓.”沈守慶議：“大臣推鞫, 無可據之例, 不可不推鞫, 則似不異於他.”李山海議：“旣有大臣承命按問, 雖不與他員同慘, 恐爲無妨.”柳成龍議：“前所未有之事, 恐難創開.”上命禁府, 考啓大臣推鞫前例, 禁府回啓, 曰：“推鞫本府, 未有前例. 康純因[22]南怡之招, 鞫於親臨, 皆非三省可鞫, 此外無可考之籍.”【上同】

掌令張雲翼·持平白惟咸啓曰：“伏見大諫沈忠謙·司諫吳億齡避嫌之辭, 只擧鄭彦信欺罔締結之罪, 無一言及於斬告者之說. 且曰‘因其已著之罪而定斷其律, 今無可處[23]之道’, 其言·其意實所未曉. 斬告者一事, 豈不

동일 사례에 대해서는 校勘記를 달지 않는다.

20) 與：底本에는 없다. 국도본에 근거하여 보충하였다.

21) 議：底本은 “依”로 되어 있다. 국도본과 《燃藜室記述·宣祖朝故事本末》에 근거하여 수정하였다.

22) 因：底本에는 없다. 《己丑錄》에 근거하여 보충하였다.

緊重可鞫之語? 若曰'因已著之罪而斷定'云, 則彦信罪狀昭著於未竄南海
之前, 討惡誅罪, 自可加之於謫地, 何必密下備忘, 傳示大臣・三司, 而更爲
拿致? 旣而拿來, 豈有不爲鞫問, 遽先斷定之理哉? 忠謙等雖曰自己引嫌,
而不無裁節緊語, 解釋大罪之失. 云云."【上同】

大憲李齊閔・掌令申礏議不同, 避嫌, 命遞職. 傳曰:"闕庭推鞫." 原情入
啓, 初下賜死之命. 諸大臣曰:"我國曾無殺大臣之事. 云云.", 傳曰:"仍
囚, 從容處之."

兩司啓請庭鞫, 累啓, 始允. 刑一次後, 命甲山定配, 兩司又請更鞫. 至八月,
答曰:"何如是强執乎? 彦信爲人不過不學無識, 自不覺其陷於大罪耳. 逆
招有先殺鄭彦信・申砬²⁴⁾而後舉兵, 此亦當恕彦信之罪. 今若强爲更鞫,
或致捶斃, 則必有殺大臣於殿庭之名, 上下相持之際, 又或病斃, 則又有大
臣下獄病死之名. 皆不爲吉, 卿等胡寧忍此?" 於是兩司停啓. 三更, 出獄門.
【上同】

傳曰:"柳夢井爲逆賊所深許, 則其締結之狀昭不可掩. 若止削職, 逍遙一
閒人, 使之高臥鄕園, 花朝月夕, 與野老爭席, 則其爲失刑, 莫此爲甚." 於是
委官請拿鞫.【《日月錄》】

時拿命下五月, 至六月, 推案入啓. 傳曰:"諸葛亮治蜀, 服罪輸情者, 雖重
必釋; 飾詐巧言者, 雖輕必戮. 今夢井與賊締結之狀, 聾者亦知. 況其事狀
昭著於簡札中? 乃敢以萬無納招, 肆行欺罔, 侮慢朝廷, 極爲痛心. 但將來
亦有可訊, 罪人姑勿加刑仍囚." 二十餘日, 杖斃.【《己丑錄》○夢井子潛壬辰亂,
與召募使從事官洪麒祥倡義於安城・全州等地, 達義州行在所. 特授軍資監參奉, 潛上疏辭職,
請復父官, 甲辰復上疏伸冤, 蒙允.】

同月姜海【後改名滉】・梁千會²⁵⁾等以吉三峯爲崔永慶, 言于濟源察訪趙應

祺, 應祺[26]報于全羅監司洪汝諄. 監司[27]枚擧密啓, 一邊移文于慶尙兵使梁
士瑩, 則士瑩因都事許昕之言, 先已逮永慶矣. 鞫廳啓請覈問于汝諄, 汝諄
引應祺, 應祺引金克寬, 克寬引梁千頃.【《魯西集》‧《己丑錄》】

晋州品官鄭弘祚言于判官洪廷瑞, 廷瑞言于密陽敎授康景禧, 景禧言于金
睟, 睟言于都事許昕, 昕言于梁士瑩.【《掛一錄》】

先是二月, 憲府啓:"前司畜崔永慶與逆賊交契甚密. 鄭彦信通書中所謂
崔孝元亦指此人, 參謀相厚, 據此可見, 請削職."三啓, 不允. 至六月, 正言
李洽又啓請削爵, 答曰:"崔永慶, 予不知何許人, 逆賊交結時, 無現著可據
之事, 置之未爲不可, 不須削爵."後允之.【《己丑錄》】

至是八月, 拿來推鞫. 供曰:

臣少孤貧病, 無田可往, 居城中先人弊廬四十年. 癸酉年, 爲虛名所誤, 濫授
六品, 揆分難堪, 卽下晋州, 杜門屛息二十年, 今者不幸爲奸惡所構陷.

臣性本愚頑, 不能隨人俯仰, 爲世所憎嫉久矣. 今奸黨以臣與逆賊相交, 指
以爲三峯, 臣與逆賊不知‧不交, 國人所共知之. 丁丑, 喪子上京, 逆賊因李
潑來見, 哭泣之中, 但一見面. 臣若不直達, 則人無知者, 何敢以一身死生欺
罔天日乎? 臣若與相交, 則逆賊文書中, 豈無一度書札乎? 弔喪時, 觀其爲
人, 狡猾太甚, 故臣常戒安敏學‧李潑等, 勿爲親厚.

且萬場洞之說, 平生所未聞. 年過六十, 杜門屛迹之人, 五六日程, 豈有與賊
相厚之理? 鄭彦信簡札有曰'崔孝元'云‧尹起莘簡札有曰'崔丈'云, 臣不知
其所言, 而必是浮雜之輩自相告語, 臣於是非萬無干涉.

況三峯之說尤爲無理. 凡人別號必以平生工夫所在, 或以所居山川爲號,
臣所居沮洳澤畔, 有何據而爲此號? 況三峯者奸臣鄭道傳之號, 臣其敢蹈
襲以自汚乎? 奸黨之萋斐成錦, 粘榜街巷, 或誣引陳疏, 終至於嗾人誣告,
必欲殺之而後已, 渺渺[28]一身何以自明? 所恃惟天而已.

---

26) 應祺:底本에는 없다.《己丑錄》에 근거하여 보충하였다.

27) 監司:底本에는 없다.《己丑錄》에 근거하여 보충하였다.

永慶供"自某年以後, 不復相通. 云云.", 上下逆賊與永慶書數紙, "乃某年以後書問, 何以欺罔?", 永慶供曰:"老病昏忘, 初不省也. 然臣則實無便, 不能作答矣." 鄭澈曰:"老人容或忘之. 若逆賊文書中, 無渠答書, 則可知其不妄29)." 永慶遂得免刑.【《魯西集》·《日月錄》】

一說永慶對以不知逆賊, 上不直之. 鄭澈請訊, 上以爲處士不可加刑, 釋之.【《涪溪記聞》】

上又下一詩于鞫廳, 曰:"永慶筐中有此詩, 乃渠所自作, 此何等詩耶?" 其末句有"牛溪一夜風生虎, 仙李根搖有髮僧."

永慶供曰:

臣本不能書, 今見此詩所書字體, 茫然不記何人所書. 臣平生不解詩, 亦不喜詩家事, 此豈所敢作? 變生之後, 人皆去文書, 且聞崔三峯之言亦已數月, 臣心淡然無所犯, 故不敢焚去文書, 安而待之. 臣之所知唯李魯能詩, 喜道人詩句, 恐此人聞此而傳送, 今觀其書, 非魯所書. 逆賊通書事, 臣當初納招, 專未記得, 故不卽竝達. 逆賊因李潑來見事, 他人不知, 猶且不諱, 豈獨諱此一張書, 自陷欺罔乎?

臣非欲探知朝廷, 常時說辭不能婉順, 見嫉於人, 常患多口, 故只欲聞嫉己之言. 至於癸未李珥被論, 或以爲臣所爲, 至謂臣三度來京云. 平生虛謗不少, 故欲聞世人謗己之言也. 臣喪子今十四年, 專廢食飮, 只欲度日朝夕待死, 豈有欲聞朝家事之理? 臣聞今年京中多般虛說傳播, 安敏學輩必欲殺臣而後已, 故臣欲詳聞其奇耳.

請囑脫人罪事, 則己卯年間, 以州居士人等爲豪强, 陷於不測, 此皆冬一裘夏一葛者, 決非豪强, 而見憎於人, 故臣以此通書耳. 圖得弟官, 則臣窮不能奉先祀, 欲使弟爲鄰邑守令, 此則萬死難贖. 立夫【鄭彦信字也】·蘇齋【盧守愼

28) 渺渺:底本은 "眇眇"로 되어 있다. 국도본과 《己丑錄》에 근거하여 수정하였다.

29) 妄:底本은 "忘"으로 되어 있다. 《燃藜室記述·宣祖朝故事本末》에 근거하여 수정하였다.

號也】, 臣只與此人相知而已, 豈敢以此爲窟穴乎?

推案入啓, 傳曰:"崔永慶·金榮一放送."院啓【李洽·李尙吉·具宬】:"崔永慶以詭性陰慝之人, 其在平日締結逆賊及潑·洁·彦信兄弟, 以尹起莘·金榮一輩爲腹心, 朝家動靜·時政得失, 莫不交通干與. 變生之前, 汝立越境, 來訪於其家, 親密綢繆之狀昭不可掩. 及其被拿, 乃敢以曾未相識·不通書札納招, 而賊書一張, 不能盡去, 交厚之迹始不逃於天網之正. 況其弟以潛通時事, 終斃杖下, 起莘方同罪受刑, 而遽見放釋, 其爲失刑甚矣,30) 請更鞫, 依律定罪, 金榮一, 請命遠竄."答曰:"永慶不可更鞫, 榮一不須遠竄."於是諫院請啓更鞫, 憲府啓請遠竄.【諫院具宬·李尙吉等, 憲府宋象賢·張雲翼】

九月, 答諫院啓:"崔永慶越境相從之說, 出於何處? 言根詳啓."諫院啓曰:"以逆賊簡札所謂頭流之約觀之, 其平日親密無疑. 且逆賊來見永慶, 判官洪廷瑞言於都事許昕. 云云.",命洪廷瑞·許昕·崔永慶拿囚.

永慶供曰:"此禍之作往在丙寅·丁卯. 李珥之出, 擧世咸謂'古人復生', 臣獨笑其不然. 厥後或以臣有先見之明, 於是李珥之憤極矣. 儕輩·門生不容於淸類者, 指臣爲怨, 興訛造訕, 粘榜街巷, 終至中外合說幻出無形, 以至此極. 人家書札皆投烈火, 臣聞三峰之說已過四朔, 而此心淡然, 凡雜文書不爲投火. 云云."

所招引監司金睟, 命政院招晬問之. 引晉州訓導康景禧, 廷瑞引邑官鄭弘祚. 廷瑞·弘祚刑一次後放送. 永慶死於獄中. 永慶在獄嘗病, 委官使醫診視, 永慶徐縮臂31), 曰:"這病, 非委官所能治.", 終拒不聽. 時上聞其病, 命罷主刑郞.32)

---

30) 其爲失刑甚矣:底本에는 없다.《己丑錄》에 근거하여 보충하였다.
31) 臂:底本은 "眉"로 되어 있다. 국도본과《來庵集·守愚堂崔公行狀》에 근거하여 수정하였다.
32) 主刑郞:底本은 "刑"으로 되어 있다. 국도본과《來庵集·守愚堂崔公行狀》에 근거하여 보충하였다.

永慶雖久繫[33], 常危坐, 未嘗一日臥. 一日[34]顔色揚揚然如昔, 食罷, 神氣遽惡, 就枕朴土吉【同繫人】膝, 傍人皆驚怪. 家人欲試之, 請寫一字, 永慶徐起, 大書一正字, 字畫已訛. 顧土吉, 曰: "公能識否?", 有頃而卒. 九月初八日也.【《守愚行狀》·《己丑錄》】

一說永慶招: "洪廷瑞居官, 不滿人意, 鄙其爲人, 累請見, 不許, 以此做作無形之言. 臣病不出門已久, 安與汝立相會於七百里之外?" 鞫廳請拿廷瑞, 廷瑞蒼黃失措, 謂監官鄭弘祚, 曰: "此言聞得於汝, 汝毋隱諱." 弘祚大驚, 曰: "何以發此言? 夢寐所不知之言, 何以及之於余?" 及鞫問, 弘祚曰: "距永慶家六十里, 雖有此事, 何能及知? 永慶杜門不出, 鄰里不知動靜, 況在遠人乎?" 刑二次放之, 廷瑞知其反坐, 以毒饋永慶云.【掛一錄】

憲府啓曰: "禁府不嚴, 使罪人得以自盡, 色郎廳請罷", 依允. 都事康宗允以不謹救護, 鞫廳啓罷.

初賊黨皆言: "吉三峯爲上將, 鄭八龍·鄭汝立爲次." 朝廷遂尋吉三峯所在, 各道以三峯捕送者, 前後無限. 其時逆黨李箕·李光秀等或言"往全州吉三峯家, 時年可六十, 面鐵豊肌", 或言"年三十, 體長面瘦", 或言"年可五十餘, 鬚長至腰, 面白而長" 其後金世謙言: "三峯非上將, 乃賊之卒徒, 居晋州, 年可三十, 日行三百里云.", 又有一賊言"三峰本羅州土族云." 最後有朴文長言: "三峰非吉姓, 乃晋州私奴崔三峰云." 不久外間浮議紛然, 或言"三峰居晋州, 年可六十, 面鐵而瘦, 鬚長至腹, 體長", 或言"三峰乃晋州崔永慶也." 或言"前一年, 有士人過全州 萬場洞, 有賊聚會射帿, 永慶首坐, 汝立次坐. 云云."

人有聞而疑之者, 曰: "永慶居晋州, 而年六十, 面瘦而鐵, 身長, 鬚亦長. 又有萬場洞之說, 外間所云, 無乃近耶?" 李恒福聞而疑之, 曰: "諸賊所供

---

33) 繫: 底本은 "係"로 되어 있다. 국도본과《來庵集·守愚堂崔公行狀》에 근거하여 수정하였다. 아래도 같다.
34) 一日: 底本에는 없다.《己丑錄》및《來庵集·守愚堂崔公行狀》에 근거하여 보충하였다.

各相不同, 年紀老少·形體肥瘦, 前後霄壤. 今乃摘出諸供中與永慶相似者, 數語湊合, 而乃云'一賊所供, 依然是崔永慶'. 此非外間悠悠浪傳, 必有明知鞫獄曲折者, 巧爲機穽, 驅永慶而納之於三峰, 先播浪傳, 使之熟於人聞也."

及其就獄, 恒福爲問郎, 鄭澈爲委官. 一日退歇後廳, 招恒福問崔獄, 恒福曰: "自起獄以來, 已過歲序, 何嘗有一人指永慶爲三峰? 今無端以道聽, 拿囚處士, 不幸而死, 則必有公論, 相公何得辭其責乎?" 澈大驚, 曰: "我與永慶平日雖以論議相角, 豈至於欲相害? 此出於本道訛傳, 於我何干?" 恒福曰: "非謂相公陷之, 知其無根而坐視不救, 豈推官之體? 名曰逆獄, 囚繫滿獄, 推官固不敢一一伸理, 至於永慶, 囚中之尤無根可名者, 且是孝友處士, 何可不救?" 澈曰: "我當極力救解."

再鞫之日, 永慶略陳時事, 且及與牛溪異論之由. 鞫畢, 澈退後廳, 招恒福, 色頗怫然, 曰: "君觀其供辭? 是何也? 君之崔公甚不好也." 恒福笑曰: "我與永慶素昧平生, 何得言'君之崔公'? 第相公不悅者, 無乃言及時事耶?" 曰: "然." 恒福曰: "然則相公初不知永慶也. 永慶所以異於時輩者, 以其論議不同也, 未再鞫之前已可知之? 若於嚴鞫之下, 苟然盡喪前日所見, 區區強爲諂說以冀幸免, 豈眞崔永慶也? 今之所供, 不變初心, 所以爲高處. 然此則都不須論. 今之所鞫者只問三峰與否, 論議同異,35) 何干獄事?" 澈欣然, 曰: "公言政是. 我未及思也."

後又曰: "我已得救崔之妙策矣. 創草已具, 且與西厓36)約, 若刑推命下, 聯名救之, 則可諧矣.", 恒福曰: "柳果有是約耶?", 澈曰: "已成金石矣." 其後因公事到柳成龍家, 極論崔獄之冤, 成龍只答數語. 恒福因言: "大臣不可不救.", 成龍曰: "如我者, 何敢救解?" 恒福累累極言, 成龍乃曰: "舍人不可如是太慷慨. 世道甚險, 切宜愼言." 恒福曰: "余與崔本無半分交誼,

---

35) 同異: 底本에는 없다. 《燃藜室記述·宣祖朝故事本末》에 근거하여 보충하였다.
36) 厓: 底本은 "涯"로 되어 있다. 국도본과 《西厓集》에 근거하여 수정하였다.

誰敢疑迹?", 成龍曰："世事不可測. 事至波及, 人誰得脫? 千金之軀, 千萬愛惜."【《白沙集》○《己丑記事》○ 眉叟許相穆著《崔守愚遺事》曰："《白沙遺稿》有〈己丑錄〉, 載先生冤事甚悉. 後其子孫聽用事者言匿之, 有僞作〈己丑錄〉行於世".】

初鄭澈聞逆變, 自高陽入城, 李貴與辛慶晉偕往, 力陳公平鎭定之意, 曰："亡師平日爲台監眷眷, 今日擧措, 若失士望, 則必累及亡師.", 澈曰："君輩之言正是, 吾當盡力行之." 未幾澈代鄭彦信爲相, 時獄事波漫, 濫及無辜, 澈不能鎭定以致狼狽. 至於鞫問之際, 有時沈醉戲談, 大失人心. 貴與成文濬偕往, 極言時事, 曰："公不用吾輩言, 以至於此.", 澈掉頭搖手, 曰："君之前言極是. 如此之輩, 非吾所能鎭定."【《延平日記》】

鄭澈嘗於省座指永慶, 曰："彼漢斫吾頸欲如此." 以手畫其頸, 因大笑. 柳成龍曰："此非戲談之地." "人皆以而見爲謹愼君子·季涵爲虛妄君子, 謹愼與虛妄雖不同, 其爲君子則一也.", 澈顧謂李山海, 曰："吾之所爲非戲也. 他日以余爲搆殺永慶之時, 欲以爲口實也.", 成龍微笑, 山海默然.【混定錄】

永慶之弟餘慶蔭仕在京, 以諺簡論朝廷是非, 送于永慶. 上惡之, 刑一次而斃.【《石室語錄》】

永慶文書中李黃鍾書, 有極詆時事, 以至逆獄[37]爲士林之禍. 於是獄事遂重, 命拿黃鍾, 刑訊致斃.【《白沙集》·《日月錄》】

李彦吉爲金堤郡守時, 還上倉穀十餘石題給汝立, 鎭安縣監閔仁伯告彦吉, 備給百餘石, 以此死.【《掛一錄》】

韓百謙收震吉屍, 因臺啓, 受刑一次.【《日月錄》○《掛一錄》百謙受業於閔純】

申湜名在汝立門生錄, 被逮, 供曰："曾與逆賊一不相通書札." 上下書名'湜'字[38]一張, 湜曰："南中有鄭湜者.", 又下其喪中問禮具[39]姓名者一張,

---

37) 獄：底本은 "賊"으로 되어 있다.《宣祖修正實錄 23年 6月 1日》기사에 근거하여 수정하였다.
38) 字：底本은 "者"로 되어 있다.《燃藜室記述·宣祖朝故事本末》에 근거하여 수정하였다.
39) 具：底本에는 없다. 국도본과《燃藜室記述·宣祖朝故事本末》에 근거하여 보충하였다.

刑一次.【《日月錄》】

金尙憲在瀋陽時, 與湜子得淵同處, 得淵力言："松江欲與之相好, 而厥爺不答, 故構誣云."【《石室語錄》】

金憑素與汝立不相得, 成隙. 有風眩, 日[40]寒觸風, 淚流. 鄭賊磔尸時, 百官序立, 適日寒淚流, 累以布拭. 曾與白惟咸有隙, 臺啓以爲哀泣, 構殺之. 自是朝野側目.【《涪溪記聞》】

時李潑·白惟讓·鄭彦信出於逆招, 其餘或出於臺啓, 或出於書札, 而憑之死尤爲冤枉云.【《混定錄》】

十月, 以李潑等事, 命招大臣及禁府堂上議啓. 初三日, 政院啓："昨日委官啓辭李潑等家籍沒與否, 他大臣一時議啓事, 允下矣. 遣問事郎廳收議乎? 會于一處收議乎?", 答"命招議啓", 仍傳曰："禁府堂上亦爲命招."

同日, 二品以上秘密收議入啓.【上同】

備忘記：

李潑·洁·汲等按律定罪, 事在不疑, 而群議[41]如此, 當從群議矣. 予觀《大明會典》, 有逆外籍沒之文, 然則雖非逆賊, 有籍沒之法矣. 永樂時夏元吉因事籍沒, 此則雖非大罪, 有籍沒之典矣. 古者多有籍沒其家之事, 我朝亦有前例. 況與逆賊結爲心腹, 合爲一體, 同謀之迹, 實著諸賊之招, 情狀昭昭, 天地之所不容者乎! 其不能取服明示正法, 失刑甚矣. 今不籍沒其家, 不足以嚴討賊之典, 洩神人之憤. 李潑·洁·汲·白惟讓·曺大中護逆凶悖, 怨上不道, 竝籍沒事議啓.

諸議竝以"未取服, 遽定籍沒, 有後弊"爲啓. 十四日, 傳曰："李潑·洁·汲·白惟讓·曺大中家竝籍沒."【見《時政記》】

先是二品以上收議時, 右相柳成龍議啓曰："罪人必承服而後, 有籍沒之

---

40) 日：底本은 "目"으로 되어 있다.《燃藜室記述·宣祖朝故事本末》에 근거하여 수정하였다.

41) 議：底本은 "疑"로 되어 있다. 국도본과《己丑錄》에 근거하여 수정하였다.

法. 今此數人皆不服而死, 殊爲未安云.", 至是有是命.【《西厓年譜》】

【卷之三】

서인의 실각과 기축옥사 피화인에 대한 신원

洌水 丁若鏞 輯

萬曆十九年辛卯 【我宣祖二十四年】, 安僉樞邦俊嘗陳疏云:"李潑八十之母·十歲之兒俱斃於杖下, 其爲冤痛, 道路皆言." 其日記中曰:"李潑母尹氏年八十壓膝而死, 諸孫皆八九歲, 亦不服死, 家僮十餘人, 無一人亂言而死. 以潑之孝友, 竟至於此, 天也."

二月, 儒生安德仁等五人【李元長·尹宏·李塡·李晟慶】上疏, 詆斥鄭澈誤國. 上引見問:"何事誤國?", 對曰:"爲大臣, 沈于酒色, 其誤國事必多." 上曰:"酒色豈爲誤國?"

諫院合啓:

"鄭澈性偏多疑, 好同惡異, 汲引所好, 廣植私黨. 群聚其門, 日夜如市, 擅弄朝綱, 恣行胸臆, 威制一世, 莫敢誰何. 至於闕1)中爲政, 私招銓郎, 指揮注擬, 使之停留政事, 欲引外任之同志者, 則陰嗾言官, 故以微罪彈論.

且與宋翰弼兄弟, 結爲心腹, 接置鄉家, 及其下敎捕捉, 飾辭待罪, 猶且匿置. 與之謀張論議, 自上判決之訟, 劫制訟官, 必欲改決. 丁巖壽等拿來時, 巧生救解之計, 密令淹留, 中路不卽就訊, 使臺諫論執·韋布上章. 加以縱酒荒色, 蕩毀名檢, 國人醜之, 罔念羞恥. 外假譴浪, 實使媚嫉, 及其肝肺盡露, 無所自容, 而猶不畏戢, 浮薄愈深, 請罷職. 舍人白惟咸締結澈, 爲其心

---

1) 闕：底本은 "胸"으로 되어 있다. 《松江集·年譜》에 근거하여 수정하였다.

腹. 主張時議, 擅弄朝廷, 進退在手, 威福由己, 勢焰益熾, 縱恣濁亂. 請罷
職."

上曰 : "私招銓郎, 彈論外任, 的指其人, 具着顚末以啓." 回啓 : "慮稷爲銓
郎時, 私自招去, 外任則閔定命‧崔洙‧金澥矣." 答曰 : "相職旣免, 不須
罷, 白惟咸事, 依啓."

閏三月十四日, 兩司合啓 : "領敦寧鄭澈擅弄朝綱, 裁制一時, 請罷", 依啓.
十六日, 傳曰 : "古者罷黜大臣, 榜示朝堂, 所以昭示罪狀於國人之耳目而
懲後人也. 今此鄭澈罷職承傳, 依古制, 榜示朝堂."

六月二十三日, 大司憲李元翼‧執義金玏‧掌令趙仁得‧尹覃茂‧持平
李尙毅‧鄭光績‧大司諫洪汝諄‧司諫權文海‧獻納金敏善‧正言李
廷臣‧尹熿等合啓 : "前領敦寧府事鄭澈及白惟咸‧柳拱辰‧李春英等,
交相朋比, 濁亂朝廷, 欲陷異己之人, 敎誘湖南儒生上疏, 名卿碩儒驅入逆
流, 欲盡殲滅. 云云. 請幷遠竄." 依允.

都政, 吏曹擬白惟咸‧柳拱辰於學官望, 上震怒, 敎曰 : "白惟咸等朋奸黨
邪, 弄權亂政, 薄示譴罰, 於是身幸矣. 纔罷其職, 叙命未下, 乃敢隱然擬諸
師儒之望, 試予淺深, 其欲以此輩冒居函丈, 導迪多士, 俾皆學其汚險之術
耶? 問何官出言擬望乎?" 以正郎尹暾先出言爲對, 命同參堂上推考, 暾拏
囚捧供. 上以爲"有指嗾之人, 詐以不實, 則刑推更問", 仍命削職.

於是兩司揣上意, 以鄭澈‧白惟咸‧柳拱辰‧李春英等卽是奸凶而不卽
正罪, 引避.

上答曰 : "鄭澈之他罪姑舍, 惟其陰嗾湖南之儒, 構誣呈疏, 悉擧一代名卿
士大夫之異己者, 盡驅之逆賊之黨, 期必屠戮殲盡而後已. 及其奸謀未售,
肝腑將露, 自知其勢窮事[2]迫, 又嗾臺諫, 脅制君父, 終得以售其志. 惟此一
事, 求之古奸, 鮮有其比. 其心之慘毒, 鎭鋣爲下, 念之令人氣塞."

大司憲李元翼‧執義金玏-在外-[3]掌令趙仁得‧尹覃茂‧持平李尙

---

2) 事 : 底本은 "辭"로 되어 있다. 《松江集‧年譜》에 근거하여 수정하였다.

毅·鄭光績·大司諫 洪汝諄[4])·司諫[5])權文海·獻納金敏善·正言李廷臣·尹煒等合啓曰:

"鄭澈本以剛愎之性, 常懷怨懟之心. 乘國家不幸之時, 竊居非據之任, 謀擅國柄. 廣植私黨, 日聚浮薄之徒, 締結陰險, 以傷人害物爲心, 至於政廳郎官, 公然招去, 使殿下不得爲政, 專擅已極.

同列大臣, 視若仇讐, 外若親厚, 內實娟嫉. 入侍天威之下, 與李山海有若同寅協恭者然, 恣行欺罔. 且於稠廣之中, 呼柳成龍姓名, 顯加侮弄. 黃愼將赴北評事, 而急於進用, 托以望輕論遞, 旋卽歷通淸班, 金澥·閔定命·崔洙方爲守令, 乃以微失劾歸. 其誣上行私, 至於此極.

高敬命奸凶陰擘, 廢棄多年, 善於推占, 相與爲密, 擢置. 洪仁傑之居官, 別無聲績, 以結婚之親過加褒奬, 至陞堂上. 宋翰弼兄弟, 實是叛主之奴, 而匿諸京家, 至於妻妾混處. 凡百凶謀·祕計, 無不謀議, 啓下已決之訟, 迫令該官改決.

丁巖壽等陳疏, 實非多士所爲, 澈二三門客承其指嗾, 以成其謀, 誑聚者若干人, 充載疏中. 幸賴聖明洞燭其奸, 命遞罷相職以示貶薄之意. 爲澈者, 所當杜門省愆之不暇, 而日聚私黨, 日夜謀議, 公辦酒肉, 官駄妓工, 往來遊宴於江湖, 此果獲罪君上, 退伏惕慮之意乎?

至於劾罷其職, 榜示其罪之後, 猶不知戒, 橫行閭里, 出沒諸處, 怨天尤人, 無所不至. 或以削職罷勳籍, 欺撓功臣. 其他極凶極悖, 耳不可聞·口不可道之說, 爭相煽動, 將啓國家無窮之禍, 罔極之罪, 可勝言哉? 請削職遠竄, 以爲植黨專權, 脅君擅國者之戒焉. 白惟咸·柳拱辰·李春英等交相朋比, 濁亂朝廷, 請竝命遠竄."

答曰: "依啓."

---

3) 在外:底本은 세주(細註)가 아니다.《宣祖實錄》24年 6月 23日 기사에 근거하여 수정하였다.

4) 洪汝諄:底本에는 없다.《宣祖實錄》24年 6月 23日 기사에 근거하여 수정하였다.

5) 司諫:底本에는 없다.《宣祖實錄》24年 6月 23日 기사에 근거하여 수정하였다.

澈配明川, 餘皆西道.

上以澈大臣, 命移晉州, 諫官啓曰："惟咸等定配, 敢生營救之計, 或西或南, 擇其便近, 屛四裔禦魑之意, 如是乎? 請罷禁府堂郎." 於是改竄惟咸 慶興・拱辰 慶源・春英 三水.

兩司合啓:

"鄭澈罪惡, 靡有其極, 而苟非黨與爲之助張聲勢, 則澈無所售其奸. 右贊成尹根壽性本輕佻, 加以險邪, 自少結交皆戚里也. 當澈之擅國用事, 奔走其門, 有同奴隸, 陰謀秘計, 晝夜共議. 且與白惟咸結爲婚媾, 益固朋比之勢. 判中樞洪聖民外飾儒名・內實陰凶. 初秉銓柄, 擅擬趙憲, 謀爲網打士林之計. 及爲憲長, 百計構捏, 托於翻獄之說, 幾陷相臣於不測之地. 平日所經營, 莫非助成奸凶之勢・擠陷異己之說, 出按南服, 常懷怨懟, 凡百機務亦不經意. 及於勳盟上來, 澈極力圖留, 遲延不發.

驪州牧使李海壽賦性邪毒, 見棄淸議, 常懷怨懟怏怏. 鄭澈得志之後, 聲勢相倚以助陷善類爲良策・以引邪黨爲急務. 常以謀害相臣, 日夜經營, 任爲己事, 歷抵公卿之門, 遍探可否, 爲正論所折, 終不得遂其意.

襄陽府使張雲翼本以浮薄之人, 性且陰險. 奔走權門, 如醉如狂, 爲澈鷹犬, 恣行噬嚙. 此四人等爲澈羽翼, 請竝命削奪官爵."

答曰："依啓. 尹根壽元勳, 只可罷職."

七月初五日, 兩司論劾"前臺諫承權奸指嗾, 論救丁巖壽等, 方寢拿命, 幷罷職." 依啓.【丁巖壽在鄕未捕, 洪千璟逃躱. 梁千頃・姜涀等在京, 就捕訊問, 以渠之疏卽澈之指嗾承服, 斃於決杖.】

同月, 又因臺啓, 竄洪聖民 富寧・海壽 鍾城・雲翼 穩城, 根壽削職.

又所啓："鄭澈之罪大惡極, 國人所共憤, 禁府之配明川, 已爲可駭, 自上移配南方便近之地. 距本家數日程, 與窟穴私黨交相往來謀議, 猶有不可測, 請改配兩界." 於是鄭澈改配江界.

禁府都事李台壽押到順安馳啓"罪人病重, 不得趲程押去", 傳曰："台壽不畏朝廷, 押去奸賊不嚴, 任意自行, 徘徊留連[6]. 拿鞫, 遣他都事押去. 鄭澈賦性, 狡猾奸毒, 旣到配所, 交通雜人, 未知作何罪狀, 嚴加圍籬可也."【見《時政錄》·《日月錄》】

初鄭彦信之謫甲山也, 府使申尙節待之頗厚. 御史白惟咸廉得其私書以責之, 幷欲陷鄭, 未果, 人多言鄭澈意也. 及澈竄江界, 府使趙璥亦厚接焉, 臺諫之論之, 璥下吏,[7] 人以爲報惟咸之擧. 東西之禍至此酷矣.【見《荷潭錄》】

兩司合啓:

"兵判黃廷彧猜險貪饕, 汎濫鄙陋, 不可勝言. 自託國婚之後, 驕橫益甚, 人或警之, 必舊然曰: '不過失一兵判耳, 勳府尙存'. 右丞旨黃赫自少無賴, 不容人類, 自言'鄭澈雖失勢, 我則托婚於國, 山海·成龍可圖. 澈之不復入, 不患也.' 此父子朋奸黨逆, 堂堂國家下婚於無行之家乎?

戶判尹斗壽構陷士類, 羅織無辜, 無非此人所指劃. 左承旨柳根去就惟視炎冷, 雖澈之奸, 疑其反側而不信. 乃蝨付竄伏, 方在喪中昏夜伺隙.

黃海監司李山甫締結權奸, 合爲一人. 司成李洽趨附諂媚, 無所不至, 人或有言, 則必攘臂大言'小人之名, 自吾當之'. 兵曹正郎【失其名】一從指嗾, 謀陷大臣.

禮曹正郎金權陰譎朋比, 曲護私黨. 高山縣監黃愼托爲反獄之說, 誣陷大臣, 使其計得行, 則必至空國而後已. 其補外, 怏怏憤怒. 司果具宬秘迹出沒, 造爲無根不道之言, 請幷罷職."

答曰: "風聞之言不無失實. 兵判乃元勳, 黃赫豈如是乎? 尹斗壽寬厚有才智, 柳根文藝之士, 予甚惜之, 此四人不可從. 李山甫以下, 依啓."【見《日月錄》】

臺啓又論黃廷彧等四人, 比金安老三黜三入, 又引紹聖之事. 答曰: "兵判

---

6) 連: 底本은 "逋"로 되어 있다.《己丑錄》에 근거하여 수정하였다.

7) 論之璥下吏: 底本은 "論下璥吏"로 되어 있다.《燃藜室記述·辛卯時事》에 근거하여 수정하였다.

多有施措盡職之事, 元勳秩高之人, 有何不足而肆行? 貪鄙等語, 風聞失實, 或有放浪花柳之失, 不足深咎. 銀臺貪鄙等語, 風聞失實. 尹斗壽誠可用也, 柳根輕疏, 不過一詩士, 予嘗愛其才. 大槪巨慝已去, 餘黨繼黜, 自餘諸人蕩滌收用, 務令鎭定, 未爲不可. 不允."

兩司欲去斗壽・赫等, 連啓, 至請斗壽・赫遠竄, "赫得罪朝廷, 國婚不可行於行同狗彘之家, 請改定." 答曰:"匹夫婚事不可失信, 況千乘之主乎?" 斗壽竟竄洪源, 赫削職.【見《日月錄》】

是歲春, 斗壽固請奏聞[8]倭情【詳下《壬辰錄》】. 使臣金應南之回, 上嘉斗壽先見, 特命放還, 臺諫請勿放, 上命移配延安. 又啓:"嚴壽等拿來, 臺諫承權奸指嗾, 論執不可, 請幷罷", 依啓. 大憲崔滉・執義成泳・掌令沈喜壽・尹暹・持平申礴・禹浚民・大諫李增・司諫吳億齡・獻納白惟咸・僉大進・正言姜燦・李洽也.【幷《時政錄》・《日月錄》】

八月, 又所啓:"前吏議朴漸汲引論邪, 布滿朝廷, 請削職. 忠淸監司李誠中士類中人, 與聞鄭澈謀議. 舍人禹性傳好生詭異之議, 脅持公論, 黨護鄭澈, 請幷罷." 答曰:"朴漸・李誠中依啓. 禹性傳素多人言, 出於賊招・賊札者匪一. 此人近十年徘徊於外, 頃者一再入侍, 爲人甚險, 不可只罷. 削奪官職." 誠中爲副提學, 上箚論儲事, 禍本由此.

大諫李德馨避嫌疏, 略曰:"近日方請追論奸黨之罪, 而小臣妻父李山海之名連出於彈章, 隨參論列亦有所礙, 請遞." 不允.【見《時政錄》・《日月錄》】

九月, 臺諫洪汝諄啓:"崔永慶爲吉三峯之說, 不過鄭澈陰嗾梁千頃兄弟及姜滉等, 使之做出而殺之. 請拿問千頃等." 依允. 拿囚嚴刑, 千頃引[9]任禮臣等幷十餘人, 獄官不問, 仍鞫千頃以輸情爲限.[10] 千頃妻從兄奇孝曾謂千頃, 曰:"殺人之律, 當分首・從, 爲首者獨死, 而從者例減. 此事必引鄭

---

8) 奏聞:底本에는 없다.《燃藜室記述・辛卯時事》에 근거하여 보충하였다.

9) 引:底本은 "囚"로 되어 있다.《燃藜室記述・辛卯時事》에 근거하여 수정하였다.

10) 限:底本은 "恨"으로 되어 있다.《己丑錄續》에 근거하여 수정하였다.

澈然後汝可生矣." 千頃遂引鄭澈, 乃得減死, 決杖定配, 幷死於決杖之下.

姜涀【海改名】衣帶疏曰:"誣服臣姜涀. 臣於洛中偶然傳聞, 傳說於金克家, 克家傳說於應祺, 本非臣所使. 若以傳說之罪定律, 則臣亦無辭, 若以誣陷之罪行法, 冤枉罔極. 云云."【見《日月錄》】

千頃等獄死時, 恒福居閒, 得見其供辭, 當初互相捏造煽動, 分明是千頃等所爲, 始信前日'臀長至腹'等湊合之說, 定是千頃所爲矣. 於是副學金誠一請雪崔永慶冤死事, 命議大臣後復職.【《己丑錄》】

萬曆二十年壬辰【我宣祖二十五年】四月, 倭寇深入, 三十日, 大駕去邠.

五月五日【或初一日】, 駕次開城, 召還鄭澈.【上同】

萬曆二十一年癸巳【我宣祖二十六年】十月, 大駕還都, 聞永慶妻子飢餓將死, 命該司給料賑恤. 十二月, 澈病死.【上同】

萬曆二十二年甲午【我宣祖二十七年】五月, 前縣監權愉上疏, 曰:"奸臣構陷林下之士, 快其私憤, 歸怨於國." 上問林下之士爲誰, 對以崔永慶.

十六日, 喪人鄭宗溟上疏辨誣, 不報, 傳于政院, 曰:"三峯之言, 其時賊招則有之, 鄭緝則予親鞫之, 緝招無此言矣."【宗溟疏有所云云, 有是敎.】

二十日, 傳曰:"故司畜崔永慶爲奸臣挾憾構陷, 冤死獄中, 追贈伸雪事下吏曹." 贈大司憲.

於是兩司論:"鄭澈構殺崔永慶, 陽爲救解·陰實擠陷, 請追奪."

正言朴東說避嫌啓略曰:"其時自上下永慶搜來四韻詩, 澈對'以癸·甲兩年流傳之說, 此永慶不能詩, 非永慶所爲.'上曰:'永慶何如人?'澈對'以居家孝友', 又尹斗壽新爲都憲, 澈貽書, 曰:'年少輩爲此論, 須力遏之.'若以乘機擠陷罪之, 無乃冤乎?"

答曰:"予未知此間事, 亦未知某人所爲, 但永慶爲毒物所害則明矣. 予命放之, 而竟不得免焉, 死於獄中, 加以自死之名, 天地之間, 其冤極矣. 噫! 予朝夕當退之人也, 故欲伸其冤於予之時, 百年後雖歸見, 無慚色矣. 若其是非, 自有公論, 難將一人手掩得天下目. 如予昏迷之人, 如坐針氊上,何能知之?"

大司諫李墍·司諫李尙毅·獻納崔瓘[11]等避嫌啓:"鄭澈賦性剛愎忌克, 媢嫉是事, 排陷異己, 睚眥必報. 嘗恨崔永[12]慶斥言其奸狀, 挾憾懷憤, 適乘逆賊之變, 做出無形之說, 遂成其獄.[13] 及其推究無形, 自上特命放釋, 則陰囑言官, 更坐罪目, 竟死獄中. 臣等欲論澈誣殺善士之罪, 而正言朴東說有異議, 以致公論不張. 云云." 答曰:"予只自流涕, 卿等何必辭?"

於是府啓請李尙毅·李墍·崔瓘出仕, 朴東說遞差, 遂與諫院合啓, 請追奪鄭澈官爵. 副學金玏等箚論, 連日不已.

八月, 憲府啓:"崔永慶常以鄭澈爲索性小人, 心常銜之, 做出無形之言, 一則曰'吉三峯'·二則曰'崔三峯'·終以'三峯是永慶'. 永慶旣死之後, 猶未快意, 反以理屈自盡爲言, 雖祖珽續百升之謠·南袞成走肖之讖, 亦不如是陰慘. 鄭曄者敢逞私說, 抑止公論, 不得不論此一人以扶國是. 云云." 答曰:"鄭澈論之, 恐汚口, 置之可也."

時玉堂鄭曄·兩司尹昉·申欽·李慶涵·李時發·辛慶晉·李睟光·趙守翼等立異, 見遞.

十一月十一日, 兩司合啓, 請鄭澈削奪官職以正王法事, 依啓.

傳曰:

"故領敦寧府事鄭澈以蛇蝎之性, 懷鬼蜮之謀, 毒氣所鍾, 惟以傷人害物爲事. 頃値逆變, 入秉朝權, 幸國家之禍, 以爲一己逞憾之地. 廣置爪牙, 多張網羅, 或使山野陳疏·或令臺省上章, 澈皆親自指授, 或手自草疏, 略不顧忌. 打盡異己爲窣國中, 以爲陷人之具, 凡以睚眥被擠害者, 不知其極. 姑以著者言之, 崔永慶本林下士, 無與世事, 而但其平生嫉惡如仇, 常以澈爲索性小人. 澈心常銜之, 至於樞府會議之日, 倡說'嶺南有名士人黨逆'者,

---

11) 瓘:底本은 "璡"로 되어 있다.《宣祖實錄》27年 5月 27日 기사에 근거하여 수정하였다.
12) 永:底本은 "承"으로 되어 있다.《宣祖實錄》27年 5月 27日 기사에 근거하여 수정하였다.
13) 獄:底本은 "玉"으로 되어 있다.《宣祖實錄》27年 5月 27日 기사에 근거하여 수정하였다.

意指永慶. 欲起大獄, 因以盡陷一道士人, 適有力辨者, 澈乃白遣近臣于嶺右[14]【御史吳億齡】. 使之直向晉州, 經宿永慶怨家,[15] 欲採其言以成構禍之謀, 而其家不爲誣訴, 奉使之人亦不從澈意.

更與其黨造作飛語, 一則曰'吉三峯'·二則曰'崔三峯'·終曰'三峯是永慶也'. 自唱自和, 便作尋常說話, 傳播國中, 人皆飽聞然後, 方始起獄. 自上察其冤, 特命放釋, 而又嗾臺諫請鞫, 至於'鑿山通道, 越境相從'爲言, 其言之陰譎如此.

澈又於稠中乘醉, 以刀擬頸, 曰:'永慶之於吾, 欲如此', 其處心·積慮, 欲爲報仇之計, 渠亦自不能掩覆也. 百般羅織, 竟致瘐死, 雖祖珽續百升之謠·南袞成走肖之讖, 亦不如此之慘. 其恣行胸臆, 傾危賊害之狀昭然甚明, 有目皆見·有口皆言.

惟意好惡, 出入人罪. 雖出於賊口, 而澈意所好, 則必爲之申解, 如南彦經之類是也 ; 雖不識賊面, 而澈意所惡, 則橫被連累以死,[16] 如崔永慶之類是也. 至於擧國稱冤, 公議日憤, 則乃曰:'上意如此, 我輩無如之何', 快讎於己而歸怨於上, 其爲用心, 巧且慘矣. 爲惡者, 身無存歿·時無古今, 皆可討以誅, 不可謂事之已往而置而不論. 追奪官爵事, 下吏曹."【見《東岡集》】

於是士林公議峻發, 湖南有追雪六賢之論. 六賢者, 東巖·南溪及鄭困齋介淸·柳夢井【淸溪】·曹大中【鼎谷】·李黃鍾【晚翠】也.【崔守愚永慶因大臣議, 先已伸雪.】

萬曆二十三年乙未【我宣祖二十八年】春, 臺諫及湖南儒生羅德潤等連上疏箚, 言己丑獄連累人冤濫之事, 且引寒朗論楚獄一節, 責朝臣之不言者. 云云. 上批曰:"爾等之論至矣, 當議處焉."

領相柳成龍啓曰:

---

14) 右:底本에는 없다.《東岡集》에 근거하여 수정하였다.

15) 怨家:底本에는 없다.《宣祖實錄》27年 11月 13日 기사 및《己丑錄》에 근거하여 보충하였다.

16) 死:底本에는 이 뒤에 "者"가 더 있다. 문맥을 살펴 삭제하였다.

近日臺諫及外方儒生連上疏箚, 言己丑冤獄事, 責朝臣之不言者. 臣等當叩頭慙謝之不暇, 何顔更有論議? 國運不幸, 逆賊之變出於縉紳之間. 方其獄事之始起也, 自上已慮有波及之患, 以玉石俱焚爲戒, 德音屢下.

若使其[17)]時當事按獄之臣, 推廣至意, 淑問明辨以得其虛實·輕重之情, 不以一毫私意參錯於其間, 則除元惡·大憝及律所應坐者外, 其餘雖平昔交遊而未知逆謀者, 及一再見面·一二書往來者, 與出於告訐·出於風聞者, 皆當次第伸釋, 使情罪相稱.

若是則人情皆服而冤枉得伸, 夫是之謂天討, 亦所謂王法, 而當時則有不然者. 其源實出於近年以來朝廷分裂·形色彼此. 所謂一邊之人旣假此以爲收司連坐之計, 故其投合時好, 希望風旨, 投疏羅織者, 相續於公車之下. 而上自士夫下及韋布之士, 動足搖手, 擧在指目之中, 少有一言, 必陷於營救之罪. 所以三年大獄, 冤楚萬狀, 而無一人以事狀徹聞於冕旒之下, 此則群臣負國之甚, 均有其罪, 未可專咎於一人也.

方事變之初, 悉開放釋之門, 天恩大霈, 幽冤盡洩, 其所以慰解人心·祈天永命以立中興萬世之本者, 實非偶然也. 惟其如是故, 罪籍中生存者幾盡蒙恩, 而獨有亡死之人如崔永慶·鄭介淸·柳夢井·李黃鍾等, 未得一時昭雪. 永慶則特出上命而臺諫繼論, 旣爲洩冤, 又加贈爵, 凡在聞見, 孰不感激? 而介淸·夢井·黃鍾之類, 雖人品有高下·被罪有先後, 而其爲冤枉則一也. 介淸則於湖南人中尤有名稱, 平生以學術·行檢自任, 而因偶然一篇之著論以至於滅身, 宜羅德潤輩千里裹足, 叫閽訴冤也.

大抵大兵·大獄, 漢·唐之所以亡國也. 故大獄之後, 必有大兵, 理所然也. 今則人心懲毖於旣往·邦命一新於將來, 匹夫匹婦若含冤於重泉之下而不得見白, 則幽鬱之氣亦足以上干天和, 而爲國家刑政之累, 非小事也.

臣等之意, 介淸·夢井·黃鍾等, 特允儒生之疏, 悉加伸雪, 而此外未及擧名於疏箚者, 亦多有之, 依壬辰下敎, 法當緣坐外, 悉爲開釋之意, 令義禁府

---

17) 其 : 底本은 "莫"으로 되어 있다. 《西厓集·請伸雪己丑冤枉啓》에 근거하여 수정하였다.

詳細開錄, 從其所坐輕重, 一體宥釋, 使解網之恩普被窮泉覆盆之下, 則其於維新之政, 所補不細. 惶恐敢達. 【見《西厓集》】

答曰:"後當面議."

萬曆二十四年丙申【我宣祖二十九年】, 逆賊李夢鶴·韓絢連起. 左相金應南爲推官, 治獄寬平, 物議洽然稱之, 曰:"宰相治獄, 果如是!"夫時左相陳達榻前, 放釋湖西任璟等二百餘人·湖南三十餘人. 完事之日, 上引見, 下敎曰:"賴卿明白辨覈, 無如己丑冤死之事, 予甚嘉尙."左相起而對曰:"無非聖上之德也, 豈臣之力也?"因進曰:"臣豈敢爲死友, 欺罔君父乎? 李潑不知汝立之凶逆, 而與之相親, 罪固當死, 而至謂同參逆謀, 極其痛矣."上默然不答, 公卽出宮門外, 歎曰:"吾雖見景涵於地下, 可無愧矣."

吳判書 晩翠爺自筵中出, 謂人曰:"今日左相能陳不敢言之言如是, 可謂人所不可及也."其前數月, 洪判書 晩全爺上疏, 極陳東巖兄弟冤死之狀, 而且曰:"至於杖殺八十老母, 壬辰倭變, 職競由此."上震怒, 特以守洪州城, 斬賊魁夢鶴, 故終不之罪也. 【見《撫松小說》】

是年, 洪晩全可臣任洪州. 時因求言, 封事上疏, 曰:"臣伏讀聖旨, 曰'冤死之臣, 旣命褒贈, 而泉壤之下, 尙有未得雪冤者乎?'臣聞叛逆大惡也·刑戮大法也. 擧大法而加大惡, 天下之人, 孰不以爲快乎? 不幸而所謂叛逆之人起於無故之日·生於縉紳之間, 蔓延波蕩之禍, 不辨玉石之焚, 則天下之人心, 必有憮然不平者矣.

嗟呼! 己丑逆獄之慘, 言之氣短. 逆臣汝立口誦詩書, 性實包藏, 及其失志狼狽, 陰懷怨懟, 潛引無賴之徒, 敢生射天之計. 神誅·鬼殃來不旋踵, 孥戮之刑上及祖先, 固其宜也.

至於二三朝紳, 則皆是一時名流, 特爲好善不擇人, 聽言而不觀行, 書札問答之間, 妄論時事是非, 是則不無其罪. 而謂之同參逆謀以圖不軌, 則萬不是矣. 今不問理義, 但以利害言之, 此人皆早得時望, 隆被聖眷, 朝陞暮遷, 爵位通顯, 公卿之位, 可坐而致;富貴之樂, 不求而至, 何故背順效逆, 違安就危, 以苟僥倖於萬死百敗之中哉?

原夫朝著分裂, 士論角立, 激揚進退之際, 未免形迹太露, 故一種輩流含憤切骨, 欲伺間隙以售一網之計者, 不日月矣. 逆豎之變, 適當此時, 御史無寒朗之讜諤·大臣竊趙普之樞軸, 脅誘援引, 鍛鍊百端. 至於李潑兄弟, 非但自身已矣, 而老母·弱子幷斃於嚴刑之下, 獄卒流涕, 吏胥興嗟, 上天至仁, 寧不於此蠢然而有傷乎? 到今七八年間, 國言藉藉, 衆情哀菀.

朝臣之中, 蓋嘗屢以伸雪爲言, 而斬伐之餘, 士氣摧折, 僅能微啓其端, 而未能究極其說, 以待殿下自悟之日. 嗚呼! 歲月逾邁, 如川之流, 而世變反覆, 無所不有, 殿下不於今日而昭雪, 未知何時而可雪耶? 殿下之心, 豈明於崔永慶, 而獨暗於此人哉? 誠以左右諸臣無能具此曲折, 奏徹冤旒之下, 故一國皆知其冤而殿下獨未知之耳. 冬陰之後, 必有春陽, 殿下今日之問, 其惻隱之呈露乎?"【上同】

十二月, 前義禁府都事羅德潤等陳疏, 請伸六臣之冤, 略曰:"潑·洁於澈, 平日水火, 殿下亦已知之矣."【上同】

萬曆二十五年丁酉【我宣祖三十年】, 前正郎朴惺上疏, 請伸六臣之冤.

萬曆二十六年戊戌【我宣祖三十一年】, 前正字曺守弘陳疏, 請伸六臣之冤.【上同】

萬曆二十七年己亥【我宣祖三十二年】八月初二日, 前別座羅德峻等陳疏, 請伸六臣之冤, 批曰:"大抵是非當出於朝廷. 爾等之論雖勤, 不須每煩."【上同】

萬曆二十八年庚子【我宣祖三十三年】春, 李相 恒福體察于湖南, 上使譏察逆節. 李相馳啓, 曰:"逆賊非如鳥獸魚鱉, 處處生産之物, 難以譏察." 人皆誦之, 以爲奇談.【見《荷潭破寂錄》】

李相嘗侍講, 筵罷, 左右史臣皆辭退, 李相獨留, 起拜, 曰:"臣嘗欲一番啓達, 而有意未果者有年矣. 臣猥荷遭遇, 致位匪據, 將福過災生, 死亡無日, 不得暴白於君父之前, 則臣死不瞑目矣."

上曰：“卿勿如是張大, 第言之.” 李相起拜而坐, 詳陳：“己丑獄, 臣爲問郎, 自初至終詳知. 李潑兄弟原情及刑訊供辭, 誠非謀逆同參之人也. 大抵凶變出於縉紳之中, 天威震怒, 人莫不惴慄, 無人閑陳其冤狀, 蓋懾於威怒而然也. 潑亦曾前與鄭賊相親切, 終不免死於杖下, 而八十老母亦栲死, 此爲聖世之累也. 臣有所懷而惶懼未達者, 此也.”

上笑, 答曰：“不意如此之言出於卿口也.” 李相拜而對曰：“臣深知其至冤之人, 而終始畏憚天威, 不得暴白, 則不但辜負聖世恩遇, 亦將齎恨於泉下, 而其於罪死之人, 冤痛未伸者, 尤如何哉?” 上顧謂史臣, 曰：“此有關於後日之言也, 勿令遺漏而詳記之, 可也.” 其時入侍兼春秋南復圭傳如是, 曰：“東巖兄弟伸雪 實權輿於白沙公之一言. 云云.”【見《撫松小說》】

萬曆二十九年辛丑【我宣祖三十四年】五月, 上引對大臣, 白沙進一啓, 曰：“往在己丑逆獄, 臣以問事郎終始隨參, 左相亦同時同參, 此外無知者. 小臣多病, 朝夕濫死, 則誰復知曲折乎? 微小被罪者, 何可盡數? 如李潑兄弟·白惟讓等之被罪, 有若與賊同謀者然, 情事[18]不稱. 渠輩識見昏黑, 不知其窮凶極惡, 而敢爲薦拔之罪, 固不得辭焉, 至於逆謀, 竊謂決不知也.

始出於鄭緝之供, 再出於任彦猙[19]·宣弘福之招, 彦猙迷暗賤人, 嚴刑之下, 不無亂言. 逆賊乃萬古一惡, 豈有再出於搢紳者乎? 泛以交遊, 必謂同謀, 極涉曖昧. 自古叛將·强臣握權篡奪者, 陰樹黨與, 同惡爲逆, 則有之矣. 此賊身在鄉家, 潛結無賴, 謀未發而事先覺, 士夫安得知之? 第以渠輩所通書札見之, 則人皆可怒, 以其罪罪之, 人誰敢議, 至謂同謀, 實不近情. 至於鄭彦信罪名, 亦甚冤枉.”

上厲聲, 曰：“卿未可如是說. 按獄之體, 隨現定罪. 李潑非但出於鄭緝, 而他人之招亦多舉名. 李潑之與賊親密, 誰不知之, 白惟讓與賊連昏, 不須說也. 卿所陳者皆出臆料, 彼皆一體之人也.” 白沙啓曰：“若鄭緝, 其人全無

---

18) 事：底本은 “私”로 되어 있다. 문맥을 살펴 수정하였다.
19) 猙：《宣祖實錄》 34년 5월 27일 기사에는 “林”으로 되어 있다.

心腸, 當時幸以聖上命止勿問, 故亂引者止此, 緝如久在, 傷人必多. 以此見之, 其亂引無疑."

上曰: "叛臣不再出搢紳之言, 尤爲不可, 叛臣豈無同黨乎? 若如卿言而寬之, 則亂臣賊子, 何所懲乎?" 白沙啓曰: "<u>汝立</u>與<u>黃海道</u>無識人及山僧, 交遊往來, 造爲亂言, 希冀非望之迹, 明矣, 臣意以爲決無知者." 上曰: "<u>汝立</u>出於何地? 非出於士夫間乎? 黨惡之人, 何可如是? 論《春秋》之法, 尤嚴於亂臣賊子之黨也."【見《白沙行狀》】

<u>溪谷</u>【<u>張維</u>】撰<u>白沙</u> <u>李相國</u>行狀, 有曰"會士禍起, 相國<u>鄭澈</u>爲禍首"云. 公言己丑冤獄事, 作《己丑錄》, 江陵本《白沙集》載其書. 今其書亡, 有改作《己丑錄》行於世, 而其文多變更, 何也?【眉叟《記言‧白沙李相國事》】

萬曆三十年壬寅【我宣祖三十五年】春, 獻納<u>崔忠元</u>【<u>隋城</u>人】再箚:

"伏以臣等伏覩頃日聖批, 以'是非不可不定'爲敎. 大哉! 一言足以興邦, <u>東國</u>其庶幾乎! 夫<u>崔永慶</u>林下士耳, 忠孝‧大節爲一代所推重‧危言‧淸論爲衆小所媢嫉. 奸臣<u>鄭澈</u>見斥於<u>永慶</u>, 磨牙鼓吻, 其欲含沙而射之者久矣, 特未得其會矣. 不幸逆賊之變出於縉紳, 於是<u>澈</u>方攘臂而起, 乘時逞憾, 恣行胸臆, 聚黨以謀之, 合勢而圖之, 嗟呼! <u>永慶</u>烏得免焉? 其羅織之計‧搆陷之狀, 欲言則長, 令人氣塞.

然論其迹, 則<u>鄭澈</u>雖殺之, 而究其情, 則<u>成渾</u>實主之也. 何者, <u>渾</u>是<u>澈</u>之黨, 非<u>渾</u>, <u>澈</u>不得售其奸也. <u>澈</u>與<u>渾</u>交親情密, 合爲一體, <u>澈</u>之勢, 藉<u>渾</u>而重; <u>渾</u>之計, 托<u>澈</u>而行. 大小論議之際, 無不預知, 況於殺<u>永慶</u>之一事, 獨不知之耶? 以《春秋》誅意之法按是非‧定襃貶, 則<u>渾</u>爲主而<u>澈</u>次之, 千載之下, 必不免鈇鉞之誅矣.

惟幸聖鑑孔昭, 無微不燭, <u>渾</u>之情狀呈露難掩. 天札一頒, 是非的然, 所謂不待百年而定者, 正爲今日道也. 然此特論其心耳, 原其心, 則可惡; 考其迹, 則難明. 今有二人焉, 有操刀而殺人者‧有傍觀而不救者, 執法之官, 當先治其不救者乎? 當先治其操刀者乎? 此臣等之所以誅<u>成渾</u>不救之心, 而不欲加之以殺人之罪者也, 夫豈必加之罪而後, 方可謂之罪之也?

至於再鞫論啓之臺諫, 則奴事權奸, 賊賢誤國, 不可以事在既往而有所饒貸. 臣等之請罪, 固非捨本治末也. 噫! 殿下之於成渾, 如見肺肝, 深惡痛絶, 則今日之是非, 不患不定. 伏願殿下終始體念, 使是非皆得其當, 好惡一出於正, 以定國論, 不勝幸甚."

答曰: "省箚具悉. 有曰'渾實主之', '非渾, 澈不得售其奸', 又曰'合爲一體', '千載之下, 必不免鈇鉞之誅', 渾之情狀, 今日事露, 人心庶有知識, 公論可得行於萬世, 是非庶有所定. 渾·澈爲一時群小窟穴之主, 擧世蒙其欺誣. 未知其情狀則已, 既知其情狀, 則有言責者不直斥[20]攻破其窟穴, 使羣小之輩乘時出沒, 他日又有廣植非人, 引澈之子, 護澈之惡, 箝制士論, 杜絶公議. 九原窮天之痛, 雖不足計, 國事將日非矣, 豈非時君之責, 可[21]但嘿嘿而已乎?[22] '射人先射馬, 擒賊先擒王', 古之直臣依俙此說, 故前日妄言云云耳. 至於紛紜辭職, 誠爲不可. 今見箚論, 良用嘉尙, 當更體念."【見《崔氏九逸傳》】

白沙 李相行錄曰:

壬寅春時, 議大變, 群起呶呶, 拈出己丑按獄, 爲嫁禍嚆矢. 至謂"成牛溪嗾鄭澈, 殺崔永慶", 臺官啓辭有"聽訟堂爲嘯聚之地"語, 又有"非澈殺之, 乃渾殺之"等語.

追削官職, 先生瞿然草箚, 曰: "竊聞三司交章, 以黨奸遺君罪成渾. 臣病中聞之, 於心有不安者. 夫渾不可罪也, 且不必罪也. 今惡而疏之, 則然矣, 擧而罪之, 則不可. 渾少讀書於野·老不仕於朝, 四方之人擧指爲儒士. 儒而見罪, 則遠外流聞, 必將曰'成渾獲罪'矣. 土中枯骨, 何知榮辱, 來世後生只自摧沮, 無益國家, 有損瞻聆.

---

20) 不直斥 : 底本은 "不得不"로 되어 있다. 《宣祖實錄》35年 2月 10日 기사에 근거하여 수정하였다.
21) 可 : 底本은 "何"로 되어 있다. 《宣祖實錄》35年 2月 10日 기사에 근거하여 수정하였다.
22) 乎 : 底本에는 없다. 《宣祖實錄》35年 2月 10日 기사에 근거하여 보충하였다.

況論渾者始[23)]言'搆殺永慶'而不得, 則曰'永慶由渾而死', 次曰'吹噓逆賊', 是皆不近, 則迂曲繚繞, 盤廻旋轉而後, 僅成今名, 渾之罪凡幾遷而幾易矣乎? 是爲人求罪, 非所以因罪治人也.

今新進後生未曾心迹, 仰人唇舌, 定我黑白, 欣然揚臂, 曰'渾可罪', 非憎渾也, 蓋自功之道在攻渾矣. 由此言之, 攻渾之功, 只關臣下; 罪渾之名, 終歸君王, 此不可爲也. 一介孤臣敢抗朝議, 罪在不赦, 臨箚戰慄."

箚方具, 有淸州人朴以[24)]僉承柄臣旨上疏, 專攻先生, 曰: "澈之腹心, 尙據台鉉", 先生卽引告, 不果上. 閏二月, 右相尹承勳啓: "近日朝著不靖, 訾言沓至, 臣亦在積謗之中矣. 頃者朴以僉力詆李某爲鄭澈心腹, 李某一時同朝, 豈不相識, 謂之心腹, 非其實也. 臣嘗聞李某與鄭澈未嘗私相往還. 而李某之得此於時流, 蓋亦有由近日朝著將有大變置, 而李某居首相之位, 素不迎合上旨, 又不爲浮議所撓, 人皆嚴憚. 且於吏判備擬時, 時議屬望於柳永慶, 李某不爲薦引. 以此必欲擊去而後已, 此罪則小臣亦當同受."

同副承旨朴而章曰: "外人皆謂'李某與澈相親, 旣與相親, 安可謂之不交乎?' 臣聞澈謫去時, 李某作詩送之, 澈亦和之. 雖非澈之心腹, 若曰'不交'云爾, 則大臣之言不當如是."

後數日, 上又御講席, 特進官宋言愼啓曰: "辛卯, 澈在江界謫中, 有詩曰'生涯薜荌嶺, 心事弼雲山', 指李某也." 上訝曰: '此何謂也?' 言愼曰: '弼雲卽李某號也.' 左相金命元曰: '鄭澈心常愛慕李某, 所以有作, 非有他意於其間也. 李某平生無一畝之宮, 常寄婦翁權慄之家. 慄家在於仁王山背後, 而仁王一名弼雲, 則意者李某以是號也. 至於澈, 則李某年輩其後, 素無情分. 如臣則與澈相過從, 以交澈爲罪, 臣固當先伏法.' 宋色沮而退. 玉堂

---

23) 始: 底本은 "如"로 되어 있다. 《宣祖修正實錄》35年 윤2月 1日 기사에 근거하여 수정하였다.

24) 以: 《宣祖實錄》35年 2月 2日, 閏 2月 2日 기사 및 《宣祖修正實錄》35年 閏 2月 1日, 2日 기사에는 "而"이다. 그러나 《東南小事》를 비롯하여 《白沙集》, 《燃藜室記述》, 《混定編錄》 등 관련된 다수의 문집에는 "以"이다.

首倡, 欲劾先生, 齊發者七度, 竟以議不一而罷."【見錦陽尉 朴瀰撰《白沙行狀》】

七月朝講, 兵判申礏啓曰:

每欲仰達, 不得矣. 逆獄時, 鄭澈密啓, 曰:"賊言'扼湖南之項·截海西之口, 義兵從嶺南起, 則宗社殆矣.'"【一云'嶺南大賊', 指崔永慶也.】上以小紙答, 曰:"聞此言者, 必預此謀. 誰爲告變? 卽爲回啓." 臣以問事郞持封書, 坼於澈前, 澈甚以爲悶, 不知所答, 乃曰:"此言人人皆言, 君亦聞之耶?" 臣對曰:"吾則無所聞." 澈曰:"此言奇孝曾·李善慶言之, 故聞之." 臣曰:"此事重大, 不可不詣闕親啓." 及書啓, 不書奇·李, 以李恒福書啓, 恒福曰:"澈自言'故聞之'矣, 今乃書入吾名, 可悶. 云云."【見《銀臺日錄》·《己丑錄》】

萬曆三十四年丙午【我宣祖三十九年】十月, 前察訪吳益昌等陳疏, 請伸大臣之冤, 略曰:

"李潑·李洁與逆賊所居隔遠, 初無交分, 及其父仲虎爲全州府尹, 潑·洁兄弟爲省親往來, 遂與之相見. 其妄交非人之罪, 固當萬死, 至於逆賊凶謀, 則豈潑·洁意慮之所及哉?

逆賊僥倖科第, 急於盜名, 執贄求見於李珥·成渾之門, 以爲拔身之地. 自此李珥·成渾交口薦拔, 逆賊之名譽得徹淸班, 則潑·洁未交之前, 逆賊虛譽已隆矣. 然則見欺於逆賊者, 豈獨潑·洁乎?

臣等同在一道, 素聞其孝友出於天性, 居家行誼無愧古人. 自其祖先十世連擢科第, 八世幷至淸顯, 以其紅牌作爲屛障, 每於祀事之日, 設於中堂, 敦勉子弟, 使無忝祖先, 則世蒙國恩, 思其欲報效者, 至矣. 但緣暗於知人, 爲賊所欺, 竟使忠孝之志無路暴白, 而騈首就戮, 可悲也夫."

萬曆三十五年丁未【我宣祖四十年】, 生員梁克遴疏, 略曰:"潑·洁之孝友聞於人者久矣. 居家, 日謁家廟, 親有疾, 衣不解帶, 兄弟四人同居一室, 人無間言. 父死未訣爲至痛, 養偏慈, 盡其孝, 則寧有愛其親而遺其君者乎? 請伸冤."

韓洁等疏, 請伸李潑等冤, 參奉崔弘宇等請伸五臣之冤.

萬曆三十六年戊申【二月 宣祖昇遐 光海君卽位】二月, 前義禁府都事羅德潤陳疏, 請伸己丑冤獄, 光海答曰: "事在先朝, 不敢輕議. 當與大臣商確以處." 大臣收議. 完平府院君 李元翼議曰: "己丑年間, 臣授任在外, 因人聞見之事, 到今病昏, 亦已遺忘之. 白惟讓書辭, 專未能知. 大槪李潑等以不愼交遊之罪, 至陷於謀逆之極禍, 人心之冤憐痛焚, 久而愈深. 在今快從公論, 昭雪至冤, 實嗣服之初, 慰悅人心之一大擧措也."

左議政李恒福議曰: "逆賊不難知, 謀逆則爲逆臣·不逆則爲平人而已. 故子家子最親於平子, 平陰之亂, 一朝而便爲仇敵, 王導乃敦之切族, 而南皇之事, 以大義滅親. 古今天下, 若此類何限? 而向國則爲純臣·背國則爲逆臣, 龍·蛇之判只在俄頃向背之間, 豈曰其親·不親?

潑等平日引進逆臣, 使登顯仕, 及其誅逆, 連累而死, 勢也. 然朝家議法, 則當問情[25]之有無, 不當諉之勢而任其死也. 臣猶記當時鞫廳議啓之辭一款有云: '搢紳之出一汝立, 已是大變, 夫豈有兩汝立乎? 云云.' 如曰'必無是理', 則是不與逆賊也, 不與逆謀, 則與凡臣, 奚擇焉? 惟其自處, 則泥首乞死可也. 臣於鞫獄之際, 所見如是, 已嘗言於同僚, 先王引對之日, 亦以是啓之, 頃日經筵, 又申前說. 若惟讓書中所言, 臣昏不能省記矣, 大槪如上所敎, 故臣亦嘗曰: '惟讓逆名可雪, 官爵不可復也.'"

領府事李山海議曰: "己丑年間, 臣罷散在家, 庭鞫一事, 不出於朝報, 末由聞知. 雖因人粗得其一二而亦未詳焉. 大槪李潑等不愼交遊之罪, 固有之矣, 以此陷於謀逆之極禍, 老母·穉子騈首就戮, 不亦慘乎? 自初至今二十餘年, 人心莫不以爲冤痛, 而公論始發於今日, 此正昭雪至冤之秋也. 滌去罪案, 還給籍沒, 豈非幸甚? 至如白惟讓書札中辭, 臣等專未聞知, 或言他人書辭而錯指[26]惟讓, 果然, 則不可不察而處之也."

---

25) 情:底本은 "政"으로 되어 있다.《光海君日記》2年 5月 26日 기사에 근거하여 수정하였다.

右議政沈喜壽議曰：“臣伏覩備忘記，下敎委曲得中，似難容贅於其間. 但
旣謂‘李潑兄弟不與逆謀，至於平時最相親厚，書尺往復，推尋延譽而已’，則
死於知人暗昧，不愼交遊之罪，足矣，甚至老母·穉子亦被刑禍. 前未所有
之律，二十年後，只給籍沒，恐或未雪九泉之冤. 至於己丑之獄，忝備臺諫，
隨參三省之座，而未預於闕庭推鞫之廳，故逆家文書之來，但聞道路之傳.
今所云云凶慘悖逆之言，似在李震吉之書札中，不是惟讓之辭云，年久之
事，實未能詳知.”

清平府院君 韓應寅議曰：“己丑治獄之事末梢，臣以承旨或參鞫廳，而至
今病昏，專未記憶，故李潑等事未能一一陳達矣. 大抵公論之發久而愈激，
則快示昭雪以答輿望，正在今日. 至於白惟讓書札往復之事，亦未能詳知，
然其時所聞亦如上敎矣.”

諸大臣議入，光海君答曰：“知道. 待領相上來，畢收議以處. 且鄭介淸其時
籍沒與否，考啓.”【其時適有逆變，且値大亂，不得更啓矣.】

是歲生員姜鳳覽陳疏，訟五臣之冤，光海下禁府議啓. 禁府回啓略曰：“逆
臣汝立包凶飾僞，厚誣一世，當時士大夫稍有一面之分，莫不通書問答. 鄭
介淸等五人同在一道，或與之相厚，或因書酬酢，乃人之常情也. 及鄭賊劫
奸孀女之後，士大夫莫不疑訝，絶不相問者有年，凶逆之謀，豈有與知之理
乎？”又曰：“先王聖敎：一則曰‘非以其人等爲逆謀同參’，一則曰‘問訊雖
過，足爲後戒’，其非逆謀同參，則先王旣已洞燭矣.”又曰：“次第開釋，惟在
聖衷.”

光海答曰：“姑俟後日.”

萬曆三十七年己酉【光海元年】，三司合啓，請雪五臣之冤，略曰：“己丑逆獄
出於搢紳之間，按獄之臣乘時搆陷，一時名賢竝陷於禍網，有罪·無辜駢
首就戮，當時抱冤慘不忍言.”又曰：“今我聖上大需朽骨，實出於繼述之

---

26) 指：底本은 “持”로 되어 있다. 《光海君日記》 2年 5月 26日 기사에 근거하여 수정하였다.
기사에는 이산해가 아닌 윤승훈(尹承勳)의 의견으로 되어 있다.

孝, 豈可謂三年無改之比乎? 請李潑·李洁·白惟讓·鄭介淸, 蕩滌罪案,
復其官爵, 還其籍沒. 此外冤死之人, 亟令廟堂, 盡加査考, 一體施行."
光海答曰: "凡事莫如待時而行. 予意諒之已盡, 姑待後日."

是冬, 湖南進士羅德潤·前參奉崔弘宇等疏略曰:

"李潑·李洁·鄭介淸等已有還給籍沒, 復其官爵之命, 而獨柳夢井·曺
大中等猶未蒙赦宥之恩, 臣等請先言夢井·大中之冤, 後及潑等介淸之
事. 夢井淸直人也, 與鄭賊暫有識面之分, 絶無相厚之端. 而曾與鄭仁弘爲
言官, 論鄭澈與沈義謙同事之罪, 見忤權奸. 及其逆獄之起, 自上已有自家
定配之命, 而澈强請拿鞫. 受刑一次, 自上又有停刑之命, 而澈又密啓請拿
鞫, 一日再鞫, 殺之後已.

曺大中剛毅人也, 與逆賊素不相知, 爲本道都事, 適有相見而已. 大中與澈
同在一道, 絶不相見, 大中之爲及第, 澈要與之見, 大中終不肯往, 澈之懷
憤, 非一日也. 逆變[27]之初, 造作流言, 羅織殺之, 終有斬屍之禍. 二臣之無
辜受構, 至於此極, 窮泉之痛, 庸有極乎?

若乃李潑·李洁旣無先幾之見, 果有親厚之分, 其死實當, 更有何恨? 然不
愼交遊之罪, 終至於滅其身, 老母·弱子并被刑禍, 此不足贖其罪乎? 臣等
所以前後稱冤者, 非謂痛惜其死, 而只以未暴其非逆之心情, 請伸之章非止
一再矣. 汪恩旣洽, 惠澤旁流, 瞻聆所曁, 孰不抃躍? 然臣等之少有所憾者,
籍沒雖給, 而官爵未復.

至於介淸, 林下一善士也, 儒林不幸, 抱冤而死, 今承復官之命. 崔永慶以一
體冤死之人, 已[28]得蒙贈官·賜祭之榮, 至有錄用子孫之恩. 介淸之死與
永慶同冤, 介淸之學, 無讓於永慶, 以先王處永慶之道爲今日褒介淸之法,
豈不幸矣?

至於尹毅中, 以潑·洁舅甥之故, 亦在削奪之類. 潑·洁已雪, 則況於潑等

---

27) 變: 底本은 "賊"으로 되어 있다. 《混定編錄》에 근거하여 수정하였다.

28) 崔永慶…… 已: 底本에는 없다. 《燃藜室記述·己丑黨籍伸雪》에 근거하여 보충하였다.

之族, 何慚復爵之命乎? <u>澈</u>之子<u>宗溟</u>敢陳誣罔之疏, 粉飾虛僞之說, 假托訟父之冤, 欲戱沮伸冤之事, 人之罔極, 胡至於此? 己丑橫禍, 將復見之今日. 云云."

再疏, <u>羅德潤</u>爲疏首, 請伸五臣之冤.

三司合啓, 自己酉始, 請<u>澂</u>·<u>洁</u>·<u>惟讓</u>·<u>介淸</u>伸冤, <u>光海</u>每以"三年之內, 不敢輕議"爲答.

<u>萬曆</u>三十八年庚戌【<u>光海</u>二年】, <u>宣祖</u>升廟後, 三司更啓請伸五臣之冤. 累月連啓, 五月十八日, <u>光海</u>答曰:"公論如是, 當議而處之."

<u>萬曆</u>三十九年辛亥【<u>光海</u>三年】, 儒生<u>羅德顯</u>等陳疏, 請伸五臣之冤.

生員<u>姜鳳覽</u>等陳疏, 請還給<u>李澂</u>等官爵, 追崇<u>鄭介淸</u>之賢, 又命柳夢井·<u>曺大中</u>以下幷蒙渙汗之恩.

生員<u>羅元吉</u>等陳疏, 請給<u>李澂</u>等籍沒, <u>鄭介淸</u>復其爵. 其疏略曰:"當初按獄之臣挾憾構誣, 以推鞫廳爲逞怒之穽, 或陰誘逆黨, 使之援引,【如<u>宣弘福</u>·<u>鄭緝</u>·<u>四伊</u>之招也.】或指無爲有,【<u>弘福</u>等招但云'<u>李澂</u>兄弟與<u>汝立</u>平日親厚', 此外無一亂言, 而推官稱以<u>李澂</u>·<u>洁</u>之名出於賊招, 構成其罪目. 大臣<u>金貴榮</u>啓辭云:'<u>澂</u>·<u>洁</u>等謄播罪目, 只繫於密親綢繆, 而別的無同參逆謀之端. 云云.'】終置極律, 以至老母·穉子幷罹刑禍, 言之慘矣.【右二疏未詳年月, 而似在此年, 故附此.】

<u>萬曆</u>四十四年丙辰【<u>光海</u>八年】六月初四日, 儒生<u>柳光烈</u>等陳疏, 請伸五臣之冤. 疏入, 踏啓字, 下禁府. 十四日, 禁府回啓, 請伸雪, 答曰"依允."【時朝議尤亂, 未及復官爵.】

【卷之四】
당쟁과 기축옥사를 둘러싼 쟁점

洌水 丁若鏞 輯

天啓三年癸亥【我仁祖元年】三月十三日, 金瑬·李貴等奉主上反正. 卽位于慶運宮, 復大妃位號, 盡誅逆臣李爾瞻·鄭仁弘等. 凡係干犯名義者, 分輕重罪之, 召還舊臣李元翼等. 凡以明倫獲罪者, 召還奬用, 削廢朝爲勳.【璿系】

時功臣輩有請復鄭澈官爵者, 上問完平 李相, 對曰: "澈, 或者謂之君子·或者謂之小人. 己丑之獄, 澈實主之, 冤枉多死, 人至今悲之. 臣曾任大憲時, 亦論此人勘罪矣. 今諸被罪者, 若盡釋, 則澈亦可釋." 上曰: "然則兩釋之", 己丑諸冤死者及澈幷復官. 昔宋儒稱王安石爲小人中君子, 今以完平之對言之, 則澈其亦爲小人中君子歟?【桐巢錄】

反正後, 特命鄭介淸追復官爵, 建祠於務安, 從士林公議也.【朝野記聞】

天啓四年甲子【我仁祖二年】夏, 以五臣復官事特命收議, 傳曰: "鄭澈事似難輕議. 云云."

又曰: "澈旣以治獄過當被罪. 雷霆之下, 必有抱冤橫罹者, 亦令大臣從公査出議處." 又曰: "議于大臣以啓". 領議政李元翼議曰: "鄭澈事云云, 其時被罪白惟讓等諸人, 臣等曩日累次獻議, 請伸雪, 令禁府査出諸人之名, 稟處宜當."

左議政尹昉議略曰, "鄭澈事云云, 至於其時被罪人等, 如有橫罹者, 則令有司查考稟處爲當."

右議政申欽議略曰, "鄭澈事云云, 李潑諸人被罪時, 至於籍沒等事亦涉過重. 臣亦嘗欲以此幷達於聖明而未及者也. 令禁府查出稟處亦當." 諸大臣議入, 傳曰: "依議施行."

天啓五年乙丑【我仁祖三年】三月, 因前年收議, 始復官爵.【其餘四臣等幷命復官】

崇禎四年辛未【我仁祖九年】冬, 湖南儒生楊夢舉·鄭武瑞等疏陳己丑獄, 無罪諸名臣被誣冤死之狀, 請追削鄭澈官爵以施懲惡討罪之事典云云. 上特下教, 更命鄭澈削奪官爵.

崇禎九年丙子【我仁祖十四年】春, 太學儒生應旨疏云云:

臣等以至愚極陋, 跧陪草野, 朝廷得失, 雖未詳識, 而士林公議·生民休戚, 於身親見聞矣. 竊惟方今之事, 足傷和氣以致災沴者, 不獨在於聖上之或失, 亦在於民心之失和也. 臣等請條陳數說, 伏願聖明裁擇焉.

士林之公議唯在於己丑冤死諸臣未得均蒙褒贈之典也. 辛未冬, 儒生鄭武瑞等陳達己丑冤獄事, 而請削鄭澈官爵, 以日月之明洞燭澈之奸毒, 特下追奪之命, 一國之公議伸矣·士林之憤鬱洩矣. 戕賢病國之奸必爲自服於九泉之下無辜冤死之魂, 豈不感泣於冥冥之中乎?

旣施懲惡討罪之典, 則宜有褒贈冤死之舉, 而矯首有年, 尙無稟啓, 此臣等之所以不度愚陋而心切疑惑焉. 因頃日臺臣之啓達, 有己丑冤死之臣李潑·李洁兄弟追贈之命, 其他冤死之臣, 其數亦多, 獨未蒙恩典. 泉下冤魂雖不足恤, 而其在一視悶恤之政爲何如哉?

若以當時冤死人言之, 故相臣鄭彦信·參判臣鄭彦智·持平臣崔永慶·縣監臣鄭介淸·大司諫臣李潑·副提學臣李洁·都事臣曺大中·持平臣柳夢井·察訪臣李黃鍾等, 鄭澈之構誣雖異, 含冤致死則同. 而崔永慶則雪冤之後, 卽爲復官追贈, 李潑·李洁今又追贈, 其餘鄭彦信·鄭彦智·鄭介淸·曺大中·柳夢井·李黃鍾等六臣尙稽追贈之典, 此是一國公議雖伸而猶未伸也·士林之憤鬱雖洩而猶未洩也.

崔永慶之學行·李潑·李洁之孝友, 今不敢煩達, 而鄭彦信以宿德宰輔·
負世重望, 忠君愛國之心·獎善斥邪之心, 實爲國家柱石. 而當己丑逆獄
之初, 彦信以委官方治逆獄, 澈自畿甸入來密啓"彦信與逆賊同宗, 不可按
獄", 三疏見遞. 又陰囑梁千頃等上疏, 至有親鞫之擧, 又囑梁應洞等, 上疏
構捏, 而澈以其時委官乘間密啓, 竄死甲山.

鄭介淸力學好古, 踐履篤實, 持身以敬, 敎人有序, 不求聞達, 志操堅確, 而
爲澈所構, 竟致竄死北方. 曺大中立志淸苦, 論議慷慨, 謂澈陰邪之人, 雖在
同道, 絶不相交. 遂以爲爲賊流涕之邪說, 鉤連誣陷, 竟死杖下. 又以一句被
誣愈酷, 禍及泉壤. 柳夢井學行高明, 志操剛直, 居家處朝, 一心忠孝, 莅官
治民, 動止嘉尙, 一居憲府之職, 力折姦孼, 而爲澈所陷, 殞命杖下. 李黃鍾
天資篤實, 意見高邁, 始與澈爲葱竹之交, 及其中年, 見其奸詭之狀, 斷然絶
之, 遂與崔永慶托爲心契, 爲澈所構, 冤死獄中.

噫! 權奸用事, 忠良見戮, 未有如己丑也. 被誣冤死之狀已盡於楊夢擧·鄭
武瑞等疏中, 而臣等今日追訟其冤枉, 敢伸重複之言者, 非爲徼惠於泉下,
亦非要利於國人也. 伏乞殿下俯察芻蕘之言, 贈秩冤魂, 收用子孫, 則可以
副士林之輿望·可以慰九泉之冤魂, 其在扶公獎忠之道, 豈曰小補哉?

嗚呼! 李潑·李洁一罹禍網, 兄弟幷戮, 老母·穉子幷首就戮. 而今雖蒙伸
雪其冤, 至於贈職之擧, 第其祀無主, 是宜悶恤者, 而又無强近碁功之親,
倘若求其同姓以立其后, 則於禮得其宜矣. 伏願聖明特恢悠恤之仁, 爰降
立后之命以慰無主之孤魂, 豈非一大善政耶?

噫! 追贈·錄用, 古典可稽, 繼絶存亡, 聖王攸務. 尋常世臣, 猶可以贈其
秩·官其裔, 況冤死之臣, 豈無慰悅之道乎? 凡人無后, 猶可以憫恤, 況此
李潑·李洁絶嗣, 豈非痛憐之甚者乎? 九地冤魂尙未暝目, 故一國士林自
有公議, 伏願殿下省察焉.

批曰: "省疏具悉. 應旨盡言之誠, 予庸嘉尙. 疏事令該曹稟處." 是後特憐
李潑絶嗣, 於筵中下敎立后事, 承旨楊時慶建白: "臣家有光山李童, 名宗

伯, 年十六, 卽潑之八寸進士溫之第二子也. 上特命潑·洁祀事, 除官別提.
丁酉【我孝宗八年】冬, 宋浚吉啓請毀撤鄭介淸祠之在務安縣者. 焚其位版,
撤其材瓦, 作馬廐.
戊戌【我孝宗九年】春, 鄭困齋孫二人上疏訟冤, 政院却之不捧, 無由得徹.
四月, 工曹參議尹善道再疏辭職, 兼論政院却疏之非, 略曰:
臣聞頃者鄭介淸之孫兩人欲伸其祖之冤, 裹足千里, 抱疏仰籲, 而見却於政
院, 終不得上達云. 其後臣適因人得其疏草, 其言有倫有脊, 其所謂窮天極
地之冤, 不爲誣. 其言有之曰: "故相臣柳成龍請雪己丑冤枉之啓, 曰'鄭介
淸 湖南人中尤有名稱, 平生以學術·行檢自任'云". 柳成龍乃宣廟朝賢相
也, 其學問·事業出類拔萃, 豈必下於向之金長生也·今之宋浚吉言也?
況柳成龍與鄭介淸同時之人也, 金長生必差後於其時, 則其於介淸之事, 所
聞·所知詳略必不同. 且金長生所聞之言, 實出於大公至正之人歟, 或出
於黨同伐異之人歟, 此又不可知也.
介淸在聖祖之世, 爲士林所推·爲名卿所奬·爲聖朝所禮遇. 其雖不幸而
枉被汚衊, 還復伸雪, 而到今受誣有倍己丑, 則其子孫之稱冤固也. 抑恐於
士林公論不平於當今, 靑史譏評, 有惜於千秋也. 此乃朝廷之所明査·愼
辨以爲勸儒行·勵風敎之地者, 實係於朝家而非係其子孫之事也. 況子孫
之爲其祖訴冤, 古有其規·近有此例, 則政院所當卽爲入啓, 任聖上之進
退·任朝廷之處置, 而其所以揮却者, 何也? 其可謂不隨其時意而左右之
乎?
臣之頃日疏章用杜甫'用拙存吾道, 幽居近物情'之語. 一承旨惡之, 付標還
退而令改, 臣不改更呈, 四¹⁾呈四却矣. 其午忽使人推去其疏入啓, 其後臣
聞自上問臣去留, 所以推去, 至今臣未知其故也.
臣之辭職第二疏十三呈而十三却, 是皆無心之發耶? 臣忝居大夫之後, 疏
意少違時意, 則不得達, 況草野芻蕘之言乎? 臣言只在於巽避²⁾而已, 非有

---

1) 四 : 底本은 "回"로 되어 있다. 《孝宗實錄》9年 4月 6日 기사에 근거하여 修正하였다.

所大拂於人, 而尙如此, 或有人之疏章指斥權貴, 則雖安危所關急於呼吸,
何由上徹乎? 云云.

應敎李端相疏略曰: "鄭介淸事, 癸亥反正後, 始得伸理, 而只伸其非預逆
謀而已, 背師反覆,[3] 親密逆魁之狀, 則有難自掩. 雖孝子慈孫, 安可誣也?
云云."

六月, 前工議尹善道在孤山上國是疏, 云云 :

噫! 介淸見嫉於宵人, 酷被蛩沙, 橫死於己丑之獄, 幸得伸, 已至三十年載.
到今構誣有倍己丑者, 何也? 介淸薰陶, 列聖之培養, 拔起[4]草莽, 篤學力行,
爲世所推. 非徒士林之師宗, 公卿薦進, 聖主旋招非一非再, 則決非凡人也.
凡人無辜橫加惡名, 亦足動天, 故賤[5]臣叩心, 六月飛霜, 庶女呼天, 三年枯
旱. 況至行在身, 吾道所重之人, 而重泉之冤纔雪, 後世之誣益酷, 則是明時
之所當然者耶? 所不當然者耶? 所必明辨者耶? 所不必明辨者耶?

臣聞介淸本嶺南鐵城人, 其六世祖可勿, 麗末以令同正謫羅州. 其時配者
必役於官, 今之鄕吏也. 後免役, 卜居務安, 無顯官, 謂之寒微則可也, 謂之
官屬, 則不亦冤乎? 官屬卽官奴, 與鄕吏等級固天淵矣.

況書院之當建與否, 當論其人之賢否, 不必論其人之世系. 而上年筵臣宋
浚吉登對時, 首言鄭介淸 務安官屬也. 此言非徒誣罔, 似非君子之辭氣也,
實爲務安官奴 則是隱匿者也, 其罪大矣. 己丑構獄時, 委官鄭澈・同福疏
儒丁巖壽・羅州士人洪千璟等以無爲有, 姜斐成錦, 百般羅織之, 時豈不
擧此以添一罪案乎? 如何水火之後. 乃有此言也? 其言之非眞, 實出於構
捏, 不難知也.

況李端相固與浚吉最相親密, 一而二・二而一者也. 其欲構介淸之計, 必
講之熟矣, 而端相之疏則曰"鄭介淸, 羅州鄕吏之孫也", 二人之何若是之不

---

2) 避 : 底本은 "遜"으로 되어 있다. 《孝宗實錄》9年 4月 6日 기사에 근거하여 수정하였다.
3) 覆 : 底本은 "復"으로 되어 있다. 《孝宗實錄》9年 4月 7日 기사에 근거하여 수정하였다.
4) 起 : 底本은 "其"로 되어 있다. 《孤山遺稿・國是疏》에 근거하여 수정하였다.
5) 賤 : 底本은 "踐"으로 되어 있다. 《孤山遺稿・國是疏》에 근거하여 수정하였다.

同也? 此兩人之眞無的知·定見, 而徒事構虛捏無, 的然可知也. 抑端相初與浚吉同謀定論, 而聞其子孫所冤, 士林公議亦有不可抑勒而使之泯滅者恐聖明覺悟以爲非 故不得已以實言之 而不覺其與浚吉異同而終爲賣浚吉乎?

故相臣朴淳癸未生, 而介淸己丑生, 朴淳不過年長於介淸六歲也. 介淸以肩隨之年, 豈有定爲師生受學之理也? 雖欲受學, 朴淳年非三十, 豈有誨[6]人之理也? 及其三十以後, 則長在名宦居京, 介淸居鄕, 朴淳雖欲敎介淸·介淸雖欲學於朴淳, 其可得乎? 介淸私稿《愚得錄》中載抵朴淳書數篇, 而題目或云'與思菴書', 或云'上思菴書', 書辭多稱'後生', 或只稱'某'云云, 而不稱'門生', 據此, 則其不爲師生亦明矣.

宋浚吉登對時, 誦金長生之言, 曰: "鄭介淸於朴淳有師生之分, 而及朴淳罷退後, 反攻斥朴淳", 又曰: "金長生公會間語鄭介淸曰: '知朴相否?', 介淸曰: '聞其家多書籍, 往來看考' 云." 此則以背師爲介淸之罪案, 而介淸之於朴淳, 本非師生, 顯有證據, 明白無疑. 其所以欲加背師之罪, 而勒爲師生之說明矣, 而亦未免同歸於誣罔也.

李端相疏曰: "朴淳嘉其篤志向學, 薦授羅州敎授, 遂爲朴淳門下人. 介淸之爲朴淳所敎育, 擧世之所知云", 其下又曰"背師反覆云". 細看端相之言, 則其意蓋以薦爲羅州敎授之言, 因作爲朴淳門下人之說, 以朴淳門下人之言, 因作爲朴淳所敎育之說. 其附會苟且之意, 可掬於文字間, 而其必欲以背師爲其罪, 而巧作此語, 斷可知也.

至於四學儒生之疏, 則"介淸本以羅州鄕吏之孫, 讀書甚勤, 能通文義, 故相臣朴淳愛其才華, 館置于家, 顧待備周, 勸之以儒家之書, 勤勤敎誨者, 至於十餘年之久. 自此介淸文詞日進, 儀觀頓異於平昔云." 李端相之言比浚吉之言, 則旣多敷衍增益, 而學疏之言敷衍增益, 比端相尤倍蓰. 其所以隨意造言, 略無顧忌, 可知, 而古之所謂"欲加之罪, 何患無辭者?", 正謂此.

---

6) 誨: 底本은 "悔"로 되어 있다. 《孤山遺稿·國是疏》에 근거하여 수정하였다.

況以門生叛其師, 乃士者之大罪案. 介淸實爲朴淳之門生, 而終背朴淳, 則己丑羅織之時, 豈不以此添作一罪案, 而今始提起也? 其言誣罔, 此亦明證. 但介淸與朴淳同鄕, 朴淳細知介淸學行, 與之相善. 宣廟嘗憂兵亂, 一日敎曰:"苟有倭亂, 誰可爲元帥者?"朴相對曰:"以臣愚見, 鄭介淸可爲八道元帥矣. 臣觀其爲人, 不啻學行, 其人物·才智鮮有出其右者."云, 此語載於朴淳日記中矣.

然介淸 羅州敎授, 非朴淳之所薦授也. 壬午年間, 柳夢井倅羅州, 其時介淸門生士人羅德峻·德潤等築書齋于大安洞以爲藏修之所. 一日德峻等設鄕飮酒之禮, 奉介淸爲尊賓, 柳夢井聞而往觀之, 美其禮容之盛而歎, 曰:"古禮之行, 乃見於今日, 豈非盛事也? 此州乃人才之府庫, 而徒務詞章, 須得先生, 可以變化士風", 遂封疏上聞, 除介淸爲州訓導.

介淸再三辭之, 猶不見許, 不獲已强起赴任. 嚴古人師弟子之禮, 而施敎自《小學》及《呂氏鄕約》聖經賢傳, 以至《性理大全》·《心經》·《近思錄》, 間以《家禮》·《儀禮》·《禮記》諸書, 諄諄敎導. 行之歲餘, 孝悌·禮義之風日長於鄕黨間, 而一時文人·才子徒以詞華自高者, 環聚而嘲戲之. 有校生洪千璟者, 自矜[7]文翰, 一不入校, 介淸告于牧伯, 施以楚罰, 遂致含憤. 未幾, 柳夢井遞去, 介淸亦辭歸. 及金誠一來代州牧, 以禮敦請介淸, 願終其職, 介淸牢辭不至. 此事始末詳在介淸家乘, 朴淳薦爲敎授之說亦誣也.

然介淸與朴淳交道終始不虧, 其義理上問答·吟咏間酬唱, 皆在介淸私稿中, 今之所謂"背朴淳而斥攻朴淳"者亦誣矣. 且朴淳旣與介淸親切如此, 當金長生相問之際, 彼旣不問師生與否, 則師生與否, 固不當辨矣. 而似應言, 與朴淳交道特厚之說矣, 豈但曰"欲考文字, 往來而已"? 其所謂問答之言, 無乃沒其詳而著其略, 欲爲介淸之罪歟? 抑或傳語之間, 忘其詳而記其略歟? 是又不可知也. 然旣非師生, 則雖曰"爲借看文字, 往來", 其言何害於義乎?

---

7) 矜:底本은 "務"로 되어 있다.《孤山遺稿·國是疏》에 근거하여 수정하였다.

介淸家世貧寒, 自少固[8])窮山林, 一室自守, 專心致志於學問, 不事交遊. 一時名卿薦辟不一, 而介淸潛心隱遯, 不求聞達. 萬曆丁丑, 宣廟朝聞其名, 除北部參奉, 庚辰, 除延恩殿參奉, 甲申, 除司饔院參奉, 乙酉, 除昭格署參奉, 竝皆肅謝卽還. 又除校正[9])郎廳, 從仕十餘日, 丙戌, 又除童蒙敎官, 肅謝卽還, 丁亥, 除典牲主簿, 肅謝後上疏, 陳明道德·立大本之說.

宣廟備忘記曰: "觀此疏章, 得聞至論, 良用嘉焉. 前日亦曾疏陳, 前後眷眷之忠尤爲可嘉. 予雖不敏, 當加體察. 鄭介淸可陞敍, 曾聞有老親, 以此不得供職云, 隣近邑守令除授." 仍除谷城縣監, 黽勉赴任, 而以老父在堂, 曠省爲難, 八朔遞歸. 蓋其守拙喜靜, 行世絶少, 其不爲歷抵名流, 參尋往還, 推可知也.

欸逆賊鄭汝立雖在同道, 相去三日程, 而志氣不類, 出處殊迹, 初無相見之路. 校正廳從仕之時, 適與汝立公坐同校, 僅十日卽歸林下, 豈有親厚交密之意也? 其後絶無相從之事, 而李端相疏曰: "介淸數與汝立, 會議於山寺. 汝立曰: '古今惟伊尹爲聖之任者. 〈何事非君, 何使非民〉之語, 十分活動, 在後生最可法.' 介淸曰: '士當以仁義·中正根於心. 節義落於一邊, 東漢之末亡國是也.' 云."

噫, 數與汝立山寺會議, 而至有"何事非君"之語, 則情迹殊涉可疑. 其時實有此事, 則同鄕之洪千璟等·隣邑之丁巖壽等, 萬無不知之理, 而自羅州構報之時及委官羅織之時, 何無一言及此? 且節義落於一邊之說, 實爲汝立商確, 則是亦陷介淸之奇貨也. 丁巖壽等疏中, 以介淸所[10])著〈東漢節義晉宋淸談說〉上, 僞加'排'字以爲"嘗著排節義一說, 以惑後生. 云云."之時, 及委官鄭澈啓曰: "介淸作排節義論 惑亂一世, 邪說有不可言. 渠旣以節義爲排, 則必好與節義相背之事矣, 與節義相背之事何事也?"云, 必欲殺之

---

8) 固: 底本은 "困"으로 되어 있다. 《孤山遺稿·國是疏》에 근거하여 수정하였다.

9) 正: 底本은 "書"로 되어 있다. 《孤山遺稿·國是疏》에 근거하여 수정하였다.

10) 所: 底本은 "素"로 되어 있다. 《孤山遺稿·國是疏》에 근거하여 수정하였다.

之時, 又何不一言及於與汝立山寺會議, 節義落於一邊之說乎? 其時萬般
捃撫而不得做出之語, 李端相輩到今七十年後, 從何得聞而爲此說乎? 其
所以隨意做出者, 亦的然明矣.

宋浚吉登對時, 曰 : “鄭介淸再出逆招. 云云”, 介淸被拿, 初非出於逆招.
鄭汝立逆獄時, 全羅監司以逆賊脫漏之人摘發事, 移文羅州訪問, 而一州儒
生九十餘人齊會, 逆賊干連人全無事告狀矣. 其後鄕所數人·校生六七人
以私嫌謀殺介淸, 構虛捏無, 以公論樣告狀, 曰 : “鄭介淸與其門生趙鳳瑞
偕往汝立家, 觀基云”, 因此被逮京獄.

供辭略曰 : “羅州鄕所及鄕校有司·堂長等推問十分, 窮覈言根”, 則自上
傳曰 : “議啓”. 委官鄭澈啓曰 : “觀基之事, 一向稱冤, 欲與鄭如陵一處憑
閱云, 似爲不實. 而至有嘗作排節義一說, 眩惑後進, 其流之害甚於洪水·
猛獸, 請刑推得情.” 刑一次, 定配渭原, 委官更啓, 改定慶源極邊. 六月,
到阿山堡, 七月, 病死.

逆招等事, 初無是說, 而今所謂再出逆招, 何所據也? 然則務安官奴·朴淳
師生·山寺會議·再出逆招此四條, 皆已丑所無之說, 而今乃創出, 欲爲
介淸罪案也. 臣所謂受誣倍於已丑者, 非虛語也.

逆賊汝立, 羊質虎皮, 假托學問, 濟以辯博, 高談性命·講論道義, 一世賢士
大夫皆被其誑. 介淸始識其面於校正廳, 其後以同僚之分, 偶然致書, 一番
通問, 人事上常規, 數句尊稱, 書辭中例談, 豈料以此爲陷人之穽也?

當時委官鄭澈啓曰 : “觀此書札, 鄭介淸與逆賊交厚締結, 正是不虛. 至曰
‘夙欽德義, 有懷傾腸’, 又曰‘見道高明, 惟尊兄’, 極爲駭愕. 云云”, 此固爲鍛
鍊之深文. 而宋浚吉登對及李端相疏中亦有此語, 其與鄭澈前後一揆. 而
伸雪已久之後, 復以此爲罪案, 則不亦其已甚乎?

噫! 昔王安石官至參政, 而司馬光猶不知其爲小人, 侯君集畢竟叛逆, 而魏
徵嘗薦其人. 其謂司馬光黨於王安石, 而謂魏徵黨於侯君集乎? 介淸之貽
書, 若在汝立兇謀敗露之後, 則其罪固不可測矣, 實在汝立凶謀未露之前,

則有何罪也? 不必遠引古事, 姑以近時之事言之, 則逆賊沈器遠·金自點當朝, 時人孰不通書問也? 皆以爲與逆賊締結, 比而誅之歟? 不然則介淸通書一番, 何可至今深罪乎?

李爾瞻之爲小人, 不待其得志而人皆知之. 況其父子往來西路之時, 其爲專擅誤國已積年紀, 其心迹之敗露·罪狀之著顯已狼藉矣. 而端相之父明漢贈之以詩, 曰: "文星今與德星俱, 千里湖山興不孤. 想得關西新樂譜, 一時爭唱鳳將雛", 德星·文星·鳳將雛, 蓋指爾瞻父子而言也. 臣在鄕曲, 不曾詳聞此詩. 而臣爲工曹參議, 四疏未遞之時, 又欲五疏迄遞, 則端相兄弟誤聞臣疏中應載此詩, 而切齒唾手, 必欲沮止臣疏, 或云臺論之促發, 蓋以此也. 而端相兄弟憤怒之際, 到處煩說, 謀陷臣身無所不至, 故人之或不聞此詩者, 無不聞知, 而亦入於臣耳, 此所謂'春雉自鳴'. 此詩入一世之肝脾, 響四方之齒頰, 而至於出入國乘, 無人不知, 豈獨端相不聞乎?

人或有以此詩罪明漢, 而臣則不爲然也. 蓋當時在朝之臣皆不能與爾瞻相絶, 豈獨以此罪明漢乎? 然在於端相, 則可不以此識彼·推己恕人乎? 介淸在汝立逆謀未現之前, 則書辭偶及之語以爲介淸之罪案者, 多見其不明而不厚也. 臣之此論實出大公, 其於端相, 有益無害. 而萬言萬當不如一嘿, 初不欲出諸口, 而如此等議應有助於大聖人包容之大度, 事係爲法於天下, 可傳於後世, 故不敢避區區之小嫌也.

嗚呼! 介淸何罪? 畢竟不免受刑·遠謫者, 惟以排節義之說也. 而古今天下著書之人, 豈有以排節義爲題目者乎? 此不足辨. 而臣竊恐如簧之言旣已[11]眩亂, 雖以日月之明, 如不見全文, 則猶有所不能了然者, 故謄上全文於疏末, 而幷謄其繫獄時供辭, 伏乞留神垂察焉.

端相疏曰: "宣廟下敎, 曰: '介淸有駭見聞, 使能文知製敎作爲文字, 一一辨釋, 布諸八道鄕校, 刊板付壁以正士習.' 其後故相臣柳成龍陳啓, 請雪己丑冤枉, 介淸亦在其中, 癸亥反正之後, 始得伸理云", 又曰: "柳成龍陳啓

---

11) 已: 底本은 "以"로 되어 있다. 《孤山遺稿·國是疏》에 근거하여 수정하였다.

中云云之語, 是不過欲伸其論以逆黨冤枉之意. 云云."

噫, 己丑按獄時, 鄭澈啓曰:"排節義一說眩惑後進, 其流之害甚於洪水·猛獸, 請刑推得情." 又啓曰:"排節義之論惑亂一世之人心, 其爲邪說有不可言. 渠旣以節義爲排, 則必好與節義相背之事矣, 與節義相背之事何事也? 云云", 其言極巧, 而人不覺其至險矣. 大臣之言如此, 雖聖明在上, 安得遽卽覺悟? 宜乎使詞臣作反排節義論也.

然介淸所論實不如此, 而合於天理·祖於程·朱, 則豈可終得以正論爲邪說也? 古之奸黨碑·僞學禁出於人主耶? 出於小人耶? 入奸黨碑者長爲奸黨耶? 入僞學禁者長爲僞學耶? 然則介淸獨以一時小人主張眩惑, 著詞播告之故, 而萬古不得辨·不得明歟? 己丑誣死徒以此事, 則癸亥伸雪, 非此事歟? 伸雪已三十六年之後, 復爲此言, 決非無心之發也.

端相疏曰:"所謂伸理云者, 只伸其非預逆黨之意"云, 此又無理之言也. 介淸繫獄時, 供招後, 委官議啓之辭, 只以排節義一說也, 黨逆一款, 當初按獄時已伸者. 而癸亥所伸者, 非排節義之誣乎? 前旣伸之而今欲復誣, 此何理也? 以端相只伸其非預逆黨之言觀之, 則似謂宣廟以逆黨罪之, 而至癸亥始得伸理也, 是掩宣廟卽伸逆黨之誣也. 先王所伸者, 實排節義之誣也, 而端相謂以只伸逆黨, 則是掩先王昭雪排節義之誣也. 然則端相非但誣陷介淸也, 抑亦誣罔宣廟·仁廟曁我聖上也.

柳成龍陳啓中"鄭介淸於湖南人中尤有名稱, 平生以學術·行檢自任, 而因偶然一篇著論以至於滅身". 端相之疏全沒此言, 只曰:"請雪己丑冤枉, 介淸亦在其中云", 又曰:"柳成龍所啓, 不過欲伸其論以逆黨冤枉之意, 其言皆無所據, 而其爲誣罔益著矣."

孟子曰:"誦其詩·讀其書, 不知其人可乎?", 蓋觀其人之所著 則其人之學術·道德高下·淺深·眞僞可知也. 介淸所著書有《隨手記》九卷·《愚得錄》三卷, 而介淸之初被逮也, 金吾郎收入禁中. 其後宣廟覽之, 曰:"此人讀古書人也", 命下縣邸還給本家, 縣邸誤傳, 《隨手記》則失之, 《愚得錄》則當今保存, 覽此一書, 可知其人也. 且世有《己丑錄》二卷, 其一載崔永慶行狀·墓碣及被誣伸冤等事也, 其一載介淸被誣之事也. 二書無他語, 只記當時推案及疏箚, 未知出於何人, 而必是尙德好善之人所[12]錄也. 覽此二卷, 其時獄情可辨矣.

嗚呼! 己丑年間黨論方熾, 則介淸被誣而死, 仁廟初, 人懷懲創, 打破彼此, 恢張公道, 則介淸乃得雪冤·復官. 至于今日, 受誣又倍己丑, 無乃黨論又熾耶? 然則介淸之幸·不幸只由於公道之行·不行, 而公道之行·不行豈獨有關於介淸也? 抑亦聖朝之所當憂懼也.

嗚呼! 己丑按獄, 鄭澈主張, 而以國家不幸之大變爲自己逞憾之機會, 滿朝善類, 戕殺殆盡. 而又波及於草野異己之人, 嶺南之崔永慶·湖南之鄭介淸皆不免焉. 其後永慶伸冤贈爵, 永慶與介淸一體, 而永慶先伸, 介淸未伸者, 何也? 永慶以黨逆起兵之誣被罪·介淸以排節義說之誣被罪, 罪名有輕重, 故其昭雪一急一緩固其所也. 而其時嶺南多出入經幄, 啓沃君心之人, 而湖南無此, 此亦所以不得同時伸雪之故也.

嗚呼! 永慶以物外高蹈爲世所重·介淸以學術行誼爲世所推. 且二人皆[13]與汝立旣無交分, 又不出逆招, 而澈之所以必殺此兩人者, 何也? 永慶常以鄭澈爲索性小人, 且安敏學稱譽鄭澈於永慶, 曰"此人盡心國家云", 永慶曰"吾久在城中, 惟聞渠做好官, 未聞有建明也", 鄭澈聞其言而深銜之.

又有人問澈之爲人於介淸, 而贊其明白者, 介淸曰: "先儒有言'人奉身淸苦, 却是愛官爵, 雖弑父與君也敢'云云." 又於戊子年間, 澈在光州, 而介淸以谷城縣監覲親往來之際, 一不相問, 至過其門不入, 澈挾憾益甚. 此其爲祟於二人, 而巧讒構陷, 一律殲滅者也.

然殺士之名, 萬古大惡, 而公論終有所不泯者, 兩道士林之疏連歲而起, 朝廷臺閣之論有時而峻. 非徒此也. 宣廟聖心旋卽覺悟, 卽命鄭澈削奪官職,

---

安置江界, 而每敎以鄭澈爲奸澈·毒澈, 至以其子爲毒種, 嚴敎銓曹, 使勿
擬望, 雖其孝子慈孫, 不敢訴冤. 而至于昏朝, 澈之子宗溟等請雪其父之疏,
則全沒其父啓請構陷介淸之語, 乃曰: "宣廟命竝入排節義之說於問目中
而推刑云", 至於崔永慶事, 亦言其父欲救而不得之意. 而遂使其徒皆爲此
言, 其意蓋欲歸殺士之名於君上, 而脫其父殺士之名罪, 其計慘矣.

李端相之疏亦沒鄭澈啓請構陷介淸之語, 但言"宣廟下敎, 曰'排節義一款
添入問目中', 刑訊一次後, 命竄于北塞而死". 李端相疏辭,[14] 蓋亦祖述宗
溟之語也. 且金長生以鄭澈爲君子, 宋浚吉之搆陷介淸, 其言多證其師者,
借重而爲鄭澈之地也, 其所以[15]爲鄭澈地者, 欲是其師之說也. 其爲誣罔,
今旣昭著, 亦必有萬世之公論, 則其所以爲師者, 無乃終歸於[16]害之乎?
李端相構介淸之言, 皆與浚吉表裏也. 其言比浚吉, 益加益密, 無非所以爲
浚吉也. 而亦不自覺其益重浚吉之症累於萬世公道也, 其亦不思之甚也.
介淸爲九原朽骨已七十年矣, 今人誰嫌誰怨? 雖構之無所利·雖雪之無所
害, 而構之必倍於己丑者, 其意何在? 蓋欲以爲介淸自取之禍, 而脫鄭澈殺
士之名. 然其所以追後構成介淸之罪名者, 終有所不可成也, 而後世亦
豈無能辨之者乎? 渠亦料此, 故終欲歸殺士之名於君上, 不亦可痛之甚者
乎?

至於書院之有無, 其損益只在於士林, 而不在於其人. 師宗介淸者, 亦豈以
書院之有無爲介淸之輕重, 榮其有·歎其無也? 但我國中未及於介淸而爲
書院者, 亦必不可勝記, 而其所毁汲汲獨先於介淸者, 蓋亦有意也. 且書院
之建與毁, 只論當其人道德之如何, 何必苦索平生所無罪案乎? 況如介淸
者, 官位卑微·黨援絶乏, 其毁書院也, 不必費辭費力, 而至於誣以己丑罪
狀者, 亦豈無所爲而然也? 其意蓋欲必脫鄭澈殺善士之名也.

---

14) 辭 : 底本은 "事"로 되어 있다. 《孤山遺稿·國是疏》에 근거하여 수정하였다.

15) 所以 : 底本에는 없다. 《孤山遺稿·國是疏》에 근거하여 보충하였다.

16) 終歸於 : 底本은 "而又"로 되어 있다. 《孤山遺稿·國是疏》에 근거하여 수정하였다.

臣恐旣狀<u>介淸</u>之後, 又論<u>崔永慶</u>也. 掇拾<u>宗溟</u>[17]之緒論, 有此無據之說, 上以誣昭布之鬼神‧下以眩其嚴之指視, 黨論之害於國是而害於國脉, 有如是哉. <u>宋浚吉</u>名重一邊人中, 爲一時之所推尊, 而臣之論<u>介淸</u>, 與<u>浚吉</u>有異, 人或爲臣懼而有戒臣者. 臣意以爲"君出言自以爲是, 而卿士大夫莫敢矯其非", 乃<u>子思</u>之所深戒. 君臣之間猶如此, 況於其下乎? 其言有不合於國是, 則臣何忍知有<u>浚吉</u>而不知有國家, 不敢明辨於黈纊之下乎?

況<u>浚吉</u>所言, 豈其杜撰? 必其聞於人者, 人之誤<u>浚吉</u>也, 非<u>浚吉</u>之誤國是也. <u>子路</u>喜聞過, <u>孔子</u>以苟有過, 人必知之爲自幸, <u>大舜</u>捨己從人, 與人爲善. 使<u>宋浚吉</u>果君子也, 而以臣爲是, 則必如<u>子路</u>之喜聞‧<u>孔子</u>之自幸‧<u>大舜</u>之捨己從人, 豈有憾於臣言也? 果能此道矣, 臣亦何嫌而終有物我之心乎? 異日相見, 可嘆其始參差而異緒, 卒爛漫而同歸. 爲臣懼者, 乃不知<u>浚吉</u>之不憚改而棄<u>浚吉</u>者也.

臣非憫<u>介淸</u>之至冤, 實痛國是之大紊. 爲國家有深懼‧爲殿下有至誠, 全忘忌諱, 言不知裁. 伏願聖明無微不燭, 渙[18]發德音, 以雪<u>介淸</u>泉壤之鬱結, 以快萬古士林之公議, 以正國是, 以永國命, 則宗社幸甚.

乙卯【我<u>肅宗</u>元年】, <u>湖南</u>道內幼學<u>羅纘</u>等上疏訟冤.【《朝野記聞》】

答幼學<u>安敏儒</u>疏, 曰:"已今該曹稟處, 勿爲煩擾." 禮判<u>張善瀓</u>回啓, 曰:"<u>介淸</u>之人品高下‧文行有無姑置, 若乃一鄉之尸而祝[19]之, 雖無甚關於朝家, 曾於五十[20]年前, <u>仁廟</u>朝已有毀之之命, 掩置廢閣. 及至<u>孝廟</u>朝, 因藩臣馳啓, 詢問沿革‧當否, <u>孝宗</u>特命, 申明先朝成命, 卽爲毀撤. 到今十九年之後, 敢有云云, 事甚不當." 傳曰:"觀此啓辭, 與<u>羅纘</u>等言大相不同."【《朝野記聞》】

---

17) 溟:底本은 "暝"으로 되어 있다.《孤山遺稿‧國是疏》에 근거하여 수정하였다.

18) 渙:底本은 "深"으로 되어 있다. 용례에 근거하여 수정하였다.

19) 祝:底本은 "視"로 되어 있다.《燃藜室記述‧己丑黨籍伸雪》에 근거하여 수정하였다.

20) 五十:底本은 "十五"로 되어 있다.《燃藜室記述‧己丑黨籍伸雪》에 근거하여 수정하였다.

丙辰【我肅宗二年】, 禮判李䎘疏曰 : "宣廟朝, 崔永慶贈職, 鄭彦信復爵, 而時事方急, 白惟讓等未遑昭雪. 仁廟反正, 李貴先務伸冤, 李潑·李洁·鄭介淸復官爵, 又復鄭澈官爵, 兩平之論. 今聞惟讓屛孫上言請復爵, 介淸門生·後徒請復毁院, 請收議施行."

湖儒吳相玉等疏, 請鄭介淸書院復設事, 云云, 答曰 : "浚吉別生妬賢嫉能之計, 使妥靈之地泯泯, 不得香火."

丁巳【我肅宗三年】, 左相權大運·右相許穆收議後, 命鄭介淸書院復設.

戊午【我肅宗四年】春, 湖儒徐國賓疏, 請鄭介淸書院賜額事. 四月特允疏儒之請, 賜額紫山書院. 【《朝野記聞》】

庚申【我肅宗六年】秋, 湖儒柳景瑞等上疏, 請毁鄭介淸祠, 且治吳相玉·楊夢擧等欺君罔上之罪云云. 全羅監司狀啓有曰 : "始命黜毁者, 仁·孝兩朝之睿旨, 建祠復設者, 賊鑴輩群奸邪論云", 大臣收議, 命毁鄭介淸·郭時·全彭齡等祠院.

己巳【我肅宗十五年】, 懷川辨21)誣疏錄進金長生答黃宗海書, 曰 : "己丑獄, 柳相之爲委官也, 李潑之老母·穉子, 豈不欲其生? 無罪八十老婦, 不能一言救解, 竟斃於杖下, 七歲穉兒不卽死, 則折其項而殺之. 金肅夫【宇顒】·鄭道可述不此之爲咎, 反歸咎於牛溪·松江, 是豈公論乎? 云云."【南桐巢曰 : "此沙溪之誣也. 潑之孥籍在庚寅五月十二日, 西厓之拜相還朝在其年六月, 則豈匡相乃以吏判爲委官耶? 或曰 : '沙溪慣聽鄭弘溟之言, 爲其父, 欲分謗於西厓·歸責於君上說. 云云然矣.'"】

秋, 特命弘文館謄進《愚得錄》.

辛未【我肅宗十七年】秋, 復紫山書院, 復命追奪鄭澈官爵.

壬申【我肅宗十八年】正月十八日戊辰, 請對入侍時, 右承旨權歆曰 : "臣頃以己丑冤死人李潑·李洁贈職事有所陳達, 而引崔永慶·鄭介淸事以證之, 退而考之, 則介淸未有贈職事. 臣奏事不審, 不勝惶恐." 贊善臣玄逸曰 : "永慶·介淸俱以名流, 一時冤死, 而介淸獨未蒙崇獎之典, 似當一體贈職

_____
21) 辨 : 底本에는 없다. 문맥을 살펴 보충하였다.

矣." 上曰:"一體贈職可也."

是年, 前敎官柳後常上辨祖誣疏, 曰:

故相臣許頊及判書臣李晬光日記有曰:"己丑十月初二日, 海伯韓準密啓入來, 乃載寧·安岳·信川等處有謀反事也. 十一日, 判敦寧鄭澈自畿甸入來, 上密箚, 乃措捕逆賊·戒嚴京城事也. 十一月初八日, 澈拜右相. 庚寅, 委官沈守慶遞, 澈爲委官. 又同年五月十三日, 李潑老母·穉子幷死杖下, 其女婿洪可臣之子㝶[22]·金應南之子命龍俱壓膝, 門生·奴僕盡爲窮刑, 無一人承服者. 又同年五月十九日, 委官鄭澈啓曰:'人臣當國家無前之變, 所當痛心與骨, 惟恐誅討之不嚴.' 又二十九日, 吏判柳成龍拜右相. 云云." 又臣祖年譜中"庚寅四月, 以吏判爲亡妻歸葬, 乞暇歸鄕. 五月二十日拜相, 六月還朝", 則五月十三日之殺李潑母·子者, 非委官鄭澈而誰歟?

頃歲, 宋時烈投進一疏, 附其師金長生與人書, 曰:"柳相爲委官, 李潑之老母·穉子, 豈不欲生之? 無罪八十老婦, 不能一言救解, 竟斃杖下, 未滿十歲兒, 不卽就死而有嚴敎, 則折其項而殺之. 且李潑·白惟讓之死, 李山海及柳成龍爲委官, 不能救之, 今專蔽罪於松江, 不亦偏乎? 云云."

噫! 臣祖於己丑冬爲禮判, 以禮判爲委官, 不但朝廷必無之例, 況其時臣祖之名出於惟讓招, 席藁待罪. 旣出其招, 又治其獄, 寧有是理? 云云.

甲戌【我肅宗二十年】春, 經筵參贊官權歆·贊善李玄逸陳達, 請贈褒己丑冤死人, 命贈李潑吏曹參判·李洁副提學·鄭介淸執義.

三月初四日壬寅, 講畢, 吏判李玄逸啓曰:"己丑冤死人副提學李潑·應敎李洁立朝風節·居家行誼, 俱有可稱. 故判書臣金時讓記事中盛稱其孝行, 故參議臣安邦俊以西中之徒, 猶且稱譽不已, 此人平生槪可見矣. 頃日咸鏡監司權歆爲承旨時, 進達榻前, 有追贈之命. 而洁只有疏遠外裔·李潑內外俱無子孫, 贈典尙未擧行, 誠可悲歎. 考見《政院日記》, 潑以吏曹參

___
22) 㝶:底本은 "梲"로 되어 있다.《東州集·洪參奉㝶挽》에 근거하여 수정하였다.

判・洁以副提學啓下, 而旣無血孫, 恩典無可施處. 湖南士論皆以爲若命
旌表其閭以示來世, 似有顯忠, 遂良扶樹風聲之意云, 故敢此仰達." 上曰:
"令該曹稟處." 後因禮曹回啓, 特命旌閭.【尋爲黨人所沮, 故事遂寢, 士論惜之.】
四月以後, 黨人復用事, 紫山書院毀撤之論起而遂寢.

壬午【我肅宗二十八年】, 某官李晩成啓請鄭介淸書院毀撤事, 至六月, 命毀之.

壬寅【我景宗二年】, 湖南士論議建六賢祠于元積洞遺墟, 未果上達.

東巖所著有《七書講義》二卷, 而湖南講儒猶有傳之者, 謂之《東巖講義》,
今亡之, 惜哉.

己卯【我純祖十九年】湖南多士議建李氏五賢祠. 康津縣北秀巖山下銜恩洞爲
春秋享祀之所　畢門先生諱先齊・淸心堂先生諱調元・履素齋先生諱仲
虎・東巖先生諱潑・南溪先生諱洁五賢是也

庚辰【我純祖二十年】, 李氏五賢建祠之議. 儒林通章幷起, 公忠道儒生一百十
三員・全羅道儒生四十六員・慶尙道儒生二百十六員聯名, 通諭于太學,
呈單于禮曹, 行關本道, 院底居民以守護軍事[23]・除雜役, 成給完文.

鄭忙・李𡐤等上六賢伸冤疏, 曰:

伏以不泯者天理, 難遏者公論. 是非雖眩於一時, 而公論必明於後日, 公論
不行, 幽枉莫伸, 則天理泯而人心沮[24]矣. 然則察公論之所激, 伸久鬱之冤
枉, 以慰答朝野之望者, 豈非惟新治化之一大機耶?

臣等伏見, 己丑逆獄之變出於聖明之下, 神人之憤愈久愈深. 方其獄事之
始鞫也, 自上屢下德音, 慮有玉石之俱焚. 而當時按獄之臣不爲體奉聖旨,
乘機抵隙, 巧生網打之計, 假《春秋》討賊之典, 爲行私[25]報怨之地, 其爲欺

---

23) 軍事：底本은 "事軍"으로 되어 있다. 문맥을 살펴 수정하였다.
24) 沮：底本은 "阻"로 되어 있다.《己丑錄・丁未正月二十一日 梁克選等疏》에 근거하여
수정하였다. 이 상소문은《기축록(己丑錄)》에 1607년(선조40) 1월 21일 양극린(梁克選)
등이 올린 소로 수록되어 있다.
25) 私：底本은 "邪"로 되어 있다.《己丑錄・丁未正月二十一日 梁克選等疏》에 근거하여
수정하였다.

天害人之罪, 難以容赦.

幸賴聖心高明, 星日燭幽, 斥去用事之臣, 特伸崔永慶冤, 連釋被竄之徒, 其所以奉答天意·慰悅[26]人心者, 可謂至矣. 其餘冤死之人, 未蒙恩典, 抱恨泉壤者非止一二, 而越在上年, 還授鄭彦信職牒, 一國臣民無不感泣. 人人聞以謂一時橫罹之輩亦從此庶可蒙恩, 莫不傾耳以待, 至於湖南四五臣, 猶靳其恩命. 噫! 橫罹之罪案無異, 而雪冤之恩典不同, 臣等不能無憾於天地之大也. 臣聞觀人者必先觀其平日之所行·家之所爲·國之所施. 臣等請先陳此四五臣平日平居所行然後, 以及當日受誣之由.

鄭介淸系[27]出寒素, 不求聞達, 平生事在學而律身. 律身必法於先賢·敎人必先於忠孝, 其立身之堅貞·處事之篤實, 求諸古人, 不可易得. 而不幸逆賊之相見乃在校正廳, 一度之致書亦以其同僚之分, 而何與於黨逆, 何與於交切? 而終至投身朔方, 飮恨而終, 只以節義之一書, 反以爲平生之罪目. 其所以著書者無他, 偶因《朱子語類》, 論東漢·晉·宋士習之不同, 名之曰〈東漢節義晉宋淸談不同說序〉, 以垂戒門人小子. 而其欲害之者反以'節義論'名, 又以'排'字加之, 以至欺罔天聰, 彼譖人者, 其亦慘矣. 其弟大淸痛兄非罪, 終身行素, 竟以哀致死, 其一家冤抑之情, 於此可想矣.

柳夢井初擧鄕薦, 又被館薦, 居家處朝,[28] 一心忠孝, 莅官治民, 動有嘉績. 至於居風憲之地, 斥去用事之奸, 其一時黨論至今傳說, 以此見嫉, 終以黨惡爲名, 而以致隕命杖下. 噫! 書信相通, 雖或有之, 而是亦同年之常禮, 非必相厚之交情, 而執此爲辭, 指爲逆黨, 不亦冤乎? 其死後翌年, 白棗數十根生於庭下, 至今猶存, 人聞以爲感應之所致, 尤可悲焉.

曺大中志氣剛直, 論議慷慨, 見嫉奸人, 此其所以不免於禍者也. 至於爲賊

---

26) 悅 : 底本에는 없다. 《己丑錄·丁未正月二十一日 梁克選等疏》에 근거하여 보충하였다.

27) 系 : 底本은 "繫"로 되어 있다. 《己丑錄·丁未正月二十一日 梁克選等疏》에 근거하여 수정하였다.

28) 朝 : 底本은 "措"로 되어 있다. 《己丑錄·丁未正月二十一日 梁克選等疏》에 근거하여 수정하였다.

涕泣之說, 出於無根之邪舌, 而竟成罪目, 尤可謂慘矣. 當大賊就戮之日,
雖參逆謀者, 猶恐形迹之或見, 況曺某以一道都事, 處公府衆目之中, 其能
公然泣下乎? 且臨死一句之詩, 不過自敍其深冤以明其無辜而已, 何與於
怨尤而如簧之讒死猶不已, 不亦甚乎?

至於李潑·李洁, 臣等亦知其妄交之可罪, 而原其情也, 則實亦可哀. 當初
與逆賊有同年之分, 及其父仲虎爲全州府尹, 而賊之家在其城, 省親之際,
往來相訪, 因作厚交, 此則萬死無惜. 而若謂與賊同謀, 則天地間一大冤事.
臣等聞君親一體·忠孝一致, 潑·洁之孝友聞於人者久矣. 居家平日, 參
謁家廟, 不廢朝夕, 親有疾病, 衣不解帶, 又兄弟四人同居一室, 人無間言.
及其父死之日, 以未及永訣爲終天之痛, 奉養偏親, 遞相入仕, 欲全其忠孝,
則寧有愛其親而遺其君者乎? 況累世榮顯, 天寵極隆, 至以紅牌聯作屏
障[29]誇示聖恩, 又從而敦勉子孫. 其自感恩之意如此, 則其所與逆賊同其
謀乎? 只以識劣先見, 交不擇人, 戕身滅親, 一家無遺, 不亦冤乎?

臣恐潑·洁之罪在於妄交, 不在於黨賊也. 臣等生於一道·長於一道, 雖
一言一行, 固未嘗不及於耳目, 而今此極惡之名反出於臣等見聞之外, 甚
矣! 奸人羅織之禍歟. 噫! 與逆賊同時尙不幸, 況與之同朝; 與之同朝尙不
幸, 況與之同道, 此五臣不幸之甚者也. 當初逆賊早盜虛名, 誣世欺人, 公卿
儒生莫不識面之恐後, 豈知王莽之謙恭潛包羿·浞之奸兇哉? 噫! 知人之
難, 古今通患. 以一時之相知, 皆謂之黨, 以一道之所居, 盡疑其心, 則自古
亂賊之變, 其有全人者哉? 若使其時原情判然, 則不過乎擇友之不明, 逆黨
非所論也.

嗚呼! 一人抱冤, 足以召災, 況此窮天極地之痛耶? 天災地變間現層出者,
未必不由於此, 而國家之元氣亦隨以索矣. 大槪叛逆, 天下之大惡, 天理之
所不容·人心之所同憤. 今此橫罹之人, 各有可疑之迹, 而曲爲回護以罔

---

29) 障 : 底本은 "幛"으로 되어 있다. 《己丑錄·丁未正月二十一日 梁克選等疏》에 근거하여
 수정하였다.

天聰, 則逆天理·咈人心之罪甚矣, 忍負殿下以掩覆重泉之朽骨哉? 目今邦家再造, 至化惟新, 正當保30)合人和·扶植士氣之秋也. 豈可使匹夫匹婦含冤於九泉之下, 鬱而莫伸, 貽萬世無窮冤痛歟?

在朝之臣非不知五賢之冤痛, 而噤嘿不言, 臣等竊痛焉. 伏願聖明俯察公論之所激, 哀矜庶戮之不辜, 特下恩命以釋其冤, 則天理昭明, 公論始行, 遠近見聞, 孰不曰"聖鑑之如天也"哉? 臣等自己丑年來, 再疏三疏, 猶未蒙一允, 則今日之更叫, 固亦濫矣. 然人君, 臣子之父母也, 豈有爲子者以父母不納其言而不盡其情乎? 此臣等所以再三煩瀆而不知止焉者也. 伏願聖明垂鑑焉. 臣等不勝屛營激切之至, 謹昧死以聞.

伏以莫嚴於討賊, 而必原其情者, 《春秋》之法也; 莫重於治獄, 而必釋無辜者, 聖王之典也. 討賊而不原其情, 則爲惡者有幸免之路; 治獄而不釋無辜, 則爲善者有橫罹之冤. 幸免, 則縱惡啓禍而天討廢矣; 橫罹, 則傷和召災而人心離矣. 古之帝王必謹於此, 虛心平氣, 務得其情, 明辨淑問, 必稱其罪. 故原情之法, 常行於罔赦之罪; 欽恤之典, 不廢於必釋之辜, 可以感人之心·可以回天之意, 懲惡勸善之方, 擧而爲治, 保邦之道得矣.

己丑逆獄之變出於搢紳之間, 天地之所不容·人神之所共憤也. 天日在上, 玉石自分, 而罪在罔赦者咸伏其辜, 則幸免者絶無也; 雷霆霽威, 天道一周, 而必釋之辜未雪其冤, 則橫罹者猶在也. 大臣盡言於經席, 未蒙天語之溫; 儒生上章而叫閣, 尙閟允兪之音, 輿情之閟鬱如何, 公論之閉塞如何? 下誠未孚而然耶? 上疑未釋而然耶? 臣等反復思惟, 實不知其故也. 嗚呼! 同是人也, 而爲善則人愛之·爲惡則人惡之者, 天理之公也; 莫非死也, 而有罪則人快之·無罪則人憐之者, 人心之正也. 今此橫罹之人, 苟有一毫可疑之端, 爲人臣子者, 何獨於此輩, 失其天理之公·人心之正, 而委曲回互, 費盡心力以護泉下之朽骨哉?

---

30) 保: 底本은 "俾"로 되어 있다. 《己丑錄·丁未正月二十一日 梁克遴等疏》에 근거하여 수정하였다.

自古反逆之臣多出於衰亂之世, 或因太阿之倒持, 或因無賴之嘯聚, 皆非一朝一夕之故, 而堂堂聖明之時, 敢生覬覦之謀, 未有如此賊之甚者也. 方其盜名之初, 假托學問, 濟以辨博, 高談性命, 講論道義, 欺誣一世. 上自公卿, 下至韋布, 莫不以一見爲幸, 豈知其抱藏禍心若此哉? 當世士類之比肩同朝者盡爲其誣, 則雖有一時知名識面之分, 而豈可盡謂之逆黨乎?

奸人乘隙, 外假討賊之名, 實爲報怨之地, 羅織構捏, 無所不至. 其平日有所憾恨者, 驅而納諸逆黨, 必殺之而後乃已, 則含冤結氣於冥冥之中者, 非止一二. 而臣等請以一道之冤枉者言之.

鄭介淸力學好古, 踐履眞實, 持身以敬, 敎人有序, 不求聞達, 志操堅確. 與逆賊, 雖在一道之內, 而未嘗交遊, 始見校正之廳, 厥後以同僚之分, 泛然致書, 則豈可以此謂之逆賊乎? 欲成其罪者, 患其無辭, 乃於其所著節義說上, 僞加排字以之構陷, 竄死北朔, 不亦冤乎?

蓋介淸所撰, 初非有意於著書. 常患一種士習惡拘檢·樂放肆, 以禮法爲芻狗, 而偶讀《語類》, 見朱·張論東漢節義一激而爲晉·宋淸談之弊, 仍敷演互說, 戒門人小子,[31] 欲救一時之風習, 則豈可以此爲罪案乎? 況讒人罔極, 自古然矣, 以程·朱之道德指以爲私論·斥之以爲僞學, 惟在人君明以察之, 不爲奸人所誤耳. 介淸之弟大淸痛兄非命, 行年七十, 爲之辟肉行素, 至於十五年, 枯槁自盡, 而遺命其子, 奠不用肉, 以待兄伸冤之日, 則凡在見聞, 孰不嗚咽?

介淸之弟大淸痛兄非命, 行年七十, 爲之辟肉行素, 至於十五年, 枯槁自盡, 而遺命其子, 奠不用肉, 以待兄伸冤之日, 則凡在見聞, 孰不嗚咽?

柳夢井天資[32]溫粹, 篤於孝義, 初擧館薦, 人服其行. 入朝無苟合之態, 臨民有淸謹之實, 一居風憲之地, 便折奸孼之心. 與逆賊同在一道, 雖或有書簡

---

31) 子 : 底本은 "弟"로 되어 있다. 《己丑錄·丙午十月日 別坐吳益昌疏》에 근거하여 수정하였다.

32) 資 : 底本은 "姿"로 되어 있다. 《己丑錄·丙午十月日 別坐吳益昌疏》에 근거하여 수정하였다.

之相通, 實無往來交厚之情, 而目之以與相厚, 使之殞命杖下, 其亦慘矣. 翌年辛卯, 白棗百餘根生於講堂之前, 至今猶存, 人以爲感應所致, 不亦悲乎?

曺大中居家友愛, 出於天性, 而立心淸苦, 論議慷慨, 常懷嫉惡之心, 而見忤於奸黨, 此其所以不免於禍者也. 爲賊涕泣之說, 出於構陷之邪舌, 而因以爲罪目, 獄中一句之詩, 發於臨死荒亂之際, 而巧爲辭說, 更加其罪, 豈不冤哉?

且李潑·李洁妄交逆賊, 其罪大矣. 蓋潑·洁與逆賊所居隔遠, 初無交厚之分. 及父仲虎爲全州府尹, 潑·洁有時省親, 而逆賊之家在於城底, 遂與之往來相從以致交契之益切, 則其妄交之罪固當萬死, 至於逆賊兇謀·秘計, 則豈潑·洁意慮之所及哉?

且逆賊僥倖科第, 急於盜名, 執[33]贄求見於成渾·李珥之門庭以爲拔身之地. 自此渾·珥交口薦拔, 而逆賊之名得綴於淸班, 則潑·洁未交之前, 逆賊之虛譽已隆矣. 然則見誣於逆賊者, 豈獨潑·洁乎?

臣等同在一道, 素聞其孝友出於天性, 居家行義無愧古人. 而自先祖以來十三世連擢科第, 九世竝爲淸顯, 以其紅牌作爲屛障, 每於祀事之日, 必設中堂而敦勉子弟, 使無忝祖先, 則其世蒙國恩, 思欲報效者至矣.

又於父死之日, 潑·洁俱在仕宦, 未得永訣, 以爲終天極地之痛, 服闋之後, 奉母不離, 兄弟三人遞相入仕, 其亦孝之一端也. 夫孝悌順德也, 今潑·洁孝友如此, 則其不至於逆理亂常者明矣. 只緣暗於知人, 爲賊所誣, 竟使忠孝之志莫白, 而駢肩就戮, 誠可悲矣.

至於尹毅中, 以先朝舊臣服勞于王室久矣. 只以潑·洁舅甥之親, 亦在削奪之中, 而尙稽復官之典, 其爲冤痛亦如何哉? 嗚呼! 叛逆, 天下之大惡也. 同時·同朝固以不幸之甚矣, 而又擧大惡之名, 加之於無辜之身, 而終不得免焉. 生爲逆臣·死爲逆鬼, 窮天極地之冤慽慽然掩抑于重泉. 蒸而爲

---

33) 執: 底本에는 없다. 《己丑錄·丙午十月日 別坐吳益昌疏》에 근거하여 보충하였다.

癘·結而爲災, 仁覆憫下之天, 哀矜庶戮之不辜, 則其無疾威之隆乎?

嗚呼! 昔東漢之季, 盜賊暴起, 王室之危如一髮千斤, 而識者以解黨錮之禁爲恢復之務. 宋室不競·元兵渡江, 宗社34)之亡迫在朝夕, 而君子以伸濟王之冤爲討賊之要. 匹夫之含冤, 若無預於國家成敗之數, 而上章論事之臣不及於他, 而汲汲於黨錮·濟王之冤者, 豈不以匹夫之含冤足以感傷天地之和氣而直道不行,35) 公論閉隔, 天理·人心竝爲泯滅, 而國隨而亡者乎?

今此數臣之深冤至痛, 不下於黨錮·濟王之冤枉, 則外夷之乘釁·風水之致災, 恐未必不由於此. 則今日聖上內修外攘之策·敬天弭災之方, 無過於快釋冤鬱之一事而已. 伏願聖明垂察焉.

頃者殿下明日月之照·垂天地之仁, 曾於竄逐·廢錮之輩, 竝令原宥. 而於崔永慶則至36)有中夜'泣下'之敎, 特爲昭釋, 一國臣民莫不感激. 而唯37)此數臣尙未蒙恩, 此人心之愈鬱而公論之愈激也. 嗚呼! 玆前數臣湖南人也, 臣等亦湖南人也. 數臣之罪, 國人皆曰'冤枉', 而耳目所及莫切於臣等, 臣等旣知其冤枉, 而不達於聖明之下, 則臣等之罪亦大矣. 此臣等之所以當此求言之日, 不以時事之艱難, 民生之困悴, 國計兵力之可慮者, 陳達於冕旒, 而特以伸冤一事于冒萬死籲呼而不知止者也. 伏惟聖明留神焉. 臣等無任激切屛營之至, 謹昧死以聞.

---

34) 社 : 底本은 "祀"로 되어 있다. 《己丑錄·丙午十月日 別坐吳益昌疏》에 근거하여 수정하였다.

35) 行 : 底本은 "幸"으로 되어 있다. 《己丑錄·丙午十月日 別坐吳益昌疏》에 근거하여 수정하였다.

36) 至 : 底本은 "只"로 되어 있다. 《己丑錄·丙午十月日 別坐吳益昌疏》에 근거하여 수정하였다.

37) 唯 : 底本은 "推"로 되어 있다. 《己丑錄·丙午十月日 別坐吳益昌疏》에 근거하여 수정하였다.

【卷之五】

기축사화 피화인의 행적

補遺 後學 安世泳 輯補

東西分黨之後, 鄭澈爲李潑所擯斥. 己丑獄起, 澈以右相爲委官, 頗鍛鍊基獄. 又曰: "鄭澈治己丑之獄, 而異議之人李潑·白惟讓等, 騈首就死, 至於崔永慶·鄭介淸以山林之士, 亦不得免焉.【見《荷潭錄》】

辛卯閏三月, 憲府劾"吏曹正郎柳拱辰, 素無行檢, 多有趨附濁亂之事. 檢閱李春英, 爲人浮妄, 造言喜事, 自儒生出入宰相之門, 請罷職." 時山海與金公諒相密, 權韠有詩, 曰: "漢代丞相七香車, 轔轔夜入金張家."【見《日月錄》】

大司憲黃彬以論啓之際, 僚議不一, 避嫌. 持平金權啓曰: "方今朝著不靖, 人心疑懼, 固當鎭定保合, 而遽已論列, 益啓騷擾. 臣之所見不同, 故以後日議處之意答送. 云云." 諫院以退托遞權, 請出彬等.

於是彬等連前啓, 上曰: "濁亂何事, 宰相爲誰, 造何言, 喜何事?" 回啓曰: "趨附於領敦寧鄭澈, 宰相卽澈也. 春英藉其舅白惟咸之勢, 評論朝廷, 一時進退之權出於其手矣." 答: "依啓."【上同】

李潑爲人重厚嚴正, 有志學術, 與崔守愚最親, 朴宜·金宇顒輩爲同志之友. 篤志力學, 一時儕流皆以遠大期之. 謁聖壯元, 華聞藉藉, 滿朝賀其得人. 直拜銓郎, 進退人物, 一循公道, 扶植朝綱, 欲回趙靜庵舊政, 少無苟合之意. 與牛·栗兩公交道漸衰, 西人甚惡之. 處世艱險, 知時事不可爲, 以副學上箚, 退歸故鄕.

築室讀書, 及逆變起, 拿鞫闕庭. 宣朝問："汝之不仕, 何也?" 曰："臣有老母, 素多疾病. 而天恩罔極, 兄汲爲便養之邑, 從此奉老母養於井邑, 第洁已爲上來, 臣亦上來矣." 上曰："汝知汝罪乎?" 曰："以私親故允闕官職." 上微哂, 曰："晚矣." 天顔和平, 少無慍色.

謫李潑 鍾城. 自上有脅從罔治之敎, 獄事將解. 讒言罔極, 禍炎滔天, 潑兄弟死於杖下. 洪可臣 · 許鐺 · 金榮一輩解衣殯殮, 躬親喪事. 洁謫凞川, 追復拿來, 又死於杖. 汲之子 · 潑之子, 長年十歲 · 季五歲, 皆殺之, 至於母夫人拿來, 致死壓沙. 雖乙巳芑 · 元衡恣行凶威, 未有如此慘毒之刑也, 獄卒莫不流涕.【見《掛一錄》】

遺事云："己丑逆獄起, 鄭澈與其黨, 飛章告密以動上意, 遂構士林大禍." 又云："李潑遷謫命下, 澈密遣所親醫趙英璿, 誘脅湖南逮囚人宣弘福, '使引三李及白惟讓, 則汝可無事, 且得好官.' 弘福信其言, 一如所誘誣告冀自免, 及就刑, 歎曰："早知如此, 豈引無罪之人乎!"【上同】

萬曆十七年己丑, 李參議 潑遠竄邊塞, 親舊無敢問者. 先生使書吏送之國門外, 李以詩回謝, "有三千里外遠遷客, 七十七旬多病親"之句. 更被拿鞫, 死於杖下. 先生送綿布以賻之.【見〈柳西厓年譜〉】

李景涵兄弟繫獄, 烈炎薰天, 人皆畏禍, 知舊絶無相問者, 公獨勤省問. 及其竄也, 解衣贈別, 未幾還被囚, 皆斃杖下, 公往哭, 解衣覆屍, 親自襲殮, 具棺瘞葬. 一家人悶[1]其禍及, 泣止之, 公曰："何忍不見? 禍福命也."【〈洪晚全行狀〉】

己丑獄, 俑於宋翼弼而成於澈, 生溪從旁左右之. 時鵝溪判銓殆十年, 西人頗不得志. 澈以前判尹, 久在散地, 翶翔近畿, 生溪 · 翼弼輩勸之入, 澈卽日進闕下, 入坐政院, 政院 · 玉堂諸上番人莫不驚駭失色. 澈乃進密箚, 數日, 生溪以吏參上來, 翼弼兄弟居間往來, 凡謀議莫不參同.【《雲巖錄》】

---

1) 悶：底本은 '閔'으로 되어 있다. 《晚全集 · 行狀》에 근거하여 수정하였다.

鵝溪少與澈交厚, 後爲澈徒所攻, 乃貳之, 與李潑·洁等共攻澈. 己丑獄, 澈復入, 潑等栲死, 山海懼甚, 更欲相合之, 事之甚謹, 爲言："前日攻之者, 皆金應南·柳成龍所爲, 非我也." 要爲自免之計, 澈宿怨旣深, 終不解. 鄭獄多濫, 上頗厭之, 山海令臺諫疏劾澈啓入, 卽允. 澈安實, 而山海猶與澈相問不絶, 且寄藥封云云.【上同】

金沙溪草澈行狀, 溟也朝夕在傍, 贊而成之, 故其辭害於牛溪者多. 於是, 成·鄭兩家子弟門徒, 轉成同室之鬪, 抵排蠻觸, 甚於仇敵. 魯西居間解紛, 費了許多心力, 尙爲保合, 而其後溟與李正郞書, 直以其時耳目睹記, 硬說之, 乃以己丑獄擬之於己卯. 溟之姪濚卽板刊于龍安, 魯西走書切責, 脅之以勢力·唂之以利害, 終至毁板乃已. 又要幷改澈行狀, 累丐於沙溪之子孫者, 以其先代文字, 牢不聽. 於是, 魯西知衆論之不可一, 牛溪之卒不可淸脫, 乃倡反獄之論, 以爲己丑非士類中冤獄, 乃奸黨中逆獄. 凡論枉死之類, 皆驅之於黨逆, 構虛捏無, 指白爲黑.【《桐巢錄》】

魯西與懷川書"海疏執壹介淸, 專攻松江, 欲辨此誣, 不可不窮源極論. 己丑事, 汝立比則邢恕也·潑比則章·蔡也. 潑爲奸魁較著, 而特以重罹逆獄, 一種衆論哀矜不已, 終至復爵, 不亦痛乎? 寒岡以乙酉被謫諸人【渾·澈·斗壽】爲邪黨, 西厓以潑等得志爲陽復, 漢陰以爲臨海獄之洞快, 勝於己丑獄, 癸亥完平必請潑等與澈幷伸, 此等議註誤. 己丑爲逆獄, 執此實迹, 開牖群蒙. 先從誠【炭翁】又希【白湖】親友而告語之, 使國中談士, 皆知誣毁兩賢專出於仁弘之口, 則此眞辨誣也."【《魯西集》】

辛卯, 梁千頃·姜海等【受澈嗾告變者】拿鞫, 吐實澈之奸狀, 畢露無餘. 魯西曰："彼輩嚴加酷刑, 必取服乃已云", 豈己丑殺東人, 必用寬徐之刑, 而獨於辛卯, 乃加酷刑耶?【《桐巢錄》】

金南窓曰："自分黨以來, 師友之道[2]不全久矣, 惟其全之者,[3] 獨趙汝式而

---

2) 道：底本에는 없다. 《重峯集 附錄 卷4·遺事》에 근거하여 보충하였다.

3) 惟其全之者：底本에는 없다. 《重峯集 附錄 卷4·遺事》에 근거하여 보충하였다.

已. 在昔辛卯間, 余守錦山, 有一朝士以使命巡到, 汝式自沃川亦來. 三人皆故舊, 懸燈夜話, 語及己丑事. 汝式爲景涵嗟歎含淚, 朝士曰: '景涵之同參逆謀, 萬萬無理, 然回情定罪, 死且不怪.' 汝式當栖投地, 背面而坐, 謂朝士曰: '景涵果非, 公之素所親厚者乎? 景涵不死而存, 公言猶之可也, 旣以冤死, 則公何爲出此言? 士君子師友之道, 果如是乎?' 流涕不已. 朝士慙謝, 汝式終不快釋. 雖似過激, 亦是師友之所可法者也."【《重峯師友錄》】

孝宗戊戌, 同春 宋浚吉建白毁撤鄭困齋書院, 孤山 尹善道訟其冤. 魯西 尹宣擧曰: "善道乃尹毅中之孫, 而毅中卽李潑之舅也. 以潑之一家敢請伸介淸, 特其罪家子弟, 自文其辭以爲眩亂之計云." 祖之甥姪, 乃異姓從祖叔, 而謂之罪家子弟者, 商鞅收司所無之律也, 其徒張雲翼夷三之啓, 所不及者, 況介淸何親而嫌不可言歟?【《桐巢錄》】

成文濬號滄浪, 牛溪之子, 牛溪稱"實行過余者也". 同時有鄭弘溟號畸翁, 澈之子也. 渾·澈俱以私怨殺士, 世多譏議, 故兩家子弟各爲其父灑累, 拚去黨論畦畛 東·西士類無不通得交好, 要爲彌縫蓋愆之計. 以是兩家子弟門徒互相詆訕. 尹宣擧稱沙溪之門, 無鄭弘溟, 則道益尊 ; 李惟謙稱牛溪之門, 無成文濬, 則過益寡, 以至於批頰詬罵, 攘頭亂嚷, 自爲婦姑之勃蹊者, 皆以是也.【上同】

己丑士禍

鄭彦信 · 鄭悈

初鄭彦信與諸子議招辭. 長子協以爲不可不直招, 彦信從其少子悈計. 鞫問之際, 多有未詳之言,[4] 禍將不測, 無顧見者, 惟李貴力救.【《混定錄》】彦信自明疏, 乃其子悈之作也. 故及上命下彦信 · 彦智 · 宗錄供書十餘張于政院, 膽書後還入, 因此彦信大被重律, 悈也[5]不勝慙恨, 自盡.【《魯西集》】李白沙挽鄭悈詩, 曰:"大抵本如寄, 誰將論久速. 其來卽是歸, 玆理吾先燭. 然且爲君[6]衷, 所未能免俗. 有口豈敢言, 有淚不敢哭. 撫枕畏人窺, 呑聲潛飮泣. 誰將快翦刀, 痛割吾心曲."【《白沙集》江陵板載之云, 而晋州板削去云. 第適得見近來新板, 依舊載錄, 可訝焉. 乃謫議多端而還錄歟.】

領相李山海身病出仕, 傳曰:"鄭彦信之罪, 禁府已稟, 而卿在告, 故未及議斷. 彦信前後罪狀極爲駭愕, 而今因外方儒疏有所加罪, 則事體未安, 恐有後弊. 已竄海島, 臨年將死, 不過爲一老革耳, 何必加罪? 予意則不如寘之勿論." 傳曰:"鄭彦信事, 禁府前日取稟事, 更議施行."

己亥平川府院君 申礁登對, 歷陳鄭某虛言甚冤. 工判申點繼進, 曰:"鄭某第二子悈孝子也. 乃爲父避禍, 代父製自明疏, 父反被欺罔之律, 遂不食嘔血而死." 上爲之惻然者良久. 無何, 復公官爵之命下.【《龍洲集》】

李潑 · 李洁 沈憬附

---

4) 未詳之言:《混定錄》본문에는 '妄發之言'으로 되어 있다.
5) 悈也:底本에는 없다.《魯西集 卷7·答宋明甫》에 근거하여 보충하였다.
6) 君:底本은 "吾"로 되어 있다.《白沙集 卷1·鄭悈挽》에 근거하여 수정하였다.

李潑兄弟四人, 其季曰澻, 卜者宋祥嘗以"澻爲最吉, 三兄爲極凶." 後澻未成一名而夭, 潑·洁爲名士, 汲爲蔭補官人, 皆以祥言爲誕妄, 至是皆服.【見《混定錄》】

李潑文學·名聲, 實是後輩領袖, 便作右金之說, 爲沈義謙輩謀諂, 身陷[7]大戮, 可惜可歎.《掛一錄》

潑質慤有長者風然, 而使氣論是非, 中間反覆, 而不擇交友, 卒以是取禍. 縣監申應榘少與潑弟澻相善, 澻早亡, 及潑等背成·李, 申遂絶交. 獄事出申適任實, 潑母謫近邑生理艱弊, 申頃儲救之. 誼謗大起, 申曰:"舊要不可以禍患相忘也, 且吾之所以周爲澻母也." 成渾聞而稱善.

金應南子命龍·洪可臣子藥皆娶李洁女. 可臣·命龍皆上書請離婚, 畏其及禍也. 時金相赴京, 命龍之表叔李山海敎命龍爲[8]之, 故士論不咎金相而咎可臣.

沈憬【字仲悟, 鋼之孫, 智謙之子】嘗與潑兄弟善. 及潑被禍, 哀其無收骨者, 爲棺斂而葬于始興 雪月里. 構以爲罪, 竄富寧, 壬辰得放, 光海朝官敎官.

白惟讓

白惟讓字仲謙,[9] 水原人, 官副提學. 慈詳愷悌, 貌如玉人, 至於分別邪正,, 論議剛直 不以爲屈. 名重一時所與, 遊者皆賢師.

初白仁傑自乙巳禍作, 久在罪廢中. 有女無與爲婚, 問其侄惟讓, 曰:"吾欲以義寧爲婿." 白惟讓曰:"義寧宗室賤孽, 其母及叔母皆着乎帊市井之女, 願勿婚." 仁傑不聽, 竟以爲婿. 旣昏, 其妻以惟讓言告義寧, 以此義寧與惟

讓有隙生. 子春英追銜宿憾, 疾惟讓父子如仇讐, 及獄起, 與其舅白惟咸做出無根之說.【《己丑別錄》·《乙丙黜鑑錄》】

搜汝立文書, 得白惟讓數度, 曰"吾之子卽若之子",[10] 又曰"鄭澈誤國小人". 上見書震怒拿問, 惟讓供曰: "臣之子壽民, 愚騃不學, 而適與汝立家連婚, 故果令受學於汝立, 其曰'吾之子若之子', 此古人易子而敎之之意也. 豈有一毫他意?" 命配富寧, 行到抱川, 更命拿來, 蓋出於宣弘福之招也.

壽民娶汝立之兄汝興之女. 獄起汝立弟汝復亦逮京獄, 其奴白石持養獄之資, 彷徨市街, 被捉於捕盜廳. 供曰: "白參奉云者從我來云." 鞫廳啓曰: "必是參議白惟讓之子壽民也." 遂拿鞫, 死於杖下.

惟讓子振民變初與其徒十餘人謀, 曰: "海西守令西人相半, 其地多李珥弟子, 必此輩所誣告也. 鄭修撰朝夕入來, 來則吾輩當抗章訟冤." 擬以柳永謹爲疏頭, 及聞汝立自殺, 皆驚駭而散.

惟讓死後, 子振民·興民在楊州侍墓. 鄭澈與白惟咸·李春英, 使內官李夢鼎密啓, 曰: "吉三峯去處, 外論以爲白振民兄弟詳知." 庚寅五月十二日, 并拿來. 拱曰: "父所不知, 子何知之? 有罪無罪, 證在蒼天, 覆巢之下, 卵豈獨全? 不必再鞫, 願速就戮." 在獄中製疏, 欲自明, 旣受重杖, 不能自書, 竟以九月十二日, 殞於杖下. 興民亦死杖下.【《己丑錄》·《日月錄》】

崔永慶

崔永慶字孝元, 和順人, 號守愚. 己丑生, 官持平, 曺南冥門人. 公生有異質, 稍長口無俚近語, 步趨有法度. 性至孝, 三年廬墓, 朝夕上食, 必具魚肉. 一日大雨, 道不通, 只用蔬菜以上食, 退伏廬次, 哀不自勝. 忽有虎將猪來, 寘床石而去. 及來晉陽先忌將迫, 無肉以祭, 悲歎終日, 有獐來入園中, 殆誠

---

10) 卽若之子 : 底本에는 없다. 《燃藜室記述·己丑黨籍》에 근거하여 보충하였다.

孝所感也.【〈行狀〉】

初授慶州參奉, 不就, 陞除主簿·守令·都事 佐郎, 皆不赴. 家計屢空, 或勸曰“同力築浦堰”, 强之, 不許曰:“貧富天也, 此非吾分內事.”身無完衣, 出入借着, 不以爲意. 除司畜, 拜命卽還. 盧守愼留之, 不回, 致書, 曰:“固執之病大矣.”公復曰:“通之害, 不少矣.”【上同】

公壁立千仞, 秋霜烈日, 胸次灑落, 玉壺氷月. 望之有若神仙, 其爲氣像·風節, 與曺植相伯仲.【《掛一錄》】

晋州無一畮田. 弟餘慶娶妻晋州, 故往依弟家. 前有大池, 餘慶網取其魚, 大如盤, 永慶不忍食, 至數年. 後人問其故, 乃家貧, 不能奉甘旨老母, 已逝故也.【《掛一錄》】

有孝行, 爲石槨, 葬父母.【《涪溪記聞》】

見士論多崎, 名利是務, 不欲近朝市, 授官不赴. 在京時, 與成渾有舊. 渾自坡山入城, 公將放焉, 聞與沈義謙交密, 不復往. 李珥初登朝, 人皆爲古人復出, 公獨言其不然.【〈行狀〉】

閔純曰:“孝元飢餓入骨, 猶泰然, 胸襟灑落, 常樂易, 非安貧樂道者, 不能也.”【上同】

萬曆癸酉, 命薦卓行之士, 崔永慶拜六品官. 永慶曾從曺植遊, 介淸絶世. 非其義也, 一毫不取, 事親至孝. 親沒, 傾家以葬, 遂致貧窶. 家在城中, 不事交遊, 人無知者, 里中人皆稱固執之士. 安敏學初訪, 聽其言, 覺其異, 言於成渾曰:“吾里中有異人, 而今乃相識 盍往見之?”渾入城, 委造叩門, 良久有赤脚小婢出應, 入門則芳草滿庭. 俄而永慶出, 布衣破履, 寒乏蕭然, 而其容嚴重, 有不可犯者, 坐而言, 無一點塵埃氣. 渾甚悅, 語白仁傑曰:“吾見某人還, 忽覺淸風滿袖.”自是名播士林間.【《石潭日記》】

仁祖甲子, 金德誠[11]啓曰:“臣謫四川, 同縣有崔永慶族人, 曰‘永慶常喜囚首不着網巾, 凭几而臥. 監司來訪, 辭疾不見, 再三臨門, 乃見曰:〈某守令

不治, 汝何不斥之? 某守令善治, 汝何不褒之?〉晉牧來見, 又爾汝之, 劫制士夫, 凌轢他人, 爲奇行, 惟其祭祀, 則必齋戒十五日, 親執饋奠之具'云."
【《醒翁集》】

公之逮獄也, 一日柳成龍遇鄭澈於闕下, 問: "永慶獄事何如?" 澈乘醉以手自擬其頸, 曰: "彼曾欲斫吾如此云." 蓋永慶恒言"朴淳·鄭澈皆可梟首"故也. 沈守慶曰: "人言何足盡信? 見人將死, 惻然之心, 人人所同然, 何忍出此言?"【《西厓集·守愚傳》】

拿入鞫庭, 風采動人, 有如仙鶴飄飄然自天而降, 左右獄吏莫不驚動. 李恒福曰: "今不見此老, 虛過一生." 鄭澈微笑, 以扇擬頸, 曰: "此漢欲斫吾頸如此." 沈守慶曰: "公何以發此言?" 澈曰: "以彼容貌, 偃臥竹林間, 嘲弄時事, 是以得虛名矣."

永慶囚晉州獄, 士子聚獄門, 幾至千餘人. 永慶閉獄門不納, 露宿數日, 不散. 人問: "先生在獄, 如有一毫動意否?" 答曰: "死生委之, 已三十年矣." 又曰: "食慾最重. 余拿入, 東門路傍葉葉緣濃, 一欲裹飯而喫, 油然生心矣." 仍

公卓犖有高氣, 白髮鬒鬖, 儀狀甚嚴, 使人望之可畏. 李恒福嘖嘖曰: "因得見巨人." 左相金命元亦稱之, 曰: "雖在縲絏之中, 凜凜然, 使人起敬."【《記言》】

恒福嘗曰: "按獄時, 觀諸人對理之狀, 莫不遑遽失措, 而永慶則桁楊拷掠之間, 若在旁室中, 神色自若, 言語不紊, 有似平居待賓容者然, 氣魄有大過人者."【《石室語錄》】

在獄, 日必面闕坐. 家奴亦被逮同繫, 人曰: "奴若失辭, 禍將不測, 請指敎." 公曰: "渠當自爲, 我何與焉?" 終12)不近. 委官鞫逆家奴, 曰: "有崔三峰者往來爾家耶?" 奴曰: "嘗見之, 其人有二毛." 及以公三易衣, 實輩囚間, 使奴認之, 終不得.

---

12) 終: 底本은 이 앞에 "令"이 더 있다. 《己丑錄》에 근거하여 삭제하였다.

公嘗因李潑見逆賊面目. 後借友人簡尾相問, 至是其書下鞫廳. 問郎李恒福恐公忘了諱之, 起旋於外, 曰:"崔某死矣. 有此借尾, 其得不死乎?"公方省覺, 眞辭以實, 不加一杖, 李之力也.

特命放出, 寓人家, 成渾令其子文濬賚米來, 曰:"可爲還鄕資."因言:"何故見嫉於人而至此?"公答曰:"見嫉於乃翁爾."翌日憲府請更鞫, 逮囚.【〈行狀〉】

再囚, 供曰:"李珥名重士林, 一時年少援爲仕進之路, 交口稱譽, 臣笑而不答. 以此詆毁李珥, 衆謗朋興, 此臣之得禍也."【掛一錄】

初梁弘澍推尊曺植過於李滉, 成渾曰:"退溪深於學, 恐南冥不如也."永慶聞之, 憤怒不已, 見申應榘, 亦言其非.【牛溪日記】

弘澍卽仁弘妻弟, 而出入於成渾之門, 使子梡[13]受學, 故仁弘狠怒, 與弘澍搆怨相鄙.[14] 渾聞之, 曰:"弘澍設爲不善, 以仁弘而爲此, 不亦甚乎?"仁弘憾怒於渾, 毁詆無所不至. 述永慶行狀, 曰:"公與成渾有舊, 成渾自坡山來城中, 公將詣焉,[15] 友人自渾家來言:'成與沈同知語, 戒門者不通客.'公遽返, 不復往. 云云."【魯西集】

庚寅春, 渾語正言黃愼, 曰:"永慶居家有孝且有氣節, 雖多病痛, 長處可尙. 近有蜚語, 極爲無理. 或有發言者, 切不可雷同也."其後諫院果有請削之論, 愼以爲"永慶負重名於一道, 今以飛語罪之不可."司諫柳根曰:"然. 諸葛亮首用許靖 以收蜀中人心, 虛名亦不可不顧."其論遂止.【大憲黃愼疏】

時金汝岉自南中來, 欲上疏以證永慶之爲三峯, 渾曰:"永慶雖有病痛, 豈有不識君臣之義乎?"汝岉曰:"先生能保其無他乎?"遂止.【牛溪年譜】

在坡山聞其逮獄, 致書鄭澈, 使力救, 鄭澈答曰:"來示以淸修孝悌救解一款, 非徒事不諧[16]矣, 事體亦恐未安."及聞其出獄, 遣子文濬, 致辭慰問,

---

13) 梡: 底本은 "滉"으로 되어 있다.《魯西集 卷8·與權思誠》에 근거하여 수정하였다.
14) 鄙: 底本은 "圖"로 되어 있다.《魯西集 卷8·與權思誠》에 근거하여 수정하였다.
15) 焉: 底本은 "爲"로 되어 있다.《魯西集 卷8·與權思誠》에 근거하여 수정하였다.
16) 諧: 底本은 "偕"로 되어 있다.《魯西集 卷8·與權思誠》에 근거하여 수정하였다.

永慶歡然謝, 曰：“余亦欲更見若翁而死, 何可得也?”及聞其再係而死, 送米賻喪, 與澈書, 曰：“聞崔某死, 不勝傷歎. 此人晚節放倒, 又不能守其本分, 然要爲高亢之士, 旣無情犯, 朝廷容而寘之可也. 臺論復作, 竟至再入牢獄而死, 其可以服人心乎? 可惜.”【《魯西集》】

壬辰, 柳成龍與鄭澈相見於安州, 澈問曰：“人言公亦謂余挾憾殺崔永慶, 有之乎?”成龍笑曰：“其時見形迹近似, 故嘗有是言矣.”澈愕然.【《奇齋雜記》】

己丑之獄, 永慶最爲冤死. 故右永慶者怨鄭澈乃構殺, 然澈爲委官, 嘗屢救永慶, 其無構殺之迹, 有不掩者. 故乃以陽爲救解·陰實擠陷爲澈之罪, 及至仁弘, 則又以此說移之於成渾, 以爲指嗾者渾·構捏[17]者澈, 及文景虎之疏, 又直以渾爲構殺, 屢變其說, 漸次成[18]罪.【《朴定齋集》】

柳夢井

柳夢井字□□, 文化人, 號淸溪. 性淸直, 學問淳正. 初擧鄕薦, 又被館薦. 被禍後, 白棗數十根生於庭下.

鄭介淸

鄭介淸本貫嶺南 鐵城人, 本名惟淸, 號困齋. 六代祖可勿, 麗季以令同正謫配羅州, 其後免役, 居務安.【尹孤山疏】

---

17) 捏：底本은 “殺”로 되어 있다.《定齋集 卷7·代儒生徐宗震等請復牛栗從祀之典疏》에 근거하여 수정하였다.

18) 成：底本은 “或”으로 되어 있다.《定齋集 卷7·代儒生徐宗震等請復牛栗從祀之典疏》에 근거하여 수정하였다.

東漢節義晉宋淸談序

【一曰“東漢 晉 宋所尙不同說”. 甲申三月□日所作.】

介淸嘗謂唐 虞 三代之作人, 只是明人倫, 而曰五敎‧曰九德‧曰六德‧曰六行, 而風化之美‧人材之盛熙熙濟濟. 後世所尙, 則百家衆技, 而曰申‧韓‧曰黃‧老‧曰節義‧曰淸談, 而人心之慝‧世道之汚日以益甚, 其故何也?

妄謂三代以上之學明其體適其用 通萬古而可行 漢‧唐以下之習 事其末‧遺其本 在當時未免弊 此治亂‧安危之所以分 而學者之所當講究審擇‧國家之所當觀省鑑戒者也 然而無所取正, 而心有係疑者有年.

及讀《朱子語類》, 有或引伊川之言, 曰:“晉‧宋淸談, 因東漢節義一激而至此.” 朱子曰:“東漢節義之時, 便自有這個意思了. 蓋當時節義底人, 便有傲睨一世, 汚濁朝廷之意思. 便自有高視天下之心, 少間流入於淸談去.” 又曰:“節義之士, 固是非其位之所當言, 宜足以致禍.” 又曰:“後漢名節, 至於末年, 有貴己賤人之弊. 積此不已, 其勢必至於虛浮入老莊.” 又曰:“建安以後 中州士大夫只知有曹氏 不知有漢室.” 至於晉‧宋[19]人物, 則“雖曰‘尙淸高’, 然箇箇要官職, 這邊一面淸談, 那邊一面招權納貨”.

介淸之前日係疑者, 渙然若冰釋, 心有所悅, 因著論東漢節義‧晉‧宋淸談之弊. 而歎其不知從事乎聖賢之學‧循序乎禮義之規, 只能非訐朝廷, 臧否人物, 而見事不明, 時措失當, 以至於身敗而功頹, 促亡人國而不自知其爲非也. 故因著以爲說.[20]

東漢節義, 較以功名, 則其高尙猶可以激頑起懶；晉‧宋淸談, 視之謀利, 則其氣岸亦足以矯情鎭物. 其未知從事於聖門, 而不循義理之安, 張皇意

---

19) 宋:底本은 “末”로 되어 있다.《愚得錄 卷1‧東漢晉宋所尙不同說》에 근거하여 수정하였다.

20) 說:底本에는 이 뒤에 “說曰”이 더 있다.《愚得錄 卷1‧東漢晉宋所尙不同說》에 근거하여 삭제하였다.

氣之發以至於亡人之國, 而不自知其爲非也, 則亦無補於世敎也較然矣.
蓋節義底人, 其心高視天下而傲睨一世, 出乎禮義之規, 不屑性命之正. 使
天下之人皆有以自是而非人, 終至於羣狡竝起, 睥睨神器. 至於淸談之類,
只是隨波逐流底人, 自以爲不要富貴而能忘貧賤, 然而這一邊雖似淸高, 那
一邊實未免招權納貨. 亦使一世之慕效者, 相率而爲驕[21]虛浮誕, 卒無以
爲振作恢復之策, 以成其篡奪之勢.
蓋其節義慕巢 · 許, 淸談祖莊 · 老, 而築底爲弊至於如此. 原其所始, 皆不
知有新民 · 明德之學, 而獨善於彝倫之外, 不究其視聽言動之理, 而自逸
於檢防之節. 是皆衰世之所尙, 其得罪於聖賢中和之道, 則通萬古而猶必
一談, 後之爲國者其可鑑, 而爲學者亦可戒哉.

鞫廳供招

節義根於人心之固有, 而扶持綱紀之棟樑. 臣介淸雖無識, 豈不知節義之
有關於世敎? 臣介淸前日所著者, 讀朱子之論, 見朱子之論, 因有所感, 以著
其東漢節義之弊而已. 蓋節義云者, 明於義理而不蔽於利害之私, 故其在
平昔行於身者, 旣足以君明臣直, 潛消禍本, 逆折姦萌, 而不幸遇患難, 則不
顧利害而能伏節死義者也.
若夫東漢之士, 其大義根於心, 死生不變, 則誠可尙也, 而考諸本傳而究其
朱子之意, 則不修職分, 不務義理, 而汚濁朝廷, 高視天下. 嘗以臧否人物,
非訐朝廷, 競爲相尙, 而自公卿以下莫不畏其評議, 屝履到門, 則是乃學生
而執國命也. 陪臣執國命, 尙可以亡人之國, 況學生而執國命, 其可以長保
其國乎? 正朱子所論"節義之士, 固是非其位之所當言, 宜以是致禍"者也.

---

21) 驕: 底本은 "矯"로 되어 있다.《愚得錄 卷1 · 東漢晉宋所尙不同說》에 근거하여 수정하였
다.

故臣竊取朱子之意, 而謂"徒知節義之名而不知節義之實, 則其弊或至於驕[22]虛浮誕, 卒陷利害之際, 而政不得其道·位不得其人, 失措於幾微之際, 而将使小人乘其隙而無以爲國矣. 故梁冀之弑質帝也, 李固爲相 而非但不能聲罪顯戮, 反聽命受制而隱忍焉. 宦者之盤錯也, 竇武謀誅, 而自失其先後輕重之序, 卒之士類殲滅, 國隨以亡之禍, 此皆不務節義之實而然也.

必也學至明其明德而格致, 而知其節義之本, 誠正而行其節義之實, 則人道正·綱紀立, 雖欲伏節死義, 自無伏節死義之患[23]矣. 臣之前日所論節義·淸談, 語雖未瑩, 其實有意於培壅節義之根本, 而反以謂排節義, 此非臣之本心, 而抱冤無所發明者也.【《孤山集》】

公素不與澈之爲人. 或言其有淸白操可取, 公不答, 但曰:"其人飾情[24]僞行, 非正人." 澈聞之, 甚怒. 未久有鄭汝立逆變事, 獄旣成, 澈令郡邑廉問罪人黨與當捕者, 人莫知其所以然, 羅州人有五六輩發告公與罪人通狀. 公歿後, 柳相 成龍白上, 曰:"鄭介淸素以經術·行義自勵, 偶然因一著論, 卒至滅身云."【《記言》】

公所著《隨手記》九卷·《愚得錄》三卷.【見上】

附

李彦吉【金堤郡守】·柳德粹【善山府使】·尹起莘【參奉】·曺大中【全羅都事】·柳宗智【參奉】·李黃鍾【號晩翠】·金憑·韓百謙【薦參議, 號久庵】·申湜·沈憬.

---

22) 驕:底本은 "矯"로 되어 있다.《愚得錄 卷3·康寅獄中疏》에 근거하여 수정하였다.
23) 患:底本은 "忠"으로 되어 있다.《愚得錄 卷3·康寅獄中疏》에 근거하여 수정하였다.
24) 情:底本은 "正"으로 되어 있다.《記言 卷26·世變》에 근거하여 수정하였다.

孝宗九年, 戊戌六月, 前工議尹善道上國是疏末端云："己丑逆獄時, 故相臣鄭彦信被逮, 其子慄痛其父之至冤, 摧折而死. 其時家禍孔棘, 何意求挽於人, 人亦無敢挽者. 而故相臣李恒福與慄有知分, 而以問事郎詳知其冤, 爲製一編, 使實壙中. 其後慄之子世規等既長, 遷厝鄭慄之時, 開壙乃得挽, 詞曰：'有口豈敢言, 有淚不敢哭. 撫枕畏人窺, 吞聲潛飮泣. 誰持25)快剪刀, 痛割吾心曲."

其後江原監司李顯英·江陵府使李命俊刊《白沙集》於江陵, 行於世. 鄭澈之子弘溟見此挽而憚之, 又刻《白沙集》於晉州. 而晉州26)板削去此詩, 且追入一篇書於末段, 有若恒福所著者然, 是篇皆言鄭澈力辨力救善類, 不爲殺士之事也. 然具眼者皆以爲"文體不同. 半以上似恒福文體, 半以下全不相似, 而上下語意多逕庭." 且知恒福之本意不如是 而皆謂"此篇乃弘溟任加己意, 巧飾添造者也."

抑以其上下文體不同及上下語意逕庭推之, 則無乃此篇本著鄭澈奸狀, 故恒福子弟不敢出, 以是不入於江陵本, 弘溟巧飾添造以編其集之末, 而爲刊晉州本歟. 然其所以不全改此篇, 半以上有害於鄭澈之語者, 蓋恐不如是, 則人不信也. 今使護鄭澈之徒刊介清之書, 則恐有此弊矣. 云云."

---

25) 持：底本은 "將"으로 되어 있다. 《孤山遺稿 卷3·國是疏》에 근거하여 수정하였다.
26) 州：底本에는 없다. 《孤山遺稿 卷3·國是疏》에 근거하여 보충하였다.

【卷之六】

이발·이길의 유문(遺文)과 부록

東巖先生遺文

詩

　　謹次養心堂

家學有傳心, 一源如海深. 瞻之惟在我, 外此更何尋.

　　題景賢臺

逍遙臺上立, 眼力遠無邊. 莫謂於斯足, 聖頭又有天.

　　題砥石亭

巖巖節彼石, 經幾秋霜風. 砥柱支天立, 一江大水中.

　　南還途中

南路迢迢鳥外分, 長安西指日邊雲. 朝來記得中宵夢, 半是慈親半聖君.

題尙州書樓

宛聞芝曲商山裏, 更想龜疇洛水中. 沙伐遺踪無處問, 數千年後片雲空.

宿赤壁江上小屋, 翌曉卽以詩代簡, 呈金福川 富倫 丙戌

仙況今何如, 遐想良悠悠. 昨到先隴下, 誅茅闢荒邱. 偶被春興牽, 仍作滄浪
遊. 烟昏始銜鞍, 雨曉還催輈. 塵機諒擾擾, 宿約知難酬. 欲待鶯花晚, 重來
爲少留. 邀君償勝債, 日日開新篘. 相携入無何, 一笑萬事休.

啓疏

大司諫避嫌啓辭

啓曰: "人臣事君, 有犯無隱. 臣雖無狀, 竊嘗聞此義於古人. 頃者, 本院論
沈義謙植黨擅國之罪, 自上下問其交結之人, 至有丁寧之敎. 則爲臺官者,
所當祗承聖意, 歷陳無遺, 使聖上盡知此輩, 包含徧覆於天下之大度, 而在
下之人, 無所容其心可也.
禮曹判書洪聖民·副提學具鳳齡, 實見稱於西人中, 其才華·文學亦爲公
朝之所需. 然其當初皆以義謙之親友, 因而發身, 國人所共知, 初與被斥者,
何異? 獨不歷數於其中. 人臣論事, 何長短取舍而不敢直達於天日之下, 其
不被[1]斥者所笑乎?
揆之以義, 進退無據, 愚臣不識事體, 恐非人臣事君無隱之道. 伏讀今十九
日答兩司之辭, 其曰: '當初原頭, 不卽明辨而定之, 做調劑鎭定之說, 或亂
上下之心, 終致醞釀誤國.' 大哉, 王言! 誠今日朝廷之藥石也, 臣不勝感泣.
當初小臣猥忝論思言責之地, 每爲和平之說所牽, 言論不明·處事不直,

---

1) 被: 底本에는 이 앞에 "爲"가 더 있다.《混定編錄》에 근거하여 삭제하였다.

不能盡敷終始曲折於聖主之前, 苟且綢謬, 自陷於欺罔之罪極矣. 今讀聖批, 惶恐隕越, 罔知攸措. 臣之愚滯之見旣如彼, 欺罔之罪又如此, 勢不可與同僚相容. 更靦顔面於淸朝. 請命罷斥." 答曰 : "勿辭, 退待物論."【《癸甲錄》】

疏【時三司彈駁無虛日, 故上疏言.】

"臣嘗以經濟許李珥, 道學推成渾, 平日交道甚厚. 今公論重而私誼輕, 故舊可念而國不可負. 云云." 上頗信之.

書

答或人【丙戌八月十日】

謹承惠問, 披玩以還如對雅儀, 慰浣不可言. 潑入城後, 時因友朋, 得聞起居安穩. 徒切馳傃, 末由相奉, 弟增耿耿. 今審示意得到, 近困於病患, 馳慮亦極. 潑雖親千里, 望雲之情與日俱深, 月晦定計歸覲, 昨來復作祭酒, 大禮迫頭, 不得已留過. 故當發似在來旬間耳. 言面無期, 臨紙悵然.

與或人

謹問夜來客況何如? 懸仰懸仰. 潑亦無事歸侍. 但回首江游一夜之聞, 已成陳迹. 世有何事不如此? 惟有更擧深舩於北山幽溪之上, 以續前宵之佳會, 而天適雨, 似敗好事. 然觀雨必不大作, 向晩可得開霽否? 但華駕如不留, 此則恐前計墜於杳茫也. 幸示去留如何.

答金同福【富倫】

謹承惠狀, 慰豁何言? 潑每欲來泛仙舟以償宿約, 侍病母無暇一出. 今者適以事向海南等地, 旣已出家, 故欲與尊兄奉敍. 今日之來, 只爲對靑眼而已, 適聞仙駕不來, 悚恨可言? 各缺感惠當幷行, 頑民被缺爾物, 故略又告奸罪缺矣. 在缺明使君雖自以爲引咎而缺, 此閈閭不出乎? 但聞尊大兄大保云, 伏惟來泛赤壁, 是知人間一會, 亦有數也. 明欲還向長興地, 歸時欲道缺縣前之路, 幸於溪邊, 班荊相待何如? 半餉之話, 猶勝不拜也. 餘俟面盡. 伏惟尊照.

墓誌銘

嚴公 十省堂墓誌銘

嚴氏之先系出寧越. 五世祖諱有溫, 嘉善大夫同知摠制, 高祖諱克仁, 曾祖諱松壽, 承文院校理. 祖諱誨, 衿川縣監, 遭燕山政亂, 陷非辜, 逮中廟改玉, 得追釋, 贈工曹參議. 考諱用和, 少勵業未究, 退處江鄕, 以漁釣自老, 用薦爲部將, 聘于司瞻寺僉正金仲誠之門, 以正德戊辰, 生公.

公諱昕, 字啓昭, 幼有異質, 及長, 篤意治經, 窮日夜不懈. 中嘉靖乙酉司馬, 戊子, 擢文科第三人. 例授司瞻直長, 是年秋, 選入弘文館爲正字, 陞著作, 兼知製敎, 自是常帶是號. 遷博士, 兼侍講院說書, 俄轉副修撰, 拜司諫院正言, 以擧職聞.

時金安老謫在外, 廷議多欲汲引以爲東宮地者, 公獨執不可, 曰: "吾與安老嘗連姻, 熟聞其處心行事, 決非佳士也. 況東宮一國臣民所共仰戴, 何須此人以爲輕重耶?" 聞者爲之縮頸, 而公無懼色. 歷修撰·兼司書, 爲吏曹佐郎. 安老旣得志, 用前嫌斥之, 公罷居陽川先業者七稔, 杜門掃軌. 日以書史自娛. 嘗以爲曾子聖門高第, 猶日三省其身, 在後學尤不可不勉, 遂名堂以十省, 用自警焉.

甲午, 丁外艱, 居憂三載, 一不到家, 守制甚勤. 丁酉, 定用事者之罪, 起公久廢之中, 授典籍, 遷司書,[2] 爲修撰·校理, 爲吏曹正郎. 己亥, 華·薛兩使之來, 公以[3]從事官隨焉, 華人見其禮貌閑雅·儀度整修, 交口稱賞. 陞檢詳·舍人, 遷掌令·弼善, 復轉舍人, 爲典翰. 壬寅, 苦風痺, 免爲司成·司藝, 癸卯, 疾轉革, 以九月十九日, 卒于第. 訃聞, 東宮震悼, 賜賻有加. 春秋三十有六, 以是年十二月, 葬于陽川縣 白石原, 從先兆也.

公資稟純美, 宇量弘毅. 其居家接人·與待交游, 初持一心, 未嘗有變, 撫宗黨·御僮僕, 皆得其道焉. 少失先妣, 事庶母惟謹, 部將公嘗患風疾, 在床褥者三年, 公親調藥餌, 暫不離膝下, 形貌頓瘁. 雖祈寒, 必沐浴齊潔, 每中夜祈天請命, 或露立達朝, 見者悲泣. 小弟晒在服纏病, 迎醫檢方, 盡心不怠, 蓋其孝友之誠出於天性然也.

常處一室, 左右圖書, 鷄鳴而起. 端坐諷讀, 至觀古人治心·克己之訓, 必反覆以深釋之. 嘗書胡澹庵封事一通, 揭諸楣間, 公退, 必莊誦一遍, 以自勵焉. 公入備論思之官·出應宮僚之選, 以沃贊睿猷·輔導儲德爲己任, 有懷必達, 左右莫不聳躬. 其在言地, 論議風發, 不顧利害, 嘗排金安老以爲劇猾, 後竟如其言, 人服其遠識. 爲詩文雅健圓麗. 賜暇書堂, 復以兼帶[4]藝文應敎. 其爲時輩所推許者如此, 尤以淸儉自砥礪, 以遺其世業. 而一疾不起, 親舊相與流涕而弔之, 咸惜其國器焉.

配務安 朴氏, 士人大有之女也. 賢有法度, 得婦道甚宜. 先公一年而卒, 生三女一男. 長女適正郎柳思新, 生一女, 適幼學趙珪. 次女適幼學李文珉,

---

生四女一男, 皆幼. 次女適幼學金汝順, 生三男, 皆幼. 男仁述, 蔭補司饔院
參奉, 守官勤謹, 能世其家. 娶護軍朴行儉女, 生二女一男, 皆幼.

仁述與余比屋而居, 一日手狀抵余, 曰:"自吾先君之下世, 今二十有四年,
尙無銘誌以刻于石, 以藏于函. 以彰于後, 使先人行範昧而不傳, 則吾有罪
焉, 子其勉之." 余以爲焯德顯世, 吾非其人, 仁述志愈懇·言愈悲 辭之不
獲, 則略敍其世系·履歷·志行, 而系以銘曰:"有德有才, 不享其壽. 蓄
多取廉, 果何歸咎? 我撮其迹, 用告不朽."

南溪公 遺文

詩

次金 雪月堂

或咏而歌樂在中, 百年閒適屬淨翁. 此間淸意無人識, 月照梧桐水面風.

書

答或人

頃回李鵾來, 得勝辱復, 憑審比日尊履多勝, 仰慰仰慰. 洁粗保親病, 近似少
間耳. 貴邑人金景玉妻父白傑, 素居此縣, 內相知者, 今以景玉許接被囚,
將受重罪, 依悶依悶. 聞景玉者, 雖居此地, 每年立番, 非逃避之類云, 若果
然, 則其情可恕也. 所知者來懇, 故敢煩, 深悚深悚.

附錄

行狀

本貫全羅道 光山郡. 高祖亨元, 嘉善大夫弘文館提學, 曾祖達善, 通政大夫弘文館修撰, 祖公仁, 通訓大夫藝文館檢閱, 父仲虎, 嘉善大夫禮曹參判, 妣海南 尹氏, 封貞夫人.

公諱潑, 字景涵, 時人稱東巖先生. 其後孫炳夏君五宿春糧, 謁錫英以狀公之行. 錫英三復其遺事, 慨然而太息, 曰 : "以公之淸名·至行是宜載之太常, 傳之藝苑, 炳朗乎天壤之間, 夫何百世之下, 景響遂沈, 狀德之文, 有俟乎不佞之代斲?"

甚矣黨人之禍人也, 天定亦能勝人. 天之厚於慶, 而世執國命, 崔之薄而久而不競, 又何哉? 方二子之囊樸於禁庭也, 甚人說道, 君生於覆巢之下, 思所以闡公義於三百年之後也. 此天也, 狀公者未可已也.

謹按高麗尙書左僕射胊白, 公上祖也. 我文廟名臣慶昌君贈天官·大提學蓽門 先齊, 文章道學爲世儒宗, 公其來孫也. 自尙書傳至公, 凡十世連擢文臣科第, 名公碩德, 世不乏人. 公嘗於先祀, 累世紅牌紙聯作十帖屏, 設中堂, 勗子孫之忠孝, 東人數閱數公家, 以此也.

公以皇明嘉靖甲辰, 生于海南之相宅. 自幼已知孝友, 父母素多疾, 衣不解帶, 常侍側, 在食調藥, 未常委之家人. 性質淳美·志行修潔·持身嚴苦, 平生未嘗自取方便. 祈寒盛暑, 不廢晨謁, 兄弟同居, 人無間言. 奉先極其誠孝, 待人接物, 不修表襮, 處心行己, 率由禮度, 至若文藝·詞華, 乃其餘力. 於世俗財利紛華, 泊然無一毫係累. 幷時名賢如李文成·柳文忠·金文貞·趙文烈·崔守愚諸公, 深相結納, 道契志同, 而人皆以遠大期之.

宣廟戊辰, 中增廣進士, 癸酉, 登謁聖壯元及第, 滿朝賀其得人. 以李文成薦拜銓郎, 歷官玉堂·湖堂·舍人·吏曹參議·大司成·副提學·都丞旨, 皆一代之清選也. 上眷益隆, 公受恩感激, 出入經幄, 以進退人材·扶植綱常爲己任, 欲回趙靜庵己卯之治, 陶鑄一世, 而少無盱睢苟合之意. 所以於臧否人物, 疾惡太甚, 不少假借, 伊擾而迎合者, 多不說之.

先公之卒, 公兄弟從宦在京, 不及終天, 以是爲平生至痛. 奉養母夫人, 不忍暫離, 而時或黽勉入朝, 亦未嘗兄弟并出以曠親側也. 嘗自京歸覲途中, 有詩曰:"南路迢迢鳥外分, 長安西指日邊雲. 朝來記得中宵夢, 半是慈親半聖君." 及歸朝衣謁廟, 仍侍母夫人. 夫人惡近堂鷄窠, 衆雛聲聒耳. 命侍婢將鷄下, 公出手自下之, 窠中敗卵污朝服. 婢愕且欲高叫, 公目止之, 恐夫人驚也. 其承順親志, 大率類此.

乙亥, 朝廷有沈·金之黨. 右沈者爲西而鉢鄭松江, 右金者爲東而公爲首. 互相傾軋, 朝論大乖, 文成 李先生以金優沈劣·沈是金非之說, 務爲調停. 而兩黜金·沈, 每語公及松江, 曰:"沈是金非, 區區之辨 有何大關? 君等二人論議和平, 士林庶可無事." 言甚激切, 公不聽疾之愈甚, 每以松江謂索性小人. 嘗於醉中, 手拔松江之鬚, 松江即吟, 曰:"數箇長髯君拔去, 老夫風采更蕭條." 世傳己丑之禍兆於此時.

有鄭汝立者, 棄官居鄉. 從論生·栗諸賢相學, 及栗谷掌銓, 薦其博學·有才, 是以名重一時, 時人稱竹島先生. 汝立嘗稱栗谷爲未熟底孔子, 及栗谷沒, 汝立反攻栗谷, 趨附東人. 公不拒其來, 見惡於西人, 由是益甚. 丙戌, 公被徵上京, 見黨論漸激, 更無望於相合, 遂不以進取爲意. 浩然還鄉, 遊於福川 赤壁之江, 作詩而道其志, "有塵機諒擾", "一笑萬事休"等句. 卜居于南平 元積洞, 逍遙於川聲·嶽色之間, 與門人金土重等討論經義, 著《七書講義》.

及己丑十月, 汝立謀逆伏誅. 黨人因以爲貝錦之計, 構陷一時清流, 鍛鍊成獄, 而使梁千會等上疏, 誣公與逆賊交密狀. 十一月, 命鄭澈右相, 仍爲委官. 上御宣政殿, 親鞫問曰:"汝不仕, 何?" 曰:"臣有老母, 不離膝下, 今養於兄汲便養於邑, 臣與第洁上來." 上曰: "汝知汝罪乎?" 曰: "以私親故, 久闕官職, 不忠之罪大矣." 上微哂, 曰: "晚矣." 天顔和解, 雷霆頓霽, 遂謫公鍾城, 弟洁渭原, 乃下脅從罔治之敎, 獄事稍緩.

十二月, 黨人又使湖南人丁巖壽上疏, 斥滿朝名流, 而公兄弟亦與焉. 疏入, 上震怒, 曰: "爲乘逆變, 敢肆構陷之計, 賢相名卿無不指斥, 必欲空國而後已. 原其設心, 極爲凶慘." 黨人又使梁山璹等, 上疏指斥, 上曰: "此輩陳疏, 盡斥朝臣, 而獨贊右相以下數人. 自以謂直言, 而反露其情狀, 可哂也." 黨人遂百方羅織, 期回四聰, 株連句引, 捏造無形之言, 一入其網, 無人自脫. 凡淸名之士百十二人, 或杖死·或竄配, 而其餘死·徙·廢錮者, 不可勝記.

是月十八日, 公殞於杖下. 在獄血書于裾, 曰: "妄交逆賊, 禍及老母. 南望痛哭, 地黑天蒼." 見者莫不流涕. 公受訊累度, 體無完膚, 氣息垂絶, 而每當改鞫, 必端拱跪坐, 語言詳悉, 精神氣魄, 炯然不迷. 白沙李相公時以問事郞見之, 歎曰: "鞫庭供辭, 不失擧措, 獨景涵是已." 二十九日, 公弟洁亦杖斃. 公兄弟四人, 李澄進士居父憂, 過毁而沒. 長汲縣監, 次公. 次洁官應敎, 號南溪, 淸名直節, 公之難弟也. 三人同死於訊杖.

公旣沒, 士大夫皆喘息屛氣, 莫敢來見, 獨柳文忠先生, 賻以綿布, 晚全洪公解衣覆尸而哭之, 斂而殯. 或曰: "如禍何?" 洪公曰: "禍福命也, 不忍以禍故相負也?" 許府尹鐺爲之經紀其喪, 具棺衾以葬之. 今始興雪月里背酉之阡有雙墓, 公及南溪公之藏也. 庚寅五月, 因蔡之穆等誣疏, 公之老母·穉子皆拿囚受鞫. 尹夫人時年七十七, 壓沙於膝, 竟不服死, 二子皆囊括而撲殺之. 門生·故吏幷被拷死, 家僮十餘人亦無一人亂言承服, 同時就死.

其後大臣·儒臣·三司諸臣相繼進疏, 兩湖儒生齊聲叫閤, 請雪己丑之冤. 辛卯, 上因兩司合啓, 罷鄭相官, 因命揭示朝堂, 昭其誣獄之罪. 及我憲文王初載, 命贈公吏曹參判, 兄汲·弟洁皆伸雪贈官. 又命卽其遺墟旌忠孝之閭, 兩湖·嶺南儒生立祠于康津縣之秀巖, 奉公之五世祖蕐門·族高祖淸心堂·皇考履素齋·公及公弟南溪公五賢, 一廟俎豆而享之.

公配密陽 朴氏判書苢女, 生二男一女. 萬賚九歲被禍. 萬壽時年七歲, 方其被拿, 尹夫人命女婢貴德, 竊負匿瑞石山中 周南村, 以貴德五歲子代之. 及伸雪之後, 朝廷不知李氏之有眞孤, 在繼絶之命, 以族子宗伯嗣. 女適承旨楊時慶. 萬壽生哲臣, 哲臣生晚孫·晚延, 晚孫子弘立·晚延子弘守.

公孝友根於天性, 忠誠貫乎金石. 早揚昌辰, 瑚璉於巖廊之上, 退修學業, 蔚然爲士林之領袖. 天之生斯人也, 若將大有爲於斯世, 葵藿之忱, 不達於太陽之上; 廥·旁之賢, 枉死於三木之下. 嗚呼, 惜哉! 世之論公, 而爲一宗之說者, 一則曰"偏於黨目", 一則曰"過惡鄭賊", 其言是也. 然以是謂觀過知仁則可, 陷之以不忠則不亦誣乎? 百升之謠, 謀亦憯矣, 武穆之死, 天可籲乎? 千載之後, 尙令人想像其風裁, 而咨嗟掩泣, 欲百身而不可得也. 謹敍其事行履歷及禍亂大槪, 摭其實而不敢沒. 恭俟他日太史氏之博采云爾.

壬子仲秋, 仁州 張錫英謹狀.

墓表

公諱潑, 字景涵, 號東巖, 母弟洁, 字景淵, 號南溪. 姓李氏, 光山人. 上祖諱珣白, 高麗左僕射, 五世祖諱先齊, 朝鮮世子左副賓客, 慶昌君. 高祖諱亨元藝文提學, 曾祖諱達善修撰, 祖諱公仁翰林, 考諱仲虎副提學. 妃海南尹氏, 修撰衢之女.

恭僖王甲辰, 東巖公生于海南之蓮洞外宅. 幼有異質, 聰慧過人. 長而師金愓庵·閔習靜, 友李文成·柳文忠·趙文烈·崔守愚, 皆尙賢也. 南溪公後公七年而生, 文學·行誼如兩程焉. 東巖公二十五歲中進士, 三十歲, 魁謁聖文科, 選湖堂, 入玉堂, 歷銓郎·舍人·吏曹參議·大司成·大司諫,至副提學. 南溪公十八中進士, 二十八歲舉謁聖文科第二人, 官至舍人, 禍變之後, 無以得其詳焉. 兩先生以高才·碩學, 早歲蜚英聲望, 傾動一世, 爲士林之泰斗. 歷敭臺閣, 慨然以致澤自期, 辨別淑慝, 無所撓奪, 時譽洽然歸之, 而兩公之禍實伏於此.

昭敬王己丑, 鄭汝立獄起, 嫉公者, 自媒而治獄；怨公者, 慫慂而釀獄. 交口連臂, 構煽一時名流, 毆之窘而盡劉之. 兩公首被其禍, 東巖公謫鍾城·南溪公謫熙川, 甘心於公者, 又嗾宣弘福, 誣引公兄弟, 再被拿, 竟殞於刑訊. 庚寅五月, 母夫人年八十, 東巖子萬貴纔九歲, 并死於杖, 蓋戕公者, 尙主其讞也. 八月, 王始覺主讞者奸毒, 竄鄭澈于江界.

憲文王甲子, 命復官, 顯義王甲戌, 旌閭·贈爵以慰輿憤. 又命立其族子宗伯, 奉其祀, 蓋愍無辜而絶嗣也. 方禍作也, 東巖子萬壽方七歲, 公婢貴德負而逃于瑞石山中周南村, 遂得免焉. 今竪兩公之墓表者, 東巖後孫德休也. 嗚呼! 士禍之作, 其始也, 不過言議之異, 而其流則至於屠殺之慘. 匹夫報仇, 十族盡赤, 一言失宜, 萬弩集影, 舉國人之懕懕無生氣, 垂三百餘年者. 鄭澈實尸其咎, 兩公首嬰其禍. 公沒之後, 門生·傔從并無噍類. 公友許府尹�·洪晚全 可臣·嚴水使 慪殯殮, 而葬於始興 雪月里酉坐之原, 一石并表以兩公之墓, 同在一塋也.

東巖公配密陽 朴氏, 判書㞑女；南溪公配昌寧 曺氏, 牧師世德女. 東巖所後子宗伯, 後居鎭川, 血嗣萬壽, 後居同福. 南溪公無嗣, 斬伐之餘, 子姓僅傳. 兩公之潛光遺蹟, 略在茶山 丁公所著《東南小史》.

　　　　　　　　豊山 洪弼周�摭爲之記, 公歿後三百八十五年癸丑.

墓碣銘 幷書

昔昭敬王己丑, 黨人煽禍, 構一時名流, 毆諸罟穽而盡劉之. 東巖 李公, 實六賢之禍首也. 奧明年, 誣殺者竄. 至一百十一年元孝王甲戌, 復公爵, 贈天官侍郎. 又二百十八年, 而後孫炳夏始謀竪墓石, 謁銘於張錫藎. 藎廢居求死, 不敢應是役, 而數百年未遑之擧, 四百里遠涉之誠, 義不敢終辭. 遂按其家狀及《秀巖誌》而讀之, 曰: "嗚呼之公之居家孝友·立朝名節, 而罹此禍網, 固天也. 旣罹而終能疏其鬱而襃其實, 亦天也. 旣襃而尙不得一片珉揚義者, 可認其屝孫之不振, 是何獨無天也?

公諱潑, 字景涵, 氏光州. 佐僕射珣白, 其上祖也, 五世祖先齊, 世子左副賓客 慶昌君, 號蓽門. 古祖亨元藝文提學, 曾祖達善修撰, 祖公仁翰林, 考仲虎副提學, 號履素齋. 連十世文科, 嘗帖紅牌爲屛, 遇先忌, 必設之, 示後昆, 以報國恩傳家學也.

妣海南 尹氏, 修撰衢之女. 以恭僖王甲辰生于海南之蓮洞外宅, 體端而才慧. 幼而讀書, 已知爲學之方, 長而師金愓菴·閔習靜, 友李文成·柳文忠·趙文烈·崔守愚, 資益甚大. 事親忠養備至, 湯爐不委婢僕, 每朝朝衣拜廟, 仍省于母. 母惡鷄窠近寢室而聲亂, 命婢輩[5]去之, 公躬自挈窠, 卵破汚朝衣. 見者而瞠而呆, 公手拭之, 戒勿令母氏知, 恐其驚動也. 一兄二弟居同室, 怡怡湛翕, 鄕遂咸稱其孝友.

戊辰, 升司馬, 癸酉, 魁謁聖, 選湖堂·玉堂, 其後歷銓郎·舍人·吏曹參議·大司成·大司諫, 至副提學, 皆華膴之極也. 在朝, 以進用人材爲己任, 箚進爲治之本, 筵奏王道之要. 臧否人物, 不作模棱, 藐視大人, 棘棘不阿. 是以不悅者, 恒齟齬伺其隙, 于時黨議鴟張, 戈戟相尋, 公視之如朝衣冠坐塗炭. 遂賦詩南歸, 有"朝來記得中宵夢, 半是慈親半聖君"之句. 卜居先楸下, 與門下諸賢, 講討經義, 撰《七書講義》二冊, 賞詠湖山, 有終焉之志. 及己丑汝立之叛, 黨人作爲奇貨, 雀躍朋起, 指公爲與逆交厚, 斐貝捏誣. 始竄于鍾城, 旋被鞫訊. 體無完膚, 氣將垂盡, 而猶端跪供原, 鑿鑿不亂.

---

5) 輩: 底本은 "背"로 되어 있다. 《與猶堂全書補遺二·東南小史》(景仁文化社, 1975, 이하 '보유본'으로 줄임)에 근거하여 수정하였다.

白沙 李文忠公時以問郞卽出語人, 曰：“鞫庭不失擧止者, 惟景涵一人.”
旣絶, 人懼禍不敢近, 許府尹 鑯·洪晩 全可臣, 具棺衾哭之, 曰：“吾不忍
以禍故相負也.” 葬始興 雪月里卯向原.

庚寅, 母夫人及九歲兒, 騈死於獄, 門生·傔僕, 多被掠不服. 噫, 黨禍之何
其慘酷也! 配密陽 朴氏, 參判苡女, 墓在缺山缺向. 次男萬壽年七歲, 逮繫,
婢貴德負而逃, 以其子代命, 朝廷不知也. 及伸冤, 命以族裔宗伯立後. 女適
丞旨楊時慶. 萬壽子哲臣, 哲臣子晩孫·晩廷, 晩孫子弘立, 晩廷子弘守.
銘曰：“我謂公全其歸乎? 胡爲是天蒼地黑望北闕? 我謂公端其取乎? 胡
爲是徽纆而自瘦? 吁嗟! 時與命之抹摋, 贋·謗之所不能脫. 後百年衾襃煌
煌, 允矣皓天之必返. 奕奕風節之垂來乘, 仰止雪梧山兮不蹇不騰.”

秀巖書院 奉安文

漢陽 趙重日撰

四世五公, 踵武配德. 有俟百年, 廟宇新落.

常享文

家庭詩禮, 終始忠孝. 含戀國恩, 必欲報效.

右東巖 李先生

士林永蘗, 秋水霜兼. 淸風不泯, 起儒立廉.

右南溪 李先生

眞城 李彙寧撰

詩禮遺業, 忠孝大節. 廉頑立儒, 百世風烈.

右東巖 李先生

忠孝塤篪, 道義領袖. 清名至行, 有躍窮宙.

右南溪 李先生

書東巖·南溪二公事實記後

從昔以來 凶邪媢嫉之徒 媢惡正人·端士 因事搆誣 馴致不測之禍 大則誅戮·竄殛,[6] 小則廢斥·禁錮者 何代無之? 雖然 或指正爲邪·或指忠爲佞, 率皆因其萋斐之微, 羅織而貝錦之. 至於載鬼張弧, 指無爲有, 輾轉浸加, 竟致赤族沈[7]宗之慘, 如二君子所遭者, 歷數千百年, 亦不多見. 吁, 可悲也! 昔秦檜以莫須有三字, 搆成岳飛之死, 東萊 呂成公有言曰:"余每念岳武穆之死, 直欲籲天而無從." 今不佞於貳公冤死事亦云.

公之族孫斗望, 湖南修士也. 慷慨有氣節, 舊遊於不佞, 托忘年之契, 有時誦言及此, 未嘗不悲憤塡臆, 或至鳴咽不能言. 屬余罪廢南來 辱見示以所嘗哀輯《二公遺事記》一通, 請一言以識之. 不佞捧讀感泣涕, 因書其後以歸之.

肅宗二十四年戊寅三月乙未. 載寧 李玄逸書.

---

6) 竄殛:底本에는 없다.《葛庵集 卷21·書東巖李公瀷 南溪李公浩 事實記後》에 근거하여 보충하였다.

7) 沈:《葛庵集 卷21·書東巖李公瀷, 南溪李公浩 事實記後》에는 "湛"으로 되어 있다.

不佞爲世儑人, 四遷至羅之智島. 李逸民 斗望氏起分嶺來, 問死生, 仍披軸, 言曰: "此東巖先生兄弟罹禍終始, 願得君子一言爲逸事狀." 不佞辭以疾. 徐按其記, 斗望氏略紋二公平生, 歷選當世聞人公案文字甚詳, 孝友蓋公天性然也. 孔子曰: "求忠臣必於孝子之門". 公之至行如此, 而豈忘君附逆, 如澈之所構者乎?

桁楊之下, 色不變, 辭理明槪, 至今聞者爽然. 及觀匡老讞議·松相啓辭, 又感慨久之. 公嘗在銓官, 斥澈甚嚴, 澈爲委官, 人有一言救公者, 輒織成三年大獄, 卒使公之八十老母·十歲穉兒, 亦不免於死, 冤毒之於人, 可謂甚矣. 澈後雖被罪, 何益公之死也? 然梧里諸公請伸公之冤, 復公之爵, 使鈇鉞之誅, 加之旣骨之澈, 公必不悼其不幸於土中. 斗望氏所輯錄, 皆不刊之典, 不佞復何言? 重違其請, 作短叙附之軸末.

上之三十一年, 乙酉首夏初吉, 廷安 李鳳徵叙.

奧我莊憲[8]大王下敎有曰: "秦尙殘暴, 趙高之徒務刻酷, 無仁恩, 二世而亡, 可不戒哉? 獄者, 人之死生繫焉. 苟不眞得其情, 而求諸棰楚之下, 使刑罰不中, 含冤負屈, 終莫得以伸, 足以傷天地之和, 召水旱之災, 此告今之通患也." 宣廟朝, 豊原相 柳文忠所啓有曰: "大獄之後, 必有大兵, 理所必然. 大抵大兵·大獄, 漢·唐之所以亡國也."

竊伏念羸癃賤品, 不過山東之一漢氓也. 雖百世之下, 扶杖而敬聽我聖朝下敎之意, 可見天地全生之仁, 而環東土億萬生靈, 孰不思見當日德化之盛也? 至若豊原相所啓, 大獄·大兵之論, 蓋亦取驗於當時, 而納牖於聖裏者也. 槪言乎歷代失刑之著於史乘者, 銅柱虐焰, 忠良之焚炙, 可哀; 赤渭鳴

---

8) 憲: 底本은 '獻'으로 되어 있다. 하교의 내용이 《世宗實錄 13年 6月 2日》기사에 있으므로 底本의 莊獻大王이 세종이라 추정하였고, 이에 세종의 시호인 莊憲으로 수정하였다. 이하 동일 사례에 대해서는 별도의 校勘記를 달지 않는다.

波, 黔黎之孥戮, 何辜? 東漢名賢之禁錮·元祐黨人之議誅, 莫非奸闍之用
事·群小9)之得志, 而劍樹刀山, 號風雨而如聞；羅鉗吉網, 藉雷霆而行
威, 此皆不旋踵而亂亡相繼.

推以觀之, 則我朝己丑之三年大獄, 卽招壬辰八年之大兵. 其應斯捷, 可不
戒哉? 所幸祖宗之聖靈默佑, 周·漢之基業再昌, 莫非我宣祖大王以明睿
之姿, 旋卽覺悟. 當時獄官至承奸毒之嚴敎, 榜示朝堂, 流竄邊遠, 黃壤寃
骨, 偏蒙昭雪之霈澤. 廓恢天綱, 悉歸包荒, 是所謂生繁華於枯荄·育豐肌
於枯骨者也. 導迎和氣, 天神助佑, 則撥亂中興之擧, 實基於此. 而以當時主
獄之官言之, 其設心用刑, 于十手十目之所指視, 而朝野史筆之所傳播者
也, 縱彼生於異代, 而未能逮事聖祖, 然而其爲東國臣子, 不得免焉, 則其爲
莊憲聖祖之罪人明矣. 而若聖靈赫臨, 則其不以秦時趙高之徒貴之, 而鈇
鉞之誅, 豈可晷刻間容貸耶? 竊嘗編是書, 而流觀乎獄之始末, 不能無慨然
于中, 漫筆至此. 固知觸犯時諱, 而知我·罪我, 其惟蒼天乎!

  癸丑冬十月下浣, 通訓大夫前漢城府判事, 坡平 尹庚圭書.

---

9) 小 : 底本은 "少"로 되어 있다. 보유본에 근거하여 수정하였다.

찾아보기

역주 |

김용흠

서울대학교 국사학과 학사, 연세대학교 대학원 문학석사·박사. 현 연세대학교 국학연구원 연구교수

주요논저 | 《조선후기 정치사 연구 I - 인조대 정치론의 분화와 변통론》(2006), 《목민고·목민대방》(역서, 2012), 《조선의 정치에서 무엇을 볼 것인가-탕평론·탕평책·탕평정치》(2016), 《형감》(역서, 2019), 《대백록》(역서, 2020), 《조선후기 실학과 다산 정약용》(2020), 〈조선후기 노론 당론서와 당론의 특징-《형감(衡鑑)》을 중심으로〉(2016), 〈《경세유표》를 통해서 본 복지국가의 전통〉(2017)

원재린

성균관대학교 사학과 학사. 연세대학교 대학원 문학석사·박사. 현 연세대학교 국학연구원 연구교수

주요논저 | 《조선후기 성호학파의 학통연구》(2002), 《임관정요》(역서, 2012), 《동소만록》(역서, 2017), 《형감》(역서, 2019), 《대백록》(역서, 2020), 〈조선후기 남인당론서 편찬의 제 특징〉(2016), 〈성호사설과 당쟁사 이해〉(2018)

김정신

덕성여자대학교 사학과 학사. 연세대학교 대학원 문학석사·박사. 현 연세대학교 국학연구원 연구교수

주요논저 | 《형감》(역서, 2019), 《대백록》(역서, 2020), 〈주희의 묘수론과 종묘제 개혁론〉(2015), 〈주희의 소목론과 종묘제 개혁론〉(2015), 〈기축옥사와 조선후기 서인 당론의 구성·전개·분열〉(2016), 〈16~7세기 조선 학계의 중국 사상사 이해와 중국 문헌〉(2018)

동남소사 東南小史

김용흠 · 원재린 · 김정신 역주

초판 1쇄 발행   2021년 3월 26일

펴낸이 오일주
펴낸곳 도서출판 혜안

등록번호 제22-471호
등록일자 1993년 7월 30일

주소   04052 서울시 마포구 와우산로 35길 3(서교동) 102호
전화 02-3141-3711~2 / 팩스 02-3141-3710
이메일 hyeanpub@hanmail.net

ISBN 978-89-8494-658-3   03910

값 32,000 원